질적연구방법론 IV
Case Studies

김영천 지음

아카데미프레스

2012년 겨울에 작고하신 아버지와
병상에 계신 어머니를 생각하며.

서문

필자의 질적연구방법론 시리즈 제4권으로 만들어진 이 책은 필자의 지난 20년 동안의 연구작품들을 발췌하여 실어 놓은 전집에 해당한다. 책의 마지막 장에 잘 설명해 놓은 것처럼 이 책을 이렇게 작품 선집으로 만든 데에는 여러 가지 생각과 기대가 있었다. 우리나라에서 질적연구의 역사가 형성되는 과정의 도상에서 연구하고 있는 필자는 이러한 학술적 역사를 만드는 작업이 미래에 필요할 것이라는 생각이 들었다. 아울러 여러 권의 책을 통하여 읽을 수 있는 번거로움을 없애고 책 한 권으로 필자의 거의 모든 연구작품들을 읽을 수 있는 기회를 제공하기 위한 목적도 있었다. 또한 각 연구작품들에 녹아들어 있는 각 질적연구방법들의 방법적 특징들을 생각하면서 그러한 방법적 특징들이 한국적 현상의 분석에 어떻게 접목되었는지를 구체적으로 이해할 수 있기를 바랐다. 따라서 한 권의 책에 들어있는 다양한 형태의 논문들을 읽음으로써 질적연구방법의 각 특징들이 무엇이고 그러한 관점과 방법들을 가지고 연구를 한다면 어떻게 할 수 있는지를 직접 연구논문 전체를 읽음으로써 도움을 받을 수 있다. 그리하여 자신이 미래에 어떤 특정한 연구방법을 선정하여 연구를 한다고 하였을 때 어떻게 연구에 임하고 마칠 수 있는지, 그리고 연구논문은 어떻게 작성하여야 하는지에 대한 한 선진 연구자의 경험과 텍스트 구성 작업의 전체 과정을 엿볼 수 있기를 바랐다.

특히 우리나라의 경우, 외국과는 달리 좋은 질적연구의 예들이 학문 분야에 따라서 집대성되어 출판되는 사례가 거의 없기 때문에 각 분야의 연구자들이 질적연구방법론에 대한 이론서를 읽고 난 다음에 어떻게 현장작업을 해야 하는지, 연구방법을 어떻게 실천해야 하는지, 글쓰기를 어떻게 해야 하는지 난감한 경우가 많다. 배운 것과 실행하는 것의 괴리이다. 그러한 측면에서 구미의 경우, 특정한 분야의 선진 연구자들이 좋은 모범이라고 생각하는 연구논문 또는 에세이들을 한 권의 책으로 묶어서 출판하는 경우가 많다는 점은 새로운 학자들의 양성과 좋은 자료들의 공유라는 점에서 바람직한 일이다. 이와 관련하여 이용숙과 김영천이 편집한 〈교육에서의 질적연구: 방법과 적용〉(문음사), 그리고 〈질적연구걸작선〉(문음사)은 필자가 직접 참여하여 이러한 아이디어를 구현한 예이다. 특히 이용숙과 편집한 〈교육에서의 질적연구: 방법과 적용〉은 질적연구가 보편화되지 못하였던 1990년대 이 분야의 많은 신진 학자들 그리고 질적연구를 알고 싶어하였던 연구자들에게 실제적인 측면에서 도움을 준 것으로 평가되고 있다.

이러한 연구의 목적을 가지고 2013년에 출간된 필자의 질적연구방법론의 네 번째 시리즈인 이 책이 '질적연구의 한국적 확산' 이라는 필자의 목표를 또 다른 방법으로 달성하는 데 도움을 줄 수 있다는 점에서 매우 기쁘다. 특히 딱딱한 이론적 내용이나 방법적 규칙에 대한 설명이 아니라 실제적으로 필자가 어떠한 연구문제를 가지고 어떤 연구방법을 가지고 어떻게 연구를 하여 연구결과를 얻었는지에 대한 체계적인 과정을 한 편의 논문으로 보여주고 있는 글쓰기와 편집형식은 또 다른 방법으로 우리나라의 이 분야의 연구자들에게 질적연구의 지식의 획득과 심화에 기여할 것이다. 그리고 기존의 세 권의 방법론 시리즈와는 달리 설명 방식이 이론적이지 않고 이야기적이고 에세이적이서 독자들에게 더욱 이해하기 쉽게 다가갈 것으로 추측한다. 그러한 점에서 2013년 이후에 하게 될 연구작품들을 먼 미래에 두 번째 선집 형식으로 새롭게 출판할 수 있기를 희망해 본다.

책의 다양한 가치에도 불구하고 일관성을 위하여 필자의 연구논문 중심으로 책을 구성한 점은 이 책의 약점으로 꼽힐 수 있을 것이다. 그러나 다른 측면에서 한 연구자가 특정한 시기에 시도된 다양한 질적연구작품의 기록들을 개인 이야기와 함께 이렇게 정리하고 고찰해 주는 작업은 한 질적연구자의 질적연구에 대한 방법적 호기심과 도전의식을 드러냈다는 점에서 또 다른 강점으로 평가받을 수 있을 것으로 생각한다. 때문에 이러한 가능한 약점을 보완하기 위한 방법으로 다른 연구자의 선집이 출간되거나 다양한 연구자들의 작품들을 한 권의 선집으로 묶은 작품집이 출간되었으면 한다. 우리나라에서 출간된 두 권의 질적연구 선집이 우리나라 질적연구 초창기에 이루어진 연구들이어서 모범적 작품으로 평가하기에는 다소 무리가 있다는 점에서 더욱 좋은 연구작품들로 대체되는 노력이 필요하기 때문이다.

이 책은 한 질적연구자로서 필자의 오랜 연구 여정의 한 과정으로서 출판된 것이기는 하지만 그 점증하는 인기와 대중적 확산 중에 있는 질적연구에 대한 학술적 관심이 우리나라에서 더욱 강화되었으면 하는 목적을 가지고 있다는 점에서 중요한 역할을 할 것으로 생각한다. 그리하여 일반 교육연구자, 일반 사회과학 연구자, 일반 질적연구자뿐만 아니라 질적연구를 알고 싶어하는 양적연구자와 이론연구자, 또는 역사연구자와 예술분야의 연구자들까지도 질적연구를 조금 더 잘 이해하게 되는 데 도움을 주는 텍스트로 읽히기를 바라마지 않는다.

2013년 5월

김영천

차례

1

첫 항해. 어디에도 없는 고향, 그리고 동양적 텍스트

연구라는 말은 이 세상에서 가장 더러운 말이다.
— Linda-Smith

이 책의 제1장은 필자가 질적연구자로 첫발을 디디면서 연구한 작품, 〈네 학교 이야기: 한국 초등학교의 교실생활과 수업〉의 제4장을 재편집한 내용이다. 이 책의 제일 중요한 부분이라고 할 수 있는 이 내용은 '한국 초등학교의 잠재적 교육과정' 이라고 불릴 수 있다. 미국 박사학위 논문 자료에 기초하여 한국에서 제2차 추가 자료 수집과 분석을 가미하여 새롭게 논문으로 발표한 글이다. 이 글이 필자의 연구방법론 저서 제4권의 첫 번째 작품으로 소개된 이유는 시기적으로도 필자의 첫 번째 연구작품이지만 필자의 질적연구자로서의 지난 20여 년간의 연구여정의 기초를 마련하면서 근간이 되는 연구정신을 가장 잘 반영하고 있는 자료이기 때문이다. 즉, 이 글의 제목인 '모국의 텍스트' 처럼 필자의 연구의 모든 동기가 되는 '우리나라 현장에 대한 경험적 질적연구', '한국적 현상에 대한 묘사와 기록' 이라는 목표를 가장 처음으로 그리고 잘 반영하고 있기 때문이다.

네 학교 이야기

이 글을 소개하기 위한 전제로서 이 글의 초기 원고가 포함되어 있는 필자의 책 〈네 학교 이야기〉를 언급하지 않을 수 없다. 이 작품은 한국에서 1997년에 출간된 책으로서 사실은 필자가 공부한 The Ohio State University의 박사학위 논문으로부터 도출된 것이다. 원래는 약 375쪽의 방대한 양의 학술 논문이었지만 대중적 읽기를 위한 텍스트로 만들기 위하여 전체 구조와 내용을 새롭게 편집하게 되었다. 이를 위해 서론을 다시 쓰고 이론적 배경을 삭제하였으며 방법론 부분 역시 다르게 썼다. 그리고 중간 중간 새로운 내용과 표현을 첨가하였고 마지막 연구결론 역시 새롭게 다듬었다. 필자의 박사학위 논문에 대하여 이야기를 들은 어느 출판사의 담당자가 필자의 학위 논문을 한국어로 재편집하여 출판하고 싶다는 뜻을 보내와 시간강사 시절에 많은 부족함에도 불구하고 한글판을 출판하게 되었다. 그러한 점에서 책의 여러 곳곳에서 어색한 한국어 표현과 부적절한 표현, 번역 투의 문장이 고스란히 담겨 있는 것이 사실이다. 어쨌거나 그 당시 학위 논문을 마치는 과정이 너무 힘들고 다른 계획들이 있었기 때문에 한글로 옮기는 작업에 주력하지 못한 채 책을 출판하게 되었다. 아마도 박사학위 논문을 써본 연구자라면 고통스러운 연구기억으로부터 벗어나고 싶었던 필자의 심정을 충분히 이해할 것이라고 생각한다.

〈네 학교 이야기〉는 그러한 여러 가지 편집상의 문제점과 한국 학교교육에 대한 부정적 묘사에도 불구하고 왜 질적연구를 하고 싶은지를 묻는 질문에 답변할 수 있는 답을 가지고 있는 연구작품이라는 점에서 자랑스럽게 생각한다. 아울러 이 글 발표 이후에 근 20년 동안 이루어진 필자의 대부분의 질적연구들이 바로 이러한 연구목적을 달성하기 위한 작업의 과정으로서 이루어졌기 때문에 필자를 알고 싶어하는 독자들 또는 필자의 연구의 최종 목적지가 어디인지 묻고 싶은 독자들은 바로 이 첫 번째 글, 그리고 이 글이 담겨 있는 〈네 학교 이야기〉를 읽기 바란다.

모국의 텍스트

'모국의 텍스트' 라는 은유처럼 필자에게 있어서 질적연구는 우리나라의 학교교육을 진정으로 이해하기 위한 탐구의 과정이다. 그리고 그러한 탐구의 목적은 그 누가 시킨 것도 아니며 이론 공부를 통하여 나타난 것도 아니다. 〈네 학교 이야기〉 제1장 서론에 나와 있는 것처럼 교육학을 공부하면서 질적연구를 전공하면서 자연스럽게 드는 질문, '왜 우리나라에 대한 연구는 없을까?' 에 대하여 고민하게 되었고 그러한 연구를 하는 선구자로서 질적연구를 하고 싶다는 학술적 동기를 갖게 된 것이다. 그리고 그러한 동기는 책을 통해서도 아니고 다른 선생님들을 통해서도 아닌 직접 한국에 대한 논의가 없는 서구의 교육학 이론을 미국에서 배우면서, 그리고 나와 같은 유학 경험을 한 교육학자들이 한국 대신에 미국과 구미의 교육학 이론에 평생을 바치고 사라지는 그 현실을 목격하면서 자연스럽게 생긴 것이다. 이러한 학술적 변이가 왜 생기는가에 대하여서는 생물학적, 심리적 또는 발달적 분석이 필요하겠지만, 적어도 필자에게는 구미의 교육학 이론을 그냥 외우고 책에 소개하고 강의하는 일이 양심의 가책을 받을 일이었다. 때문에 구미 이론으로 가득 찬 한국의 교육학 탐구 문화에 한국적 경험과 자료들을 소개한 연구 텍스트를 만드는 것이 바로 나의 연구목적이라고 생각하게 되었다. 그리하여 적어도 가까운 미래에는 한국의 교육학자들이 한국의 교육 문제를 이야기할 때 미국과 캐나다의 자료나 이론 대신에 우리의 경험과 사실, 그리고 자료에 기초하여 이야기하고 논의하고 새로운 이론들을 만드는 그러한 탈식민적 연구문화를 만들기를 바랐다. 그러한 점에서 최근에 한국의 교육개혁을 이야기하면서 또는 더 건강한 교실 학습의 문화를 이야기하면서 핀란드의 교육을 이야기하는 것 역시 부적절한 것이라는 평가를 하고 싶다. 우리나라와 핀란드의 경제적 상황, 인구분포도, 역사의 발달과정 등이 너무나 다름에도 불구하고 선진국의 새로운 모델이나 전통을 그냥 한국의 새로운 모델로 제시하려는 이러한 식민적 자세는 우리에게 도움이 되지 않을 것이다.

따라서 제1장으로 소개된 연구작품인 〈초등학교의 잠재적 교육과정〉 읽기의 포인트는 필자가 가진 '질적연구방법론이 나에게 그리고 다른 한국의 연구자들에게 주는 희망'이 무엇인지를 이해하는 것이다. 그럼으로써 필자가 박사학위 논문을 쓰는 과정에서 지도교수에 의하여 알게 된 새로운 사회과학이론이 탈식민주의로 귀결될 수 있을 것이다. 그러한 점에서 이 연구작업을 통하여 한 번도 학술적으로 탐구되지 못한 우리나라 학교교육의 숨겨진 일상세계를 질적연구를 통하여 재구성하고 이 작업을 통하여 한국 학교교육의 실제를 조망할 수 있는 한 개의 체계적인 연구 텍스트를 한국의 미래 연구자들과 교육자들에게 제공하기를 바랐다. 그리하여 구미에서 자신의 나라들의 학교교육을 이야기할 때 참고할 수 있는 다양한 현장의 텍스트들이 있는 것처럼 한국의 학교교육을 이야기할 때 참고할 수 있는 '한국의 경험을 보여주는' 새로운 텍스트를 만들고 싶었다. 그러한 점에서 대학교 2학년 여름 방학 고향의 서점에서 우연히 읽은 연세대학교 교육학과 한상준 교수의 '한국의 식민지화된 교육학 연구의 계보'에 대한 잡지 글은 필자에게는 참으로 신선한 내용이었다. 그리하여 1995년 6월 박사학위 구술 평가 시험에서 심사위원 교수들에게 하였던 말, "한국에 돌아가면 Michael Apple이나 다른 미국 학자들이 저술한 책으로 한국의 교육을 설명하거나 강의하는 대신에, 우리의 텍스트를 만들어 한국 학생들이 한국교육을 이야기할 때 도움이 되게 하겠다."라는 말로 나의 학술적 검증을 끝내게 되었다.

탈식민적 텍스트로서 질적연구

필자의 연구경력 초기에 만들어진 이 글이 여러 가지 점에서 탈식민적 탐구의 방식을 벗어났다고 하기에는 어려움이 있다. 여전히 구미 학자들의 '잠재적 교육과정'에 대한 분석에 의존하고 있고 문화적 분석을 시도한 것 역시 부족하다. 그럼에도 불구하고 한국의 현상으로서 초등학교 학생들이 날마다 학습하고 내면화하고 경험하는 생활가치로서 '존경', '성차별', '성공과 실패의 가시화'는 서구의 학교교육에서 나타나는 잠재적 교육과정의 내용과는 확연히 다른 것이며 한국의 문화적 특징을 잘 반영하고 있다. 그러한 점에서 이 주제에 대한 추후 탐구는 더욱 문화적으로 접근되어야 하며, 한국의 뿌리깊은 전통인 유교에 대한 재해석과 함께 한국에서의 교육적 경험이 어떻게 도구적인 측면에서 경쟁과 성취중심의 방법으로 활용될 수 있는지와 연관되어 분석되는 것이 필요할 것이다.

따라서 이 첫 번째 글을 읽을 독자들이 유념하였으면 하는 내용으로는 첫째, 필자의 학문적 의도가 연구 텍스트로 어떻게 연결될 수 있었는지에 대하여 생각해 보는 것이다. 둘째, 서구적 분석과 한국적 분석이 한 개의 동일한 현상을 볼 때 어떻게 달리 접근되는지에 대하여 해석적/문화적 관점의 유용성과 가치를 생각해 보는 것이다. 셋째, 한국적 질적연구를 하게 되었을 때, 우리의 연구결과는 서구의 기존의 거대담론이나 체계화된/보편화된 연구지식에 어떻게 저항하고 반박할 수 있는지를 생각해 보는 것이다. 'Empire writes back' 이라는 표현처럼 우리의 연구작업의 결과가 서구와 다른 것이라고 한다면 우리의 주요한 역할 중의 하나는 서구의 교육학/사회과학 이론의 일반성과 완전성을 의문시하고 재해석하는 것이 될 것이다. 그리고 그렇게 하게 될 때, 우리 한국의/제3세계 국가의 질적연구자들의 또 다른 국제적 역할이 강조되고 인정받고 보장될 것이다. 그러한 연구풍토는 '국제적 텍스트로서 사회과학연구' 또는 '범세계적 텍스트로서 사회과학연구'의 이상을 구현하는 데 우리와 같은 제3세계 질적연구자들의 역할과 책임을 더욱 강화시킬 것이다. 그리고 그러한 비판적/성찰적/참여적 연구작업은 우리나라 질적연구자들의 국제적 위상을 높이는 결과를 가져올 것이고 우리 연구문화의 역량 역시 더 높아질 것이다.

아동의 학교 일과 잠재적 교육과정: 한국적 특징

> 학교의 모든 영역(교과내용, 교수방법, 훈육, 대인관계 등)에서 아동이 갖게 될 경험이 신중하게 준비된다면 우리가 가치롭게 생각하는 인간적인 자질들이 아동에게 성공적으로 학습될 수 있다(Lewis, Scaps, & Watson, 1996, p. 17).

Ⅰ. 서론

학교는 공식적 교육과정이 의도하였던 것 그 이상의 것을 가르치는 장소라는 잠재적 교육과정 연구자의 주장과 연구결과는 학교를 통하여 학생이 진정으로 배우게 되는 '공식적 교육과정'의 목표를 벗어난 그 이외의 학습의 내용에는 어떠한 것들이 있을까를 문제제기하게 한다(김명희, 1986; 김종서, 1976; Apple, 1993; Giroux, 1983; Jackson, 1968; Martin, 1979). 특히 학교의 잠재적 교육과정을 통하여 아동이 갖게 되는 학습의 경험과 결과가 순응과 경쟁심과 같은 교육의 이상과는 상반된 부정적인 것이라고 할 때, 학교개선에 관심을 두는 연구자는 첫째, 그러한 잠재적 교육과정이 우리의 학교에 존재하고 있는지를 규명해야 할 것이고 둘째, 규명되었다면 개선하기 위한 구체적인 실천을 시도해야 할 것이다.

이에 이 글은 우리 초등학교에 존재하고 있는 잠재적 교육과정에는 어떤 것이 있는가를 규명하고 그 문제점을 논의하고자 한다. 초등학교가 의도하지는 않았지만 그리하여 공식적인 문서에는 진술되어 있지 않지만, 초등학교의 학생에게 은연중에 전달시키고 내면화시키고 있는 부정적인 학습경험이나 내용(지식, 가치, 태도, 세계관)에는 어떠한 것들이 있는가를 밝혀 봄으로써 현재 일어나고 있는 초등학교의 현장개선

운동에 기여하고자 한다. 잠재적 교육과정의 학습결과가 부정적인 것이라는 점을 상기하여 잠재적 교육과정의 몇 가지 실체를 밝힘으로써 교육실천가와 행정가에게 이 주제에 대한 관심의 필요성을 강조하고자 한다.

이러한 연구목적하에서 이 글은 다음 세 가지 내용으로 구성되어 있다. 첫째, 잠재적 교육과정에 관한 이론적인 논의를 다룬다. '잠재적 교육과정'을 이론화시킨 다양한 학자의 견해와 아동의 발달에 있어서 잠재적 교육과정의 중요성을 부각시킨다. 둘째, 우리의 초등학교에 존재하고 있는 잠재적 교육과정의 종류를 규명하고 그것이 아동의 학교생활과 수업에 어떻게 깊이 매개되어 있는지를 논의한다. 잠재적 교육과정의 관점에서 초등학교의 교실조직과 생활이 갖는 문화적/역사적/사회적 특성을 규명한다. 셋째, 초등학교의 잠재적 교육과정이 아동의 학습과 인간발달에 어떻게 부정적으로 영향을 끼칠 것인가를 토론한다. 넷째, 그러한 잠재적 교육과정이 부정적으로 영향을 끼친다면 교육실천가와 행정가는 그것의 영향력을 줄이기 위하여 어떠한 구체적인 노력과 방안을 고려해 볼 수 있을 것인가를 제시한다.

II. 학교에서의 생활(life at school)과 잠재적 교육과정

학교가 공식적인 교육과정의 목표 그 이상의 것을 은밀하게 그리고 효과적으로 가르치는 장소라는 관점은 교과목 또는 수업 수준에서가 아니라 학교생활과 학교문화라는 보다 큰 관점에서 학생의 발달을 분석하는 것이 필요함을 지적한다. 이로부터 학생의 발달의 전체적인 장으로서 '학교생활' 또는 '학교에서의 일상적인 경험의 연속'이 학생으로 하여금 어떠한 가치와 태도, 지식을 습득하게 하는지를 논의하는 것이 필요하다. 이 글에서는 그러한 논의를 위한 기초로서 다음 세 가지의 주제를 다룬다: ① 생활공간, ② 잠재적 교육과정의 개념, ③ 초등학교의 일상생활.

첫째, 생태학적 발달 심리학에서 사용되고 있는 생활공간의 개념을 소개한다. 생활공간이라는 개념은 아동의 발달을 아동이 처해 있는 환경적 특성과 그 영향에 대한 분석과 관련시킴으로써 학교에서의 생활을 아동의 발달에 영향을 끼치는 주요한 요인이자 환경으로서 바라볼 수 있는 한 가지 시각을 제공해 준다. 둘째, 잠재적 교육과정의 개념을 소개한다. 그리고 잠재적 교육과정이 갖는 특징과 영향력이 아동의 발달과 관련하여 논의된다. 셋째, 우리나라 초등학교의 학교생활의 실상을 설명해 주는 학교연

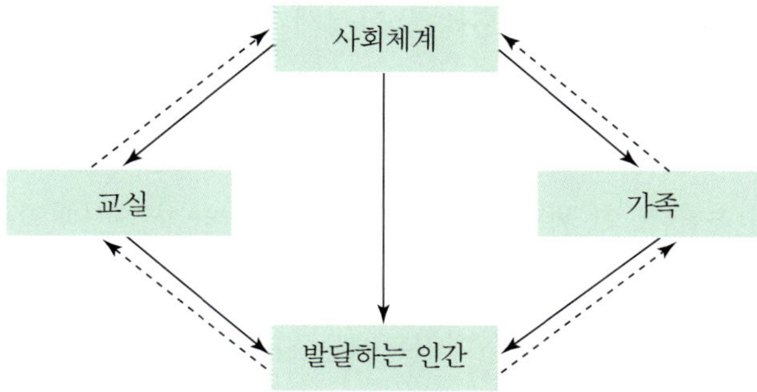

슐로츠키의 인간발달 개념도

구의 예를 소개한다. 그러한 예는 한국의 아동이 어떠한 발달환경에서 생활하고 공부하고 있는지를 간접적으로 이해하는 데 도움을 준다.

1. 생활공간(Life space)

학교의 잠재적 교육과정연구의 중요성을 인정하는 중요한 연구관점으로서 그리고 잠재적 교육과정을 연구하는 방법론을 제시해 주는 이론으로서 레빈, 바커, 브론펜브레너에 의하여 발달된 생태학적 심리학 발달이론을 들 수 있다(Barker, 1954; Lewin 1951; Bronfenbrenner, 1970a). 학교의 일상적인 생활을 통하여 다양한 태도, 가치, 신념, 생활양식 등이 학습된다는 점을 강조하는 잠재적 교육과정 이론가의 관점은 아동의 발달이 아동이 처하고 있는 생활공간과 아동이 참여하는 환경의 영향을 크게 받는 것으로 해석하고 있는 생태학적 발달이론가의 입장과 일치하고 있다. 이러한 점에서 인간발달의 환경적 영향력을 이론화시킨 브론펜브레너의 생태학적 발달이론이 주는 시사점은 크다 하겠다.

브론펜브레너에 의하여 완성된 생태학적 심리학 발달이론은 기본적으로 아동이 참여하게 되는 생활공간(환경)에서의 경험 내용이 아동의 발달에 직접적으로 영향을 끼친다는 점을 강조한다. 이러한 환경의 중요성에 대한 지적은 교육실천가와 이론가로 하여금, 아동의 발달을 연구하는 데 있어서 아동이 학교에서 갖게 되는 전체적인 생활경험의 총체(대인관계, 역할, 활동)가 그 아동에게 심대한 영향을 끼친다는 점을 지각하도록 도움을 주고 있다. 그리고 교육과정연구자에게는 학교가 아동에게 어떠한 생활경험을 제공하고 있는가를 분석해 볼 것을 요구한다.

생활공간의 중요성을 강조하는 그의 이론은 아동이 발달하는 동안에 만나게 되는 다음 네 가지 체계로서 설명되고 있다: ① 미시체계, ② 중간체계, ③ 외체계, ③ 거시체계(아래 그림 참조). 첫째, 미시체계(microsystem)는 아동이 참여하는 가장 기초적인 체계를 말한다. 아동이 직접적으로 참여하는 가장 가까운 생활세계로서 가정과 동료집단이 이 체계에 속한다. 이 체계는 세 가지 요소인 활동, 역할, 대인관계로 구성된다. 활동은 아동이 하는 일을 말하며, 역할은 부모, 교사, 친구와 같이 특정한 지위에 부여되어 있는 기대되는 행위를 말한다. 대인관계는 사람들이 서로를 대하는 방식을 말한다. 한 아동의 발달은 이 세 가지 요소가 개별적으로 영향을 미치면서 또는 이 요소 간의 상호작용에 의하여 영향을 받는다.

둘째, 중간체계(mesosystem)는 아동이 적극적으로 참여하는 두 개 또는 더 많은 수의 환경들 간의 상호관계를 말한다. 아동의 경우, 가정과 학교의 관계, 가정과 동료집단과의 관계가 대표적인 예이다. 중간체계는 한 개의 미시체계와 다른 한 개의 미시체계 사이의 연결관계를 말하기 때문에 어떤 하나의 미시체계에서 일어나는 사건들은 다른 미시체계에서 일어나는 아동의 행동과 발달에 영향을 끼친다.

셋째, 외체계(exosystem)는 발달하는 개인에게 직접적으로 관여하는 발달의 장은 아니지만 아동의 발달에 간접적으로 영향을 끼치는 사건이나 장면을 말한다. 그러한 예로는 아동의 경우, 부모의 직장, 손위형제가 다니는 학교, 학급, 이웃의 특징, 학교와

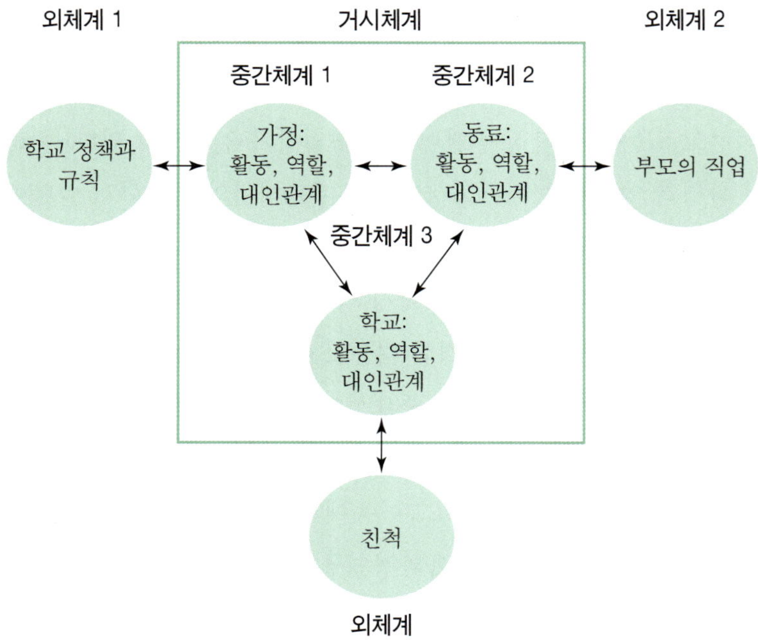

브론펜브레너의 생태학적 발달모델

지역사회 간의 관계가 있다.

넷째, 거시체계(macrosystem)는 아동의 발달에 영향을 끼치는 사회, 문화적 환경을 말한다. 앞서 설명한 세 가지 체계를 포섭하는 신념체계 또는 이데올로기라고 할 수 있다. 규칙, 규범, 기대, 가치, 역사 등이 여기에 속한다. 한 사회가 다른 사회와 다른 이유는 바로 이 거시체계가 다르기 때문이다. 여자로서 행동해야 하는 방법, 남에게 존경을 표현하는 방법이 각 사회마다 다른 경우가 이에 속한다. 소련에서 자라난 아동과 미국에서 자라난 아동이 여러 가지 면에서 다르게 행동하는 이유가 바로 여기에 있다.

생활공간과 환경의 역할을 발달의 중요한 요인으로 간주한 생태학적 심리학 발달이론은 잠재적 교육과정연구에 두 가지 시사점을 준다. 첫째, 학생의 생활을 둘러싸고 있는 물리적, 심리적, 사회적 환경은 아동의 발달에 영향을 끼치는 중요한 요인임을 인식하게 해준다. 학교에서 아동이 경험하는 다양한 심리적, 사회적, 물리적, 대인관계적 환경에 대한 분석이 필요하다. 둘째, 미시체계의 주요 구성요소인 활동, 역할, 대인관계는 아동이 갖는 특정한 생활과 경험이 발달에 어떻게 기여할 것인가를 평가해 보기 위한 한 가지 준거로서 사용 가능하다. 이러한 점에서 잠재적 교육과정연구자는 다음과 같은 질문을 제기해 볼 수 있다: ① 초등학교에서 아동이 일상적으로 경험하는 학교의 활동에는 어떤 것들이 있으며 그 활동들이 갖는 특징은 무엇인가? ② 학교에서 아동이 담당하고 있는 일반적인 역할들은 어떤 것이며 그 역할에는 어떠한 기대가 부여되어 있는가? ③ 아동이 참여하고/관여하고 있는 인간관계의 특징은 무엇인가?

2. 잠재적 교육과정

이론적 논의의 첫 주제로서 생활공간과 생태학적 심리학 발달이론을 소개하였다. 이 절에서는 두 번째 논의주제로서 '잠재적 교육과정' 에 관한 제반 논의를 소개하고자 한다. 잠재적 교육과정의 용어를 대중화한 필립 잭슨의 연구에서부터 그 연구용어가 현대학교교육을 비판하기 위하여 사용되고 있는 지금까지 '잠재적 교육과정' 에 관한 논의의 발전역사를 간략하게 기술한다.

1) 아동의 교실생활(life in classrooms)

필립 잭슨은 그의 1968년 저서 〈아동의 교실생활〉을 통하여 프리덴버그에 의하여 처음 사용된 잠재적 교육과정의 개념을 보다 구체적으로 이론화시켰다(deMarris & LeCompte, 1995). 시카고의 초등학교에 대한 현장연구를 통하여 초등학교에서 아동은 학교의 공식적인 교육과정 목표, 진술 방향과 달리 정서적 차원에서 여러 가지의 감정과 태도를 학습하고 있음을 밝혀 주었다. 그 대표적인 학습의 내용을 '군집(crowd)', '권력(power)', '상찬(praise)'의 세 가지로 특징화하였고 이를 초등학생에게 은연중에 전달되고 내면화되는 공식적 교육과정에서 진술되지 않은 '잠재적 교육과정'이라고 명명하였다. 그리고 그러한 잠재적 교육과정의 존재가 아동의 교실생활과 학습, 태도에 어떻게 영향을 미칠 수 있는가를 설득적으로 기술하였다.

잭슨의 잠재적 교육과정 연구는 교육현상을 새롭게 바라볼 수 있는 안목을 제공해 준다. 그것은 공식적인 교육과정의 시각으로는 포착하기 어려운 교실의 사실적 삶이 어떤 것인가를 깊이 이해하도록 도움을 주고 있다. 교실이라는 장소를 교사의 권력이라는 관점에서, 교사의 평가라는 관점에서, 집단이 함께 생활하는 군중의 관점에서 해석할 수 있도록 하고 있다. 그러한 교실생활의 정치적 특성으로 인하여 아동이 자신의 교실생활을 어떻게 구조화해 나가고 있는지를 근접하게 보여 주었다.

잭슨의 해석에 따르면 이제 교사는 단순히 '가르치는 사람'으로만 이해되지 않는다. 교사가 하는 일상적인 활동은 시간과 공간을 관리하고 학생에게 특권과 자원을 배분하는 일의 연속이다. 그리고 수업에서 교사는 누가 말하고 누가 발표할 것인지를 결정하는 문지기의 역할을 하고 있다. 이와 함께 아동의 존재 역시 새롭게 이해되고 있다. 아동에게 교실은 많은 학생이 생활하는 복잡한 장소이며 '복잡한 공간'에서 배우게 되는 첫 번째 교훈은 욕망의 '연기(delay)'이다. 아동은 제한된 자원과 공간의 문제로 인하여 자신이 가지고 있는 욕망을 통제하는 법을 배워야 한다. 그리고 그러한 욕구의 통제는 기다림과 인내로 나타난다. 이와 함께 아동은 복잡한 교실에서 생활하는 법을 배우는데 이때 그러한 상황에 대한 적응과 함께 교실상황에 대한 무관심을 배우게 된다. 아동은 주위에 30~40명의 학우가 있음에도 불구하고 옆에 어떤 일이 있어났어도 일어나지 않은 것처럼 자신의 일에 몰두하게 되는 것을 배운다.

군집에 대한 학습과 함께 교실은 교사의 평가가 학생의 생활과 성취에 중요한 영향력을 행사하는 불평등한 인간관계로 구성되어 있는 사회적인 장소이다. 아동은 교사의 관심과 칭찬을 보다 많이 얻기 위하여 자신에게 유리한 정보를 교사에게 제공하기도 하고 교사가 원하는 정보를 제공함으로써 긍정적인 평가와 칭찬을 얻고자 한다. 이 과정에서 아동은 고자질, 거짓말 등의 부정적인 행동을 학습하게 된다.

2) 잠재적 교육과정의 개념

『아동의 교실생활』로부터 부각된 '잠재적 교육과정'의 개념과 함께 공식적 교육과정의 범위를 벗어난 영역에서 학생이 갖게 된 학습의 결과를 연구하기 위하여 다양한 관련 연구용어가 만들어지기 시작하겼다. 그 예를 열거하면 다음과 같다: ① 문서화되지 않은, ② 연구되지 않은, ③ 의도하지 않았으나 학생에게 나타나는 학습결과나 경험, ④ 계획되지 않은, ⑤ 비형식적인, ⑥ 보이지 않는, ⑦ 비공식적인.

잠재적 교육과정을 나타내는 유사한 의미의 용어의 개발과 함께 '잠재적 교육과정'에 대한 개념 정의 역시 다양하게 시도되었다. 그 중에서 현재 일반적으로 통용되고 있는 몇 가지 정의를 소개하면 다음과 같다: ① 공식적인 교육과정에 일반적으로 포함되지 않았으나 학교의 경험 중에 학생에 의하여 학습되는 가치와 기대(Eisner, 1985), ② 의도되었거나 또는 의도되지 않았으나 학습자에게 의식되지 않는 학습상태(Martin, 1976), ③ 공식적인 문서에 명시되어 있지 않으나 체계적으로 일어나는 비학문적인, 그러나 중요한 학교교육의 결과(Vallance, 1973), ④ 학교와 교실생활의 사회관계와 일상사를 구조화하고 있는 주요 규칙을 통하여 학생에게 전달되고 내면화되는 진술되지 않은 규범, 가치, 신념(Giroux, 1983), ⑤ 학생의 비학구적 학습과 관련된 것으로서 학교의 물리적, 사회적 환경을 의미하며 다분히 무의식적이며 비계획된 교육과정(Gordon, 1982), ⑥ 학교교육의 의도되지 않은 결과들(McLaren, 1992), ⑦ 학교의 물리적 조건, 제도 및 행정조직, 사회 및 심리적 상황을 통하여 학생들이 가지는 경험 중에서 교과에서 의도한 바와 관련되지 않는 경험(김종서, 1976), ⑧ 학교교육의 공식적 의도나 목적과는 상관없이 교수-학습 활동을 포함한 학교생활의 전반적인 경험과 관련되면서 학생들에게 무의식적으로 길러지는 사고방식, 행위의 원리, 가치관, 태도 등의 변화(김명희, 1986).

3) 잠재적 교육과정의 영향력

> 잠재적 교육과정에 대한 인식이 없다면, 교사는 시간을 지켜라, 맡은 일을 잘 하거라, 말을 잘 들어라, 지시대로 따르거라와 같은 활동을 아동에게 부주의하게 훈련시키게 될 것이다(McCutcheon, 1981, p. 6).

잠재적 교육과정에 대한 개념 정의와 함께 일련의 교육과정연구자들은 학교의 잠재적 교육과정을 통하여 학생에게 전달되는 신념이나 가치가 무엇인가를 규명하기 시작하였다. 그리고 이 신념이나 가치는 한편으로는 학교가 의도하지 않은 학습결과로서 무비판적으로 해석되기도 하고 다른 한편으로는 학교가 위치하고 있는 보다 큰 사회구조의 지배구조와 관련되어 비판적인 관점에서 해석되기도 하였다. 다음의 표는 다양한 시각을 가지고 있는 학자들의 관점을 '잠재적 교육과정'이 학생에게 끼치는 영향이라는 측면에서 정리한 것이다.

잠재적 교육과정 영향력에 대한 학자들의 견해

학자	내용
Philip Jackson	순종, 유순함
Eisner	경쟁심
Jane Martin	유순함, 복종, 경쟁심
John Eggleston	미래사회의 지배계층을 점유할 공부 잘하는 학생들에 대한 존경심
Jean Anyon	차별적 사회화를 통해 미래에 맡게 될 사회계층에 적합한 태도와 행동양식
Bowles & Gintis	자본주의 사회에서 작업장의 훌륭한 일꾼을 양성하기 위한 태도와 가치, 작업장에서 대인간의 상호작용을 지배하는 사회관계와 교육체제의 사회관계에는 상응이 존재한다(시간 지키기, 청결, 보상에 근거한 노동, 성실)
Giroux	자본주의 사회에서 통치계급이 그들의 계급구조를 유지하는 데 도움을 줄 수 있는 기술, 태도, 가치

이러한 학자들의 발견과 함께 잠재적 교육과정에 대한 연구들은 잠재적 교육과정의 영향력이 갖는 특징을 다음과 같이 제시하고 있다.

첫째, 아동이 배우게 되는 잠재적 교육과정은 학교의 공식적인 교육과정과는 상반된 부정적인 학습의 결과와 관련이 깊다. 앞에 나타나 있는 것처럼, 학교교육의 이상적인 목표로서 수용되기 어려운 '복종적 태도', '순종', '경쟁심'과 같은 부정적인 가치들이 학생에게 전달되고 내면화되고 있다. 비록 필립 잭슨의 잠재적 교육과정에 대한 초기 연구에서 학교교육을 비평하기 위하여 그 용어가 사용된 것은 아니지만 그의 글 많은 부분에서는 학교생활을 통하여 학생들이 부정적인 태도(거짓말 배우기, 평가 중심 교실생활, 외적 동기화, 수동성, 교사와의 불평등한 인간관계, 교사의 욕망과 희망에의 동조와 복종 등)를 내면화시키고 있다는 점을 암시하고 있다.

둘째, 잠재적 교육과정은 학교의 공부에서 주로 배우는 인지적인 교과내용보다는 가치, 태도, 행동양식 등 주로 비인지적인 학습결과와 관계가 있다. 그런 점에서 잠재적 교육과정의 영향력은 아동의 비인지적 발달과 관련이 깊다(Giroux and Purpel, 1983; Martin, 1976; Vallance, 1973, 1982). 따라서 아동의 인간발달, 정서발달, 태도형성, 가치관확립에 직접적으로 영향을 끼친다.

4) 교육과정연구에서 잠재적 교육과정의 중요성

잠재적 교육과정의 개념이 학교교육의 부정적인 측면을 강조하기 위하여 사용된 것은 사실이지만 이 개념이 학문적으로 갖는 중요성 역시 간과하기 어렵다. 그리고 그 중요성은 교육과정의 개념을 새롭게 정의 내림으로써 교육과정의 탐구영역을 확대하였다는 데서 찾을 수 있다. 그리하여 슈라그의 말을 빌리면 잠재적 교육과정은 지난 20년 동안 교육과정연구 영역에서 교육과정연구자의 깊은 관심과 토론을 이끈 주제로 성장하였다(Schrag, 1992). 그리고 그 기여점은 다음의 세 가지 영역에서 교육과정의 개념을 확대하였다는 점이다.

첫째, 교육과정의 개념을 학교의 의도적인 계획과 노력이라는 전통적인 정의에서 벗어나 학교가 의도하지 않았던/원하지 않았던 학습의 결과로까지 확대시켰다. 따라서 문서화되어 있지 않은 학교교육 프로그램의 학생의 학습에 대한 영향력 연구가 교육과정의 중요한 탐구주제로 부각될 수 있었다(Anyon, 1981; Dreenben, 1968; Eggleston, 1977; Jackson, 1968).

둘째, 교육과정의 개념을 의도하지 않았던/원하지 않았던 학습의 결과로서 정의하고 그 배경을 학교생활과 관련시킴으로써 교육과정연구자의 관심을 그러한 학습결과를 유발시키는 학교의 특성에 대한 연구로 집중시켰다. 이때 학교의 특성에 대한 연구는 학교의 일상적인 활동, 인간관계, 상호작용, 평가실제가 학습자에게 끼치는 영향력을 연구하는 것이기 때문에 연구는 학교에서 학생이 갖는 생활경험의 총체를 연구하는 것으로 확대되었다.

셋째, 교육과정연구의 방향을 교육과정 개발과 실천이라는 절차적이고 체계적인 연구과정으로서 정의 내렸던 타일러식의 전통적인 방법에서 탈피하여 인간의 경험이 일어나고 매개되는 학교현장에 대한 경험적인 연구로 승화시켰다. 이에 따라 학교문화, 경험, 학생의 해석, 상호작용, 실행, 의미체계, 학습풍토, 학습분위기, 교육과정 결정자로서 교사, 실행연구(action research), 실행된 교육과정(enacted curriculum), 교실대화(classroom conversation) 등이 교육과정연구의 새로운 탐구 개념으로 발전할 수 있었다.

5) 한국 초등학교의 교실생활

지금까지 이론적 배경의 주제로서 생활공간과 잠재적 교육과정을 소개하였다. 이론적 배경의 세 번째 주제로서 한국 초등학교의 교실생활을 참여관찰과 현장경험을 통하여 기술하고 있는 현장연구 사례 네 개를 소개하고자 한다. 그 소개의 목적은 첫째, 한국 초등학교에서 아동이 갖는 경험의 내용이 어떤 것인지를 교실생활에 대한 간접적인 읽기를 통하여 이해하고, 그러한 이해로부터 초등학교의 아동이 어떠한 발달적 환경에 놓여 생활하고 있는가를 잠정적으로 추정하기 위한 것이다. 둘째, 다음 4장에서 논의할 초등학교에 대한 필자의 관찰과 해석을 여러 가지 점에서 비교하고 평가해 볼 수 있는 배경지식을 제공하기 위한 것이다. 네 개의 연구 중에서 첫 두 개의 연구는 잠재적 교육과정의 관점에서 초등학생들의 학교생활과 그 특징을 논의하고 있고 나머지 두 개의 연구는 잠재적 교육과정의 관점이 차용된 것은 아니지만 우리나라 초등학교의 교실생활과 관련된 간접적인 주제(초등학교 교직의 특성, 수업의 특징)를 다룸으로써 아동의 초등학교 생활의 실상을 이해하는 데 도움을 주고 있다.

사례 1

김명희(1986)의 초등학교 사회과 잠재적 교육과정 연구

잠재적 교육과정의 개념을 한국 학교교육의 실제를 비평하기 위하여 적용해 본 우리나라의 잠재적 교육과정연구의 대표적 한 예이다. 190명의 초등학교 교사에 대한 설문지조사, 초등학교 3, 4, 6학년의 4개 반에 대한 총 12시간의 일반적 관찰과 체크리스트에 의한 구조화된 관찰작업, 네 명의 초등학교 교사와의 면담 등 총 세 가지의 자료수집 방법이 사용되었다.

초등학교 사회과 교실수업의 특성을 밝혀보기 위하여 다양한 분석적 주제와 연구질문을 개발하였다: ① 교실에서 강조되는 행동유목, ② 교사의 행동과 학생의 행동비율, ③ 학생의 수업행동의 수준, ④ 교사별 강의의 수준, ⑤ 교사별 질문의 수준. 복수(multiple)의 자료의 사용과 분석을 통하여 연구결과로서 한국 초등학교의 사회과 교실에 존재하고 있는 잠재적 교육과정 네 개를 밝혀 주었다: ① 권위에 대한 복종, ② 집단적 사고, ③ 획일적 사고, ④ 목적제일주의. 비록 사회과 수업의 현상을 집중적으로 연구하였고 그 비평적 시각에서 현장의 경험이 통계치로서 단순화되어 버리기는 하였으나 연구결과는 우리나라 초등학교 교실수업의 전형과 문제점이 어떤 것인가를 추정할 수 있을 정도로 우리 초등학교의 수동적이고 권위적인 학습분위기를 드러내 주고 있다.

사례 2

이용숙(1998)의 한국 학교문화와 잠재적 교육과정 연구

이용숙(1998)의 '한국 학교문화와 잠재적 교육과정 연구'는 우리 초등학교의 학교문화가 어떤 특징을 띠고 있는가를 잘 보여주고 있는 현장연구이다. 서울에 소재하고 있는 8개의 초등학교를 연구대상으로 선정하여 약 9개월간 한국의 초등학교의 수업에서 나타나고 있는 초등교사의 수업방법들을 질적방법을 사용하여 연구하였다. 그 기본적인 연구목적은 학교현장에서 나타나고 있는 다양한 수업방법들을 기술하고 비교, 해석함으로써 초등학교 교사들의 수업개선을 위한 기초 자료를 제공하는 것이었다. 이 과정에서 초등학교 학교문화의 특성이 자연스럽게 밝혀졌다.

연구결과에 근거하여 이용숙은 한국 학교문화의 포괄적인 특성을 획일주의(다양성이 없는 통일된 학교의 교육과정), 위계성(권위주의적 의사전달체계와 직무구조), 여유의 부족(아동과 교사 모두에게 바쁜 학교생활과 과제)으로 규정하고서 이에 근거하여 다시 한국 학교의 잠재적 교육과정의 내용을 네 가지로 제시하였다: ① 획일주의, ② 순종주의, ③ 체벌의 학습문화, ④ 비교적 우위와 경쟁적 동료관계.

사례 3

김정원(1997)의 한국 초등학교 수업에 관한 연구

미간행 박사논문인 김정원의 '한국 초등학교 수업에 관한 참여관찰연구'는 지방에 소재하고 있는 초등학교 한 개를 선정하여 약 3개월간의 현장작업과 5개월간의 추가 자료 수집과 분석을 통하여 우리나라 초등학교의 학교생활과 관련된 다양한 교육학적 이슈들을 분석하였다. 논문에서 논의되고 있는 주요한 연구주제들은 다음과 같다: ① 한국 초등학교에서 학교장이 갖는 역할에 대한 직무과제의 분석, ② 교사문화의 특징, ③ 교사와 아동의 관계, ④ 교사와 학부모의 관계, ⑤ 교사의 하루 일과, ⑥ 교실수업의 두 가지 형태(적극적 수업과 소극적 수업), ⑦ 아동 통제방법.

이 연구는 한국 초등학교의 학교교육이 가지고 있는 많은 문제점들이 무엇인지를 여러 가지 주제에 걸쳐서 노출시키고 있다는 점에서 의의가 있으며, 그녀의 발견과 논의 중 몇 가지 내용들은 한국 초등학교 학교교육의 이해와 개선을 위하여 보다 심층적으로 분석해 볼 필요가 있을 만큼 귀중한 시사점을 담고 있다. 그녀의 발견

중에서 잠재적 교육과정의 논의와 관련하여 주목할 사항은 한국 초등학교의 학생들이 여전히 '평가 이데올로기' 문화 속에서 생활하고 있다는 점이었다.

사례 4

이치석(1997)의 어린 종달새의 죽음

한 현직 교사가 쓴 '부끄러운 교단일기' 라는 부제가 붙여진 것처럼 실제 초등학교 교사로서 활동하고 있는 교사가 자신이 경험한 문제점들을 고발하는 형식으로 쓴 글이다. 기대와는 달리 초등학교에서 아동이 갖는 학교경험에 대하여 기술하기보다는 초등학교의 교사와 행정가 간에 일어나고 있는 대립과 반목, 교직의 부도덕한 실상을 중심으로 이야기를 전개하고 있다. 주요한 내용으로는 초등학교에서 교장이 행사하는 엄청난 권력과 지배의 실상, 촌지, 학년 담임 배정과 관련된 아동거래, 학교의 부정비리, 부도덕한 교사의 종류들이 있다.

III. 한국 초등학교의 잠재적 교육과정

지금까지 2절에서는 초등학교의 잠재적 교육과정을 분석하고 이해하기 위한 배경지식으로서 생활공간, 잠재적 교육과정의 개념, 한국 초등학교의 현실을 보여주는 현장연구에 대한 비평을 다루었다. 이제 제3절에서는 우리나라 초등학교에 존재하고 있는 잠재적 교육과정이 무엇인가를 필자의 연구경험과 관찰사례에 근거하여 논의하고자 한다. 분석과 논의를 위하여 필자의 연구 〈네 학교 이야기: 한국 초등학교의 교실생활과 수업〉에서 쓰였던 사례가 인용되었으며 1993년과 1994년에 수집된 원자료에 대한 새로운 분석(비디오테이프의 상호작용 분석)을 통하여 수집된 자료와 1998년에 시도한 면담을 근거로 한 새로운 자료가 이용되었다. 수집된 자료에 대한 분석과 〈네 학교 이야기: 한국 초등학교의 교실생활과 수업〉에 그려져 있는 한국 초등학교 교실생활의 특징에 대한 다시 읽기와 재검토를 통하여 초등학교에 존재하고 있는 잠재적 교육과정을 다음 세 가지로 구체화하였다: ① 복종, ② 성차별, ③ 비교와 실패.

1. 복종

영수의 이야기

초등학교 시절 학교에서 웅변대회에 참여한 적이 있었다. 웅변을 지도해 주신 선생님과 함께 일찍 서둘러 대회장으로 떠났는데 시간이 부족한 관계로 식사를 미처 하지 못한 상태로 대회에 참석했다. 대회가 끝나고 선생님께서는 잘했다는 칭찬과 함께 배고프지 않냐며 어린 나의 손을 이끌고 식당으로 데리고 가셨다. 막 음식이 나오려 할 무렵 선생님께서는 갑작스런 연락을 받으시고 잠시 나갔다 오겠다며 먹고 있으라고 하셨다. 선생님께서 나가신 지 얼마 되지 않아서 음식이 나왔다. 그러나 우리는 이미 어머니께서 당부해 둔 것을 잊지 않고 실천했다. 선생님께서 오셔서 수저를 들기 전까지는 먼저 음식에 손대서는 안 된다는 것을…. 이윽고 선생님께서는 돌아오셨고 왜 먹지 않고 기다리고 있는지 이유를 물으셨다. 우리는 지체 없이 어머니께서 당부한 것을 마치 앵무새처럼 말씀드렸고 선생님께서는 칭찬을 아끼지 않으셨다. 학교에 돌아와서도 우리는 교장선생님으로부터 어제의 예의 바른 태도에 대해 칭찬을 들었으며 다른 아동들도 이러한 행동을 본받도록 지시하셨다.

초등학교에서 존재하고 있는 첫 번째 잠재적 교육과정으로서 '복종'을 선정하였다. '영수의 이야기'에 나타나 있는 것처럼 복종은 우리 사회의 가장 중요한 인간관계의 가치이자 생활철학으로 자리매김하고 있다. 아랫사람이 윗사람의 뜻을 얼마나 성실하게 받들고 따르는가, 그 사람이 윗사람에게 얼마만큼의 존경을 표현하는가 하는 복종적 인간관계 문화는 서양의 새로운 생활윤리가 우리 사회에 수용되고 있는 시점에서도 우리 사회의 인간을 바라보는 대표적인 평가관으로서 그 역할을 충실히 하고 있다. 그러한 점에서 복종과 존경으로서 표현되는 우리의 사회문화적 특징은 아동의 발달에 깊은 영향을 끼치는 거시체계(macrosystem)로서 한국 아동이 직접적으로 참여하고 있는 학교생활에 깊이 영향을 끼치고 있다.

이에 이 글에서는 초등학교의 학교생활이 우리 사회의 중요한 문화적 가치인 복종의 미학을 학교의 생활과 과정을 통하여 어떻게 강조하고 있으며 학습자에게 내면화시키기 위하여 기능하고 있는가를 논의하고자 한다. 이를 통하여 학교라는 장소는 교과목의 지식을 암기하고 공부하는 장소일 뿐만 아니라 '윗사람을 존경하고 복종하는 생활태도와 행동양식을 은연중에 학습자에게 전달시키기 위하여 기능하고 있는 효과적인 문화재생산의 교육기관' 임을 보여 주고자 한다. 그러한 점에서 우리 문화의 특성인 장유유서의 유교적 가치가 학교 사회에 구체적으로 어떻게 반영되고 있는가를 문화비평적인 관점에서(최준식, 1997) 그리고 학교비평의 관점에서(이용숙, 1998) 논의한 기존의 연구들은 우리의 학교생활과 학교의 위계구조가 어떻게 우리 사회의 복종의 권위관계를 반영하는 형식으로 발전해 왔는지를 이해하는 데 도움을 준다. 한 예로서 이용숙의 연구(1998)는 장유유서의 규범에 근거한 권위적인 인간관계가 학교조직의 사회학적 특성으로서 자리잡고 있으며 그에 따라서 학교의 권력관계가 하나의 긴 위계의 고리(교장-교감-주임교사-교사-학생)를 근간으로 하여 성립되고 있다는 점을 보여 주었다.

이 글에서는 위계에 근거한 학교조직의 구성이 갖는 조직적인 특성에 초점을 두기보다는 아동의 일상적인 생활에 복종의 가치가 얼마나 깊게 관여하고 있는가(학교의 생활이 복종의 가치에 의하여 어떻게 영향을 받고 있는가)를 중점적으로 논의하고자 한다. 이에 구체적으로 아동의 일상적인 활동이 얼마나 복종 규범의 요구를 반영하고 있는지를 보여 주고자 한다. 이를 위하여 첫째, 한국 초등학교에서 아동이 하게 되는 교사에 대한 문화적 규범으로서 다음의 두 가지 활동을 분석의 주제로서 논의하였다: ① 인사, ② 말하기. 둘째, 그러한 복종을 강조하고 연습시키는 생활분위기와 문화적 수용이 한국 초등학교의 수업과 교실생활을 어떠한 특정한 학습풍토로 변환시키고 있는지를 살펴보았다.

1) 바른 생활: 복종의 시작

초등학교에서 복종의 가치는 바른 생활의 윤리에 구체화되어 있음을 쉽게 알 수 있다. 바른생활에서 요구하는 가장 중요한 행동규범과 가치는 바로 '어떻게 윗사람에게 존경을 표하고 뜻을 따를 것인가' 로 정의되어 있다. 그리고 바른생활의 주요 내용은 윗사람에게 존경의 감정을 외형적으로 드러내는 행동양식인 인사하기와 말하기의 학습으로 구성되어 있다. 그런 점에서 바른생활은 복종의 가치가 명시적으로 표현되어 있는 이념적 지표이자 생활용어로서 이용되고 있다.

따라서 초등학교의 교실을 방문해 보면 교사의 외침, 학교장의 훈화, 칠판의 판서, 학생의 일기장 등 학교생활의 모든 분야에 복종을 중심으로 한 바른생활의 중요성이 강조되고 있다는 점을 쉽게 느낄 수 있다. 아울러 복종의 가치를 강화시키는 여러 가지의 물리적인 배열이 존재하고 있다. 그 예는 다음과 같다: ① 교사의 독립적인 교실공간, ② 교사가 사용하는 앞문. 또한 각종 표창장 수여, 글짓기, 웅변대회의 주요 주제

중의 하나는 어떻게 윗사람을 존경하고 예절 바르게 생활할 것인가이다. 교사는 학생에게 윗사람에게 어떻게 인사하고 어떻게 말해야 하는가를 끝없이 강의한다. 그런 점에서 존경과 복종은 초등학교의 명시적인 교육과정의 목표로 인식될 정도이다.

복종을 강조하는 문화적 학습분위기는 아동이 초등학교에 들어가는 첫날부터 시작된다. 다음 상호작용 단편 1에 나타나 있는 것처럼 윗사람에 대한 공손한 인사와 공경어가 가미된 말솜씨는 1학년이 배워야 하는 초등학교의 중요한 공부내용이다(김영천, 1997).

상호작용 단편 1

여러분, 목을 90도로 구부려서 정중하게 선생님께 인사해 보세요. 또 여러분의 허리도 함께 90도로 굽히세요. 인사할 때, 팔은 몸에 붙여야 해요. 움직여서도 안 되요. 그리고 "선생님, 안녕하세요?" 라고 말해야 해요. 이해할 수 있겠죠? 좋아요, 그럼 함께 해볼까요?(이 인사를 잘 따라하지 못하는 몇몇 학생들이 있다.) 자, 그럼 다시 해봅시다. (선생님은 1학년 학생들에게 20번 이상 인사연습을 시킨다.)

이렇게 인사와 공경어를 통한 '바른 생활' 과 '복종' 의 학습은 학교생활과 교사의 중요한 관심사가 되면서 학생의 행동과 태도를 위한 훌륭한 평가준거로서 이용된다. 이제 교사는 어떤 학생이 착한 학생인지 그렇지 않은지를 구분하는 손쉬운 도구로서 이 두 가지 행동표현을 적용하게 된다. 따라서 예절 있게 인사하는 법을 잠시 잊어 먹었거나 아니면 인사하지 않은 아동은 교사의 질책의 대상이 되는 것과 함께 학교에서 찾을 수 있는 가장 가혹한 형태의 언어적인 비난(예, 건방진)을 받게 된다. 아울러 아동의 도덕적 감화를 윗사람의 중요한 임무로 여겨온 우리 사회에서 윗사람의 역할을 담당해야 하는 연장자로서 교사는 제도의 입장에서 더더욱 아동의 인사와 말솜씨에서 나타날 수 있는 실수와 부정확을 장경하고 엄중하게 처리한다.

다음 상호작용 단편 2는 교사에 대한 인사가 교실교사의 아동평가와 관리에 있어서 얼마나 민감한 사안인지를 잘 보여주는 예이다. 인사는 단순한 감정의 표현을 나타내는 것이 아니라 신체의 정확한 표현으로 완성되어야 하는 성취의 예식으로 해석된다.

상호작용 단편 2

선생님: 준이, 이리 나와 보렴. (준이가 교실 앞으로 나오자 선생님은 자신의 오른쪽 팔을 준이의 어깨에 놓는다.)

선생님: 여러분 준이가 인사하는 모습을 자세히 보세요. 그리고 준이가 인사하는 모습이 바른 자세인지 아닌지 살펴보세요. (준이가 학급 전체에게 인사를 한다.)

선생님: 여러분, 준이가 잘 했나요?

학생들: 아니오. (매우 큰 목소리로 동시에)

선생님: 준이의 자세에서 뭐가 잘못됐죠?

학생들: 준이의 팔이 몸에 완전히 붙지 않았어요.

복종의 잠재적 학습은 인사하는 것과 함께 교사에게 해야 하는 존경어의 사용으로도 강화된다. 그런 점에서 존경어의 사용은 아동이 복종의 가치를 잘 내면화하였으며 생활화했는지를 측정해 볼 수 있는 좋은 지시자로 간주된다. 이제 아동들은 가정에서 하였던 상대적으로 자유로웠던 말하기에서 벗어나 교사가 대화의 상대자(청취자)가 되는 교실상황에서 끊임없이 공경어로 말하고 표현해야만 하는 것을 배워야 한다. 아동들은 자신을 낮추는 다양한 표현을 써가면서 청취자인 교사의 존재를 높여주는 사회적/심리적 공간을 만들어 가야 한다. 이를 통하여 장유유서의 사회적 실재를 창조하기 위하여 적극적으로 참여한다. 그리고 그러한 적극적인 참여의 태도는 아동이 존경어의 잘못된 사용이 어떠한 결과를 가져오는가에 대한 경험과 기억을 통하여 효과적으로 내면화되고 연습된다. 즉, 아동은 공경어를 사용하지 않는 윗사람과의 대화의 결과가 자신에 대한 심한 질책과 부정적 평가로 이어진다는 사실을 경험함으로써 어떻게 말해야 하는가에 대한 나름대로의 문화적 지식을 쌓아가게 되는 것이다. 그리고 연장자인 교사는 아동의 문화적 지식의 증진을 위하여 감시의 역할을 성실히 수행한다.

이러한 대화의 권위적인 관계 속에서 아동은 교사에게 어떻게 말해야 하는가에 대한 하나의 사회적 상호작용에 관한 문화적 지식을 습득하고 있음을 알 수 있었다. 필자의 관찰 결과 초등학교에서 아동이 배워야 하는 말의 규칙은 다음과 같다. 첫째, 자신의 이름이 불릴 때 "예"라고 대답할 것, 둘째, 선생님의 말씀을 주의 깊게 경청할 것, 셋째, 선생님이 말하는 중에는 절대로 말을 가로채지 말 것, 넷째, 선생님의 말과 질문에 대해서 이의를 제기하거나 '왜' 라는 말을 붙이지 말 것 등이다. 이 네 가지 사항 중에서 특히 세 번째와 네 번째 사항의 위반은 윗사람인 선생님의 권위와 존경에 대한 심각한 도전으로 간주되기 때문에 학생들은 이를 유념해야 할 필요가 있다.

2) 복종의 언어규칙과 참여구조

교사와 학생 간에 형성되고 있는 초등학교 교실에서의 권위적인 상호작용 문화는 아동의 교실수업 참여에서 교사에게 어떻게 말해야 하는가에 영향을 끼치고 있었다. 그리고 그러한 문화적 규칙이 지켜지지 않는 아동의 말과 대화는 교사에 의하여 부적절한 것 또는 문제가 있는 것으로 간주되었다. 그리고 그것의 영향력은 심각한 것이었기 때문에 학생의 말의 내용(응답, 교과지식)이 맞는 것이라 할지라도 아동의 말이 존경어를 통한 문화적 형태로 포장되어 제시되지 않았을 때는 잘못된 것으로 평가되는 상황이 연출되고 있었다. 다음의 세 가지 상호작용 단편은 아동의 말이 존경어의 형식을 통하여 표현되지 않음으로써 연장자와 교사에 의하여 부정적으로 평가되는 현실을 보여주는 예이다.

상호작용 단편 3

1. 꼬마: (포카리스웨트 병을 쳐다보면서) 엄마! 베버리지가 뭐야?
2. 연구자: (질문하는 꼬마를 바라보면서 마음 속으로): 음료수란다.
3. 꼬마의 엄마: (아들을 쳐다보면서) 뭐야가 뭐야, 다시 말해봐.

(1998, 어느 음식점에서)

상호작용 단편 3의 사례가 보여주는 흥미로운 점은 줄 1에서 아들이 엄마에게 한 질문의 내용과 형식에 있다. 아들이 제기한 질문이 엄마에게는 아들이 요구한 문제사태(베버리지의 의미) 하나만 포함하고 있는 것이 아니라 또 다른 문제사태(윗사람에게 존경어를 쓰지 않은 사실)를 담고 있었다. 그리고 이 문제사태에 대하여 엄마가 선택한 대처양식은 우리 교육자와 문화연구자에게 흥미로운 시사점을 던져주고 있다. 엄마는 아들이 제기한 '질문의 내용' 이 갖는 문제사태에 반응하기보다는 줄 3에 나타나 있는 것처럼 질문의 형식이 갖는 문제사태를 가장 먼저 교정해야 하는 과제로 선택하였다. 엄마는 아들이 원하는 대답, 즉 베버리지의 뜻이 무엇인지가 중요한 관심사가 아니라 아들이 연장자인 엄마에게 잘못 사용한 '반말' 의 문제점을 아들로 하여금 교정하도록 하는 것에 우선 관심을 보였다.

상호작용 단편 4

1. 교사: 너는 지난주에 뭘했니?
2. 학생: 나는 숙제를 했어요.
3. 교사: 다시 말해 봐.
4. 학생: 나는 숙제를 했어요.
5. 교사: 그렇게 말해서는 안 돼. "저는 숙제를 했어요"라고 말해야지.

상호작용 단편 5

1. 학생: 2 더하기 2는 4이다.
2. 교사: 뭐라구?
3. 학생: 2 더하기 2는 4입니다.
4. 교사: 좋아요.

다음 상호작용 단편 4와 5의 사례 역시 학생의 답이 '존경어'의 양식을 통하여 표현되지 않았기 때문에 교사에 의하여 부정적으로 평가되는 상황을 보여주는 좋은 예이다(김영천, 1997). 두 사례에서 학생의 답은 그 내용에 있어서는 문제가 없었지만 정답의 문화적/사회적 조건인 '존경어'로 포장된 진술문으로 제시하는 데 문제가 있었다. 그리고 그 결과는 자신의 수행이 부정적으로 평가되는 것으로 나타났다. 먼저 상호작용 단편 4의 줄 2에서 학생은 교사의 질문에 대하여 자신을 표현하는 단어로서 '나'와 '저'라는 두 개의 단어를 구분하여 사용하지 못함으로써 자신이 현재 대화하고 있는 청취자와의 대인관계를 위계적/권위적인 형태로 발전시키지 못하였다. 그리고 그 결과는 줄 3과 줄 5에서 청취자의 계속적인 교정의 요구로 나타나고 있다.

상호작용 단편 5 역시 아동의 정답이 존경어의 형태를 취하지 않음으로써 자신의 수행이 인정되지 못하는 결과를 보여주고 있다. 줄 1에서 나타나 있듯이 학생은 자신의 답을 제시하는 데 있어서 윗사람인 교사에게 해야 하는 존경어 대신 반말을 사용하고 있다. 그 결과 줄 2에서 교사는 그 표현의 부적절성을 지적하고 자신의 말이 가지고 있는 문제점이 무엇인가를 인식한 아동은 줄 3에서 진술의 문제점을 교정하게 된다.

그리고 교정된 아동의 대답은 교사의 긍정적인 보상과 함께 교실의 학생들에게 '성공적인' 것으로 공표된다.

3) 위계적인 수업 상호작용

지금까지 앞 절에서는 '복종'의 가치의 학습이 아동의 학교생활의 중요한 한 부분이 되고 있음을 초등학교 학생들의 일상적인 행동의 규범이 되고 있는 인사와 말하기를 통하여 밝혀 보았다. 그리고 교사에게 존경어를 쓰는 말하기 방식이 초등학교 교실수업에서 수업내용(교과내용에 관한 지식)을 이해하는 것과 함께 중요한 참여지식으로서 아동의 수업활동에 영향을 끼치고 있음을 보여 주었다. 이 절에서는 존경과 복종을 강조하는 초등학교에서의 생활문화와 참여자의 적극적 수용이 초등학교 수업문화의 중요한 한 가지 형식인 위계적이고 지시적인 교사중심의 수업을 만들어 내고 있음을 논의하고자 한다.

이러한 논의의 목적은 복종의 가치를 강조하는 생활문화 속에서 복종의 정점에 위치하고 있는 교사가 자신에게 부여된 존경과 위엄이 갖는 권력을 이해하고 연습을 통하여 초등학교의 수업을 교사중심의 위계적이고 지시적인 것으로 만들어 나가고 있음을 보여주는 데 있다. 그리고 그러한 위계적이고 지시적인 교사와 학생 간의 대인관계가 수업의 분위기를 교사의 힘과 명령, 지시가 일방적으로 적용되고 수용되는 권위적인 학습의 세계를 양산하고 있음을 보여주는 데 있다.

관찰을 통하여 드러난 초등학교에서의 권위적인 학습의 세계는 교사가 사용하는 다음의 두 가지 방식을 통하여 만들어지고 있었다. 첫째는 교사의 통제적/명령적 언어의 사용이었으며, 둘째는 체벌과 폭력의 등장이었다. 먼저 초등학교 교실에서는 일반적으로 연장자가 연소자에게 할 수 있는 반말과 명령어가 자연스럽게 사용되고 있었는데 이러한 표현들은 교실수업을 교사의 지시와 통제, 학생의 무비판적인 수용과 추종의 상응적인 참여관계로 구성하는 데 기여하고 있었다. 교사는 요구하고 지시하고 감독하고 통제하며 명령하고 비판하고 방향을 정해 주었다. 학생은 시키는 대로 따라하고 조용히 듣고 있으며, 교사가 원하는 바가 무엇인지에 즉각적으로 반응하였다.

온건한 방식으로는 요구와 수용의 관계를 형성하고 있고 극단적인 방식으로는 지배와 피지배의 대립적 관계가 만들어지고 있었다. 그리고 그러한 불평등한 수업의 상호작용 문화는 교사가 연소자에게 자유롭게 명령어와 반말을 쓸 수 있는 권리를 통하여 가능한 것이었다. 다음은 그러한 불평등하고 위계적인 수업의 참여양상을 만들어 내는 데 기여하는 교사의 일상적인 교실수업 용어들의 예이다: 해봐, 해, 하지 마, 안

할래, 주목, 모두 조용히 해, 손 무릎에 ○○, ○○ 조용히 안 할래, ○○ 책 안 펴니 등. 그리고 명령형 형태의 언어는 종종 비평과 비난, 질책의 용어로 그 정도가 심해지기도 하였다: 입 다물고, 꼼짝 말고 (책) 들고 있어, 딴 것 만지거나 딴짓하지 말아요, 계속 다른 짓하는 사람 누구야, 글씨도 엉망진창으로 써가지고, 도대체 어른 말을 듣는 거야, 안 들어, 너는 책 어디 갔니, 말을 끝까지 하세요, ○○○ 말 안 들어, 다 썼냐, 근데 왜 다른 데 보고 있어요, 휴지 주워요, 우유 흘리면서 먹고 있어, 예쁘게 앉아 있어, ○○○ 머리 내려놔요, ○○○ 지금 뭐하는 거야, 줄이 안 맞았는데 왜 자꾸 (책상)을 당겨, 너는 몇 번을 말해야 알겠니, 귀가 먹었어? 까부는 것은 일등이지.

이 글의 목적은 교실교사가 쓰는 다양한 형태의 아동비하적인 언어들의 예를 밝히는 것이 아니기 때문에 그러한 예의 서술은 더 이상 생략하기로 하고 다음의 다섯 개의 사례를 통하여 교사에게 주어진 우월한 사회적 지위와 신분, 권력이 아동의 교실수업의 경험을 어떠한 것으로 만드는가를 보여 주고자 한다. 이 사례는 교사의 의도와는 달리 교사와 함께 같은 교실에 앉아 있는 아동에게 교실에서 생활하는 것, 수업을 받는 것이 학교교육이 의도한 것과는 다른 어떠한 특정한 현상학적/심리적 상태를 아동에게 만들어 내고 있는가를 보여주기 위하여 재구성한 것임을 밝힌다. 교사의 기대와 달리 그리고 교육자의 이상과 달리 다음의 아동에게 교실은 불안과 회피의 장소로 다가오고 있다. 앞 세 개의 이야기는 교대학생의 초등학교 경험을 재구성한 것이며 나머지 두 개의 이야기는 현재 초등학교에서 교사로 근무하고 있는 교사가 관찰한 '권위적인 교사'에 대한 기술이다.

철수의 이야기

선생님이다. 우르르쾅쾅!

"어제 교실청소 누구야, 이걸 청소라고 했냐? 똑바로 해"

그러나 아이들 중에서 그저 매일 같이 반복되는 성화에 누구도 관심을 가지는 사람은 없다. 에이 재수 없어, 쳇 맨날 그 소리. 아침부터 난리를 치르고 나서야 겨우 수업을 시작할 수 있었다.

첫째 시간, 책과 공책이 정리되지 않은 몇몇 친구는 선생님에게 매를 맞고 예습을 하지 않은 친구들은 가슴을 졸인다. 혹시 선생님과 눈이라도 마주칠까 해서이다. 아니나 다를까. 지난 시간 복습문제가 터지고 만다. "야야 뭐야 뭐" 아무리 곁눈질을 해도 꿈쩍도 않는 짝을 흘겨보며 주먹을 지어 보인다. 역시 별똥별을 보고서 말이다.

쉬는 시간, 혹시 선생님과 눈길이 부딪힐까 삼삼오오 슬금슬금 교실을 빠져나간다. "야, 근수야, 혹 몇 개니? 난 둘" "역시 우리 짱의 펀치는 알아줘야 해"

둘째 시간은 수학이다. 아구리 생각해도 계산되지 않는 문제를 들고 고민하는 척한다. 선생님의 목소리는 더욱 커지고 있다. 앞자리에 앉은 몇 명을 제외하고는 그저 눈만 깜박이고 있다. "역시 우리 짱은 저 어려운 수학문제도 잘푸셔" 아이들은 그저 감탄할 뿐이다. "이 문제들을 공책에 풀고, 인식, 광민, 수은, 혜선 나와서 풀어보도록" "휴 살았다" 나머지 학생들의 안도의 한숨과 지명당한 학생들의 고민의 한숨소리를 우리의 선생님은 듣지 못하였다. 대신에 한켠으로 물러서 창밖으로 긴 담배 연기를 날린다. 근수는 암만해도 풀리지 않는 문제를 들고 고민한다. "선생님께 물어봐" "아냐 괜히 매를 벌 필요는 없잖아" 결국 공책을 덮고 만다. 그러고는 선생님과 눈길를 피하기 위해 고개를 숙이고 열심히 만화를 그린다. 간간히 선생님의 동태를 살피면서. 숨소리조차 내지 못하는 긴 침묵의 시간이 흐르고, 마침내 운명의 시간이 다가왔다. "야 인식이, 너는 어떻게 생겨 먹은 애가 이런 문제도 못 풀어 엉" "너 도대체 몇 학년이니?"

그러나 수업의 끝을 알리는 종이 울린다.

순이의 이야기

선생님의 말씀이 모두 옳고 또 그것들은 모두 지켜야 되는 줄만 알았다. 그리고 그렇게 했던 것 같다. 선생님 앞에서는 큰 소리로 웃거나, 떠들지도 못했고, 선생님과 상담할 때도 편한 기분이 들기보다는 오히려 불편했다. 선생님에게는 언제나 깍듯이 인사허야 했고, 버릇없이 굴어서도 안 되었고, 말대꾸를 할 엄두도 못 냈었다. 지금 기억에 초등학교 선생님들은 편한 존재가 아닌 무서운 존재였던 것 같다.

영이의 이야기

어릴 때부터 난 인사 잘하는 착한 어린이라는 말을 들어왔다. 선생님이 나에게 인사를 하라고 시켰기 때문에 난 인사를 했고, 공부할 내용을 가르쳐 주며 열심히 공부하라고 했기에 그 내용을 열심히 공부했다. 그래서 학교에서 나는 모범생이었다. 선생님이 시키는 대로 했기 때문에 나는 어떤 일을 해나갈 때 선택을 하거나 결정을 내릴 필요가 없었다. 이러한 나의 생활태도는 어떤 일을 해나갈 때 남을 의지하게 만들었고 나 스스로 일을 찾아서 하기보다는 맡겨진 일에 충실한 아주 수동적인 학생으로 머물 수밖에 없었다. 새로운 일에 도전적이기보다는 안정적인 것을 좋아하고 불안정한 것을 기피하는 나의 소극적인 모습 또한 발견할 수 있었다. 초등학교 때는 그저 선생님의 칭찬이 좋았고 벌받는 아이와 비교해 내가 우수해 보였기 때문에 그것이 즐거웠다. 선생님과 다른 견해를 표현하는 아이는 버릇없는 아이에서 문제아로 낙인찍히기 때문에 감히 교사의 권위에 도전하지 않았다.

그가 말해 주는 것이 진리였고 참명제라고 믿었다. 하지만 이러한 생각들은 현재 나의 사고활동의 장애로밖에 여겨지지 않는다. 분명 하나의 문제에는 다양한 해결책이 있으며 개인에 따라 그 처리방법이 다름에도 불구하고 교사들은 아동들이 자신과 같기를 바란다. 가르쳐주는 대로 시키는 대로 하길 바란다. 그런 교사의 뜻에 따랐던 나는 그것이 버릇이 되어 나 스스로 무엇을 할 때마다 두려움을 느낀다. 누군가 결정해 주었으면 하는 나약한 생각을 하게 된다. 대학생이 된 지금, 초등학교 때부터 지도해 주셨던 분들이 사라지자 나는 정말 힘이 들었고 다행히 지금 이 상태가 되기까지 무척 많은 시행착오가 있었음을 밝힌다.

이 선생님의 이야기

수학시간이다. C교사는 원의 개념과 구성요소 그리고 실제로 원을 그리는 것을 이번 수학시간의 수업목표로 정했다. 모둠별로 만들어진 책상배치를 일제식으로 바꾸고 한치의 흐트러짐 없이 줄을 맞추게 한다. 그리고 거의 사용하지는 않지만 길다란 나무 회초리를 오른손에 불끈 쥔다. 그러고는 공연히 칠판을 한 번 '꽝' 하고 치는 것이다. 과히 그 소리만으로 아이들을 움찔하게 만든다.

"이번 시간은 매우 중요한 내용을 배우게 됩니다. 여기에서 선생님의 설명을 놓쳤다간 나중에 큰 코 다치게 될 것입니다."

역시 아이들이 얼마 못가 부스럭댄다. 이것을 놓칠 리 없는 C교사가 말한다. "흠 좋아, 승은이 아는 게 많은 모양이군. 그럼 어디 질문을 해볼까."

승은이는 손톱을 물어뜯으며 바짝 긴장하고 있다. C교사는 일부러 매우 어려운 용어를 써가며 승은이를 몰아세운다. 당연히 대답을 하지 못하는 승은이다. 이 때 C교사는 앞에 놓인 책상을 나무 회초리로 또 한 번 내리친다.

아이들은 감히 눈을 떼지 못하고 과연 선생님이 승은이에게 어떤 벌을 내릴 것인지 지켜보고 있다. 교실은 긴장감이 흐르고 아이들은 선생님과 눈이 마주치지나 않을까 두려워한다. 비로소 C교사는 회심의 미소를 지으면서 수업에 들어간다. 산만한 아동 없이 모든 개념을 완벽하게 설명했다고 자부하면서 말이다. 그리고 선심 쓰듯 말한다.

"음 오늘은 좀 어려운 공부를 하는 것이므로 잘 이해가 안 되는 것은 당연합니다. 한 번 더 설명을 해주었으면 하는 어린이는 손을 들어보세요."

"알겠습니까?"

"예"

그리고 이제는 교과서에 나오는 응용문제를 풀게 한다. 교실을 전체적으로 순시하는 C교사. 아이들은 책상에 바짝 엎드린 채 문제를 푼다.

C교사는 비로소 만족해하며 "모르는 사람은 손을 들면 선생님이 다시 설명해 줍니다. 자, 모르는 것은 부끄러운 것이 아닙니다. 모르는 것을 숨기는 게 부끄러운 거죠." 한층 밝아진 교사의 음성에 비로소 한두 명씩 손을 들기 시작한다. 몇몇은 어쩔 줄 모른 채 선생님의 눈치만 보면서 앉아 있다.

김 선생님의 이야기

1998년 나는 초등학교 3학년을 담임으로 맡게 되었는데 학교에서는 2학년 때 같은 반에 있었던 학생들을 함께 모아 3학년의 같은 반으로 편성하게 되었다. 그런데 A, B, C, 세 반 중에서 아주 특이한 반이 있다는 사실을 발견하였다. 그 반은 교사가 없어도 운동장에 주저앉는다거나 줄을 이탈하는 아동이 한 명도 없었다. 뿐만 아니라 쉬는 시간에 일어서서 돌아다닌다거나 큰 소리로 떠드는 경우도 없었다. 자유활동 시간에도 운동장에 나가서 공을 차거나 으레 아동 사이에 일어나는 사소한 싸움도 없는 것이었다. 저학년의 신체발달 상황과 특징으로 미루어 볼 때 거의 있을 수 없는 일이었다. 쉬는 시간에 신발을 신고 운동장에 가서 실컷 뛰어놀다 오라고 말했는데도 그 아이들은 그 말을 무척 의아하게 받아들였다. 더구나 교사의 말에 대꾸를 한다거나 새로운 생각을 스스로 발표하려는 아동이 거의 없었다. 나는 그 이유가 너무나 궁금하였고 이 학생들이 다녔던 2학년 교실에서 어떤 일이 있었는가를 물어보게 되었다.

4) 위계의 정점: 체벌과 폭력

복종의 학교문화가 만들어 내는 첫 번째 결과로서 교사중심의 통제적인 수업분위기를 논의하였다. 이번에는 그 두 번째 가시적인 결과로서 체벌과 폭력의 등장에 대하여 언급하기로 한다. 복종의 문화에서 자연스럽게 잉태되는 교사와 아동 간의 불평등한 위계관계는 교사로 하여금 교실 내에서 전권을 행사할 수 있는 분위기를 만들어 준다. 그러한 문화적 후원과 분위기 속에서 교사는 여러 가지 이유를 위하여 연약한 아동에게 육체적으로 고통을 가할 수 있는 욕망에 빠지게 된다. 그러한 욕망은 장유유서의 기본정신(윗사람이 아랫사람을 가르치고 지도해 주어야 하는 도덕적인 책임)으로 인하여, 체벌이 교육을 위한 바람직한 문화적인 방법으로 인정되어 왔던 전통으로 인하여, 군사부일체라는 교사에 대한 높은 존경심과 사회적인 지위로 인하여, 교사가 택하기 쉬운 교실관리 방법으로 떠오른다. 그러한 욕망은 욕망 이전에 교사가 살아온 우리 사회의 한 가지 문화적 과정이므로 자기생활의 연장선속에서 아동에게 자연스럽게 실시되기도 한다.

우리나라 초등학교의 교실에서 체벌과 폭력이 어떻게 구체적으로 수업상황에서, 수업관리 방법으로 인정되고 빈번하게 이용되는지를 이해하기 위한 방법으로 이 주제를 다루고 있는 두 개의 연구의 결과를 인용하기로 한다: ① 김혜선(1994)의 연구, ② 김영천(1997)의 연구. 먼저 김혜선의 연구는 한국 초·중등학교의 체벌 실태를 설문지 방법을 통하여 조사하였다. 그녀의 현장조사연구에 따르면, 우리나라 초등학교의 교실에서는 표집(N=200)의 약 60.5%가 체벌을 받은 경험이 있는 것으로 나타났다. 그 체벌의 경험정도는 초등학교에서 중학교(85.5%)와 고등학교(81.3%)로 올라갈수록 더욱 높아지고 있다. 체벌의 형태로는 초등학교의 경우 다중 응답을 사용한 결과, 엎드려 뻗쳐(43%), 회초리나 자로 손바닥 때리기(58.7%), 회초리로 엉덩이 때리기(31.4%), 회초리로 종아리 때리기(21.5%), 손으로 뺨 때리기(16.5%)가 있었다. 교사를 대상으로 한 조사에서는 초등학교 교사의 약 89%가 체벌을 실천한 경험이 있음을 보여주고 있다.

두 번째로 필자의 연구(1997)는 초등학교에서 일어나고 있는 체벌의 실상을 그 종류별로 정리하였다. 다음 표는 그 내용을 종합한 것이다.

이와 같은 두 개의 경험적 연구의 결과는 체벌이 교육현장의 요구를 반영한 것이든지 아니면 학습자에게 부정적인 영향을 끼치는 것으로 평가하든지에 관계없이 우리나라 초등학교 교실에서 아동의 학교생활의 중요한 경험의 일부로서 실시되고 있는 현실을 보여주고 있다.

초등학교 교실에서 실시되는 체벌의 종류

방법	형태
서 있기(움직임 없이)	자리에서/자리 옆에서/교실의 한 공간에서 서 있기 눈을 감고 서 있기 손을 들거나 앞으로 뻗은 상태로 서 있기 머리를 90도로 숙이고 서 있기
무릎 꿇고 앉아 있기	책상에서 교실 앞에서 또는 교실 뒤에서 교실 바깥에서 눈 감고 앉아 있기 교실 바닥에서 눈 감고 앉아 있기 앉았다 일어났다 하기를 반복하기
손들고 있기	눈 앞쪽 방향으로/머리 위로/ 책을 들고서/책가방을 들고서
군대식 체벌	머리를 교실 바닥에 박고 벌 받기(원산폭격) 다리를 뻗은 상태에서 팔을 교실 바닥에서 받치고 있기 팔굽혀 펴기 운동장 달리기 PT 체조하기 토끼 뜀뛰기
교사의 신체 사용	꼬집기/머리털 뽑기 때리기(뺨, 머리) 누르기(코/목)
도구의 사용	도장/막대기/몽둥이/빗자루/자/책

2. 성차별

한국 초등학교에 존재하고 있는 잠재적 교육과정으로서 첫 번째로 '복종' 에 관하여 언급하였다. 이 절에서는 초등학교에 존재하고 있는 두 번째 잠재적 교육과정을 '성차별' 로서 개념화시키고자 한다. 그러한 이유는 필자가 수집한 다양한 자료와 관찰로부터 우리의 초등학교가 남학생과 여학생에게 상이한 학습경험을 제공하고 있다는 결론을 얻을 수 있었기 때문이다. 학교의 생활을 여성해방적 시각에서 비판적으로 해석하고자 하는 이러한 시각은 초등학교의 생활이 여성에 대한 차별적인 사회화를 재생산하는 인간발달의 환경임을 강조하기 위한 것이다. 따라서 학교는 첫째, 여학생에게 남학생이 경험하는 것과 동일한 수준에서의 학교경험을 제공하지 않는다는 점에서 여학생의 발달에 최적으로 유리한 발달공간이 아닐 수 있음을 시사하는 것이며, 둘째, 우리의 학생들에게 여성에 대한 차별적인 이미지를 수용하고 내면화시키도록 부추기는 교육기관임을 시사하기도 한다. 이러한 시사점은 다른 한편으로는 우리의 학교가 우리 사회의 중요한 문화적 규범으로 전승되어 온 남존여비와 부부유별의 가치를 확연하게 재생산시키고 있는 효과적인 문화전승의 도구로서 작용하고 있음을 알 수 있는 증거이기도 하다. 그리고 기존의 연구에서 우리 학교교육의 성차별적 실제가 실존하고 있음이 밝혀졌다(이진분 외, 1995; 한국여성연구회, 1994).

이 절에서는 성차별의 실제와 가치가 초등학교의 교실생활과 수업의 과정을 통하여 어떻게 전달되고 내면화되고 있는가를 기술하고자 한다. 이를 위하여 다음 세 가지의 영역에서 일어나고 있는 여성 성차별의 실제와 과정을 소개하고자 한다: ① 남성중심의 위계구조 ② 교육내용 ③ 학급경영과 관리.

1) 남성중심의 학교조직

가정을 떠나서 아동이 관여하는 발달의 직접적인 장소는 학교라고 할 때, 학교의 조직이 갖는 권력적 특성은 남성과 여성의 능력에 대한 암시적인 지식을 전달하는 데 효과적으로 작용하고 있을 것으로 추정할 수 있다. 초등학교에서 아동이 매일 관찰하고 경험하는 초등학교의 학교조직은 남자를 중심으로 한 가부장제적인 통치구조로서 있다는 점에서 학교조직에 대한 아동의 경험은 조직에서 성공하고 지도력을 행사하는 사람은 곧바로 여성이라기보다는 남성이라는 관점을 발달시킬 가능성이 높다. 특히 초등학교에 재직하고 있는 남교사에 대한 총 여교사의 수치(64%)를 고려해볼 때 그리고 아동의 여성화를 우려할 정도로 여자교사의 수가 많다는 사실을 인정해볼 때, 그 숫자와는 상관없이 학교조직의 위계에서 높은 직위를 차지하는 여성의 비율(5.7%)이 미미하다는 점은 놀라운 것이라 하겠다(윤종건, 1998).

남성 교사와 행정가에 의한 학교조직에서의 권력의 점유는 교실의 아동생활과 조직에도 자연스럽게 반영되고 있다(이용숙, 1997). 초등학교 교실의 공식적인 행정조직인 임직원제도는 그것이 민주화되었다고 할지라도 여전히 남학생 중심으로 전개되고 있으며 행정조직의 정점에 있는 '반장' 직은 대부분 남학생으로 구성되어 있다. 그리고 이러한 현상은 교실교사가 가지고 있는 반장직에서의 '남아선호' 사상에 의하여 교묘하고 은밀하게 만들어지고 있다. 다음의 상호작용 단편 6은 초등학교의 남학생 중심의 통치구조가 교실교사에 의하여 어떻게 재생산되고 있는지를 단적으로 보여주는 한 가지 사례이다(김영천, 1997). 학급의 체육부장을 선출하는 과정에서 교실교사는 투표의 당선자가 여학생이었음에도 불구하고 단지 여자라는 이유를 들어 민주적인 절차를 통하여 나타난 선거결과를 거부하고 남학생을 체육부장으로 정해 버리는 성차별적이고 비민주적인 결정을 내리고 있음을 보여주고 있다.

상호작용단편 6

선생님: 좋아, 지혜가 체육부 부장으로 선출되었지만 지혜는 여자예요. 여러분들은 지혜가 이 일을 잘해낼 수 있으리라 생각해요? 그래서 체육부장을 두 명 선출하겠어요. 지혜와 혜성(두 번째로 투표 수를 많이 얻은 남학생)이가 체육부의 브장이 되는 것이예요. 지혜는 여학생과 관련한 일을 하고 나머지 체육부의 일은 남학생인 혜성이가 맡도록 하세요.

체육부 부장의 투표수

후보자	성	결과
성수	남	0
지혜	여	20
혜성	남	16
상현	남	2

이러한 남성중심의 학교 위계구조에서 생활하고 있는 아동이 배울 수 있는 잠재적 학습 중의 하나는 곧바로 여성의 능력에 대한 특정한 시각일 것이다. 아동은 자신의 여자 담임선생님이 학교에서는 높지 않은 위치에 있다는 사실, 학교 사회에서는 남자 교사만이 학교의 우두머리와 지도자가 될 수 있다는 생각을 자연스럽게 가지게 될 것이다. 그러한 점에서 은행, 사무실, 공장, 연구실, 병원, 대학교에서 찾아볼 수 있는 남성중심의 권력구조가 초등학교의 조직에도 그대로 드러나 있는 셈이다.

2) 교과서에서의 여성

학교조직의 남성중심적 지배구조는 교과서에 나타난 여성에 대한 기술에서도 찾을 수 있다. 그리고 교과서가 아동의 학습에 중요한 영향력을 행사하고 따라서 인간을 어떻게 바라보고 평가할 것인가에 지대한 영향력을 끼치게 된다는 점에서 그러한 기술은 아동의 남성관과 여성관에 심각한 영향을 행사할 것으로 기대할 수 있다. 그리고 교과서의 내용을 여성해방적 시각에서 분석한 연구들은 우리나라 교과서에서 여성의 관점과 존재가 상대적으로 편협하게 기술되거나 왜곡되어 있음을 지적해 주었다.

교육내용에서 여성의 존재와 그 능력이 어떻게 차별적으로 묘사되고 있는가의 예를 살펴보면 다음과 같다. 첫째, 교과서에서 인물로 등장하는 남성의 수는 여성보다 훨씬 많다. 최재성과 강성혜의 연구(1995)에 따르면 초등학교 1학년을 제외하고서 초등학교의 교과서 내용은 60%에서 83%까지 남성편향의 인물묘사로 이루어져 있다. 이러한 현실은 우리의 생활과 역사가 여성보다는 남성에 의하여 수행되고 있다는 묵시적인 가정을 반영하는 것으로 해석할 수 있다. 이것은 미국의 역사교과서에서 여성의 역사가 생략되거나 평가절하되었다는 애니옹의 연구결과를 상기시키며, 우리의 학교교육과 교육내용이 객관적이거나 절대적인 진실이 아니라 기존 사회의 지배적인 질서인 가부장제도적 지배구조를 그대로 반영하는 매우 상대적이고 역사적인 산물임을 입증한다.

둘째, 교과서에서 기술되고 있는 여성의 역할은 전통적인 가정에서 주부가 담당했던 책임과 비슷한 것으로 소개되고 있다. 현대의 산업사회에서 여성이 담당하고 있는 새로운 형태의 다양한 사회적 역할과 직업선택의 현실은 상대적으로 생략되거나 왜곡되어 있다. 그러한 사례는 초등학교 교과서에서 쉽게 찾을 수 있는데 다음이 그러한 예에 속한다: ① 여성의 역할은 항상 앞치마를 두르고 있거나, 청소를 하고 있거나, 남편과 자식들 옆에서 과일을 깎고 있는 것으로 묘사되어 있다(초등학교 2학년). ② 배웅하는 사람은 거의 어머니이며(초등학교 2학년) 아버지에게는 신문을 어머니에게는 가사도구를 드리고 있다(초등학교 2학년), ③ 삽화에는 회의시간 동안 최고의장 자리에는 남학생이 앉아 있고 서기 자리에는 여학생이 자리하고 있다(초등학교 5학년), ④ 삽화에 나와 있는 동네 잔치에서 남자들은 모두 밖에서 놀고 있는 데 비하여 여자들은 부엌에서 일하고 있다(초등학교 5학년).

3) 학급관리에서의 여성

> 점심시간에 우리 선생님은 여자인데도 불구하고 남학생들이 있는 곳에서 식사하세요. 지금까지 거의 1년 동안 우리 여학생 자리에서 식사한 적은 몇 번 밖에 없어요(초등학교 5학년 여학생).

여성의 차별이 실시되고 있는 중요한 생활영역은 교실관리와 학급운영 측면이었다. 이 영역에서 일어나고 있는 성차별적인 실태를 분석하기 위해서는 학교조직, 교과서에 대한 분석보다 훨씬 집중적인 관찰이 요구되었다. 분석의 결과 교실관리와 학급운영에서 일어나고 있는 성차별의 실제는 다음의 세 가지로 구체화되고 있었다: ① 성별에 따른 집단의 조직, ② 교실의 일, ③ 교사의 신념.

(1) 성별에 따른 집단의 구성

초등학교의 교실조직에서 가장 쉽게 발견할 수 있는 주목할 만한 현상 중의 하나는 학생집단을 성별에 따라서 두 개의 집단으로 만들어 내는 것이었다. 이러한 집단분리작업은 필자가 관찰하였던 학교의 1학년 첫날부터 시작되고 있었다. 아동들은 자신의 성별에 따라서 남자 1번 여자 1번으로 불리면서 학교생활을 시작하였다. 특정한 교사의 경우에는 출석부의 기재방식을 남자와 여자 2개조로 구분하여 실시하고 있었다. 학교생활의 첫날에 시작된 집단화작업은 다양한 목적을 위하여 교실생활의 여러 영역에 확대되어 이용되고 있었다. 아동은 남자의 집단으로서 아니면 여자의 집단으로서 복도를 걷게 되고 노래를 부르며 점심을 먹는다. 특히 좁은 교실에서 함께 생활하고 함께 앉아서 공부하던 아동들이 넓은 학교식당에서 남자는 남자끼리 여자는 여자끼리 점심을 먹고 있는 광경은 참으로 놀랍다.

성별에 근거하여 물리적으로 격리된 사회적 공간은 이제 교사가 사용하는 다양한 비교와 경쟁의 방법을 통하여 한 차원 높은 심리적 공간/대립적 공간으로 승화된다. 이제 남자 대 여자라는 대립과 차별화의 심리적 공간이 남학생과 여학생의 마음속에 형성된다. 교사의 비교 방법인 "남학생이 더 잘하나 아니면 여학생이 더 잘하나?" 란 말은 초등학교 교실에서 쉽게 들을 수 있다. 성별이 수업의 중요한 사회 조직으로 사용되는 경우, 아동의 참여는 상대적으로 높아진다. 이제 수업은 나 개개인의 것이 아니라 남자로서 아니면 여자로서 잘해야 하는 성취의 대상으로 발전한다. 조용히 과묵하게 앉아있던 남학생들이 교사의 성별에 근거한 수업참여 방식에서 '여자에게는 져서는 안 된다며' 엄청난 목소리로 악을 쓰며 노래를 부르는 모습이 초등학교 교실을 또 다르게 색칠한다.

(2) 교실의 일에서 여성

성별에 따른 집단 구성이 학생들을 남성과 여성의 두 집단으로 구분하는 기초적인 역할을 담당하였다면 교실의 일(classroom job)은 자신이 남성으로서 그리고 여성으로서 해야 하는 역할은 어떤 것이 있는가를 내면화시키는 역할사회화를 담당하고 있다. 사회화라고 지칭한 이유는 교실에서 아동이 하게 되는 일의 성격이 우리 사회에서 남성과 여성이 담당하게 되는 일의 성격과 유사하다는 점에서 교실에서의 일의 경험이 사회에서 점유하게 될 남성의 직업과 여성의 직업에서 요구되는 가치와 태도를 내면화시키고 연습시킨다는 점에서 효과적으로 기여하고 있다고 생각하기 때문이다.

이에 교실의 일 중에서 어떠한 일과 과제가 여학생에게 부과되는지 분석되었다. 분석을 통하여 나타난 결과는 교실의 일 역시 여학생으로 하여금 전통적인 여성이 수행해 왔던 역할이나 일을 담당하는 데 필요한 태도와 가치를 내면화시키는 데 기여하고 있다는 사실이었다. 초등학교의 교실에서 여학생은 다음과 같은 일을 하고 있었다: ① 선생님 점심을 준비하는 일, ② 화초를 가꾸는 일, ③ 선생님에게 커피물을 가져오는 일, ④ 교실 청소.

다음의 상호작용 단편 7은 교실의 일과 관련하여 여성이 어떠한 일을 해야 하는가를 잘 보여주는 사례이다(김영천, 1997). 교사는 교실을 청소하고자 하는 남학생들과 여학생들 자원자 중에서 청소하는 역할을 모두 여학생에게 일임하였다. 그리고 자원한 남학생에게 그의 그러한 생각과 선택이 적절하지 않은 것이었음을 공개적으로 지적하고 있다.

상호작용 단편 7

선생님: 좋아, 누가 1학년 교실을 청소할래?

학생들: (남학생과 여학생들이 손을 든다.)

선생님: 철수(남학생), 네가 1학년 교실을 청소하고 싶다고? 선생님은 그렇게 생각지 않아.

(학급 학생들이 그를 보고 웃자, 철수는 미심쩍어 조용히 손을 내린다.)

선생님: 좋아. 미숙이, 은진이, 정아가 1학년 교실을 청소하자. 여학생들이 깨끗하고 성실하니까.

교실의 일은 성별에 따라서 분업화가 분명하게 이루어지고 있었다. 교실의 일의 할당과 분업은 남성과 여성의 역할에 대한 성고정적인 해석에 근거하여 실시되고 있었다. 교실청소의 경우, 일반적으로 교실청소는 여학생의 일이라고 인정되는 상황이기는 하였으나 남학생이 참여하게 되는 경우에 청소의 일은 성별에 따라서 그 역할이 크게 구분되고 차별화되었다. 그 결과, 여학생이 담당하는 교실의 일의 종류에는 걸레질, 빗질, 창문 닦기, 컵 씻기 등이 속하였다. 남학생이 담당하는 교실의 일의 종류에는 높은 창문 닦기, 밀대질, 물 나르기, 책걸상 옮기기, 쓰레기통 비우기, 소각장 청소, 화단 가꾸기(가지치기, 김메기), 페인트칠하기 등이 해당된다.

교실을 청소할 때, 남학생들이 교실을 청소를 하면, 선생님은 관심이 없어요.

> 그러나 여학생들이 교실을 청소를 하게 되면, 우리에게 좀 더 오래 깨끗이 하라고 요구하세요. 어느 날 우리 여학생들은 한 시간이 넘게 교실을 청소했어요. 남학생들이 하는 경우에는 20분 내지 30분 정도예요. 매우 공평하지 못한 것 같아요.

성별에 따른 분업화는 그 이외의 교실의 일에서 찾아볼 수 있다. 교실에서 하게 되는 사무적인 일이 대부분 여학생에게 부여되는 것, 글씨를 쓰거나 문서를 정리하는 일, 시험지 채점하는 일, 성적 정리 등 비서적인 작업들이 주로 여학생의 임무로서 할당된다. 성역할에 따른 교실의 일의 분업화가 극명하게 일어난 대표적인 사례는 자연시간 동안에 일어났다. 남학생의 과제는 개구리를 잡아오는 것이었고 여학생의 과제는 식물을 채집해 오는 것이었다. 이러한 성별에 근거한 작업의 사회화는 수렵시대에서 동물을 잡아오는 역할을 담당한 남성과 들에서 풀과 열매를 채집하였던 여성의 전통이 현대 학교사회의 교실에서 아무런 변화 없이 되풀이되고 있음을 보여준다.

(3) 교사의 신념

이렇게 교실의 일에 남성과 여성의 참여를 상이하게 규정하고 실천하는 데 중요하게 작용하고 있는 원인 중의 하나는 교사가 가지고 있는 여성에 대한 특정한 신념이었다. 교사는 그러한 신념에 근거하여 교실을 관리하고 있었는데 그 신념의 중요한 내용은 사랑스러운 여성, 여성다운 여성, 육체와 표현이 절제된 여성이었다. 그러한 교사의 신념은 교실관리와 학급운영의 여러 측면에 적용되고 있었다.

한 예로서 여학생에게는 항상 '예쁘게' 라는 요구와 찬사가 따라다녔다. 따라서 여학생이 글을 예쁘게 쓰지 못하는 경우에 교사는 '너는 왜 그렇게 글을 못 쓰느냐' 라고 지적하기보다는 '여자애가 글씨가 이게 뭐야' 라고 지적하였다. '예쁘게' 의 미덕은 앉을 때도 적용되었다. 남학생에게 바르게 앉도록 요구할 때는 '똑바로' 를 사용하였고 여학생에게 바르게 앉을 때는 '예쁘게' 라는 용어가 사용되었다. 아울러 여학생들은 낮은 목소리로 귀엽고 부드럽게, 그리고 예쁘게 말해야 하며 남학생이 쓸 수 있는 거친 말들을 사용해서는 안 되었다. 이러한 교사의 기대가 극명하게 나타난 것은 여학생이 떠든 경우 교사는 '떠들었다' 는 사실이 아니라 '여학생이 큰 소리를 내었다' 는 점에 분개하는 것 같았다. '예쁘게' 의 미학은 여학생의 신체 표현에도 적용되었다. 여학생들의 행동거지(걸음걸이)는 교사의 주요한 관심과 평가의 대상이 되었다. 다음 상호작용 단편 8은 교실생활에서 예쁘게 걷는 것의 미덕을 강조하는 우리 초등학교의 문화를 잘 보여주는 사례이다(김영천, 1997).

> **상호작용 단편 8**
>
> 복도에서 할 수 없이 빨리 뛰어가는 경우에 선생님에게 들키는 경우 선생님은 다음처럼 말씀하세요. "너는 어떻게 그처럼 뛸 수 있니? 너는 여학생이야, 너는 예쁘고 얌전하게 걸어야 해!" 선생님은 무슨 굉장한 일이 벌어졌거나 큰 실수를 저지른 것처럼 말씀하시는데, 제가 알고 있기로는 남학생이 그랬을 경우 여자들에게 화를 내는 것처럼 말을 하지는 않아요.

(4) 차별의 탄생: 성차별적 수업 상호작용

남성중심의 위계구조, 교과서, 학급관리 영역에서 나타난 여학생에 대한 성차별적인 이데올로기의 재생산은 이제 수업 상호작용의 과정에서 극명하게 드러나고 있다. 그리고 그 결과는 여학생의 수업참여에서 기회의 차별로 나타났다. 여학생이 수업참여와 상호작용에서 얼마나 차별받고 있는가를 예증하기 위하여 초등학교 수업을 비디오 분석 방법을 통하여 밝혀 보았다. 그 결과로서 다음 다섯 가지의 초등학교 수업에서 남학생과 여학생의 수업 발표와 참여의 차이를 제시한다. 분석을 위하여 "여학생이 남학생에 비하여 수업에 참여하는 비율은 어느 정도인가?"라는 연구질문을 하였고 배경 정보로서 자리배치, 입은 옷색깔의 종류, 교사의 학생호명의 횟수에서 나타나는 차이를 교실수업을 녹화한 비디오테이프의 분석내용으로 삼았다.

3. 비교와 실패

우리나라 초등학교 교실생활을 구성하는 잠재적 교육과정으로서 지금까지 복종, 성차별을 언급하였다. 이 절에서는 초등학교에 존재하는 세 번째 잠재적 교육과정으로서 경쟁과 비교를 선정하였다. 이미 우리의 학교현장이 초등학교까지 지나치게 경쟁적이어서 그것의 해악을 줄이기 위한 여러 가지 구체적인 방법들이 교육부를 중심으로 한 교육개혁을 통하여 실천됨으로써 다행스럽게 과거에 비하여 학교 내에서의 경쟁지향적 생활과 학습분위기는 상대적으로 약화되었다고 할 수 있겠다. 그러나 한 연구의 결

성별에 따른 차별적인 수업 상호작용

학년/과목	분석의 결과
1학년 말하기와 듣기	반장: 여학생, 발표횟수: 남학생 35회 여학생 10회, 책읽기: 모두 남학생 3명, 듣기 테이프에서 나오는 동시의 낭독자: 여학생 2명
6학년 국어	교사의 질문: 총 44번, 남학생에게 22번, 여학생에게 22번, 질문의 내용: 단순한 오류를 묻는 질문은 여학생 위주, 한차원 높은 질문은 남학생, 시낭독: 여학생 먼저 모범을 보임 그리고 다음에 남학생, 시낭독을 제외한 질문과 관련하여 여학생이 먼저 손을 들어도 남학생을 먼저 시킴
2학년 읽기와 즐거운 생활	반장: 여학생, 발표횟수: 총 14회 중에서 남학생 9번 여학생 5번, 글의 줄거리 요약: 2명의 남학생을 시키고 학급전원에게 이것을 모범답안으로서 사용하여 참고할 것을 요구
2학년 수학	교사는 수업 중에 오직 남학생들과만 농담을 주고받음, 수학문제의 단답형은 보통 여학생데게 질문하였고 "어떻게 하여 이런 답이 나왔을까요?" 와 같은 보다 고차원적인 수준의 질문들은 남학생에게 질문하였음. 학생과의 의사소통의 양: 남학생 9번, 여학생 6번
1학년 수학	질문하였는데 아무도 손을 들지 않을 때는 대체적으로 남학생을 지적하였다. 책 내용의 전체적인 줄거리 같은 어려운 과제는 남학생을 먼저 시킨다. 책읽기 역시 손 들어서 학생을 선발하는 것이 아니라 남학생을 선발하여 시킨다. 발표 후, 남학생이 질문에 대답을 하지 못하면 더 생각해보라고 이야기하였고, 여학생이 대답을 잘 못하면 바로 다른 학생을 선발하였다.

과인 1997년 김정원의 초등학교 연구는 여전히 우리 초등학교의 중요한 생활의 특징으로서 평가지향적 수업방법, 학생 간의 비교, 학생의 성적에 보답하는 보상 등이 잔재하고 있다는 점을 보여주고 있다. 그리고 외국의 평범한 학교의 교실수업에 비교해 보았을 때는 여전히 우리나라 초등학교의 교육과정과 수업의 과정은 평가지향적이고 점수지향적인 특성을 강하게 띠고 있음을 부인하지 않을 수 없다. 아울러 극도의 경쟁의 잔재와 불씨는 우리나라 고등교육의 선발제도가 완전한 최종적인 형태로 정착되어 있지 않다는 점에서 다시 언제 어떻게 불타오를지 예측할 수 없다.

이에 이 절에는 우리나라 초등학교 생활이 평가와 성적의 강조, 비교와 경쟁, 성공과 실패가 명확하게 구분되는 학교생활에 의하여 경쟁심과 비교우위라는 공식적인 교육과정의 목표로 상정되지 않았던 다양한 부정적인 정서를 경험하고 있음을 보여 주고자 한다. 즉, 학교는 아동으로 하여금 학교공부에서 중요한 것은(그리고 인생에서 중요한 것은) 그 어떤 다른 목적보다도 '경쟁에서 이기는 것', '남들보다 더 잘하는 것'의 생활심리학을 내면화시키는 학습장소로서 기능하고 있음을 보여 주고자 한다. 이를 통하여 실패감과 무능감이 학교생활의 또 다른 잠재적 학습으로서 발전될 가능성이 있음을 보여 주고자 한다. 초등학교의 생활이 아동에게 이러한 실패감과 무능감을 어떻게 내면화시키도록 학습분위기를 조성하고 있는가를 나타내기 위하여 다음 네 가지의 사실을 중심으로 논의하고자 한다: ① 성공과 실패의 명시화, ② 실패의 공개화, ③ 차별적 보상, ④ 관리와 수업의 방법으로서 경쟁과 비교.

1) 성공과 실패의 명시화

초등학교 교실에서 일어나고 있는 평가의 실제를 보고 있노라면 학교평가와 학습자평가의 진정한 목표가 무엇인가에 대한 의문이 들 정도로 초등학교의 일상적인 평가가 갖는 특징은 학생들의 학업성취도를 측정하고 그에 근거하여 적합한 범주나 명칭을 부여하는 선발과 분류의 성격을 띠고 있다는 느낌을 갖게 된다. 학생들의 능력을 공개적으로 노출하여 그 능력에 따라서 학생을 분류하고 보상해 주는 전통적인 검사의 목적이 강하게 반영되어 있음을 알 수 있다. 이러한 분류와 능력변별의 기능은 교실수업의 처음부터 끝까지 계속적으로 일어나며 교사는 그러한 변별과 검토의 작업에 교실수업의 상당한 시간을 할애하는 듯하다. 검토의 방법으로는 손들기와 교사에 의한 '검사'가 이용되었다(김영천, 1997).

상호작용 9

교사: 지금까지 100점 맞은 사람 있으면 손들어 봐요.

상호작용 10

교사: 빨간색 크레용을 표시해 보세요.

학생들: (파란색 크레용을 표시한다.)

교사: 파란색 크레용을 표시한 사람 손들어 보세요.

손들기와 함께 학생들의 성취정도와 능력을 공개적으로 평가하고 점수로서 확인해 주는 교사의 평가작업은 '검사'와 '확인'이었다. 교사들은 수업의 상당 시간을 학생들의 과제를 검사하고 평가하는 데 할애하고 있었는데 교사는 자신이 정한 성공의 수준을 달성한 학생들을 나타내기 위하여 아니면 그들의 성실성을 보상하기 위한 가시적 방법으로서 다양한 인정의 형식(도장, 교사의 사인, 스티커)들을 사용하고 있었다. 그리고 그러한 인정의 형식들을 주는 방식으로서 두 가지 방법이 사용되고 있었다: ① 각 학생의 책상을 순서대로 방문하면서 학생들의 학업성취도를 측정하고 검사하는 방법, ② 교사의 책상에서 검사하는 방법. 후자의 경우 학생들은 교사의 확인 과정을 통과하기 위하여 교탁이나 교사의 책상을 중심으로 긴 줄을 만들어 나간다. 그런데 손들기와 검사를 통한 학생평가가 갖는 문제점은 학생들의 수행정도가 지나치게 공개적으로 교실의 다른 학생들에게 공개되고 있다는 점이었다. 그런 점에서 교사의 평가작업은 각 개인의 성취와 능력을 지나칠 정도로 교실의 모든 학생들에게 주목시키고 판별하게 하는 기능을 하고 있었다.

2) 실패의 공개화

교사의 검사와 확인 작업이 갖는 공개화는 곧바로 학생의 실수와 실패를 명시적으로 드러내는 역할을 하고 있다. 이제 교실은 공부 잘하는 아이와 공부 못하는 아이가 존재하는 명확한 두 개의 능력집단으로 구분되는 듯이 보인다. 그리고 실패의 결과가 어떤 것인지를 모든 학생들이 목격할 수 있도록 다양한 교실관리방법들이 이용된다. 그 한 예로서 교실 내에서 과제를 성공적으로 수행하지 못한 학생들에게는 여러 가지 교실 관리방법이 사용되고 있는데 다음은 그 예이다: ① 공부 못한 학생의 이름을 호명함으로써 학급 학생들이 그들을 주목하게 만드는 것, ② 의자 위나 의자 앞에 일어서 있도록 하는 것, ③ 학생들의 부적당한 자질(낮은 지능)이나 성격(게으르고 정신 집중하지 않는 태도)을 비난하는 것, ④ 학생의 권리나 기회(수업 참가)를 박탈하는 것, ⑤ 체벌. 다음의 사례들은 학생의 실패가 학급의 학생들에게 어떻게 구체적으로 공개되는지를 보여주는 사례이다(김영천, 1997).

상호작용 11

교사: 5분 동안 서 있어(틀린 대답을 한 두 학생에게).

상호작용 12

교사: 좋아, 너희(틀린 대답을 한 두 학생에게)는 교실 앞으로 와서 칠판 밑에 앉아 있어. 맞는 답을 얻을 때까지 거기 앉아서 공부해.

상호작용 13

교사: 좋아, 칠판에 현우의 틀린 답을 쓰겠어요. 현우가 어디에서 틀렸는지 알아내 보세요. (교사는 현우의 틀린 답을 칠판에 쓴 후에 학생들을 나오게 해서 잘못된 부분을 고치라고 지시한다.)

상호작용 14

교사: 너, 왜 우리가 어떻게 이걸 볼 수 있는지 말해 봐.

학생: (대답을 못하고 일어서 있다.)

교사: 이 학생은 답을 몰라요. 누가 이 학생을 위해 큰 소리로 답을 말해 볼 사람?

3) 차별적 보상

초등학교 교실에서 나타나고 있는 비교와 성취중심 평가작업이 갖는 또 다른 특징은 교사의 기대와 준거에 속하는 '공부 잘하는 학생'과 그렇지 못한 '공부 못하는 학생'에 대하여 교사가 사용하는 보상이 차별적으로 적용되고 있다는 점이다. 초등학교 교실에서의 교사의 평가작업은 평가 자체로 끝나기보다는 학생의 노력의 결과 여부에 따라서 명확한 보상이 주어지는 삶의 장소였다. 따라서 학생의 과제성취가 성공적인지 아니면 성공적이지 않은지에 따라서 다양한 방식의 보상이 제공되었다. 교사는 성공적인 집단의 학생들에게는 다양한 호의적 기회를 경험하게 하는 반면에 성공적이지 못한 집단의 학생들에게는 그들의 이익에 제한을 가하는 방법을 사용하고 있었다. 우리나라 초등학교 교실에서 성공집단에 속하는 학생들은 노력과 학업수월성에 대한 보상으로 다음과 같은 혜택을 누렸다: ① 교실의 자료(책 또는 장난감)를 소유할 수 있는 자유시간을 갖는 것, ② 정규시간표에 따라 활동할 수 있는 활동의 자유(쉬는 시간에 화장실 갈 수 있는 것), ③ 교사가 부여한 다음 과제를 미리 시작하는 것. 이와는 달리 성공적이지 못한 집단의 학생들은 부정적인 보상의 결과로서 수업이 끝날 때까지 그 과제를 계속하거나 아니면 학교수업이 모두 끝날 때까지 끝내야 했다.

> 학급에서 과제를 끝낸 학생들만 지정된 시간에 집에 갈 수 있어요. 그렇지 않으면 방과 후에도 남아서 학교에서 과제를 끝마쳐야만 해요(김영천, 1997).

> 교사가 영어로 지시하면 그대로 움직이는 수업이었다. 마침 4교시였고 다음 시간은 식사시간이었다. 교사는 지시하는 대로 잘 움직이지 못하는 조가 맨 마지막으로 점심을 먹게 될 거라고 했다. 자기 조에 영어를 잘하는 아이가 많은 조는 좋아했다(1998년 초등학교 3학년 영어시간).

교사는 정해진 시간에 과제를 끝마치지 못한 학생들에게는 자유시간을 제한하는 경우가 있었다. 그리고 그러한 자유시간의 제한이라는 학생에 대한 권리의 박탈은 초등교실에서 자연스럽게 수용되었다. 따라서 수업 중에 일어났던 성공과 실패에 의한 두 집단의 생성은 수업이 끝나버린 시점(쉬는 시간, 때로는 점심시간)에서도 계속 유지되는 경우가 있었다. 한 집단은 늘면서 자유시간을 즐기는 데 반하여 다른 집단은 머리를 책상에 숙인 채 과제를 하느라 바쁘다.

4) 관리와 수업의 방법으로서 경쟁과 비교

성공과 실패를 강조하는 초등학교의 교실이 갖는 또 다른 특징으로 성공을 동기화시키는 방법으로 다양한 형식의 비교와 경쟁을 부추기는 방법이 이용되고 있었다. 이러한 비교와 경쟁은 학습효과를 목적으로 하기도 하였지만 그 범위가 교실관리와 학생생활 지도의 영역에까지 확대되어 있었다. 비교와 경쟁은 때로는 개인적으로 일어나기도 하였고 한편으로 집단을 기본으로 하여 일어났다. 교실에서는 '누가 제일 잘했는가', '누가 누구보다 잘했는가 못했는가' '누가 교실에서 가장 못했는가' 라는 교사의 말이 자연스럽게 들리고 있었다. 교실의 수업과 활동의 상당부분(발표, 탐구, 과제수행, 평가 등)이 경쟁의 방법이나 비교전략을 통하여 이루어졌다.

> 한 아이가 떠들었다. 그 아이는 이번 평가에서 낮은 점수를 받은 아이였다. 교사는 그 아이에게 ㅇㅇ야! 너는 50점밖에 못 받은 애가 왜 그렇게 떠드냐, ㅇㅇ 봐라. 이번에 100점을 받고도 조용하게 또 공부하고 있잖아. 조용히 해(1998년 초등학교 6학년).

> 조별로 게임을 하고 있었다. 문제를 맞추면 자기 조에 종이꽃을 달아 주었다. 서로 자기 조가 더 많은 종이꽃을 얻고자 했다. 그래서 자기 조 아이가 문제를 맞추지 못하면 그 아이는 같은 조 아이들에게 소리를 들었고, 다른 조 아이들은 기분 좋아했다. 이렇게 되자 교실이 아주 소란스러워졌는데 그 때 교사가 떠들거나 자세가 나쁜 조는 감점으로 종이꽃을 한 개씩 뗄 거라고 하자 교실이 아주 조용해졌다(1998년 초등학교 2학년 체육시간).

비교와 경쟁이 교실관리와 학업동기화에 쓰이는 사례는 초등학교의 교실 곳곳에서 쉽게 찾아볼 수 있다. 비록 평가의 횟수가 줄어들어 시험을 통한 경쟁과 비교의 수업문화가 예전과 같은 것은 아니지만 교실에서 교사가 선택하고 행사하는 다양한 형태의 상벌제도를 통하여 여전히 아동들 간의 비교와 경쟁을 부추기고 있다. 초등학교의 교실에서 아동의 참여와 보다 높은 성취를 위하여 일반적으로 쓰이고 있는 방법으로는 교사가 실시하고 있는 담임상을 들 수 있는데 담임이 수여하는 상의 수여는 아동으로 하여금 한편으로는 적극적인 참가와 동기화를 다른 한편으로는 친구 간의 비교와 경쟁을 북돋우고 있다. 한 초등학교의 교실에서 실시하고 있는 상의 종류를 살펴보면 다음과 같다: ① 저축, ② 독서, ③ 글쓰기, ④ 친구 도와주기, ⑤ 수학, ⑥ 일기 쓰기, ⑦ 청소, ⑧ 발표, ⑨ 그림 그리기. 그런 점에서 초등학교에서 아동이 하게 되는 모든 활동은 곧바로 교사의 평가, 보상과 직접적으로 관계되는 듯이 보인다.

Ⅳ. 여러분이 해야 될 선택: 얻는 것과 잃는 것

지금까지 우리나라 초등학교의 학교생활을 통하여 묵시적으로 배우게 되는 잠재적 교육과정을 세 가지로 개념화해 보았다: ① 복종, ② 성차별, ③ 비교와 실패. 이러한 논의를 하게 된 배경은 첫째, 필자의 저서 〈네 학교 이야기: 한국 초등학교의 교실생활과 수업〉에서 깊게 다루지 못하였던 한국 초등학교의 학교생활의 특징과 그 문제점을 잠재적 교육과정의 시각에서 정리해 보는 것이었다. 둘째, 현재 진행되고 있는 학교개혁이 진정으로 이루어지기 위해서는 학교현장에 깊이 배어있는 학교의 지배적인/부정적인 생활문화를 변화시킬 필요가 있는데 그러한 점에서 잠재적 교육과정의 시각에서 한국 학교의 문화가 가지고 있는 특성과 문제점이 무엇인가를 지각하는 데 도움을 주기 때문이다. 특히 잠재적 교육과정의 학습결과가 교육개혁이 의도하고 있는 이상적인 인간상(창의적인 인간, 합리적인 인간, 자율적이고 개성적인 인간)과는 상반된 것이라고 할 때 초등학교의 잠재적 교육과정에 대한 비판적 논의는 우리나라의 학교문화를 개선하기 위한 실제적 아이디어를 제공해 준다고 하겠다.

학교의 생활과 문화 연구와 그 개선의 중요성은 이미 존듀이에 의하여 오래전에 지적되었다. 비록 잠재적 교육과정의 개념을 사용한 것은 아니지만 학교의 도덕적/윤리적 분위기가 아동의 도덕적 성장과 깊게 관련이 있음을 강조하였다. 그에 따르면 학교에서 도덕적 교훈은 직접적인 수업을 통하여 이루어지기보다는 매순간 교사가 하게 되는 학생과의 사회적 상호작용에 의하여 보다 효과적으로 가르쳐진다고 하였다. 즉, 학교의 학습분위기야말로 아동의 도덕적/사회적/정서적 발달을 유도하는 가장 효과적인 자원이다. 애니옹은 존듀이의 입장에서 한 걸음 더 나아가 학교비평의 관점에서 '잠재적 교육과정' 분석의 필요성을 해방의 측면에서 언급하고 있다. 다음의 애니옹의 지적에서 찾을 수 있는 것처럼 잠재적 교육과정을 학교교육의 숨겨진 정치적 기능을 담당하는 효과적인 기제로 확대해석하지 않더라도 그녀의 지적은 우리나라 학교의 학습풍토를 보다 이상적으로 조성하기 위하여 생각해 볼 수 있는 의미 있는 언급임이 틀림없다.

> 다양한 학교의 일상적인 생활을 통하여 우리 사회에 존재하는 불평등한 권력의 질서들이 학생들의 의식 속에서 정당한 것으로 학습된다. 날마다 하고 있는 학교생활의 일상적인 참여와 경험을 통하여 우리 사회의 구조가 가지고 있는 불평등한 권력의 형태들은 당연한 것, 타당한 것, 그렇게 될 수밖에 없는 어쩔 수 없는 것이라는 생각이 학생의 마음속에서 자리 잡는다(Anyon, 1988, pp. 178-179).

이에 이 절에서는 잠재적 교육과정에 관한 논의가 학교개선을 위하여 필요하다는 주장의 근거로서 '잠재적 교육과정이 학생의 학습과 발달에 어떠한 영향을 끼칠 수 있는가' 를 보다 구체적으로 논의하고자 한다. 그리고 이 논의를 통하여 잠재적 교육과정이 아동의 생활과 발달에 부정적으로 작용하고 있음을 부각시킴으로써 교사와 행정가의 관심을 불러일으키고자 한다. 복종, 성차별, 비교와 실패라는 세 가지 잠재적 교육과정을 통하여 아동에게 나타날 수 있는 부정적인 발달의 특징이 무엇인가를 제시한다.

1. 권위주의적 학교문화 속의 아동

복종과 권위를 강조하는 초등학교의 생활문화가 아동의 발달에 끼칠 수 있는 부정적인 효과를 일곱 가지로 규명해 보았다.

① 위계적인 대화양식

권위주의적 교실에서 일어나는 아동과 교사 간 상호작용의 형식은 대화와 토론을 일방적이고 지시적인 형태로 만들 것이다. 교사가 수업의 주체가 됨으로써 교사중심의 수업이 이루어질 확률이 높다. 교사가 교실대화의 많은 부분을 담당할 것이며 아동은 청취자, 방관자, 또는 방문자로서 수업에 참여할 것이다. 아동은 질문을 자주 하지 않을 것이며 교사의 질문에도 역시 적극적으로 호응하지 않을 것이다. 수업은 탐구(inquiry)와 연구(research)의 과정이라기보다는 전달(delivery)과 교화(indoctrination)의 형태를 띠게 될 것이다.

② 심리적 긴장상태

교사의 위계적인 행동과 지시로 아동은 심리적으로 불안한 상태에 놓이게 될 것이다. 교사의 요구가 무엇인지를 파악하여 추종해야 하는 심리적인 상황은 긴장감과 심리적인 위축을 가져올 것이다.

③ 수동적인 태도

학교생활과 수업에서 교사가 의사결정권을 갖게 되기 때문에 아동은 스스로 판단하거나 결정해야 할 필요도 없고 그럴 기회도 주어지지 않는다. 종속적이고 의존하는 행동이 바람직스러운 것으로 수용된다. 교사가 지시하는 일 이외에는 특별히 능동적으로 행동할 필요가 없기 때문에 수동적인 생활태도와 방관자적인 인성을 형성할 수 있다(Lott, 1987, pp. 35-67). 따라서 적극성이나 진취성과 같은 사고방식이 아동의 생활에서 발전하기는 어려우며 또한 그러한 선택을 하는 데 있어 큰 심리적 긴장감을 느낀다.

④ 사고의 정형화

교사의 존재가 절대적인 것으로 받아들여지기 때문에 교사의 생각과 사고관이 아동에게 가장 우수하고 정당한 것으로 수용된다. 아동의 독창적인 생각이나 관점이 개발되거나 지지되기보다는 교사의 생각과 답을 추종하고 찾고자 노력한다. 아동의 생각은 교사의 생각을 그대로 반영한 정형화되고 획일화된 형태로 나타나기 쉽다. 아동은 교사가 원하는 답, 교사가 생각하는 훌륭한 답이 무엇인가를 항상 염두에 둔다.

⑤ 약한 공감대

교사가 교실의 주인이자 중요한 도덕적인 훈계자로서 학생의 생활에 관여하게 된다. 따라서 권위적인 입장에 있는 교사가 아동의 숨겨진 심리상태를 이해하기도 힘들고 이해하고자 노력하기도 힘들다. 대화와 관심은 자칫 교사가 가지고 있는 도덕관을 주입시키려고 하거나 그렇지 않으면 교사의 선입관이 아동을 이해하는 과정에서 부정적으로 작용한다. 대화와 상호신뢰에 필요한 감정이입이나 라포르가 형성되기 어렵다.

⑥ 민주적인 의사소통능력의 부족

교사의 말과 생각을 수용하고 따르는 비민주적인 대화참여와 경험은 아동으로 하여금 민주적인 의미에서의 대화(communication)를 할 수 있는 능력의 발전을 저해한다. 교사의 말을 수용하고 동의해야 하는 일방적인 대화관계 속에서 자신의 생각을 정정당당하게 표현할 수 있는 자신감과 표현력을 기르지 못할 것이다. 어떻게 상대방에게 자신의 감정과 생각을 효과적으로, 설득적으로 전달해야 하는지도 학습하기가 힘들다.

그리고 이러한 대화경험에서 성장한 아동은 연장자로서 연소자와 대화하는 경우에도 비슷한 오류를 범하게 될 수 있다. 그 아동 역시 권위적인 대화를 만들어 가는 주체가 될 수 있다. 본인도 모르는 사이에 위계적이고 권위적인 대화방식을 재생산하면서 그것을 당연한 것, 편안한 것으로 받아들인다. 연소자의 관점보다는 자신의 관점을 우세한 것, 좀 더 강한 것으로 만들어야 한다는 강박관념과 통제의 욕망에 시달린다. 자신의 관점을 수용해 주지 않는 상대방의 입장을 '불편하고' '건방진' 것으로 그래서 '교육을 잘 받지 못한' 것으로 평가절하하거나 도덕적인 잣대로 비난하게 된다. 평등하고 합리적인 대화가 주는 매력, 대화 자체가 주는 즐거움을 느끼지 못한다. 누구에게나 많은 것을 배울 수 있으며 타인과의 대화를 통하여 본인 자신이 진정으로 성장할 수 있다는 관점이 싹트기 어렵다.

⑦ 형식주의 생활방식

언어와 육체를 통한 외형적인 표현을 중요시하는 복종의 문화는 아동으로 하여금 형식을 의사표현의 중요한 준거로 받아들이고 가치화하는 사고방식을 발전시키게 한다. 표현의 내용이 가질 수 있는 진실성보다는 외양을 가치화하는 생활방식과 인생관을 부추긴다. 인간의 진실성과 성실성이 외형적인 표현과 형식이라는 한 가지 준거에 의해서만 평가될 수 있는 위험에 빠질 수 있다.

2. 성차별 학교문화 속의 아동

성차별적 학교문화가 아동의 발달에 끼칠 수 있는 부정적인 영향을 네 가지로 정리하였다.

① 부정적인 자기개념

여성이 남성보다 열등한 존재라는 인식은 여학생으로 하여금 부정적인 자기개념과 자기이미지를 형성하게 한다. 남성의 관점과 흥미가 우선적으로 선택되고 수용되는 학교생활을 통하여 여성이 열등하거나 여성으로서 살아간다는 것이 바람직하지 못하다는 생각을 갖게 될 수 있다.

② 낮은 동기화

그러한 부정적인 자아개념의 형성은 인생의 성공과 성취에 있어서 낮은 동기화를 유발시킬 것이다. 충분한 능력이 있거나 가능성, 잠재력이 있는 여성의 존재가 평가절하되거나 무시되는 것은 인간 잠재력의 개발이라는 교육의 기본적인 전제에 비추어 보았을 때 바람직하지 않다. 여성이 이 사회에 기여할 수 있는 공헌과 역할이 부정됨으로써 사회의 복지와 발전에 기여할 수 있는 기회가 소멸된다.

③ 비건설적 인간관계

남성과 여성 간의 지위를 우월과 열등이라는 불평등한 이분법적 잣대로 설정해 버림으로써 협조와 공유가 만들어 낼 수 있는 이득과 생산성의 효과를 저해할 수 있다. 다양성과 타협, 공존과 공감이 요구되는 복잡한 현대의 조직적 요구에 비추어 보았을 때, 남성중심의 대화와 지배구조는 참여와 평등의 인간관계 속에서 발아될 수 있는 다양한 긍정적인 결과들을 상대적으로 감소시킬 수 있다. 여성을 대화의 상대자로서 인정하지 못하는 잘못된 차별의 심리학이 남성과 여성 간의 대화의 근저에 깊게 깔린다.

④ 의사소통능력의 저해

우월감에 근거한 여성에 대한 차별적인 상호작용과 태도는 여성에 대한 진정한 이해를 방해함으로써 여성에게 어떻게 대화해야 하는지를 배우는 것을 어렵게 만든다. 여성과 대화하기보다는 차라리 남성과 대화하거나 함께 있는 것을 편안한 것으로 생각하게 만든다. 이성과의 대화는 긴장감과 불안감, 불편함의 감정이 수반됨으로써 진정한 의미에서의 대화와 교우가 이루어지지 않는다.

3. 비교와 실패의 학교문화 속의 아동

학교교육의 문화로서, 수업방법으로서 경쟁이 학습자의 발달에 끼치는 부정적인 효과에 대하여 자세하게 언급하였다. 여기에서는 비교와 실패의 연속적 경험이 학생의 발달에 끼치는 부정적인 영향을 다음 다섯 가지로 정리하였다.

① 불안정한 심리관계

비교와 평가 중심의 수업과정은 아동으로 하여금 불안감과 긴장감을 유발함으로써 학습의 과정에 대한 진정한 몰입과 함께 공부에서 찾을 수 있는 즐거움을 빼앗아 간다. 최근의 뇌연구, 동기이론, 성취동기 이론은 비교와 경쟁, 평가 중심의 학습이 갖는 단점을 제안하고 있다. 흥미가 창의적인 행동과 사고를 불러일으키는 전제조건이라는 점을 상기한다면(Cohen, pp. 25-26) 심리적 안전이 보장되지 않는 경쟁과 비교의 교실분위기에서 보다 높은 수준의 욕구를 달성하고자 애쓰기는 힘들다.

② 낮은 자아개념

비교를 통하여 열등한 학생으로 전락한 아동은 패배감과 자신감의 상실을 경험한다. 그리고 낮은 자아개념을 형성하게 되고 학습과 인생의 목표추구 역시 낮게 설정될 것이다. 그러나 가장 중요한 영향은 인생의 후반기에 발아될 수 있는 잠재력의 가능성이 초기에 경험한 실패, 그에 따른 부정적인 자아개념으로 인하여 사전에 차단되어 버릴 수 있다는 것이다. 그러한 점에서 최근의 학습연구와 인간의 창의성 연구에서 인간의 성공과 관련하여 중요한 탐구주제가 '열정'에 집중되어 있음을 상기할 필요가 있다. 학교에서 능력이 부족하다고 평가받았음에도 불구하고 이후에 뛰어난 업적을 쌓은 성공한 사람의 배경에는 삶에의 엄청난 의지와 열정이 있다는 사실을 지각하는 것이 중요하다. 학업성취 점수 이외에 인생의 성공을 이끄는 요인은 너무나 많다는 사실을 항상 염두에 두는 것이 필요하다.

③ 창의성의 저해

맞는 답과 틀린 답, 맞아야 한다는 강박관념 속에서의 공부는 진취적인 학습태도, 모험적인 사고방식을 추구하기보다는 실수가 없는 답을 찾는 학습태도를 양산한다. 아동으로 하여금 도전적인 과제를 수행하는 것을 회피하게 만들고 어렵고 복잡한 학습과제 역시 포기하도록 유도한다(Elliot & Dweck, 1988). 창의성을 고양하고자 하는 태도와 기술 역시 개발되지 않는다. 창의성이 보장되는 최적의 학습분위기는 실수가 허용되고 실수에 따른 부정적인 보상이 부여되지 않는 학습분위기여야 한다는 사실과 함께 '맞음' 과 '틀림' 으로 지속되는 초등학교 교실수업의 특성이 보다 고등적인 교육목표와 학습결과를 양산하지 못하게 만든다는 사실을 인식하는 것이 중요하다.

④ 인간의 다양한 잠재적 능력의 부인

인간의 능력에 대한 새로운 해석은 전통적인 평가관에 근거하여 '공부 잘하는' '공부 못하는' 인간으로 낙인찍는 것이 매우 위험하다는 점을 지적하고 있다. 가드너(1993)의 '다중지능이론' 의 기본 전제는 '인간은 여덟 개의 다양한 지능을 가지고 있으며 아동은 이 중 어느 한두 가지 지능에서 높은 가능성을 가지고 있다' 는 사실을 상기시키고 있다. 언어적 지능과 수리적 지능을 중심으로 이루어지고 있는 학교의 평가가 그렇지 못한 아동들의 발달의 가능성을 낮게 평가해 버릴 수 있는 위험이 있음을 시사한다.

⑤ 협동적인 인간관계의 소멸

인간을 대립적인 양분된 관계로서 설정하고 그에 따라서 인간을 해석함으로써 협동적인 인간관계의 형성이 어렵다. 현재 우리 사회에 만연하고 있는 엘리트주의는 사회 합의와 결속에 큰 걸림돌로 작용하고 있다. 평가지향적인 인간관이 사회구성원으로 하여금 인간을 오직 '학업성취점수' 라는 한 가지의 편협한 준거만을 가지고 바라보게 함으로써 인간에 대한 차별적인 태도와 감정을 만들어 낸다. 아울러 인간의 이해에 절대적으로 필요한 공감의 관계가 이러한 외적인 준거의 방해를 받아 형성되지 않는다.

V. 민주적이고 인간적인 초등학교의 학습문화를 지향하며

이 절에서는 초등학교에 존재하고 있는 잠재적 교육과정이 아동의 발달에 끼칠 수 있는 부정적인 영향력을 총 16가지로 요약해 보았다. 그러한 요약을 시도한 이유는 한국의 학교문화가 아동의 발달에 부정적으로 영향을 끼칠 수 있음을 인식시키고 설득하기 위한 것이다. 요약을 통하여 얻을 수 있는 시사점은 다음과 같다. 첫째, 학교에서 존재하고 있는 다양한 차별의 이념과 실제가 제거되어야 한다. 복종의 가치는 연소자 차별로, 남성중심의 학교 교육과정은 여성 차별로, 비교와 실패는 공부 못하는 아동에 대한 차별로 연결되는 것이기 때문에 그리고 그러한 학교의 경험이 우리 사회의 차별의 문화를 형성하는 기틀을 마련한다는 점에서 그 개선방안이 진정으로 시도되는 것이 바람직하다. 둘째, 초등학교의 교실문화는 보다 민주적이고 평등하며 인간적인 학습의 장소로서 성숙되어야 한다. 차별의 실제가 제거됨으로써 아동이 민주적인 이념의 문화 속에서 생활할 수 있도록 인간적인 학습분위기를 조성해 주어야 한다. 셋째, 인생의 후반기에 있을 성공과 발달에 필요한 심리적 안정감이 어떠한 전제조건 없이 초등학교 아동에게 제공되어야 한다. 심리적/발달적 관점에서 아동이 누릴 수 있는 권리를 이 시기에 누리도록 허용해 주어야 할 것이다. 엘카인드가 지적한 것처럼 현대의 학교생활에서 유아와 아동이 경험하고 있는 아동기의 상실이 아동의 미래 발달에 끼치게 될 부정적인 결과를 인지하는 것이 중요하다.

이에 이 글에서는 이러한 주장을 보다 구체화하기 위한 방안이자 제안, 그리고 4절에서 설명한 잠재적 교육과정의 부정적인 영향력을 줄이기 위한 노력으로서 초등학교의 행정가와 교사가 고려해볼 수 있는 실천적인 방안을 다음 아홉 가지로 구체화하였다. 한마디로 개념화한다면 한국 초등학교 학습의 인간화와 민주화를 위한 제안이라고 말할 수 있을 것이다. 한편으로는 필자의 저서 〈네 학교 이야기: 한국 초등학교의 교실생활과 수업〉에서 자제되었던 한국 초등학교를 개선하기 위해 생각해 보아야 할 실천사항이 무엇인가를 구체화하였다는 점에서 그 책을 읽고서 답답함을 느꼈던 독자들에게는 부분적인 해답을 제공하게 될 것이다.

1. 아홉 가지 개선전략

① 초등학교 시기에 아동들이 자신을 두가치한 존재 또는 무기력한 존재로 느끼도록 만들지 말자.
아동의 실패와 단점을 평가의 주안점으로 삼아서는 안 되며 아동이 현재에 보여주고 있는 조그마한 가능성을 극대화시키고 아동의 독특성을 칭찬하고 인정해 주는 교육적 안목이 필요하다. 최적의 발달은 초등학교에 나타나서 끝나는 것이 아니라 일평생 적절한 환경이 제공되었을 때 발아된다는 점을 이해하는 것이 중요하다. 인간능력과 창의성에 관하여 가드너가 최근에 제시한 다중지능이론의 시사점을 수용할 필요가 있다(김명희와 김영천, 1998). 학습자의 독특성을 인정하기 위하여 지나친 비교와 평가지향적인 교사의 수업관리 기법과 언어의 사용은 개선되어야 한다.

이와 관련하여 다음 사항들을 유념하는 것이 이 목표를 달성하는 데 도움이 될 수 있다(Meredith & Evans, 1990). 첫째, 너무 높은 기대나 비현실적인 준거를 제시하지 말 것, 둘째, 학생의 실수에 지나치게 연연해하지 말 것, 셋째, 학생의 행동을 비관적으로 평가하지 말 것, 넷째, 학생을 비교하지 말 것, 다섯째, 소외감과 차별을 강조하는 능력별 평가보다는 협동적인 학습분위기를 통하여 학생들로 하여금 더욱 책임감을 느끼게 하고 소속감을 느끼게 할 것.

② 교사가 은연중에 가지고 있는 차별에 대한 이데올로기를 스스로 분석하고 제거하자.
차별의 이데올로기는 교실에 있는 많은 아동들 중 소수에게만 관심과 사랑을 베푸는 편애로 나타날 수 있다. 그리고 그 편애는 아동의 학교생활을 가장 힘들게 하고 학교의 경험을 부정적인 것으로 매도하게 하는 원인이 되고 있다. 사랑받지 못하는 것보다 더 자신의 존재를 비참하게 평가하게 하는 것은 없다는 사실을 명심하자. 그런 점에서 성적에 따라서, 아동의 가정배경에 따라서, 학생의 성별에 따라서, 교사가 행하게 되는 편파적인 교실관리와 생활지도의 실제는 개선되어야 한다. 편애가 종종 교실에서 교사가 아동에게 위임하는 일의 형태를 통하여 표현된다는 점에서 모든 학생을 사랑하는 방식으로 교실의 일과 활동을 어떻게 재구조화시킬 것인지를 생각하는 것이 필요하다(Rodgers & Freiberg, 1994, p. 240).

③ 교실을 보다 민주적인 학습분위기로 바꾸고자 노력하자.
그 해결책으로 다음의 방법들이 실시될 필요가 있다. 첫째, 교실의 활동과 의사결정에 아동의 관점과 생각, 의견을 가능한 한 많이 반영하자. 교실수업, 교실활동의 방향과 내용을 결정해야 하는 과정에서 교사만이 독단적으로 결정을 내리기보다는 학생과의 상호협의 기회를 자주 갖는다. 교사의 지나친 참여와 주도권을 약화시키는 것이 중요하다. 생각할 질문을 제시해 주고 '어떻게 생각하고 있는지' 물어본다. 그리고 좋은 생각이 있으면 제안하도록 제시한다. 이를 위하여 교실의 일을 교사와 학생 간의 상호책임으로 승화시킨다. 그 한 예로서 한국 초등학교의 복잡한 교실에서 나타날 수밖에 없는 교사의 엄격한 교실질서의 요구를 교사 혼자서 수립한 규칙을 통해서가 아니라 학생 간의 상호협의를 통해서 만들어 보는 것도 중요하다. 이때 윌리엄 글레이저(William Glaser, 1984; 1990)의 교실회의(classroom meeting)는 좋은 예가 될 것이다. 아울러 수업내용과 선정에서 아동의 참여를 보다 확대하는 것이 필요하다.

또한 교실의 자리배치 형태도 전통적인 교사중심의 중앙통제식보다는 민주적이고 개방적인 형식으로 전환해 보는 노력이 필요하다. 아울러 교사의 책상과 공간을 교실의 제일 앞부분에 권위적으로 위치시키지 말고 다른 방법을 생각해 보자. 아울러 교사중심의 수업에서 벗어나 학습자중심의 수업방법과 평가가 실시되는 것이 필요하다.

이를 통하여 학습을 교사의 책임이 아니라 학생 자신의 책임으로 인식하게 하는 것이 필요하다. 이를 통하여 자기 자신의 행동과 선택에 자율적으로 반응할 수 있는 학습분위기를 조성하는 것이 중요하다. 친구 간의 비평(peer review), 협동학습, 무학년제 학습방법 등을 통하여 교사 일방적인 수업 방식에서 탈피하여 보다 평등한 형태의 인간관계와 의사결정 과정을 경험하는 것이 필요하다.

④ 아동을 존경하자.

교사는 아동이 말하는 내용에 대하여 신중하게 경청하는 태도를 보여주고 주의 깊게 듣는 연습을 하는 것이 필요하다. 이를 위하여 아동에게 역시 존경어를 사용하는 것도 요구된다. 연장자가 연소자에게 상대방을 존중해 주면서 자신의 의사와 의견을 표현할 수 있는 민주적인 감정관리와 의사소통 기법을 연마하는 것이 필요하다. '나-메시지(I-message)' 대화방법이 좋은 예가 될 것이다. 체벌은 가능한 한 지양되어야 하며 그것이 필요한 경우 다른 방식의 지도방식으로 대체하거나 육체적 고통과 심리적 굴욕감을 느끼지 않는 범위 내에서 실행되어야 한다. 비록 미국의 연구결과이기는 하지만 진정으로 존경받는 교사는 진정으로 아동의 말을 들어주고, 성실하게 자신의 입장을 전달하며, 서열을 구분하지 않고, 권위적이지 않은 사람이라는 지적은 많은 시사점을 준다.

⑤ 지나친 경쟁심과 실패감을 줄이기 위하여 봉사학습 기회를 증가시키자.

이를 통하여 타인을 이해하고 타인의 존재에 대한 중요성을 인식하도록 도와주어야 한다. 타인의 행복과 복지를 위하여 아동이 실천했던 조그마한 노력과 희생을 높게 평가하는 교사의 높은 안목이 필요하다. 현대 직업사회의 성공적인 구성원이 가져야 하는 능력 중의 하나가 협동 작업할 수 있는 능력이라는 점을 고려하였을 때 경쟁과 능력에 따른 학습조직보다는 협동학습과 봉사학습을 통한 대인관계 소통능력, 협상능력, 주인의식을 길러주는 것이 또한 중요하다.

⑥ 새로운 대안적 평가방법을 실천하자.

아동의 숨겨진 가능성과 능력을 찾기 위하여 개별화된 평가방법을 실시함으로써 전통적인 평가방법으로 규명하기 어려웠던 학습자 개개인의 독특성과 장점을 발견하여야 한다. 이를 통하여 학생의 자신감과 높은 동기화로 연결시키는 것이 필요하다. 학습자의 능력과 진도에 맞는 교육과정과 수업설계를 통하여 학습에서의 즐거움을 느끼도록 도와주어야 한다.

⑦ 학년 간의 상호작용 기회를 늘리고 이를 통하여 평등하고 민주적인 학습경험을 갖게 하자.
초등학교 역시 아동의 학년과 연령의 차이에 따라서 위계와 복종이 심각하게 학습되고 실천되고 있다는 점에서 그 부정적인 영향력을 줄이기 위하여 학년 간의 평등한 상호작용의 기회를 늘려 보자. 연령이 다른 학년 간의 대화와 참여의 기회를 증가시킴으로써 아동으로 하여금 초등학교 기간에 학습될 수 있는 연령별에 근거한 세계관과 의사결정방식을 탈피할 수 있는 경험을 제공해 주는 것이 필요하다.

⑧ 경쟁과 성공을 위하여 사용되고 있는 다양한 보상 방법을 철폐하자.
비교의 방법으로서 교실의 한 아동을 모델링의 대상으로서 극도로 칭찬하거나 극단적으로 비평하는 방법을 자제해야 하며 교실의 인간관계를 경쟁관계로 만들기보다는 협조적인 따뜻한 관계로 만들자. 아울러 학습을 위한 내재적 동기를 느낄 수 있는 보상 방법을 개발하고 실천해야 한다. 칭찬, 영예, 성적과 같은 외적인 보상 방법은 실제적으로 아동의 학습에 악영향을 끼치는 것으로 나타나고 있다(Lepper & Greene, 1978). 따라서 현재 실시되고 있는 교실에서의 여러 가지 상벌의 실제(담임이 평가하여 주는 무수한 형태의 상과 상장들)들을 개선하는 것이 필요하다. 이를 통하여 보다 격려가 넘치고, 포근하며, 심리적으로 안정감을 느낄 수 있는 인간관계가 조성되어야 한다.

⑨ 복종적인 태도와 사고방식을 제거하기 위한 방법으로 학교생활 전체를 선택과 자유의 이념이 들어간 교육활동으로 구성하자.
스스로의 해석과 참여, 실천을 통한 반성의 과정은 교사결정의 일변도의 학교생활이 가져올 수 있는 수용적이고 수동적인 행동을 내면화시킬 수 있는 단점을 극복하는 데 도움을 준다.

2. 선택과 실천

이와 같은 아홉 가지의 교실 실천전략은 이 글의 제언임과 동시에 초등학교의 잠재적 교육과정의 부정적인 영향력을 줄이기 위하여 교사와 행정가가 자신의 학교와 교실에서 실천해 볼 수 있는 방안을 정리해 본 것이다. 열린교육을 중심으로 한 교육개혁의 성공적인 진행으로 인하여 우리나라 초등학교의 교실문화가 보다 민주적이고 개방적으로 바뀌어 가고 있다는 점에서 이러한 전략은 초등학교의 많은 교실에서 구현되고 있다고 생각한다.

이러한 점을 인정하면서 앞에서 제시한 전략과 신념이 초등학교의 보다 인간적이고 민주적이며 평등의 이념을 추구하는 학습문화를 형성하고 확산시킬 수 있도록 초등학교의 여러 가지 활동영역에서 적용되고 접목될 수 있기를 희망해 본다. 교육이 국가의 최상안보로 인정되고 세계의 많은 선진국이 학교개혁과 교육혁명에 전념하고 있는 이때, 우리가 생각하는 이상적인 인간양성을 위하여 교육자의 책임감이 어느 때보다도 필요하다. 그리고 항상 아동과 함께 생활하고 있는 교사와 학교행정가야말로 그러한 막중한 임무를 담당할 수 있는 중요한 위치에 있다고 하겠다. 이를 위하여 아동의 학교에서의 경험이 어떠한 윤리적/사회적/정서적 발달에 영향을 끼치고 있는가를 심각하게 바라볼 수 있는 관찰력, 자기반성 능력, 변화를 가져오고자 하는 의지, 상상력이 그 어느 때보다 필요하다.

참고문헌

김명희(1986). 한국 국민학교 사회과 교육의 잠재적 교육과정에 관한 연구. 미간행 박사 논문. 연세대학교.

김명희, 김영천(1998). 다중지능이론: 그 기본 전제와 시사점. 교육과정연구, 16(1), pp. 299-330.

김영천(1996). 질적/후기 실증주의 연구작업에서 고려해야 할 방법적 이슈들, 교육과정연구, 14(2), 42-71.

김영천(1996). 교실질서의 성취와 회복: 한국 초등학교 교실에서의 관리/통제에 대한 미시문화기술적 연구, 교육사회학연구, 67-92.

김영천(1997). 질적연구의 지적 전통과 그 예: 문화기술지에서 포스트모더니즘까지. 교육학연구, 35(1), 225-251.

김영천(1997). 네 학교 이야기: 한국 초등학교의 교실생활과 수업. 문음사.

김영천(1997). 학교 교육현상 탐구를 위한 질적연구의 방법과 과정. 교육학연구, 35(5), 135-170.

김영천(1998). 열린학교의 평가기준. 교육부 전문장학사 연수자료. 3월 교육부 연수원.

김영천(1998). 새로운 천년을 향하여: 중등학교를 위한 새로운 대안적 평가방법. 교육부 중등 열린교육 전문가과정 연수자료. 10월 덕성여자대학교.

김영천(1998). 질적연구패러다임과 포스트콜로니얼 교육과정연구: 11가지 질문. 이용숙, 김영천(편). 교육에서의 질적연구: 방법과 적용.

이용숙, 김영천(편). (1998). 교육에서의 질적연구: 방법과 적용, 교육과학사.

김정원(1996). 초등학교 수업에 관한 관찰연구, 미간행 박사논문, 서울대학교.

김종서(1976). 잠재적 교육과정. 서울: 익문사.

김혜선(1994). 체벌의 정당성 여부에 관한 연구, 미간행 박사논문, 성신여자대학교.

윤종건(1998). 포스트모던시대의 교육행정과 학교경영. 원미사.

이용숙(1998). 한국의 학교문화와 잠재적 교육과정. 이용숙, 김영천(편). (1998). 교육에서의 질적연구: 방법과 적용, 교육과학사.

이진분 외(1986). 성평등 문화를 여는 교육. 또하나의 문화.

이치석(1998). 어린 종달새의 죽음. 삼인.

임정빈, 정혜정(1997). 성역할과 여성. 학지사.

정진일(1997). 유교의 이해. 형설출판사.

조혜정(1990). 한국의 여성과 남성.

최준식(1997). 한국인에게 문화는 있는가? 사계절.

한국여성연구회(1994). 여성학 강의. 동녘.

Anyon, J. (1979). Ideology and United States History Textbooks, *Harvard Educational Review*, Vol.49. No.3. pp. 361-386.

Anyon, J. (1988). Schools as agencies of social legitimation, In W. F. Pinar(Ed.), *contemporary curriculum discourses*(pp. 175-200). Scottdale, AZ: Gorsuch Scarisbrick.

Apple, M., & King, N. (1977). What do schools teach? *Curriculum Inquiry* 6(4). 348-353.

Barker, R. G., & Wright, H. F. (1954). *Midwest and its children: the psychological ecology of an American town*. Evanston, Ill.: Row, Peterson.

Bowles, S., & Gintis, H. (1976). *Schooling in capitalist America: Educational reform & the contradictions of economic life*, New York: Basic Books.

Bronfenbrenner, U. (1970a). *Two worlds of childhood: U. S. and U. S. S. R.* New York: Russell Sage Foundation.

Cohen, L. (1988). *Developing children' s creativity, thinking, and interests*. 31(7). Oregon School Study Council.

deMarris, K. B. & LeCompte, M. D. (1995). *The way schools work*. New York: Longman.

Eisner, E. (1985). *The educational imagination: On the design and evaluation of school programs*. New York: Macmillan. pp. 74-92.

Elliot, E. S., & C. S. Dweck. (1988). Goals: an approach to motivation and achievement. *Journal of Personality and Social Psychology* 54, 5-12.

Evans, T. (1996). Encouragement: The key to reforming classrooms. *Educational Leadership* (September).

Giroux, H. (1983). *Theory & Reistance in education: A pedagogy for the oppositions*, Mass.: Bergin & Garvey Publishers, Inc.

Glasser, W. (1984). *Control theory in the classroom*. New York: Harper and Row.

Glasser, W. (1990). *Quality school: Managing students without coercion*. New York: harper and Row.

Gordon, D. (1982). The concept of the hidden curriculum, *Journal of Philosophy of Education*, Vo. 16, No. 2, pp. 187-198.

Lakomski, G. (1988). Witches, weather gods, and phlogiston: the demise of the hidden curriculum. *Curriculum Inquiry* 18(4), 453-463.

Lepper, M. R., & D. Greene. (1978). *The hidden costs of reward: new perspectives on the psychology of human motiation*. Hillsdale, N.J.: Lawrence Erlbaum Associates.

Lewin, K. (1951). *Field theory in social science, selected theoretical papers*. New York: Harper.

Lewis, C., Schaps, E., & Watson, M. (1996). The caring classroom' s academic edge, *Educational Leadership* (september).

Lott, B. (1987). Infancy and childhood: Learning how to be a girl. *In Women' s lives: themes and variations in gender learning*, pp. 35-67. Pacific Grove, CA: Brooks/Cole.

Martin, J. R. (1976). What should we do with a hidden curriculum when we find one?, *Curriculum Inquiry* 6(2).

McCutchoen, G. (1981). On the interpretation of classroom observations, *Educational Researcher*, 10.

McLaren, P. (1993). *Life in schools an introduction to critical pedagogy in the foundations of education*. New York: Longman.

Meredith, C. W., & Evans, T. (1990). Encouragement in the family. *Individual Psychology* 46, 187-192.

Rogers, C. R., & Freiberg, H. J. (1994). *Freedon to learn.* Columbus: Merill.

Schrag, F. (1992). Conceptions of knowledge. In Philip Jackson(ed.). *Handbook of research on curriculum.* New York: Macmillan Publishing Company.

Vallance, E. (1973). Hiding the hidden curriculum: An interpretation of the language of justification in nineteenth century educational reform. *Curriculum Theory Network* 4(1), 5-21.

Willis, P. (1977). *Learning to labour.* Lexington, Mass: D.C. Heath.

2

초시계, 비디오테이프, 녹음기, 그리고 한국의 교실 수업

제2장은 필자가 미국의 The Ohio State University에서 배운 '상호작용'에 기초한 질적 연구방법을 우리나라 학교교육의 새로운 해석에 적용한 사례연구이다. 제목에서 알 수 있는 것처럼, 교실수업을 녹음하여 그 수업의 대화를 초시계를 활용하고 분석하여 우리나라 교실수업이 어떻게 진행되고 구성되고 완성되는지를 미시문화기술적 관점에서 분석하였다. 원래는 필자의 박사학위 논문 제5장에 수록된 내용을 새롭게 재편집하여 우리나라의 학술지에 게재한 것이다. 어떤 학술지에 게재할 것인지 고민하다가 교실의 질서에 대한 사회적 구성을 다루었다는 점에서 민속방법론이 교육사회학 분야에서 많이 연구되고 있어서 '교육사회학연구'에 게재하기로 결정하였다.

필자의 많은 질적연구 작업 중에서 유일하게 상호작용을 다룬 논문이며 이 연구를 끝으로 상호작용에 관한 질적연구는 없는 셈이다. 그러한 점에서 아쉬운 점이 많이 남아 있지만 그래도 필자의 원래의 목적에 충실하게 질적연구의 확산작업에 몰두해 왔기 때문에 미련은 없다. 아울러 이 분야의 전문가인 인하대학교의 손민호 교수가 대화분석을 계속 연구하고 있고, 경남대학교에서 강의하는 고창규 박사가 이 주제와 관련하여 많은 연구를 하고 있어서 다행스럽게 생각하고 있다. 이 분야에 대한 더욱 많은 질적연구자들이 우리나라의 학교수업, 특히 경쟁중심의 수업방법, 입시중심의 수업방법, 동아시아 학교교육의 효과라고 간주되는 교사들의 특별한 수업방법에 대한 탐구가 계속 필요하다는 점에서 이 분야에 대한 학술적 요구는 국제 교육과정과 수업 분야에서 더욱 강화되어야 한다고 생각한다.

필자는 독자들이 이 제2장에 실린 논문을 읽기 전에 유념하였으면 하는 내용으로 다음 두 가지 사항에 대하여 이야기하고 싶다. 이 두 가지 이야기는 왜 이 논문이 탄생되고 어떠한 과정을 통하여 만들어졌는지, 나아가 우리의 학교교육에 대한 수업분석 연구에서 이러한 연구들이 왜 필요한지를 생각하는 데 도움을 줄 것이다. 첫 번째 이야기로서 이 글의 출판은 우리나라 질적연구의 외연의 확장에 기여하였음을 이야기하고 싶다. 물론 그러한 의도를 가지고 쓴 것은 아니지만 필자가 이 글을 발표한 1990년대 후반의 한국 질적연구의 문화적 분위기 속에서 이 논문은 그 당시 학술적 관심을 받기 시작한 '우리나라 수업의 특성' 에 대한 상호작용적 분석 영역을 더욱 공고히 하는 데 영향을 끼쳤다고 생각한다.

1990년대 중반까지 우리나라에서의 질적연구는 전통적 인류학 연구들 또는 교육사회학에서 훈련을 받은 연구자들(덕성여대의 이용숙 교수, 서울대학교의 조용환 교수)에 의한 문화기술적 연구들이 주를 이루었다. 때문에 그 당시의 대부분의 질적연구는 특정한 한 연구장소(학교, 학생, 집단, 조직, 생활 등)에서 존재하고 있는 문화적 특징이나 주제들을 탐구하는 연구들이 대부분이었고 연구의 주요 목적은 '문화의 기술' 또는 '생활세계의 묘사' 였다. 그리고 이러한 연구작업들은 기존에 우리가 알 수 없었던 학교 안의 생활에 우리의 관심을 주목시킴으로써 학생의 발달에 끼치는 학교의 제반 물리적/사회적/관계적 특징을 규명하는 실제적 기여를 하게 되었다.

교실수업의 상호작용 연구

문화기술적 연구는 학교현장과 교실현장에 오랜 기간을 머물면서 참여관찰을 하고, 실제 생활을 기록하고 묘사하고, 아울러 그들이 무슨 생각을 하고 있는지를 실제 심층면담을 하여 제시하는 것만으로도 전통적인 양적연구에 익숙하였던 한국의 교육학자들과 일반인들에게 낯설었고 충격적이었으며 교육적이었다. 이를 통하여 우리의 학교, 건강할 것으로 생각하였던 학교교육의 실제들이 사실은 우리의 학생들에게 부정적으로 작용하고 있음을 밝혀 주었고 우리가 목적으로 하는 이상적인 아동의 성장을 위해서는 이러한 문화기술적 연구들이 들추어낸 한국 학교교육의 부정적 문화들과 실제들, 방법들에 대한 규명과 제거, 개선작업이 실제적 차원에서 필요하다는 경각심을 불러일으켰다. 그리하여, 우리나라 초등학교와 중학교의 수업문화의 특징, 교사가 왜 평가중심으로 수업을 할 수밖에 없는지, 교사는 왜 일방적인 수업만을 하게 되는지, 왜 학교의 사회과는 사회과의 목표와는 반대로 수업을 하고 있는지 등 전통적인 양적연구, 질문지에 기초한 통계연구로 산정할 수 없었던 학교교육에 대한 개선을 위한 시사점들이 구체적인 연구결과에 기초하여 제시되었다. 모두가 문화기술적 연구가 필요하다는 점에 찬성하는 분위기였다.

그러나 이러한 '문화기술지 중심의 질적연구'의 확산과 인식이 갖는 문제점은 마치 문화기술지 연구가 질적연구이고 질적연구는 마치 문화기술적 연구를 하는 것으로 인식되는 극단적 이해가 확산되었다는 점에 있었다. 그 당시 1995년에 우리나라에서 연구를 시작한 필자는 그러한 이해가 갖는 제한점과 문제점을 인식하고서 질적연구는 문화기술지를 넘어서 훨씬 다양하고 복잡한 연구전통들이 존재하고 있다는 사실을 알려주고 싶었다. 그리고 그러한 목적을 달성하는 방법 중의 하나는 미시문화기술지라고 불리는 '민속방법론' 또는 '대화분석' 또는 '상호작용' 연구가 또 다른 질적연구의 지적 전통으로 존재하고 있다는 사실을 학술적으로 전달하는 것이었다. 그리고 그 결과로 이 글이 출판되게 되었다. 그리하여 학교생활이나 문화에 대한 묘사에 그치지 않고 또 다른 형태의 질적연구는 교실에서 일어나는 교사와 학생의 대화를 녹음하고 여러 가지 대화의 특징들(반복, 불완전, 질문, 쉼. 연속, 시퀀스 등)에 기초하여 분석함으로써 교실의 대화가 어떻게 유지되고 특징화되는지를 밝히는 것임을 소개하고자 하였다. 이러한 의도가 성공하였는지는 알 수 없지만 2000년대 이후에 한국의 교실수업을 상호작용적 관점에서 논의하려는 일련의 연구자들과 논문들이 나타났다는 사실은 필자에게 있어서는 무척 반가운 일이 아닐 수 없다.

질적연구자로서 실제적 훈련경험

다음 두 번째 이 글이 필자에게 주는 의미는 필자 스스로 질적연구자로서 성장할 수 있는 좋은 훈련이 되었다는 점에 있다. 이미 앞에서 이야기한 것처럼, 박사학위 논문작업은 필자가 박사과정 중에 학습한 다양한 질적방법들을 가능한 한 다양하게 적용해 보는 것을 목적으로 하였기 때문에 박사학위 논문의 한 장(chapter)은 이 방법을 가지고 연구하고 싶었다. 왜냐하면 박사과정 첫 1학기에 처음 들었던 연구방법론 수업이 바로 이 상호작용 분석법이었고 박사과정 내내 약 7개의 수업이 교실수업의 상호작용 분석과 관련이 있었기 때문이었다. 필자는 박사과정 중에 배운 이 방법들을 박사학위 논문을 쓰면서 반드시 적용해 보아야겠다는 생각을 하였고 그러한 생각은 학과의 Dr. Douglas Macbeth 교수가 필자의 공동 지도교수로 선임되면서부터 구체화되었다.

그리고 1990년 9월 가을 그와의 첫 학기의 만남은 그 동안 한국에서 배웠던 질적연구를 방법적으로, 기술적으로 더욱 발전시킬 수 있는 학구적 계기가 될 수 있었다. UCLA 사회학과의 Dr. Harold Garfinkel 교수로부터 민속방법론을 공부한 맥베스 교수는 사회학 공부를 하면서 교실과 수업이라는 현상에 관심을 가진 제자였고 교실 문화기술지(classroom ethnography)와 교실관찰법(classroom observation)으로 유명하였던 질적연구자 Dr. Judith Green이 The Ohio State University를 떠나 산타바바라 UC로 떠나면서 그 자리를 대신 맡게 된 질적연구자였다.

그 교수님이나 필자 두 사람 모두 1990년 9월, 그 학과에서 새내기였던 관계로 비슷한 공감대를 형성할 수 있었다. 그리고 첫 학기 첫 수업이 끝나고 난 다음 약 9명의 학생이 수강을 취소하여 필자와 다른 여 선생님만 그 강좌를 수강하는 어처구니없는 사태가 일어났다. 필자는 지도교수의 말을 잘 듣는 학생이어서 어쩔 수 없이 수강을 하게 되었고 다른 한 명의 수강생은 멀리 클리브랜드에서 강의를 들으러 오기 때문에 결석이 한 학기 내내 이루어졌다. 따라서 수업은 그 교수님과 필자 두 사람으로 진행되는 경우가 한 학기 대부분이었다. 거의 일대일 수업이었다. 이러한 한적한 그러나 인간적인 수업 분위기는 동양에서 공부하러 온 검은 머리의 외국인 학생을 위하여 친절한 개인지도 수업을 하는 쪽으로 흘렀다. 그는 열강을 하였고 나는 감탄하며 수업을 듣는 착한 수강생이었다. 그리고 그러한 첫 경험은 나중에 지도교수와 지도학생으로 발전하게 되었고 많은 학문적 기억을 만들어 나갔다.

그 교수님과의 수업에서 가질 수 있었던 가장 큰 장점이자 수확은 추상적이라 할 수 있는 질적연구를 매우 실증적으로 배울 수 있었다는 점이다. 첫 수업, 'Systematics of observation' 을 들으면서 수업관련 상호분석을 어떻게 하는지를 방법적으로 배울 수 있었다는 점이다. 교재와 참고문헌을 통해서는 민속방법론의 역사, 대화분석의 이론들을 배울 수 있었고 실제 수업에서 그 교수님이 수집한 녹음테이프를 들으면서 어떻게 분석하였는지를 설명 들을 수 있었다. 이 과정에서 녹음하는 방법, 녹음기 활용방법, 전사하는 방법 등을 배웠고 가장 재미있게 초시계를 통하여 교실 속 사람들의 대화 속도를 밀리초까지 잡아낼 수 있다는 사실을 알게 되었다. 녹음하고, 전사하고, 다시 듣는 이러한 실제적 경험은 한국에서 배웠던 단순한 수준에서의 참여관찰 또는 심층면담 등의 이론적 설명과는 다른 것이었다. 그리고 이러한 공학에 대한 학습은 1993년 그 당시 미국에서 출시된 질적연구 자료 분석 소프트웨어에 대한 실제 수업에서도 경험할 수 있었다.

다양한 수업관찰 수업

그와의 첫 학기 수업을 만족스럽게 끝낸 필자는 그 이후에도 다른 수강생이 거의 없는 그의 수업들을 들으면서 대화분석을 할 수 있는 여러 가지 기법들과 경험들을 배웠다. 실제 녹음테이프를 가지고, 또는 실제 녹화테이프를 시청하면서 또는 미국 초등학교의 수학수업을 분석해 가면서 훈련을 받을 수 있었다. 그리하여 'Classroom Observation', 'Interaction Studies', 'Individual Studies' 와 같은 수업을 수강하면서 많은 연습을 할 수 있었다. 그리고 그러한 훈련의 결과는 박사학위 논문인 'Elementary Schooling in South Korea: A Postpositivist inquiry int Classroom Instruction and Management' 로 구체화되어 연구의 한 가지 영역이 교실관리를 상호작용의 방법을 통하여 분석하는 것으로 변화하였다.

방법적으로는 상호작용 분석기법을 활용하면서 필자가 박사학위 논문에서 고민하였던 주제는 한국의 교사들이 50명의 학생들을 어떻게 조용히 주의집중시키면서 수업을 효과적으로 해 나가는지로 구체화되었다. 이를 위하여 구미의 많은 상호작용 관련 연구이론들과 결과들을 공부하였다. 특히 이 분야의 대가인 Mehan의 교실 상호작용 연구결과에 기초하여 구미의 결과처럼 한국 학교교육 수업의 구조 역시 그렇게 나타나는지를 확인하고 싶었다. 둘째, 우리가 수업이라는 부르는 사회적 구성의 실제가 초등학교의 복잡한 교실 분위기 속에서 어떻게 만들어지는가를 상호작용의 질서의 구성이라는 관점에서 분석하고자 하였다. 이 연구문제는 한국의 학자들은 무관심할 수 있었겠지만 서구의 학자들에게는 매우 흥미로운 주제였다. 미국의 초등학교 교실이 약 23명 정도로 구성되어 있다는 점에서 그 배가 넘는 약 40명 내지 50명의 학생이 있는 교실에서 조용히 시키는 것 또는 교사의 말이나 설명을 잘 듣도록 하는 교사의 수업방법은 참으로 매력적인 주제가 아닐 수 없었다.

SONY 캠코더

이를 위하여 초등학교 참여관찰을 하면서 약 4개월 보름 동안 모든 학교들의 수업을 관찰하고 관찰일지를 만들었다. 그리고 관찰일지를 쓰고 다시 읽으면서 주제를 개념화시켰고 계속적으로 나타는 패턴들을 분석의 대상으로 삼았다. 아울러 그 당시 처음 국내에 소개된 소니의 캠코더를 구입하고 그 캠코더를 가지고 50개 이상의 수업을 직접 녹화하고 분석하는 작업을 하였다. 녹음된 비디오테이프를 따로 하나 복사하여 만

듣고 아울러 녹음기용으로 다시 테이프로 하나 더 만들고 최종 학위논문을 받을 때까지 약 1년 이상을 여러 장소에서 녹음기를 재생하고, 비디오테이프를 재생하여 관찰하고 기록하고, 틀린 부분을 다시 고치고, 중요한 부분은 상호작용 분석 표시 기법으로 나타내고, 이를 통하여 새로운 결과를 도출하려고 하는 연구자의 경험이 이루어졌다.

제2장의 개요를 쓰고 또 마지막 문단을 쓰면서 필자에게는 여러 가지 복잡한 감정이 드러나는 것 같다. 첫째는 이 분야가 너무 미시적이고 힘들고 고통스러워서 이 분야를 필자의 평생 연구분야로 결정하지 않은 것에 대한 생각이다. 아직까지도 그 기억이 남아 있지만 박사학위 논문 작업을 하면서 한 개의 장(chapter)을 쓰기 위하여 한국 초등학교의 수업을 녹음한 수십 개의 교실수업 테이프를 녹음기로 듣고, 다시 VDR로 보고 그 다음에 전사하여 공책을 보며 읽곤 하였다. 듣고 다시 듣고 빠르게 듣고, 느리게 듣고, 또 그 간격의 공백이 몇 초였느냐를 가늠잡아 재면서. 필자의 일생에서 몇 달은 좁고 어두운 기숙사 방에서 이 작업을 하느라 고생스러웠다. 그리고 마지막으로 갖게 된 결론은 첫째, 이 분야는 두뇌가 상당히 명석한 연구자가 공부해야 한다는 것이고, 둘째, 이러한 상호작용 연구는 나에게 맞지 않는다는 것이었다. 특히 한국의 질적연구의 다양한 이론화의 확산을 나의 인생 목표로 삼으려고 하였던 필자에게 특정한 교실 속의 대화를 하루 이틀, 또 평생 듣고 있어야 한다는 것은, 즉 그러한 방법은 너무 세분화되고 전문적이라는 생각이 들었다. 그리고 너무나 힘들었던 상호작용 분석법과 교실수업의 체계적 관찰에 대한 이론화는 다른/다음 연구자가 맡기를 기대하였다.

교실질서의 성취와 회복: 한국 초등학교 교실에서의 관리/통제에 대한 미시문화기술적 연구

> 교사가 교실사태에 대하여 확실한 통제력을 가지고 있어야 하는 것은 보편적 진실이다. 나아가 교사는 그러한 통제력 속에서 학생들로 하여금 학생들이 학업에 보다 전념할 수 있도록 유도해야 한다. 따라서 관리와 통제에 대한 관심은 곧바로 조그만 공간에서 함께 생활하고 있는 미성숙하고 변화무쌍한, 여러 유형의 사람들이 주어진 과제를 성공적으로 마칠 수 있도록 하는 교사/교육의 요구를 반영한다(Lortie, 1975, p. 151).

Ⅰ. 서론

질적연구방법론자로서 우리나라 학교교육 현장에 대한 나의 첫 번째 경험적 연구관심은 교육연구 분야 바깥에서 일반인들이 항상 교사에게 던지는 질문(어떻게 그 많은 아이들을 관리하고 통제하느냐?)과 많은 외국의 교육학자들이 한국의 교육학자들에게 물어오는 당연한 질문(30~55명이 함께 공부하는 과밀학급 속에서 어떻게 그 많은 학생들을 잘 관리하느냐? 수업이 성공적으로 진행되느냐?)을 심각한 연구주제로 상정하는 것에서부터 시작되었다. 이에 모두에게 익숙한 현상과 경험을 특정한 연구문제로 정치화시키는 질적연구의 기본전제로부터 출발하여, 나의 학문적 배경인 미시문화기술지와 민속방법론의 방법적 가정에 고무받아 그러한 질문에 대한 하나의 해답을 찾기 위하여 나는 새로운 연구문제, '한국 초등학교 교실에서 교실의 질서는 어떻게 만들어지고 유지되는가' 를 개발하게 되었다.

이러한 연구문제에 근거하여 약 30~50명이 함께 공부하는 교실에서 교실을 관리하고 질서를 유지하는 것은 우리나라 초등학교 교사에게는 중요한 그러나 힘겨운 과업이라고 가정하고서, 나는 이 과밀학급의 질서를 성공적으로 유지시키는 참여자의 방식을 발견하고자 하였다. 관찰과 해석의 준거로는 '질서' 에 대한 최근의 미시문화기술적 수업연구의 이론적/방법적 아이디어가 이용되었다. 수업관리의 미시문화기술적 연구에 따르면 교실의 질서는 상호작용의 질서를 의미한다. 교실은 '말' 을 하는 장소로서 30~50명의 잠재적 발화자가 있는 교실은 언제든지 시끄러운 시장과 같은 학습하기 힘든 장소가 될 가능성이 존재한다. 이러한 점에서 교사의 관리력이란 곧바로 50명의 학생들이 만들어 낼 수 있는, 학습이 일어날 수 없도록 하는 순간을 미연에 방지하는 것이며, 이는 교사에게 학생들의 자기들끼리의 말하고 싶은 욕구를 통제하는 것뿐만 아니라 교사에 대한 학생들의 동시적 말의 욕구를 잘 처리하는 것을 요구한다. 이러한 학생들의 잡담과 교사에 대한 복수 발화자(multiple speakers)를 미연에 방지하는 최상의 방법은 전체 학생을 하나의 단위로서 간주하고 그 중에서 다음의 유일한 발화자를 선정하는 것이다(Macbeth, 1990; Payne & Hustler, 1980). 따라서 교실질서의 완성은 교사가 많은 학생들 중에서 한 학생을 선발하여 일대일의 대화관계를 유지함으로써 가능한 질서파괴의 원인(학생들끼리의 잡담, 또는 2명 이상의 학생이 교사에게 동시에 말을 하는 경우)을 차단하는 것을 의미한다. 본 연구는 한국의 초등학교 교실에서 어떻게 교사와 학생 간의 대화의 구조가 일대일로 형성되는 상호작용의 질서가 만들어지는지를 발견하는 데 그 기본 목적이 있다.

나는 이러한 연구문제에 답함으로써 크게 세 가지 점에서 연구의 의의가 있으리라 추정한다. 첫째, 앞서 언급한 것처럼 일반인이나 외국의 학자들이 제기하는 한국 초등학교에서의 교실관리/통제가 어떻게 성공적으로 달성되는가에 대한 직접적인 답변을 제공해 줄 수 있으리라 믿는다. 둘째, 수업의 관리/통제에 대한 연구주제는 수업의 효과성이라는 연구주제와 함께 수업연구의 핵심적 탐구주제가 되어 왔다. 교실의 질서를 유지하고 잘 통제하는 것이 곧바로 학생의 학구적 성취와 관계되는 것이기 때문에 교사, 행정가, 교수와 수업영역의 연구자에게 가장 중요한 연구항목이라 할 수 있다. 따라서 교실현장에 대한 연구 중에서 교실관리만큼 많은 관심을 불러일으킨 연구영역도 존재하지 않았다(Evertson, Emmer, Sanford, and Clements, 1983). 그럼에도 불구하고, 한국 교육학 내에서의 이 분야에 대한 이론적 논의나 연구는 미미한 실정이기 때문에 본 연구는 교실관리에 대한 기존의 연구경향과 대안적인 최근의 미시문화기술적 연구관점을 소개함으로써 교실관리 연구에 대한 중요성과 함께 이 주제에 대한 질적 연구자들의 후속적 연구관심을 야기시킬 것이다. 셋째, 한국의 학교교육 상황에 특수한, 즉 문화적 가치와 규범을 반영하는 교실관리 기법이 존재하고 그것들을 밝혀 냄으로써 서구 중심의 교실관리 기법에 대한 논의가 갖는 제한점을 극복하고자 한다.

II. 선행연구

교실관리는 수업과 학습이 일어날 수 있는 환경을 조성하고 유지하기 위해 필요한 절차들이나 조건들을 의미하기도 하며(Duke, 1979, xii) 종종 학습이 일어날 수 있도록 교사가 학습자의 행동을 통제하는 방법 즉 훈육으로도 언급된다(Horne, 1980, p. 228). 따라서 교실관리라는 연구주제의 성격상, 상당한 양의 논의는 실천가의 관점에서 수행되어 왔고 많은 서적과 출판물들은 교실교사 특히 초임교사들을 돕기 위하여 학생의 행동이나 교수전략에 대한 설명들을 담고 있다. 그러한 설명들은 성공적인 관리에 대한 현장교사들의 경험담을 담고 있거나 또는 행동주의 심리학이나 수업전략 분야의 연구에서 도출된 것이었다.

본 장에서는 교실관리에 관한 연구주제가 어떻게 탐구되어 왔는지를 크게 세 가지의 분석적 범주에서 논의하고자 한다. 먼저 이 분야의 모범적인 선행연구라 할 수 있는 Kounin(1970)의 연구를 살펴보고 다음으로 기존의 주류 연구경향에 대하여 논의하고자 한다. 마지막으로 본 연구의 이론적/방법적 아이디어가 기초하고 있는 최근의 교실관리에 대한 연구경향인 대안적/미시문화기술적 연구들에 대하여 고찰해 본다.

1. Kounin의 프론티어 연구

Discipline and Group Management in Classrooms (1970)

Kounin의 연구는 교실관리의 초기연구 중의 하나로, 또 모범적 예로 간주된다. 그의 연구 〈교실에서의 훈육과 집단관리〉는 교실관리 연구에 있어서 현대적 시기의 시작으로(Emmer & Evertson, 1981), 교실관리에 대한 새로운 접근방법으로(Lasley, 1987), 교실관리에 대하여 훌륭한 가르침을 주는 연구 중의 하나로서(Doyle, 1985) 간주되고 있다. Kounin의 연구는 교실의 이질적 특성(사람, 사건, 형식, 활동)에 대한 그의 이해로부터 시작되었다. Kounin에 따르면,

> 교실은 한 명 이상의 학생으로 구성되어 있다. 이러한 학생들은 함께 모이거나 소집단을 이루고 또는 다양한 활동들에 몰입한다. 이러한 활동 중 약간은 학구적인 것이며 약간은 학습으로부터 휴식을 취하는 것을 목적으로 한다: 놀이, 휴식 등. 또한 약간의 활동은 비학구적인 일상적 일들이다: 출석 부르기, 우윳값 받기, 국기에 대한 경례. 그 밖에 때때로 교실 바깥의 사건들은 교실의 수업을 방해한다. 화재신호소리, 도시락 갖고 오는 부모. 아울러 교실 내의 사건들도 학습을 방해한다. 학생의 일탈행동…. 교사의 의도를 방해하는 사건들은 수없이 많다: 선생님 말을 듣지 않고 공부하지 않고 지시를 까먹는 학생들(1970, iii).

Kounin은 교실의 이러한 이질적 특성 때문에 교사는 교육과정 계획과 개별학생을 관리하는 것 그 이상이 요구되는 특별한 기술을 소유해야 하는 것으로 믿었으며, 교사가 교실의 계획되거나 또는 계획되지 않은 사건들을 다루기 위해 구사하는 기술들을 집단을 관리하는 관점에서 공식화시켰다. 초등학교의 두 개의 교실 상황(잘 통제되는 교실과 그렇지 못한 교실)에서 일어나는 일상적 활동을 비디오카메라로 녹화한 다음, 교사가 실천하고 있는 여덟 가지의 집단관리 방식을 개념화시켰다.

1. 교사가 학생이 지금 무엇하고 있는지를 정확히 알고 있다는 사실을 행동으로 보여주는 것
2. 중복: 동시에 두 가지 관리 문제들을 해결하는 것
3. 유연성: 수업의 방향을 변경하거나 방해하지 않고 수업을 유연하게 진행하는 것
4. 수업의 진행을 재미없게 하거나 느리게 하는 교사의 행동을 자제하는 것
5. 학생들을 활동에 신속하게 몰입시키는 능력
6. 책임성: 학생들로 하여금 자신들의 과제성취에 책임감 있게 행동하게 만드는 것
7. 각성: 학생들에게 열성, 호기심, 학업에의 몰두를 각성시키는 능력
8. 다양성: 교사의 수업활동의 속성을 변경시키는 능력
   — 내용의 변화, 자리 배치, 집단 만들기

이러한 Kounin의 연구에서 특이할 만한 연구결과 중의 하나는 잘 통제된 교실에서의 교사는 그렇지 못한 교실의 교사와 비교하여 학생이 어떤 일탈적인 행동을 보였을 때 그 해결과정에서 큰 차이를 보여주지 않았다는 점이었다. 대신에 두 개의 교실에서의 상대적 차이는 학생이 보여주는 일탈행위의 발생빈도에 있었다. 이 연구결과는 교실관리를 잘하는 교사는 그렇지 못한 교사에 비하여 학생들의 일탈행위를 미연에 방지하는 기술들을 효과적으로 구사하고 있다는 것을 밝혀 주었고, 교실관리의 성공은 수업을 방해하는 관리문제가 일어났을 때 교사가 얼마나 그 문제를 잘 처리하느냐가 아니라 문제가 일어나기 전에 학생들을 얼마나 잘 관리하느냐와 관계가 깊다는 사실을 시사하였다. 이 연구의 결과는 Emmer와 Evertson(1980, 1981), Crawford, Gage, Corno, Stayrook, Mitman(1978)의 후속 연구들에 의하여 입증되었다.

보다 중요하게 Kounin의 연구는 교사효과성에 대한 후속연구의 기초를 세 가지 관점에서 제공해 주었다(Gettinger, pp.230-231). 첫째, 교실관리 연구의 초점을 반응적 관리기법에 대한 연구에서 방지적 관리기법으로 변경시켰다. 둘째, 자연주의적/질적 관찰연구방식을 택함으로써, 교실의 환경적 요인과 교사변인에 대한 교실의 생태학적 관점을 연구의 중요한 요소로 부각시켰다. 셋째, 효과적인 교실관리는 1년 동안의 계속적인 관심과 함께 학기 초의 성공적인 준비와 조직과 깊은 관계가 있음을 보여주었다.

2. 주류 교실관리 연구

필자의 분석체계에 의하면 현행 교실관리에 대한 연구는 다음과 같은 세 가지 주제를 중심으로 수행되어 왔다: ① 교실관리와 교육과정 간의 관계, ② 효과적인 교사상, ③ 관리전략. 본 절에서는 이 세 가지 연구경향을 개략적으로 살펴보고자 한다. 첫째, 교실관리 연구분야의 지도적 연구가인 Doyle(1984, 1985)을 중심으로 교육과정과 관리 간의 연구가 활발하게 실행되어 왔다. 그의 연구는 관리와 교육과정 간의 관계에 대한 논의가 거의 없다는 인식에서 출발하여, 교실의 질서(관리방식, 장학, 권위 등)와 교육과정의 성격(내용, 수업방식, 과제) 간의 관계를 밝히고자 하였다. 그의 연구는 두 가지의 일반적 결론을 도출하였다. 첫째, 학구적 과제의 성격은 학생의 수업에 대한 참여와 관여에 영향을 끼친다. 이때 학구적 과제는 교실생활이 어떻게 조직되고 질서가 성취되는지를 설명할 수 있는 훌륭한 참고체제가 된다. 둘째, 교실관리에 대한 지나친 몰두는 수업의 측면을 도외시할 수 있다. 단지 관리 준거에 의한 교수의 진행은 학생이 과제를 달성해야 하는 기회를 감소시키고 교육과정을 부차적인 것으로 만들어 버릴 수 있다.

Doyle처럼 Cohen, Intili와 Robbins(1979)는 관리와 수업방식 간의 관계에 대한 질문을 제기하였다. 그들은 교실관리 연구에 '권위' 의 사회학적 개념을 적용하여 교실의 질서는 수업방식과 밀접한 관련이 있음을 밝혔다. 그들은 수업의 종류에 따라서(일상적인 학습과제, 차별화된 학습과제) 성공적인 학급환경이 만들어지기 위하여 교사의 관리전략들도 변화되어야 함을 제안하였다. 즉 교실과제의 성격이 변화하는데 관리기법이 변화되지 않는다면 학생의 성취수준은 하강한다는 것이었다. Bossert(1979)도 역시 상이한 두 개의 교실에 대한 비교연구를 통하여, 학습과제의 성격이 교사의 관리방식에 영향을 끼치는 것으로 결론지었다.

교실관리 연구 분야에서 두 번째 주류 연구경향은 효과적인 교사상을 정립하는 것이었다. 따라서 많은 연구들이 효과적인 교실관리와 직접적으로 관계가 깊은 교사들의 특징이 무엇인지를 논의하였다. Brophy와 Putnam(1979)은 교실관리의 성공은 교사의 기술이나 기법뿐만 아니라 교사의 개인적인 자질에 의해서도 결정된다는 사실을 지적하였다. 그들은 성공적인 관리를 이끄는 교사의 자질로서 다음의 것들을 나열하였다: 학생들에게 호감을 느끼게 하는 성격, 즐거운 성격, 다정다감, 성숙된 정서, 성실성, 적응력. 아울러, 연구자들은 이러한 자질과 함께 '강인한 자아력' 을 중요한 관리력으로 설명하였다. 강인한 자아력은 위기상황에서 침착함을 유지하고 자기를 변호하거나 권위적이지 않고 신중하게 경청하는 것, 부인, 비난, 지나친 감정적 격렬에 의하기보다는 문제해결적 태도를 유지하는 것, 잘했거나 못했다는 식의 이분법적 사고를 지양하는 것을 의미한다. Anderson, Evertson, Emmer(1980)는 효과적인 관리와 관계되는 교사의 가장 중요한 자질의 하나는 학생과의 의사소통 능력이라는 사실을 밝혔다.

Brophy(1983)에 따르면, 효과적인 관리를 하는 교사와 그렇지 못한 교사 사이에는 크게 세 가지 점에서 차이가 있는 것으로 나타났다. 첫째, 효과적인 관리를 하는 교사는 학습이 잘 일어나도록 하는 절차와 방식을 확고하게 정립함으로써 학생들은 자신들의 과제를 성취하는 데 요구되는 책임이 무엇인지를 확실히 알 수 있다. 둘째, 효과적인 관리를 하는 교사는 교실에서 학생들이 하는 행동에 대한 교사의 기대(그 결과)가 무엇인지를 명확하게 만들며 이를 따르도록 주의를 기울인다. 따라서 학생들은 적절하고 적절치 못한 행동에 대한 결과(교사의 반응)가 무엇인지를 잘 알고 있다. 셋째, 효과적인 관리를 하는 교사는 학생의 부적절한 행동에 대하여 비평이나 위협보다는 교정적인 반응으로 대응한다.

교실관리 연구 분야의 세 번째 연구경향은 효과적인 관리전략에 대한 논의로서 주로 교사교육 분야의 많은 문헌의 내용을 차지하고 있다. 이러한 전략들은 칭찬의 사용에서 체벌의 사용까지 다양하며, 그 아이디어들은 주로 행동주의 심리학, 상담심리학, 집단역학과 같은 다양한 학문에서 도출되고 개발되었다. 그 논의의 주요 주제는 '어떻게 교실교사가 효과적인 관리를 달성할 수 있을 것인가' 이다. Weber(1982), Weber와 Roff(1983)는 80권의 책과 잡지의 논문을 고찰한 후에 교사교육 문헌에서 논의되고 있는 60개의 관리전략을 8개의 범주로 정리하였다: ① 권위적 전략, ② 행동변경 전략, ③ 집단중심 전략, ④ 계획된 수업전략, ⑤ 위협전략, ⑥ 허용전략, ⑦ 긍정적 인간관계 전략, ⑧ 요리 지침서적 전략.

3. 대안적/미시문화기술적 접근

교실관리의 세 번째 이론적 논의는 미시문화기술적 접근에 의한 연구관점이라 할 수 있다. 이 접근은 민속방법론, 대화분석, 언어사회학적 관점이 교실의 상호작용 분석에 적용되어 앞서 설명한 주류 연구경향과는 다른 해석을 보여 주었다. 이 연구들은 교실의 질서가 언어의 상호작용 속에서 특히 교실의 '말' 의 조직을 통하여 어떻게 성취되는가를 보여 주었다. 이 관점에 따르면, 교실의 언어적 상호작용은 교실의 질서, 교사의 관리하는 일과 깊은 관계가 있다. 이 연구들은 보다 해석적 관점에서 교실의 관리가 어떻게 참여자의 계속적인 상호작용을 통하여 사회적으로 조직되어 있으며 성취되는지를 잘 기술해 주고 있다. 본 절에서는 그 연구의 예로서 Payne과 Hustler(1980), Macbeth(1991)의 연구를 들어 이들의 주요 연구결과를 논의하고자 한다.

먼저 이 분야의 개척자적인 연구라 할 수 있는 Payne과 Hustler(1980)의 연구는 교실의 질서와 관리는 비가시적인 방법으로 달성될 수 있다고 제안한다. 교실수업에 대한 참여관찰을 통하여 연구자들은 첫째, 교사가 일상적으로 하는 하나의 작업, 학생들을 하나의 단체 또는 부대로서 만드는 활동이 교실의 가장 중요한 조직적 특성이라는 사실, 둘째, 그러한 부대로서의 교실조직이 곧바로 교실질서를 생성하고 유지하는 가장 중요한 기능임을 밝혀 주었다. 셋째, 이 학생들을 하나의 부대로 만드는 작업은 교실의 '말' 의 조직을 통하여 성취된다는 점을 분석하였다.

그들에 따르면, 25~30명과 함께 지내는 교사에게 있어서, 교실의 질서를 수립하는 일, 즉 교사와 학생의 목소리가 잘 들릴 수 있도록 교실을 조용한 장소로 만드는 일은 곧바로 교실 내의 참여자 간의 '말' 의 질서(교사 대 학생들 간의 '말' 의 질서)를 수립하는 것을 의미한다. 교실에는 교사의 말에 대하여 응답하고자 하는 대화자가 잠재적으로 25~30명 존재한다. 따라서 말의 질서가 수립되지 않는 교실은 25~30명의 학생이 동시에 말을 하게 되는 시끄러운, 즉 질서가 파괴된 장소로 변할 것이다. 따라서 교사의 중요한 관리의 과제는 곧바로 어떻게 말의 질서를 유지하는가와 관계가 깊으며, 이러한 말의 질서는 Payne과 Hustler에 따르면 교실대화의 참여자를 오직 두 명이 말하는 대화구조(two party structure of talk)로 바꿈으로써 달성될 수 있다. 즉 25~30명의 학생을 '부대' 로서 만든 다음, 교실을 일대일의 대화구조로 만드는 것이다.

교실의 일대일 대화구조 관계의 수립은 다음과 같은 특징을 갖는다. 첫째, 교사의 '말' 은 전체부대를 대상으로 전달된다. 특정 학생의 이름이 호명되기 전까지 부대의 개개 구성원은 교사의 질문에 대해 답할 수 있는 응답 후보자로서 다음의 발화자가 될 수 있다. 이때 학생들은 다음의 발화자로 선정되기 위하여 손드는 방법을 이용한다. 이 손들기는 부대의 많은 잠재적 발화자 가운데 누가 공식적이고 합법적인 다음 발화자가 될 것인지에 대한 문제를 결정하는 데 가장 효과적인 방법이다. 교사는 손든 학생 중에서 한 명을 선정하여 일대일의 대화관계를 유지한다. 특정 학생에 대한 교사의 일대일 관계가 끝이 나면 교사는 새로운 학생과 또 다른 일대일 대화관계를 형성하게 되며, 이 과정에서 일대일의 대화구조 관계를 깨트리는 학생은(선생님이 호명하지 않았는데 말하는 경우) 교사에 의하여 부정적으로 평가받거나 수업에 집중하지 않는 학생으로 간주된다. 일반적인 교실수업은 이러한 일대일 대화구조를 유지하면서 진행된다.

Payne과 Hustler의 연구와 유사하게 Macbeth(1991)의 연구는 발화자 교환, 시퀀스와 같은 대화구조 분석의 연구개념과 결과를 교실의 대화상황에 적용하여 교실의 질서가 어떻게 말의 상호작용을 통하여 달성되는가를 보여 주었다. 그의 연구의 기본적 목적은 교실에서 참여자들이 하는 말(특히 교사의 말)을 통하여 무엇이 성취되고 만들어지는지를 알아보는 것이었다. Macbeth에 따르면

> 모든 교실에서 수업의 시작은 놀라울 정도로 상호작용 구조의 변형으로부터 일어난다. 시끄러운 교실, 아이들 간의 이야기, 비명소리 등의 여럿의 대화상황은 급격하게 일대일의 대화구조로 바뀌어 간다(교사 대 학생전체). 이러한 발화구조를 만들어 내고 유지하는 일은 교실에서 곧바로 누가 말하고 말하지 말아야 하는가를 결정하는 권리와 특권을 교사에게 가져다줌으로써 이는 교사의 권위의 실제적 증거임과 동시에 그 성취로서 승화된다(1991, p. 281).

Macbeth의 연구는 부대 만들기(cohorting), 발화자 교환, 호명의 구조(structure of

calling name)와 같은 교실에서 형성되는 다양한 상호작용 조직을 밝혀 주었고 이를 교실질서의 성취문제와 관련하여 설명해 주었다. 특히 그는 호명-쉼의 관리 시퀀스로서 교실에서의 질서가 어떻게 잘 유지되는지를 보여 주었다. 다음은 Macbeth의 호명-쉼의 관리 시퀀스가 시끄러워진 교실을 다시 조용한 교실로, 교사의 말에 정신집중하고 있지 않는 학생을 다시 교사의 강의에 몰두하도록 하는 데 어떠한 기능을 하고 있는지를 잘 보여주는 상호작용 단편이다.

상호작용 단편

58. 교사: 자 다 함께. (.) ((교사의 휘파람소리))

59. 팀. (0.5) 쟈니타.

60. (2.0) ((잡담소리 사라짐))

61. 케빈.

62. (2.0)

63. 자 다 함께 하지 않을래…

위의 상호작용 단편에서 알 수 있듯이 Macbeth는 교사가 일반적으로 수업 중의 일탈학생의 행동을 해결하기 위하여 그 학생의 이름을 공개적으로 호명하고 있으며 그 호명 후에는 아주 짧은 시간이 일종의 호명 다음의 단계로서 나타나는 것에 주목하였다. 이에 그는 교사의 호명과 곧바로 다음에 이어지는 쉼의 활동을 일련의 상호작용의 시퀀스로 인정하고 그것을 호명-쉼이라는 수업조직의 시퀀스로서 명명하였고 이 시퀀스의 기능이 무엇인가를 밝히고자 하였다. 이에 위의 상호작용 시퀀스에서도 나타났듯이(줄 59 다음의 0.5초, 줄 60의 2.0초, 줄 62의 2.0초), Macbeth는 일탈된 행동을 호명한 후 교사가 보여주는 짧은 시간이 하는 그 기능이 무엇인가를 해석하고자 하였으며 이를 교사의 관리 기능과 결부시켜 분석하였다. 그 응답으로서 그는 그 쉼의 기능을 학생의 이름이 호명되었을 때 호명된 학생이 그 호명의 목적을 찾아내야 하는 장소/과제라는 사실로 설명하였다. 즉 이 짧은 시간의 공간은 호명된 학생이 자신의 이름이 왜 불렸는지에 대한 이유를 스스로 찾아내야 하는 관리의 장소를 의미한다. 위의 상호작용 단편에서 볼 수 있듯이, 줄 62의 (2.0)의 시간 간격은 호명된 케빈이 자신의 일탈된 행동을 교정해야 하는 과제의 시간으로써 이 시간 동안 케빈은 실제적으로 자신의 일탈된 행동을 교정하게 된다. 하지만 이러한 호명 후에 구사된 쉼의 기능이 효과적이지 못할 때 즉, 즉 쉼의 기능이 무엇인지를 모르고 계속 떠드는 학생에 대하여(쉼 다음에 기대되는 학생의 행동이 나타나지 않을 때) 호명이라는 관리적 기제보다도 훨씬 강력한 부정적인 통제기제인 교사의 고함과 체벌이 나타나게 된다.

III. 한국 초등학교 교실에서의 질서의 문화적 실제

앞 절에서는 '교실질서' 와 관련한 세 가지 연구전통을 개략적으로 살펴보았다. 본 절에서는 한국의 초등학교 교실에서 상호작용의 질서가 참여자의 '말' 을 통하여 어떻게 생성되는지를 미시문화기술적 관점에서 논의하고자 한다. 이러한 논의의 시작은 초등학교 교실에서 쉽게 들을 수 있는 말들, '경례' , '바른 자세' , 참여단서가 가지고 있는 숨겨진 기능이 무엇인지를 관리적 관점에서 분석하는 것이다.

1. 경례

한국의 초등학교 교실의 수업 시작은 서구의 그것과는 현저하게 달라 보인다. 여기서 '현저하게' 라는 말은 수업을 시작하고 알리는 규칙적이고 시각적인 방식이 존재한다는 것을 의미한다. 한국의 초등학교 교실에서 수업은 서구의 학교에서 찾아볼 수 없는 '경례' 예식으로부터 시작한다. 경례는 선생님에 대한 학급 전체학생의 집단적인 인사를 말한다. 경례가 수업의 시작을 알리는 활동이라는 점에서 참여자와 내부자에게 경례는 수업이 시작할 수 있는 환경을 생성해 내는 협동적 과제이다.

나는 이 경례가 가지고 있는 관리적 기능을 밝히기 위하여, 즉 경례는 교사에 대한 존경을 나타내거나 고양시키기 위해 실시되는 문화적 실제라는 일반적 이해 그 이상의 다른 설명을 찾아내기 위하여 "수업의 시작 순간에 실시되는 경례의 예식은 교실의 질서(상호작용의 질서)의 성취와 어떤 관련성이 있는가?" 라는 연구질문을 제기한다. 이 질문에 대답하기 위하여 나는 임의적으로 경례가 가질 수 있는 세 가지의 상이한 정의가 있음을 상정해 본다. 첫째, 경례는 참여자의 사회적 행위로서가 아니라 관찰된 특정한 행동으로서 이해된다. 경례는 학생이 경례라고 간주될 수 있는 일련의 몸동작을 만들어 내는 것을 의미한다: 첫째, 학생은 자신의 자리에 앉는다. 이때 손은 무릎 옆에 가지런히 놓는다. 그 다음 몸을 움직여서는 안 되며 180도로 반듯이 앉아서 90도로 고개를 숙여서 "선생님 안녕하세요"라고 큰소리로 말해야 한다.

경례의 두 번째 정의는 문화적인 것이다. 경례는 한국 초등학교의 참여자에게는 특수한 의미를 가지고 있는 문화적 활동이자 실제이다. 이는 경례에 대한 참여자의 사회적 행위/의미를 드러냄으로써 앞서 언급했던 경례의 행동적 정의를 확대시키고 있다. 경례는 특정한 의미구조 속에서 수행되며 참여자가 경례에 부여하는 의미는 존경과 복종이라 할 수 있다. 경례는 교사에 대한 존경과 충성심에 대한 표현이며 교사에게 경례는 자신의 권위가 일관적으로 인정되고 유지되고 있음을 확인시키는 확실한 증거이다. 이 경례를 끊임없이 실천하고 목격함으로써 참여자들은 한국 사회의 가장 중요한 문화적 규범 중의 하나인 권위와 복종의 가치를 생산하고 있으며 따라서 한국 사회의 위계적 인간관계 구조가 확산되고 재생산된다 할 수 있다. 이러한 관점에서 한국의 학교교육은 한국 학생에게 이 사회적 가치를 어떻게 인식하고 재생산할 것인가를 가르치는 효과적인 학습공간의 하나로서 기능하고 있다.

셋째로 경례는 효과적인 관리적 기능을 가지고 있는 교실의 통제방법이다. 이는 학생의 주의집중이 전혀 이루어지지 않는 수업의 시작 순간에 시작되어 학생들의 주의를 집중시킨다는 점에서 문화적으로 독특한 교실의 질서를 형성하는 방법이다. 학생들은 경례의 일련적 행동들을 따름으로써 교사가 원하는 교실의 상태, 모든 학생이 자신들의 말을 중지하고 교사를 주의 깊게 주시하는 학습준비의 상태로 변형되어 간다. 이는 잡담을 하는 학생들의 다원적 대화가 통제되었음을 나타내는 증거가 된다. 즉 경례예식을 통하여 교실은 교사와 학생 전체의 일대일의 상호작용의 대화구조로 바뀌게 된다.

다음 글에서 나는 경례가 어떻게 관리적 실제로서 기능하는지를 세 가지의 상호관련된 방식으로 설명하고자 한다. 이 세 가지 방식은 경례를 마치기 위해 학생이 따르게 되는 일련의 계열적 행위로써 간주될 수 있다. 첫째, 교사의 '경례할 시간' 이라고 말하는 순간은 수업 전의 산만해 있던 학생들에게 쉬는 시간에 자신들에게 허용되었던 당시의 관심들(잡담, 달리기, 서서 떠들기, 또는 레슬링)이 멈춰져야 한다는 인식을 유발시킨다. 교사가 "경례하자" 또는 "반장, 경례준비"라고 선언하게 될 때 이러한 교사의 요구는 직접적으로 학생의 몸과 주의를 새롭게 조직하게 된다.

'경례할 시간' 이라는 교사의 공개적 선언은 학생의 주의를 교실 내에서 자신이 위치해야 할 올바른 공간을 찾는 것으로 옮기게 한다. 교사의 그러한 말에 대한 학생의 반응은 자신들의 몸을 움직여 자신들의 자리로 위치시키는 것으로 나타난다. 이에 학생들의 몸은 다른 학생들로부터 공간적으로 분리되며 더 이상 옆 친구들과 자유롭게 이야기하는 것이 어렵게 된다.

각 학생들이 자신들 자리에 앉게 되면 학생들은 자신들이 경례를 할 수 있는 준비가 되어 있다는 것이 보여주는 작업에 들어간다. 경례는 학생들이 성공적으로 수행해야 하는 행동목표로서 기능할 뿐만 아니라 각 학생의 마음 속에 하나의 심리적 목표로서 자리잡는다. 교사의 "좋아, 반장 경례 시작해"라는 선언을 도출하기 위하여 모든 학생들은 자신들이 그러한 선언을 들을 준비가 되었다는 사실을 몸으로 보여 주어야 한다. 학생들은 경례를 할 수 있을 만큼 교실의 주의집중 상황이 양호하다는 사실을 '단 하나의 집합체' 를 생산해 냄으로써 교사에게 설득해야 한다. 교실의 모든 학생들은 교실을 경례를 할 수 있는 가장 적절한 공간이자 시간으로 조성하기 위하여 상호 협동해야 한다.

학급 학생들이 적절하게 앉았을 때(이야기가 들리지 않고 몸을 움직이지 않고 교사를 뚫어지게 쳐다볼 때), 교사는 반장에게 경례를 시작하도록 선언하게 되며 이제 다음 단계는 반장의 책임으로 돌아간다. 반장은 경례를 마치는 데 포함되어 있는 몇 가지 준비행동을 시작하게 된다. 반장은 차렷, 열중셧을 구령한다. 이때 차렷, 열중셧 역시 교실질서를 생성하기 위한 심화적 연습에 속한다. 차렷, 열중셧의 일련의 행동을 따르게 함으로써 각 학생의 몸은 보다 올바른 자세의 형식으로 발전한다. 또한 학급 학생들에게 그 명령을 듣게 함으로써 반장은 각 학생들을 교사의 명령에 주의하도록 심리적으로 집중시킨다. 둘째, 경례를 위한 올바른 자세를 보여주지 않는 학생은 이 시점에서 발견된다. 다음의 상호작용 단편들은 경례의 절차가 주의를 집중하지 않는 학생들을 발견하여 교정시키고, 최종단계로서 말하지도 않고 움직이지도 않는 하나의 집합체를 만들어 냄으로써 교실질서를 생산하는 데 어떻게 기여하는지를 미시문화적 관점에서 보여주고 있다.

상호작용 단편 1: 일상적인 예식으로서 경례/단순한 준수

1. 교사: 송희!(반장의 이름) (0.2). 경례하자.
2. (3.5)
3. 반장: 차렷(0.2) 열중셧(0.2) 차렷.=
4. =선생님께 경례=
5. 학생들: 선생님, 안녕하세요.
6. 교사: 안녕하세요.

상호작용 단편 1은 경례를 하는 것이 일상적인 실제임을 보여주고 있다. 교사가 반장에게 경례를 시작하라고 명령한 후에 반장은 줄 3에서 명령을 반복한다. 어떠한 관리적 문제를 발견하지 못한 반장은 줄 4에서 경례를 선언하는 순간으로 들어선다. 학급 학생들의 "선생님 안녕하세요" 말과 함께 그들의 집단적 인사는 줄 6에서 수용된다. 그러나 다음 상호작용 단편 2는 경례에 대한 약간 다른 이야기를 보여준다.

상호작용 단편 2: 집중적 관찰

1. 반장: 차렷.
2. (1.5) (반장은 집중적으로 학급전체를 둘러본다.)
3. 열중셔.
4. (1.3)
5. 차렷.
6. (1.5)
7. 선생님께 경례.
8. 학생들: 선생님 안녕하서요.

상호작용 단편 2는 하나의 집합체가 되지 못하는 학생이 있나를 발견하기 위한 집중적인 관찰의 공간으로서 경례가 이용된 경우를 잘 보여주고 있다. 반장이 경례를 위한 명령을 줄 1, 줄 3, 줄 5에서 실시할 때, 그녀는 줄 2, 줄 4, 줄 6에서 상당한 시간의 쉼을 사용하고 있다. 이 쉼은 반장의 명령을 따르지 않는 학생이 있는가를 찾아내기 위하여 반장이 이용하는 검색과 관찰의 시간이다. 이 시간 동안 반장은 올바른 자세를 보이지 않는 학생을 발견하고자 애쓰며, 줄 2, 줄 4, 줄 6에서 학급의 모든 학생들이 자신의 명령을 충실하게 잘 따르고 있다는 점을 확인하게 될 때(하나의 집합체의 형성) 반장은 줄 7에서 경례라고 선언한다. 하지만 반장의 집중적인 관찰은 때때로 일탈적인 학생의 발견으로 이루어지며 이때 학생의 호명과 꾸중이 실시된다.

상호작용 단편 3: 반장에 의한 일탈학생의 발견

1. 교사: 승희(반장), 해봐.
2. 반장: 차렷.

3. (3.0) (반장은 교실을 둘러보고 한 학생이 서있는 것을 발견한다.)
4. 반장: 앉아, 반성은!
5. (5.0)
6. 반장: 너 승한이!
7. (0.7)
8. 반장: 열중셧.
9. (3.0)
10. 반장: 너 앉아, 너 자리에 앉아(승한이 다시 자리에 일어났었음.)
11. 반장: 차렷.
12. (2.5)
13. 반장: 선생님께 경례.

상호작용 단편 3은 경례를 하기 위해 필요한 올바른 행동을 보여주지 않는 학생들을 반장이 발견하여 지적하고 있음을 보여주고 있다. 반장은 줄 3에서 한 학생이 서있음을 발견하고 줄 4에서 학생의 이름과 함께 앉으라는 꾸중을 실시한다. 아울러 줄 5에서 반장은 교사를 쳐다보고 있지 않은 또 다른 학생을 발견하고 줄 8에서 그 학생의 이름을 호명하면서 교사를 직시할 것을 요구한다. 아울러 줄 10에서 반장은 또 다른 학생을 발견하고 그의 행동을 교정할 것을 요구한다. 줄 12에서 최종적으로 학생들의 행동이 경례를 할 수 있을 정도로 준비되자 줄 13에서 반장은 선생님에 대한 경례를 선언한다.

상호작용 단편 2와 3은 교실의 반장이 호명과 꾸지람을 통하여 학급을 하나의 집합체로 만들어 가는 과정을 보여 주었다. 다음 상호작용 단편 4는 일탈적인 학생을 찾고 하나의 집합체를 만들어 나가는 반장의 임무에 교사가 협동하는 과정을 보여준다.

상호작용 단편 4: 교사에 의한 일탈학생의 발견

1. 교사: 인사할 시간이지, 시작해.
2. 반장: 차렷.
3. (2.0)
4. 반장: 열중셧.

5. (2.0)
6. 교사: 누가 안 따라 하나 보자.
7. 반장: 차렷.
8. (2.0)
9. 반장: 열중셧.
10. (3.0)
11. 교사: 철수는 잘하지 못하고 있다.
12. 반장: 열중셧.
13. (2.0)
14. 반장: 차렷.(0.2)
15. 반장: 열중셧.
16. (4.0)
17. 차렷.
18. (1.5)
19. 반장: 선생님께 경례.
20. 학생들: 선생님 안녕하세요.

줄 2와 줄 4를 통하여 반장은 학급을 경례할 수 있는 상태로 만들고자 애쓴다. 이러한 노력에 줄 6에서 교사는 협조를 한다. 교사의 일탈학생을 찾고자 하는 직접적인 관여는 또다시 줄 10과 11에서 찾아볼 수 있다. 교사는 줄 10에서 반장의 명령을 따르지 않은 학생을 발견하고서 비동조적인 학생의 이름을 학급에 호명함으로써 그의 비행적 행동을 공개적인 것으로 만든다. 일반적인 다른 교실과는 달리 이 교실의 반장은 보다 많은 명령을 통하여 경례를 완성한다. 경례예식을 통하여 교실의 질서를 형성하는 데 있어 교사의 적극적인 관여는 다음 상호작용 단편 5에서 보다 확실하게 찾아볼 수 있다.

상호작용 단편 5: 교사의 체벌실시

1. 반장: 차렷.
2. (5.0)
3. 반장: 김해상.(0.3)

4. 교사: 김해상, 저쪽으로 나가.
5. (6.0) (학생들 웃기 시작하고 김해상은 교실 앞으로 나가 서있는다.)
6. 교사: 너는 나쁜 일 하고 있잖아, 김해상.
7. (10.0) (반장이 학생들의 행동을 다시 확인한다.)
8. 반장: 홍은표!
9. (3.0)
10. 교사: 자, 손을 각자의 무릎에 놓고 손뼉 세 번을 쳐보자.

4학년 과학 수업의 시작 순간에 일어난 상호작용 단편 5는 경례예식을 잘 따르지 않는 학생들을 통제하는 데 교사가 보다 직접적으로 관여하게 되는 현상을 잘 보여주고 있다. 줄 3에서 반장은 교사에게 주의집중하지 않는 학생을 발견하고서 그의 이름을 호명한다. 반장의 호명에 대한 직접적인 반응으로써 교사는 호명된 학생에게 자신의 자리를 떠나 교실 앞에 서있을 것을 명령한다. 교사는 경례예식을 복종적으로 따르지 않았던 학생의 행동에 대한 부정적 강화기제로서 교실 앞에 서있어야 하는 벌을 실시한다.

이러한 관리과정을 거쳐 우리는 다음 상호작용 단편 6에서 초등학교의 교실에서 질서가 완성되는 순간을 목격하게 된다. 경례예식을 통한 최종적 산물인 질서의 완성은 교사를 향하는 움직이지 않는 한 학생 집단만이 아니라 모든 학생의 주의가 한 사람의 행위처럼 일사불란하게 움직이는 통일된 하나의 집단으로 나타난다. 이제 다양한 관심과 활동을 했던 30~50명의 학생들은 통일된 집단 속에서 보이지 않는 하나의 개인으로 사라지게 된다. 이러한 통일된 정신을 가진 한 물리적 집단의 출현은 다음 상호작용 단편 6에서 잘 나타난다.

상호작용 단편 6: 통일된 집합체의 출현

1. 교사: 좋아, 하자. (0.3) 반장. (0.5) 반장.
2. 반장: 차렷.
3. (2.0)
4. 열중셔.
5. 차렷.

6. (1.2)
7. 반장: 선생님께 경례=
8. 학생들: = 열심히 공부하겠습니다. (낮은 목소리)
9. 교사: 경례 못 받겠어. 다시.
10. (1.4)
11. 반장: 차렷.
12. 선생님께 경례.
13. 학생들: 열심히 공부하겠습니다.
14. //열심히 공부하겠습니다.
(목소리는 컸으나 한 목소티로 되지 않음)
15. 교사: 왜 그렇게 실수하지? 다시 해봐. (1.9) 매우 실망이야. 여전히 여러분들은 잘하지 못하고 있어요.
16. 반장: 차렷.
17. (2.8)
18. 반장: 선생님께 경례=
19. 학생들: 선생님 열심히 공부하겠습니다. (크고 통일된 목소리)
20. 교사: 좋아.

이 상호작용 단편 6에서 반장은 줄 6에서 경례할 수 있는 순간이라는 사실을 발견하고서 줄 7에서 경례를 선언한다. 이에 줄 8에서 학생들은 선생님께 인사한다. 그러나 학생들의 경례는 교사에게 수용되지 않는다. 그 이유는 교사를 만족시킬 만큼 큰 목소리를 만들어 내지 못하였기 때문이었고 이는 교사에게 학생들이 경례를 할 수 있을 만큼 심리적으로 준비가 되지 않았다는 사실을 추론하게 만든다. 이에 반장은 줄 11과 12를 통하여 두 번째 경례를 시도하지만 이 역시 교사에 의하여 거부된다. 그 이유는 학급 학생들이 단일한 목소리로서 인사하지 못하였기 때문이었다. 교사에게 있어서 학급의 단일한 목소리의 창출 실패는 약간의 학생들이 통일된 하나의 몸을 만들어 낼 수 있을 만큼 주의집중하고 있지 않다는 것을 시사하는 것이었다. 줄 19에서 우리는 학생들이 우렁차고 단일한 목소리로 선생님께 경례하고 그러한 경례가 교사에게 수용된다는 것을 알 수 있다. 이러한 경례예식의 계속적인 연습과 훈련을 통하여 초등학교 교실에서는 하나의 단일한 학생집단이 출현하게 된다.

2. 바른 자세

교사: 자, 선생님께서 수업을 시작하겠어요. 그러니 움직이지 마세요. (0.3) 알겠어요.

학생들: 네.

교사: 움직이지 마세요. 움직이는 것은 체육시간에 할 수 있는 것이예요. 교실에서는 단지 잘 들으세요.

— 1학년 국어시간

경례예식이 수업의 시작 무렵에 관찰된다면 바른 자세는 경례에 비해서 수업의 어느 시점에서나 자유롭게 관찰될 수 있는 교실질서를 창출하는 한국 초등학교의 또 다른 문화적 실제이다. 이 절에서 나는 바른 자세에 대한 일상적인 해석, 즉 학생들에게 올바른 자세를 갖게 해준다는 설명에서 벗어나 그것의 관리적 기능을 밝히고자 한다. 바른 자세의 관리적 기능에 대한 나의 접근은 바른 자세에 대한 요구가 교실이 시끄러워질 때 쓰인다는 관찰에서, 교사가 "바른 자세"라고 명령했을 때 학생들이 그러한 명령에 어떻게 반응하는지, 그것의 결과가 무엇인지를 분석을 통하여 정당화할 수 있다.

기본적으로 바른 자세는 학생의 특정 신체부분이 수업 동안에 어떻게 위치되어야 하는가에 대한 행동적 기술이다. 이러한 행동적 기술 또는 요구는 학생이 자신의 자리에 어떻게 앉아야 하는가와 관계가 깊다. 학생의 측면에서 바른 자세를 만드는 데는 크게 세 가지 움직임이 필요하다. 첫째, 학생은 교사/교사의 눈을 곧바로 쳐다보아야 한다. 둘째, 학생의 목과 허리는 180도로 직립해야 한다. 셋째, 팔은 허리 옆쪽 또는 무릎에 위치해야 한다. 이러한 바른 자세는 공부할 자세로서 인식되기 때문에 많은 교사가 수업 중에 학생들이 보여 주어야 하는 바람직한 자세로서 간주하고 있다. 더 나아가 착한 학생, 행동이 좋은 학생, 모범적인 학생이 갖추어야 하는 중요한 자질이자 행동으로 규정한다. 다음 상호작용 단편 1은 바른 자세가 수업시작에 대한 필수요건으로 실시되고 있다는 점을 잘 보여주고 있다.

이 상호작용 단편 1에서 교사는 학급의 모든 학생들이 지명한 학생의 읽기에 들을 준비가 되어 있는지를 확인하고자 한다. 이때 학습의 준비정도를 판단하는 준거는 각 학생의 신체부분이 바른 자세 형태로 잘 위치하고 있는가에 있다. 따라서 줄 3에서 교사는 몇몇 학생들이 바른 자세를 하고 있지 않은 것을 발견하고 지명한 학생의 읽기를 멈추게 한다. 줄 3에서 줄 8까지 학생들의 바른 자세의 정도를 확인한 후에 줄 9에서 교사는 앞에서 지명된 학생이 다시 책을 읽도록 허락한다.

상호작용 단편 1: 학습의 준비로서 바른 자세

1. 교사: 정희가 책을 읽을 거예요.
2. 교사: 정희 (그가 책을 읽으려는 순간)
3. 교사: // 바른 자세
4. (1.0)
5. 교사: 바른 자세, 듣기 위한 자세, 바른 자세를 만드세요.
6. (3.0)
7. 교사: 너 바른 자세 만들었니?
8. (2.0)
9. 교사: 시작. (글 읽을 학성에게)
10. 교사: 정희. (정희가 읽기 시작한다.)

이 바른 자세는 수업 중인 학생의 행동의 중요한 부분으로서 계속적으로 강조되고 학생의 주의집중의 비판적 지시자로서 기능하기 때문에 바른 자세의 완벽한 형태를 보여 주거나 잘 유지하는 학생은 주의력이 높고 태도가 좋은 학생으로 종종 평가받는다. 따라서 수업 중의 교사의 정적 보상은 학생의 바른 자세에 대한 월등한 준수나 표현에 집중된다. 다음 상호작용 단편 2는 교사가 바른 자세를 잘한 학생에게 발표할 수 있는 기회를 주는 것을 예증하고 있다.

상호작용 단편 2: 다음 발표자가 되는 것

1. 교사: 지금 한나가 가장 잘 앉아 있어요. (0.2) 한나 우리에게 바른 자세가 무엇인지 말해 볼래요.
2. 한나: ( )

이와 같은 점에서 올바른 자세를 보이지 못한 학생은 교사의 통제와 꾸중의 가장 시각적인 대상이 된다.

상호작용 단편 3: 학생 자세의 평가

1. 교사: 야, 서태영, 똑바로 앉을 수 없니? 다리 구부려.

지금까지 나는 바른 자세를 수업 중의 신체를 위치시키는 것에 대한 하나의 문화적 정의로서 개략적으로 기술하였다. 다음에서 나는 이 문화적 의미를 관리적 기능과 관련지어 그것의 진정한 역할을 논의하고자 한다. 경례처럼 바른 자세의 특징 중의 하나는 한 개인보다는 학급 전체를 대상으로 하고 있다는 점이다. 때때로 바른 자세의 올바른 형식에서 빗나간 행동유형을 보여주는 개별 학생을 나무라는 데 이용되기도 하지만, 대부분의 경우 바른 자세는 교실 내의 모든 학생들의 주의를 통제하는 데 이용되고 있다. 따라서 교사가 "바른 자세"라고 요구할 때 그 요구의 대상은 교실에 있는 모든 학생이며 그것의 성격은 학급집단-지향적인 명령이라 할 수 있다.

이 바른 자세의 관리적 기능은 교사가 시끄러운 교실을 보다 조용하게 만들고자 할 때 이용된다는 점에서 잘 나타난다. 교사와 학생집단의 일대일의 대화관계가 학생들 간의 대화로 인하여 방해받거나 상실되었을 때 바른 자세의 형성과정을 통하여 교사는 상실된 일대일의 대화구조를 다시 생성하게 되며 교사는 이를 통하여 교실에서 말을 할 수 있고 통제할 수 있는 권위와 분위기를 만들어 내게 된다. 이러한 교사의 교실 내의 말에 대한 통제력은 학생들의 신체를 통제함으로써, 무질서화된 신체를 올바른 자세의 형태로 다시 만들어 냄으로써 성취된다. 즉 교사를 쳐다보지 않거나 짝꿍과 이야기를 하거나, 또는 소음 등이 일어나는 상황은 교사만을 쳐다보아야 하는 바른 자세의 형태를 통하여 제거되는 것이다. 바른 자세는 학생의 바르지 않은 신체를 바르게 위치시킴으로써 산만해진 집중력을 회복시키는(학급을 교사에게 주의집중하도록 만드는 것) 한국 초등학교 교실에서의 특수하게 상황적인 관리기법이라 할 수 있다.

바른 자세가 훌륭한 관리 기법으로서 흐트러졌던 교실질서를 회복시킬 수 있는 것은 바른 자세가 학생들에게 하나의 성취목표로써 부여되기 때문이다. 바른 자세는 공개적인 성취로서 작용한다. 각 학생의 수행정도는 다른 학생들이나 또는 교사에 의하여 명시적으로 측정되고 비교되고 평가된다. 바른 자세는 수행의 질을 평가할 수 있는 시각적 증거가 되기 때문에 교사와 학생들은 바른 자세를 갖추는 것을 일종의 경쟁적 시험 또는 성취 과제로 인식하게 된다. 결국 바른 자세는 비교적/경쟁적/평가적 수행 영역으로 그것의 성격이 변환된다.

이러한 해석적 관점에서 학생의 수행은 두 가지 방식으로 평가된다. 첫째, 기대되는 성취수준에 근거하여 학생의 바른 자세에 대한 수행은 얼마나 바른 자세의 행동을 잘 표현해 냈는지의 정도에 의하여 평가된다. 둘째, 학생의 수행은 다른 학생의 수행에 근거하여 평가된다. 학생들은 서로서로 '더 잘했다' 또는 '더 못했다'는 식으로 비교된다. 따라서 학생의 상대적인 좋은 수행이 최상의 수행과 비교될 때는 그 학생의 수행은 덜 성공적인 것으로 간주될 수 있다.

상호작용 단편 4: 비교로써 바른 자세

1. 교사: 너의 손은 선생님이 너에게 말한 것처럼 무릎 위에 놓여져야 한다. (0.5)
2. 교사: 어디 보자, 누가 제일 잘 앉았나 보자. 똑바로 앉으세요.
3. (1.2)
4. 교사: 누가 제일 잘 앉아 있나 보자.

교사는 줄 2와 줄 4에서 "누가 제일 잘 앉아 있나 보자"라고 말함으로써 바른 자세를 비교와 서열의 과제로 변환시킨다. 이러한 교사의 언급은 학생들로 하여금 바른 자세를 만드는 데 더욱 경쟁적으로 몰입시키는 동기로 사용된다. 학생들의 주의를 비교와 보상이 관여된 평가과정으로 돌림으로써 교사는 시끄러운 교실을 하나의 조용한 집단으로 바꾸어 간다.

3. 참여단서

경례, 바른 자세와 함께 한국 초등학교의 교실질서를 형성하고 유지하는 중요한 문화적 실재는 참여단서들이라 할 수 있다. 참여단서/참여구조는 학생이 성공적인 학습자가 되기 위하여 교실에서 실천해야 하는 의사소통에 관한 지식 또는 표현능력이라 할 수 있다(김영천, 1996; Cazden and Hymes, 1972; Erickson and Shultz, 1981; Florio and Shultz, 1979; Phillips, 1983). 학생의 교실과제에서의 적절한 참여형식에 대한 명시적 지시로서 참여단서들은 학생들이 교실과제와 대화에 언제, 어떻게 참여해야 하는가를 성공적으로 발견하도록 도움을 준다. 따라서 교실의 말의 교환에 있어서 누가 합법적인 발화자가 될 것인가를 공식화시킴으로써 효과적이고 경제적인 질서의 장치로써 이용되고 있다.

나의 관찰을 통하여 총 세 가지 범주, 일곱 가지의 참여단서가 발견되었다: ① 학생이 말할 순서라는 점을 알리는 단서('해'와 '시작'), ② 학생의 말할 순서가 끝났음을 알리는 단서('그만', '바로', '됐어'), ③ 주의집중을 위한 단서('주목', '여기 봐'). 먼저, 학생이 말할 순서가 되었다는 것을 알리는 단서로서 '해'와 '시작'은 학생이 자신에게 부여된 과제를 이제 시작할 수 있다는 것을 의미한다. 그것은 교사의 공식적인 허용의 언어적 표시라 할 수 있다. 과제가 책을 읽는 것이라면, 이제 학생은 걱정 없이 책을 읽을 수 있으며 선생님은 그러한 학생의 행위에 아무런 제재를 가하지 않는다. 이 단서의 가치는 교사와 학생 간의 언어적 상호작용에서 일어날 수 있는 혼란이나 말의 중복을 방지함으로써 말의 자리바꿈(turn-taking of speaking)이 교사에서 학생으로 유연하게 움직여 나가게 만든다. 다음 상호작용 단편 1과 2는 이 단서의 그러한 기능을 잘 보여준다.

상호작용 단편 1

1. 교사: 은영이가 할 것이예요.
2. 교사: 시작.
3. 은영: 이 이야기에는 한 소년과 그 부모가 (　　)

상호작용 단편 2

1. 교사: 좋아요, 여러분이 읽을 필요가 있어요.
2. 교사: 시작.
3. 학생들: (학생들은 읽기 시작한다.)

교실의 말의 조직을 고려할 때, 교사의 다음 발화자의 선출은 이 선출된 학생이 언제 말을 해야 하는지를 안다는 사실을 보장하지는 않는다. 여러 경우에 있어서 교사는 교실에서 다음 발화자를 선정한 후에 자신의 현재 말의 순서(상황)를 계속 연장시킬 수 있다(McHoul, 1978). 교사가 자신의 말할 순서를 종료한 다음 다시 스스로 다음 발화자가 될 수 있는 가능성은 항상 존재한다. 이러한 교실의 말의 특성을 반추했을 때 다음 발화자로서 선정된 학생이 경험할 수 있는 참여의 딜레마는 자신의 말을 시작할 적절한 시간적 공간이 어디인지를 발견하는 것에 있다. 이러한 점에서 상호작용 단편 1과 2의 줄 2는 교사가 더 이상 자신의 현재 말할 수 있는 순서(권리)를 더 이상 연장하지 않겠다는, 따라서 다음 선정된 발화자인 학생이 교사와의 있을 수 있는 말의 중복이나 혼선의 (동시에 말하거나 발화자가 말하는 중간에 말을 방해하게 되는) 상황을 걱정할 것 없이 자신에게 주어진 다음 말의 순서를 시작할 수 있다는 명시적이고 공식적인 발표라 할 수 있다.

두 번째 종류의 참여단서는 학생의 발화기회를 종료시키기 위한 것이다. 크게 세 가지의 단서가 있다: '그만', '바로', '됐어요'. 이러한 단서들은 느린 속도로 말해질 때는 설득적, 통고적 의미로 해석되며 빠른 속도로, 큰 목소리로 말해질 때는 명령으로 간주된다. 이 단서들은 크게 두 가지 상황에서 주로 사용된다. 첫째, 학생이 현재 몰두하고 있는 과제/활동을 멈추게 하기 위하여 사용된다. 수업 중의 교사가 처하는 딜레마 중의 하나는 수업시간과 과제완성의 양쪽의 목표를 달성하는 것이며 이에 따른 중요한 전문적 의사결정은 주어진 과제에 얼마나 많은 기회(시간, 발표할 수 있는 학생의 수, 논의의 깊이)가 할당되어야 하는가를 결정하는 것이다. 예를 들면, 많은 학생들이 자신의 답을 발표하고자 원할 때 교사는 '그만' 이라는 참여단서를 외침으로써, 학생의 발표의 양이 충분하였고 그들의 발표 시간과 기회가 종료되었음을 공표할 수 있다.

상호작용 단편 3

1. 학생들: (학생들은 집단별로 토론하고 있다.)
2. 교사: 그만. (짧고 엄격한 목소리)
3. (4.0) (잡담, 소리 여전히 남아 있음)
4. 교사: 그-만
5. (1.5) (잡담의 소거)
6. 교사: 좋아, 각 조가 충분히 토론했지. 자 1조 지금부터 발표해 볼까.

위의 상호작용 단편 3에서 교사는 수업의 다음 단계인 발표로 나아가기를 원한다. 이에 교사는 줄 2와 4에서 '그만' 이라는 말을 사용하고 줄 5에서 학생들의 토론에 대한 몰두를 종료시킨다. '그만' 의 사용은 활동 1에서 활동 2로 수업의 방향을 진행시키는 효과적인 방법이었다.

교사가 이 두 번째 종류의 단서들을 사용하는 두 번째 이유는 교실에서 일어날 수 있는 말의 혼란 즉 다원적 대화의 출현 또는 학생들 간의 대화나 잡담을 막기 위한 것이다. 교사는 대화 구조의 상호작용 질서를 재생산하기 위하여 이 참여단서들을 사용한다. '그만' 이라는 말을 교실에 들리게 함으로써 교사는 교사가 더 이상 원하지 않는 학생들의 과제나 활동을 금지시킨다. 이 금지의 최종적/근본적 목적이자 산물은 학생들 간의 대화나 이야기가 더 이상 합법화되지 않는다는 점이다. 또는 두 명 이상의 학생들이 자신들의 생각들을 교사에게 말하고자 할 때 교사는 '그만' 이라는 참여단서를 사용하여 학생들이 말할 기회가 없을 것이라는 교사의 결정을 전달함으로써 학생들 간의 발표를 위한 경쟁으로 야기된 시끄러운 교실상황(일대일의 관계가 아닌 복수의 발화자가 교사에게 말하게 되는 상호작용의 질서 상황)을 다시 원래의 교실상황으로 되돌릴 수 있다. 이런 점에서 '그만' 은 학생과의 경쟁 없이 교사가 다음 발화기회를 얻을 수 있는 공간을 확보할 수 있는 효과적인 전달체계라 할 수 있다.

상호작용 단편 4

(교사는 아프리카 나라들에 대한 역사와 지리에 관하여 질문하고 있다. 교사는 방금 세네갈에 대한 질문을 마치고 이제 남아프리카 공화국에 대한 논의를 시작한다.)

1. 교사: 그리고 남아메리카 공화국.
2. 학생 1: //남아프리카 공화국 아니니?
3. 학생 2: //남아프리카 공화국 아니니?
4. 교사: 아 남아프리카 공화국이지.
5. 학생 3: //남아프리카.
6. 교사: 그만!
7. 교사: 어젯밤에 9시 뉴스를 보았는데 남아프리카 공화국에 대하여 이야기하던데.

위의 상호작용 단편 4의 줄 1에서 교사는 토론 주제를 도입하는 데 실수를 저지른다(남아프리카를 남아메리카라고 말하였다). 이러한 교사의 실수는 교사의 호명을 통한 발표자의 선정 과정 없이 학생이 스스로 다음 발화자가 되어 교사가 제공한 정확하지 않은 정보를 교정함으로써 교실에서 수립되어 있던 상호작용의 질서를 파괴시켰다. 이에 따라 교사는 학생의 현재 활동(자기 스스로 발표자가 된 행위)이 멈춰져야 한다는 강한 메시지를 '그만' 이라는 참여단서를 통하여 전달한다. 교사의 그러한 의도는 교사가 교실의 말의 구조관계에서 다음 말의 발화자가 될 수 있는 상황을 설정하게 됨으로써 상호작용의 회복을 가져왔다.

세 번째 종류의 참여단서는 주의집중을 위한 것으로써 두 가지 단서가 존재한다: '주목' 과 '여기 봐' . 교사는 교실이 시끄러워질 때, 교사와 학생 1인 간의 대화를 제외한 학생들 간의 대화가 생성될 때 이러한 단서들을 사용하며, '그만' 의 단서처럼 '주목' 과 '여기 봐' 의 최종적 결과는 교실질서 회복으로 이어진다. 이러한 두 단서들은 학생들의 산만해진 주의를 통제하고 그것을 주의집중된 상태로 재형성하는 데 매우 효과적인 장치로써 짧고 우렁찬 교사의 목소리를 통하여 명령적 표현으로 전달된다. 교사가 학급에 '주목' 이라고 말함으로써 학생들은 이웃하고 있는 학생들에게 더 이상 말해서는 안 되며 오직 교사에게만 주의집중해야 한다는 사실을 명시적으로 전달받는다. 다음의 상호작용 단편 5는 한국의 초등학교 교실의 교사가 이 단서들을 어떻게 사용하는가를 잘 보여주고 있다.

상호작용 단편 5

1. 소음
(교사는 새로운 주제를 도입하고 칠판에 판서한다. 교사가 학생의 얼굴과 신체를 바라볼 수 없기 때문에 학급은 시끄러워지기 시작한다. 학생들은 잡담을 한다.)
2. 교사: 주--목
3. (5.9)
4. 교사: 선생님이 무언가를 말할 때, 여러분들은 현재 하고 있는 활동을 멈춰야죠.
5. (1.7)

6. 교사: 주목.
7. (3.0)
8. 교사: 지은희! 지금 놀고 있는 것 아니야!! 너 이야기하고 있잖아.
9. (4.0)
10. 교사: 좋아, 수에 대해서 이야기했지. 우리 큰 수와 작은 수에 대하여 배웠지.

위의 상호작용 단편 5에서 교사는 판서를 한 후에 교실을 쳐다보았을 때 교실이 여전히 시끄럽다는 것을 알게 된다. 이에 줄 2에서 교사는 '주목' 이라는 단서를 사용함으로써 학생의 현재활동을 멈추기를 요구하며 그들의 관심과 주의를 다시 교사에게 재지향시킨다. 그러나 교사의 그러한 첫 번째 시도는 성공하지 못하며 줄 4(주목의 설명)와 줄 6에서 또 다른 두 번의 시도를 실시한다. 마침내 학급은 줄 9에서 조용한 장소로 바뀌게 되고 학생들 간의 잡담은 소멸된다. 이에 교사는 자신의 말을 방해받지 않고 시작함으로써 줄 10에서 교과내용을 설명하기 시작한다.

Ⅳ. 논의

이 연구는 한국의 초등학교 교실에서 상호작용의 질서가 어떻게 형성되고 유지되는가를 미국의 교실질서에 대한 미시문화적 연구결과가 주는 시사점에 근거하여 이해하고자 하였다. 그 분석의 초점은 말의 조직을 통하여 상호작용의 질서가 어떻게 구성되는지를 기술하는 것이었고 한국의 초등학교 교실에서 특수하고 문화적인 관리실제들이 그러한 목적을 달성하는 데 일상적으로 이용되고 있는지를 밝히고자 하였다. 민속방법론/대화분석/미시문화기술분석의 관점과 이론을 차용하여 연구자는 초등학교 교실에서 쉽게, 날마다 들을 수 있는 경례, 바른 자세, 몇 가지 참여단서들(주목, 그만, 여기 봐)의 실제적 기능이 학생들을 통제하고 주의를 집중시키는 관리적인 것임을 분석하고자 하였다. 이에 경례, 바른 자세, 참여단서들은 복잡하고 과밀한 한국의 초등학교 교실의 질서를 효과적으로 성취하고 회복시키는 독특한 관리적/통제적 관리실제로 기능하고 있음을 밝혔다.

그러나 한국 초등학교 교실에서 구성되는 교실의 질서 형성과정은 미국의 그것과는 약간 상이한 특징을 가지고 있는 듯이 보이며 이러한 특징을 논의하는 것을 이 연구에 대한 나의 반성이자 후속적 연구의 과제로서 제안하고자 한다. 나는 한국 초등학교 교실에서 일어나는 교실질서 형성의 과정이 갖는 독특성을 크게 두 가지로 특징화시키고자 한다: ① 수행(performance)으로서 교실질서, ② 육체의 통제와 가치화. 먼저 한국의 교실에서 상호작용의 질서 수립은 미국의 그것과는 달리 주어진 수행과제를 통하여 일어난다. 즉 경례와 바른 자세라는 수행과제가 성공적으로 완수될 때, 완수된 후에 상호작용의 질서가 수립된다. 질서는 과제 완수에 따르는 결과로 나타난다. 학생들은 개인별 참여와 성공 정도가 드러나는 경례와 바른 자세라는 과제를 부여받으며 학생의 성공은 시각적, 측정가능적, 책임적이다. 따라서 교실의 모든 학생들은 자신들의 수행의 정도가 평가되는 과제에 몰입되고 성공적으로 수행하고자 하는 과정에서 시끄러운 교실, 30~50명의 학생들은 하나의 단일한 집합, 교사에게 주의집중하고 교사의 호명에 따라서 한 명씩 순서대로 말하게 되는 학습체제를 구성하게 된다.

한국 초등학교 교실의 상호작용 질서 생산이 갖는 두 번째 특징은 육체의 가치화와 강조다. 학생의 육체는 교실에서 교사의 통제작업의 주요 대상으로 떠오른다. 한국 교실에서 육체의 강조와 관련하여 나는 가능한 두 개의 해석을 제공하고자 한다. 먼저 푸코(Foucault)의 인간육체의 감시에 대한 해석은 한국의 교실에서 학생의 육체가 왜 교실통제의 심각한 대상이 되는지를 이해하는 데 도움이 되리라 가정한다. 푸코는 육체의 의미를 생물학적 차원에서 권력관계의 차원으로 승화시켰다(Mariental, 1992; Rabinow, 1984). 군대, 감옥, 병원, 학교와 같은 기관의 역사와 등장을 분석함으로써, 푸코는 순종적인 인간을 만들어 내기 의하여 어떻게 인간의 육체가 통제되고 조작되고 감시되어야 할 정치적 물체로 인식도었는지를 보여 주었다. 예를 들면, 초등학교 교실에서 학생이 앉는 의자의 공간적 배치와 조직은 많은 학생들을 순종적으로 만들고 잘 통제하기 위한 효과적인 공학이라 할 수 있다. 이러한 관점에서 보면, 한국의 교사는 학생의 육체를 교실질서 분열의 공간, 질서 완성과 회복의 공간으로서 간주하고 있다. 따라서 학생의 육체를 교실질서를 파괴시키는 주요한 원천으로 지각했을 때, 그러한 무질서를 방지하는 최상의 방법은 효과적으로 학생의 육체, 각 부분을 통제하는 것에 있다. 더욱 중요하게 교사의 새로운 관리관심은 학생의 육체를 효과적으로 통제할 수 있는 방식들을 발견하는 것이라 할 수 있다.

이러한 푸코의 관점에 근거한 해석과 달리 한국 초등학교 교실에서 관리를 위한 학생의 육체에 대한 계속적인 통제를 해석할 수 있는 또 다른 논설은 육체에 대한 동양의 관점이자 철학이다. 소크라테스, 플라톤, 데카르트를 중심으로 서구의 육체와 정신에 대한 이원론과는 달리, 동양에서는 육체와 정신이 단일한 것으로 해석되어 왔다 (Lee, 1993; Shin, 1990). 육체는 정신 또는 의식의 물리적 구현으로 간주되며 정신과 육체는 단일한 과정의 두 가지 측면으로 해석된다. 이러한 점에서 육체의 통제는 직접적으로 정신의 통제와 관계된다는 점에서 육체의 통제는 정신의 통제에 대한, 나아가 한 인간 전체에 대한 통제를 위한 선택의 방식으로 강조되어 왔다(Lee, 1993, p.23).

육체와 정신에 대한 동양적 일원론은 왜 학생의 육체가 한국 사회와 학교를 통하여 중요하게 강조되는지를 잘 설명해 준다. 육체는 정신의 직접적인 반영체이기 때문에 육체는 한 인간의 정신 상태를 판단하는 좋은 사회적 지시자가 될 수 있다. 이러한 점에서 한국 사회에서 끊임없이 강조되고 있는 도덕성과 예절의 준거는 육체의 형식을 어떻게 잘 드러내고 나타내는가와 매우 밀접한 관계가 있다. 잘 표현된/정치한 육체는 학생의 정신상태와 준비성을 추적할 수 있는 유형의 증거이기 때문에 한국의 부모와 사회가 학생의 육체가 잘 표현되어야 한다는 주장을 묵시적으로, 명시적으로 강조하는 이유이기도 하다. 이러한 점에서 학생의 신체표현이 바른 자세의 범주에서 벗어났을 때 교사는 이를 학습에 대한 주의력 상실 또는 주의력 산만의 증거로 해석할 수 있다. 따라서 한국의 학생들은 바른 자세에 대한 규정을 매순간의 교실활동에서 유념하고 육체를 통하여 표현하여야 한다: 올바르게 앉고 말하는 방식. 이러한 정신의 반영으로서 육체에 대한 강조는 한국 교실의 두 개의 강력한 관리기법인 경례와 바른 자세를 통하여 강화되며 이러한 문화적 실제를 통하여 나타나는 최종 결과는 교실대화의 양당구조의 형성으로 귀인한다.

지금까지 본 연구의 결론이자 제언으로서 한국 초등학교 교실의 질서형성 과정이 갖는 특징을 두 가지로 개념화하여 연구자 나름대로의 해석을 첨부하였다. 그러한 해석의 제공은 한국 초등학교 교실의 관리에 대한 보다 심층적인 연구를 위한 논의의 기초를 위한 것이다. 후속 연구에서는 한국 초등학교가 갖는 역사적 성격(일본 군국주의하의 국민학교의 등장과 그것의 한국 학교교육으로서 유입), 철학적 관점(한국 사회와 학교생활의 문화적 실제 간의 상호관계)에 대한 논의가 다루어짐으로써 본 연구의 미시문화기술적 해석이 갖는 의미가 보다 심도 있게, 폭넓게 발전되기를 기대한다.

참고문헌

김영천(1995). A Postcolonial Ethnographer goes home to Korea: Researcher as other. 오하이오주립대학교 질적연구포럼.

김영천(1995). 한국의 초등학교교육: 관리와 수업에 대한 후기실증주의적 탐구(Elementary Schooling in Korea: A Postpositivist Inquiry into Management and Instruction). 미간행 박사논문, 오하이오주립대학교.

김영천(1995). 방법론, 반성 그리고 희망에 관하여: 후기식민주의 시대의/를 위한 한국에서의 질적연구, 교육논총, 11, 144-151.

김영천(1996). 질적연구의 지적 전통과 그 예: 문화기술지에서 포스트모더니즘까지. 미간행 논문.

이용숙(1990). 국민학교 수업방법의 개선을 위한 문화기술적 연구, 한국교육개발원.

조영달(1992). 한국 고등학교 경제수업의 상호작용 유형에 대한 연구, 사회와 교육, 16.

Adams, R., & Biddle, B. (1970). *Realities of Teaching*. NY: Holt, Rinehart and Winston, Inc.

Anderson, L., Evertson, C., & Emmer, E. (1980). *Effective classroom management at the beginning of the school year.* Elementary School Journal, 80(5), pp.219-231.

Bossert, S. T. (1979). *Tasks and social relationships in classrooms.* New York: Cambridge University Press.

Brophy, J. E. (1983). Classroom organization and management. *The Elementary School Journal*, 83, pp.265-284.

Brophy, J. E., & Putnam, J. (1979). Classroom management in the elementary grades. In D. L. Duke (Ed.), *Classroom management 78th yearbook of the National Society for the Study of Education, part 2,* Chicago: Univerisity of Chicago Press.

Cazden, C., J. V., & Hymes, D. (Eds) (1972). *Functions of language in the classroom.* New York: Teachers College Press.

Doyle, W. (1970). Making managerial decisions in classrooms, In Duke(Ed.), *Classroom Management*. Chicago: The University of Chicago Press.

Doyle, W. (1980). Classroom Management. West Lafayett: Kapa Delta Pi, ERIC ED206 567.

Doyle, W. (1984). How order is achieved in classrooms: an interim report. *Journal of Curriculum Studies*, 16(3), pp.259-277.

Doyle, W. (1985). Recent research on classroom management: Implications for teacher preparation. *Journal of Teacher Education*, 36(3), pp.31-35.

Doyle, W. (1985). Classroom Management and the Curriculum: A strategic Research Site R & D Report 6162. Austin: Research and Development Center for Teacher Education.

Doyle, W. (1986). Classroom Organization and Management. In Wittrock(Ed.), *Handbook of Research on Teaching*. New York: Macmillan Publishing Company. pp.392-431.

Duke, D. (1979). *Classroom Management The Seventy-eighth yearbook of the National Society for the Study of Education*. Chicago: The University of Chicago Press.

Emmer, E., & Evertson, C. (1981). Synthesis of research in classroom management, *Educational Leadership*, 38, pp.342-347.

Erickson, F., & Shultz, M. (1981). When is a context? some issues and methods in the analysis of social competence. In J. Green & H. Wallat (Eds.), *Ethnography and language on educational setting*. NJ: Ablex Publishing Corporation.

Evertson, C., & Emmer, E. (1982). Effective management at the beginning of the school year in junior high classes. *Journal of Educational Psychology,* 74, pp.485-498.

Evertson, C., Emmer, E., Sanford, J., & Clements, B. (1983). Improving classroom management: An experiment in elementary school classrooms, *The Elementary School Journal,* 84(2), pp.173-188.

Florio, S., & Shultz, J. (1979). Social competence at home and at school. *Theory into Practice*, pp.234-243.

Gettinger, M. (1988). Methods of proactivie classroom management, *School Psychology Review*, 17(2), pp.227-242.

Horne, S. E. (1980). Classroom management, *British Journal of Teacher Education*, 6(3), pp.228-236.

Kounin, J. S. (1970). *Discipline and Group Management in Classrooms*. New York: Holt, Rinehart, & Winston, Inc.

Lasley, T. J. (1987). Classroom Management: A developmental view, *The Educational Forum*, 51(3), pp.285-298.

Lee, J. K. (1993). The Martial arts and Western sport in socio-culture. Unpublished doctoral dissertation. The Ohio State University, Columbus.

Lortie, D. (1975) *School teacher: A sociological study*. Chicago: University of Chicago Press.

Macbeth, D. H. (1990). Classroom order as practical action: the making and un-making of a quiet reproach. *British Journal of Sociology of Education*, 11(2)

Macbeth, D. H. (1991). Teacher Authority as Practical Action. Linguistics and *Education*, 3, pp.281-313.

Macbeth, D. H. (1994). Qualitative methods and the analytic gaze: an affirmation of scientism? Paper presented at American Educational Research Association, New Orleans.

McHoul, A. (1978). The Organization of turns at formal talk in the classroom. *Language in Society*, 7, pp.183-213.

Payne, G., & Hustler, D. (1980). Teaching the class: The practical management of a cohort. *British Journal of Sociology of Education*, 1(1), pp.49-66.

Phillips, S. (1983). *The invisible culture: communitation in classroom and community on the Warm Springs Indian Reservation*. New York: Longman.

Rabinow, P. (1984). *The Foucault Reader*. NY: Pantheon Books.

Shin, H. K. (1990). The nature and scope of Eastern thought and practice in contemporary literature on American physical education and sport. Unpublished doctoral dissertation, The Ohio State University, Columbus.

Weber, W., Roff, L., Crowford, J., & Robinson. *Classroom Management Reviews of the teacher education and research literature*. Princeton: Educational Testing Service.

3

별이 빛나는 밤, 그리고 교사 삶의 글쓰기

이 책은 1996년 〈네 학교 이야기: 한국 초등학교의 교실생활과 수업〉 이후 필자가 출간한 두 번째 질적연구 작품이다. 약 3년간의 현장작업과 글쓰기가 너무나 힘들고 싫어서 한참을 하지 않다가 약 8년이 지난 다음에 연구한 작품이다. 과거의 힘들었던 기억들을 극복하고서 새롭게 연구를 하였다는 점에서 필자에게 큰 의미가 있다. 특히 필자의 질적연구 작업이 두 가지 방향(첫째는 방법론에 대한 이론화, 둘째는 학교현장에 대한 경험적 질적연구 작업)으로 전개되기를 바랐다는 점에서, 이 연구는 두 번째의 목적을 잘 반영한 작품이라고 하겠다.

그리고 그 연구의 주제는 '한국 교사들의 삶의 세계' 였다. 이 주제는 필자의 기존 연구인 〈네 학교 이야기〉가 학교의 문화와 생활을 전체적으로 다루었다는 점에서 크게 차이가 나는 것이었고 학교 안의 가장 중요한 행위자로서 교사의 삶을 조명하려고 하였다는 점에서 의미가 컸다. 그리고 그러한 연구문제의 변화는 첫 번째 작품인 〈네 학교 이야기〉가 가지고 있었던 여러 가지 문제점들에 대한 인식에 기인한 것이었다. 이 장의 내용을 담고 있는 〈별이 빛나는 밤: 한국 교사들의 삶과 그들의 세계〉 책에도 잘 나와 있는 것처럼 〈네 학교 이야기〉가 한국 아동의 학교생활을 중점적으로 다루었기 때문에 이와는 다른 위치에 있었던 학교교사들의 생활에 대해서는 집중적으로 연구할 수 없었다. 그리고 그러한 연구부족은 한국 초등학교의 학교문화와 생활의 이미지가 학생들 경험과 이야기 중심으로 묘사되어 있어서 학교교사들의 존재와 실제들이 매우 부정적으로 제시되는 결과를 가져왔다.

새로운 생각

그리고〈네 학교 이야기〉의 '교사'에 대한 부정적 이미지의 표현은 이 텍스트를 읽는 사람들에게 불편함과 이유 있는 문제제기를 가져왔다. 초등학교 교사가 아닌 중등학교 교사는 그러한 내용을 재미있게 읽었지만 초등학교 교사로 재직하고 있었던 대학원생 또는 독자들은 자신들이 왜 그렇게밖에 생활할 수 없었는지, 그 텍스트에서 다루지 못한 것은 무엇인지, 진정으로 필자는 교사들의 삶에 대하여 알고 있는지, 필자가 진정으로 교사경험이 있다면 그렇게 부정적으로 쓸 수는 없었을 것이라는 등의 반응을 나타냈다. 처음에는 이러한 반응들을 무마하거나, 듣지 않거나, 사실이 아니거나 또는 변명하는 것이라고 생각하였다. 그리고 교과서에 쓰여 있는 것처럼, 또는 이상적인 교사상처럼 행동하지 않는 현장의 교사들에게 문제가 있는 것으로 간주하였다. 그러나 그러한 치부와 무관심은 시간이 갈수록 잘못된 것이라는 사실을 필자의 실제 강의 경험을 통하여 알 수 있었고, 진주교육대학교 교수로 있으면서 현장교사는 아니지만, 필자의 수업과 생활과 삶이 국립대학교, 교육대학교라는 문화적 특수성에 기인하여 어떻게 영향을 받는지를 알게 되었다.

필자의 삶과 생각, 여러 가지 인식체계가 나와 다른 사람 간의 인간관계의 정치학에 따라서 영향을 받았고 결정되었다. 그리고 말하는 것보다 말하지 않는 것이 편안하다는 사실을 깨달았고 특별히 이 문제 있는 소속 대학교에 대하여 말한다고 하여 변화되는 것은 없을 것이라는 생각을 갖게 되었다. 학과에서의 인간관계, 강의의 특성, 학교총장과의 관계, 교수협의회와의 관계, 학생들의 졸업준비, 강의평가방법, 현직교사들이 대부분인 대학원의 토요일 수업의 문제점 등. 여러 가지의 물리적/문화적 조건이 필자가 어떻게 가르쳐야 하는지, 무엇을 선택해야 하는지, 가장 중요하게 나의 가치는 아니지만 그들의 가치에 맞추어 무엇을 선택해야 하는지에 깊게 영향을 끼쳤다. 한국의 대학교수는 연구만을 하는 대학교수와는 근본적으로 달랐으며, 외부에서 생각하는 연구하는 대학교수의 이미지와는 달리 내부자로서 대학교수의 일은 다양하였고 할 일이 많았고 처리해야 할 일 역시 많았다. 그리고 그 과정에서 육체적으로 쇠잔하는 몸 역시 과거와는 다른 판단과 선택을 하도록 필자를 밀어붙였다.

공감적 태도

그리고 이 조직에서의 그러한 다양한 경험들로 〈네 학교 이야기〉에서 다루지 못한, 부정적으로 묘사한 한국 초임교사들의 이미지들이 외부자적 관점에서 묘사된 불충분한 것이라는 생각에 이르게 되었고 그들이 그러한 문화 속에서 그렇게밖에 살 수 없었을 것이라고 생각하는 공감의 태도를 갖게 되었다. 그리고 그러한 다른 생각, 새로운 생각이 〈네 학교 이야기〉에서 다루지 못한 한국 교사들의 삶에 대하여 보다 진지하게 연구해야겠다는 죄의식과 사명감을 갖게 만들었다. 그들 역시 필자처럼, 학교라는 조직 속에서 단순히 가르치는 사람이 아니라 다른 사람들과 인간관계를 가지고, 생활하고, 협동하고, 때로는 서로 싸우며 적으로 지내고, 아울러 승진하기 위하여 여러 가지 전략을 개발하고, 자신을 희생하고, 그러면서 한편으로는 여러 가지 인간적/개인적인 문제로 고민하고 고통스러워하고 그냥 교사로서 생활하게 되는 등 부처님이 이야기한 '생로병사 속의 한 인간'으로서 교사의 존재와 목소리에 대한 표현이 필요하다는 생각을 하였다.

그리고 이러한 필자의 반성은 나와는 다른 상황에서 가르치고 있는 교사의 삶은 어떤 것일까 하는 물음과 의문으로 이어졌다. 그들이 매번 대학원 수업에서, 교사 연수 프로그램 워크숍에서 바쁘다고 하는데 그 바쁘다는 말속에 담긴 그들의 생활이란 무엇일까? 그들의 변명에 필자는 항상 "바쁜 만큼 그 결과는 달다"라고 이야기하고서 그들을 얼마나 다그쳤던가 하는 생각을 하게 되었다.

이런 근심과 반성 속에서 연구실 바깥을 쳐다본다. 맑은 가을의 따사로운 날씨, 진주교육대학교 부설 초등학교의 건물에서 바쁘게 움직이는 선생님들의 모습이 보인다. 먼지 속에서 공놀이를 하고 있는 교사와 학생들, 한 교실에는 40명의 학생들이 공부하고 있다. 일년 내내 열리는 학교행사와 교내외 활동들, 오후 8시나 되어서야 퇴근하는 선생님들, 그들은 나와 어떻게 다를까? 그리고 어떻게 비슷할까? 필자보다 더 많은 강의시간에, 잡무에, 위계 속에서 어더한 삶을 살아갈까 하는 의문이 들면서 그들의 삶의 세계가 미스터리와 풀리지 않은 숙제로 다시 한 번 나에게 다가온다.

그리고 그러한 새로운 생각하에 교과서와 전문서적 어디에도 없었던 교사들의 일상적인 생활과 생각, 경험에 대한 이야기가 필요하다는 결론을 내리게 되었다. 그리고 왜 수많은 교사교육기관의 교재, 교사발달을 다룬 책들에서 '올바른 교사의 이미지', '교사가 지켜야 할 수칙', '교사가 알아야 할 수업관리방법' 등 원리적이고 교조적인 원칙만 있지 실제 교사들이 한 인간으로서, 주관성과 욕망을 가진 존재로서 학교라는 조직 속에서 어떻게 생활하고 있는지에 대한 실제적 사례나 이야기는 없는지에 대한 문제점을 지적하게 되었다. 그리고 그러한 현장교사들이 접하게 되는 다양한 교육적 경험과 지식, 아울러 가장 중요하게 딜레마들이 무엇인가에 대한 탐구야말로 한국에서 교사가 되려는 미래의 교사들이 가장 중요하게 알아야 하는 교직에 대한 실제적 지식이 아닐까 하는 생각을 하였다. 그리고 이러한 문제의식을 담은 나의 연구계획서는 한국 연구재단의 심사를 거쳐서 대학교수 신진연구에 선정되었다. 그리고 필자는 연구보조원들과 함께 약 1년 동안 전국의 현장에 있는 교사들의 목소리와 경험을 배우고 기록하고 써내려가는 현장작업을 할 수 있었다.

생애사 글쓰기 연구

그 결과, 필자, 대학원 제자들, 평소에 친분이 있었던 현장교사들과 이 연구를 시작하게 되었다. 연구과정이 쉬웠다고 말하기는 어렵지만 자신의 삶에 대하여 이야기하는 것이어서 연구참여자들은 한편으로는 과제라는 생각을 하였고 다른 한편으로는 신기하다는 생각을 하였다. 그러나 가장 중요한 것으로서 자신의 삶의 경험을 자신의 목소리로 이야기한다는 것은 그들에게 역시 새로운 경험이었고 연구문제였다. 한 번도 생각하지 않았다든지, 이런 이야기가 무슨 연구가 되느냐라는지, 아니면 어느 누구에게도 하지 않았다는 등. 그럼에도 불구하고 기존의 많은 양적연구들 또는 대부분의 교육과학의 연구들과는 달리, 자신들과 자신들의 경험이 연구의 가장 중요한 부분이고 자신들이 주가 되고 연구자가 객이 되어 연구를 이끌어 나간다는 사실이 그들을 더욱 연구에 참여하도록 자극시켰다. 때로는 힘들다고 중간에 포기하는 연구자가 있었고, 몇 번 만나서 설득하였으나 결국 그만둔 연구참여자가 있었고, 자신의 글을 쓰면서 울었다는 교사까지 있었다. 그리고 반드시 자신의 글이 미래의 교사들에게 읽히기를 바란 교사들 역시 많았다.

연구참여자의 선정, 라포르, 연구윤리, 글쓰기가 매우 중요하였던 이 현장연구를 통하여 2005년에 〈별이 빛나는 밤: 한국 교사들의 삶과 그들의 세계〉가 만들어졌다. 제목은 반 고흐의 그림 제목을 따왔고 부제는 Ann Lieberman의 저서, '교사들의 삶과 그들의 세계' 를 그대로 빌려왔다. 연구의 내용은 바로 다음에 소개되는 목차를 통하여 잘 알 수 있는데 제1권은 교사의 삶에 대한 서구의 정전들과 관련 논문들을 체계적으로 요약한 것이고 제2권은 그러한 이론적 배경 아래서 한국 교사들의 다양한 삶의 색깔들을 묘사한 것이다. 질적연구가 점진적 설계라고 그 특징을 설명하는 것처럼, 이 연구의 내용들은 연구가 들어가기 이전에 계획된 것이라기보다는 연구가 진행되면서 연구참여자들의 이야기들을 들으면서 자연스럽게 분석적 귀납이 이루어진 것이다. 그러한 점에서 우리가 질적연구에서 일반적으로 이야기하는 코드가 바로 이를 의미한다. 그러나 이 연구에서는 연구자가 그 어떤 분석이나 비평을 가하기보다는 우리나라의 교사교육과 교사발달, 교육학 부분에 학교교사의 삶을 생애사적으로 다룬 연구서적들이 없었다는 점에서 생애사를 통한 교사연구가 어떤 것인가를 이해시키기 위하여 현장교사들의 이야기들을 아무런 가감 없이 들려주는 것을 목적으로 하였다.

간접적 경험

때문에 구미 생애사 관련 연구에서 시도되는 한 교사의 사례를 통한 분석 또는 시사점을 찾는 노력보다는 가능한 한 많은 현장교사들의 이야기들을 제공하고 이를 통하여 독자들과 한국의 미래 교사가 될 학생들이 '교직은 어떤 곳인가?' '교사는 어떠한 삶을 학교에서 살게 되는가?' '그들은 무엇에 괴로워하고 무엇에 행복해할까' 라는 질문에 대해 간접적 경험을 통하여 이해할 수 있기를 바랐다. 아울러 가능한 한 다양하게 많은 이야기를 제공한 또 다른 의도는 미래 이 분야의 연구에서 다른 연구자들이 숨겨져 있는 학교현장 교사들의 더욱 많은 이야기들을 듣고, 기록하고, 재현하고, 분석하는 작업이 필요하다는 사실을 알려 주기를 바랐다. 그만큼, 한국의 많은 교사들, 교사집단들에 따라 갖게 되는 사회화와 전문성 발달에 관한 경험적 이야기는 묻혀 있는 실정이다. 그러한 점에서 광주교대 이정선 교수가 주축이 되어 현장교사들과 하고 있는 학교문화 연구 시리즈는 현장교사들의 다양한 경험들을 소개하고 있다는 점에서 흥미롭다. 부장교사의 이야기, 연구부장의 이야기, 시골생활을 하는 교사의 이야기, 교감의 이야기 등. 날마다 학생들을 가르치고 있고, 우리가 군사부일체라고 칭송할 만큼 존경의 가치를 부여하는 교사들, 한 교실에서 적어도 일천 번 이상 상호작용을 한다는 사실에도 불구하고(Jackson, 1968), 우리의 한국 교사들이 학교에서, 가정에서, 교실에서 어떤 생활을 하고 있고 어떤 문제로 고민하고 어떤 희망과 생각으로 가르침의 세계를 경험하고 있는지 우리가 알고 있는 정보는 거의 없는 것이 현실이다.

다음 분류는 〈별이 빛나는 밤〉 작업을 통하여 필자가 개념화한 한국 교사들의 목소리를 총 일곱 범주로 정리한 것이다. 다양한 31개의 글을 읽기가 편하도록, 관련이 있는 주제들을 하나의 범주로 묶어서 각각 나름대로의 특징을 드러내도록 새로운 은유로 만들었다.

불확실한 목소리:

교대생이 된다는 것

망각을 반대하며: 교대 신입생들이 하는 말

스무살의 가장

첫사랑

헝클어진 목소리:

교생이 느끼는 좌절감과 분노

잔인한 3월

혼돈

고통스러운 목소리:

과외 받는 아이들 가르치기

교사가 좌절하는 이유

학부모가 나를 좌절시킬 때 1

학부모가 나를 좌절시킬 때 2

학원학습: 모두가 고통받을 때

전교조와 일반교사 사이에서

슬픈 목소리:

나는 매너리즘에 빠진 선생님

도마 위의 푸른 생산: 교사평가

남편의 사별과 그 후의 나의 삶

교육적 목소리:

명문 초등학교의 군기

벚꽃 초등학교: 친화회

존경받는 선배 교사의 이미지

협동작업으로서 교사의 세계

소외된 목소리:

교감 되기

남자 교사의 애환

혼자 밥 먹는 선생님

학교 현장에서 소외된 여성 교사의 세계

열정의 목소리:
7차 교육과정 - 교육부에 보내는 편지
교감이 되기까지
열린학교에서의 교실개혁
나의 활력은 어디에서 왔는가?
교사와 촌지
현장교사로서 대학원 다니기: 수많은 교사를 대신하여
교감 승진 포기와 새로운 삶의 시작

한국 교사의 삶의 다양한 여정을 일곱 범주로 구분하였는데 이는 잠재적인 것이며 다른 형태의 여정이나 연구개념 또는 삶의 특징이 있을 것임을 밝힌다. 이 글에서는 이러한 개념화가 앞으로 한국의 교사-교육과 교육학 분야에서 더욱 필요하다는 점을 강조하면서 이 연구에서 연구자가 사용한 각 은유(주제)의 의미가 무엇인지를 살펴보고자 한다.

불확실한 목소리

'불확실한' 이라는 용어는 교사의 직업, 교사의 생활이 어떤 것인지를 모르는 채 교사가 되고자 하는 대학생, 교육대학교와 사범대학 학생들의 '교직 선택' 의 심리적 상황을 특징화시키기 위하여 사용하였다. 서구의 국가들과는 달리 우리나라에서 교직이 직업상 안전이 보장되고 불안정한 고용시장의 상황에서 오랜 기간을 아무러 평가 없이 다닐 수 있다는 점에서 1990년 이래로 또는 일제 강점기 때부터 인기 있었다. 때문에 천직이라는 그 본래적 기능과는 달리 교직은 이제 경제학적 측면에서 인기를 얻는 직장이며 특별한 성공의 동기를 가질 필요가 없는 직장이며 성차별이 심한 다른 직종에 비하여 여성들이 선호하는 직업이 되었다. 그러한 점에서 고등학교에서 우수한 성적을 받은 학생들이 교사교육기관에 지원하고 교사가 되려고 공부한다.

그럼에도 불구하고 교직이 갖는 여러 가지 특성들(보수적 문화, 낮은 승진 기회, 아이들과의 생활, 높지 않은 경제적 보상, 지루한 일의 연속 등)은 그러한 원래의 목적과는 달리 교직에 들어서는 순간부터, 예기치 않았던 갈등 또는 문제점들로 자신들을 괴롭히게 된다. 그리고 교직의 여러 가지 특징은 초임교사가 자신이 생각하였던 대로 삶을 살아가게 놓아주지 않을 것이다. 그리고 그 결과, 교과서에 적혀 있는 것과는 달리,

또는 자신의 가치와 다른 삶을 살아가는 교사로서 지내게 만들 것이다. 그들이 처음에 가졌던 선택과 달리, 이 글의 저자로서 필자는 그들의 미래 교사의 경험들과 실제들은 그들의 처음 생각과는 많이 다른 것이며, 따라서 그들이 처음 대학교 입학을 위한 '교사' 가 되기 위한 이유나 동기와는 다른 삶을 살아갈 수 있으며 그들이 하는 그 많은 미사여구들이 확실한 것이 아닌 가변적인 것이며 수사적인 것이 될 수 있다는 점을 강조하고자 하였다.

헝클어진 목소리

'헝클어진' 이라는 표현은 처음 교사로서 생활하면서 자신의 직업에 대하여 기대하지 않은 혼란, 갈등, 어려움을 느끼는 교사의 삶을 나타내기 위하여 사용하였다. '곧은' 이나 '질서정연한' 것이 아닌 '헝클어진' 은 마음에 들지 않는, 예정에 없는 또는 불만족스러운 현상을 나타내는 표현이다. 누구나 경험하듯이 직업 사회화의 초보 직장인이 갖는 기대와 이상, 의도와 현실 사이의 괴리를 학교현장과 관련하여 표현하려고 하였다. 첫 교생실습에서 교생이 학생들로부터 경험하는 지위의 불안감, 첫 초임교사로서 발령을 받고 나서 학교에서 갖게 되는 전문성의 부족 등과 같은 혼란스러운 발달 과정을 실타래가 헝클어져 버린 현상으로 은유하고자 하였다. 그리고 이 헝클어진 상태는 자신과 주위의 지도와 격려 속에서 질서정연한 상태로 바뀌기도 하고 아니면 그대로 엉킨 채 평생을 지낼 수도 있을 것이다. 우리의 인생살이와 직장생활이 진리의 실천 장소가 아니고 다양하고 복잡한 주관성을 가진 개인들의 상호작용 공간이기 때문에 초임교사들 역시 처음으로 그러한 복잡한 삶의 공간에서 정답이 없는, 가르침을 받은 적이 없는 또는 가르침을 받았지만 기억이 나지 않는 실제 경험을 한다. 그리고 그 경험 속에서 예기치 않은 인간적 경험들을 겪는 것은 당연한 것이며 그러한 인간적 경험은 그들을 성장시키거나 실망시키는 역할을 할 것이다. 인생은 좋고 행복하고 만족스러운 것만 있는 것이 아니라 슬픔, 고통, 분노, 실망, 배신, 불평등, 권위, 지배 등의 다양한 감정이 깊게 얽힌 삶의 공간이라는 점을 알려주고 싶었다.

고통스러운 목소리

'고통스러운' 목소리는 현장교사로서 경험하는 전문적 갈등을 드러내기 위하여 사용하였다. 모든 직업에서처럼(의사가 환자를 치료할 때, 이를 빼려고 할 때), 교사 역시 다양한 윤리적, 도덕적, 인간적 갈등에 빠진다. 그리고 그러한 갈등속에서 가르침이란 무엇인가, 아동은 어떻게 대해야 하는가, 잘 가르치는 것과 평등하게 가르치는 것의 우선순위는 어디에 있는가 등의 고민을 날마다 한다. 그러한 점에서 필자는 다른 직업들에 직업윤리 과목이 있는 것처럼, 교직 역시 직업윤리를 철저하게 가르쳐야 한다는 입장에 있다. 그리고 이때 직업윤리는 교사가 ~해야 한다는 당위적 행동지침을 암기시키는 것이 아니라 교직사회에서 교사가 접할 수 있는 다양한 갈등의 문제들이 무엇인지를 미리 직면하고 생각할 수 있도록 도와주는 것이어야 한다.

그러한 점에서 우리나라의 교사교육 관련 수업 어디에도 현장교사가 학교에서 생활하면서 갖게 되는 여러 가지 도덕적/교수법적/가치적 갈등에 대한 내용을 다룬 책은 없는 것 같다. 이에 이 '고통스러운' 목소리의 범주 속에서 한국의 교사로서 가르치는 몇 가지 갈등 상황이 무엇인지를 제시하고 한 교실의 교사가 그 딜레마를 어떻게 경험하고 해결하고 생각하는지를 독자들인 현장교사들에게 들려주기를 바랐다. 이에 한국의 교사라면 가장 결정하기 힘든 아동지도의 딜레마인 학원교육과 학교교육의 우선순위에 대한 한 교사의 수업 이야기를 제시하였고 촌지 문제 역시 중요한 문제로 다루었다. 아울러 교사의 발달과정으로서 대학원 공부가 어떻게 현장에서 받아들여지고 전문성 개발과정이 학교현장에서 또 다른 가치와 이유로 평가되고 있는 안타까운 현실을 알려 주고자 하였다.

'인생은 날마다 선택의 과정이다' 라는 말처럼 우리는 날마다 선택을 하는데 그 선택은 사실상 두 개 또는 세 개의 가치 중에서 내가 가장 선호하는 한 개의 가치를 선정하는 작업이다. 그러한 점에서 교사의 생활, 수많은 학생들을 가르쳐야 하는 교실수업의 상황은 매번 그 무엇인가를 선택해야 하는 결정의 연속이다. 남학생을 부를까? 여학생을 부를까? 이 단원을 가르칠까 아니면 대강 하고 넘어갈까? 학습 부진아를 더 가르칠까? 아니면 학습 속진아에게 더욱 신경을 쓸까? 이러한 질문들에 답해야 하는 딜레마는 성취가 강조되고 있는 한국의 교실에서 교육 본연의 가치를 가지고 생활하는 대부분의 교사들에게는 더욱 위협적이고 심리적인 압박으로 작용할 것이다. 이에 이 범주의 목소리를 통하여 다른 나라가 아닌 한국의 교사라고 한다면 갖게 될/다른 나라의 교사교육 관련 책에서는 논의되지 않은 현장교사들의 여러 가지 차원에서의 고통스러운 경험과 인식을 드러내고자 하였다.

슬픈 목소리

슬픈 목소리는 우리나라 교사들의 인간적 측면을 가장 잘 드러낸 생애사 내용이다. '슬픈' 이라는 단어가 의미하는 것처럼, 이 범주는 교사가 전문직업인 이전에 한 인간으로서 겪게 되는 여러 가지 문제와 갈등, 어려움이 무엇인지를 소개하고 있다. 그러한 점에서 앞에서 설명하고 다음에서 설명할 다른 범주들과는 다른 특징을 가지고 있다. 때문에 이 범주에서 사용한 개념인 '슬픈' 은 우리가 우울할 때 갖는 감정으로서 슬픔뿐만 아니라 인간적 고뇌와 관계, 생로병사를 겪는 연약한 존재로서의 교사의 이미지를 포함하는 개념이다. 이에 이 개념을 통하여 첫째는 교사 역시 다른 직업의 종사자들처럼 기뻐하고 슬퍼하고 분노하고 고통스러워한다는 사실을 알려주고 싶었고, 둘째는 우리가 바라는 교사상을 실천하지 못하는 교사들의 삶 또는 행동이 슬픈 것이라는/안타깝다는 평가를 나타내고자 하였다.

우리가 일반 교사들을 이야기할 때, 또는 높은 사회적 지위와 교육에 대한 사회적 강조로 인하여 교사에 대하여 생각할 때 놓치고 있는 한 가지 중요한 사실은 그들 역시 우리와 비슷하게 생로병사의 삶 속에서 살아가는 존재이며 그들 역시 일상적인 삶 속에서 다양한 인간적 경험들을 겪으며 생활해야 하는 존재라는 점이다. 우리는 가끔은 그러한 사실을 잊은 채, 그들을 하루 종일, 또는 일년내내, 아이들을 잘 가르치는 이성적인 존재, 또는 항상 교육적 삶을 살아가는 지성인으로서 바라보는 경향이 있다. 그리고 그러한 전통적/교과서적 이해는 그들의 또 다른 삶의 모습들을 바라보는 것을 어렵게 만들고 아울러 그들을 전체적으로 이해하는 것을 어렵게 만든다. 왜 그 교사가 그렇게 살게 되었는지, 왜 그 교사가 갑자기 다른 교육철학을 가지게 되었는지 등에 대하여 우리가 추론할 수 있는 중요한 한 가지 토대는 바로 그 교사가 걸어온/살아온 삶의 경험에 대한 이해로부터 출발하기 때문이다. 여성이 결혼이나 출산을 한 후에, 남자가 군대를 다녀온 후에 또는 외국에서 공부를 하고 난 후에 생각이나 행동, 삶의 방식이 달라지는 것은 모두 그 사람들이 그 특정한/새로운 삶 속에서 가진 변화의 흔적 때문일 것이다. 그리고 그러한 삶의 변화들은 그 교사를 때로는 강하게 만들기도 하고 때로는 문제투성이의 교사로 만들 것이다. 그런데 이때 우리 교사교육자에게 중요한 것은 그들의 발달이 긍정적이든 부정적이든, 그러한 변화의 배경을 가지고 그들을 이해하고 아울러 좋은 변화로 유도할 수 있는 방법으로서 그러한 경험을 분석하고 평가하고 더 나은 조언을 해줄 수 있다는 것이다.

슬픈 목소리로서 교사의 삶을 이야기하니까 생각나는 사람이 참으로 많다. 월급이 적어서 학원으로 스카우트되어 떠난 고등학교 선생님, 자식이 대학에 들어가 공부하지 않고 방황하자 화가 나서 매일 밤 나의 고향 술집을 전전하던 선생님, 아들이 없어서 항상 나를 아들로 생각하며 지냈던 선생님, 집에서 싸우고 와서 학교에서 우리들에게 화풀이하였던 선생님, 군대 장교로 있다가 와서 그런지 항상 우리들을 때렸던 선생님.

그 당시 우리에게는 조그마한 비밀이었던 사실들이 이제 어른이 된 필자에게는 너무나 당연해진 지금, 이제야 왜 그 선생님들이 그렇게 수업을 하고 그러한 말들을 하고, 그러한 이미지로 삶을 살았는지를 알 수 있을 것 같다. 그들 역시 어른이 된 필자가 살아가는 삶처럼, 가족을 생각하며, 자신의 건강을 생각하며, 복잡한 감정 속에서 날마다 다른 삶을 살아가는 사람들처럼 살았을 것이다. 그리고 그러한 삶의 이야기들은 남들에게 들키지 않은 자신만의 기억을 써 내려간 공간, 교단일지 어딘가에 고스란히 담겨 있을 것이다.

교육적 목소리

'교육적' 목소리는 교사의 삶 역시 새로운 것을 배우고 깨닫고 성장하는 발달의 공간이라는 점을 알리기 위하여 만든 개념이다. 이에 교사는 학교라는 조직 속에서, 다른 사람들과의 협동작업을 통하여 교육대학교 또는 사범대학에서 경험하지 못한 여러 가지 긍정적인 학습경험을 하게 된다. 그리고 그러한 학습경험은 교사 자신을 개인적으로, 전문적으로 성장시키는 중요한 역할을 한다. 우리는 가끔 군대에 갔다 와야 한다는 말을 하곤 하는데, 이는 학교에서 생활하는 것은 단순히 교실 내에서 학생들을 잘만 가르치는 것을 요구하지 않는다. 학고 내에는 동학년 선생님들과 특정한 업무를 가지고 상의해야 할 때가 있고 때로는 학교 전체가 한 개의 목표를 위하여 며칠 동안 최선을 다해야 하는 과제가 주어지기도 한다. 그리고 이러한 여러 가지 과제, 인간관계의 경험을 통하여 교사들은 보다 훌륭한 교사로서 성장하고 좋은 수업을 할 수 있는 교육적 경험들을 학습하게 된다. 이때 그러한 교육적 경험은 긍정적이면 좋겠지만 때로는 부정적이기도 하다.

이에 필자는 학교에서 교사로 살아간다는 것은 단순히 학생들을 가르치는 일만 있는 것이 아니며 조직생활, 또는 특정한 학교에서의 문화적 경험들을 통하여 보다 우수한 교사로서 성장하게 된다는 점을 설명하고자 하였다. 그리고 그러한 학습경험을 '교육적 목소리' 라는 은유로 개념화하려고 하였다. 이를 통하여 많은 사람들이 생활하는 학교조직 속에서 한 개인 교사가 좋은 교사가 된다는 것은 무엇을 뜻하고, 학교에서의 어떠한 일상적/특별한 활동들이 교사들에게 그 어떤 전문적 지식과 생활태도를 습득시켜 주며, 아울러 좋은 교사로서 살아가기 위하여 우리나라의 교사들은 어떠한 인간관계를 가져야 하는지 등과 같은 질문에 답하고자 하였다.

특히 최근에 와서 교사를 학습집단으로 간주하고서 교사의 학습공동체(professional learning community)가 어떻게 실현되고 어떤 특성을 가지고 있으며 어떻게 자극시킬 수 있는지에 대해서 많은 연구들이 이루어지고 있다는 점에서 이 글의 '교육적 목소리'는 중요하다. 왜냐하면 계속적으로 학습하고 자신을 재창조해야 할 존재로서 교사 역시 대학의 수업만으로 좋은 교사가 될 수 없으며 계속적으로 좋은 수업이론과 아이디어, 정보들을 습득하고 자신의 수업에 적용할 수 있어야 하기 때문이다. 이에 이러한 학습태도와 교사연구 공동체가 만들어지기 위하여 우리 교육학자들이 고민해야 하는 한 가지 연구주제는 학교 생활공간은 각 교사에게 얼마나 교육적 경험을 제공해 주고 있는지, 아울러 교사들은 학교에서 주어지는 어떤 과제와 활동, 인간관계가 가장 교육적이고 보상적이라고 생각하는지에 대한 심층적인 탐구가 필요하다.

소외된 목소리

'소외된' 목소리는 우리가 모두 동일하게 생각하는 교사집단이라는 조직 내에도 나름대로의 주류와 비주류가 있고 비주류인 교사들은 소수자로서 불평등한 삶을 경험하고 있다는 사실을 전달하는 은유이다. 맑스의 이론에서 따온 소외의 개념은 그 진정한 의미를 찾지 못하고 주변인으로서 또는 다른 목적으로 삶을 살아가는 것을 뜻하는데 최근에 와서 이 개념은 자신의 복지나 권리를 찾지 못하는 소수자들의 삶, 또는 불평등을 경험하고 있는 사람들의 심리적 박탈 상태를 나타내기 위하여 사용되고 있다.

이에 우리가 하나의 거대집단이라고 생각하는 학교조직 내에서도 우리 사회가 경험하고 있는 것처럼 지배하는 자와 지배당하는 자라는 이분법적 권력관계가 형성되고 있음을 알려줄 필요가 있다고 생각하였다. 이에 일련의 교사들은 외부자들이 생각하는 것과 다르게 학교 내에서 소수자로서 자신들의 존재와 권리가 차별받고 있다고 생각하고 있으며, 필자와의 심층면담 속에서도 그러한 사실들은 여실히 드러나고 있었다. 이에 필자가 가지고 있는 지배와 피지배에 대한 일련의 기준들(사회계층, 젠더, 연령, 성취향, 인종, 지역 등)에 기초하여 학교 사회에서 교사들이 이야기하는 소외된 삶에는 어떤 것들이 있는지를 규명하고 싶었다. 이에 그 결과로서 우리 사회에 가장 만연되어 있는 불평등의 실체인 젠더 문제처럼, 여교사의 삶과 승진의 기회는 남성과 달리 차별적인 것이었고(물론 일반화할 수 없다), 잠재적 문화 속에서 남성 교사의 승진과 업무 기회가 여성보다 많음을 알 수 있었다.

젠더 문제 이외에도 이 글에서는 소외된 목소리를 경험하는 주인공들로서 농촌 학교에서 생활하는 교사들, 낙도에서 생활하는 교사들, 여성 문화 속에서 살아가고 있는 젊은 남자 교사들의 경험을 그 예로서 제시하였다. 아울러 우리나라 학교문화의 복잡성의 다의성을 이해한다면 앞으로의 연구에서는 거대 담론으로서 제시되는 '학교교사' 라는 대명제 속에서 묻혀 버리고 버림받은 소수자로서 교사의 존재를 더욱 탐구하고 기록하고 알리는 작업이 필요하다.

열정의 목소리

한국 현장교사들의 다양한 삶의 목소리 중에서 일곱 번째로 개념화시킨 목소리는 '열정의' 목소리이다. 일곱 개 중에서 마지막으로 제시한 이유는 독자들이 알 수 있겠지만 이 책의 결론이면서 필자가 가장 중요하게 생각하는 교사의 삶을 나타내며 그들에게 가장 바라고 기대하는 삶의 전형을 나타내기 때문이다. '열정' 이라는 단어가 나타내는 것처럼, 열정을 가진 교사의 삶은 현장이 그들에게 우호적이든 아니면 불만족스럽든 간에 우리가 그들에게 바라는 가장 이상적인 삶의 모습이다. 비록 학생들이 마음에 들지 않더라도, 교육여건이 나쁘더라도, 또는 학부모가 교사들을 좌절시키더라도 열정을 가진 교사는 아름답고 가치로우며 칭찬을 아끼지 않을 수 없다.

열정을 가진 교사의 삶은 비록 1970년대의 열악한 개발도상국의 상황은 아니지만 아직까지 우리에게 가장 필요한 교사상의 이미지를 담고 있다. 외적 조건이 만족스럽지 않더라도 스스로 동기화되고 자신의 삶을 중요하게 생각하며 그 어떤 다른 가치보다도 교육을 우선시하는 교사에게서 아이들을 배려하는 마음이 생기고 모두를 사랑하는 마음이 생기고 그로 인하여 우리에게 가장 필요한 미래의 인적 자원이 만들어질 수 있을 것이다. 열정과 동기와 따뜻한 인간관계 속에서 아동의 자존감이 상승할 것이고 학습자중심 수업이 가능해지고 아동의 잠재력과 창의성이 발아될 것이다. 그리고 그러한 열정을 가진 교사의 가르침 속에서 아직까지 선진국 수준에 도달하지 못하고 있는 '다인수 교실수업' 과 '열악한 업무조건', '시대를 따라가지 못하는 학교의 위계 문화' 들이 주요한 문제가 아니라 부차적인 문제 또는 참을 수 있는 문제들로 간주될 것이다.

필자의 삶이 오늘에 이르기까지 기억에 남을 만한 교사들이 있었고 그들의 희생과 열정이 있었기에 한 사람의 대학교육자가 탄생하였다. 필자 자신의 능력보다는 교사와의 만남이 중요하였고 나를 아우르고 격려하고 기회를 제공하고 인내심을 보여준 교사와 대학교수들이 있었다. 그리고 그러한 열정 속에는 관심과 훈련, 애정, 훈육, 지도 등 훌륭한 교사들이 갖추어야 하는 좋은 자질들이 실천되었다. 이에 교사의 삶에 대한 일곱 개의 메타포 중에서 우리는 열정을 가진 교사들이 더 많아져야 하며 그러한 열정이 사그러지지 않도록 미래 교사들과 현직교사들을 격려하고 교육시켜야 할 것이다.

삶의 경험과 목소리의 필요성

이와 같은 일곱 개의 범주를 통하여 필자는 우리나라 교사들의 다양한 삶의 색깔과 여정을 보여주고 싶었다. 그리고 이러한 삶의 특징들과 다채로움은 우리의 교육학 연구에서 거의 사용되지 않았던 생애사 연구 또는 자서전적 연구방법을 통하여 묘사되고 이해되고 탐구될 수 있음을 우리나라의 교육분야 연구자들과 독자들에게 알려주고 싶었다. 삶의 경험과 목소리에 대한 이러한 생애사적 탐구는 현장의 교사들이 어떻게 살아가고 있고, 어떠한 문제로 고민하고 있으며, 그들의 발달이 어떻게 일어나고 있는지 등을 이해할 수 있는 가장 가까운 정보를 획득할 수 있는 방법이다.

기존의 연구자들, 또는 대부분의 연구자들은 그러한 가장 효과적인 방법이 있음에도 불구하고 '과학주의' 의 잘못된 이념아래 질문지를 만들어 간접적으로 탐구하고 추상화하고 단편화하는 작업만을 하고 있다. 그들의 삶의 실제적 면모, 내용, 그 의미를 진정 알고 있을 때만이 우리는 그들에게 가깝게 다가갈 수 있으며 그들이 어떠한 방식으로 현상을 바라보고 있고 현실에 대한 개선이 어떻게 가능한지를 모색하는 데 적절한 방법들을 찾아낼 수 있는 것이다. 계속되는 교육정책의 변화, 당장 실행될 것 같은 국가 차원의 교육개혁들이 이름으로 끝나고 현장이 굳건하게 변화하지 않는 그 이유는 바로 교사들 그들 자체에 대한 진정한 이해와 분석, 반성이 없기 때문이라는 생각을 한다.

이 글을 읽기 위한 두 번째 준비작업은 바로 이 책의 제목 선정에 대한 필자의 생각이다. 물론 혹자는 왜 책 제목을 아는 것이 이 글을 읽기 위한 사전 준비 단계에 해당하는지 의문을 갖겠지만 이 책의 제목이 이 책 전체의 내용과 그 진정한 의도가 무엇인지를 잘 내포하도록 필자에 의하여 선정된 것이기 때문에 전체적 관점을 획득하는 데 필요하다는 생각을 한다. 특히 대부분의 질적연구들에서 연구자가 사용한 주요한 연구개념이나 은유 또는 제목의 의미는 연구의 전체 내용을 효과적으로 암시하는 역할을 하고 있기 때문에 왜 이 책 제목이 '별이 빛나는 밤' 일까에 대하여 알지 못하는 것보다는 알고 있는 것이 이 책의 방향과 성격을 이해하는 데 긍정적인 역할을 할 것으로 생각한다.

책 제목의 비밀

사실상, 이 책의 제목을 어떻게 정할 것인지와 관련해서는 책의 출간을 앞두고서도 결정하지 못할 만큼 여러 가지 생각이 많이 있었다. 물론 부제는 '한국 교사들의 삶과 그들의 세계' 로 분명히 정하였지만 그 부제를 아우르는 문학적 표현 또는 쉬운 표현이 어떤 게 있을지를 여러 날 고민하였다. 그리고 그 고민의 결과 고흐의 그림 제목인 '별이 빛나는 밤' 으로 정하였는데, 그 두 가지 이유가 책의 제1장과 마지막 장에 설명되어 있다. 물론 평소에 인상파 화가였던 고흐를 좋아하기는 하였지만 그의 그림 제목을 필자의 책과 연결시킬 것으로는 생각해 본 적이 없었다. 그러나 고흐의 그림 제목이 나타내는 명료한 의미, '하늘에 빛나는 별, 그리고 어두운 하늘에 밝음을 전달해 주는 별의 역할' 을 생각하였을 때 필자가 이 책에서 다루고자 하였던 연구대상, '한국교사' 에 대한 필자의 개인적 의미, 역사적 의미, 아울러 문화적 가치가 모두 포함될 수 있다고 생각하였다. 이에 그 첫 번째 의미로서 한국의 경제성장을 이끌고 역사적으로 사회의 중요한 지위를 차지하였던 교사의 존재를 어두운 하늘에서 밝게 빛나는 별로 비유해도 무리가 없을 것으로 생각하였다. 그리고 그러한 그들의 역할이 1970년대 경제성장 이후에 많이 강조되고 있지는 않지만 자연자원이 없는 우리나라의 여건을 생각하면 앞으로도 계속 그들의 사회적 역할이 하늘의 별처럼 대단할 것임을 알리고자 하였다.

아뜰리에와 자연

둘째, 고흐가 어두운 아뜰리에를 떠나서 들판과 자연으로 나가서 자연 그대로의 이미지를 그리려고 하였던 것처럼 한국의 교육학자들 역시 학교와 현장에 나가서 현실을 이해하는 연구작업을 하기를 바랐다. 그리하여 고흐가 들판에 나가 밤길을 거닐며 아름다운 꽃이 가득한 동산을 다니며 실제 자연의 그림을 그릴 수 있었던 것처럼 실제 학교교육이란 어떤 것인가, 교사는 어떻게 가르치는가를 이해하기 위해서는 아뜰리에처럼 현장에 들어가지 않고 설문지를 뿌리거나 실험을 하기보다는 직접 현장에 들어가 연구할 때만이 가능하다는 점을 알려주고 싶었다. 즉, 양적연구가 가득한 우리나라의 교육학 문화의 전통을 거부하면서 더욱 많은 교육연구자들과 질적연구자들이 학교현장에 들어가게 될 때, 교사들의 이야기를 듣고 재현하게 될 때, 한국의 학교교육에 대한 보다 적절한 이해와 이미지가 만들어질 수 있음을 강조하고 싶었다.

이에 필자는 고흐가 자연의 하나 하나를 재현하기 위하여 들판과 하늘, 꽃, 언덕, 밤하늘을 헤매고 다닌 그 탐구자적 태도와 방식에 매료되지 않을 수 없다. 그리고 그러한 관찰과 실제적 경험을 통하여 모두가 좋아하는 이 세상의 아름다운 꽃들과 자연을 화폭에 재현시키는 데 성공하였다. 그리고 그러한 탐구정신은 그의 걸작 중의 하나인 ‘별이 빛나는 밤’ 에 그대로 녹아들어 있어서 우리 모두에게 그의 삶, 세계와 자연에 대한 끝없는 탐미와 열정을 느끼게 만든다. 열정이 가득 차 있다. 그의 그림 속에는 밤하늘에 빛나는 영롱한 별의 아름다움과 어우러짐이 있고 그 속에는 자연과 인간의 외로움이 신비주의적 색채로 그려져 있다. 하얀 수선화, 아름다운 언덕길, 언덕의 그림자, 나무들, 자줏빛 안개에 휩싸인 구름들이 고흐를 통하여 차갑지만 황홀하게 그려져 있다.

그러한 점에서 우리나라 교육학자들과 질적연구자들은 우리의 교육학과 학교교육을 연구하는 데 있어서 고흐가 보여준 실제 현장에 대한 탐미적 태도와 재현을 위한 끊임없는 열정을 배워야 함을 가르쳐 준다. 그리고 그러한 학습의 필요성은 교육학 연구 50년이 지났지만 여전히 한국의 교육학 연구 중 실제에 대한 경험적 연구들이 너무나 부족하고 때문에 우리의 학교교육, 교사의 가르침, 교사들의 수업 등에 대하여 전문적으로 재현하고 분석한 연구들이 많지 않다는 점에서 더욱 절실하다. 우리의 학교와 학생들을 대상으로 가르쳐야 할 한국의 교사들에게, 미래의 교사들에게 우리가 대학 4년 동안에 가르쳐 주는 것/가르칠 수 있는 것/가르쳐 주기를 원하는 것은 거의 미국과 구미의 교육학 이론들밖에 없음이 안타까울 뿐이다.

이야기 1:
학원 다니는 나의 반 학생들

진주초등학교 교사 송희진

I. 들어가며

2000년 3월 2일, 발령을 받고 처음 학교에 들어선 날! 그 날의 나는 설렘과 흥분으로 가득했다. 앞으로 내가 평생 남을 이 현장에서 첫 단추를 어떻게 끼워야 할지에 대한 생각으로 밤잠을 설치기도 한 날이었다. 그리고 오늘 처음으로 만나게 될 내 아이들에 대한 기대감은 나를 더욱 떨리게 했다. 처음 만난 내 아이들은 5학년 1반이었다. 문을 열고 부장 선생님의 소개를 받고 아이들과 첫눈을 마주쳤던 그 순간! 뭐라고 형용할 수 없는 감정이 머리를 스쳐 지나갔다. 그리고 아이들의 눈빛 하나 하나에 나는 몸을 가눌 수 없을 정도의 감동을 느꼈다.

나의 아이들과의 첫 수업은 다음날 이루어졌다. 밤잠을 설치며 준비해간 파워포인트 자료와 보고 또 봤던 교과서와 지도서! 내 아이들에게 해주고픈 수업의 내용은 너무도 많았다. 그리고 무엇을 어떻게 전해 주어야 할지에 대한 고민으로 내 머리는 복잡했다.

첫 교시 수업은 수학이었다. 만들어온 파워포인트 자료를 프로젝션 텔레비전에 띄워 놓고 수업을 진행했다. 지금 와서 생각해 보면 조금은 유치하기도 했지만 내 아이들은 열심히 듣고, 풀고, 발표했다. 그리고 그런 내 아이들이 너무도 대견하고 흐뭇했다. 내 마음은 평생 그러할 것이라고 스스로 확신했다. 수업에 대한 내 열정만 남아있다면 수업에서 문제될 건 없을 것이라고! 하지만 그러한 나의 확신이 깨지는 데는 채 한 달이 걸리지 않았다.

내 아이들 모두가 내 눈에 들어오던 날, 난 내 교실에서 일어나고 있는 일들에 놀라지 않을 수 없었다. 내 수업을 열심히 듣고 열심히 학습에 임하고 있다고 생각했던 내 아이들이, 미리 문제를 풀어놓고, 몰래 책을 읽기도 했고, 쪽지를 주고받았으며, 옆에 있는 아이들과 장난을 치고 있었다. 그리고 방관자가 되어서 그냥그냥 빈칸에 답만 적고 멍하니 앉아 있는 아이들도 많았다. 물론, 그런 아이들 중에는 학습에 관심이 없는 아이들도 있었다.

하지만 내게 너무도 충격적이었던 것은 한 아이가 내뱉은 말이었다. "선생님, 저 벌써 문제 다 풀었어요. 교과서에 나오는 문제가 다 너무 쉬워요. 그리고 선생님 말하는 거 다 알아요. 학원에서 벌써 배웠어요." 한 아이의 이 말이 내 귓가를 떠나지 않았다. '벌써 다 배웠다, 이미 알고 있다, 쉽다' 라는 그 아이의 이야기 모두가 교사인 나에게는 충격적이었다. 과연 나는 그럼 이제껏 무엇을 하고 있었다는 건가! 나는 스스로가 아이들을 교육시키는 교사라고 자부하고 있지 않았던가! 스스로의 정체성을 다시 한 번 되돌아봐야 할 순간이었다.

교사로서의 정체성과 함께 가장 문제로 떠오른 것은 학원을 다니는 아이들 즉, 이미 배워서 오는 아이들을 학교에서 교사들은 다시 가르쳐야 한다는 것이었다. 이것은 스스로를 전문직으로 자부하고 있는 나와 동료 교사들의 삶에서 중요한 문제로 대두되고 있었다. 그리고 다시 한 번 나를 좌절하게 했던 것은 이미 학원에서 학습해 온 아이들을 다시 가르쳐야 한다는 문제에 대한 고민과 해결 방안에 대하여 어느 누구도 진지하게 관심을 갖지 않는다는 것이었다.

교사의 경력이 한 해 한 해 늘수록 이러한 상황이 빈번하게 벌어졌고 나 스스로 이러한 사태 해결을 위한 방법을 찾고자 노력했다. '과연 이러한 현상이 수업 현장에서 대두되게 된 이유는 무엇일까' 하는 궁금증이 생기기 시작하였다. 더불어 '아이들의 학교 밖에서의 삶은 어떠한가' 하는 의문이 생기게 되었다. 이러한 의문을 갖게 되는 과정에서 가장 먼저 발견할 수 있었던 것은 아이들에게 학교뿐 아니라 학원이라는 삶이 펼쳐지고 있다는 것이었다. 그리고 한국 교육의 일부분으로 사교육의 범주가 점점 넓어지고, 영향력을 발휘하고 있다는 것을 발견할 수 있었다.

오늘날 아이들에게 있어서 교육을 받는 기관은 공교육 기관인 학교와 더불어 사교육 시설이 많은 부분을 차지하고 영향력을 행사하고 있었다. 물론, 교사라는 직업을 갖고 있는 사람으로서 학원을 거론해야 한다는 사실은 너무도 자존심이 상하는 일이다. 하지만, 사교육의 존재가치를 인정하지 않고서, 공교육의 정상화만을 주장한다는 것은 현 교육 실정을 제대로 바라보고 있다고 할 수 없다.

그리고 학부모들도 자신의 아이들의 미래를 학교교육에 맡기기보다는 사교육에 맡기고 더 큰 비중을 두고 있다는 것도 인정하기 싫지만 인정하지 않을 수 없는 현실이

되고 있다. 자신보다 더 나은 삶을 자녀들에게 물려주기 위해 남의 집 파출부, 식당 허드렛일, 공장 하청일 등을 해서라도 학원을, 아니 학원 중에서도 좀 더 나은 학원을 자녀들이 다닐 수 있도록 하고 있다. 그리고 부모들이 피땀 흘려 번 돈은 아이들의 더 밝은 미래와 장래를 위해 투자된다는 명목으로 사용되고 있다.

이러한 현상은 교육통계 수치를 보더라도 쉽게 알 수 있다. 2003년도 교육인적자원부의 교육통계 자료를 살펴보면 다음과 같다.

학원수 (%)

수강자수 (%)

전체 학원의 분포를 살펴보면 예능분야, 문리분야, 기술분야, 경영실무분야의 순으로 나타나지만, 학원 수강생의 분포를 살펴보면 문리분야, 예능분야, 기술분야, 경영실무분야 순으로 나타났다. 즉, 많은 아이들이 학업성적 향상을 목적으로 사설 학원에 수강하고 있다는 사실을 알 수 있었다. 교육인적자원부(2003)에서 제공하는 다음의 표를 살펴보면, 각 분야의 학원 수와 수강자 수에 대한 정보를 알 수 있고, 문리분야의 수강자 수가 가장 많은 인원을 차지하고 있다는 것을 알 수 있다.

학원수와 수강자수

구분	기술분야	문리분야	경영실무분야	예능분야	합계
학원수	6,792	24,653	5,067	27,212	63,724
수강자수	495,049	2,333,640	345,035	1,238,491	4,411,753

그리고 2003년도 한국무역협회는 세계 주요기관의 통계자료를 인용해 '203개 경제, 무역, 사회 지표로 본 대한민국' 이라는 보고서를 발표했다. 이 보고서에서 교육 연

구 개발 분야를 보면, GNP에서 교육기관에 대한 지출이 차지하는 비중이 협력개발기구(OECD) 국가 중 1위를 차지했고, 민간 교육기관에 대한 지출(사교육비)은 2.73%로 1위에 올라 '사교육 왕국' 임을 드러냈다.

결국, 이러한 현실에서 '누구는 어디를 다닌다더라~', '누구네는 영어, 수학, 속독까지 한다더라~', '누가 다니는 학원은 저녁 10시까지 한다더라~' 등의 '~더라' 식 이야기들은 더 이상 단순한 이야기가 아니라, 학부모와 아이들에게 정보를 제공해 주고, 어떤 학원을 다닐지에 대한 지침 역할을 하고 있다. 그리고 우리 아이만 사교육 시장과 단절된 채 살아가기에는 너무 많은 위험부담을 갖게 되는 것도 또 하나의 현실이다. 아래의 글은 어느 학부모와의 면담 중에서 '과연 아이들이 학원을 다닐 필요가 있을까' 하는 이야기 도중에 나온 것이다.

> 저도 초등학교 때는 학교 공부만으로도 충분하다는 생각을 갖고 있는 사람 중의 하나였어요. 그리고 지금도 그런 생각을 하지요. 그런데, 옆에 있는 엄마들의 이야기를 들으면 정말이지……. 우리 아이만 뒤처지고 있는 것은 아닌지 하는 불안이 문득문득 들어요. 그리고 저를 생각한다면서 옆에서 다른 엄마들이 영어는 어려서부터 시작해야 한다더라, 혹은 수학은 한번 놓치면 잡기 어렵다더라 하는 이야기를 해요. 그럴 때는 제 선택이 올바른 것인가 하는 생각을 다시 하게 되지요.
>
> 그리고 아이가 가끔은 친구 집에 놀러 갔다가 그냥 돌아올 때가 있어요. 왜 그러냐고 물으면, 친구들이 학원에 가서 놀 친구가 없다고 하더군요. 그럴 때면 아이를 과연 집에서 방치하고 있는 것이 괜한 내 고집이 아닐까 하는 생각을 해요. 그래도 지금은 제 교육신념이 옳다고 믿고 있어요. 나중에 안 되면 학원에 보내게 될지도 모르겠지만……. 아이 스스로가 원한다면 저도 다시 생각할 것 같아요.
>
> — 2000년 3월 학무모와의 면담 중에서

현재 공교육 기관의 교사로 살아가고 있는 나에게도 매년 학기 초가 되면 지도, 조언을 부탁하는 학부모들과 대면하게 된다. 대부분의 학부모들은 교사에게 지도, 조언을 요구하는 듯하면서 내면에는 자식에 대한 자신의 투자가 올바르다는 학교 교사의 호응을 기대하고 있었다. 그들의 관심사는 학원에서의 교육이 학교에서 얼마나 효과적으로 비춰지고 있는지, 나아가 학교에서 자신의 아이들의 학업 성적 향상에는 어떠한 영향을 미치고 있는지에 중점을 두고 있었다. 이럴 때마다 스스로 학부모들에게 아이들이 학교에서 배우는 것만으로 충분하다는 교사의 기본적인 논리는 의미와 당위성을 찾기 힘들었다.

다음은 동료 교사들과의 이야기 도중에 나온 학원 학습을 경험하고 있는 아이들에 대한 이야기이다.

> 연구자: 4학년인데도 학원에 다니는 아이들이 절반 정도는 되는 것 같아요. 수업을 진행하는데 학원에서 미리 선행학습을 한 아이들이 자꾸만 다른 아이들의 학습권을 방해해서 큰 일이네요. 다른 반은 어때요?
>
> 김 교사: 그건, 아마도 대부분의 교실에서 찾아볼 수 있을 거예요. 학원에서 선행학습을 경험한 몇몇 아이들은 수업의 흐름을 방해할 뿐 아니라, 다른 아이들과 장난을 치거나 학교 수업 자체를 무의미하게 느끼고 있어요. 그런 아이들에게 학교는 단지 친구들과 놀기 위해서 오는 놀이장소라는 생각이 팽배한 것 같아요.
>
> 박 교사: 그런데, 문제는 그런 아이들의 대부분이 단순히 반복학습을 통해 문제에 익숙할 뿐이지, 그 내면에 포함된 의미를 파악하거나 이해하지 못한다는 거예요. 과정을 설명하지 못하고, 왜 그렇게 되는지 이유를 알지 못하는 경우가 다반사인 걸요. 그런 상황을 학부모와 학생들 모두가 알지 못한다는 것이 교사로서 안타까울 뿐이네요.
>
> — 연구실에서의 대화 중에서

대부분의 교사들이 학원 수업의 효과에 대하여 부정적인 인상을 갖고 있었다. 수업 중에 학원 수업을 통해 선행학습과 반복학습을 경험한 아이들의 대부분이 단순한 계산 문제에 치중하는 경우가 많았기 때문이다. 게다가 이런 아이들이 학교 수업의 흐름을 깨버리는 방해 요소로 작용하는 경우도 많았다.

II. 수업 풍경

학교에서의 아이들의 주된 활동은 교사와의 수업으로 진행된다. 그리고 수업은 아이들의 활동을 중심으로 이루어지고 있다. 수업 중에 교사의 역할은 말 그대로 조력자와 안내자의 역할 그 이상도 그 이하도 아니다. 따라서 아이들이 수업에 얼마나 적극적으로 참여하는가는 수업의 성패를 판가름하는 중요한 잣대로 작용하게 된다. 다음 수업은 4학년 과학 교과목의 사인펜 색소 분리를 직접 실험하는 수업이다.

수업 1

아이들이 분주하게 조별 실험 활동을 하고 있다. 나는 아이들 사이를 궤간 순시하며 실험이 제대로 이루어지고 있는지 살펴보고 있다. 수성 사인펜의 색소를 분리하는 실험이다. 실험방법이 간편하고 위험 부담이 없으며, 아이들이 마술과 같이 색소가 분리되는 과정을 보는 것을 굉장히 좋아한다. 아이들의 흥미진진한 모습을 보며 교실을 돌고 있을 때였다.

영희: 선생님, 철민이가 실험 보고서 벌써 작성하고 실험에 참여를 하지 않아요!

민수: 예, 선생님 철민이는 아까부터 실험보고서 답만 적고는 자기는 실험을 하지 않고도 답을 안다고 저희보고 막 보라고 해요!

아이들의 아우성이 가득했다. 아이들의 말을 진정시키고 자초지종을 물었다.

교사: 철민아, 왜 실험에 참여하지 않니? 굉장히 재미있는 실험인데. 그리고 실험을 직접 눈으로 관찰하면 훨씬 더 오래 기억할 수 있을 텐데!

철민: 선생님, 이미 학원에서 문제집으로 다 풀었어요. 다 알고 있는데, 실험은 왜 봐요! 시간 아깝게.

철민이의 마지막 한마디에 나는 순간 아무 말도 할 수 없었다. 시간이 아깝다는 이 아이의 말이 과연 이 아이의 생각인지……. 교사로서 내가 너무 초라할 뿐이었다.

— 2002년 과학 수업 중에서

철민이의 경우는 초등학교의 입학과 동시에 사설 보습 학원을 경험하였고, 사설 보습 학원이 학교생활과 더불어 일상으로 자리 잡고 있었다. 그리고 사설 학원의 수업에 충실히 참여하며 열심히 해야 한다는 생각을 갖고 있었지만, 학원에서 공부하는 것에 재미를 느끼지는 못하였다. 철민이는 보습 학원에서의 수업이 나름대로 학교 수업에 도움이 된다고 생각하고 있었다. 하지만, 실제 학교 수업 현장에서의 철민이의 수업 태도는 교사의 설명을 진지하게 듣거나, 수업에 적극적으로 참여하기보다는 기계적인 계산이나 문제 풀기에 더 집중하고 있었다.

즉, 철민이는 학교와 사설 보습 학원이라는 두 곳에서 이루어지는 학습에 기계적인 반응만을 할 뿐 스스로 학습에 대한 의미를 찾지 못하고 있었다. 학교와 더불어 경험하게 된 사설 보습 학원이 철민이의 일상으로 자리를 잡고 있었다. 자신의 자발적인 선택이 가능하기도 전에 이미 다녔던 보습 학원과 학교의 경계는 불분명해진 것이다. 그리고 사설 보습 학원에서의 학습이 학교 공부에 도움이 된다는 사실을 철민이 스스로 알고는 있지만, 학습 의욕을 높여서 자발적으로 학습에 참여하고자 하는 의욕을 불러일으키지는 못하고 있었다.

위의 수업 1에서와 같이 학원 학습을 경험한 대부분의 아이들은 학교 수업에 적극적으로 참여하지 않고 있는 것이 현실이다. 이미 학원에서 선행학습과 2~3번의 반복학습을 경험한 아이들에게 수업은 더 이상 매력적이지 않았다. 그리고 그러한 아이들에게 학원과 학교는 더 이상 구분이 되지 않았다. 두 곳 모두 공부하는 곳으로 장소의 차이가 있을 뿐이었다. 같은 공부를 이곳에서도 하고 저곳에서도 한다는 것은 지겹고 괴로운 아이들의 일상이 될 수 있는 가능성이 높은 일이었다.

그러한 아이들의 고충을 이해하면서도, 스스로 느끼는 배신감이란 것은 이루 형용할 수 없는 수준일 때도 있었다. '내가 교사로서 아이들에게 매력적인 수업을 이끌지 못하는 것인가' 하는 자책에서 시작하여, '저 아이들은 어떤 생각을 갖고 무엇을 위해서 학원 학습을 하는 것인가' 하는 생각으로 스스로를 괴롭혔다. 하지만, 그러한 배신감을 뒤로한 채 나는 학원 학습을 경험하고 온 아이들을 위하여 스스로 심화 학습지나 선택 학습지를 만들고 있었다.

수업 2에 등장하는 윤서의 경우는 학교 성적이 좋지 않아서 사설 학원에 다니게 된 경우이다. 학교에서의 학습만으로도 지쳐 보이는 모습을 보였는데, 학원을 다니게 되면서는 학교 수업에 더욱 방관자적인 자세를 취하고 있었다. 그리고 대부분 교사의 설명을 듣지 않고 교과서에 나오는 문제를 풀거나, 책에 낙서를 하는 활동에 집중하고 있었다. 과정을 설명하거나 자신이 이해하는 정도를 아이들 앞에서 발표하는 활동에는 학원을 다니기 이전보다 더 처지고 있었다.

수업 2

교사: 선생님이 지금부터 친구들이 모르는 내용에 대해서 질문을 받고 설명해 줄게요. 잘 이해가 가지 않는 내용에 대해서는 손을 들고 있어요. 그럼 차례대로 봐줄 테니까! 그리고 수학 익힘책에 있는 문제를 다 푼 친구는 앞에 바구니에 놓인 심화학습을 하세요.

> 내 말이 채 끝나기도 전에 윤서는 자리에서 벌떡 일어나 심화 학습지를 가져갔다. 수업이 시작된 지는 불과 10분 정도가 채 지나지 않았다. 수업시작 후 10분 동안 아이들에게 학습 내용을 설명해 주었다. 그리고 아이들에게는 교과서에 나오는 기본 문제를 풀 시간을 주었을 뿐이었다. 그런데 윤서는 내 말이 끝나기도 전에 심화 학습지를 가져갔다. 윤서 옆에 있던 아이가 나에게 고자질을 했다.
>
> 근표: 선생님, 윤서는 아까 선생님 말씀 안 듣고 문제 다 풀었어요.
>
> 나는 알았다고 대답을 하고 윤서에게 가서 정말, 수업시간에 설명을 듣지 않고 문제를 풀었는지 물었다.
>
> 윤서: 예, 그냥 풀었어요. 문제는 풀라고 있는 거잖아요. 그리고 이미 다 알고 있는데요.
>
> 하지만 그렇게 말한 윤서는 내가 준비한 심화 학습지를 제대로 풀지 못했다. 문제 푸는 과정을 적어야 하는 심화 학습지를 조금 풀다가 그냥 내팽개쳐 버렸다.
>
> — 2001년 수학 수업 중에서

윤서와 같이 학원에서 이미 학습을 경험하고 오는 대부분의 아이들이 수업에 흥미를 느끼지 못하는 것뿐 아니라, 과정을 중시하는 학습에는 취약했다. 문제를 읽고 그 뜻을 이해하며, 나아가 과정을 생각하며 자신의 생각이 드러나게 표현하는 것을 힘들어했다. 다만, 단순한 계산 문제에만 무의식적으로 반응할 뿐이었다.

하지만 몇몇 아이들은 학원 경험을 통해 미리 학습한 내용을 학교에 와서 좀 더 체계적으로 정리하고, 완성할 줄 아는 태도를 보이기도 하였다. 이 아이들은 수업 시간 중에 부족한 아이들에게 도움을 주기도 하며, 수업 분위기를 주도해 나갈 줄 알았다. 그리고 수업이 훨씬 원활하고 재미있게 이루어지도록 도움을 주기도 하였다.

다음의 수업 3에 나오는 송이의 경우는 스스로 성적을 향상시키고자 하는 욕구가 학원을 다니게 된 계기로 작용했다. 스스로의 선택에 의해 보습 학원에 다니게 된 송이는 학교와 사설 보습 학원 두 곳에서 이루어지는 교육활동에 적극적으로 참여하였다. 그리고 학교와 사설 보습 학원에서 실시되는 교육활동 모두에서 최고의 성과를 이끌어 내고 있었다.

수업 3

사회 수업 시간이었다. 5명이 한 조가 되어서 연표를 만드는 활동을 하였다. 지난 시간에 역사 연표의 쓰임새와 만드는 방법을 학습했다. 그리고 이번 활동을 위한 수업 준비물 예고는 미리 나갔기 때문에, 이번 수업 시간에는 아이들이 직접 연표를 만드는 활동을 경험하는 것이 가장 중요한 수업 내용이었다.

1조에 있는 송이는 아이들과 함께 연표를 만들 계획을 짜고 있다. 다른 종이에 연표를 어떻게 만들지 계획하고, 어떤 자료를 어떻게 붙일지 아이들과 상의를 해 나갔다. 그리고 왜 그래야 하는지에 대하여 아이들을 이해시켰다. 1조 아이들은 대부분 송이의 의견을 따르고 있었다.

송이: 우리 조가 준비한 내용을 보니까, 탑에 대한 자료가 많다. 우리는 탑을 주제로 하여 연표를 만드는 것이 어떨까?
영수: 그럼, 어떻게 만들면 되지?
송이: 먼저, 시대별로 나열해 보자. 그런 다음, 우리가 조사해온 탑에 관한 내용을 정리해 보자.
진희: 그래, 근데 나는 무엇을 하면 좋을까?
송이: 먼저, 우리가 해야 할 일의 순서를 정해 보자. 그러고 나서 우리 조원들의 역할을 분담해 보자. 그러면 쉽게 연표를 만들 수 있을 거야!
1조 아이들: 그래, 그렇게 하자. 역할을 정해 보자!

1조 아이들은 송이와 함께 체계적으로 연표를 만들어 갔다.

— 2003년 사회 수업 중에서

송이처럼 학생 스스로 학습하고자 하는 욕구에 의해 학원을 선택한 경우는 학습의 효과가 배가될 수 있는 가능성이 있음을 발견할 수 있었다. 나아가 송이는 사설 보습학원과 학교에서의 학습 경험을 통해서 장기적으로 스스로의 공부 방법을 설계해 나가는 능력을 키워 나가고 있었다.

III. 교사의 딜레마

교사에게 있어서 수업은 자신의 정체성을 찾아가는 중요한 가치로 작용하는 것이다. 처음 발령을 받고 겪게 되는 시행착오는 신규라는 이름으로 용서될 수 있지만 경력이 쌓일수록 실수는 용납되지 않는다. 그리고 실수가 용납되더라도, 교사 스스로가 자신의 실수를 받아들이기 어렵다. 그렇기 때문에 2003년 8월 28일 초등 1정 연수를 마친 뒤, 나 스스로 느끼는 책임감의 무게는 더욱 커질 수밖에 없었다.

수업 중에 발생하는 많은 상황에 교사는 유연하게 대처할 수 있어야 하며, 나아가 스스로에게 닥치는 문제 상황에서 고민과 갈등을 통해 해결해 나갈 수 있는 자질을 길러야 한다. 하지만 이러한 자질이 하루아침에 길러질 수 없다는 것은 누가 보아도 자명한 사실이다. 그리고 나 또한 스스로 매번 수업 상황에서 고민과 갈등에 부딪히며 하루하루를 만들어 가고 있다. 그리고 그러는 동안 성장하고 있다고 스스로 믿고 있다.

나에게 있어서 가장 먼저 닥쳤던 문제 상황은 학원에서 학습해온 아이들과 관련된 고민이었고 갈등이었다. 학원 수업을 경험한 아이들이 학교 수업에 더 이상 흥미를 느끼지 않는다는 것을 발견한 이후 스스로 어떻게 해야 할까 하는 고민에 빠졌다. '내 수업이 너무 딱딱한가?', '아이들이 내 설명을 잘 이해 못하는 걸까?' 등등의 많은 고민들로 머리가 복잡했다.

심지어 스스로를 자책하여 보기도 하였다. '난, 왜 이것밖에 안 되지?', '맞아, 내가 너무 고리타분하게 수업을 하는 걸까?', '이렇게 아이들을 계속 가르칠 수 있을까?' 이러한 고민에 파묻힌 하루하루가 지옥과 같은 날이었다. 어떻게 해서든 이 문제의 해답을 찾고 싶었다. 그리고 이러한 문제의 원인을 학원에 다니는 아이들에게 돌리기도 하고 학원 교육을 신뢰하는 학부모들에게도 돌렸다. 이러한 나의 마음에 다시 한 번 돌을 던지는 사건이 터지고 말았다.

갈등상황 1

우리 반에는 분수의 개념을 이해하지 못하는 여학생이 있었다. 조금 뒤면 수학 진급평가 시험이 있는데 걱정이 되었다. 이 여학생은 오늘 수학 시간에 치른 쪽지시험에서도 어김없이 35점을 받았다. 최소 60점은 받아야 하는데……. 우리 반에서 진급평가 시험을 통과하지 못하는 아이가 나온다는 사실을 스스로 인정하기 싫었고, 다른 한편으로는 시험을 통과하지 못하면 방과후 특별 보충수업을 실시해야 하는 문제도 발생하게 된다.

그래서 진급평가 5일 전부터 그 여학생을 남겨서 처음부터 차근차근 가르쳤다. 개인지도가 이루어져서인지 그 여학생도 조금씩 분수의 개념을 이해하기 시작했다. 그렇게 이틀이 지났다. 그 날도 그 여학생을 남겨서 복습을 하고 있었다. 그런데 시작한 지 20분도 채 지나지 않아서 학년 연구실에서 나를 찾는 소리가 들렸다.

정교사: 송 선생, 전화 왔어요. 얼른 와서 받아 봐요.

나는 얼른 뛰어가 전화를 받았다. 전화기의 반대편에서는 조금은 화난 듯한 목소리가 들렸다.

학부모: 저, 선생님! 저희 애가 아직 집엘 안 왔거든요. 지금 학교에 있나요?
연구자: 예, 진선어머님이세요. 다름이 아니라, 이번 주 금요일에 수학 진급평가 시험이 있는데, 진선이가 분수의 개념을 잘 이해하지 못해서요. 그래서 남아서 저랑 공부하고 있습니 다. 조금만 더 하면 집에 갈 수 있을 거 같습니다.
학부모: 아니요, 선생님! 학원 차가 벌써 지나갔어요. 제가 겨우 말해서 20분 뒤에 다시 온다고 했으니, 빨리 저희 애 보내 주세요. 진급평가 시험 준비는 학원에서 하면 되니까, 빨리 보내 주세요.
연구자: 아니, 그래도 조금만 더하면…….

내 말이 끝나기도 전에 그 학브모는 전화기를 내려놓았다. 그 순간 내가 과연 무엇인가 하는 생각으로 머리가 아찔했다. 그리고 교실로 돌아가 아무 말 없이 진선이에게 집으로 가라고 하였다. 영문을 모르는 아이는 가방을 챙겨서 서둘러 집으로 갔다.

지금은 그때와 비교해 나의 감정이 잔잔해졌지만, 그때의 상황은 나에게 충격이었다. 그래도 나는 학교의 교사였다. 자신의 아이의 1년을 책임질 제2의 부모였다. 그런데, 그 학부모의 반응은 사설 학원의 교사를 대하는 듯하였다. 아니, 사설 학원의 교사보다도 못한 대우를 받았다는 생각이 머리에서 떠나지 않았다. 그리고 더 이상 아이들을 남겨서 부족한 내용을 가르쳐 도겠다는 열정이 생기지 않았다. 서글픈 마음은 꽤 오랫동안 사라지지 않았다.

그리고 학교보다 학원이 먼저라는 그 학부모의 사고방식을 이해할 수 없었다. 학교가 우선이고 학원은 차선의 방법일 뿐이다. 학교 공부를 더 잘하기 위해 학원을 다니는 것이 아닌가! 하지만 많은 학부모들이 학원은 돈을 내고 다니는 곳이니 꼭 가야 한다는 생각을 갖고 있었다. 하지만, 학원에서 선행학습을 하고 반복학습을 경험한 자신의 아이가 학교에 와서는 진급평가에 통과되지도 못할 정도의 실력을 갖고 있다는 사실은 왜 외면하는 것일까 하는 생각에 안타깝고 한심하기 이루 말할 수 없었다.

갈등상황 2

학부모 총회가 있던 3월의 어떤 날이었다. 새 학년이 되어서 학부모를 처음 만나는 날이라서, 교사인 나 스스로도 많이 긴장이 되었다. 그리고 나에게 있어서 학부모를 만나는 것은 항상 적지 않은 부담이 되는 일이기도 하였다. 시간이 되자 하나둘 학부모들이 모여들기 시작하였다. 모두들 새 담임에 대한 궁금증으로 교실에 들어서는 듯하였다. 나도 학부모들과 같은 입장에서 한 명 한 명의 학부모들을 관심 어린 눈으로 보았다.

학부모들과 이런 저런 이야기를 하다 보니 마지막에는 담임인 나에게 부탁이나 질문을 하기 시작했다. 대부분의 학부모들의 관심사는 자신의 아이가 과연 학교의 수업에 잘 참여를 하는지, 나아가 과연 학급에서 어떤 그룹에 속하는지 하는 이야기였다. 그 중 한 학부모가 다음과 같은 이야기를 했다.

학부모1: 선생님, 요즘 애들 참 바쁜 거 아시죠? 아이들이 학교 다니고, 학원 다니느라 놀 시간이 없다니까요. 학원에서도 어찌나 숙제를 많이 내주던지! 그런데다가 학교에서 숙제를 너무 많이 내주면, 학원에 다녀와서 밤늦게까지 숙제를 해야 해요. 작년 담임 선생님은 어찌나 과제를 많이 내주시던지! 하루는 밤 12시까지 저랑 아이랑 같이 과제를 한 적도 있다니까요! 선생님은 아이들한테 숙제 많이 안 내주시면 좋겠네요. 아예 안 내주시면 더 좋구요! 호호호.

교사: 어머님, 저는 아이들에게 무리한 과제를 내려는 생각은 없습니다. 근데, 학교에서 필요한 내용이 있으면 숙제는 당연히 나가야 하지 않을까요? 그리고 아이들이 다니는 학원에서 내주는 숙제를 줄여 달라고 부탁하신 적은 없나요? 아이들이 가장 우선시해야 하는 건 학원 공부가 아니라 학교 공부인 것 같은데요, 어머님!

순간 교실은 조용해졌다. 그리고 학부모 총회를 마칠 때까지 그 학부모는 나와 눈을 마주치지 않으려 하였다. 그래도 할 말을 한 것 같아서 내 속은 후련했다.

이런 학부모를 만나면 황당하기 그지없다. 과연 무엇을 생각하고 있는 건지! 학교에 와서 담임과 마주 앉아서 해야 하는 이야기가 학원 숙제도 많은데, 학교에서는 숙제를 많이 안 내는 것이 어떻겠냐고 묻는 학부모! 그 순간 자리를 박차고 일어나고 싶었지만, 교사인지라 좋게 이야기할 수밖에 없는 상황이 너무 화가 났다.

하지만 이런 상황만 있었던 것은 아니다. 그 학부모의 말이 끝나고 얼마 뒤 다른 학부모는 이런 이야기를 하였다.

학부모2: 선생님, 저는 아이들에게 숙제를 조금이라도 지속적으로 내주시면 좋겠습니다. 저희 애는 학원에 다니지 않아요. 그리고 나이가 어려선지 스스로 먼저 책상에 앉아서 공부를 하지는 않아요. 그래도 학교에서 숙제가 있으면 참고서도 보고, 인터넷으로 자료 검색도 하면서 공부를 할 수 있는 기회를 가져요. 그러니, 학교에서 과제를 내주는 것도 중요하다고 생각해요.

교사: 예, 저도 그렇게 생각합니다. 물론, 요즈음 아이들이 바쁘다는 것 저도 인정합니다. 하지만 학교 수업 시간에 필요한 과제라면 시간을 쪼개서라도 해와야 한다고 생각합니다. 그리고 학원을 다니지 않는 아이들에게 과제는 스스로 학습할 수 있는 기회를 준다는 장점을 갖고 있으니, 더욱더 과제는 아이들에게 주어져야겠지요, 어머님!

많은 학부모들이 웅성댔다. 그들의 이야기가 과연 찬성인지, 반대인지 알 수는 없었으나, 나와 같은 생각을 가진 학부모를 한 명이라도 만난 것은 행운이라는 생각이 들었다.

누가 올바른 생각을 갖고 있는지 여기서 판단하는 것은 무리가 있을 것이다. 하지만, 무엇이 우선되어야 하는지를 아는 것이 얼마나 중요한지는 위의 갈등상황 2를 보면 알 수 있을 것이다.

갈등상황 3

수학시간이었다. 아이들은 내 설명을 놓치지 않으려는 듯 열심히 수업을 듣고 있었다. 그러한 아이들의 눈망울을 보며 더욱 힘을 내 수업에 열중했다. 그때였다. 현철이가 자꾸만 책을 들었다 내렸다 하며 열심히 무엇인가를 하고 있었다. 무엇을 하고 있는지는 알 수가 없었다.

> 교사: 현철아, 뭐하니? 선생님 설명을 잘 들어야 이해가 잘되지! 지금 책 밑에 있는 거 들고 앞으로 나와 볼래?
>
> 현철: 아니, 저……. 선생님 이제 수업 잘 들을 게요!
>
> 현철이는 얼른 책상 서랍 속에 무엇인가를 집어넣었다. 그때 옆에 있는 아이가 소리를 쳤다.
>
> 민선: 선생님, 현철이는 수업 시간에 학원에서 내준 숙제하고 있었어요. 지금 학원에서 내준 문제집 서랍에 넣었어요.
>
> 그 순간 나와 현철이는 모두 당황했다. 그리고 그 순간 치밀어 오르는 분노를 느꼈다. 마음 같아서는 문제집을 챙겨서 현철이를 학원으로 보내고 싶었다. 하지만, 교사이기에, 감정을 억누를 수밖에 없었다.
>
> 교사: 현철아, 지금은 수업 시간이니까 열심히 수업을 들으렴. 그리고 학원에 다니는 이유가 학교 공부를 더 열심히 하기 위해서라는 것 꼭 기억하면 좋겠구나. 너도 알고 있지?
>
> 현철: (고개를 들지 못하고, 나지막한 목소리로) 예.
>
> 더 이상 어떤 말도 하고 싶지 않았다. 그리고 나는 마음을 다잡아 수업에 열중했다.

이와 같은 상황은 수업 시간에 빈번하게 이루어지는 것이다. 이성적으로는 그런 아이들의 고충을 이해하면서도 감정적으로는 치밀어 오르는 분노를 감추기가 여간 어려운 것이 아니다. 그리고 과연 내가 지금 무엇을 하고 있는 것인가 하는 생각을 떨치지 못할 때가 많다.

실제로 학원 학습을 경험하고 온 아이들의 대부분이 수업에 집중하지 못하고 다른 아이들이 수업에 집중할 수 있는 기회를 방해한다는 문제를 드러내고 있었다. 옆에 있는 아이에게 장난을 걸거나 괴롭히는 행동을 빈번하게 보였다. 게다가 많은 아이들이 수업의 가치를 무의미하게 받아들여서 수업에 기계적으로 반응하고 있었다.

이러한 수업 상황을 견디기 가장 어려운 것은 교사인 나 스스로였다. 어떻게 해결해야 할까? 어떤 방법이 가장 효과적일까? 학습지를 만드는 건 어떨까? 수업시간에는 무슨 일이 있어도 수업에 집중하도록 아이들을 다그칠까? 기타 많은 생각이 스쳐갔다. 하지만, 어떤 것도 딱 부러지는 해결책이 될 수는 없었다.

다른 교실에서 수업을 진행하는 다른 교사들의 이야기를 들어도 나와 별반 다르지 않다는 것을 알 수 있었다. 대부분의 교실에서 이루어지는 수업은 수업의 특성에 맞는 수업 방법을 선택하여 학습의 효과를 최대로 이끌기 위해 노력하고 있었다. 그리고 이러한 수업에 있어서 교사들이 가장 중점을 두는 것은 아이들 모두에게 최상의 교육 기회를 제공해야 한다는 것이었다. 수업 목표를 이미 달성한 아이들, 수업 목표를 달성하는 과정에 있는 아이들, 나아가 수업 목표에 도달하기에 어려움을 갖고 있는 아이들 모두에게 각각에 맞는 학습이 이루어지도록 최상의 노력을 기울이고 있었다.

물론, 40명에 육박하는 교실의 현장에서 각각의 아이들의 개별적인 수준에 맞추어 수업을 진행하고 있다고 장담하기에는 문제가 있을 것이다. 하지만, 대부분의 교사들이 몇 단계의 수준으로 나누어 수업을 진행하고 자료를 준비하고 있다는 것은 사실이었다. 수업 진행에 있어서 과연 어떤 수준의 아이들에게 중점을 두고 진행해 나가느냐에 대한 문제에 하나의 공통된 답이 나오기에는 문제가 있었다. 각 교실 상황이 다르기 때문에 교사들은 자기 반에서 수업을 진행하는 데 가장 효율적인 아이들의 수준에 기준을 두고 수업을 진행하고 있었다.

갈등상황 4

연구자: 학원에 다니는 아이들이 과반수를 넘는데 과연 수업을 진행할 때 어떤 아이들을 기준으로 수업을 진행해야 하는지……. 다른 반 상황은 어떤가요?

조 교사: 우리 반과 그 반과 상황이 별반 다르지는 않아요. 저는 수업을 할 때 학원에서 선행학습을 하고 온 아이들의 반응을 위주로 수업을 진행하게 될 때가 많아요. 수업이라는 것이 일종의 흐름인데, 학원에서 선행학습을 한 아이들 중 몇몇은 그 흐름을 깨기도 하지만, 대부분의 아이들은 다른 아이들보다 먼저 반응을 보이기 때문에 수업을 진행하는 교사의 입장에서는 그 반응이 중요하게 이용되거든요. 물론, 다른 아이들의 수준을 고려하여 수업의 속도를 조절하고, 다른 학습지를 준비하여 주는 것도 같이 병행하고 있어요.

정 교사: 저는 그렇게 생각하지 않아요. 대부분 학원에서 선행학습을 한 아이들은 이미 알고 있는 것이기 때문에 수업을 진행할 때 중간 수준의 아이들을 기준으로 수업을 준비해요. 물론, 학원에서 선행학습을 한 아이들에게는 조금은 지루한 시간이 될 수도 있지만, 중간 수준의

> 아이들에게 학습에 적극적으로 참여할 수 있는 기회를 제공하는 것도 중요한 문제라고 생각하거든요. 그리고 수준이 떨어지는 아이들은 방과 후 나머지 공부를 통해 보충해 줍니다.

동료 교사들은 학원 학습을 경험한 아이들을 자신의 수업에서 어떻게 다루어야 하는지에 대해 각기 다른 이야기를 했다. 그리고 그들의 이야기 속에서 나는 동료 교사들은 과연 교실 현장에서 어떤 전략으로 수업을 진행하고 있는지 궁금해졌다.

IV. 현장교사들의 전략

교실 현장에서 동료 교사들은 모두 나와 같은 고민을 안고 있었다. 다만 터놓고 이야기할 기회를 갖지 못하고 있었고, 또한 각기 다른 교실 상황에서 딱 맞는 하나의 해결책을 갖고 있지 못할 뿐이었다. 명확한 하나의 해결책을 찾을 수 없을지라도 동료 교사들과의 이야기는 나에게 한 번 더 생각할 수 있는 기회를 주었고, 나아가 조금 더 상황을 폭넓게 바라볼 수 있는 여유를 주었다.

동료 교사들도 학원에서의 학습을 경험한 아이들을 바라보며 많은 고민과 딜레마에 빠졌고, 나아가 어떻게 해야 할 것인지 고민하며 많은 시간을 보냈다. 그리고 각자 나름의 해결방안에 도달하고 있었고, 학원 학습을 경험하는 아이들에게 나름의 주장을 펴고 있었다. 그러나 그들은 자신의 방법이 정답이라고 이야기하지는 못하였다. 다만, 자신의 교실 상황에서 가장 적합하다고 생각하는 방향으로 한발 한발 나아가고 있었다.

몇몇 교사들은 그냥 있는 그대로 학원 학습을 경험한 아이들을 바라본다고 하였고, 다른 한편으로는 학원 학습 경험보다는 학교에서의 학습에 더 큰 의미를 두도록 아이들을 설득한다고 하였다. 그리고 다른 몇몇 교사들은 학원 학습에 대하여 갖고 있는 부정적인 이미지로 인하여, 학원에서 배워 왔다는 아이들의 학습 자체를 불신하고 학교 학습에 더욱 적극적으로 참여할 것을 요구한다고 하였다. 심지어는 학원에서 선행학습을 해온 아이들에게 학교에서의 학습과 학원에서의 학습 중 어떤 것이 진정한 의미에서의 학습인지, 우선순위가 무엇인지를 아이들이 알 수 있도록 이야기한다고 하였다.

먼저, 학원 학습을 경험한 아이들을 있는 그대로 바라본다는 교사들은 아이들이 이미 학습해온 내용에 대하여 너희들은 이미 공부를 해왔으니 다른 활동을 해도 된다는 허용적인 분위기를 수업 시간에 준다는 것이었다. 아이들이 자신이 해야 할 학습을 다 한 경우는 읽고 싶은 책을 읽거나, 혹은 그림을 그리거나 다른 아이들의 학습에 방해를 하지 않는 범위 내에서 그 아이들의 활동을 보장해 준다고 하였다. 물론, 아이들이 자신이 배워온 학습 내용에 대하여 어느 정도 도달이 된 경우에 한한다는 것이 교사들의 공통적인 의견이었다. 그리고 그들은 이미 학원에서 배워온 내용에 대하여 다시 한 번 더 의무적으로 듣도록 아이들에게 강요하는 것은 고문과 같다고 생각하고 있었다.

상황 1

교사: 오늘은 나눗셈과 검산 방법에 대하여 배워 보도록 하겠습니다.

민석1: 선생님, 인성이가 벌써 교과서에 있는 문제를 풀고 있어요.

교사: 인성아, 하는 방법을 알고 있니?

인성: 네, 학……원……에서 배웠는데요. 할 줄 알아요.

교사: 그래, 그럼 풀어 보도록 하렴. 자, 다른 학생들은 선생님 보세요. 오늘은 나눗셈을 하고 나서 검산하는 방법을 살펴보도록 하겠습니다. 검산 방법을 정확하게 알면, 나눗셈의 계산이 올바른지 올바르지 않은지를 알 수 있으니, 친구들이 모두 잘 알 수 있도록 선생님의 설명을 잘 들었으면 좋겠어요.

15분 정도 설명을 한 후 교사는 궤간 순시를 하면서 교실을 둘러보고 있다. 그때 이미 문제를 다 풀고 앉아 있는 인성이를 발견했다.

교사: 인성이는 벌써 다했구나.

인성: 네, 이제 다했는데 더 이상 할 것이 없어요.

교사: 그럼, '생각하는 수학' 책을 가져다 풀어 보렴. 다양한 종류의 문제가 나와 있으니 재미있을 거야. 그리고 '생각하는 수학' 을 다하면, 인성이 네가 하고 싶은 활동을 해도 된다. 다만, 다른 아이들의 학습에 방해가 되면 안 되는 거 알지?

인성: 네. 그렇게 할게요.

반면에 다른 몇몇의 교사들은 아이들이 학원에서 배워온 것도 물론 중요하지만 학교에서의 학습에는 꼭 참여해야 한다는 생각을 갖고 있었다. 아이들이 가장 중요시해야 하는 것이 학교에서의 학습이고 나아가 다른 아이들에게 위화감을 조성하지 않기 위해서라도 학교에서 이루어지는 학습에 다른 아이들과 더불어 참여하기를 의무화하고 있었다. 학원에서의 학습은 짧은 시간 내에 많은 내용을 다루다 보니, 원리학습이 되기보다는 문제 풀이식 혹은 단순 계산에 치중되어 있기 때문에 학교에서의 원리 학습을 다시 한 번 체계적으로 듣도록 하는 것이 학습의 효율면에서 더욱 좋다고 생각하고 있었다.

상황 2

교사: 자, 지금부터 수업 시작하겠습니다. 교과서 펴고 바른 자세로 앉아 보세요. 오늘은 설명하는 글에 대하여 배워 보도록 하겠습니다. 교과서의 내용을 한번 살펴보고 오늘은 어떤 내용을 어떤 순서로 배우게 될지 한 번 알아보세요.

아이들이 각자의 교과서를 살피며 학습 순서를 알아보고 있었다.

영희: 선생님, 재식이가 교과서에 있는 문제를 풀고 있어요.

교사: 재식이 이리 나와 보렴. 나머지 친구들은 오늘 배울 내용을 살펴보고 있으세요.

재식이가 앞으로 나와서 아무 말 못하고 고개를 숙이고 서 있다.

교사: 재식이 너는 왜 선생님이 학습 순서를 살펴보라고 했는데, 교과서에 있는 문제를 풀고 있었지?

재식: 학원에서 배운 내용인데……. 그래서 먼저 문제를 풀었어요.

교사: 재식아, 학원에서 배운 내용 중 설명문에 대하여 한번 친구들에게 설명해 줄 수 있겠니? 친구들에게 선생님을 대신해서 설명해 보렴.

재식: 그건…….

교사: 재식이 네가 친구들에게 설명할 수 있을 정도의 수준은 안 된다는 거니? 그럼, 재식이는 제대로 알지도 못하면서 문제만 풀고 있었구나. 그런 공부가 과연 얼마나 재식이한테 도움이 될까? 재식이 네 생각은 어떠니?

재식: …… 그런 것 같아요.

교사: 학교에 와서는 학교 공부에 충실해야지. 학원에서 배웠다고 해서 학교에서 배우는 내용을 모두 안다고 할 수 없으니까. 재식이 네가 친구들

에게 설명을 해줄 수 없는 건 제대로 안다고 할 수 없는 거란다. 그리고 학교 공부가 가장 우선되어야 하다는 사실도 잊지 않았으면 좋겠구나. 재식이 자리에 들어가렴.

한편, 또 다른 교사들은 학원에서 이미 학습을 한 아이들이 이미 알고 있더라도 한 번 더 듣는 것이 훨씬 공부에 도움이 된다고 생각을 하고 있었다. 대부분 이러한 생각을 가진 교사들은 보수적인 성향을 갖는 교사들로서 이미 학습을 해왔다는 것은 자신의 선택 사항이지만, 학교에 와서 수업을 듣는 것은 하나의 의무라고 생각하고 있었다. 그렇기 때문에 학원에 다니든 다니지 않든 아이들은 학교에 오면 학습에 임하는 것이 당연하다는 주장을 하고 있었다.

상황 3

교사: 오늘은 직업의 종류에 대하여 알아보도록 하겠어요. 사회책과 사회과 탐구책을 꺼내세요. 먼저, 저번 시간에 과제로 나간 직업의 종류 조사해온 자료를 꺼내 놓고 발표해 보도록 하겠습니다.

철영: 선생님, 현정이는 수업 준비 안 하고 무슨 문제집하고 있어요.

교사: 현정아, 수업에 집중해야지! 현정이 무슨 문제집이니?

현정: 학원…….

교사: 현정아, 학교에 왜 오는 거니? 그리고 학원은 왜 다니는 거지?

현정: 학교 공부 잘하기 위해서요…….

교사: 그래, 학원이 먼저가 아니라 학교가 먼저인데……. 그리고 수업 시간에는 수업을 들어야지 왜 학원 숙제를 하고 있니! 학원도 중요하지만 더 중요한 것은 학교라는 것 너도 알고 있잖아. 그리고 학생의 의무가 무엇이지? 학교에서 수업을 잘 듣는 것도 중요한 학생의 의무 중 하나란다. 빨리 학원 문제집 집어넣고 수업 들으렴.

현정: …… 네 …….

교사들은 끊임없이 아이들과 부딪히며 또한 끊임없이 고민하고 나름의 해결방안을 찾기 위하여 노력하고 있다. 하지만, 어느 누구의 해결방안이 가장 효과적이며 가장 적합한 것이라는 결론을 내리기에는 각 교실 상황이 너무나도 다양하고 상이한 것이 현실이다.

V. 맺으며

아직도 나는 수업 시간에 아이들의 관심을 끌어서 집중하도록 하는 데 정열을 쏟고 있다. 대부분의 교실에서 수업을 진행하고 있는 교사들이 모두 그러할 것이다. 하지만, 매번 내 노력이 성공을 거두는 것은 아니다. 시행착오를 범하고, 스스로 화를 내기도 하고, 통제가 되지 않을 때도 있다. 하지만 그러한 과정 속에서 나는 스스로 해결책을 만들고 발견해 나가고 있다.

경력이 4년이 넘어 5년에 접어들고 있는 지금, 나는 더욱더 노력하고 있다. 그리고 아이들 앞에서는 나 스스로를 벗어버리려 하고 있다. 내가 아닌 내가 되어 아이들 앞에서 장난도 치고, 유치한 소리로 아이들을 웃기고, 또 매를 들기도 하며 스스로를 만들어 가고 있다. 가면을 벗고 아이들 앞에 서게 되면, 아이들도 그 진실을 알고 한 발 더 내 곁으로 다가왔다. 아이들과의 시간을 즐기고자 노력하고 있으며, 아이들이 나와 있는 시간을 즐겁게 보낼 수 있도록 하고 있다.

스스로 생각을 조금씩 바꾸어 나가다 보니, 학원 경험을 가진 아이들에 대해서도 처음보다는 많이 여유로워지고 있는 것이 지금의 나이다. 예전에는 안타깝고, 한심하고, 조바심 내며 빨리 해결책을 찾아야 한다는 생각에 집착하고 있었다. 그리고 한편으로는 조금은 삐딱한 시선으로 사설 보습 학원에 다니는 아이들과 학부모들을 바라보기도 하였다. '왜 학교에 와서 수업도 잘 듣지 않는 아이들을 학원을 보내는 것일까?', '아이들은 도대체 학교에 와서 무엇을 생각하고 있는 것일까?', '과연 사설 보습 학원에 다니는 것이 장기적으로 얼마만큼의 성과가 있다고 믿는 것일까?' 하는 회의적인 생각이 지배적이었다.

하지만, 시간이 지날수록 내가 혹시 너무 한 곳만 바라보고 있는 것이 아닐까 하는 생각을 하게 되었다. 내 입장에서, 내 생각대로, 내가 믿고 싶은 만큼만 바라보고 있는 것이 아닐까 하는 …… 또 아이들이 스스로 느끼는 그들의 생각과 경험 그리고 고충에 대해서 너무 무관심했던 것은 아닐까 하는 …… 그러한 생각 끝에 마지막에 눈에 들어온 것은 아이들이었다. 학교와 사설 보습 학원 모두에 힘들어하고, 지쳐가고 있는 아이들이 보이기 시작했다. 그리고 내가 그 동안 과연 무엇을 하고 있었는가 하는 생각이 들었다. 사설 보습 학원에 다니는 아이들을 이해하기보다는 다그치고 꾸중하고 질책하여 왔던 것이 내가 아니었던가!

아이들의 생활을 돌아봐야겠다는 생각이 들었다. 그들이 어떤 경험을 하고 있고,

어떤 생각을 갖고 있으며, 어떤 감정을 느끼고 있는지! 그리고 그 순간 아이들의 이야기가 가장 중요하다는 걸 깨달을 수 있었다. 재미있어하기도 하고, 힘들어하기도 하며, 나아가 지겨워하기도 하는 그들의 이야기는 교사인 나이게 다시 한 번 자신을 되돌아볼 수 있는 기회가 되었다.

그리고 동료 교사들과의 대화를 통해 내가 발견할 수 있었던 해결책은 하나였다. 교사의 노력만이 그 아이들을 돌릴 수 있다는 것이었다. 학원 경험에 지친 아이들을 학교로 돌릴 수 있는 방법은 교사의 지속적인 관심과 나아가 교사들의 부단한 노력으로만 가능하다는 것이다. 이 방법 중에는 그 아이들을 위한 학습지를 만들거나, 수업에 좀 더 집중하도록 재미있는 수업 방법을 연구하고 준비하며 계속적인 관심을 보이는 것도 중요하다.

하지만 내가 생각하는 가장 중요한 것은 교사가 아이들의 감정을 이해할 수 있는 여유를 갖는 것이다. 아이들의 입장에서 그들의 고충을 들어주고 이해하며, 같이 고민해 주고 호응해 주는 것이 가장 좋은 해결책이었다. 자신의 마음을 헤아려 주는 교사에게 아이들은 자신의 마음을 열어 갔고, 점차 수업시간에도 열심히 참여하고자 하는 태도 변화를 보였다. 지금 내가 내릴 수 있는 결론은 그러하다. 하지만, 시간이 지나 경력이 지금보다 더 많이 쌓인다면 또 다른 결론을 내리게 될지도 모르겠다. 모든 것이 더 나은 교육을 위한 것이 아닐까!

에필로그

쉬는 시간이었다. 우리 반 여학생이 쉬는 시간에 친구들과 놀지도 못하고 끙끙대며 무엇인가를 열심히 하고 있었다.

교사: 현빈아, 쉬는 시간에 친구들이랑 놀지 않고 뭐하니?

현빈: 학원 숙제가 너무 많아서요. 어제 밤늦게까지 했는데, 아직도 다 못했어요. 오늘 안 해 가면…….

교사: 그래? 그래도 너무 많으면 못할 수도 있지. 너무 힘들겠다. 그렇지?

현빈: 예, 너무 힘들어요. 하기도 싫고……. 저도 아이들이랑 놀고 싶어요!

교사: 그래, 그래도 숙제를 해야 네 맘이 편하지 않을까? 그리고 다른 아이들이 노는 쉬는 시간까지 열심히 문제를 풀었으니까, 네 실력이 그만큼 늘었다고 생각하렴.

현빈: 정말, 그럴까요? 그럼 하기 싫어도 열심히 해야겠네요. 선생님!

교사: 그래, 열심히 하렴. 화이팅!

나는 현빈이가 조금은 안 되었다는 생각을 마음에서 지울 수 없었다. 하지만, 피할 수 없다면 즐기는 것도 하나의 방법일 것이라는 생각이 든다. 현빈이에게나, 나 자신에게나…….

이야기 2: 대학원 공부와 나의 교육적 성장

사화초등학교 교사 주영주

Ⅰ. 나의 이야기

나는 교직 경력 4년이 조금 넘은 초등학교 교사이다. 그리고 2000년, 교직 경력 2년째 되던 해부터 초등교육방법을 전공하며 학생의 신분으로 교육 대학원에 다니며 석사학위 논문을 위해 연구 중인 교육연구자이다. 석사학위 논문을 위해 나의 수업이 내 연구재료가 되고 교사인 내 모습이 연구대상이 된다. 그리고 내가 담임을 맡고 있는 40명 학생들의 수업 결과물이 내 연구의 결과물이 되곤 한다. 24시간 연구를 위해 고민하고, 또 아이들의 수업을 위해 고민한다. 가끔씩 대학원 과제를 위해 밤을 새기도 하고, 학교 업무를 위해 밤을 새기도 한다. 방과후에 아동들과 연구를 위한 면담을 하기도 하고, 생활 지도를 위한 상담을 하기도 한다. 그래서 나는 항상 바쁘다.

한국의 초등학교는 부지런한 교사를 원하는 듯하다. 하지만 이는 정신적인 근면보다는 신체적인 근면을 요구한다고 생각한다. 책을 보는 교사보다는 컴퓨터 앞에서, 그리고 배구코트에서, 교무실에서 종횡무진하는 교사가 일 잘하고 능력 있는 교사로 인정을 받고 있다고 생각한다. 이런 학교 문화 속에서 대학원에 다니며 연구자로서의 역할을 더하기(+)함은 교사로서 요구되는 신체적인 근면에, 교육 연구자로서 요구되는 정신적인 근면을 더하기(+)하는 것이라 생각한다. 때문에 교육 연구자는 항상 시간에 쫓기고 있으며, 가치 있는 연구를 위한 교과활동시간을 확보하기는 실로 어렵다고 본다. 그리고 수업시간이든 업무를 보는 시간이든 연구와 대학원 과제를 위한 부담감이 마음 한구석에는 항상 박혀있다.

나 역시 현장교사로서 대학원에 다니는 생활은 피로함과 부담감 그 자체였다. 초등교사로서의 전문성을 기하고, 퇴근 후의 시간을 보람되고 의미 있게 보내고자 하는 마음으로 대학원에 입학을 하긴 했지만, 중간 중간 느껴지는 내 연구자로서의 역량에 대한 의문과 연구 과정 중에 발생하는 딜레마, 학교 내의 여러 심리적 · 물리적 조건 등으로 인해 대학원에 입학하며 다짐했던 그 모든 결심, 열정, 자신감과 기대감은 점점 피로감과 부담감으로 변해갔다.

'학교는 연구자로서의 교사를 진심으로 요구하는가? 그리고 학교는 연구자로서의 교사를 받아들일 준비는 되어있는가!' 대한민국의 많은 교사들이 순수한 목적에서 또는 승진의 목적으로 대학원을 다닌다. 나 또한 그렇다. 그러나 그들이 어떠한 어려움과 딜레마 그리고 의미를 가지고 있는지 논의하는 이야기는 없었다. 그리하여 이 글에서는 그러한 현상을 나의 이야기를 통하여 논의하고자 한다. 그리고 이 글을 쓰면서 동시에 나는 교육 연구자로서 교육현장에서 겪고 느끼게 되는 다양한 교육적인 현상들을 발견하고, 이를 보다 분석적인 시각으로 보려는 의지와 현장과 통합된 연구를 위한 각오를 다지고자 한다.

오늘은 퇴근시간 9시 30분

깜깜한 교실과 복도를 지나 경비아저씨께서 잠가 놓으셨던 현관문을 열어주신다. "고맙습니다. 수고하세요." 꾸벅 인사를 하고 교문을 나섰다. 저녁 공기가 춥지 않고 상쾌하게 느껴지는 것을 보니 봄이 오긴 왔나보다. 밝은 아파트 불빛을 지나 서둘러 주택가 골목으로 들어섰다.

'창원 대로변에 벚꽃이 필 때가 된 것 같은데…….' 가끔씩 교실 창밖으로 보이는 학교 주차장에 하얗게 핀 목련이 더 없이 마음을 설레게 하지만, 넋 놓고 보고 있을 시간이 없다. 학교에 오면 하루가 어떻게 지나가는지 모르겠다. 특히 3월은…….

'역시 오늘도…….'

교문을 나서는 발걸음이 무겁다. 연구는 더 이상 진척이 없다. 당연히 학교 일에 충실하느라 논문을 위한 자료에 손도 한 번 못 대어보고 퇴근을 한다. 또 걱정이 앞선다. 퇴근을 하는 내 두 손에 들린 펴보지도 않은 논문자료의 무게가 마음의 무게만큼이나 무겁다.

'어휴~'

학교에서 내 연구를 위한 시간을 내보려는 마음부터 혹 잘못된 것은 아닌지 생각해 본다. 나는 그저 교육의 일부분을 연구의 대상으로 삼고 싶을 뿐인데, 선생님들 중에는 간혹 학교에서 대학원 공부를 하는 것을 달갑게 여기지 않는 분이 계신다. 그리고 개인적인 일은 학교에서는 해서는 안 된다고 말씀들을 하신다. 개인적인 일이라…… 교사로서 내 삶의 의미를 찾고, 내 교육적인 발전을 위한 연구가 개인적인 일이라……. 가끔 내 연구가 다만 개인적인 성과나 승진을 위한 도구쯤으로 비추어지는 것 같아 불쾌할 때도 있다. 내 연구를 위해 아이들을 방관할지도 모른다는 편견이나 선입견 또한 마찬가지이다.

하지만 이 모든 편견에 반발하면서도 부정할 수만은 없는 나 자신은 항상 딜레마에 빠지곤 한다. 나의 연구는 나 자신과 교사로서의 삶에 어떤 의미를 주는지……. 한 사람의 교사로서 그리고 연구자로서의 역할은 제대로 해 나가고 있는지……. 교사가 아닌 연구자의 입장만으로 연구를 위해 아동들을 방관하지는 않았는지……. 진정 내가 하고자 하는 것이 혹 성과만을 위한 실적물에 지나지는 않는지……. 그리고 연구자와 교사로서의 역할에 부대껴 힘든 마음을 학교의 물리적, 심리적 환경 탓으로 돌려 하소연하지는 않았는지…….

— 2004년 3월

II. 나의 교육 연구자 입문 과정

이 절에서는 나에게 있어 대학원을 다니게 된 동기, 대학원에 입학하여 다니며 교사와 학생으로서 두 마리 토끼를 잡기 위해 노력하는 과정, 그 가운데에서 가지게 된 의미, 여러 요인에 의해 겪게 된 어려움, 딜레마, 논문 방향을 잡기까지의 고민들을 펼쳐보고자 한다. 현재 공부하는 교사 모두를 대신하여 힘들게 공부하는 그들의 삶을 나의 경우를 들어 써내려갈 것이다.

1. 대학원에 들어가다

나의 경우 현장 교사를 하면서 대학원에 들어가기로 한 결정적인 이유는 나태한 생활에서 오는 불안감과 승진이나 연구 점수를 위한 마음보다는 순수한 학구열이 컸다. 그리고 부수적으로는 남들보다 빨리 대학원 공부를 마쳐야 한다는 주위의 권유도 내 동기에 작은 부분을 차지했을지도 모른다.

첫 발령을 받고 학교에 적응을 해가면서 점점 학교에서 내 자율시간을 가질 수 있을 만큼 여유가 생겼다. 어쩌다 연구실에 모여 농담도 주고받을 수 있게 되었고, 어느 날은 퇴근을 해도 별로 피곤하지 않았다. 관리자의 무조건적인 지시가 있을 때면 나도 모르게 동료 교사들의 불평에 동참을 하기도 하였다.

어느 날 불현듯 무기력한 내 모습이 보였다. '이건 아니야!' 학교, 집, 또 학교, 또 집……. 다람쥐 쳇바퀴 돌듯이 의미 없는 행동들이 교사로서의 내 삶에 아무런 도움이 되지 못한다는 사실을 깨닫게 되었다. 학교 일을 아무 것도 아닌 듯 쓱쓱 해내는 선배 교사들이 부러웠고, 대학원에 다니거나 퇴근 후 자기 발전을 위해 다양한 것들을 배우는 선배교사들도 존경스러워졌다. 학교 문화에 적응이 되어갈 즈음, 그리고 1년 후 내 희망대로 교육대학원에 입학을 했다.

나의 경우 대학원에 입학할 때 가진 열정이 피곤함을 극복하지 못하는 순간이 많았다. 과제도 대충대충 하고 싶고, 차츰 수업도 일찍 마쳤으면 하는 바람을 가지게 되었다. 하지만 그 피로함을 넘어서서 학문을 하고 있다는 그 자체가 기쁨이 되기도 하였다. 어려운 이론들을 100% 다 이해하지는 못하였지만, 그 이론을 한번 접하였다는데 의의가 컸고, 또 유명한 이론가나 학자들의 이름 하나 더 알게 되었다는 데 의미를 두기 시작했다. 공부를 해야 한다는 의지와 열정이 스스로를 단단하게 만들기도 했다.

> 내일 대학원 가는 날이다. 오늘도 어김없이 밤을 새워 발표과제를 공부하고 있다. 대학 때는 공부만 하는 것이 제일 힘든 줄 알았었는데, 이제 와서 보니 일하면서 공부하는 것이 얼마나 힘든 일인가를 실감한다. 간혹 TV에서 어떤 노동자가 낮에는 일하고 밤에는 검정고시 준비를 위해 졸린 눈을 비벼가며 코피 흘리며 공부를 했다는 이야기를 볼 때는 가벼운 학구열쯤으로 여겼었는데, 그 분들이 얼마나 힘들었을지 짐작이 간다. 그리고 그 분들이 새삼 존경스러워진다. 이제는 그 분들에 비하면 나는 호강하면서 공부하는 것이라는 생각이 든다. 하지만 솔직히 피곤하고 지쳐서 공부하기 힘든 것은 어쩔 수가 없다. 학교에서도 급한 마음에 공부를 좀 했으면 했는데 시간이 없어서 가져간 책 표지도 넘겨보지 못하고 고스란히 들고 왔다.
>
> 결혼하기 전에 대학원 공부를 끝마치라는 선배 선생님들 말씀을 실감하고 있다. 대학원에 다니는 중간에 결혼해서 아이가 생기면 적어도 2년은 책을 놓아야 한다는 말씀에 "남편보고 아이 보라 하고 공부하면 되지요." 철없는 말로 대꾸를 하곤 했지만, 주위 결혼하신 대학원 동료 여선생님들의 경우

를 보고 있자면 틀린 말이 아님을 알 수 있었다. 같이 대학원에 입학한 남편은 끝까지 대학원 과정을 마쳐 석사학위를 받는 반면, 아내인 여교사는 중간에 휴학을 하거나 논문심사를 미루는 경우를 종종 볼 수 있었다.

내일이 걱정된다. 이렇게 피곤한데 내일 수업을 정상적으로 할 수 있을지 걱정이다. 대학 때 거의 한 번씩 다 배운 것들이라 전공 수업 내용을 잘 알고 있을 것이라 기대했었는데 또 막상 공부를 시작하면 한정 없이 막히곤 한다. 배운 것들을 학교 현장에서 한 번씩 적용했으면 좋겠지만 여건은 그것을 허락하지 않는다. 내일은 그냥 아이들 자습시키고 대학원 공부나 할까 보다.

— 2001년 10월 일기 중에서

수학여행을 다녀온 다음 날 무거운 몸을 이끌고 대학원 강의실에 들어섰다. 너무 피곤해서 하루 결강을 할까 했지만 일주일에 하루뿐인 강의를 놓치기는 아까웠다. 진솔한 강의와 실제적인 내용으로 학부 시절부터 좋아하던 교수님의 수업이었다. 아니나 다를까 수업 중에 깊은 잠에 빠지고 말았다. 교수님께는 너무 죄송했지만 강의 중에 이렇게 푹 자본 적은 없는 것 같았다.

"야~ 너 너무 노골적으로 자더라!"

"수학여행 갔다와서 너무 피곤해서 그래. 나도 너무 힘들어~ 다음 수업은 또 어떻게 듣지? 걱정이다."

"교수님이 너에게 눈치 여러 번 보냈는데도 그냥 자더군."

"……"

— 2001년 4월의 어느 날을 회상하며

대학원에 가기 전날인 금요일 밤은 늘 밤을 새곤 했다. 밀린 과제를 금요일에 대부분 해결하기 때문이었다. 월요일, 화요일은 걱정만 하고, 수요일부터 자료 정리, 금요일은 마무리의 날이다. 공부하는 즐거움, 깨달음, 연구자로서의 시각 생성 등의 장점과 함께 일하면서 공부를 하는 데 대한 부담감, 피로감 등이 동시에 밀려와서 대학원을 포기하고 싶었던 적이 종종 있었다. 새삼 주경야독의 근로자들이 존경스럽게 느껴졌다. 학교 행사 때문에 어쩔 수 없이 대학원 수업을 빠지게 되는 경우도 있었는데, 이럴 때는 다음 번 수업과의 연계가 끊어져 따라가기가 힘들었다.

방과 후 학교에서 남는 시간을 이용하여 대학원 과제나 공부를 하고 싶어도 눈치를 받을 때가 있다. 그래서 내놓고 책을 보지는 못한다. 각 교실이 담임의 개인적인 독립 공간으로 보여도, 현실적으로는 두척이나 개방된 공간임에는 틀림없다. 복도를 통해 동료 교사들이 왔다 갔다 한다. 혼자서 열심히 뭔가를 하고 있으면 호기심 어린 눈으로 다가와 "뭐해?"라고 묻기도 한다. 머쓱해하며 대학원 교재나 자료를 보여 드리면 별로 특별한 것이 없었다는 듯한 시큰둥한 반응으로 교실을 나가신다. 교사들은 동료 교사의 일에 대해 호기심이 무척이나 많다. 그리고 어쩌다 한 번씩은 관리자들이 순시를 하기도 한다.

> 방과후에 교감 선생님께서 교실을 한번 둘러보신다고 불시에 교실을 들르셨다. 때마침 수업을 마치고 별다른 업무가 없던 차에 그리고 급한 마음에 대학원 과제로 나온 교육학 원문 번역 과제물을 책상에 펼쳐놓고 있었다. 교감 선생님은 이곳 저곳 교실을 둘러보시다가 우연히 그 원문 복사물을 힐끗 보시고는 내 얼굴을 한번 힐끗 쳐다보셨다.
>
> "공부하고 있었네요?"
>
> "네!"
>
> 당시 나는 학교에서 짬짬이 공부를 하고 있다는 사실을 보여드린 것 같아 자랑스러워 웃는 얼굴로 교감 선생님의 얼굴을 마주 대했었다. 나의 연구하는 모습과 부지런한 모습을 보여드린 것 같아 무척이나 기뻤고 또 당당했었다.
>
> 하지만 나중에야 안 사실이지만 교감 선생님께서 동학년 동료 선생님께 나에 대해 이렇게 단정지어 물어보셨다고 한다.
>
> "주영주는 학교에서 맨날 공부만 하고 있지?"

학교에서 짬짬이 시간을 내어 대학원 공부를 하는 것에 대해 나는 교사의 개인적인 성장과 발전을 위한 학습의 연장선상이므로 긍정적으로 생각했다. 하지만 교감 선생님은 단지 개인적인 일을 학교에서 한다고 생각하셨던 것 같다. 학교는 배움의 장소이기 때문에 당연히 학교 내에서는 교육적인 현상만 존재할 줄 알았었다. 그리고 교사와 연구자는 같은 단어인 줄 알았었다. 하지만 대학원에 다니면서 교사와 연구자는 같은 맥락이면서도 시각과 사고방식, 역할 등이 다름을 깨닫기 시작했다. 연구자의 길로 들어서자니 교사로서의 역할과 책임감이 딜레마로 작용하고, 교사로서의 역할에만 충실하자니 연구자로서의 욕구가 조금씩 솟아올랐다.

2. 딜레마

대학원에 다니는 교사들은 아마도 많은 혼란을 겪고 있을 것이다. 나 역시 대학원에 다니면서 학교 현장에서 느꼈던 딜레마는 다양한 양상을 보였다. 한번씩 내 의도와는 정반대의 현상을 겪게 되면서 혼란을 겪기도 하고 당황하기도 하였다. 내 교사로서의 자질과 연구자로서의 능력에 대한 의문, 주위의 시각, 보다 가치로운 연구를 위한 열정, 신체적 · 정신적 피로감 등의 양상 이외에 아직 내가 겪어보지 못한 다양한 딜레마가 존재하겠지만, 나의 경우를 토대로 다음의 네 가지 에피소드로 정리하였다.

에피소드 1: 선입견

"어이! 송 선생(참고로 1년 후배)! 왜 그렇게 저기압이야?"

"예~ 선생님 사실은 1학년 연구실에 잠시 들렀었는데 이 선생님의 말씀이 자꾸 마음에 걸려서……."

"왜? 야단 들었니?"

"아니요, 제 얘기 중에 대학원에 다닌다는 말이 나왔었는데, 이 선생님께서 승진하려고 대학원 다니는 거냐고 비아냥거리시잖아요. 저는 대학 졸업하고 빨리 대학원에 가서 공부를 해야겠다는 생각으로 다니고 있는 건데……. 선생님도 그렇잖아요.'

"아니~! 아직도 그런 구시대적인 발언을 하시는 분이 계시단 말이야?"

"아이참~ 제가 이 학교로 전근 왔을 때, 첫 만남부터 교장 선생님도 저한테 그런 말씀 하셨었어요. 선생님은 대학원 시험 칠 때 아무 말씀 안 하셨나 봐요?"

"……"

후배의 얘기인즉슨 그 후배와 교장 선생님의 첫 대면에서 교장 선생님께서 후배에게 처음으로 한 말이 "나이도 어린데 왜 대학원에 가지? 벌써 승진 생각을 하나?" 였다고 한다.

순수한 학구열이 승진의 욕심으로 비춰지는 경우가 간혹 있다. "젊을 때 공부를 해야지~" 라고 말씀하시는 부류, "승진할 건가 봐~" 하고 질투 섞인 비아냥을 보내는 부류가 학교에는 존재한다.

첫 번째 부류의 선생님들은 공부하려는 우리들을 기특한 눈으로 바라보시며 격려를 마다하지 않고 "수고한다" "참 잘했다" 라는 칭찬을 많이 해주신다. 반면 두 번째 부류의 선생님들은 "초등 교사가 그딴 것 공부해서 뭐하려고 그래? 진짜로 필요한 걸 배워야지! 대학원 공부한다고 아이들에게 소홀한 거 아냐?"라고 야단을 치신다. 사실 두 가지 다 맞는 말씀이시다. 첫 번째 말씀은 우리에게 큰 힘이 되곤 한다. 하지만 두 번째 말씀도 틀린 것은 아니다. 반성을 많이 해야 할 부분이지만 대학원에 가야 하는 토요일 수업을 성의 있게 해본 적이 없다. 마음은 대학원 과제나 발표에 있고, 자율학습을 아이들에게 강요한 적도 여러 번 있다. 대학원 공부에 대한 부담감이 토요일 아침부터 마음에 조바심을 주기 때문에 아이들을 위한 수업이 머리에서는 떠나있는 상태였다. 시작은 순수한 학구열이었을지 몰라도 나의 게으름은 아이들에게 보이지 않은 피해를 주고 있었을지도 모를 일이다.

관리자의 반대 혹은 눈치로 인해 대학원을 포기하거나 보류해야 했던 경우를 두 번 보았다. 한 번은 우리 학교 선생님의 경우이다. 참고로 나의 학교는 창원시에 있다. 그 선생님은 부산에 있는 교육 대학원에 입학을 했는데, 주중에 수업이 이루어지다 보니 일주일에 두세 번씩 조퇴를 해야 했다. 물론 수업은 마친 시각이었으나 매번 근무상황부에 조퇴 사유와 시간을 명시하고 결재를 받아야 하는 상황이 되풀이되었다. 결국 이 선생님은 입학한 지 두 달 만에 자퇴서를 냈다. 다른 한 번은 내 친구의 경우로 대학원에 입학하기 전 교감 선생님의 반대로 1년 휴학을 해야 했다. 이 친구는 휴학 신청 사유서를 내며 눈물을 흘렸다고 한다.

에피소드 2: 현실 속 교사

뜬금없는 나의 엉뚱한 질문사례가 또 시작되었다.

나: 연구부장 선생님! 교사는 진정한 연구자가 될 수 있을까요?

연구부장 선생님(이하 연): 당연하지~

나: 이렇게 바쁜데요?

연: 현실이야 그렇지. 하지만 희망이 없는 것은 아니야.

나: 교재 연구도 못할 만큼 이렇게 바쁜데, 업무 때문에 생활지도나 수업에 대한 고민보다는 항상 외적인 고민만 해야 하는데 언제 연구를 해요?

연: 틀린 말은 아니야. 시스템이 먼저 바뀌어야지.

나: 웬 시스템? 우리가 컴퓨터인가?

연: 아니, 조직 시스템 말이야.

나: ?

연: 우선 시범학교 제도가 없어져야 한다고 생각해. 너도 알다시피 순전히 실

적 위주잖아. 그리고 동학년 연수가 활성화되어야 할 거야. 학습 방법이나 수업에 대한 주제로 단원별로 아주 구체적으로 피드백이 되도록 말이야. 물론 이는 처음에는 시행착오가 많겠지.

나: 에이, 그런 걸로 동학년 연수할 시간이 어디 있어요? 그리고 관리자는 그걸 연수로 보기보다는 잡담하는 시간으로 오해할 거라구요.

연: 너도 나태한 교사구나?

나: 윽! 들켰다.

연: 교사란 직업이 좀더 발전적이어야 한다고 봐. 직업의 안정성에서 오는 나태함이나 안이함이 팽배해 있다고 생각하지 않니? 새로운 시도를 위한 노력이 무엇보다 필요해. 교사 자체로 애써 무엇인가를 하려는 의지가 부족하지.

나: 우리 직업이 안정적이지 못하고 계약직처럼 언제 그만두게 될지도 모른다면 심리적으로 참 불안할 거 같아요.

연: 약육강식! 실력 있는 교사만 살아남겠지.

나: 사실 그런 시대가 안 왔으면 좋겠어요!

— 2003년 10월 연구부장 선생님과의 대화

연구부장 선생님과의 대화는 연구자인 나에게 희망을 심어 주지는 못했다. 일단 연구부장 선생님의 이상은 현실과 거리가 멀고 또 나와 시각이 조금 달랐다. 내가 바라보고 느낀 교직 사회는 몹시 관료적이고 행정적이며, 눈에 보이는 실적을 중요시한다. 그리고 내가 본 교사들의 대다수는 나태하지 않았다. 오히려 시간에 쫓겨 다니는 모습을 더 많이 볼 수 있었다.

학교 사회에서는 모난 돌이 정을 맞는다. 두각을 나타내는 것도, 또 남과 다르게 행동하거나 뒤떨어지는 것도 질타의 대상이 되므로 둥글둥글 발맞추어 앞으로 나아가야 한다. 연구부장 선생님은 둥글둥글한 성격이지만, 학교 교육과정을 운영하는 데 있어 새로운 것을 시도하려 하고, 또 이것을 요구하기도 하였는데, 돌아오는 것은 동료 교사들의 호된 비판뿐이었다.

어쩌면 이런 나의 회의적인 생각들이 모여 교직사회를 더욱 이상과 멀어지게 하는 요인이 될지도 모르겠다. 현실 속 교사로서 나는 이상을 추구하기보다는 현실 속에서 인정받는 교사가 되기 위해 짜맞춤을 당하고 있는지도 모른다. 하지만 내 생각에 아동의 입장보다는 관리자의 입장이 먼저다. 교사에게 있어 학교는.

에피소드 3: 양적 연구 대 질적 연구

오늘도 어김없이 학년 연구실에 석사 학위 논문용 설문지가 와 있다.

'볼펜이라도 하나 주지. 글씨는 또 왜 이렇게 작아? 문항 수가 하나, 둘…… 뭐가 이렇게 많아? 그냥 옆 사람 거 보고 답하자.'

"선생님 다 하셨죠? 보고 그대로 합니다."

"그래라~"

"나도 그래야지~ (옆에 계시던 또 다른 선생님)"

내가 질적 연구로서 실행연구를 하게 된 계기가 바로 이 장면이다. 솔직히 학년 연구실로 부탁을 해온 설문지에 성의 있게 답을 한 적이 없다. 할 일도 많은데 설문지까지 하려니 귀찮다는 생각이 먼저 들기 때문이었다. 혹 볼펜이라도 하나씩 주면 그나마 열심히 답을 하는 내 모습을 본다. 견물생심, 나도 연구자이기에 앞서 어쩔 수 없는 사람인가 보다. 학년 연구실에 설문지가 놓여있을 경우 대개 얼굴을 먼저 찌푸린다. 사실 참 귀찮다.

설문지에 답을 하며 '모두들 이렇게 성의 없이 답을 했는데, 이 연구의 결과는 과연 신뢰로울 수 있을까?' 하는 의문이 들었다. 사실 죄책감도 많이 든다. 같이 연구를 하는 입장에서 연구자 간 지켜야 할 윤리도 있을 텐데, 설문지에 정성껏 답도 해주지 못하면서 나는 그들을 비판만 하고 있었다. 그 설문지 하나를 작성하기 위해 많은 고민과 열정을 쏟았을 것이고, 또 설문지 작성을 부탁하기도 눈치 보여 힘들었을 텐데……. 같은 연구자로서 그 어려움과 처지를 이해하지 못하는 것은 아니지만 여전히 그 연구들의 신뢰도에 관한 의문은 지울 수가 없다.

"요즘 논문 쓴다며?"

"네."

"힘들겠구나. 근데 무슨 연구야?"

"실행연구요."

"에이~ 실험연구겠지."

"아니예요. 실 · 험 · 연 · 구가 아니라 실 · 행 · 연 · 구예요."

"엥? 그게 그거 아냐?

"절대루 아님! 실행연구는 질적 연구예요."

"질적 연구?"

"네."

처음 연구를 시작할 때는 남들이 하지 않는 연구 방법으로 보다 의미 있는 연구를 한다는 우월감과 자부심이 있었다. 하지만 학교 생활을 병행하고, 물리적인 여건과 심리적인 피로가 겹치면서 서서히 지쳐가는 나 자신을 볼 수 있었다. 인내심을 필요로 하는 글쓰기 작업, 피곤한 학교 생활, 학습 자료를 모으고 연구를 진행하는 내내 '연구자와 교사' 사이에서, '현실과 이상' 사이에서 깊은 딜레마에 빠지곤 하였다.

에피소드 4: 학위를 위한 논문 or 연구를 위한 논문

동학년에 같은 분야를 전공하는 대학원 후배 교사가 있다. 학부 때 꽤 공부도 잘했고, 성실하기로 소문 나서 그 후배의 연구 주제가 내심 기대되었다. 나는 게으른 탓인지 연구자로서의 역량이 부족해서인지 논문을 위해 1년의 연구 기간을 두고 있었으며, 질적 연구를 하는 탓에 주위에서 논문은 안 쓰고 맨날 일기만 쓰고 있다는 오해를 받곤 했다.

나: 논문 주제 정했니?

후배 교사(이하 후): 네.

나: 뭔데?

후: 지도 교수님께서는 ㅇㅇ를 주제로 했으면 하시던데, 제가 자신이 없어서 △△를 주제로 쓴다고 했어요.

나: 그건 많이 나와있는 논문이잖아.

후: 알죠. 교수님도 실망하는 눈치시고……. 근데 저는 석사학위 논문을 그렇게 열심히 쓰고 싶은 마음은 없어요. 빨리 졸업하고 싶단 말이에요.

나: 그래도 이왕에 대학원 들어왔으면 보다 의미 있고 가치로운 논문을 쓰고 싶지 않니?

후: 그런 마음이 왜 없겠어요. 저도 공부하고 싶어 들어왔는데……. 하지만 갈수록 지치고 논문에만 메달려 있기 싫어서 그래요. 아무튼 학기가 끝나는 대로 빨리 졸업할 거에요. 누가 내 논문 제대로 볼 것도 아니고. 난 그냥 편하게 논문 쓸래요.

나: …….

— 2003년 9월의 어느 날

논문을 편한 논문과 편하지 않은 논문으로 나누기에는 어패가 있지만, 일단 내 기준으로는 졸업 즉 학위를 위한 논문과 연구를 위한 논문으로 나누고 싶다. 말 그대로 편한 대학원 생활을 추구하는 사람들은 '졸업만 하자' '학위만 받자'는 심정으로 논문의 방향을 잡을 것이다. 반면 이왕 시작한 공부, 보다 의미 있는 연구를 하고 싶어하는 사람들은 학교 현장에서 적용가능한 보다 가치 있는 논문을 쓰고 싶어할 것이다. 하지만 정도의 차이일 뿐 이 두 가지 생각은 대학원에 다니고 있는 사람이라면 누구나 가지고 있을 것이다.

일례로 어떤 학기에 수업을 일찍 마쳐주시는 교수님이 계셨다. 처음에는 안 그래도 피곤하던 차에 빨리 마치는 그 상황이 좋아서 '이게 웬 떡이냐?' 싶었다. 하지만 수업이 빨리 마치는 상황이 이어지면서 차츰 '대학원 수업이 이래도 되나?' 하는 의문이 들기 시작했다. 그리고 그 수업시간에는 불성실해져 종강을 하고 나서도 배운 것 하나 없다는 생각이 들어 화가 났다. 빨리 마쳐 좋아라 했던 것은 단지 처음 몇 번에 지나지 않았다. 비단 나만의 생각이 아니라 수업을 듣는 동료들 모두 그런 생각이 들었다고 한다. 누구나 편함을 추구하려고 대학원에 들어온 것이 아니므로 어느 정도의 힘듦과 고생은 각오가 되어있는 상태였다.

논문의 문제는 이와는 성격이 약간 다르겠지만 대학원에 다니는 교사는 순수한 학구열과 함께 빨리 이 상황(피곤한 일상에서 대학원을 다니며 논문을 준비하는 상황)에서 탈피하고 싶어하는 두 가지 양면성을 동시에 지닌다고 본다. 그리고 개개인의 논문의 방향은 그들이 추구하는 대학원 교육의 양상을 여실히 보여준다고 생각한다.

Ⅲ. 교육 연구자로서 성장하기: 열정과 고민

지난 연구과정 속에서 나는 참으로 많은 성장을 한 듯 싶다. 학교에서 일어나는 다양한 현상을 분석적으로 볼 줄 아는 시각이 생겼고, 아이들의 행동이나 학습 결과물 하나하나를 소중한 자료로 다룰 줄 알게 되었다. 미흡하나마 교육적 현상을 발견하고 그것에 의미를 부여하는 방법을 조금은 알게 되었다. 그리고 연구를 통한 반성적인 숙고의 과정이 피드백되어 내 수업 개선에 도움을 주기도 하였다. 하지만 논문을 위한 연구는 교사로서 그리고 연구자로서 인내심을 요구하였다. 시간에 쫓겨 연구를 위한 수업시간 확보를 위해 이리저리 다른 교과의 진도를 맞추어 나가야 했으며, 방과후의 시간은 학교 업무 이외에 내 연구를 위한 고민으로 채워졌다. 학교 행사나 업무 때문에 바빠서 연구를 진행할 수 없을 때는 마음에 잔뜩 부담감을 지고 그 일들을 치루어 나가야 했다. 내 두 손은 연구를 위한 자료들로, 내 마음은 연구에 대한 부담감으로 항상 무거웠다. 연구가 진행되는 과정은 고민의 연속이었다.

1. 교육 연구자로서 고민하기

연구 계획서를 발표한 이후 아니 연구 주제를 정한 이후부터 연구자로서 또 교사로서의 고민은 시작되었다. 어떤 형식으로 프로그램을 적용해야 할지, 어떻게 아동들의 참여를 유도할지, 아동들의 사고를 어떻게 열어 나갈 수 있을지, 또 내가 제대로 해나가고 있는지 등의 물음은 나를 끊임없이 괴롭혔다. 학교의 업무를 볼 때나 아동들을 가르칠 때 내 생각은 여기에서 자유로울 수 없었다. 논문 준비 전에 지도 교수님께서 하신 말씀도 단 하나 '고민'이었다. 무엇보다 고민을 많이 해야 좋은 연구가 이루어질 수 있다는 말씀이셨다.

> 이번 논문은 전체 아동을 대상으로 해야겠다. 텍스트는 아이들의 일기로 정했다. 둘째 마당 읽기 교과서의 교육과정에 맞춘 것으로 적절한 표현, 제목의 적절함, 적절하지 못한 표현 찾기, 낱말의 뜻을 문맥을 통해 알기이므로 아이들의 일기가 적합할 것이라는 판단을 내렸다. 아이들의 표현을 통해 아이들이 적절한지 적절하지 못한지를 판단하는 것도 괜찮을 듯 해서 내린 판단이다.
>
> 우리 반 아이들의 일기는 아니고 최진수 선생님과 그 반 아이들의 일기를 엮은 「나 홀로 화장실 청소」란 책에서 몇 개의 일기를 발췌하였다. 자세히 쓰지 못한 일기를 3편 정도, 그리고 어느 정도 잘 썼다고 생각되는 일기 3편을 선정했다. 아이들의 생각은 어떠할지 참 궁금하다.
>
> 그리고 전체 아동을 대상으로 할 예정이니깐 다양한 아동의 참여를 유도해야겠다는 생각이 든다. 무엇보다 소크라틱 세미나는 말하기에 중점을 두므로 모든 아동이 한 번씩은 말을 할 수 있도록 하는 방안을 마련해 보아야겠다. 잘될 것이라고 믿는다. 일단 저번 수업에서 부족했던 규칙 준수와 다양한 아동의 참여에 더 많은 신경을 써야 할 것이다.
>
> — 2003년 4월 12일 연구일지

> 교수님을 찾아뵈었다. 스승의 날 때 가서 뵙기가 힘들 것 같아 대학원 수업이 있는 오늘 수업을 마치고 차만 마시기로 했다. 예상밖에 교수님 댁으로 가게

> 되었다. 평소 궁금하던 물음을 몇 가지 물었다. 세미나 노트작성과 아이들의 세미나를 점수화해야 할지에 대해 문의하였다. 교수님은 둘 다 필요 없다고 하셨다. 그리고 소크라틱 세미나 이론서에 나와 있는 대로 할 필요는 없다는 말씀도 덧붙이셨다. 우리나라 초등학교의 실정에 맞게 그 아이디어만 따오면 된다고 하셨으니깐 내 재량을 마음껏 발휘해야겠다. 물론 수준도 5학년 수준이겠거니와 이론서의 내용은 너무 많은 시간을 요하며 다인수 학급에서는 적용하기 힘든 부분이 많다. 일단 우리나라의 초등학교 실정에 맞추어 제대로 된 모형을 하나 만들어야 할 텐데……. 부담이 크다. 갑자기 수행평가 루브릭 항목에 대한 고민이 생겼다. 예전에 내가 만들어 놓은 항목이 나을지 아니면 국어과의 평가요소에 맞추어야 할지……. 교수님께 여쭈어 봐야겠다.
>
> — 2003년 5월 10일 연구일지

일단 혼자 해결할 수 있는 것들은 혼자 고민을 해나가기로 했다. 본 연구자가 맡고 있는 반 아이들이 연구 대상인 만큼 그 연구 대상을 잘 알고 있는 사람은 담임교사인 연구자 본인이란 생각이 들었다. 차츰 프로그램의 수정, 보완이 이루어져 나갔다. 하나의 모델 적용 후 바로 그 모델과 수업에 대한 반성이 이루어졌고 이후 적용에 있어 유의해야 할 점 등을 꼼꼼히 기록해 나가기 시작했다.

연구자로서 고민은 나를 행복하게 만들기도 했다. 우선 이대로 평범하기만 한 교사로 안주하고 싶지 않은 욕심이 이를 뒷받침했다. 뭔가 열심히 노력하고 있다는 것을 깨달을 때, 더 열심히 해야겠다는 의욕을 북돋우기도 했다. 옆 반 선생님께서 빼곡 문을 여시며 "뭘 그렇게 열심히 해?"라고 물으실 때 당당히 "연구해요."라고 말할 수 있는 나 자신이 참 자랑스럽게 느껴지기도 했다.

2. 현장 교사로서 고민하기

'교사가 아이들에게 보다 의미 있는 활동을 제공하고, 수업시간 중에 아동 개개인 모두 개별학습이 이루어져 완전학습이 이루어진다면!' 이는 모든 교사가 바라는 이상일 것이다. 하지만 주객이 전도되어 학교의 물리적, 심리적 여건으로 인해 항상 가르치는 일에만 집중을 할 수 없었던 현실, 대학원에 다니면서 아동들에게 더 소홀해지지는 않았는지 반성을 하게 된다.

교사로서의 일상은 정말 단순하기 그지없다. 아침에 학교에 와서 퇴근까지 항상 다람쥐 쳇바퀴 돌 듯 맴맴 같은 곳을 맴돈다. 학생들의 학교생활이 단순하듯이 교사의 생활도 참 단순하다. 그래서 1주일은 눈 깜짝할 새 지나고 방학 또한 금새 다가온다. 그리고 내 나이도 아이들의 키처럼 금새 자라버린다. 발령받은 지 3년하고 반이 다 지나갔다. 대학에 입학해서 4년을 다니는 기간의 반 정도의 느낌밖에 들지 않았는데 시간이 그렇게 지나가 버렸다.

좀더 나은 수업을 위한 고민, 학생들의 바른 생활과 인성을 길러주고픈 고민, 학교 업무에 좀더 전문성을 기하고픈 고민, 동료교사들과 좋은 관계를 유지하고픈 고민, 학교 관리자에게 찍히지 않았음 하는 고민도 늘상 하지만 좀더 편한 학교생활을 하고 싶은 생각도 늘 든다.

'내가 아이들에게 가르쳐야 할 것들을 제대로 가르치고 있는가?' 의 고민은 하루도 빠짐없이 들고 있다. 그리고 내가 진정 잘하는 것이 무엇인지, 잘할 수 있는 것이 무엇인지, 그리고 잘해야만 하는 것이 무엇인지는 항상 내 마음을 짓누른다.

지난 10월 18일 친구들과 콘서트장을 찾았다. 한 신인가수의 열정, 음악을 너무 사랑해서, 아무도 자신들의 음악을 알아주지 않을지언정, 자신들의 노래를 많은 사람들이 평가해 주지 않는다 해도, 시간 내어 자신의 콘서트장을 찾은 우리들에게만큼은 최선을 다하는 그 모습에 많은 감명을 받았었다. 그리고 참 오래간만에 느껴보는 힘이 나고 신나는 공연이었다. 목이 터지도록, 탈진해서 쓰러지기 직전까지 노래와 관객을 위한 열정으로 마이크를 놓지 않는 그 모습은 내 딴에도 멋져 보였나 보다. '저 어린 가수에게 사인 받고 싶다.' 는 생각이 들었으니…….

'나는 저토록 열정을 가지고 아이들을 대한 적이 있었던가? 아무도 알아주지 않더라도 열정 하나로 아이들을 위해 저토록 열심히 배움을 실어준 적이 있던가? 그리고 교사라는 직업이 진정 내가 원하는 일인가?' 하는 의문은 집에 오는 내내 내 머릿속에서 떠나지를 않았다. 얼굴이 못생겨서, 그리고 쇼프로그램에 나와 웃기지를 못해서, 춤을 잘 추지 못해서 많은 인기를 얻지 못한다는 그들의 푸념이 하나의 변명으로 들리지는 않았다. 그렇다면 내가 하는 늘상 해대는 푸념들은 변명일까, 아닐까?

"아이들이 너무 말을 안 들어~" "오늘은 너무 피곤해서 수업을 제대로 못하겠다" "우리 교실이 공사장 옆이라 너무 시끄러워서 수업을 못하겠어" "5

> 학년은 수업시수가 너무 많아서 수업 마치고 남는 시간이 없어서 교재 연구나 수업준비를 할 시간이 없어" "교과서 내용이 너무 비현실적이고 부적합해서 가르치기 힘들어. 교과서 다시 바꿔야 된다고 봐" "교장, 교감 선생님이 수시로 교실을 둘러봐서 부담스러워. 좀 안 그러셨으면 좋겠어" "앗! 일이다. 먼저 아는 척했다가는 그 일이 내 차지가 될 테니 조용히 있어야지. 선배 선생님들이 더 잘 하실 텐데 굳이 내가 나설 필요는 없지" "왜 맨날 나만 이렇게 바쁜 거야?" "아이고 수업하기 싫어" "저 녀석 너무 건방져서 얼굴 보기도 싫어"
>
> — 2003년 10월 20일 주영주의 일기

> 나는 게으르다. 무척이나 게으르다. 컴퓨터 앞에서 클릭만 하고 설명만 한다. 순시를 해볼까? 조금 돌다가 갑자기 다리에 힘이 풀린다. 그냥 자리에 앉아 버린다. 편하다. 이대로 가다가는 아마도 나중에 초등교사의 허리둘레도 은행원들처럼 늘어날 것 같다. 아~ 체육하러 운동장에 나가기 귀찮다~
>
> — 2003년 10월 22일 주영주의 일기

아이들이 다 가고 난 빈 교실은 그야말로 마음 저 깊은 곳에서 자유를 외치게 한다. 한바탕 전쟁을 치른 기분이 들기도 하고, 있는 힘을 다해 공연하고 난 뒤 공연장을 바라보는 연기자로서의 허탈한 기분이 들기도 한다. 하지만 한숨을 고르는 것도 잠시, 연구실에서 또 교무실에서 연수를 위해 업무를 위한 소집을 하는 소리가 곧 들리고 내 마음속의 한가로움은 다시 엉킨 실타래가 된다. 내일 수업을 위한 준비를 포기한 지는 오래다. 일단 그날 그날에 충실할 뿐이다.

TV 광고 속 교사는 '어떻게 하면 아이들이 분수의 원리를 깨우치게 할 수 있을까'의 고민을 하지만 현실 속 교사인 나는 '어떻게 하면 아이들을 조용히 시켜 내 일을 할 수 있을까'를 생각한다. 그리고 교사로서의 역할을 제대로 하지 못함을 깨닫고 괴로워하는 나 자신이 대견하기도 하다. 교사로서의 내 모습을 반추하고 숙고하는 과정을 겪을 수 있음은 연구자로서의 교사로서 또 하나의 성장 발판이 아닌가 한다.

3. 연구를 거부하는 학교 문화

나에게 있어 연구의 가장 큰 어려움은 특수한 학교 문화 때문이었다. 평상시 수업진도 맞추기도 빡빡할 정도로 행사가 많고, 수업보다 우선시되는 것이 많은 상황에서 실행을 위한 시간을 확보하기란 쉬운 일이 아니었다.

> 일단 금요일 날 실행을 해야 하니 조금 긴장을 하고 열심히 해 보아야겠다. 학교가 바쁘니 내 마음에 여유가 생기질 않는다. 논문에만 온 신경을 곤두세우고 싶지만 우리 학교의 특성상 그런 것은 기대하기가 아주 힘들다. 제발 논문에만 온 신경을 안 쓰도록 해도 좋으니 퇴근 전에 조용한 내 시간을 한번 가져보는 것이 소원이다. 우리 학교는 너무 바쁘다. 월요일은 직원 종례(거의 한 시간 한다. 교장 선생님과 교감 선생님 말씀 거의 30분씩 한다. 맨날 훈계하신다. 사기 저하, 피곤 누적), 화요일은 협동학습 연수를 한다. 우리 학교가 좋은 수업 시범이라서 일단 협동학습 연수를 한다. 3시 30분까지 연수장소에 가야 하는데 수업은 거의 3시 10분에 마친다. 연수는 5시가 가까워야 마친다. 수요일은 직원체육이다. 교무 선생님 인원 점검하신다. 목요일은 의무적으로 동호인 연수를 한다. 재미없다. 가서 잡담하고 논다. 시간이 너무너무 아깝다. 금요일은 조금 한가하나? 플룻 배우고 나면 한 40분쯤 시간이 남는다. 토요일은 뭐 4교시 마치면 퇴근이지. 다른 학교에서 우리 학교 좋은 학교라고 비아냥거린다. 나도 그렇게 생각한다. 연구해 봄직한 학교이다.
>
> 논문 생각하다가 학교 원망만 잔뜩 한다.
>
> — 2003년 4월 22일 주영주의 일기

> 피곤한 일상이 나에게 부담을 더 준다. 무슨 일이든 계획을 세우고 그것을 그대로 실천해 간다는 것이 얼마나 부담이고 힘든 일인 줄 실감을 한다. 반면에 무계획적이고 즉흥적인 일이 얼마나 사람을 지치게 하는지도 경험하고 있다. 우리 학교의 가장 큰 특징은 관료주의라는 것이다. 우리 학교는 교장 선생님의 한마디에 모든 교직원이 일사천리로 움직인다. 하지만 이번과 같이 즉흥적인 행사는 더없이 교사인 우리를 힘들게 한다. (중략)
>
> 논문 걱정하다가 또 삼천포로 빠졌다. 아무튼 계획의 소중함을 엄청나게 느끼는 순간들이 많다. 물론 계획을 세울 때는 아~주 많은 노력이 들겠지만 그래도 체계적인 실행과 결과가 수반될 수 있으리라고 본다. 국어과의 목표와 수업 제재에 따라서 참여 인원은 조정을 해야겠다. 계획의 소중함을 느끼면서 오늘 일기는 이만.
>
> — 2003년 5월 23일 주영주의 일기

학교 재량 시간이 2시간이나 있음에도 한 시간은 한자교육, 또 한 시간은 정보화교육으로 고정운영을 하기 때문에 연구를 위한 수업시간 마련을 위해서는 이리저리 짜투리 시간을 모아야 했다. 교육과정에 명시되어 있는 '융통성' 이란 말이 여전히 학교에서는 '고정' 으로 변형되어 있다. 그리고 고학년의 특성상 수업이 늦게 마치기 때문에 모든 준비는 학교에서보다는 집에 와서 이루어질 수밖에 없었다. 이로 인해 마음에는 여유가 없고, 쉬 피로감을 느낄 수밖에 없었다.

학기말에는 총괄평가를 실시하기 때문에 진도를 맞추어 나가야 했다. 즉 일정 학습량을 마쳐야 했는데 새로운 교수-학습 방법을 적용하기에는 시간이 늘 부족했다. 마음먹고 적용하지 않는 이상에는 항상 마음만 앞설 뿐이었다.

둘째, 물리적인 요인 외에도 앞서 제시되었던 고민의 일환이겠지만 실행을 제대로 해 나가고 있는지 등의 심리적인 요인으로서의 어려움이 많았다. 양적 연구와 같이 가시적으로 수치화되고 결과가 확연히 도출되는 주제라면 이런 식의 애매함은 생기지 않았으리란 생각이 든다. 지도 교수님과 협력하여 진행해 나가고 있지만 연구에 정답이 없다보니 형언할 수 없는 애매함은 연구 내내 지속되었다. 지적으로 높은 위치에 있는 것도 아니고, 소위 말하는 베테랑 교사도 아닌 현실에서 내가 하고 있는 것들이 혹시 잘못된 것은 아닌지 등의 불안감이 심리적인 짐이 되었다. 양적 연구와 같이 가시적으로 수치화되고 결과가 확연히 도출되는 주제라면 이런 식의 애매함은 생기지 않으리란 생각이 든다.

셋째, 실행 전, 실행 후 결과물을 전사하는 과정이나 생각, 느낌 등을 일기로 쓰는 일 등은 인내심을 요구하였다. 글쓰기에 퍽 자신이 있는 편이 아니기 때문에 내 생각이나 목적 등이 글에 명백히 포함되어 있는지, 주제는 제대로 드러나는지 등 글쓰기 능력과 표현력의 문제 또한 하나의 어려움이었다. 그리고 수업시간이나 업무를 보면서도 연구에 대한 부담감을 안고, 수업이 마친 후에도 여기에서 자유로울 수 없었기 때문에 쉽게 피로해졌다. 정신이 육체를 지배하는 순간이 많았다.

넷째, 연구자로서의 욕심이 앞서는 경우가 많았다. 본인의 연구가 아이들의 학습에 긍정적인 영향을 주었으면 하는 기대는 당연한 것이다. 스스로 연구의 진행이 불만족스럽고, 목표 도달이 제대로 이루어지지 않았을 때, 그리고 아이들의 반응 또한 흥미롭지 못할 때, 또 아이들의 학습 일지에 '재미없었다' '하기 싫다' 등의 솔직한 반응들이 있을 때 이런 결과물들은 다 없었던 사실로 조작하고 싶어진다. 성실하고 아주 만족스러운 결과물과 '또 하고 싶다' '세미나가 기다려진다' 등의 학습일지 내용만 선별해서 전사하면 안 될까 하는 딜레마에 항상 빠지곤 한다. 그리고 교사이기 전에 그리고 연구자이기 전에 한 사람의 인간으로서 내 뜻에 잘 따라오지 않는 아동이 밉기까지 했었다. 끝까지 연구 윤리를 지켜가며 솔직한 연구에 임해야 함에도 이런 마음이 생기는 것은 연구의 부담감으로 인해 극도로 예민해졌기 때문인가 보다.

다섯째, 짧은 교직 경력에서 오는 시행착오가 많았다. 연구 당시 나의 교직 경력은 3년 남짓이다. 아직 교사로서의 교육철학이 뚜렷이 성립되어 있지도 않고, 학생들의 학습 습관을 바르게 훈련시키는 능력 등이 많이 부족한 상황이다. 내 연구를 위한 수업은 학생들의 참여를 많이 유도해야 하는 반면에 대화가 수업의 매개가 되므로 자칫 산만해지기 쉽다. 처음에는 산만해지는 분위기와 무관심한 아이들, 흥미를 잃은 아이들, 소극적인 아이들을 모두 참여시키는 데 시행착오가 많았다. 그리고 여전히 그 시행착오 속에 있는지도 모른다.

> 2001년 11월 16일 진주교육대학교 초등교육 연구원과 진주교육대학교 부설 초등학교, 경남 교육청이 주최한 '제3회 초등학교 수행평가 도구개발' 내용 중 '미술과 수행평가 도구'를 협력하여 개발한 교사 중 박○○ 선생님과 전화 면담이 이루어졌다.
>
> 박 선생님은 우선 전화 면담을 바쁘다는 이유로 아주 귀찮아했고, 무성의하고, 시큰둥한 반응을 많이 보였다. 그 반응에 있어서도 응당 예상할 수 있는 내용들이었다. 이 연구도 자발적인 연구가 아닌 시켜서 하는 수동적인 연구가 아니었나 하는 느낌을 많이 받았다. 우선 면담한 사항들을 하나하나 짚어보기로 하면 다음과 같다.
>
> 첫째, 연구를 진행하면서 느낀 이 연구의 장점으로 교사 자신의 변화나 개선점, 의욕 변화 등은 전혀 언급해 주지 않았고, 수행평가가 지니는 장점인 학생들에게 다양한 경험을 줄 수 있었고, 교과외 활동을 통해 우리 생활 속에서 예사롭게 지나쳤던 자연미와 조형미에 대해서 상당히 폭넓은 이해를 가질 수 있었으며, 스스로 해결하고 자유롭게 표현할 수 있는 기회를 제공해 주었다는 점 등을 말씀해 주셨다.
>
> 둘째, 그 단점으로는 우리 교육현장에 만연해 있는 과중한 업무로 인한 시간상의 제약으로 학습 자료 등을 준비할 수 있는 시간이 많지 않았으며, 심적인 부담감이 커서 자유로운 연구와 반성적 성찰이 심층적으로 이루어지지는 않았다고 한다.
>
> 셋째, 루브릭은 교사들에 의해 선정된 것이 아닌 교수님이 개발한 것을

적용하여 현실에 맞지 않는 부분만을 실질적으로 수정해서 적용했다고 한다. 소재나 성취기준, 수업 아이디어의 전반적인 것을 교수님이 틀을 잡아 주면 교사는 그에 맞추어 실행만 하고 그 결과물을 모아 분석한 것이라고 한다. 즉 안에서 안으로, 교사 중심적 연구가 아닌 교사는 하위 영역에 있어서만 무비판적인 실행이 이루어졌고, 전체적인 계획이나 중요한 요소는 연구 전문가들이 주도를 했다는 느낌이 들었다.

만약에 교사 주도로, 교사가 흥미를 가지고 연구를 했다면 누군가가 면담을 신청해오면 성의 있게 그리고 신나게(내 연구를 인정해 준다는 의미로) 면담에 응했을 것이다. 하지만 박 선생님의 반응은 조금은 의외였고, 조금은 실망스러웠다. 물론 모든 교사가 그렇지는 않을 것이다.

연구의 내용도 충실하고 기발하다는 생각이 많이 들었다. 실제 수업 시나리오의 개발 부분은 우리 학교 현실에 맞게 조금만 변형을 한다면 쉽게, 그리고 학생 주도적인 미술 수업이 충실하게 이루어질 것이라는 생각이 들었다. 그리고 연구자들의 노력과 관심이 많이 엿보였다. 박 선생님의 반응이 어떠하더라도 그들의 업적과 영향력은 무시할 수 없을 것 같다. 하지만 보통의 학교보다는 이상적인 연구 학교가 아니고서는 이러한 연구가 제대로 이루어질 수 없었을 것이라는 생각도 들었다.

— 2001년 11월 대학원 '실행연구' 에 대한 리포트 중에서

연구가 진행될수록 마음이 날씨처럼 맑았다가 흐렸다가 했다. 연구자로서 또 교사로서의 '자질 문제' 가 항상 스스로를 타이르기도 또 괴롭히기도 한다. 연구의 어려움은 다양한 요인에서 발생하였는데, 나의 경우 학교의 물리적인 요인에 큰 책임을 물었었다. 하지만 중요한 것은 나 자신에 대한 신뢰감과 자신감 부족이 가장 큰 어려움이지 않았나 생각한다. 연구자로서 그리고 교사로서 의미 있는 연구를 수행할 수 있을 것이라는 기대와 함께 내 능력을 믿고 자신 있게 연구에 임했어야 했다. 하지만 나의 모습은 학교에 순종하면서도 불만을 가지는 소극적 모습이었다. 그리고 이를 반성한다.

Ⅳ. 나의 바람

한국의 초등학교에서 교사로서 그리고 교육 연구자로서 가지는 의미는 무엇일까? 또한 그들에게 요구하는 것은 무엇일까? 대학원에 다니는 무수한 교사는 다만 '석사' 라는 감투를 위한 도구로 논문을 쓰고 있는 것은 아닐까? 혹시 나 또한 그런 목적(?)을 띤 교사는 아닐까? 그리고 학교는 수많은 교육 연구자들을 받아들일 준비가 되어있는가?

이 글에서 나는 대학원에 다니는 교사들의 어려움과 그들의 삶에 대해 나의 경우를 들어 이야기하였다. 대학원에 다니게 된 동기, 피곤한 대학원 생활, 학문에의 의지, 연구자로서 그리고 교사로서 겪게 된 어려움, 딜레마, 반성 등 정도에는 개인차가 있겠지만, 그 경험 양상은 동떨어지지는 않을 것이라 생각한다. 매년 무수한 교사가 대학원에 입학하기를 희망한다. 힘듦을 각오하며 대학원 공부를 선택하는 데는 분명 이유가 있을 것이다. 그 목적이 승진의 도구일 수도 있고, 순수한 학구열일 수도 있고, 교사로서의 전문성을 기하기 위함일 수도 있다. 분명한 것은 학위가 어떤 목적을 위한 도구가 되어 줄 수는 있겠지만, 교사 연구자로서 대학원을 다니며 공부하며 얻게 된 기쁨과 스스로에 대한 기대는 도구가 될 수 없는 나 자신의 재산인 것이다.

어떤 한 주제로 국회 도서관에 논문 검색을 해 보면 엄청나게 많은 분량의 비슷한 논문들을 볼 수 있다. 나에게는 생소한 그런 용어와 교육 방법들이 다양한 교육기관과 교사들을 통해 연구되고 있었던 것이다. 그런데 그뿐이다. 그렇게 많은 논문들이 우리 학교 현장에서는 거의 적용되고 있지 않다. 몇 날 몇 일을 밤을 세워가며 쓴 논문들이고 또 연구들일 텐데 그 노력들이 결실을 제대로 맺지 못하고 있다는 사실이 한 사람의 교육 연구자로서 허탈감을 가지게 한다. 하지만 한편으로는 현장과 괴리된 이론에 지나지 않는 연구였거나 현장에 적용하려는 연구자의 의지가 부족한 것은 아니었는가 하는 생각이 든다. 하지만 힘들여 연구한 성과가 교육 연구자들에게만 보여지고 일반 교사들에게는 외면되고 있다는 것은 실로 가슴 아픈 현실이다. 매년 무수한 현장 연구대회가 열리고 있고, 또 몇 백 편씩의 학위 논문이 쏟아져 나오고 있다. 하지만 진정한 교육 연구자의 손에 의한 현장 교육의 개선을 위한 결실은 전체의 몇 %일지 궁금하다. 교육 연구를 바라보는 교사들의 시각이 우선은 변해야 한다고 생각한다. 교육 연구를 승진의 수단으로 생각하는 풍토 또한 바뀌어야 한다고 본다. 순수한 학구열을 승진의 도구로만 본다면 순수한 학구열은 더 이상 의미를 잃을 것이다.

대학원에 다니는 교육 연구자로서 교사의 삶은 많은 희생과 노력을 요구했다. 하지만 개인적인 차이가 있겠지만 학문적인 희열과 정신적 성숙은 수반되었다고 본다. 연구를 통해 현상을 해석하고 바라보는 시각이 달라졌으며, 꾸준한 글쓰기를 통해 인내심을 길러 나갔다. 독특한 아동의 행동양식도 그냥 지나치지 못하게 되었으며 분석하는 방법을 알게 되었다. 아직은 나도 신규 교사의 범주에 속하지만 후배 교사에게 교육연구자가 되기를 권유한다. 물론 어쩌면 넓은 의미로는 모든 교사가 연구자일 수도 있을 것이다. 하지만 나는 진정한 의미로 교사 한 사람 한 사람이 모두 교육 연구자가 되는 그 날을 바란다. 교사의 자율성이 학교 문화의 경직성에 부딪혀 융통성을 잃지 않기를 바란다. 학교 시스템은 교사로 하여금 교육을 위한 연구에만 집중할 수 있도록 제반 여건을 갖추고, 교사는 이를 당연시 여겨 학생들에게 보다 의미 있고 다양한 학습 경험을 제공하고픈 욕구로 넘쳐나게 될 그 날이 오기를 희망한다. 희생과 피로가 아닌 열정이 충만한 학교가 되길 희망한다.

이제껏 이루어져 왔던 교육정책이 실패한 이유를 우리는 너무도 잘 알고 있다. 그러한 정책은 직접 가르치는 주체인 교사로부터 이루어진 아래로부터의 정책이 아닌 관리자, 행정가, 이론가들에 의한 현실과 유리된 탁상공론과도 같은 정책이었다. 그리고 그 정책을 교사는 수동적인 자세로 받아들여야 했다. 하지만 교육의 실질적인 개선을 위해서는 실제로 교육을 담당하는 실천가가 연구자와 연구 도구가 되고 연구대상이 되어야 함은 두말할 것도 없다. 따라서 우리 사회에 이제껏 만연해 있는 수동적 존재로서의 교사의 모습이 아닌 교육 전문가로서의 교사의 모습이 기대된다고 본다. 교육의 질은 교사의 질을 넘을 수 없으므로.

이야기 3:
귀신 잡는 벚꽃초등학교 교사의 위계문화

김영수(가명)

Ⅰ. 시작하면서

벚꽃초등학교는 교사로서의 자신의 삶을 보다 진실되고 가치롭게 꾸려 가고자 노력하는 초등학교 선생님들이 해마다 줄을 이어 전입 희망서를 제출하는 선망의 학교이다.

교사로서 갖추어야 하는 기본 품성뿐만 아니라 교육 전문가로서의 기본적인 조건과 능력을 고르게 구비하였다고 자타가 인정하는 선생님들이 해마다 줄을 잇는데, 그 중 대개 5~6명만이 인사위원회의 엄정한 선발 과정을 거쳐 들어올 수 있다. 전입 교사로 선정되었다는 통보를 받는 순간, 그들은 당장 하늘에라도 날아오를 듯 기쁜 마음을 감추지 못하지만, 일단 한 번 본교에 전입이 되고 나면 그 누구도 벚꽃초등학교 친화회 회원이 아니 될 수 없는 안타까운 현실이 기다리고 있는 줄은 꿈에도 모른다.

지혜로운 사람이나 유능한 사람이 종종 빠지기 쉬운 자만과 방종을 경계하며 '벼는 익을수록 머리를 숙인다.' 는 평범한 진리를 몸소 가르치고 실천하기 위해 언제부터인지 모르게 자생 단체처럼 결성되어 연중 행사로 이어지고 있는 벚꽃초등학교 친화회는 본교 선생님들에게 나날의 힘겨운 일과를 더욱 힘겹게 하면서, 또한 나날의 힘든 일들을 더더욱 큰 보람과 기쁨으로 영글게 하는 묘약이기도 하다.

필자는 1998년 3월 1일부터 2003년 2월 28일까지 본교에 5년 동안 근무하면서 그 이전의 교육 경력 20년 동안 이루어 놓은 교육적 성과와는 비교도 안 될 만큼 많은 연구와 어려운 과제를 수행해 가며 여러 선후배들과 함께 동고동락하였는데, 이 글은 그렇게 스스로 지난한 임무를 선택해 가면서까지 벚꽃초등학교의 전통을 지켜 왔던 여러 선임 선생님들에게 함께 했던 시간들이 결코 잊을 수 없는 소중하고 아름다운 추억으로 간직되기를 바라고, 아울러 '한국의 教師像' 을 곧 나의 '自我像' 으로 실현시키고자 오늘도 불철주야 애쓰시는 본교 선생님들에게는 끊임없는 자신과의 투쟁 속에서도 긍지와 희망을 잃지 않고 우리나라 초등교육을 지키는 굳건한 반석이 되어 주기를 소망하는 마음으로, 이를 조그마한 기록으로 남겨 두고자 쓰게 되었다.

아울러, 본교에 전입한 선생님들 대부분이 처음 얼마동안은 도대체 왜 이런 전근대적인 근무 분위기가 전통으로 이어져 오고 있는지 이해할 수 없다며 들끓는 불만을 안으로 삭이느라 애간장을 태우다가도, 가장 괴롭고 지루한 1년차의 생활이 끝나갈 무렵이면 오히려 한층 강화된 정신 무장으로 벚꽃초등학교 친화회 행사에 적극 참여하는 자세를 갖게 되는데, 이러한 현상은 요즘의 많은 젊은 세대들이 매양 부정적으로만 받아들이는 위계 질서 문화에 대해 다시 한 번 생각해 보는 기회가 되리라 본다.

1. 전입 교사 신고식

1년 동안 맡았던 학생들과 헤어지고 지난 시간을 반추하며 조용히 휴식을 취해야 하는 학년 말 휴가 기간 중임에도 불구하고 벚꽃초등학교 전입 교사들은 이미 학교에서 마련한 오리엔테이션 과정을 거치기 위해 매일 출근을 하고 있다. 교무, 연구부장을 비롯한 각 업무부장들로부터 곧 시작될 신학기 3월 1일부터 내년 2월 말까지 앞으로 1년 동안 전개될 학사 업무와 여러 가지 학교 행사에 대한 안내를 받고는 저마다 조금씩 마음의 동요를 느끼게 된다.

'도대체 무슨 일이 이렇게 많지? 이거 내가 잘못 들어온 거 아냐? 내가 이 많은 일들을 제대로 해낼 수 있을지 몰라. 어쨌든 지금 와서 돌이킬 수는 없는 일, 눈코 뜰 새 없이 열심히 하는 수밖에 도리가 없겠군.'

업무 인수 인계와 관련 서류 주고 받기, 각 교실로 리어카 짐 옮기기, 교실 안팎 청소, 책걸상 정리 정돈 등 개학을 위한 만반의 준비가 끝나고 나면 드디어 설레는 마음으로 새 학년 새 학기를 맞이한다. 새로 맡은 학생들의 얼굴을 하나 하나 익혀 가면서도 왠지 앞으로 밀려올 일들에 대해 불안한 마음을 감출 수는 없다. 이 교실, 저 교실의 현재 상황과 동태를 눈치로 살펴가며 학급 업무와 분장 사무를 시작하고 있는데, 학년부장 선생님이 일일이 교실을 돌면서 이렇게 1년 동안 동학년으로 지내게 된 의미를 살려 오늘 저녁 식사나 같이 하자고 제안한다.

정해진 장소에 정확하게 정해진 시간 5분 전에 도착해야 한다는 것은 벚꽃초등학교 근무 규칙의 제1조 제1항이라는 것은 전입 교사 오리엔테이션에서 귀가 닳도록 들은 얘기다. 교실 책상 위에 하던 일을 그대로 둔 채 시간에 맞추어 약속한 장소로 나간다. 매운탕인지 뭔지를 앞에 두고 애써 여유로운 웃음을 가장하며 동학년 선생님들과 함께 저녁 식사를 하느라고 앉아 있어도 마음은 영 다른 데 가 있다. 교실에 펼쳐 놓은 신학기 업무를 오늘 밤까지 마무리해야 내일 오후 4시까지 연구부에 제출할 수 있을 텐데…….

그런데 식사를 다 마쳐갈 즈음 학년부장 선생님 핸드폰으로 뭔가 전갈이 온다. 갑자기 학년부장의 안색이 바뀌며 자리에서 일어나 얼른 카운터로 가서 계산을 마친다.

"지금 곧 학교 자체 민방위 훈련이 있다는군. 10분 이내로 모두 학교로 들어가야 해."

대체로 벚꽃초등학교 학년부장은 3, 4년차 선생님들이다. 새로 전입한 1년차 선생님에게는 학년부장의 위용이 실로 웬만한 시 · 군 교육청의 장학사처럼 느껴진다. 신발을 제대로 신었는지 말았는지, 학년부장 이하 동학년 선생님들을 따라 황급히 학교로 들어온 1년차 선생님은 요즘도 직장 민방위 훈련이 있는지 되짚어 볼 겨를도 없이 바짝 긴장된 상태로 캄캄한 운동장을 바라보며 주위를 살피고 있다. 다른 동학년 선생님들도 웅성거리며 황황히 학교로 들어와 조회대 주변을 에워싼다.

야밤중임에도 불구하고 전직원이 다 학교에 모여 현관 입구에 둘러서 있는 가운데 2년차를 대표한다는 훈련대장이 1년차들을 불러 모아 조회대 앞에 나란히 1열 횡대로 세운다. 훈련대장이 열중 쉬엇, 차렷을 반복하며 전열을 가다듬고 있는 동안 5, 4, 3, 2년차 선생님들은 조회대 양쪽으로 나누어져 우뚝 우뚝 장승처럼 서서 곧 치르게 될 1년차 선생님들의 전입 신고식을 지켜보기로 한다.

이윽고 벚꽃초등학교 친화회를 총지휘하는 친화회장이 근엄한 걸음으로 현관을 나와 조회대에 오르면 훈련대장의 우렁찬 목소리가 고요한 밤하늘에 우뢰처럼 울려 퍼진다.

"충성! 지금부터 2002학년도 본교 전입 교사 신고식을 시작하겠습니다!"

친화회장이 훈련대장의 거수 경례에 답하면서 역시 카랑카랑한 목소리로 명령한다.

"2002학년도 본교 전입 교사 신고식 실시!"

곧 훈련대장의 구령에 따라 1년차 선생님들의 매트 구르기, 뜀틀 넘기, 장애물 빠져나가기, 운동장 트랙 달리기 등의 학교 자체 민방위 훈련이 실시되는 동안 2년차 두 여선생님이 친화회장의 뒤에 좌우로 약간 비켜서서 한 손으로는 야간 당직용 후레쉬를 켜들어 친화회장의 얼굴을 비추고, 또 한 손으로는 낡은 우산을 펴서 친화회장의 머리 위에 받쳐 든다. 이 모습은 맞은편으로 100m 가량 떨어진 곳에서 신고식을 하게 될 1년차들에게 친화회장을 마치 용상에 앉은 임금님처럼 환상적으로 보이게 하기 위한 연출이다.

약 30분 가량의 고난도 훈련이 끝나면 이어서 전입 교사들의 개인별 신고식이 있게 되는데 이 쯤 되어 1년차 중 심약한 여선생님은 가끔 엉엉 울음을 터뜨리기도 한다. 그러나 평소 친분이 깊었다고 여겼던 선생님은 말할 것도 없고 누구 하나 따뜻한 위로의 말을 해 주는 이가 없다. 위로는커녕 오히려 고참 선생님들로부터 쏟아지는 야유와 비난을 고스란히 감수해야 한다.

— 교사 김영수는 2002년 3월 1일자로 본 벚꽃초등학교에 근무하도록 전보 발령을 받았습니다! 이에 신고합니다! —

어두운 운동장 저쪽 100m 이상 떨어진 곳에서 친화회장과 고참 선생님들의 귀에까지 낭랑하게 들리도록 큰 소리로 고함을 지르기가 그리 쉬운 일이 아니니다.

"뭐야, 웬 모기 소리냐? 그런 목소리로 감히 이 학교에 근무할 생각을 했단 말이야?"

"김영수는 아까 훈련받는 태도부터 틀렸어. 훈련대장은 1년차 훈련을 그렇게 흐리멍텅하게 시켜도 되나?"

"저래 가지고 무슨 신고식이야? 어이, 훈련대장! 저기 울고 있는 사람은 또 뭐야? 이렇게 산만해 가지고서야 어디, 신고식을 내일 다시 해야겠는데?"

조회대 양쪽에 주루룩 서 있는 고참들의 끊임없는 질책의 강도에 따라 친화회장이 합격과 불합격을 판정해 주는 것인데, 어느 심약한 여선생님인들 난생 처음 캄캄한 밤하늘을 향해 여섯 번, 일곱 번, 여덟 번이고 땡고함을 내지르지 않을 수 있으랴.

— 교사 정미자는 2002학년도 3월 1일자, 본 벚꽃초등학교에 근무하도록 전보 발령을 받았으므로, 이에 신고합니다! —

깊은 밤, 수정과 반복을 거듭해 가며 드디어 마지막 차례까지의 전입 교사 신고식이 끝나고 나면 그제서야 비로소 고참 선생님들이 한 사람씩 다가가 수고했다는 말과 함께 악수를 나눈다. 뿐만 아니라 그럴 줄 몰랐다며 은근히 야속하다는 듯 훌쩍훌쩍 울고 있는 여선생님들의 등을 정답게 두드려 주면서 '다 그런거' 라고 위로하기도 한다. 그러자 너무 쉽게 바뀌어 버린 화기애애한 무드가 마음에 들지 않는지 5년차 한 고참 선생님은 쯧쯧, 혀를 차며 교무실로 들어가 버린다.

"겨우 그걸로 울어? 옛날에 우리는 밤 열두 시에 불려 나와 학교 앞 국제로터리에서 민방위 훈련받고 신고식 했어. 요즘은 말야, 싱거워서 못 봐 주겠어."

2. 입교 산행

벚꽃초등학교 개교 기념일은 3월 8일이다. 1년차들이 달밤의 도깨비 놀음과도 같은 민방위 훈련으로 엉겁결에 신고식을 치르고 나면 이제 자기도 어엿한 본교 교사로서의 관문을 무사히 통과했다고 생각하는지 어떤 신참은 고참들 앞에서 제법 겁도 없이 으쓱거리려고 한다. 때에 맞춰 친화회장의 지시를 받은 총무는 각 연차의 대표들에게 산행 행사에 따른 역할을 부여하고 출발에서 귀교까지의 일정에 대해 주도면밀한 계획을 수립한다.

이 행사는 학교장도 같이 참여하는 것으로 여느 학교 같으면 신학기의 분주한 첫 주를 보내고 겨우 한 숨 몰아쉬고 있을 즈음, 벚꽃초등학교 전교직원은 한 사람도 빠짐없이 새벽부터 집을 나서 산행길 버스에 올라야 한다.

산신령님께 드릴 음식이며, 고참들의 김밥 도시락이나 물이 가득 든 물통들은 당연히 1년차 선생님들의 무거운 짐이다. 산행 버스 안에서도 1년차들은 맨 뒷자리에 있는 듯 없는 듯 앉아 있어야 하거니와 산을 오를 때에도 체력을 과시한답시고 행여 고참들보다 걸음이 빨랐다가는 영락없이 훈련대장의 매정한 질책을 받게 된다.

"어이, 1년차! 1년차가 어딜 먼저 가고 있어?"

훈련대장의 착잡한 음색에 의해 1년차들은 서로의 얼굴을 번갈아보며 다시 긴장하기 시작한다. 체력면에서 다소 부실해 보이는 고참들이 시치미를 뚝 떼고서 고소한 미소를 엷게 띄우는 줄도 모른 채.

'아니, 분위기가 심상찮은데, 또 민방위 훈련인가?'

산 중턱 쯤에서 5년차 선생님 중 누군가가 땀을 뻘뻘 흘리며 다리 아파 죽겠다고 잠시 쉬고 있으면 1년차들도 멀찌감치서 꼼짝없이 짐을 내려 놓고 쉬어야 한다. 쉬었다 걸었다를 몇 번씩이나 거듭하여 겨우 산 정상에 오르면 모두들 기진맥진하여 숨을 헐떡이지만 1년차들은 미처 숨 돌릴 틈도 없이 고참들에게 마실 물과 김밥과 국물을 날라 바친다. 5년차 선생님들의 호탕한 웃음과 기개와 넓은 도량이 어쩌면 자신에게는 까마득히 먼 훗날에도 도달하기 어려운 경지일 것만 같아 내심 풀이 죽고 기가 꺾여 있어도 1년차들은 항상 밝고 명랑한 표정으로 고참들을 하늘같이 모셔야 한다.

"자, 모두들 주목하십시오. 며칠 전 학교에서 새로 전입한 선생님들의 신고식이 있었지만, 여러 선생님들 의견이 올해 1년차들은 하나같이 체력이 약하고 기상도 부족하여 앞으로 본교에서 근무하는 것이 심히 불안하다고 하십니다. 그래서 지금부터 교장 선생님을 모신 가운데 전입 교사들의 신고식을 다시 거행하도록 하겠습니다. 1년차 모두 집합!"

얄미운 훈련대장의 이 말이 떨어지자마자 이제 마악 잔심부름이 끝나 김밥을 한 알 입에 넣었던 1년차들은 우물우물 김밥을 대충 씹어 삼키며 훈련대장 앞으로 뛰어가 1

열 횡대로 줄을 선다. 여기서도 고참 선생님들은 역시 따뜻한 양지 쪽 마른 잔디에 편안히 앉아 비탈진 곳에서 서로 기대며 버티고 서 있는 신참들의 일거수 일투족을 낱낱이 관찰하면서 야유와 힐책과 비난할 자료를 서로 소곤거리며 공유한다.

"어제 오후, 1년차 대표 선생님을 통해 우리 학교 교가와 곤봉체조의 순서, 그리고 본교 친화회의 회가를 외어 오라고 했다. 1년차는 다 외어 왔는가?"

훈련대장의 씩씩한 목소리가 저 아래 산골짜기까지 울려 퍼지지만 1년차들의 대답은 그저 묵묵부답이다. 배낭 메고 빨간 모자 쓰고 야호! 하며 모처럼 심신의 피로를 푸는 즐거운 등산인 줄로만 알았지 문책을 당하는 일이 이렇게 빨리 닥칠 줄은 몰랐기 때문이다.

"안 되겠어. 자, 그럼, 과제 불이행에 따른 벌칙을 내리겠다. 1년차, 재롱잔치 실시!"

전교직원이 쳐다보고 있는 데서 신참들은 '재롱잔치 실시' 라는 뜻밖의 말에 어리둥절 어쩔 줄을 모른다.

"재롱잔치 실시라는데 뭘하고 있어? 어이, 훈련대장! 1년차들 훈련을 제대로 시킨 거야 만 거야? 2년차가 시원찮으니 1년차들이 저 모양이잖아."

양지쪽 잔디에 삼삼오오 짝을 지어 앉아 있는 고참들이 어느 새 훈련대장을 포함한 2년차들을 다그치기 시작한다. 그러면 3년차 중 지난 해에 훈련대장이었던 어중간한 고참이 화를 내며 앞으로 나온다.

"야! 2년차 모두 집합! 1년차 면한 지 겨우 1주일밖에 안 지났는데 벌써 이 모양이야?"

그러다가 2년차들이 어물쩡거리면 4년차들이 버럭버럭 소리를 지르며 3년차를 집합시키기도 한다.

"모두들 정신 상태가 이게 뭐야? 도대체 이래 가지고 벚꽃초등학교에 근무할 수 있겠어?"

아직 삭풍이 가시지 않은 3월의 산꼭대기에서 이렇게 시작되는 재롱잔치는 각 연차마다 뚜렷한 개성을 나타내며 폭소를 터뜨리게 하기도 한다. 노래방에서 히트하는 곡들을 모아 메들리로 부르는 무미건조한 연차들, 몸을 비틀며 이상한 율동으로 고참들을 현혹시키는 아부 체질 연차들, 시도 때도 없이 말춤이랍시고 껑충거리기만 하는 연차가 있는가 하면, 제법 그럴싸한 가곡을 불러 좌중의 갈채를 받는 연차, 시시콜콜한 가정 사정 이야기로 위기를 모면하려는 연차도 있다.

하늘보다 높으신 5년차 고참의 재롱잔치는 아무도 볼 수 없지만, 시원찮은 3년차 때문에 간혹 4년차까지도 재롱잔치에 불려 나오는 경우가 있다. 그런 날은 3년차들이 4년차들로부터 암암리에 온갖 비공식적인 인격 모독과 수모를 당하게 된다.

각 연차들의 각양각색 재롱잔치가 한바탕 끝나고 나면 1년차들의 전입 신고식이 정식으로 이루어진다. 훈련대장은 1년차들을 모두 이끌고 멀리 건너편 산등성이까지 가지만, 이 쪽의 고참들은 지난 번 민방위 훈련을 본 것으로 새로 들어온 신참들의 기질과 기상을 대충 짐작하고 있는터, 어쨌든 또다시 교장 선생님 이하 여러 고참들의 반응에 따라 저쪽 산등성이에서 고래고래 고함을 질러 들려오는 1년차들의 신고식이 빨리 끝나기도 하고 늦게까지 지연되기도 한다.

신고식이 끝나면 친화회장이 주관하여 산신령님께 제사를 지낸다. 교장, 교감 선생님을 비롯하여 5년차부터 차례로 지삿상 앞에 엎드려 모두들 경건한 자세로 절을 올린다. 새로 들어온 선생님들과 함께 올해도 역시 나와 학교와 국가의 발전을 위해 모두들 열심히 근무할 수 있게 해 주십사 기원하면서.

산행을 마치는 날 저녁은 이제 우리 학교 친화회 행사는 이것으로 끝났으니 1년차 선생님들은 앞으로 열심히 근무만 잘 하면 된다면서 서로를 격려하고 위로하느라 해마다 밤늦도록 어울려 코가 비뚤어지도록 술잔을 기울이는 신참, 고참들이 많다.

3. 목련제

전직원의 산행이 있은 뒤로 본격적인 신학기 업무가 시작된다. 벚꽃초등학교에 근무하는 선생님은 1년차에서 5년차까지 바른 걸음으로 걸어다니는 사람이 거의 없다. 2층과 3층을 오르내리는 계단은 항상 두세 칸씩 건너뛰기 일쑤이고, 복도를 다닐 때에도 학생들이 귀교한 뒤부터는 아주 달리다시피 걸어다닌다. 필자는 다행히 평소 한국무용 기본 스텝 중 빠른 걸음을 잘 연마해 둔 덕택에 비교적 남의 눈에 띄지 않는 급식소나 특별실을 지나칠 때에는 물 위를 걷는 듯한 기분으로 쏜살같이 달릴 수 있었다.

교실 창 너머 슬기동산에서 무슨 나무에 무슨 꽃이 피고 지는지도 알지 못한 채 학사 업무가 숨 가쁘게 진행되고 있는 가운데, 친화회 행사가 또 암암리에 소리없이 추진되고 있는 줄 1년차 선생님들은 까가득히 모르고 있다.

친화회 총무가 또 각 연차의 대표들을 각각 따로 만나 목련제 행사를 위한 준비 사항을 알려 준다. 이때쯤이면 1년차들은 고참들이 지시하는 일에 대해 가타부타 질문이나 항의를 해 볼 엄두를 내지 못하는바, 지난번 산행으로 친화회 행사가 끝났다고 하지 않았느냐고 감히 의의를 제기해 볼 만한 배짱이 꼬리를 감추어 버린다.

3월 중순이 지나면 슬기동산 한가운데 우아하게 자리잡고 있는 목련 나무에 숭고한 목련 종자가 환생한 듯 가지가지마다 하얀 목련꽃이 환상처럼 피어난다. 그래서 그의 얼과 멋을 기리고자 목련은 벚꽃초등학교의 교목이다.

해가 뉘엿뉘엿 서녘으로 기울어 가는 시간에 교장 선생님 이하 전직원이 슬기동산 앞 잔디밭에 모여 목련제를 시작한다. 하얀 테이블 위에 다과와 음료수가 마련되면서 1년차들이 준비한 목련을 위한 노래가 겨우내 잠들어 있던 슬기동산의 마른 풀잎들을 흔들어 깨운다. 식순에 의해 드디어 올해의 목련 아가씨가 탄생하게 되는데, 아름다운 목련 화관은 해마다 2년차를 대표하는 여선생님이 차지한다. 고행의 수도자와도 같은 벚꽃초등학교 1년차로서의 지난 1년 동안 끊임없이 이어지는 크고 작은 교내외 행사에서 공휴일, 방학 휴가도 잊은 채 궂은 일을 마다하지 않고 도맡아 하였던 여선생님들은 사실상 이 목련제를 기점으로 하여 엄청난 신분 상승을 하게 되는 셈이다. 행사 때마다 고참들로부터 쏟아지는 잔심부름, 낚싯줄로 강당의 늘어진 무대막 꿰매기, 직원 체육 후 쌓인 쓰레기 처리와 뒷설겆이하기 등등 낱낱이 다 열거할 수도 없을 만큼 자질구레한 일들로부터 해방되어 이제부터는 엄연한 고참의 대열에 올라 1년차들 위에 우아하게 군림하는 것이다. 그렇다고 그렇게 유쾌하고 상쾌하고 산뜻한 기분을 요란스럽게 내색하지는 않는다. 3년차, 4년차 고참들로부터 또 언제 어떤 수난을 당할지 알지 못하기 때문이다.

목련으로 된 화관을 쓰고서 만면에 희색이 가득한 목련 아가씨는 1년차들이 밤늦도록까지 번쩍이는 금박 은박 종이로 장식한 가운을 걸치고 북채로 만든 지휘봉까지 높이 든다. 목련 아가씨를 뒤따라 2년차 여선생님들이 슬기동산과 연못 주위를 비잉 한 바퀴 도는 동안 1년차들은 일행의 뒤를 줄줄 따라다니며 온갖 시중과 아양을 아낌없이 바쳐야 한다.

꿈결같이 하얀 목련나무 아래에서 이렇게 오순도순 치러지는 조촐한 가든 파티는 지옥 훈련과도 같은 지난 1년 동안의 고행을 무사히 마치고, 이제 막 새로운 고참으로 탄생한 2년차 선생님들을 위한 잔치이기도 하다.

4. 환영식

이때쯤 되면 1년차들은, 얄밉기 짝이 없는 고참들 중에서 본교에 전입하기 전부터 절친한 사이였거나 선후배 사이로 친분이 두터운 사람이 있으면, 도대체 이 학교의 친화회는 어떤 단체이며, 무슨 계략과 음모들로 구성되어 있는지 은근히 그 전모를 알고자 가까이 다가가 물어 보기도 한다. 그러나, 고참들의 대답은 한결같이 친화회 행사는 이제 끝났다고만 할 뿐, 싱글벙글 웃고만 있는 그들을 구슬려 일말의 단서가 될 만한 정보는 한 가지도 얻어낼 수가 없다.

새로 전입한 선생님들을 위한 친화회 환영식은 벚꽃초등학교 고참들이 일체로 합심하여 전개하는 물샐 틈 없는 보안과 주도면밀한 계획, 그리고 거의 완벽에 가까운 깜짝 연기에 의해 이루어지는데, 그 장소와 시간과 방법은 매년 학사 일정에 따라 약간씩 차이가 있다.

어느 날 저녁, 전교직원이 함께 하기로 했던 저녁 회식 장소에서 약속은 갑자기 물거품이 되고 선생님들이 모두 황당한 모습으로 학교로 되돌아오게 되는 것으로 대개 이 행사의 막이 오른다. 교무실은 온통 난리법석이고, 누가 이따위로 일을 처리하느냐, 거들먹거리기만 하는 5년차, 4년차들 자~알 한다, 어이, 교무부장은 사임해라 등등 여태껏 철통 같은 기강으로 일사불란하게 움직이던 친화회 행사가 아수라장이 되는 장면에서부터 1년차들은 조금씩 오금이 저리기 시작한다.

"여태껏 한 번도 이런 일은 없었어! 이게 다 올해 시원찮은 1년차들이 들어와서 그래. 1년차들 민방위하면서 울고불고할 때부터 알아봤어! 에잇, 1년차 모두 집합! 1열 종대!"

훈련대장의 성난 목소리가 어두운 골마루 저쪽까지 무섭게 울려 퍼진다.

'헉, 또 1년차, 왜 1년차지? 1년차가 동네북인감?'

1년차들은 어이없이 자신들에게 불똥이 떨어진 데 대해 이제는 뭔가 할 말을 해야 된다고 생각하지만, 워낙 험상궂은 분위기인지라 멀뚱멀뚱 서로들 얼굴만 쳐다볼 뿐 감히 항거할 용기는 나지도 않는다.

"1년차 차렷, 열중 쉬엇, 똑바로 서지 못해? 전부 다 눈 감아!"

1년차들은 저마다 억울해하는 기색이 역력하지만 입을 꾹 다물고 누군가 불쑥 다가와서 하얀 천 같은 것으로 눈을 가리고 손을 묶는 것에 자신을 맡길 수밖에 없다.

"좌향좌! 뒤로 돌아! 줄줄이 앞으로 갓!"

1년차들이 밧줄에 한 손이 묶여지고 눈도 가려진 채 누군가에게 이끌려 가고 있는 동안 3년차들은 얼른 동편 2층 계단과 3층, 4층 계단 쪽으로 달려가 미리 준비해 둔 징과 장구, 꽹과리를 시끄럽게 울리기 시작한다. 1년차들이 징 소리, 꽹과리 소리에 점점 더 가까이 갈수록 그들의 걸음은 방향 감각을 잃고 좌우로 갈팡지팡하게 되는데, 이때마다 어둠 속에서 긴 막대가 나타나 대오를 이탈하는 사람을 제자리로 떠밀어 넣는다.

"이것 봐라? 줄도 제대로 못 서? 어딜 가는 거야? 임마, 이쪽이야, 이쪽~"

경우에 따라서 대오가 흔들리지 않고 앞으로 잘 나아가고 있으면 또 누군가 그들의 발치에 걸상이나 빗자루, 밀대 같은 장애물을 설치하여 진행을 요리조리 방해하기도 한다. 1년차들은 이처럼 혼비백산한 속에서 비몽사몽간에 요란한 징소리, 꽹과리소리, 비명소리에 쫓기며 계속 끌려가고 있는데, 막바지 4층 계단에 이를 때쯤이면 지난번 민방위 훈련 때에는 제법 잘 견디었던 여선생님도 이번에는 더 큰 소리로 엉엉 울음을 터뜨린다.

1년차들이 마지막으로 도착하는 곳은 4층 한가운데에 자리한 특별 교실이다. 미리 준비된 환영식장 무대 위에 1년차들이 더듬거리며 들어와 한 줄로 서면 징소리, 꽹과리, 장구소리가 일제히 멎는다. 누군가가 1년차들을 묶었던 손과 눈가리개를 풀어 준다. 그러면 천정에서 쏟아지는 눈부신 조명이 무대 위의 히로인들을 환히 적나라하게 비추어 준다.

"지금부터 2002학년도 본교 전입 교사를 위한 친화회 환영식을 거행하겠습니다."

무대 옆에서 어깨에 긴 줄을 두른 사회자가 마이크를 통해 낭랑하고 엄숙한 목소리로 개회를 알린다.

"먼저 국민의례가 있겠습니다. 장내에 계신 분은 모두 자리에서 일어나 정면 국기를 향해 주시기 바랍니다."

무대 맞은편에 어둠과 함께 앉아 있던 고참 선생님들이 모두 걸상을 삐걱거리며 자리에서 일어선다. 국기에 대한 경례 및 기타 의례가 이어지는 동안 벚꽃초등학교 전친화회원들에게는 무대 가운데에 게시된 태극기가 새삼 가슴 뭉클해지도록 자랑스럽게 보인다. 이 행사 역시 식순에 의해 진행되지만 환영식의 가장 클라이막스는 전입 교사 한 사람 한 사람에 대해 실시되는 청문회이다. 교사로 발령을 받은 이후부터 지금까지 쌓아 온 각 개인의 모든 교육적 성과와 과오뿐만 아니라 본교에 전입한 후의 낱낱의 행적에 대해서도 청문회장으로부터 던져지는 냉정한 지적과 질타에 대해 1년차들은 거짓 없이 성실하게 답변해야 한다.

"박인자 선생님에게 묻습니다. 증인은 1992학년도에 청소년 단체 지도자 표창을 받았는데 바로 그 이듬해에도 똑같은 내용의 표창을 받은 사실이 있습니까?"

"네, 그렇습니다."

"보통 선생님들은 청소년 단체 업무를 맡아 몇 년씩 열심히 지도해도 표창이라곤 구경도 못해 보는데 증인은 누구에게 빽을 써서 그렇게 연이어 두 번씩이나 같은 표창을 받게 되었는지, 그 비법을 좀 말씀해 주시겠습니까?"

여기서 어물쩡거리며 대답을 회피하거나 불성실한 태도로 답변을 하는 선생님은 영락없이 고참들의 빗발치는 야유와 빈축을 사게 되기 때문에 모든 것을 사실대로 솔직하게 증언하지 않을 수 없게 된다. 사회자의 질문은 집요하게 계속된다.

"증인은 지난 3월 21일 본 친화회 행사인 목련제가 있었던 날, 행사를 마친 후 뒷정리를 하지 않고 슬그머니 먼저 교실로 들어간 적이 있는데 그 이유를 소상히 말씀해 주십시오."

"저, 그건, 다음날 아침에 제출해야 될 교수 · 학습 과정안 때문에……."

"본교에서 교수 · 학습 과정안을 제출하는 사람은 선생님뿐이라고 생각하십니까?"

"죄, 죄송합니다. 다음부터는 절대로 뒷정리에 빠지지 않겠습니다."

"그뿐만이 아닙니다. 증인은 평소에 스커트 길이가 너무 짧아서 동료 교사들의 시각을 매우 피로하게 만들고 있습니다. 그래서 몇몇 선배 선생님들이 몇 번씩 이맛살을 찌푸리며 사인을 주었는데도 이를 무시하고 있다는군요. 교원은 품위를 유지해야 한다는 의무 조항에 대해서 증인의 생각을 말씀해 보십시오."

"그건…… 개인의…… 개성은…… 존중되어야 한다고 생각합니다."

"그렇다면 증인은 본교 선생님들 중 저마다 뛰어난 개성과 능력이 없는 선생님이 몇 분이나 된다고 생각하시나요?"

이쯤에서 눈치 빠른 1년차들은 대충 어떤 질문에 어떻게 답변해야 하는지 눈치를 챈다. 가끔은 총명한 1년차 증인이 우문 명답의 사태를 발생시켜 어떤 고참은 웃음을 참지 못하고 킥킥 웃기도 하지만 청문회는 계속 사뭇 엄숙하고 진지한 분위기 속에서 진행된다.

드디어 마지막 한 사람까지 까다롭고도 신랄한 질문과 질타가 다 끝나고 나면, 1년차 선생님들은 이제 본교 근무를 출발점으로 하여 옳지 못한 사고방식과 그릇된 가치관의 잔재가 남아 있다면 말끔히 씻어 주기를 바란다는 청문회장의 당부 말씀으로 일단락을 맺는다. 이어서 무대 한가운데에 화려하게 의상을 차려 입은 친화회장이 등장하면서 엄숙했던 청문회는 축제 분위기로 일변하고, 각 전입 교사들에게는 대한민국 국회의원님들이나 달고 다니는 금뱃지가 수여되며, 우스꽝스러운 선물과 함께 통키타 소리에 맞추는 환영 노래까지 곁들여 장내는 순식간에 화기애애한 환영식장으로 바뀐다.

늦은 밤, 이번에는 고참들이 정성스럽게 마련한 김밥과 음료와 다과들이 1년차들의 얼어붙은 마음을 봄눈처럼 녹여줌과 동시에, 1년차들은 여태 지긋지긋했던 고참들에 대해 따뜻한 신뢰감이랄까, 아니면 존경심, 비슷한 심지어 아리송한 외경심까지 느끼기도 한다.

5. 벚꽃제

벚꽃초등학교의 교문로에는 아름드리 벚나무들이 줄을 지어 있어 본교에 들어 와서 근무했다가 나가는 선생님들의 마음에 오래도록 향긋한 추억과 아련한 향수로 남는다. 한창 봄이 무르익는 4월이 되면 교문로 양쪽으로 늘어선 벚꽃나무들이 마치 무릉도원을 잠시 시연하는 듯 화사한 꽃길을 꿈길처럼 펼친다.

'저 벚꽃길을 거닐며 단 5분만이라도 자유롭게 감상해 보았으면…….'

길고도 힘든 5년의 역정을 견디고 있는 5년차 선생님들은 간혹 골마루 창밖 운동장 저 너머로 연분홍빛 벚꽃들이 솜사탕같이 만발하여 손짓하고 있는 모습을 보면서, 본교에서의 이 고단한 하루하루가 다음날 어떤 모습의 월계관으로 피어날지 스스로에게 묻기도 한다.

벚꽃제는 5년차를 위한 조용한 향연이다. 방학 기간을 빼고는 비가 오나 눈이 오나 한 번도 거르는 법이 없는 직원 체육, 동학년 단위로 나누어져 한판 열띤 응원과 강스파이크로 배구를 마친 선생님들은 땀을 훔치며 미리 예고한 대로 철봉대 쪽으로 모여든다.

철봉대 옆에 낡은 책상들을 겹쳐 만든 간이 테이블 위에는 1년차 선생님들이 눈치껏 차려 놓은 음식들이 놓여 있다. 김치며 두부며 막걸리며, 간단한 다과와 음료수와 과일들이 금방 배구를 마친 선생님들에게는 더 없이 반가운 먹거리들이다. 눈송이처럼 떨어지는 벚꽃잎이 막걸리 잔에 떨어지고, 김치 안주 접시에, 5년차 선생님들 어깨 위에, 그리고 교장 선생님 머리 위에도 소리 없이 떨어져 내린다.

"오늘 이 벚꽃제는 하늘 같은 5년차 선생님들께서 그동안 본교의 발전을 위해 수없이 많은 날들과 밤들을 희생하며 봉사해 오신 그 노고에 대해 조금이나마 위로가 될까 하여 1년차 선생님들이 호주머니를 털어 마련한 자리입니다."

5년차를 깎듯이 대접하는 자리인 만큼, 품위와 예를 갖춘 친화회장이 직접 이 쪽 저 쪽으로 자리를 옮겨 가며 교장, 교감 선생님보다 5년차 선생님에게 먼저 술잔을 권한다.

"5년차 선배님, 즐겁게 기분 좋게 많이들 드십시오."

5년차 고참들은 대체로 빙그레 웃음으로 일관할 뿐 쓴 소리 단 소리를 좀체 하지 않는다. 때로는 귀여운 1년차들이 귀 뒤로 꽂아주는 벚꽃가지를 머리 위에 얹고 엉덩이를 흔들며 익살을 부려 환호와 갈채를 자아내는 5년차가 없지는 않지만, 그저 잠잠히 술잔에 떨어진 벚꽃잎들을 바라보며 지난 시간들을 되짚어보다가 꼴깍 꽃잎과 함께 술잔을 비우는 경우가 많다. 지나간 날들의 시시콜콜한 옛이야기가 이렇게 화사한 봄

날에는 별로 효과적이지 못하다는 걸 그들은 잘 알고 있다.

노을빛이 운동장을 물들이고, 다들 벚꽃에 취했는지 한 잔 술에 취했는지 홍알쏭알 얼굴들이 발그레해지면 방송실 담당 선생님이 최신형 자동 카메라를 들이대며 소리를 지른다.

"자, 자, 모두들 이쪽을 보세요. 오늘 벚꽃제를 기념하여 사진 한 컷 찍겠습니다. 자연스럽게, 예쁘게, 탐스럽게 웃어 주세요!"

5년차 선생님 주위로 모여 들면서 모두들 벙글벙글 환한 웃음과 함께 벚꽃나무 아래에서의 또 하나의 장면을 아리따운 추억으로 남기기 위해 저마다 최선의 시츄에이션을 연출하며 표정 관리에 힘쓴다.

6. 거꾸로 돌리기

벚꽃초등학교 친화회의 요지부동한 위계 질서가 친화회장의 직권에 의해 가끔씩 물구나무를 설 때가 있다. 여러 가지 학교 행사로 인해 전직원의 회식이 잦은 편이라 그 때마다 1, 2년차들의 수고가 이만저만이 아니다. 그래서 고안해 낸 반짝 쇼가 거꾸로 돌리기인데, 이는 무르익은 분위기의 정도에 따라 친화회장의 순간적인 판단에 의해 실시된다.

회식 장소는 항상 시끌시끌, 각 동학년 선생님들은 학년부장을 중심으로 같은 테이블에 앉지만, 1년차들은 언제나 멀찌감치 문 입구 쪽으로 옹기종기 모여 앉아 이리 저리 눈치를 살피며 식사도 하는 둥 마는 둥 고참들의 설교나 잡담이 끝나기만을 기다리고 있다. 교장, 교감 선생님 곁에는 교무, 연구부장을 비롯하여 쟁쟁한 5년차들만이 진을 치며 에워싸고 있어서 그 쪽으로는 감히 고개도 돌리지 못하는 상석이다.

'휴, 나는 언제쯤에나 저기 교장 선생님 옆자리에 앉아볼 수 있을까?

하고 싶은 말은 속으로 꿀꺽 삼켜야지 차마 입 밖으로 내지도 못한다. 까딱하면 또 언제 청문회에 회부되어 험난한 질타를 당할지 모르는 일, 눈은 있으되 보지 못한 듯, 귀는 있으되 듣지 못한 듯, 입은 있으되 더더욱 말은 삼가야 하니, 이러한 실상을 부모님이 아실까, 아내가 알까, 남편인들 어이 짐작이나 해 볼까.

"조용, 조용~, 오늘은 왜 이렇게 장내가 어수선하지? 모두들 조용히 좀 해 주세요."

얼굴이 제법 붉어진 친화회장이 일어나서 좌중을 향해 손짓을 한다. 술잔을 주거니 받거니 수선을 피우던 사람들이 친화회장의 목소리에 멈칫 얼굴을 돌리며 시선을 모은다.

"오늘 회식 자리는 무슨 이유인지 모르지만 매우 소란스럽군요. 우리 친화회의 기초 질서에 문제가 좀 발생한 것 같습니다. 지금부터 잠시 기본 질서 운동을 시작하겠습니다. 3년차 대표 앞으로 나오세요."

3년차 대표는 모처럼의 친화회 출정에 의기양양해하며 들었던 수저를 테이블에 놓고 친화회장 앞으로 나가 거수경례를 올린다.

"3년차 대표 앞으로 나왔습니다. 충성!"

"충성! 3년차 대표를 중심으로 거꾸로 돌리기 실시!"

거꾸로 돌리기라는 생소한 어휘에 1년차들은 즐겁게 식사하고 있는 데서 또 무슨 날벼락인가 하여 서로들 불안해하며 얼굴을 마주 본다.

"거꾸로 돌리기 실시!"

3년차 대표의 기운찬 목소리에 순간적으로 얼굴이 울그락불그락 일그러지는 사람은 교장, 교감 선생님 곁 상석에서 위엄을 지키고 있던 5년차, 4년차 고참들이다.

"친화회장의 명을 받아 지금부터 거꾸로 돌리기를 시작하겠습니다. 4년차 모두 집합!"

3년차 대표의 명령에 따라 대체로 본교의 학년부장 내지 업무부장을 맡고 있는 중역들이 투덜투덜 머쓱해하며 앞으로 슬슬 걸어나온다.

"저것 봐라? 굼벵이를 삶아 먹었나, 걸음이 왜 그래?"

이 상황에서 높은 연차를 내세워 뭉기적거리는 게 후배들에게 몹시 흉해 보인다는 걸 모르는 4년차는 없다. 모두들 질서 운동의 기본자세를 취하면서 얼른 앞으로 나와 일렬 횡대로 줄을 선다.

"4년차 번호!"

'하나, 둘, 셋, 넷, 다섯, 여섯, 번호 끝!

4년차들은 몇 년 전 그들이 1년차였을 때 그렇게도 무수히 때와 장소를 가리지 않고 실시했던 그 번호를 오랜만에 다시 씩씩하게 외쳐 본다.

"차렷! 열중 쉬엇! 차렷! 4년차 모두 귀잡고, 뛰뛰기 100번 실시!"

"뛰뛰기 100번 실시!"

3년차의 구령에 의해 4년차들이 귀를 잡고 끙끙거리며 뛰뛰기를 하는 동안 1년차 선생님들은 어안이 벙벙하여 목전에서 일어나는 일들을 차마 현실로 받아들이지 못할 지경이지만 기겁할 사태는 중단 없이 계속된다. 오리걸음 실시, 팔굽혀 펴기 실시, 노래자랑 실시, 재롱잔치 실시 등 1년차들이 수시로 당하고 있는 고행을 지금 4년차들이 숨 가쁘게 재현하고 있는 것이다. 뿐만 아니라 4년차 훈련이 끝나자 이번에는 5년차들이 모두 앞으로 나와 4년차 대표의 구령을 따르는 것이 아닌가.

"허허, 교무부장이 저렇게 운동 신경이 무딘 줄 알았으면 올해 교무부장을 다른 사람으로 임명했을 텐데, 영 몰랐어, 허허"

교장, 교감 선생님도 술잔을 내려놓으시고 텔레비전이나 영화에서도 보기 어려운 눈 앞의 실제 장면을 마음껏 보고 즐기신다.

'쥐구멍에도 볕들 날이 있다더니, 드디어 우리 1년차도 저 밉살스레 악마들 같은 2년차를 골탕 먹일 기회가 오는구나.'

두뇌 회전이 빠른 1년차는 마음속으로 벌써 2년차들에게 어떤 고난도의 질서 운동을 시켜 보기 좋게 넉 다운시킬 것인지 눈알을 굴리며 궁리하고 있지만 아뿔사, 이러한 거꾸로 돌리기는 대개 10분도 채 못 되어 끝나버릴 때가 많다.

"자, 3년차, 4년차 수고! 이것으로 거꾸로 돌리기는 끝!"

친화회장의 명령에 따라 이 황당무계한 깜짝 쇼는 순식간에 자취를 감춘다. 1년 중에 두세 번 있을까 말까 하는 거꾸로 돌리기를 파행적으로 실시하거나 이유 없이 길게 끌었다가는 나중에 있을 바로 돌리기에서 두고두고 보복을 당하기 쉽기 때문이다. 놀란 토끼처럼 희한한 광경을 쳐다보고 있던 1년차 선생님들은 애통한 표정을 못내 감추지 못하지만, 아쉽게도 다음 기회를 기다려 보는 수밖에 없다.

II. 맺으며

이 외에도 벚꽃초등학교 친화회 행사는 연중무휴로 계속된다. 장미제 대신 히말라야 시다제가 있을 때가 있고, 초록바다 대신 하절기, 동절기 망방식이 있을 때도 있다. 모월 모일 모시에 때론 무용실에서, 때론 보건실에서, 또 때로는 독서실에서, 1년차를 제외한 모든 친화회 회원들이 암암리에 서로 음모와 계책을 논의해 가며 해마다 본 행사의 노하우를 거듭 발전시켜 가고 있다.

길고도 험난한 나의 1년차의 여정이 끝나갈 즈음, 항상 따뜻한 눈빛으로만 나를 격려해 주시던 한 5년차 고참 선생님이 어느 날 나를 조용히 교실로 부르셨다.

"선생님도 이제 벚꽃초등학교에 들어온 지 1년이 다 되었군요. 그동안의 시간이 얼마나 힘들고 어려웠는지 잘 알고 있어요. 그러나 1년차를 끝냈다고 해서 마냥 좋은 것만은 아니예요. 2년차, 3년차, 4년차가 될수록 더 큰 임무와 책임이 부여된다는 것을 잊지 말아요. 본교에서의 1년차에서 5년차까지, 즉, 삶의 가장 낮은 자리에서 가장 높은 자리까지, 우리 학교에 근무하는 선생님은 누구나 다 겪어야 하는 과정이라는 것도 이제는 아시겠죠. 그러한 수련과정을 어떤 사람은 그저 귀찮고 괴로운 일로만 여길 것이고, 또 어떤 사람은 우리 인생에서 쉬 얻을 수 없는 귀하고 소중한 경험으로서 자신의 엄청난 에너지로 전환시키기도 해요. 그것은 각 개인의 소양과 능력에 달린 문제이지요. 이제 나는 이 정든 학교를 떠나게 되지만, 앞으로 교직에 있는 동안 우리가 모두 우리나라의 참스승상을 정립하는 데 꼭 필요한 기둥이 되기를 소망하며, 언제나 벚꽃초등학교를 사랑하고 그리워하며 살아갈 거예요. 나, 선생님을 믿어요."

차분하면서도 한 마디 한 마디마다 따뜻한 정감이 아침 이슬처럼 묻어나는 그 고참 선생님의 말씀을 나는 마음속에 고스란히 담아 두었다가, 다음날 사랑하는 후배들에게 그대로 전하고, 또 전하곤 하였다.

그렇게 멀고도 긴 5년 동안의 여정을 무사히 마치고 이제 벚꽃초등학교를 떠난 필자는 주변 선생님들과의 대화에서 간혹 이런 말을 들을 때면 자신도 모르게 가슴이 뭉클해진다.

"벚꽃 출신 선생님들은 역시 사람이 달라."

그것은 단순히 교육 전문가로서의 우수한 능력과 자질로서뿐만이 아니라 무시로 펼쳐지는 벚꽃초등학교 친화회 행사를 통해 길러진 확고한 사명감과 교직관, 위기를 기회로 바꿀 줄 아는 직관력과 순발력, 공동체 구성원과의 협응력, 주도면밀한 업무 추진력, 심지어 장내를 일순간에 쇄신시키는 분위기 장악력까지 모름지기 교사로서, 또는 공직자로서 갖추어야 할 요건들을 훌륭히 구비하였기 때문이리라.

교직을 수행하는 마지막 날까지 한때 벚꽃초등학교에서 근무했었다는 사실은 언제까지나 내게 기쁨이며 보람이며 그 무엇과도 바꿀 수 없는 한 상쾌한 추억의 파노라마이다.

이야기 4: 교사로서의 나의 활력은 어디에서 오는가?

영훈초등학교 교감 심옥령

Ⅰ. 자서전적 소개

> 선생님! 고맙습니다. 선생님은 하나도 안 변하셨어요. 선생님의 이런 모습을 보고 저희들이 얼마나 좋았는지 아세요? 우리 반 아이들도 모두모두 선생님께 부끄럽지 않게 열심히 살았어요. 그래서 모두 이렇게 잘 자랐어요.(자랐다는 표현이 맞지 않다. 이들은 불혹을 넘긴 나이이기 때문이다. 초등학교를 졸업하고 30년이 지났으니 당연한 이야기이다.)

내가 뭐라 말할 틈도 주지 않고 규하는 들뜬 목소리로 내 휴대 전화가 뜨거워져 올 때까지 계속 이야기를 한다. 그렇다. 지난밤에 저들은 초등학교를 졸업하고 30년 만에 모임을 가졌다. 당연히 밤이 가는 것이 아쉬웠을 것이다. 13살 꼬마였던 그들이 이제는 중년이 되어 만났다. 기념식 그리고 식사! 비록 짧은 시간이었지만 그 분위기에 취해 나도 흥분되었다. 각계각층에서 당당하게 일하는 30년 전의 제자를 만났기 때문이다.

현재 나는 서울 영훈초등학교 교감이다. 유난히 일찍 학교를 다녔던 나는 강릉교육대학을 19살이라는 어린 나이에 졸업을 하였다. 그 당시는 교사가 넘쳤던 시기라 대학을 졸업하여도 발령이 잘 나지 않았지만 운이 좋은 나는 그해 3월 1일자로 역사와 전통을 자랑하는 강릉초등학교에 발령을 받았다. 지금 이 친구들은 그 해와 그 다음 해 맡았던 친구들이다. 그 때 내 나이가 19살, 20살! 지금 생각하면 과연 나는 그들을 가르칠 준비가 되어 있던 교사였는지 의심스럽다. 물론 그런 의심은 지금도 하고 있다.

30년을 어린이를 가르쳤지만 정말 좋은 교사였는지는 자신이 없다. 30년이라면 강산이 3번 변한 시간이다. 그렇게 긴 기간을 오직 한 가지 일! 어린이들을 가르치는 일을 하였다. 그러나 내가 만족할 만한 수업은 모두 몇 번이나 될까?…… 오늘 이것이 안 되어 다음날 그것을 준비하고 '이제는 문제없겠지?' 하지만, 다음 날이 되면 또 다른 문제가 생겼다. 각기 다른 30명이 넘는 어린이들과 함께 하는 일이니 내가 준비하고 예측한 대로 일이 이루어질 수는 없는 일이다. 그러나 알면서도 수업이 잘 안 되는 날은 심한 자괴감에 빠졌다. 그러나 그렇게 스스로를 들볶을 수만은 없는 일이기에 실패의 확률을 최소화하기 위해 또 다른 준비를 해야 했다. 그래서 나는 늘 바빴다. 다른 사람들도 날 바쁘게 산다고 한다. 왜 그랬을까?

돌이켜 생각하면 이런 고민을 줄이기 위한 노력으로 나는 늘 분주하게 뭔가를 찾아 움직였던 것 같다. 30년은 분명 긴 시간이다. 그러나 나의 30년은 너무도 짧은 시간이었다. 언제 이렇게 시간이 흘렀는지 모른다. 늘 공부해야 하는 바쁜 시간이었지만 나는 신이 났다. 공부하면 한 만큼, 준비하면 한 만큼 수업은 효과가 있었고 어린이들은 변화되었기 때문이다. 또한 공부는 하면 할수록 보이는 것이 많았고 그 보이는 것을 쫓아 더 공부할 필요를 느꼈기 때문에 나는 멈춰 있을 수 없었다.

나는 운이 좋은 사람이다. 내가 공부한 것을 그대로 적용해 볼 수 있는 뛰어난 어린이가 있었고, 좋은 학교에서 근무했기 때문에 세계 여러 나라의 수업을 참관할 기회가 여러 차례 있었기 때문이다. 이렇게 나는 다른 사람들보다 자극받을 기회가 많았다. 나 자신을 돌아볼 기회가 많았기에 나를 다스리고 준비할 수밖에 없었다.

교육은 어린이들이 바람직한 방향으로 변화될 수 있도록 지도하는 것이다. 그런데 아기 선생님이던 30년 전 나는 오직 지식만을 가르쳤을 것이다. 진정으로 어린이를 사랑하며 그들이 공부할 수 있도록 배려하며 지도하는 것이 아니라 내 방법을 따라 오라고 했을 것이다. 교수-학습 활동의 주인공인 어린이가 아니라 교사인 내가 주인행사를 했었던 것 같다. 그렇게 나는 엉터리 교사였다.

내 나이가 쉰이라고 한다.

그러나 난 내 나이를 모른다. 나이를 셀 만큼 시간 여유도 없고 늙었다는 생각을 해 볼 여유도 없다. 아직 공부할 것이 너무도 많고 더 공부를 해야 하기 때문에 그런 한가한 생각을 할 수 없다. 어린이들을 알고 지도했을 때와 모르고 지도했을 때의 차이와 준비하고 한 수업과 그렇지 않은 수업의 차이를 너무도 잘 알고 있기 때문이다. 한 가지를 공부하면 또 다른 공부할 것이 보이고 이것을 준비하고 수업을 하면 '저것도 준비했으면 더 좋은 효과를 거둘 수 있었을 텐데' 하는 것이 보인다. 그래서 나는 늘 반성하고 다시 공부할 의무를 느끼며 새롭게 도전하고 있다. 똑같은 반성이 거듭되거나 깊어지지 않도록 내가 할 수 있는 최선을 다해 수업을 준비하고 어린이들 앞에 선다.

교사로서 나를 지탱하고 활력을 주는 힘!

그 힘은 바로 어린이들로부터 얻는다. 어린이들은 사랑을 주면 받을 줄 알기 때문이다. 말썽을 부리고 떼를 쓰다가도 지치지 않는 선생님을 아니까 언젠가는 다시 돌아온다. 그저 내가 할 일은 조금이라도 실수가 적은 교사가 되기 위하여 노력하는 일뿐 다른 것은 없다. 지금부터 내가 당당한 선생님이 되기 위하여 자극이 되고 한 발 더 내딛은 계기가 되었던 몇 가지 일들을 소개하고자 한다. 이런 일들이 게을러지려는 나를 일으켜 세웠고 이런 노력들이 나에게 활력을 주는 원천들이었기 때문이다.

II. 나의 활력의 원천

1. 변화 그리고 번민

1986년 우리 학교는 신입생을 학급당 60명에서 40명으로 줄이고, 6개 학급을 모집하였다. 2학년부터 6학년까지의 기존 학급은 과거와 같은 방법으로 수업을 하되 신입생인 1학년은 새로운 방법인 'Open Education' (열린교육을 처음에는 이렇게 불렀었다.)으로 운영하기로 하였다. 봄 방학 중에 교육 내적인 공부를 계속하면서 우선 쉬운 교실의 모습을 바꿔 나갔다. 그 당시로는 상상할 수 없는 학급 인원이었기 때문에 교실의 책상을 정면을 향하던 것에서 탈피하여 모둠별로 좌석을 마련해 보기도 하고, 기존 교실에서는 볼 수도 없었던 양탄자 활동 코너 ('어떻게 학교에서 책상에 반듯하게 앉아 공부해야지 안방인 것처럼 이렇게 발 뻗고 앉아 공부한다는 말인가?') 도 만드는 등 새로운 환경을 꾸며 나갔다. 그동안 있었던 일들 중 많은 것들이 바뀌었다. 익숙하던 학교의 일들이 모두 새로웠다. 그리고 그 새로운 변화의 선두에 내가 서 있다는 것을 인식해야 했다. 지금 생각하면 아무것도 아닌 이런 일들이 그 당시는 모두 이상하고 불편하였다. 고정관념을 하루아침에 바꿀 수 없다는 것을 절실히 느꼈다. 그러나 나는 그 물결을 따라가야 했다. 밀려오는 일들을 처리해야 했으며 그러는 중에도 시간은 흘러 어린이들은 입학식을 했고 눈을 빛내며 나를 쳐다보고 있었다.

'어디 이런 이상한 학교를 한 번 볼 수만 있으면 얼마나 좋을까?

물론 비디오로는 보았다. 일본의 열린학교의 모습이었다. 그러나 비디오로 본 것은 그저 눈으로 본 것이지 머리와 가슴으로 본 것이 아니다. 그건 나에게는 현실이 아니었으며 그저 다른 나라의 이야기에 불과했다. 무엇 때문에 교실에 여러 가지 학습센터가 있으며 어찌하여 모든 어린이들이 선생님과 함께 공부하는 것이 아니라 각자 다른 일들을 하고 있는지 그 당시로는 이해가 되지 않았다.

그러나 가만히 있을 수 없었기에 우리 교실은 책에서 본 것과 같은 여러 가지 변화들이 이루어졌다. 전에는 없었던 독서 코너, 듣기 코너 등이 마련되었다. 어린이들이 늘 앉아서 공부하는 책상과 의자 이외에 또 다른 학습할 공간들을 마련해 나갔다. 여전히 교사인 나는 어둠 속을 헤매고 있었지만 외형적인 변화는 나날이 이루어졌다. 그러나 이런 변화로 열린 교육을 한다고 할 수는 없었다. 책을 보면 머리로는 이해되지만 그것을 교육 현장에서 어떻게 적용해야 할지 알 수 없었다. 가장 큰 문제는 교사인 내가 가지고 있었던 기본적인 생각을 바꾸는 점이었다. 지금까지 살아왔던 환경과 방법을 조금 바꾸는 것도 그 당시로서는 매우 어려운 일이었다. 교실의 어느 곳이나 학습의 장소가 될 수 있다는 것은 당연한 일이지만 책상과 의자가 아닌 다른 곳을 학습장소로 생각하는 일이 왜 그렇게 이상했는지 모른다. 이런 단순한 사실을 이해하기도 어려운 일이거니와 이것을 실천에 옮기는 일은 더더욱 어려웠다. 그러나 신기하게도 어색함에 힘들어하는 교사와는 달리 어린이들은 아무런 스스럼없이 스스로 잘 해나갔다. 양탄자에 둘러앉아 책도 보고 나처럼 고민하지 않고 자연스럽게, 그것도 늘 그래 왔던 것처럼 생활해 나가는 것이었다. 이렇게 허우적거리면서도 한 해는 순식간에 지나가고 있었다. 첫 해 내가 마음으로 받아들일 수 있었던 변화는 모든 어린이들의 학습 속도가 다르고 공부하는 방법도 다르다는 점이었다. 이런 다른 어린이들에게 그들의 다른 점을 인정하고 그 다름에 맞도록 교육을 하는 일이었다. 먼저 끝난 어린이에게는 독서를 하게 하거나 더 공부할 문제를 하도록 하였고 때로는 조용히 자신이 하고 싶은 일을 할 수 있도록 허락해 주었다. 그 대신 기본 학습을 잘 못하는 어린이들에게는 끝까지 교사가 지도를 하여 주어진 목표에 도달할 수 있도록 학습을 차별화하였다. 이 작은 일도 그 때에는 왜 그리 어렵고 힘든 것이었는지 모른다. 이런 학습 방법에 익숙하지 않아 시행착오도 많았다. 어린이들에게 개별지도나 모둠별 학습을 할 때, 과제를 마치거나 다음 단계로 갈 어린이들이 정확한 안내를 받지 않아서 많은 어린이들로 하여금 똑같은 질문을 수없이 받았던 일('선생님 이거 다 했는데요?' '선생님 이거 잘 모르겠어요.' '선생님 이거 어디다 둬요?' '선생님 우리는 언제 이거해요?' '선생님!……' '선생님!……') 도 있었다. 수업을 마치고 나면 지쳐서 숙주나물처럼 되었다.

'지금 내가 무엇을 하고 있는가? 내가 교사가 맞기는 맞는 것인가?'

'도대체 이게 뭐란 말인가?'

'이건 잘못이야. 어린이들에게 나는 죄를 짓고 있는 거야.'

수업이 되뇌며 그들의 문제점이 무엇이었는가를 생각해 보았다. 그리고 내일은 오늘과 똑같은 실수를 하지 않으려고 애썼다. 그러나 그 많은 에피소드 중 나에게 큰 희망을 불러 넣어 주는 아주 작은 사건이 생겨났다. 1학년인 우리 반에는 책을 잘 읽는 남자 어린이 한 명이 있었다. 그 어린이는 다른 학습도 우수했으며 속도도 아주 빨랐다. 그래서 공부가 먼저 끝난 어린이들에게 책을 좀 읽어줄 수 있겠느냐고 하였다. 영특한 이 어린이는 평소에 교사인 내가 어린이들에게 책을 읽어주었을 때처럼 목소리에 변화를 주며 친구들이 그림을 볼 수 있도록 책의 방향까지 비스듬하게 놓고 읽어주는 것이었다. 듣는 어린이들도 모두 이 책 속에 묻혀 옆에 누가 와있는 것도 모른 채 빠져들어 있었다. 마침 이 모습을 학교를 돌아보시던 이사장님께서 보시고 칭찬을 해 주셨다. 그날따라 개별지도를 받는 어린이나 친구가 읽어주는 동화를 듣는 어린이 모두 자신의 일을 잘 해 나갔다. 이사장님께서는 자연스러우면서도 각자 자신의 일에 빠져 있는 어린이들의 모습을 보고 대견해하며, 교장선생님께 우리 반을 칭찬하고 돌아가셨나 보다. 이런 칭찬은 심한 좌절감에 빠져 있는 나에게는 큰 용기를 주었다. 이것이 내가 최초로 시도해 본 '친구선생님 제도' 였다.

1987년부터 우리 학교의 열린교육이 학계에 알려지기 시작하였고, 이 해부터 해마다 크고 작은 공개수업을 통하여 이 새로운 학교의 모습이 우리나라 곳곳에 소개되기 시작하였다. 물론 학교가 연구 발표회를 할 때마다 나는 공개수업을 해야 했고, 해마다 같은 내용의 공개수업을 할 수 없었던 나는 또 다른 어떤 것을 하기 위하여 노력하지 않으면 안 되었다. 공개수업을 준비하기까지는 참 힘들었다. 수업 목표를 확실히 하고 교재를 분석하고 수업 방법을 결정하는 일들이 나에게는 쉬운 일이 아니었다. 자꾸만 한계가 느껴졌다. 그러나 교사가 수업을 못하겠다고 하는 것은 말이 안 되는 일이기에 나는 용기를 냈다. 교사로서의 나의 자존심은 '할 수 없다' 라는 말을 허락하지 않았다. 많은 교사들과 교육전문가들 앞에서 수업을 하기 위해서는 평소보다 더 깊이 교재를 분석하고 수업을 구상해야 했다. 그리고 우리 반 친구들이 각각의 과정에서 어떤 반응을 보일지도 차근차근 짚어보고 수업의 방법이나 자료를 정비해 나갔다. 처음 공개수업을 할 때 나는 교장실로 뛰어갔다. 도대체 어떻게 하면 열린교육이 되는지 수업 모형을 하나 정해 달라고! 그러나 교장선생님께서는 열린교육이라고 하는 수업 모형은 없다고 하시며 평소에 하던 대로 하라고 하셨다. 그러나 그렇게 할 수는 없었다. 이 수업은 어디에고 검증을 받지 못한 수업이기 때문이다. 지금 내가 하는 수업은 우리 학교를 대표하여 여러 외부 인사들께 소개하는 수업이다. 그 부담스러움은 이루 말로 할 수 없었다. 궁여지책으로 나는 공개수업을 하듯 수업 준비를 한 후 교장선생님을 우리 반에 초청하였다. 이 수업이 열린수업으로 맞는지 조언을 부탁하면서……. 수업을 보신 교장선생님은 잘 되었다고 하셨다. 그래도 나는 확신이 서지 않았다. 그래서 며칠 후 다시 수업 시간에 교장선생님을 초청하였다. 교장선생님께서는 이것도 좋다고 하셨다. 그럼 어느 것이 더 좋으냐고 여쭈었다. 교장선생님은 그것은 그렇게 말할 수 있는 것이 아니라고 하셨다. 그렇다. 지금의 나는 안다. 열린교육은 교육 철학적인 접근을 해야 하는 것이지 열린교육용 수업 모형이 따로 있는 것이 아니다. 지도하려고 하는 교수학습 내용을 우리 반 어린이들에게 맞는 것으로 정하고 수업을 준비해야 하는 것이다. 그러나 이렇게 힘들게 준비했던 수업도 때로는 내 의도대로 잘 안 되었다. 그러나 이 세상에 공짜는 없었다. 고민한 만큼 교사로서 나 자신은 한 단계 올라서서 교육을 볼 수 있는 안목이 생기는 것을 느낄 수 있었다.

또 이 해는 나에게는 소중한 만남이 있었던 해이기도 하다. 그 분은 바로 내가 졸업한 대학원의 지도교수이기도 한 덕성여대의 이용숙 교수님이시다. 교수님은 그 당시 한국교육개발원에 계셨었다. 그런데 1987년 수업 방법에 관한 연구를 하기 위하여 한 달간 다른 팀원들과 함께 우리 학교에서 수업 참관을 하고 계셨다. 그러나 교수님은 그 당시 우리 1학년의 열린교육을 참관하시고자 한 것이 아니고 고학년의 교과전담제 수업을 참관하고 계셨던 것이다. 그러던 중 1학년이 새로운 수업을 하고 있다는 말씀을 듣고 하루만 참관을 부탁하셨나 보다. 교장선생님의 말씀을 듣고 나는 부끄러웠지만 흔쾌히 승낙하였다. 이유는 오직 한 가지였다. 내가 하고 있는 이 수업이 바른 방법인가 하는 점을 전문가에게 듣고 싶었던 것이다. 지금까지 누구에게도 검증받지 못한 수업을 보인다고 생각하니 떨렸다. 교장선생님께서야 한 식구이니까 날 격려하려고 괜찮다고 하셨지만 이 분은 우리 학교뿐만 아니라 여러 학교의 수업을 참관하셨고 미국에서 교육인류학으로 학위를 받으신 분이 아닌가?

그 첫 날 나는 특별한 수업을 준비하지 않았다. 특별한 수업을 하려고 하여도 몰라서 할 수 없었다. 그래서 그 당시 가장 즐겨 하고 많이 하던 방법으로 하였다. 그것은 다음과 같은 내용이었다. 먼저 모든 어린이들에게 오늘 무엇을 공부해야 할 것인지 대집단 학습을 하였다. 그리고 중요한 기본 개념을 어린이들에게 지도하였다. 다음으로 어린이들에게 오늘 스스로 공부해야 할 것이 무엇인지 알려 주었다. 그런 후 어린이들이 스스로 공부를 할 수 있도록 하면서 나는 한 명 한 명의 어린이들이 자신의 공부를 잘 해 나가는지, 문제는 없는지 등을 돌보아 주었다. 그 때만 하여도 어린이들은 제법 이런 학습에 익숙한 탓인지 (실은 교사인 내가 익숙해졌다고 보는 것이 더 정확한 표현일 것이다.) 비교적 자신의 일을 잘 해결하였다. 먼저 공부가 끝난 어린이들을 위하여 심화 학습도 준비하고(우등생 공부) 조용히 놀 수 있는 놀이자리도 준비했었다. 첫날의 이 수업이 이용숙 교수님께는 무척이나 인상적이었던 것 같다. 교수님이 쓰신 글을 보면 이 수업은 너무나 신선했고 획기적이었으며 학습자인 어린이를 존중해 주는 수업이라고 했다. 결국 단 하루를 계획했던 교수님의 수업 참관은 일주일이나 계속되었고, 우리 반이 아닌 다른 학급의 수업도 보고 싶어하셨기에 몇몇 다른 반의 수업도 참관하셨다. 뿐만 아니라 우리 교사들의 부탁으로 본인이 직접 우리 어린이들을 데리고 수업에 임하기도 하셨던 것이다. 이렇게 이용숙 교수님과의 만남은 우연하게 시작되었고, 이것이 계기가 되어 한국교육개발원에서는 이용숙 교수님 주관으로 1989~1990년에는 열린학교의 수업과 일반학교의 수업 현장을 비교하는 연구를 하게 되었다. 이 연구가 오늘날 앞으로 우리나라의 교육이 이렇게 바뀌어야 한다는 대안의 하나로 자리 잡아 7차 교육과정을 편성하는 기반이 되었다. 이렇게 된 데에는 여러 가지 이유가 있었지만 그 중 하나로 내가 하고 있는 수업이 효율 면에서 다른 일반 학교의 수업보다 크게 높다는 연구 결과가 나왔기 때문이다.

어떤 일이고 처음 한다는 것은 끊은 비판의 대상이 된다. 학교가 이렇게 바뀌어 가기 때문에 바뀌지 않을 수 없었던 나는 그 흐름 속에서 거꾸로 가지는 않으려고 했지만 돌이켜보면 힘든 순간이 한두 번이 아니었던 것 같다. 1987년 첫 공개수업을 하며 교장선생님께 몇 번이나 수업을 봐 달라고 부탁했던 일, 1988년에는 팀티칭을 처음으로 도입해 보고 그것으로 공개수업을 했던 일, 1989년에는 다양한 개별화 학습의 모형을 개발하기 위해 노력하였고, 1990년에는 학계에 계신 여러분들이 본격적으로 열린교육에 대하여 수업 참관을 하고 연구 논문을 발표하였으며, 각 방송국에서 이런 새로운 학습을 소개하였다. 그러나 소개되는 것이 많으면 많을수록 비판의 목소리도 만만치 않았다. 많은 일들을 겪으면서도 나는 방법적인 면에서 서서히 자신이 생겼고 이 일이 옳은 일이라는 확신이 있었다. 교육의 주체가 어린이여야 한다는 데 누가 무슨 말을 할 수 있겠는가? 비판은 수업 방법이 서툴러서일 거다. 방법은 계속 고쳐 나가면 되는 것이다. 그렇다면 '어떻게 지도해야 하나?' 이것은 교사인 나의 숙제인 것이다.

그러나 5년 동안을 확실한 방법을 터득하지 못한 채 막연히 어린이들을 지도하던 나에게 정말로 큰 일이 생겼다. 나의 생각이 바뀐 전환점이 된 사건이다. 1990년 1월! 나는 우리 학교 선생님 한 분과 둘이서 2주일간의 미국 학교 수업 참관을 하게 되었다. 이 수업 참관은 지금까지 가지고 있었던 나의 생각을 모두 바꾸게 하는 큰 계기가 되었다. 미국 여행이 처음이 아니었고, 수업 참관도 처음이 아니었는데 이 해 미국 학교에서의 2주간 참여관찰은 그들의 내면을 들여다볼 수 있는 기회였으며 이 내면의 소리는 교사로서 나의 교육 철학까지를 바꿔놓고 말았다. 지금까지를 교육의 외형의 변화에 힘썼다면 이 이후의 나는 교육의 내면을 어떻게 바꿔 나가야 할지 고민하기 시작했다.

2. 미국 학교에 대한 경험

1990년 1월 10일 첫 수업 참관

참관 첫 날부터 나는 머리를 한 대 얻어맞은 느낌이다. '노는 것이 우선인 사람들이 판을 치는 온갖 인종이 모여 사는 나라' (1987년 18일간의 미국 여행 그리고 내가 본 수많은 헐리우드 영화에서 느꼈던 감정) 이런 생각을 하던 나의 생각은 뭔가 잘못되었다. 킨더가든(우리의 유치원) 어린이들이 선생님의 사인 하나에 줄을 서고, 손을 닦고, 교실 앞으로 나오기도 하고, 자료를 정리하거나 스스로 공부를 하는가 하면 때론 소집단으로, 때론 전체 어린이들이 누구에게도 피해를 주지 않고 움직이며 공부를 한다. 도서실에서의 모습이나, 컴퓨터실에서의 학습 방법이 모두 다르고 지도하는 교사 역시 다른데도 불구하고 어린이들은 늘 그래 왔던 것처럼 규칙적으로 자기 할 일을 하고 있다. 컴퓨터실에서는 어린이들의 활동이 크게 3가지로 갈라지는데 어떻게 이 어린이들은 자신의 일을 이렇게 잘 찾아 하는가? 이 어린 친구들이 매시간 바뀌는 자신의 할 일을 어떻게 이렇게 잘 알아서 하는가? 또한 학습의 속도가 다른 이들이 기본 학습이 끝난 후에 어떻게 다른 친구들에게 피해를 주지 않고 다음 일을 선생님께 지시받을 수 있는가? 의문이 풀리지 않는 것이 한두 가지가 아니다. 아침 8시 20분에 시작한 수업이 오후 3시 20분에 끝날 때까지 이 어린 꼬마들이 누구나 할 것 없이 때론 일제 학습을, 때론 소집단 학습을 하기도 하면서 점심을 먹고, 체육을 하고, 도서실에 가고, 음악을 하러 교실을 옮기며 이렇듯 아무 소리도 없이 잘 할 수 있는지 이는 수수께끼다. 어린 학생들이기 때문에 매일의 수업이 늦게 끝나는 대신 중간 중간 쉬는 시간, 잠자는 시간, 놀이 시간 등이 있었는데 이 시간조차도 어린이들은 정해진 어떤 규칙에 따라 움직이고 어느 누구도 그 규칙을 깨는 모습을 볼 수 없다.

'어떻게 이 어린 꼬마들이 이렇게 자기 할 일을 제대로 찾아 한다는 말인가?

'어떻게 이들은 소리 지르고 뛰고 하는 행동을 보이지 않을 수 있다는 말인가?'

'그렇게 많이 듣던 선생님, 선생님! 하는 소리가 이들 사이에는 어디로 숨어 버렸단 말인가?'

꼬리에 꼬리를 무는 이 많은 의문들은 일주일의 참관이 끝난 후에야 교사의 치밀한 학급경영 계획에 따라 일관성 있는 지도의 결과로 이렇게 되었음을 알아냈다. 나는 나의 무지 때문에 우리 어린이들이 잘못하고 있다는 것을 시인해야만 했다. 돌아오는 비행기 속에서도 내 머리 속에서는 돌아가서 내가 해야 할 일이 무엇인지에 대한 생각 외에는 다른 생각은 나지 않았다. 그러면서 1990년 새학기를 맞이하게 되었다. 3월이 채 가기도 전에 한국교육개발원에서는 우리나라 초등학교 수업 현장에 관한 문화 기술적 연구의 비교 연구 대상 학급으로 우리 반을 결정했다. 그 해는 미국 학교 참관의 자극이 생생하게 남아 있었던 때였다. '매일매일의 생활을 어떻게 해야 어린이들이 자신의 일을 할 때 남에게 피해를 주지 않으며 즐겁게 공부할 수 있을까?' 하는 생각으로 교재와 싸우고 있었다. 수업이 끝나면 오늘 수업에서 무엇이 문제가 되었는지를 생각했고, 내일 수업을 어떻게 해야 할 것인지 궁리하기를 게을리하지 않았다. 주로 7시 30분경에 출근해서 전날 준비해 둔 오늘의 수업이 차질 없이 진행될 수 있도록 교실을 서성이며 리허설을 해 보았다고 하는 것이 옳을 것이다. 그러나 이런 나름대로의 노력에도 불구하고 나의 수업은 늘 제대로 되지 않았다.

'왜 이리 안 된다는 말인가?'

'이 내용을 어떻게 가르쳐야 우리 어린이들이 재미있게, 그리고 쉽게 받아들일 수 있을까?' 이런 고민은 날이 갈수록 더해졌고, 단 하루라도 수업 계획을 하지 않으면 교단에 설 수 없는 습관을 갖게 되었다. 나 자신의 고민을 해결해 줄 만한 실행서적들을 좀 찾아보았지만 내 눈에는 이런 실행서적이 보이지 않았다.

'어디서 도움을 받아야 하나?'

도움을 받을 곳이 없었던 나는 결국 부족하더라도 나의 이 고민들을 조금이라도 해소해 주었던 나의 사례들을 모아 보기로 하였다. 그러나 이런 사례들도 어느 날 모두 쓰레기통 속으로 집어넣게 되었다. 올해의 고민이 다음 해의 고민과 다르고 어느 순간 이것도 고민이라고 했는지 모르겠다는 생각이 들면서 과거의 나에 대한 생각이 하찮게 느껴졌던 것이다. 그리고 뭐든 자신의 고민을 해소시켜 주는 것은 남이 아니라 나 자신밖에 없다는 것을 스스로 깨닫게 된 것이다. 그러나 이것이 얼마나 잘못된 것인지 곧 알게 되었다. 한창 어려울 때 남의 고민을 들어보는 것만도 얼마나 위안이 되는데……. 그러나 쓰레기통 속에 던져버린 많은 자료를 다시 찾아올 수는 없었다.

그리고 효과적인 수업을 위해서는 수업 방법도 연구해야 하지만 그보다 먼저 학급경영에 대한 철학과 학급 내에서의 여러 가지 활동들을 정비하고 조정해야 했다. 기본적인 학습 훈련을 시켜야 하고 학급에서 지킬 약속들을 정해야 했다. 각 교과의 학습을 지원하기 위한 숙제에 대한 계획도 미리 생각해서 학부모 그리고 어린이들과 정해야 했다. 아침, 점심, 저녁, 그리고 수업 시간에 어떤 태도를 가져야 하는지 수업이 끝난 후에는 어떻게 해야 하는지, 이루 헤아릴 수 없이 많은 학급에서 일어나는 일들을 일관성 있게 한다면 수업의 효율은 그만큼 더 높아질 수 있다. 나는 다시 자료를 모아 이런 것들을 정비하기 시작하였다. 적어도 신학기가 시작되기 전에 학급경영을 위한 이런 모든 것들이 준비가 되어야 한다. 그리고 이러한 내용들을 어떻게 지도해야 할지 계획을 수립해야 했다. 나는 몹시 바빴고 시간을 줄여 이러한 계획들을 풀어 나가야 했다. 이 일은 아주 간단한 일 같았지만 쉬운 일도 간단한 일도 아니었다. 결국 학급경영을 위한 기초 계획을 정리하는 일만도 3년 이상이 걸렸다. 이러한 계획들을 바탕으로 학급 어린이들을 조직하고 관리해 나갔다. 한 가지 한 가지 계획을 실천에 옮기며 다시 한 번 교육이 잘 안 되고 문제가 있는 것에는 교사인 나 자신의 문제가 더 크다는 것을 마음으로 느끼게 되었다. 우리 학급은 전보다 훨씬 수업 분위기도 좋고 반듯해졌다.

당연히 수업은 한결 힘이 덜 들었고 안정감이 생겼다. 이제는 나 스스로 교과 내용을 재조직해 지도할 수 있도록 작은 프로그램들을 만들어 볼 만큼 여유가 생기기 시작했다. 그런데 지금까지 없었던 일들이 학급에서 생기기 시작하였다. 굳이 시키지 않았는데도 늦도록 교실에 남아서 공부를 하고 가는 어린이! 몸이 불편하다고 오전에 학교에 못 나온 어린이가 하교할 무렵에 등교하여 혼자 그 날 학습을 마치고 가는 어린이! 3학년 어린 꼬마들의 행동이라고는 믿기 어려운 일들이 교실에서 일어나기 시작한 것이다. 그러나 난 그 당시 그것의 요인을 잘 알 수 없었다.

그러는 가운데 새롭게 알게 된 교육과 관련된 것들 중 우리 반 친구들 수업에 이용할 수 있다고 생각한 것은 꼭 그대로 실천해 보았다. 그리고 실천하는 가운데 문제점이 무엇인지 생각해 보았다. 그러면서 하나씩 보완해 나갔다. 그리고 교육 잡지들인 '교육월보' 나 '우리교육' 에도 우리 반 수업들이 소개되기 시작했다. 어떤 내용이든 아무리 작고 보잘것없는 것도 그들의 손에 내 원고가 들어가면 책에 실렸다. 무엇 때문인가? 무엇이 내 수업을 다르게 보게 만들었다는 말인가?

거의 한 달 가까운 기간을 미국에 있었지만 집중 참관은 단 2주일!

어쩌면 그냥 넘길 수도 있는 이 일이 나에게는 너무도 큰 변화를 주었다. 두 주간의 수업 참관으로 무엇을 얼마나 배울 수 있겠는가? 그러나 그 당시 배운 것은 구체적인 방법도 있었지만 그보다는 내 마음의 변화였다. 교사로서 내가 돌아가 해야 할 일이 무엇인지, 그리고 어떤 마음가짐으로 어린이들을 대하고 지도해야 하는지에 대해 다시금 고뇌하게 된 것이다.

3. 교육대학원에서의 새로운 이론 학습

1997년 나는 또 다른 도전을 하였다. 혼자 공부를 하는 것에는 한계를 느꼈기 때문이다. 좀 더 체계적인 공부를 위한 방법을 모색하던 나는 결국 대학원에 진학하기로 하였다. 새로운 이론에 대한 정보나 학회 소식! 거기다 수없이 실패하는 수업에 대한 원인 분석 등이 나 혼자만의 힘으로는 부족하였기 때문이다. 그래서 어렵게 결정한 것이 대학원 진학이었다. 그러나 대학원을 진학하기까지 과정이 쉽지 않았다. 그 당시 나는 이미 40이 넘은 나이였다. 대학원을 진학하여 공부해 나갈 수 있는지 체력과 능력이 될지 나 스스로를 믿을 수 없었다. 그리고 가족들에게 이해를 구하기가 쉽지 않았다. 그 당시 큰 아이는 고등학교 3학년, 둘째가 고등학교 1학년이었다. 두 아이 모두 엄마의 도움이 절실히 필요한 때 나 자신을 위한 이런 결정을 내리고 가족의 이해를 구하기가 쉽지 않았다.

첫 번째 문제를 해결하기 위하여 나는 1996년에 서강대학교 평생교육원에서 일주일에 한 번 3시간씩 듣는 '독서지도 프로그램' 을 신청하여 본격적인 공부를 시작해 보았다. 대학원 공부는 학문적인 접근을 해야 하기 때문에 집중해서 강의도 들어야 하고 전문서적을 읽어 낼 수 있어야 하기 때문이다. 처음에는 '과연 이것을 내가 잘 할 수 있을지' 나 자신을 믿을 수 없었다. 그러나 평생교육원의 한 학기 강의는 매우 즐거웠다. 그리고 내 몸속 깊은 곳에서부터 공부에 대한 의욕이 타올랐다. 나는 대학원 진학에 자신이 생겼고 긍정적인 결심을 할 수 있었다. 내가 가장 공부하고 싶은 초등교육을 선택하여 '덕성여대 교육대학원' 에 진학을 하였다. 이것은 교사인 나를 학문적으로 성숙한 사람으로 만드는 좋은 계기가 되었다.

대학원 진학은 교사로서 나 혼자의 힘만으로 해결하지 못했던 점들을 하나하나 해결하게 해 주었다. 교사로서 나는 늘 '과연 내가 제대로 하고 있는가?' 하는 고민을 하고 있었다. 그러나 그것에 대한 해답을 누구에게서도 구할 수 없었다. 내가 진학한 덕성여대에서는 현장에서 제대로 쓸 수 있는 교사를 키우는 일에 힘을 쏟았다. 그래서 대학원을 다니는 동안 내가 하고 있는 여러 가지 교수-학습계획안들을 지도받을 수 있었을 뿐만 아니라 내가 한 학습에서 생긴 문제점에 대하여도 함께 분석하고 토론하고 처치할 수 있었다. 누군가에게 편하게 지도받을 수 있다는 것! 그것은 나에게 일할 수 있는 힘을 주었다.

그 당시 개발한 6학년 통합교육과정 '세계' 중 가장 큰 이벤트인 '만국박람회' 를 기획하기까지의 과정의 수업일지를 보면 이런 나의 마음이 잘 나타나 있다.

> 마침 새학기부터 나는 대학원에 진학하게 되었고, 첫 번째 학기 강좌 중에는 '통합교육과정 운영' 이라는 것이 있었다. 내가 평소에도 관심을 많이 가지고 있던 부분이라 열심히 공부하였다. 그러나 하면 할수록 더 알 수 없고 어려운 것이 통합교육과정의 운영이었다. 이 강의를 통해 통합의 방법이 얼마나 다양한지 또 통합을 하기 위해서는 혼자의 힘으로는 매우 어렵다는 것도 알게 되었다. 우리보다 앞선 서양의 경우도 여러 교과를 담당한 교사들이 함께 모여 서로 의견을 합치기 위해 장시간에 걸쳐 함께 여행도 하고 생활도 하면서 프로그램을 개발한다는 강의를 들었다.
>
> '그래! 지금 내가 처한 문제는 나만의 문제가 아니고 이런 일을 하는 모든 교사들의 문제이다.' 나 혼자만 능력이 없는 것이 아니라 모두의 문제라는 사실은 얼마나 마음 든든한 일인가!
>
> 우리가 통합의 방법으로 가장 즐겨 쓰는 주제중심 학습도 통합의 한 부분에 불과한 것이었다. 지금까지 나는 '통합' 하면 주제중심 통합만이 있는 줄 알았는데…….
>
> 그러나 내 머리 속에는 지난 겨울방학 동안에 개발하다 덮어둔 프로그램 '세계' 중 주제에 대한 이해 뒷부분을 어떻게 할 것인지에 대한 고민이 떠나지 않고 있었다. 어떤 이벤트를 할 수 있을까? 그러던 중 교수님께서는 우리들에게 외국의 통합교육과정 운영에 관한 사례를 주시며 다음 시간까지 분석해 오라는 과제를 주셨다. 그 날 내가 받은 프로그램은 유태인 학살을 주제로 한 '대학살로부터 희망까지' 라는 프로그램이었다. 이 프로그램은 내가 '세계' 라는 프로그램에서 '만국박람회' 라는 이벤트를 벌이는 데 큰 영향을 준 것이기 때문에 간단히 요약해 보겠다.(중략)

> 인류 역사상 가장 큰 최대 변혁 사건인 대학살로부터 50년이 지났다. 중학생들이 배우는 역사에서 오늘날 개인의 생활과 세계적인 상황에 이것을 적용해 볼 수 있다.(중략)
>
> 학생들은 그 대학살의 주도자가 어떻게 잘못된 교육을 받았으며, 대학살을 하면서 잘못된 지식과 기술을 사용했는지 배울 수 있다. 무엇보다도 학생들은 편견, 무관심, 무감동의 위험에 관해 깨달을 수가 있을 것이다.
>
> 이 프로그램은 최고의 활동으로 6학년 학생들은 학교의 미디어센타에 '박물관' 을 마련하는 계획과 이벤트로 당시를 체험하는 여러 가지 일들을 직접 체험하는 것으로 하고 있었다. (중략)

지금까지의 고민이 한순간에 사라지는 것 같았다. '2학기야 어서 오너라!' 나는 콧노래라도 나올 것 같았다.

이렇게 대학원 공부는 어린이들을 지도하는 나에게 프로그램을 만드는 아이디어나 학문적인 조언뿐만 아니라 만든 프로그램을 분석하는 데에도 큰 도움이 되었다. 나도 모르는 사이에 점진적으로 내가 만든 교수-학습 활동에 대하여 자신감이 붙기 시작하였다. 이론적으로 무장된 학습 지도안으로 수업을 하는 당당함! 설령 수업이 잘 안 되었다고 하더라도 막연하게 왜 안 되었는가가 아니라 무엇 때문에 안 되었는지 분석을 하는 힘이 생긴 것이다. 어디 그뿐이랴. 교수-학습 효과를 높이기 위해서는 꼭 갖추어야 할 교육철학적 배경 아래 이루어져야 하는 학급경영, 다양한 교수-학습 이론, 각종 논문들을 읽고 분석하기, 학회 참석하기 그리고 빼놓을 수 없는 수행평가와 실행 논문 쓰기는 나에게 교사로서 다시 태어나게 하는 데 충분하고 신선한 공부였다.

대학원을 다니는 동안은 누구나 각 분야의 새로운 논문들을 많이 읽게 된다. 전에는 이러한 것들이 그저 이론으로만 보여졌었다. 그러나 논문을 분석하고 직접 논문을 준비하면서 나는 또 다른 교사이며 연구자로서의 안목을 갖게 되었다. 새로운 연구 결과들은 어린이들을 지도하는 수업 방법 면에서도 도움을 받았지만 교육현장 문제와 사회문제 등에 관하여 심도 있는 생각을 하게 하였다. 이러한 것들은 각기 다른 환경 속에서 살아가는 어린이들을 이해하는 데 큰 도움이 되었다. 그렇다! 교사가 해야 하는 공부는 단순한 교과로 끝날 수 있는 것이 아니다. 지금까지의 수업을 되돌아보며 나는 혼자 반성을 하였다. 그리고 내가 담임했던 많은 어린이들의 얼굴이 떠올랐다. 많이 많이 미안하였다.

그랬다! 전에 나는 아무 것도 모르고도 잘 살았다. 내가 알고 있는 세계가 전부라는 생각을 가지고! 이렇게 좁은 안목으로 세상을 볼 때에는 아주 편하고 공부할 것도 많지 않았다. 그러나 알면 알수록 보이는 것이 많아져 새로운 논문이나 전문 서적을 읽는 시간이 많아졌다. 그리고 신기하게도 내가 알고 있는 것만큼 수업도 좋아졌다. 당연히 수업하는 시간이나 공부하는 시간 모두가 즐거웠다.

대학원 과정의 수업 중 또 하나 빼놓을 수 없었던 강좌는 수행평가였다. 이 강의는 평가에 대한 나의 생각을 완전히 바꾸었다. 평가에 대한 올바를 이해는 수업 방법도 바꿔 주었다. 왜 학교마다 수행평가의 척도가 달라야 하며 다양한 수행평가 도구들이 개발되고 그것이 학습에 적용되어야 하는지, 교수-학습 활동에서 교사뿐만 아니라 어린이에게도 수행목표를 분명하게 알려주는 것이 왜 필요한지 등에 관하여 확실한 생각을 하고 어린이들을 지도하게 되었다. 수업을 보고 준비하는 안목이 이 시간의 목표 달성에만 급급한 것이 아니라 좀 더 길게 되었다. 당연히 교사용 지도서뿐만 아니라 교육과정 해설서를 읽으며 이 시간의 수업과 학년의 목표 그리고 그 교과의 목표를 생각하는 수업을 하게 된 것이다. 지금까지 우리가 알고 있었던 것과 전혀 다른 다양한 평가 방법인 '학습일지' '면담' '포트폴리오' 등을 활용한 우리 반의 교수-학습은 달라지고 있었다. 학습의 주체인 어린이들의 눈빛이 달라졌으며 그들 스스로도 달라진다고 이야기할 정도가 되었다. 지금까지 열심히 수업을 하면서도 뭔가 찜찜했던 생각들이 조금씩 걷히기 시작하였다. 당연히 수업을 하는 나도 힘이 솟았다. 수업하는 교사로서 어린이들이 높은 학습 효과를 나타낼 때보다 더 신나는 일은 없기 때문이다. 수업이 끝나도 우리 교실은 늘 분주하였다. 우리 반 친구들은 수업이 끝났다고 하교하는 어린이가 별로 없었다. 학기 초에 그렇게 많이 가던 학원도 거의 끊고 대부분의 친구들은 학교 공부를 충실히 하며 스스로 공부하는 방법을 익혀 나갔다. 온 교실이 이렇게 학구적이고 열심히 공부하는데 어떻게 교사가 신이 나지 않을 수 있을까? 나는 더 새로운 교수-학습 방법을 공부하고 어린이들을 지도하는 데 열중하였다. 잠이 부족하고 힘이 들어도 열중하는 나의 모습은 다른 사람들이 보기에 더 힘차 보였고 나 스스로도 그렇게 느껴졌다. 준비 안 하고 수업이 잘 안 되었을 때의 그 막막함이나 답답함보다 힘은 들어도 이건 활력이었다. 수업이 이루어지는 교실은 또 다른 변화를 보였다.

대학원을 다니는 사람들 대부분은 마지막 학기에 논문 때문에 많은 어려움을 겪는다. 그러나 나는 대학원 논문이 힘들지 않았다. 지금까지 대학원에서 여러 가지 교수학습 이론을 배울 때마다 그 이론을 우리 교실에 직접 적용해 보았기 때문이다. 적용을 한 후에는 대학원에서 배운 여러 가지 분석 방법을 사용하여 수업을 분석하고 그 결과들을 하나하나 정리하여 수업일지를 만들어 놓았기 때문이다. 내가 다니던 대학원은 실행 논문을 쓰도록 하였기 때문에 논문은 이런 것들을 모으면 되었다. 단지 논문의 체계를 갖추기 위한 일과 지금까지 내가 해왔던 여러 가지 일들을 하나로 연결하여 정리하면 되었다. 내가 개발한 교수-학습 계획은 대부분 이론을 그대로 사용하지 않았다. 그 이유는 내가 지도하는 어린이들을 먼저 생각하고 그들이 잘 해 나갈 수 있도록 재구성하였기 때문이다. 내 논문도 이런 부분에 초점이 맞추어져 있었다. 당연히 논문의 내용은 이런 자료들을 객관화시킬 수 있는 노력이 필요하였다. 다른 학교나 학급에서도 이런 방법을 적용하면 수업이 가능할 수 있도록 프로그램을 정리하였다. 정리된 프로그램은 공동 연구를 신청한 다른 학교 선생님들과 함께 적용을 하면서 나의 논문은 문제점들이 하나하나 더 보완되었다. 그렇다. 논문은 나만 아는 언어로 기술되어서는 안 된다. 누구나 읽고 이해할 수 있어야 한다. 함께 연구하면서 나는 내 원고의 결점을 하나하나 찾아낼 수 있었다. 어린이들을 보는 내 눈은 논문을 쓰기 전보다 좀 더 넓어졌다. 내가 한 일을 다른 사람이 다시 활용할 수 있게 하기 위한 노력! 이런 노력도 참으로 필요한 것들이었다. 개인적으로 한 일을 객관화시킨다는 것은 또 다른 공부였다. 대학원 진학! 이것은 어떤 선택보다 탁월하였다.

4. 수업의 끝없는 개선과 반성

드디어 내일은 우리가 준비한 '만국박람회'가 개최되는 날이다. 오늘 수업은 내일 정식 박람회 개최를 앞두고 '모의 만국박람회'를 열어 최종적으로 점검하는 것으로 이루어졌다. 치밀하게 계획된 학습이었지만 막상 '모의 박람회수업'을 진행하니 문제점들이 드러났다. 수업이 끝난 후에 우리 친구들은 그 문제점들을 보완하고 이제야 막 전시관으로 변한 우리 교실을 정리하고 떠났다. 이미 퇴근시각인 5시가 훨씬 지난 시각이다. 나는 전시관을 다시 한 번 돌아보고 예비 박람회에서 보여준 이벤트도 하나하나 다시 한 번 머리 속으로 그려 보았다. 분명 한 명 한 명 꼼꼼하게 지적할 것은 지적하고 수정할 것은 수정한 후 확인까지 하였지만 다시 나는 몇 가지 미진한 점을 찾아 수첩에 적었다. 그런데 갑자기 중요한 한 가지를 지도하지 않았다는 생각이 났다. 내일 하루의 관람객들이 부모님에서부터 1학년 동생들까지 있다. 각기

> 다른 대상들에게 그들이 어떻게 대응해야 하는지에 관하여 준비하게 하는 것을 잊었다. '어떻게 해야 하나? 이제는 방법이 없다. '원고를 2원화시켜야 하는데 내일 그것이 가능할까? 우리 친구들은 해낼 거야! 분명 1~2학년 동생들에게는 어떻게 이야기를 할지 잘 알 것이다.' 스스로를 위로하면서 나는 다시 한 번 잊지 않도록 아침 일찍 책상위에 각 팀장들에게 할 이야기를 메모해 두었다. 분명 오늘 밤은 어린이들뿐만 아니라 나도 잠을 잘 못 잘 것 같다. 우리 친구들의 이야기처럼 이건 초등학교 시절의 마지막 프로젝트이고 한달 동안이나 학습한 결과물들이니까!

프로젝트는 대성공이었다. 관람한 선생님들과 부모님들, 다른 반 친구들, 꼬마 동생들까지도 모두 너무 재미있고 유익하다고 하였다. 교장선생님께서도 자랑스러운 우리 친구들의 학습과정과 산출물들을 이사장님을 초청하여 보여드리면 좋겠다고 하셨다. 우리 반 친구들도 모두 나처럼 온몸이 상기되어 둥둥 하늘로 떠오르는 것같이 보였다. 이런 것이 바로 교사가 느끼는 '환희' 이다. 지금까지도 사람들은 나를 열심히 하는 교사라고 하였다. 나는 어린이들과 함께 하는 시간이 행복하고 즐거웠다. 그래서인지 교사로서 나와 어린이들과의 생활은 매 시간 크고 작은 감동의 연속이었다. 그러나 이렇듯 벅찬 감동은 그리 흔한 것이 아니다. 이번과 같은 감동은 실로 크고 벅찬 것이다. '환희' 라는 표현은 바로 이런 때 하는 말이다. 나는 온몸으로 기쁨을 느끼며 행복에 젖었다.

> 이렇게 큰 규모의 전시관을 볼 줄은 정말 몰랐습니다. 그저 아이들의 수준 그 정도에서 그치겠지 했지만 와서 보니 제가 부끄럽고 우리 아들 딸들에 대한 믿음으로 가슴이 뭉클하여 편한 마음으로 돌아갈 수 있어 고맙습니다. 정말 수고 많으셨습니다.
>
> — 어머니 김순례

총관람자 어린이 312명, 학부모 18명, 우리 학교 및 다른 학교 교사 113명 모두 합하여 425명. 어린이들은 이틀 동안 잠시도 쉴 틈이 없이 손님을 안내하고 자신들이 공부한 내용을 설명하고 체험하게 하였다. 누구 하나 어색함이 없이 동생은 동생대로, 다른 반 친구는 친구대로, 부모님과 선생님은 또한 그대로 각각의 수준에 맞게 자신이 공부한 내용을 소개하는 한 분야의 전문가가 되어 있었다. 이 모습을 둘러보고 난 뒤 나는 우리 친구들이 너무나 대견하였다. 진행이 잘 되는 것을 확인하고 나니 온몸에 힘이 빠지며 그대로 주저앉을 것 같았다. 발표하는 학생들도 모두 하나같이 자신의 역할을 잘 해 주었다. 천방지축이던 승표도 의젓하게 손님을 맞으며 자신의 역할을 다 해내는 것을 보면서 교육이라는 것이 이렇게 사람을 변화시킬 수 있구나 하는 생각이 들었다. 그러나 이렇게 되기까지를 생각해 브니 꿈만 같다는 말이 실감이 났다.

'내가 이 1년을 어떻게 지냈지?'

이 정도 프로젝트를 스스로 해낼 수 있도록 지도하는 것은 쉬운 일이 아니었다. 나는 학기 초부터 차근차근 학습 훈련을 시켜왔다. 어린이들 중에는 수업 끝난 후에도 몇 시간씩 더 학교에 남아 지도를 받기도 하고 때로는 밤늦은 시각에 전화로 상담을 하기도 하며 1년을 지내왔다. 그 모든 과정은 마지막 프로젝트인 '만국박람회'를 성공적으로 해낼 수 있는 학습력을 기르기 위한 것이었다. 그런데 이제 그 큰 프로젝트가 결실을 거둔 것이다. 단 한 명의 낙오자도 없이!

이렇게 큰 통합교과적인 프로그램을 개발하고 적용하기까지는 많은 번민과 고통이 뒤따랐다. 몇 번이고 프로그램 개발을 그만두고 싶었다. 그러나 이것이 옳다는 확신이 있었고 아무도 나에게 이런 도움을 줄 수 없기 때문에 나는 할 수밖에 없었다. 왜냐하면 내가 가르칠 아이들을 아는 사람은 나 이외에는 아무도 없었기 때문이다.

교수-학습 프로그램을 개발하고 그것을 직접 현장에서 지도하면서 나는 아이들을 지도하는 일 이외의 다른 일은 거의 생각할 수 없었다. 아무리 열심히 준비하여도 수업은 늘 부족하였고 원하는 만큼의 결과를 얻을 수 없었기 때문이다. 나는 늘 공부해야 했고 바빴다. 배울 수 있는 자리가 있으면 가리지 않고 가서 배웠다. 뭔가 새로운 것들을 배울 수 있다는 것이 나에게는 큰 즐거움이었다. 그것이 즐거웠던 이유는 준비를 하면 할수록 그 결과는 교실 속에서 더 크게 나에게 되돌아왔기 때문이다.

내가 수업을 할 때 가장 중요한 요인으로 생각하는 것은 어린이들이다. 나 혼자 열심히 준비한다고 수업이 잘 되는 것이 아니라는 것을 나는 책에서 읽어 이미 잘 알고 있었다. 그러나 이런 일들도 몸으로 느끼지 않고서는 나의 지도법을 고치지 못하는 나는 미련한 사람이다.

1994년 그해 나는 6학년을 맡았다. 그 친구들은 내가 5학년 때 지도한 학급을 반 편성 없이 그대로 6학년에 데리고 올라온 친구들이었다. 5학년 한 해 동안 학습 훈련이 잘된 친구들이라 6학년은 학기 초부터 바로 정상적인 수업이 이루어질 수 있었다. 당연히 수업을 하는 나도, 수업을 받는 친구들도 신이 나는 해였다. 나는 마음껏 욕심을 부려 수준 높은 교수-학습 활동들을 우리 반에 적용하였고 우리 친구들은 별무리 없이 해냈다. 여러 가지 프로젝트를 수행하는 가운데 우리 반의 친구들은 누구랄 것도 없이 자기 학습 능력을 키워 스스로 공부하는 힘이 대학생 못지않을 정도가 되었다. 이것은 내가 내린 평가가 아니다. 수업 참관을 하신 어느 대학 교수님께서 인솔하신 대학원생들에게 하신 말씀이다. 나는 날이 갈수록 6학년의 매력에 푹 빠졌다.

1995년! 그 해도 나는 설레며 6학년을 맡았다. 작년에 준비한 많은 자료들과 교수-학습 계획이 고스란히 보관되어 있어 나는 행복했다. 봄방학 동안에 새로 맡을 친구들을 생각하며 즐겁게 이런 저런 준비를 하였다.

그런데 새학기 첫날부터 이 친구들은 뭔가 달랐다. 작년 친구들하고는 여러 가지 면에서 많은 차이점을 보였다. 어린이들은 내가 무슨 말을 해도 잘 알아듣지 못하는 것 같았다. 작년 친구들은 아주 쉽게 받아들이던 것도 이들은 잘 알아듣지 못하는 것이다. 하루하루 지나며 나아질 것이라고 생각했는데 그게 아니었다. 아무 것도 제대로 되는 것이 없었다. 수업뿐만 아니라 생활지도도 그렇고 스스로 공부하는 힘도 그렇고 하물며 청소, 정리정돈까지도 무엇 하나 제대로 되는 것이 없었다. 다른 것은 다 참을 수 있는데 수업이 제대로 잘 안 되는 것은 참을 수 없었다. 내가 수업을 위한 준비를 덜 한 것도 아니고 수업시간에 내가 할 일을 열심히 하지 않은 것도 아닌데 수업이 안 되는 것을 이해할 수 없었다. 아무리 노력해도 이것은 내 잘못이 아니라 우리 반 친구들이 잘못된 것이라고밖에는 생각할 수 없었다. 아무리 노력하여도 변화되지 않는 어린이들을 보면서 참으려고 하여도 참아지지 않았다. 결국 나는 불같이 화를 내는 날이 많아졌다. 이래서는 안 된다고 생각하면서 열심히 준비하여 수업을 하려고 하면 다시 또 화가 났다. 이렇게 나는 한 달 동안이나 거의 매일 화를 냈다. 주로 화를 내는 부분은 작년 언니들은 잘 하던 것을 너희들은 왜 못 하느냐는 것이었다. 그리고 만나는 사람마다 올해 친구들이 작년보다 많이 뒤떨어진다고 불평을 늘어놓았다.

이렇게 화를 내다가 어느 날 거울 옆을 지나치다 문득 그 속을 보았다. 거울 속에는 아주 낯선 모습의 사람이 있었다. 찬찬히 보니 그것은 바로 나였다. 갑자기 머리가 핑 어지러웠다. 그리고 차근차근 무엇이 문제인지 생각해 보았다. 마음을 고요히 하고 생각을 하였다. 왜 거울 속의 내가 이렇게 낯선지! 천천히 심각하게! 결국 나는 정말 너무도 부끄러운 사실 하나를 발견하고 말았다.

아! 지금까지 우리 반 친구들에게 화를 낸 것은 어린이들의 문제가 아니었다. 바로 교사인 나 자신의 문제였다. 나는 작년 우리 반 친구들에게 너무나 익숙해져 있어서 모든 수업 계획을 그들에게 맞게 했던 것이다.

'이 일을 어떻게 해야 하나?

얼굴이 화끈거렸다. 부끄러워 고개를 들 수 없었다. 못난 자신을 어떻게 해야 좋을

지 생각이 나지 않았다. 이로 인하여 상처받았을 우리 반 친구들이 떠올랐다. 미안하고 또 미안하였다.

다음 날 나는 진심으로 어린이들에게 미안하다고 사과하였다. 그리고 약속도 하였다. 이제부터는 언니들을 가르쳤던 방법을 그대로 사용하지 않을 것과 언니들과 비교하지 않을 것을! 나는 최선을 다하여 우리 반 친구들을 생각하며 수업 계획을 새롭게 하였다. 당연히 수업 효과는 나날이 달라졌다. 특히 올해 친구들은 매우 활달하고 창의적이고 적극적이었다. 그들의 산출물은 작년과는 또 다른 것들이었다. 나는 다시 활기를 찾기 시작하였다.

그 이후 나는 이와 같은 실패를 두 번 다시 하지 않으려고 애썼다. 뭔가 잘 안 될 때에도 그 요인을 스스로에게서 찾으려는 노력을 먼저 하였다. 그리고 수업 계획을 세우기 전에 내가 맡은 어린이들을 생각하였다. 어린이들을 제대로 알기 위한 노력도 계속하였다. 그러기 위하여 그들 모두를 내 가족 같은 애정을 가지고 살펴보려고 하였다. 지금까지도 나는 부모님으로부터 교사로서뿐만 아니라 인간으로서 내가 해야 할 일이 부끄러워서는 안 된다는 교육을 받고 있다. 그래서 맡은 어린이들에게 최선을 다했다. 누가 시켜서가 아니라 나 스스로 신이 나서 그렇게 했던 것이다. 그들의 잘됨을 함께 기뻐하고 그들이 어려움에 처했을 때 그것을 이해하고 함께 하고자 했다.

그러나 열심히 공부하고 준비한 교수-학습 프로그램이라고 모두 성공하는 것은 아니었다. 안 되고 힘들 때마다 어떻게 해야 할지 고민하는 나에게 용기를 주고 아이디어를 준 것은 바로 공부를 해야 하는 어린이들이었다. 그들은 나와 더불어 다음 단원을 어떤 방법으로 공부하면 좋을지 생각하게 해 주었고 교사인 나보다 어떤 면에서는 자기 친구들을 더 잘 이해하고 그들이 잘 할 수 있도록 안내해 주었다.

그러나 이렇게 어린이들과 하나가 될 수 있도록 하는 일은 쉬운 일이 아니었다. 나는 늘 한 가지 욕심을 부렸다.

'어떻게 하면 어린이들에게 좋은 선생님이라는 이야기를 들을 수 있을까?

수십 년을 고민하고 있지만 아직도 정답을 얻지는 못하였다. 그러나 어린이들이 싫어하는 교사가 어떤 교사인지 알고 있다. 많은 설문조사에서 보면 어린이들은 '편애하는 교사' 를 가장 싫어한다고 한다. 그렇다! 어린이들은 누구나 선생님께 공평한 대우를 받고 싶어 한다. 나도 공평한 교사가 되도록 노력하자. 하루에도 수없이 일어나는 많은 사안들에 대하여 누구에게나 모두 공평한 느낌을 받게 하는 것은 쉬운 일이 아니었지만 나는 노력을 게을리하지 않으려고 애썼다.

그러는 동안 몇 가지를 확실하게 하면 대부분의 어린이들은 공평한 교사라고 생각한다는 것을 알았다. 그 중 하나로 나는 촌지를 받지 않는 교사가 되어야 한다고 생각했다. 촌지뿐만 아니라 어떤 과분한 선물도 어린이들을 지도하는 도중에 받아서는 안 된다고……. 명절에 학부모로부터 과일 한 상자를 받는 것도 선물이 아니라고 생각하였다. 이것이 선물이 되려면 현재 담임선생님이 아닌 과거의 선생님께 했을 때이다. 이런 약속을 어린이를 지도하는 동안 일관성 있게 지켜 나갔다. 처음에는 너무 강한 선생님이라고 생각하던 부모님들도 차츰 나를 이해하였다. 날이 갈수록 내가 맡은 어린이나 학부모들은 필요 이상으로 학교나 교사를 의심하거나 우리 아이가 학교에서 불이익을 당하는 것은 아닌가 하는 피해의식을 갖는 일이 없어졌다.

나는 학교가 노는 곳이 아니라는 생각을 가지고 있다. 열심히 공부하고 생활하는 가운데 학생들은 학습에 의욕을 느끼고 활기를 찾는다. 교사 또한 수업이 잘 진행되어 어린이들이 몰두하여 공부할 때 활력을 얻는다. 나는 어린이들이 수업에 몰입할 수 있도록 하기 위해서는 무엇보다 수업이 재미있어야 한다고 생각한다. 재미있는 수업이라는 것은 웃기는 코미디 수업이 아니다. 사람은 누구나 배우고자 하는 욕구가 있다. 어린이들이 열정적으로 수업에 몰입할 수 있도록 하기 위하여 나는 그들과 함께 수업을 계획하고 진행하였다. 어린이들을 수업 계획에 참여시키기 위해서는 먼저 준비하는 교사가 되어야 했다. 어린이들이 계획부터 참여한 수업은 대부분 재미있었다. 진지하면서도 힘찼다. 우리 반 친구들의 모습을 하나하나 그려가며 교재를 연구하고 수업을 준비하는 동안 나도 즐거웠다. 이 수업을 했을 때의 어린이들의 모습이 그려졌기 때문이다. 나는 그들에게 내가 애정을 가지고 있다는 것을 보여주기 위하여 수업중만이 아니라 그들이 학습한 결과물들도 끝까지 차근차근 읽어보고 적절한 멘트를 해 주었다. 어린이들도 항상 그들의 옆에 내가 있다는 것을 느끼는 것 같았다. 어느 정도 신뢰가 느껴졌다.

우리 친구들은 나에게 '물귀신' 이라는 별명을 붙여 주었다. 그것은 내가 항상 그들 곁에 있으며 그들과 하는 학습에서 한 가지도 놓치지 않는다는 뜻에서 지어준 아름다운 별명이다. 그러나 이런 나의 성격은 또 한 가지 문제를 낳았다. 선생님이 너무 완벽하고 꼼꼼해서 허점이 보이지 않는다는 것이다. 항상 반듯한 교사의 모습만을 보이면 어린이들이 가깝게 다가오지 못했다. 나는 진정으로 그들의 고민을 의논할 수 있는 교사가 되고 싶었다. 익숙하지도 않고 잘하지도 못했지만 노력하였다. 그래서 쉬는 시간에는 요즘 유행하고 있는 가수의 노래를 함께 부르기도 하고 내가 잘 모르는 노래를 배우기도 하였다. 인기 있는 개그맨들의 말투나 춤 그리고 만화이야기도 함께 하였다. 미처 내가 잘 모르는 아이들만의 비밀스러운 이야기도 관심을 갖고 열심히 들었다. 당연히 지켜야 할 비밀은 끝가지 지켜 주면서 시대에 뒤처지지 않는 교사가 되도록 노력하였다. 이런 모든 일들이 자연스럽게 이루어질 수 있도록 나 스스로를 단련하였다.

지금도 가끔씩 나는 힘든 일이 생겼다고 투덜투덜 이야기를 하러 오는 중 · 고등학생이 된 제자들을 만난다. 이제 내가 그들에게 특별히 도움이 될 일은 없다. 그러나 그들은 내게 그들의 고민을 이야기하면서 스스로 해결책도 찾아낸다. 나는 그냥 그 친구의 입장이 되어 함께 고민하면서 들으면 된다. 같이 떡볶이나 햄버거를 먹으며……. 돌아가는 그들의 뒷모습은 올 때보다 훨씬 더 가볍게 보인다. 나도 그들처럼 마음이 평온해진다.

진정으로 어린이들을 이해하고 사랑하는 공평한 교사!

수업 준비를 위해 최선을 다하고 어린이들의 의견을 수업에 포함시켜 어린이들이 관심을 갖는 재미있는 수업을 진행하는 교사!

나는 학교에 있는 마지막 날까지 이런 노력을 계속할 것이다.

어린이들이 더운지 추운지도 모르고 학습 활동에 몰입할 때!

내가 미처 생각하지도 못한 창의적인 생각을 해낼 때!

합리적이고 논리적인 토론으로 팽팽한 긴장이 감도는 그 가슴 벅찬 교실 분위기를 느낄 때!

교사 자신도 미처 생각하지 못한 학습 결과물들을 만들어 낼 때!

그것은 교사가 아니면 느낄 수 없는 감동이다.

나는 어린이들과 수업을 하며 이렇게 활력을 얻는다.

나는 나이를 먹지 않는다. 남들이 물어보지 않으면 나이를 알 수 없다. 누가 물어도 나는 내 나이를 정확하게 말하지 못한다. 나는 해마다 같은 나이의 새로운 어린이들과 학부모를 만난다. 어린이들이 나이를 먹지 않는데 어찌 내가 나이를 먹을 수 있는가? 어린이들이 교실에서 활기차게 공부하고 있는데 어찌 교사인 내가 활력이 떨어질 수 있다는 이야기인가? 나는 오늘도 어린이들이 있는 학교에서 늙지 않고 살고 있다.

이야기 5:
나는 왜 교감이 되지 못했을까?

1.

28년 전, 사랑하는 내 첫아들 준태가 태어나던 때만큼 긴장되는 순간이다. 사회를 맡아 곱게 차려입은 5학년 여학생이 말한다.

"다음 무대는 2학년 친구들이 준비한 화려한 댄스 스포츠 공연이 이어지겠습니다. 지금까지는 잘 보지 못했던 새롭고 흥겨운 무대가 될 것 같습니다. 박영욱 선생님과 친구들을 불러 볼까요?"

커튼이 걷히고, 화려한 의상을 입은 우리 아이들이 무대에 등장했다. 모두들 잔뜩 긴장한 탓에 화려한 옷과 사뭇 대조적인 표정들이다. 나 역시 긴장된다. 이마에 땀까지 맺힌다. '얘들아, 난 너희들을 믿는다.'

잠시 후, 스피커를 통해 흥겨운 라틴 음악이 흘러 나온다. 그러자 우리 아이들의 표정에 생기가 돌기 시작하더니, 리듬에 맞춰 신나게 춤을 추기 시작한다.

"이야! 연습 때보다 더욱 잘하는데? 그래 좋아!!"

마치 리듬에 몸 전부를 맡긴 듯하다. 관람하던 학부형들이 하나둘 일어나 흥겨운 리듬에 맞춰 박수를 치고, 심지어 리듬을 타서 몸을 흔드는 사람도 있다. 자이브, 차차차, 룸바가 차례로 선보여졌다.

처음 춤을 가르칠 때가 생각났다. 남녀 짝지어 춤추기 싫어서 가지도 않는 학원 핑계, 몸이 아프다는 핑계, 이런저런 핑계를 다 대던 아이들이었다. 무대에 오르기 며칠 전, 화려한 옷을 입어 어색한 서로를 쳐다보며 웃으며 열심히 연습했던 사랑스런 우리 아이들이 무대 위에서 더욱더 빛나 보인다.

어느새 음악이 사라지고, 아이들은 무대에서의 마지막 인사를 했고, 우리의 공연은 그렇게 성공적으로 끝이 났다. 엄청난 박수갈채가 쏟아지고 환호가 이어진다. 생각보다 폭발적인 반응들이다. 옆에서 쭉 지켜보고 있던 윤 선생님이 말했다.

"박 선생님, 언제 저렇게 준비하셨어요? 정말 대단하십니다. 선생님 보면서 항상 느끼는 것이지만, 나이는 정말 숫자에 불과한 건가 봐요. 멋져요 정말!"

"박 선생, 정말 수고했어. 대단해!!"

"박 선생님 덕분에 올해는 2학년들 무대가 단연 최고가 되겠는데요? 부러워요!"

"선생님!! 시간 있으시면 저도 꼭 배우고 싶네요."

주위에선 온통 나를 향한 칭찬이 쏟아진다. 가슴이 벅차오른다. 바로 내가 오늘의 주인공인 것 같다.

그 사이 사랑스런 우리 반 아이들은 땀을 뻘뻘 흘리며 무대에서 뛰어내려와 나를 빙 둘러싸고 자기네들도 좋아서 난리다.

"선생님 우리 너무 잘했죠? 그쵸?!"

"귀여운 녀석들, 그래. 이것이 진정한 행복이야. 난 성공한 거야!!"

아이들의 기쁨에 찬 눈망울을 들여다보면서 나의 지나온 세월들에 대한 기억이 물밀듯이 밀려왔다.

2.

"우리 아이들의 내일을 위하여 오늘 열심히 가르친다."

1969년 전라남도 강진으로 첫 발령을 받았던 초임교사로서의 내 신조였다. 아이들의 미래를 책임질 수 있는 유능한 교사, 아이들의 성장을 지켜보는 것에서 보람을 찾는 교사의 모습을 꿈꾸던 바로 나!

아이들에 대한 열정과 사랑으로 가득했던 나의 초임교사 시절엔 학급당 인원이 80명이 넘었었다. 처음 담임을 맡았던 나는 우리 반 총인원 82명 중 육성회비를 내지 못한 4명을 끝내 졸업시키지 못했다. 당시 교사의 월급이 만원(지금의 백만원 수준)으로 그리 넉넉하지 않아서 다 도와줄 수가 없는 형편이었기 때문이다. 너무나 안타까워 평생 가슴에 한으로 남을 것 같았다. 교사의 열정만으로 해결될 수 있는 문제는 아니었지만 혈기에 찬 초임교사 시절 처음으로 현실의 벽에 맞닥뜨리고는 어쩔 줄 몰라 하며 뜬눈으로 밤을 지새우며 고민했었다.

그렇게 초임교사 시절을 보낸 후, 나는 나의 고향인 김해로 발령을 받아 돌아왔다. 사랑하는 부모님과 부인, 그리고 천사 같은 아이들과 함께 살 수 있는 나의 고향으로 말이다. 이보다 더 큰 기쁨이 있을까!

첫 발령지는 아니지만, 선생님이 되고 난 후 고향 학교로 발령받아서 온 것은 처음인지라 그 설렘과 긴장감은 첫 발령 때와 다를 바 없었다. 고향 마을 동네 어르신들도 나를 대하는 태도가 달라지셨다. 이제는 진정한 성인으로 대해 주시면서 거기에 선생님이라는 것을 하나 더 보태어 모두들 나에 대한 기대가 한껏 크다.

"인사혀, 내 아들놈이야! 선상님인디, 나중에 교장도 할꺼라니께."

아버지께서는 친구 분들께 앞으로 크게 될 거라며 나를 소개하신다. 장남인 나에게 많이 의지하시는 걸 느낄 수 있다. 나 역시 고향 학교에 오면서 더 많은 각오가 생겼다. 나의 제자이면서 후배이기도 한 아이들에게 훌륭한 선생님이 되어 줄 것이며, 남자로서 명예직을 얻어보겠다는 각오 또한 생겼다.

"우선 뭐든지 다 열심히 해보는 거야! 그러다 보면 학교에서 나를 알아주겠지."

이런 마음가짐으로 학습자료 전시회, 보고서 작성, 연구 수업 등 정열을 쏟아서 많은 활동을 하였다. 그것뿐만 아니라 근무평점도 잘 받아야 했고, 주임교사라는 직책을 얻기 위해 임명권을 가지고 있는 교장선생님께 잘 보여야 했기에 눈치를 보아가며 궂은 일을 도맡아 했다. 승진의 길로 나아가기 위한 본격적인 노력이 시작된 것이었다. 그러는 동안 나의 초심은 서서히 흐려져 갔다.

그렇게 나는 아이들과 나 사이에 벽을 스스로 만들어 가기 시작했다. 승진을 향한 나의 노력이 계속될수록 그 벽은 점점 높아져 갔다. 마치 보물섬이 아닌 무인도로 향해 가는 배처럼…….

그 때 갑자기 울산시가 광역시로 승격된다는 소문이 나돌기 시작했다.

'울산이 광역시로 분할된다면 난 평생 경상남도에만 머무를 텐데. 이렇게 작은 곳에 머물러서는 안 되지. 내 자녀들의 교육을 위해서도, 내 미래를 위해서도 도시로 가야한다.'

벽지 학교 근무점수가 있어야 광주로 갈 수 있는 가능성이 높아짐을 의식해, 나는 벽지 학교로 가야겠다고 결심했다.

4년의 근무계획을 가지고서 시작된 학교 생활, 그런데 나에게 적신호로 작용한 일이 발생해 버렸다. 교육 행정의 변화로 근무 연한이 4년에서 3년으로 단축되어 버린 것이다. 그렇게 해서 결국 난 점수가 부족하게 된 것이다. 좌절의 고배를 마시고 지속적이지 못한 우리의 교육 행정에 원망을 던지며 울산을 향한 나의 희망은 일단 접어버린 상태였다. 그리하여 다시 고향 학교로 돌아왔다.

그런데 이게 또 웬일인가? 울산에 인접한 군들이 울산으로 편입이 된다는 것이 아닌가? 그래서 나는 편입이 가능하다고 생각한 3개의 지역 중 한 곳인 철쭉 남 국민학교를 가기 위해 다시 한 번 엄청난 노력을 했다. 그 곳은 고향집에서도 아주 가까운 곳이어서 맘에 쏙 들었었다.

그러나 희망에 부푼 나에게 또다시 날벼락이 떨어졌다. 내가 선택한 지역은 울산으로 편입되지 못한 것이다.

"도대체 난 왜 이렇게 운이 나쁠까? 제대로 되는 일이 없구만. 내가 얼마나 열심히 살았는데 하늘도 무심하지."

난 정말이지 쓴 패배감을 안고 절망에 빠져 버렸다. 그래서 울산으로 가는 꿈은 완전히 좌절되어 버리고, 도시를 향한 꿈으로 인해 잠시 접어 두었던 승진의 꿈이 다시 슬며시 고개를 내밀기 시작하였다.

"내게 부족한 점수는 뭐가 있지? 그래, 도서벽지 근무점수가 없구나. 그렇다면?"

3.

1987년, 생전 처음 와보는 경상남도의 섬, '외로운 섬' 이라는 곳. 그 곳을 향한 뱃길에 올랐다. 힘든 뱃길 여행 탓에 심한 멀미로 고생했다.

선생님 숙소는 보통 학교 안에 관사가 있기 마련인데, 이 학교에는 그 관사가 없단다. 하는 수 없이, 마을에 방을 얻어 살아야만 했는데, 그 곳은 그야말로 생지옥이었다. 전기도 들어오지 않고 전화 역시 되지 않는 곳이었다. 사방을 둘러봐도 낯선 바다만이 끝없이 펼쳐져 있고, 귀에는 거친 파도 소리만이 들릴 뿐이었다. 혼자라는 생각이 자주 들었다. 그 때마다 사랑하는 가족들의 얼굴이 생각났고, 이내 목이 메어왔다.

불편한 것은 살림살이뿐만이 아니었다. 오히려 그런 것쯤은 조금만 있으면 다시 예전의 생활로 돌아갈 수 있다는 생각에 안도하며 견뎌낼 수 있었다. 하지만 아이들의 눈, 내가 점수 때문에 여기로 온 것인 줄은 꿈에도 모르고 나만 바라보는, 마냥 순수한 아이들의 눈을 왠지 모를 죄책감에 제대로 바라볼 수 없었던 내 마음이 더 불편했던 것이다.

어촌 마을의 후덕한 인심과 동료교사들의 도움으로 그나마 섬 생활에 조금씩 적응해 나갈 수는 있었고, 천진난만한 우리 아이들 또한 나로 하여금 낯선 곳에 더 빨리 적응할 수 있게 해주었다. 시간이 흐르면서 나는 조금씩 마음을 열 수 있었다. 아이들과 함께 하는 동안 승진 욕구로 그동안 내가 만들어 놓았던 벽이 조금씩 허물어져 가고 있었던 것이다.

바닷바람에 피붓빛을 그을려 가며 천상 섬마을 선생님이 다 되어가던 내게 큰 위기가 닥쳐왔다. 1988년 전국 교직원 노동조합인 전교조(그 당시 전교조는 불법단체로 규정되어 있었음)는 교육법 개정 운동(교무회의 의결 기구화, 교장 선출 임기제, 학생 자치활동 보장, 교원의 노동3권 보장), 학교 민주화 운동, 사학 비리 척결 운동, 촌지 없애기 운동 등을 전개했었는데, 이것이 문제가 되어 많은 전교조 교사들이 해직을 당했다.

당시 나는 승진이란 하나의 목표 때문에 한국교원단체총연합회(한국교총)에 가입한 상태였는데, 전교조가 해직되었던 교사들의 복직을 요구하는 서명운동을 전국적으로 벌였다. 그 당시에도 한국 교원단체와 전교조는 입장과 생각의 차이로 인해 대립되는 관계였으므로 서명 문제는 나로선 쉽게 결정할 수 있는 것이 아니었다.

지금까지 힘들게 지켜온 내 노력의 목표인 승진을 위해서는 교총의 편을 들어야 했지만 이상하게도 나의 마음은 왠지 서명을 해야 될 것만 같았다. 펜은 아직 굴러가지 않은 상태였다.

예상대로 아침부터 교장실 문이 바빠졌다. 교장 선생님의 개별 면담이 시작된 것이다. 나 역시 교장 선생님께 불려갔다.

"박 선생, 박 선생 교총에 가입한 거 맞죠? 교감 승진 도전하는 것은 맞을 테고, 그렇다면 서명은 설마 안 할 거죠? 혹시라도 서명한다면 나 책임 못 집니다. 각오하세요."

'이게 면담인가? 협박 아닌 협박이지.'

괴로웠다. 마음의 소용돌이가 일어났다.

'어떻게 하지? 내가 고향을 등지고 이 멀고 먼 도서벽지로 온 이유가 뭐였지? 점수, 그래 바로 그놈의 점수 때문인데, 사랑하는 아내와 내 피붙이들과 떨어져, 이름도 모르던 이 외딴 섬에서 혼자 외로움을 이겨내고 있는 이유가 도대체 뭔데. 그런데…….'

간단한 그 서명 하나로 인해 나의 갖은 노력과 희망이 한순간에 물거품이 되어버릴 것만 같아 몹시 두려웠다. 혼란스러웠다. 힘들고 괴로웠다.

그러나 난 결심했다. 나의 자랑스런 이름 석자를 멋지게 서명한 것이다. 같은 교사로서 끼니를 굶고 있다는 해직 교사들을 구명하기 위한 서명란에 자신 있게 서명했다.

이로써 교감 승진이란 압박감에서 벗어날 수 있게 되었다. 아니 정확하게 말하자면, 난 포기를 한 것이다. 마음이 깃털같이 가볍고 편안했다. 한꺼번에 온갖 더러운 것을 한번에 씻어버린 기분이었다.

벽에 가려져 있던 우리 아이들의 얼굴이 서서히 보이기 시작했다. 벽이 무너져 가고 있는 것이다. 내가 만들어 놓았던 벽, 그 벽 뒤에서 아이들은 여전히 아름다운 모습으로 나를 기다리고 있었던 것이다.

잊어 버리고 있던 나의 참교육에 대한 열정이 다시 생기기 시작하였다. 나아가 내가 더욱 성숙하면서, 젊어진 듯한 느낌까지 들었다. 뭐든지 할 수 있을 것 같았다. 해맑은 아이들의 얼굴을 보고 있자니 지난 일들이 후회스럽기만 했다.

한순간에 물거품이 되어버린 나의 끝없던 노력들, 가까이서 챙겨줄 수 없었던 나의 가족들, 결코 보이고 싶지 않았던 의지 약한 가장의 모습, 내가 큰 사람이 되기를 바라던 부모님들, 여러 어르신들 모습, 이런 것들 때문에 마음이 무겁긴 했지만, 승진을 포기해 버리고 난 후 난 더욱 소중한 것들을 얻었다는 생각에 마음이 편해졌다. 이젠 그 누구에게도 부끄럽지 않았다.

외로운 섬에서 3년, 그 옆 면에서 3년 근무, 그렇게 시간은 흘러갔다. 하지만 어디 승진에 대한 미련이 그렇게 쉽사리 없어지겠는가. 그동안에도 승진에 대한 욕구는 한 번씩 불쑥불쑥 고개를 내밀긴 했지만 난 의도적으로 자꾸만 그 욕구를 억눌러 버렸다.

그렇다고 무사태평하게 보낼 수만은 없었다. 승진은 포기했을지언정 이젠 나의 가족이 있는 고향 김해로 가야 하지 않겠는가? 다시 새로운 목표가 생기자 난 또 몸과 마음이 바빠졌다. 근무평점을 잘 받기 위해 학교의 궂은 일도 도맡아 하고, 교무주임도 맡게 되어 밤을 지새우며 열정을 쏟았다. 또한 교장, 교감의 꼭두각시 노릇까지 해가며 비굴한 행동도 거리낌 없이 해내야만 했다.

드디어 고향으로 갈 수 있는 점수가 확보된 나. 그런데 불행히도 울산 인접 군으로서 점수도 높을뿐더러 농촌 인구의 급감으로 학교수가 급감한 탓에 내 고향 김해의 경쟁률이 높아져 버린 것이다. 그래서 뜻하지 않게 여수시로 발령을 받게 되었다. 교사로서 도시학교 근무는 처음 하게 된 것이다. 비로소 내 나이 45살이 되어서야…….

섬마을 선생님일 때는 면 티셔츠에 청바지, 아니 그보다 더 편안한 복장으로 수업에 들어가도 누구도 뭐라고 하지 않았는데, 여수는 달랐다. 복장이나 생활에 있어서 자유롭기만 했던 나는 갑갑함을 느끼면서 도시 생활을 시작하게 되었다.

마산은 공업 도시인지라 도시적 냄새가 물씬 풍겼고, 재정적, 물질적으로 무척 풍부했다. 소위 사회에서 문제시되고 있는 촌지가 난무했다. 학부형들의 촌지로 인한 유혹이 너무 많아서 당황스럽기까지 했다. 섬마을 학교에서는 상상할 수 없었던 일들로 인해 교사로서의 자존심까지 상했다.

그뿐만이 아니었다. 부교재의 선택 또한 간단한 문제가 아니었다. 출판사들의 로비 활동, 교장, 교감, 교무주임, 학년주임 선생님으로 이어지는 모든 직위들과 관련된 로비 활동들은 나를 놀라게 만들었다.

세상 모든 것이 돈 위주로 돌아가는 것이 아닌가. 신성한 교육 현장에서까지 돈으로 모든 것을 해결하려 하다니, 심지어는 각 선생님들의 직책도 돈으로 사는 상황이 펼쳐졌다.

'이게 진정 교육의 현실인가?'

교육자로서의 본분을 생각하면서 나는 또다시 심각한 고민에 빠지게 되었다.

'그래 마음의 여유를 찾아보자. 그 동안 나 많이 힘들었잖아. 진정 나를 위한 시간을 갖는 거야!'

4.

1993년 난 승진에 대한 나의 꿈을 완전히, 정말 완전히 버리게 되었다. 그리고 나의 가치관과 이상과 전혀 다른 생각을 갖고 있던 교총에서 완전히 탈퇴하고, 전교조에 가입했다

'진정으로 내가 뜻을 같이 할 수 있는 건 교원단체가 아닌, 바로 전교조였던 거야.'

전교조에 가입하기 전에는 하고 싶은 말도 참아야 했고, 전교조의 운동에도 떳떳하게 참여하지 못하고 적극적 지지도 할 수 없었던 나. 지나간 나 자신의 비굴함에 부끄러웠지만 앞으로 남은 나의 시간들이 많지 않은가…….

'나에게도 희망은 언제나 있다구! 힘내자. 이제부터가 시작이야.'

지금까지의 경력도 있고, 동료 교사 사이에서도 인지도가 있었던 터라 교장선생님에게 능력을 인정받아 부장 교사도 맡게 되었고, 학부형들과도 원만한 관계를 유지하며, 또한 아이들에게는 역시 따뜻한 선생님으로서 나의 중년을 보내게 되었다.

마산에서의 8년 동안 한 해도 빠짐없이 고향인 김해로 지원을 해왔었다. 고향에 계신 노모님, 사랑스런 나의 가족과 정말 이젠 함께 하고 싶었던지라 나의 도전은 계속되었던 것이다. 나의 간절한 희망을 담아서 그런지 8년 동안 도전한 결과 난 가족이 있는 고향 김해로 돌아올 수 있었다. 드디어 14년 만에 나의 고향으로, 나의 사랑하는 가족의 품으로 돌아오게 된 것이다.

내가 고향을 떠날 때 어떠했던가. 계획은 이게 아니었는데……. 교감선생님으로 승진을 해서 가족의 품으로 돌아오는 것이었는데……. 믿음직하고 의지가 강한 가장으로서 모범을 보이고자 했는데……. 그런 생각도 잠시 난 가족과 함께 할 수 있다는 사실만으로도 가슴이 벅찼다.

5.

14년 만에 주말 부부 생활을 졸업하던 날, 자취 생활의 짐을 꾸리는 나의 손은 가벼웠고, 송창식의 노래가 흐르는 광주를 향한 나의 차는 고속도로를 시원하게 달렸다.

'늙으신 노모께도 못 다한 효도를 다할 것이다. 자식들의 교육에도 신경을 쓸 것이다. 이른 새벽 아침밥을 먹고 학교에 등교할 내 아이들을 매일 아침 볼 수 있겠구나. 밤늦게 돌아오는 아이들 마중 또한 나갈 수 있겠구나. 주말 부부 생활로 가장 힘겨워한 나의 사랑하는 아내에게도 최선을 다할 것이다.'

온갖 생각과 계획들로 머리 속은 가득 찼다. 콧노래가 절로 나왔다. 매주마다 매 방학마다 항상 같이 했건만 14년 만에야 겨우 가족과 함께 살게 된 나…….

그러나 세월은 나의 바람과 달리 이미 저만큼이나 흘러가 버린 뒤였다. 항상 어린 아이로만 생각되던 나의 아들 준태, 나의 예쁜 딸들 은하, 현아가 당연히 교복을 입고 있고 있을 것이라 생각했었는데 그런 아이들이 벌써 사회인, 대학생이 돼 있었다. 나의 손길이 미치기엔 너무 많이 커 버린 것이다. 내 아이들의 성장과정을 지켜보지 못한 것과, 젊은 시절의 좋은 날들을 가족들 누구보다 사랑하는 내 아내와 함께 하지 못한 나의 지난 14년의 시간들은 누가 보상해 줄 것인가? 참을 수 없는 분노가 치밀었다. 비통함, 서글픔……. 승진도 하지 못하고 지나버린 20여 년의 시간들……. 가족들에게 너무 미안하기도 하고 나약하게만 느껴지는 나 자신이 너무 애처로웠다.

'저 나이 먹도록 교감, 교장도 안 하고 뭐했을까?'

'박 선생님은 정말 평교사로서 만족하고 살아가고 있는 걸까?' 하고 생각했을지도 모를 다른 젊은 교사들과 주위 사람들의 시선들, 학부모들의 만남에서조차도 항상 그 생각으로 인해 두려웠고, 뒤통수가 따가웠던 게 사실이다. 괜한 자격지심 때문이었을까? 그러나 난 이제 그런 것들로부터 자유로워지고 싶었다.

'누가 나의 이런 아픈 기억들을 알아줄까? 날 가장 가까이서 지켜봐 주었던 가족조차도 나의 정착을 마냥 좋아하기만 할 따름인데…….'

주말마다 항상 가족과 함께 했지만, 그래도 가장의 빈자리가 많이 컸다고들 난리다. 그간의 미안한 마음을 어찌 말로 다하겠냐마는 늦게라도 함께 할 수 있어서 행복하다.

난 이제 앞으로의 나의 길만 생각하기로 했다. 가족의 품은 참으로 따뜻했다.

내가 고향을 떠나기 전에는 18~20학급이던 학교들이 6학급 정도의 시골 소규모 학교로 변해 버렸고 폐교된 학교들도 많아졌다. 작은 학교에서의 교육행정업무는 적은 수의 선생님들이 큰 학교에서 하는 양만큼 해야 하기 때문에 개인당 배당되는 업무가 너무 많고 상부에서 바라는 공문 또한 너무 많아서 아이들 교육에 자칫 소홀하기 십상이었다.

게다가 승진을 꿈꾸는 다른 후배교사들을 볼 때면, 예전의 나의 모습이 생각나곤 했다. 그리고 그러한 교사들에 대한 교장, 교감들의 횡포를 지켜보자니 안타까울 따름이었다. 금품수수의 난무, 학교의 남는 재정들에 대한 교장들의 이권 개입 등 이런 현실에 부딪힐수록 내가 가르치고 있는 아이들에게 미안한 맘이 한층 커져만 갔다. 그래서 전교조 활동에 더욱 열의를 띠며 열심히 하게 되었다.

'내가 만약 지금 교감이거나 승진에 대한 꿈을 아직까지 버리지 않았더라면 지금쯤 이러한 현실을 어떻게 바라보고 있었을까?' 고개를 내젓게 된다.

6.

2000년 시드니 올림픽, 21세기 첫 올림픽이라는 이름하에 여러 이슈들이 많았었는데 그중 유독 나의 관심을 끄는 것이 있었다.

〈〈 "댄스 스포츠"의 올림픽 정식 종목 채택 〉〉

'댄스 스포츠? 그럼 춤이 올림픽 정식 종목으로 채택이 되었다는 거야? 별일이네.'

가족과 함께 살게 되면서 생활이 안정되니 마음의 여유가 생기고, 무엇이든 하고 싶다는 욕구가 넘쳐났다. 나의 근무지는 광주에 인접해 있는 시골이었지만 주거지는 광주에 있었기 때문에 문화 생활을 할 수 있는 많은 기회가 주어지게 된 것이다. 이것저것 하고 싶은 것은 많았으나, 어린 시절부터 춤에 관심이 있었던 나였기 때문에 유달리 댄스 스포츠는 나의 열정을 솟구치게 만들기에 충분했다. 나이도 어느덧 50이 훌쩍 넘어 버린 내게 건강을 위해서도 도움이 될 거라 생각했다.

어느새 '가르치는 사람' 이라 단정지어진 나 자신이 배우는 입장이 되어 '학생' 이 된다는 생각과, 배움에 대한 열정으로 댄스 스포츠를 시작하게 되었다. 수업이 끝나면 곧장 집으로 가던 발걸음을 학원으로 돌렸고, 그런 발걸음은 가볍기만 했다. 이런 열정이 나도 모르게 겉으로 세어 나왔는지 주위 선생님들이 한마디씩 묻기 시작했다.

"박 선생님, 요즘 좋은 일 있으세요? 표정이 너무 밝아 보여요!"

"맞아요, 선생님 요즘 학교 끝나기만 하면 안 보이시던데, 어디 좋은 데 다니시나 봐요?"

이런 질문들에 웃음으로써 대답할 수밖에 없었다. 그 당시 우리나라에서는 룸바, 차차차, 자이브 등 이런 춤에 대한 인식이 좋지 못했기 때문이었다. 그래서 댄스 스포츠를 시작할 당시 나의 가족 이외에는 아무에게도 말할 수 없었다. 동료 교사들은 물론, 내 친구들 그리고 나의 형제들에게조차도…….

처음에는 나이 탓인지 몸이 마음처럼 움직여 주지 않았다. 머릿속에서는 이미 멋진 동작을 소화해 내고 있는데, 실상 거울을 보니 웬 늙은이가 자기 멋대로 몸을 움직이고 있지 않은가? 서럽기도 했지만 웬일인지 썩 나쁜 기분은 아니었다. '하면 되겠지' 하는 일념으로, 모자라는 실력은 흥미와 노력으로 채워 개인지도까지 받아가며 약 1년 가량을 열심히 배웠다. 그렇게 배운 결과 다른 사람들 앞에서도 시범을 보일 수 있을 정도의 자신감과 실력이 생기게 되었다

이렇게 춤을 배우는 일은 매우 흥미로웠고, 그 외에도 교사가 아닌 다른 직업을 가진 사람들과의 만남 또한 마냥 즐거웠다. 50년이 넘는 세월을 살아오면서 그때까지 접해보지 못했던 새로운 분야에 발을 들여놓은 기쁨에 마음이 설렜고, 새롭게 만나게 된 사람들의 저마다의 독특한 생활 방식을 받아들이고 관계를 맺는 과정에서는 20대 때처럼 인생을 배우는 기분을 느낄 수 있었다.

'이렇게 다양한 사람들이 각자 저마다의 방식대로 자기의 삶을 만들어 가며 살고 있구나.'

그로 인해 나는 지금껏 너무나 오랫동안 학교에만 얽매여 있었던 눈을 세상으로 돌리게 되었고, 세상으로 돌린 눈을 우리 아이들에게도 꼭 전해주고 싶었다. 그리고 이제껏 스스로 정해놓은 목표에 이끌려 다니느라 주체적으로 살지 못했던 지난 내 삶을 진지하게 반성하게 되었다. 내 인생에 있어서의 가장 큰 깨달음이랄까…….

'내가 그동안 집착해 왔던 승진이란 것은 진정 나를 위한 것이었을까? 나는 무엇을 위해 그토록 그것을 이루려 매진했을까? 세상은 이렇게 넓고 여러 가지 경험해볼 만한 가치 있는 것들이 많은데, 가치기준을 어디에 두느냐에 따라 생활이, 아니 인생을 대하는 태도가 이렇게 달라질 수 있는데…….'

학교 안에서의, 혹은 그와 관련된 인생만이 전부가 아니었음을 이렇게 뒤늦게 깨닫게 된 것이었다.

춤을 추면서 나의 생활은 활기로 가득 찼고 모든 일에 의욕을 갖게 되었다. 이렇듯 나는 변해가고 있었고, 승진의 언저리에서 겉돌던 마음을 확실히 떼어낼 수 있게 된 것이다. 몸도 마음도 나에겐 실로 엄청난 변화였다.

7.

그 다음 해, 새 학기가 시작되어 나는 2학년을 맡게 되었다. 울산 인접 군이긴 하였지만 농촌 지역인 탓에 저학년들은 오전 수업이 끝났어도 바로 집에 귀가하지 않고 학교에서 시간을 보내다가 오후에 고학년이 끝나면 모두들 같이 학교 등교 버스를 타고 하교를 하는 것이었다. 그 시간이면 도시 아이들은 여기저기 학원을 찾아 다니느라 바쁠 텐데 말이다.

나는 우리 2학년 아이들에게 내가 배우고 있는 댄스 스포츠를 지도해 보기로 마음먹었다. 처음에는 서로 많이 부끄러워하고 생소한 것에 대해 거부감을 보이며 학교 이곳저곳에 숨기도 하고, 먼 거리에 있는 집으로 걸어가 버리기도 하는 등 흥미를 보이지 않는 것이었다. 하지만 그렇다고 포기할 내가 아니지! 아이들과 함께 한 시간이 몇 년인데, 꾸준히 끈기 있게 지도하면 따라와 줄 것이라 굳게 믿고 계속 지도해 나갔다. 모둠 활동을 통해서 흥미를 북돋워 주며 개별지도를 해 가자 서서히 호기심을 보이기 시작하더니, 어느 정도 동작의 기본기에 익숙해지자 음악과 함께 연습하게 되면서부터는 자기네들이 더 신나 하며 적극적으로 배우기 시작했다. 음악소리에 다른 학급에서도 몰려와 구경을 하고, 그렇게 우리는 관심의 대상이 되었다. 모두들 우리 반을 부러워하는 것이었다.

즐거운 한 학기를 보내고 여름방학이 지났다. 방학 후 만난 아이들은 전 학기에 배웠던 동작들을 거의 잊어버린 상태였다. 지속적인 연습이 되지 못했던 탓이었다. 그러나 음악을 다시 들려주고 감각을 살려주고 동작들을 다시 반복 연습해 보니 아이들의 몸 표현 동작은 금방 살아났다. 난 잠시 동안 아이들의 젊음이 부러웠다.

나의 교실에는 항상 아이들의 생동감 있는 율동과 흥겨운 라틴 음악으로 활기가 가득했다. 정말이지 뿌듯한 광경이었다.

가을의 문턱에 접어들면서 11월에 있을 학예회 준비에 각 학년들이 분주했다. 항상 그렇듯이 연극, 기악합주, 구연동화, 웅변대회 등 매년 똑같은 형태의 것들이 무대에 오르곤 한다. 하지만 이번에 나는 작지만 큰 변화를 꿈꿀 수 있었다. 누구도 시도하지 않았던 것을 무대에 선보이는 것.

'과연 아이들이 잘 해낼 수 있을까?'

많은 고민이 있었지만 아이들과 안무 연습에 들어갔다. 아이들의 적극적인 연습 활동으로 모든 것이 순조롭게 진행되고 있었다. 모든 동작이 완료된 상황에서 우리가 마지막으로 준비할 것은 무대뿐이었다. 시골 학교라서 기자재가 부족할뿐더러 소박한 아이들의 생활상을 아는지라 무대의상은 대여 전문 shop에서 빌려왔다. 화려한 의상을 보고도 큰 거부 반응을 보이지 않는 아이들을 보고 놀랐다. 댄스 스포츠를 배우기 전이었다면 화려하면서 원색적인, 생소한 옷을 보고는 기겁했을 법도 한데 말이다.

이렇게 열심히 준비하며, 또 그것을 즐기는 아이들을 보면서 나의 식지 않은 교육적 열정이 아이들에 의해서, 아이들을 위해서 실현된 것이라는 생각이 들었다.

내가 애착을 가지고 임하는 것에 아이들도 열정을 보이는 이 당연한 진리를 깨닫기 위해 난 얼마나 먼 길을 돌아왔던가? 또 얼마나 많은 것을 잃어야 했던가? 그리고 약 30년의 교직 생활동안 많은 실패와 좌절을 겪으면서 잊고 지냈던 초심, 바로 우리 아이들. 아픈 경험들 속에 머물러 있지 않고 다시 희망을 갖고 일어설 수 있었던 것은 예전에 내가 스스로 만들어 놓았던 벽 뒤에 있던 나를 바라봐 주는 아이들이 있었기 때문일 것이다.

"앵콜, 앵콜, 앵콜, 앵콜……"

앵콜 소리에 정신을 차려보니 사회자가 말을 잇고 있다.

"대단한 환호입니다. 2학년 친구들의 멋진 댄스 스포츠 공연을 이렇게 많은 사람들이 원하고 있는데, 저희에게 다시 한 번 보여 주시지 않겠습니까?"

"2학년 친구들이 박영욱 선생님과 함께 무대에 오르고 있습니다. 여러분, 큰 박수로 환영해 주세요!"

신나는 라틴 음악이 다시 장내에 흐른다. 관중들은 모두 박자에 맞춰 박수를 쳐주며 같이 어깨를 들썩인다. 나는 아이들 중 키가 가장 큰 민주의 손을 잡고 파트너가 되어 함께 춤을 추기 시작한다. 아이들이 음악과 하나가 되어 신나게 춤을 춘다. 기쁨에 가슴이 벅차오른다.

학예회에서 성공적인 무대를 선보인 후, 학부모들과 다른 학년 학생들의 관심이 무척이나 높아졌다. 농촌의 학부모들인지라 도시권문화를 잘 접할 수 없었기에, 여러 선생님들과의 토의 끝에 평생 교육 차원에서 학부모들에게 주 1회 강습하는 시간을 갖게 되었다. 학부모들까지 가르칠 만큼 내 능력이 크지는 않다고 말했지만, 모두들 나에게 또 다른 방면에 대해 가르쳐 볼 수 있도록 기회를 주신 것이다.

그리고 타 학년의 학생들의 관심이 높았던 탓에 특별 활동시간 부서에도 채택되게 되었다. 우리 반 학생들뿐 아니라, 전 학년의 관심이 대단했다. 몇 명 뽑지 않는데도 불구하고, 전교생이 거의 다 지원했다고 해도 과언이 아니었다. 학부모 강습은 물론, 특별 활동시간에도 나 혼자 가르치고 해야 했기에, 감당하기가 조금 힘들었지만 마음만은 기쁨으로 넘쳤다.

아직도 나에게는 열정이 식지 않고 남아 있다는 것을 느꼈을 때 나의 길은 영원한 선생이라는 걸 다시 한 번 느낄 수 있었다. 앞으로 재직 기간은 얼마 남지 않았지만 나의 아이들만 있다면 나는 좋다.

4

Self, 그리고 자서전적 탐구

2006년에 이루어진 필자와 제자들의 공동연구인 〈미운 오리 새끼: 한국 초임교사의 일년 생활〉은 우리나라의 질적연구에서 자서전적 탐구를 처음 시도한 선구작이다. 다른 학문 영역이나 질적연구분야에서 자서전적 질적연구가 이루어졌는지는 잘 알 수 없지만, 교육학의 경우 연구자가 자신의 삶을 연구 주제로 하여 학술적 글로 출판한 것은 아마 처음일 것이다. 비공식적이기는 하지만 이 연구의 출판 이후로 많은 연구자들이 현장교사와 실천가들의 개인적 삶을 자서전적으로 써 내려가는 연구를 하게 되었다는 점은 이 연구가 우리나라의 질적연구에서 끼친 중요한 역할을 말해 주기도 한다. 이러한 배경 속에서 필자와 학술적 관계에 있었던 이점우의 '한 여교사의 자서전적 연구' 그리고 교육기관에서의 한 연구자의 개인적 삶을 연구한 이희용의 논문들은 다 이러한 분위기 속에서 만들어졌다.

나에 대한 탐구

한 개인과 특히 '나' 에 대한 탐구를 질적연구의 대상으로 삼았다는 점에서 이 연구는 필자의 초창기 연구인 〈네 학교 이야기〉에서 다룬 학교문화와는 한참 다른 것이며 이 앞 장에서 소개한 〈별이 빛나는 밤〉에서 연구된 생애사 연구와는 또 다른 것이다. 즉, 분석의 단위로서 한 장소의 문화를 연구하지도 않았고 한 개인이나 집단의 삶을 객관적으로 연구하려는 생애사와도 다른 것이었다. 대신에 연구자 바로 자신을 연구의 주인공으로 하여 자신의 삶을 연구자가 직접 묘사해 나가는 또 다른 형태의 질적연구를 하게 된 것이다. 물론 이러한 연구가 가능하였던 것은 필자의 제자였던 대학원생들이 자발적으로 자신의 삶을 연구하겠다고 한 결정에서 가능한 것이었고 아울러 그들의 삶을 자서전적으로 연구할 수 있을 만큼의 실제적 경험과 이야기들을 가지고 있는 현장교사였기 때문에 가능하였다.

이렇게 필자의 질적연구에서 '자서전적 탐구'에 관심을 갖게 된 데는 이론적으로 이러한 연구동향에 대한 탐구가 필요하다는 생각도 있었지만 질적연구자로서 오랫동안 현장에 있다 보면 결국, 질적연구의 가장 기초적인 탐구의 단위는 한 사람이며 그 사람에 대한 탐구가 다른 모든 연구를 하는 데 있어서도 역시 가장 기초적이라는 사실을 깨닫게 되기 때문이다. 즉, 문화기술적 연구를 하든지, 비판 문화기술지를 하든지, 아니면 실행연구나 현상학을 하든지, 우리는 관찰과 면담을 하면서 한 사람이 어떤 경험을 하였는지, 그/그녀가 어떻게 생활하는지, 자신의 경험을 어떻게 이야기하고 해석하는지에 가장 큰 관심을 두기 때문이다. 그러한 점에서 한 개인의 삶과 경험을 자신의 말로 묘사하고 설명하는 '자서전적 질적연구' 야말로 우리가 어떠한 질적연구의 전통 속에서 인간/사회현상을 연구하든지 간에 가장 기본적이면서 가장 핵심적인 연구의 내용으로 포함될 수밖에 없는 것이다.

자서전적 연구

이에 이러한 특징으로 인하여 인류학과 사회학, 다양한 사회과학의 분야에서 한 개인이 특정한 시기에 특정한 장소에서 어떠한 삶을 살아 왔는지를 자신의 말로 표현하고 해석하게 하는 서술의 방식으로서 자서전적 탐구가 새로운 질적연구의 방법으로 넓게 확산되기 시작하였다. 물론 이러한 자서전적 탐구가 대중화되기 시작한 것은 내러티브 시기(narrative turn)라고 불리는 질적연구에서의 새로운 패러다임의 도래로 인하여 생애사, 이야기, 전기, 구술사 등의 연구방법들이 인간경험의 탐구방법으로서 등장하기 시작한 배경에서 찾을 수 있을 것이다. 그리고 이러한 인간경험의 묘사와 재현의 방법을 통하여 우리는 한 장소, 집단, 또는 시기에 삶을 살아간 사람들의 삶을 한 개인의 이야기를 통하여 이해하고 바라볼 수 있게 된 것이다. 즉, 한 개인의 삶에 대한 이야기는 단순히 한 개인의 삶을 이야기하는 것이라기보다는 그 자신이 처하였던 물리적/사회적/문화적 공간에 대한 의미와 해석이 포함되어 있기 때문에 우리는 한 개인의 특정한 삶의 이야기를 통하여 그/그녀가 속해 있었던 문화나 기관의 특징 또는 그 공간에서 살아간 다른 구성원들의 삶의 여정의 특징을 간접적으로 이해할 수 있게 되는 것이다.

이에 이러한 학술적 배경을 뒤로한 채 필자는 우리나라의 질적연구에서 한 개의 예가 될 수 있는 자서전적 질적연구를 만들려고 생각하였고 그 연구 결과 〈미운 오리 새끼: 한국 초임교사의 일년 생활〉을 만들게 되었다. 연구는 전체 방향을 계획하였던 필자와 필자의 두 명의 제자들의 초임교사로서의 첫 3년을 자신의 경험과 기억에 기초하여 밀도 있게 그려 나가는 작업을 하였다. 그리고 이 작업을 통하여 초임교사를 대표하는 두 제자들이 학교에서 초임교사로서 어떠한 생활을 하게 되는지를, 어떤 직접적/전문적 발달을 하게 되는지에 대하여 직접 글을 쓰게 하였다. 그리고 이 작업을 통하여 두 사람의 삶 속에서 한국의 초임교사들이 학교생활을 통하여 경험하는 다양한 발달의 내용(교직문화, 생존방법, 자기개발)을 개념화하고 기록할 수 있었다. 그리고 이러한 결과는 책의 출판을 통하여 미래 교사가 될 많은 학생들에게 초임교사의 삶이란 어떤 것인가를 간접적으로 체험하고 이해할 수 있게 도와주는 질적연구 텍스트를 만들게 되었다. 이 책의 대중화와 성공의 여파인지는 모르지만 최근에 와서 학교 현장교사들이 자신들이 교실 수업에서 어떻게 성공하였는지를 써 내려간 자서전적 교사 이야기들이 많아졌다는 사실은 〈미운 오리 새끼〉와 같은 한 실천가의 자서전적 글쓰기가 단순히 에세이나 기념문집이 아니라 전문적인 연구서적으로, 연구작업으로 이해되는 우리의 새로운 연구풍토를 반영하는 것이라고 생각한다.

자서전적 텍스트에 대한 질적연구가 더욱 많아지기를 바라는 필자의 기대가 실현되기를 기대하면서 이 글의 다음 부분에서는 '자서전적 탐구'의 방법론적 중요성이 무엇인지에 대하여 논의하고자 한다. 필자는 이 방법론에 대한 개인적 경험에 기초하여 그 유용성과 의미를 다음 네 가지로 정리해 보았다.

자아의 탐구

한 개인은 인문/사회과학의 모든 탐구의 대상이면서 주인공이다. 문학의 주인공은 사람이며 경제학과 교육학, 간호학과 사회복지학의 모든 연구의 핵심은 바로 한 사람 또는 사람들인 집단에 있다. 심리학에서도 한 개인이 가지고 있는 심리적 특징, 인지적 특성, 사회문화적 특성을 연구하며 교육학에서는 한 아동이 학교 내에서 어떻게 생활하는지, 교사는 어떻게 가르치는지, 간호사는 어떻게 행동해야 좋은 실천가인지에 대해서 연구한다. 경영학에서는 한 여성이 어떤 소비형태를 가지고 있으며 가정을 가진 남성들은 어떤 삶의 형태를 갖는지에 대하여 연구한다. 그리고 문화 연구에서 인도 사람들의 음식문화는 다른 문화와는 어떻게 다르며 그들의 전자기구에 대한 생활방식은 다른 문화권과 어떻게 다른지를 연구한다. 또한 인종과 정체성 연구에서도 한 사람의 삶을 중심으로 연구한다. 그리고 이러한 개인에 대한 연구를 통하여 우리는 집단을 이해하기도 하고, 한 문화에 대해서 이해하기도 하며, 그러한 지식을 근거로 하여 실제의 개선을 위해 노력한다.

이러한 점에서 볼 때 한 개인은 사회과학 연구의 가장 최소 단위이면서 가장 핵심적인 연구대상이라고 할 수 있을 것이다. 그러나 많은 책과 문헌에 나타나 있는 것처럼 한 개인의 삶, 또는 살아온 여정에 대한 기록과 탐구는 실증주의를 기반으로 한 행동/사회과학의 팽배로 인하여 부차적이거나 비과학적이거나 아니면 주관적인 것으로 호도되는 경우가 많았다. 사회행위의 가장 최소 단위이고 인간의 다양한 사회/문화적 활동을 이해하는 가장 기본적인 단위임에도 불구하고 한 개인과 그 개인에 대한 탐구는 신뢰할 수 없거나 사례 수가 너무 적어서 또는 한 개인이 자신을 탐구하는 것에 대한 과학적 엄밀함의 의심으로 인하여 부정적인 것으로 간주되는 경향이 있었다. 그리고 이러한 연구문화 속에서 한 개인인 자신이 직접 자신에 대하여 연구하는 행위는 연구자와 연구대상 간의 객관적 거리가 유지되어야 한다고 믿어온 대부분의 전통적 사회과학 연구로서는 허용 불가능한 활동임이 틀림없다.

그러나 '한 개인' '자아' 에 대한 성찰적 탐구는 내러티브 패러다임의 도래로 그 타당성이 확보되기 시작하였고 최근에 와서는 새로운 동향으로서 연구되고 있다. 전기적 시대, 내러티브 시대, 생애사 시대, 구술사 탐구 등으로 표현되는 '한 개인의 삶' 에 대한 해석적 탐구는 포스트모더니즘의 도래로 인하여 더욱 강화되기에 이른다. 한 연구자 또는 주체가 가지고 있는 주관성과 위치성에 대한 해체를 위해서 우리 연구자 모두는 자신의 삶에 대하여 바라보아야 하며 그러한 자신의 내면적 삶과 의식 속에 존재하는 주관성을 노출시키는 작업을 해야 하기 때문이다. 아울러 사회현상에 대한 탐구에서 이론이나 법칙 규명의 불가능성이라는 명제를 통하여 과학적 탐구의 불가능성을 강조하는 포스트모더니즘의 연구는 더욱 개인과 맥락, 상황에 대한 연구로 이동하면서 개인 개인의 개별적 경험에 대한 이해와 탐구 쪽으로 연구가 진행되는 형상이다. 그리고 이러한 '자아' 에 대한 탈실증적 해석은 기존의 '자아' 에 대한 개념화가 지나치게 실증주의적으로 이루어져 왔다는 점을 지적하면서 연구에서 개인 및 자아의 위치와 역할을 인정할 것을 요구하고 있다.

내부자적 관점의 포착

질적연구를 내부자의 관점에 대한 연구라고 하였을 때 그 내부자적 관점을 가장 잘 묘사할 수 있는 사람은 바로 연구참여자 자신일 것이다. 그리고 그러한 연구참여자가 연구의 주인공이 되어, 화자가 되어 직접 자신의 경험을 이야기할 수 있는 것은 그 어떤 다른 일반적 질적연구보다도 그 현상을 잘 설명할 수 있는 위치에 있다. 즉, 일반 질적연구에서 우리(연구자)는 연구대상인 연구참여자에게 심층면담을 하고 참여관찰을 하여 그들의 삶을 재현해 가려고 하지만 우리의 그러한 목적은 쉽게 달성되지 않는다. 그들의 삶만큼 충분히 그들과 함께 생활할 수도 없고 몇 날 며칠을 심층면접을 할 수도 없다. 아울러 아무리 면담가이드를 잘 만든다고 하더라도 우리가 그들의 삶 전체, 깊은 내면의 모든 감정과 생각을 모두 잘 질문하여 연구결과를 만들어 낼 수는 없다. 외부자로서 연구자가 모든 최선을 다하겠지만 내부자인 연구참여자가 연구대상이 아니라 직접 연구자가 되는 자서전적 연구에서는 무엇을 써야 하는지, 어떻게 써야 하는지, 무엇을 말하고 싶은지를 안다. 'Let them speak' 라는 표현처럼 질적연구에서 연구참여자들이 직접 말하도록 개방적으로 면담을 하라고 하지만 연구참여자가 자신이 주인공이자 연구자가 되어 글을 쓰고 말하는 방법이야말로 그 어떤 다른 질적연구들에 비하여 내부자의 생각과 감정을 잘 드러낼 수 있는 방법이 아닐까 생각한다.

자서전적 탐구는 한 개인 자신이 직접 자신의 경험에 대하여 주체적으로 글을 쓴다는 점에서 다른 질적연구보다도 그 경험 이해의 폭이 훨씬 더 넓다. 질적연구에서 이야기하는 주체와 객체 또는 연구자와 연구참여자의 거리에 있어서 우리 연구자들이 아무리 연구대상에게 가깝게 다가선다고 하여도 그들만큼 그들의 삶을 정확하게 이해하기는 힘들다. 즉, 우리는 그들이 아니며 그들처럼 생각하거나 이해할 수는 없다. 우리는 연구기간 동안에 만난 연구참여자를 통하여 미리 만들어 놓은 면담가이드나 참여관찰을 통하여 그들의 삶을 이해하려고 하고 수집한 자료들에 기초하여 그들의 삶을 재현하려고 한다. 그러나 우리의 재현 작업은 아무리 연구기간이 길다고 해도 그들의 삶만큼은 아닐 것이며 그들을 대신하여 그들의 생각을 그들만큼 나타내기는 어렵다. 그러한 점에서 그 어떤 세심한 면담가이드를 동원한다고 할지라도 그들의 삶의 전체 부분을 포괄하는 완전한 질문가이드를 만들 수는 없으며 그들이 하고 싶은 모든 말들을 우리가 생각하여 면담가이드로 체계화하여 연구질문을 할 수가 없다. 그들로 하여금 직접 말하게 하고 글을 쓰게 하는 것이 어쩌면 가장 훌륭한 재현 방법이 아닐까 생각한다.

현재의 이해로서 과거

자서전적 탐구는 한 조직이나 집단(연구장소)에서 사람들이 어떻게 살아왔는지, 어떤 경험을 계속 경험하면서 살아왔는지를 역사적으로 알아볼 수 있는 중요한 방법이다. 우리 연구자들이 어떤 기관이나 조직을 연구한다고 하여 그 연구장소에 들어가지만 우리가 가장 정확하게 자료를 수집할 수 있는 시기는 바로 현재에 국한되어 있다. 즉, 연구를 하고 있는 바로 이 시점에 대한 자료의 수집이 가장 용이하다. 그리고 이러한 현재 이외의 자료의 수집은 과거의 기록을 다룬 문서나 문헌들을 참고할 수 있겠지만 그러한 문서나 문헌들에 대한 이해는 단순히 문서상으로는 큰 도움이 되지 않는다. 아무리 잘 기록한다고 해도 살아 있는 사람의 설명보다 자연스럽고 더 도움이 되는 것은 없다. 물론 역사적 문서나 자료를 통하여 어떤 집단의 문화나 생활의 역사성을 이해하고 재현할 수 있겠지만 말이 없는 죽은/정적인 자료들은 살아 있는 참여자의 육성으로부터 얻게 되는 실제적이고 동적인 자료들의 무게를 이기기는 힘들다.

이에 참여자들이 경험하는 현재는 어떻게 만들어졌고 그러한 현재를 만들어 낸 과거는 어떠하였는지를 알 수 있는 방식은 바로 그 시대를 살았던 참여자의 직접적인 경험에 대한 이야기를 통하여 가능해진다. 때로는 1년, 때로는 5년 아니면 30년 이상을 한 조직이나 기관, 또는 문화권이나 역사적 시기를 살았던 사람의 자기 이야기는 연구자가 아무리 노력해도 찾기 어려운, 묘사하기 어려운, 공감하기 어려운, 이미 사라져 버린 과거의 사건과 경험을 재현해 낼 수 있다. 그리고 그러한 재현은 마치 살아 있는 것처럼, 어제 일어났던 것처럼, 그리고 가장 해석적으로 설명이 가능해진다.

이러한 이해와 설명의 방식은 많은 인류학과 사회학, 범죄학과 역사연구에서 많이 이루어지고 있다. 우리는 6 · 25 전쟁에서 사람들이 어떻게 살았는지, 어떤 경험을 하였는지, 어떤 생활 문화를 만들어 나갔는지를 그 당시를 살아간 사람들의 이야기를 통하여 잘 알 수 있다. 또한 미국 경제 대공황 시기에 미국의 청소년들이 어떤 위협에 놓여서 그 이후의 신체적/정서적/심리적 발달에 영향을 끼쳤는지를 한 개인의 삶의 이야기를 통하여 알 수가 있다. 그리고 그러한 이해는 그 당대의 모든 사람들의 경험에 대한 양적연구를 하지 않는다고 하더라도 일반 사례 수 1개에 대한 자서전적 이야기를 통하여 우리는 많은 사람들이 어떻게 가난에 처해 있었고 그러한 가난의 경험이 그들의 이후의 가족구성과 심리적 발달에 깊은 영향을 끼쳤는지를 알게 해준다. 한 연구장소에서 일어난 오랜 기간 동안의 삶에 대한 연구는 바로 그 공간에 살았던 참여자들의 구술과 이야기를 통하여 가장 잘 재현되고 탐구될 수 있다.

자기 성찰

자서전적 탐구가 갖는 특징이자 장점은 자기 반성과 목소리의 탐구가 가능하다는 점이다. 연구참여자가 연구대상이 되어 연구자에게 이야기를 해주는 방법과는 달리 자서전적 연구에서 연구참여자는 직접 자신의 경험을 이야기하고 글로 쓰면서 저자로서 작업을 한다. 그러나 이러한 재현의 작업은 단순히 과거의 기록을 써 내려가는 반복의 작업이 아니라 그 경험들에 대한 한 개인의 판단과 생각, 그 경험이 무엇이었는지를 평가해 보는 반성적 활동이다. 글을 써 내려가면서 과거를 회상해 가면서, 낯선 누군가를 대상으로 자신의 삶을 써 내려가면서 저자로 하여금 그 개인적 경험과 기억이 무엇을 의미하였는지, 어떤 가치와 역할을 하였는지를 생각해 보게 하는 지적 자극제 역할을 한다. 이 과정에서 연구자로서 저자는 텍스트 재현을 하는 문학자가 아닌 비평가로서, 객관적 해석자로서 자신을 승화시킨다.

자신의 기억에 대한 반추, 그 기억을 에워싸고 있는 일련의 경험을 생각해 가면서 저자는 더욱더 자신의 삶을 객관적으로 바로 보는 자세를 취하면서 과거의 자신을 자신이 아닌 제3자로서 바라보고 객관화시키고 평가하는 탐구자로서의 위치를 갖게 된다. 즉, 외부자로서 바라볼 수 없었던 과거의 자신의 실체를 이제는 시간이 경과한 후에 보다 더 객관적인 측면에서 자신의 경험을 이해하고 분석하고 평가할 수 있다. 이러한 분석과 비평의 과정은 정신분석학이나 현상학에서 활용하는 자기 탐구의 과정과 비슷한데 한 개인의 과거의 경험에 대한 회귀를 통하여 자신이 어떤 사람이었는지를 분석하고 종합할 수 있는 조망 능력이 생기게 된다.

때문에 그 어떤 다른 내러티브 연구방법(구술사, 생애사, 전기적 탐구 등)에 비하여 자서전적 탐구는 자신이 누구이며 어떤 존재였는지, 자신의 정체성과 발달은 어떻게 이루어졌는지를 스스로 알아가는 데 기여한다. 때문에 자신에 대하여 글을 쓰는 행위는 자신을 더 알아가는 자기 해체의 과정이면서 자신을 더욱 분석적으로, 비판적으로 바라볼 수 있는 탐색의 과정인 것이다. 그리고 이 글쓰기와 해체의 과정을 통하여 자신과 타인, 관계, 세상, 경험에 대한 보다 비평적이고 균형 잡힌 시각이 발달하게 된다. 때문에 생각만 하기보다는 글을 써 내려가는 행위야말로 자신이 누구인지, 어떤 목소리와 입장을 가졌는지, 어떤 생각을 가지고 살아가는 사람인지를 스스로 알 수 있는 가장 좋은 방법이다.

앞에서는 다른 질적연구방법과 비교하여 자서전적 탐구가 갖는 고유의 가치와 역할에 대하여 설명하였다. 다른 일반 질적연구에 비하여 자서전적 탐구는 우리나라에서 많이 실천되고 있지 않다는 점에서 이 분야에 대한 실제적/이론적 연구가 더욱 많아지기를 바란다. 특히 최근에 와서는 정체성(identity)에 대한 연구가 많은 사회과학 연구에서 일어나고 있다는 점에서 연구자 자신 또는 연구참여자가 직접 자신의 내적 세계를 탐구하려는 질적연구가 많이 이루어지고 있다. 인종, 젠더, 성취향, 계층과 같은 문화 연구에서는 더더욱 그렇다. 아울러 포스트모더니즘의 도래로 인하여 한 개인의 주관성을 이해하고 탐색하려는 해체적 연구가 많아진 것도 이러한 자서전적 질적 연구를 질적연구의 가장 최전선으로 이끄는 학구적 분위기에서 나온 것이다.

그러나 이러한 외국의 학술적 동향을 예로 들지 않더라도 필자는 우리나라에서의 여러 학문 분야, 특히 실천과 관련된 학문 분야에서는 자서전적인 연구들이 더욱 많아졌으면 하는 생각이다. 왜냐하면 자서전적 질적연구는 한 실천의 영역에서 한 전문가가 어떠한 전문적 삶을 살아왔는지를 잘 소개하고 있기 때문에 직업사회화와 훈련의 방법으로서 가장 효과적인 방법이 될 것으로 생각하기 때문이다. 어떤 삶을 살아야 할 것인가 또는 어떻게 살아야 할 것인가와 관련하여 이 분야에서 훌륭한 삶을 살다간 선배의 개인적 경험담만큼 좋은 생활의 지혜와 교훈을 담은 안내서는 없을 것이다. 때문에 어떻게 해야 한다 같은 지루한 교과서적 지식이 담겨져 있는 이론서보다는 실제 한 사람의 경험의 자서전 읽기를 통하여 무엇을 배워야 하는지, 어떻게 살아야 하는지를 가르쳐 주는 것이 더욱 오래가지 않을까 생각한다. 열사나 항일 투사, 위인들에 대한 자서전 대신에, 어느 간호사의 일생 이야기를 통하여, 어떤 사회복지사의 인생을 통하여, 낙도에서 평생을 마감한 어떤 교사의 이야기를 통하여, 우리는 감동받고 각성되고 교육되기 때문이다.

잔인한 3월: 한국 초등학교 초임교사의 3월의 삶에 대한 생애사 연구

4월은 가장 잔인한 달

사월은 가장 잔인한 달

죽은 땅에서
라일락을 키워 내고

추억과 욕망을 뒤섞고
봄비로 잠든 뿌리를 뒤흔든다.

겨울은 따뜻했었다
대지를 망각의 눈으로 덮어 주고

가냘픈 목숨을 마른 구근으로
먹여 살려 주었다.

— T. S. Eliot, 〈황무지〉

Ⅰ. 서론

이 연구는 우리나라 초등학교 초임교사의 첫 3월의 삶에 관한 자서전적인 연구이다. 초임교사에게 있어서 예비교사에서 교사가 된다는 것은 전이충격(transition shock)이라고 불릴 만큼 놀랍고 큰 변화를 이겨내야 한다는 것을 의미한다. 초임교사가 교사로서 적응하는 과정에서 무엇 때문에, 누구 때문에 어려움을 느끼는지를 아는 것과 구체적으로 어떠한 상황에서 어려움을 느끼는지를 아는 것은 초임교사의 교직적응에 관해 연구하는 데 있어 출발점이라 할 수 있다.

우리는 초임교사가 어떻게 교직에 적응하는가와 관련하여 가장 힘들었던 것으로 기억하는 첫 3월을 기록하고 기술하고 이해하기 위하여 노력하였다. 우리는 이 연구를 통하여 크게 두 가지를 알고자 노력하였다. 첫째, 한국 초등학교 초임교사는 첫 3월에 무슨 일을 하며 보내는지를 아는 것이다. 모든 것이 새롭고 어려운 초임교사에게 비춰지는 학교는 어떤 곳인지를 이야기할 것이다. 초임교사의 3월을 소개하는 것은 '모든 것은 잘 될 거야', '내가 열심히 하면 잘 되겠지' 라고 생각하는 예비교사들에게 막연하고 추상적인 각오와 다짐만으로 초임시절, 특히 첫 3월을 견디기가 얼마나 힘든 것인지를 알게 하기 위함이다. 둘째, 한국 초등학교 초임교사는 그 첫 3월에 어떠한 어려움을 겪으며 어떠한 고민을 하는지를 소개할 것이다. 이러한 논의는 그들이 진정으로 어려워하는 것이 무엇인지를 알 수 있으므로 초임교사를 지원해줄 수 있는 지원책이 무엇인지를 논의할 수 있게 할 것이다. 다른 이들에게는 당연시되었던 초임교사들의 혼돈에 가까운 고뇌와 갈등 그리고 어려움을 의도적이고 계획되고 예측할 수 있는 어려움으로 바꾸어 놓아야만이 초임교사들의 교직적응이 발전적일 수 있음을 시사하기 위함이다.

교직은 다른 많은 직업들과는 달리 개인생활과 공적 생활이 교차하는 위험한 지대에서 이루어진다. 훌륭한 교사는 공과 사가 만나는 교차로에서 중심을 잡고 서 있어야 한다. 자신이 가야 할 길은 물론 학생, 학교가 가야 할 길 또한 제대로 알고 있어야 한다. 아동의 지도와 학생의 정신적 신체적 보호를 위해서는 교실에서 개인적이며 주관적으로 판단하고 행동할 것을 요구받는다. 그리고 학교의 행정적 업무의 처리에 있어서는 상급자의 조언을 포함하여 지극히 객관적이며 관료적으로 행동해야 한다. 순간순간 변화가 심한 역할의 변화에 적응하는 것을 포함한 초임교사의 교직적응은 시작부터 난관에 부딪히게 된다.

Lortie는 초임교사의 초기 경험의 중요성을 '가라앉느냐 헤엄치느냐(skin or swim)' 로 이야기하면서 교사가 초임시절을 어떻게 보내는가의 중요성에 대해 이야기하였다(진동섭 역, 1993). Lortie에 따르면 예비교사가 교사로서 적응해 가는 과정은 적응의 시기라기보다 생존투쟁의 시기라고 이야기할 수 있을 정도로 수많은 문제들과 고민에 둘러싸여 심한 갈등을 느낀다. 초임교사 연구가 주목받을 수 있는 이유가 여기에 있는 것이다.

초임교사의 교직적응이 생존투쟁에 가깝다고 볼 때 이지현(2002)의 주장은 더욱 의미가 있다. 그는 교사가 '사회화' 되는 전체 과정 중에서 특별히 초임교사 기간에 주목하는 이유는 교직에 적응하기 위해 노력하는 초임교사 시절은 앞으로 어떤 교사로 성장해 나갈 것인지에 큰 영향을 주는 중요한 시기이기 때문이라고 하며, 교사로서의 처음 기간은 '교사' 로서 살아가는 태도와 인식을 형성하는 중요한 시기이며, 초임기간에 겪는 초기 경험이 무엇인가, 이 기간을 어떻게 보내느냐에 따라 교사로서의 바른 정체성이 형성되며, 만족감을 가지고 계속해서 교직에 머무르게 되는 것뿐 아니라 전문인으로서의 성장과 발전을 할 수 있게 된다고 하였다.

또한 박은혜 외(1998)는 예비교사에서 교사로의 전이는 '전이충격' 이라고 불릴 만큼 충격적이며, 이 전이기간 동안 초임교사들이 겪는 충격은 다양하게 나타난다는 것을 밝혔다. 이러한 전이충격으로는 첫째, 초임교사들이 가지고 있던 비현실적인 '낙관주의' 에 대한 도전을 받게 된다고 하였다. 초임교사들은 직전교육 기간 동안 '교사' 와 '가르치는 일' 에 대해 누구나 할 수 있고 그렇게 어려운 일이 아니라는 비현실적인 낙관주의를 발달시키다가, 직전교육을 통해 배운 이론의 현장적용에 어려움을 느끼며, 학생지도와 통제의 어려움, 무한한 시간과 정력을 요구하는 교직의 소모적인 특성, 학생의 개인차를 적절하게 다루지 못하는 것에서 오는 교사로서의 자질과 능력에 대한 회의 등으로 인해 직전교육에서 형성된 이상과 신념을 무너뜨리게 된다고 이야기하였다. 둘째, 초임교사들은 교사로서 교실현장에서 실제적으로 사용하는 기술과 직전교육을 통해 자신들이 학습한 이상 사이에는 커다란 차이가 있다는 것을 인식하기 시작하면서 당혹감을 느끼고, 수많은 시행착오를 거치면서 자신의 무력함을 탓하게 된다고 하였다. 셋째, 초임교사들은 가르치는 것에 대하여 자신감을 잃게 되고 이러한 자신감의 결여는 전문인으로서뿐만 아니라 개인으로서의 자신감도 상실하게 만든다. 선배교사의 적절한 지원과 안내의 부족, 어려움을 나눌 수 있는 동료들과의 대화 부족으로 대부분의 초임교사들은 사회적으로 고립감을 느끼게 되고, 이와 같은 요인들이 모두 합쳐져서 교직을 떠나는 교사들이 많아지게 된다고 하였다.

지금까지 우리나라에서 행해졌던 대표적인 교사의 교직적응에 관한 연구를 살펴보았다. 대부분의 연구들은 초임의 기간을 3년에서 5년 정도로 잡고 몇 명의 교사를 선정하여 인터뷰를 하는 형식으로 연구하였다. 이러한 연구들이 의미 있는 자료를 만들어 내었지만 초임교사가 가장 힘들어하는 그 시작단계에 대해 이해하는 데는 부족함이 있다. 이에 우리는 초등학교 초임교사의 첫 3월을 소개하고 그들의 어려움을 지원할 수 있는 방안을 찾아보고자 이 연구를 수행하였다.

우리는 우리나라 초등학교 초임교사의 3월의 삶에 대한 논의를 위하여 초임교사가 학교에 들어간 첫날에 관한 이야기, 그 첫 3월에 어떤 일들을 하는지, 무엇 때문에 힘들어하고 고민하는지를 본론에서 논의할 것이다. 우리의 연구가 교사의 삶에 대한 질적연구가 많지 않은 우리나라의 현실에서 초임교사에 관한 자서전적 연구를 통해 교사의 삶에 관한 질적연구의 필요성과 그 의미를 보다 깊게 새길 수 있기를 기대한다.

II. 연구방법

우리는 한국 초임교사의 3월의 삶을 연구하기 위하여 공동 연구자 중 한 사람인 정정훈 선생님이 첫 발령을 받아 근무한 3월의 삶을 자서전적으로 기술한 교단일지와 정정훈 선생님과 같이 경남지역에 발령을 받아 산청에서 근무하는 남자교사 1명과 창원 지역에서 근무하는 여자교사 1명과 인터뷰하였다.

자서전적 기술을 한 공동 연구자 정정훈 선생님은 2002년 3월 1일 경상남도 거창에 있는 신원초등학교에 발령을 받아 초임으로서 근무를 시작하였다. 정정훈 선생님이 근무한 학교는 6 · 25당시 양민 학살 사건으로 유명한 거창군 신원면에 위치하고 있다. 불행하게 학살된 양민을 위로하기 위한 위령사업이 한창이라 길가에는 커다란 덤프트럭이 다니고 뿌연 먼지가 매일같이 휘날리는 곳이었다. 거의 모든 가정은 농업에 종사하고 있으며, 많은 가정이 밤나무와 딸기, 배 등의 과일농사를 동시에 짓고 있었다. 2차선 국도를 두고 마주보고 있는 신원농협은 면 소재지에서 가장 큰 상점을 가지고 있다. 주위로 파출소, 면사무소, 그리고 조그만 우체국도 있다. 중국음식점 두 곳과 상점 두 곳, 그리고 몇 개의 식당이 옹기종기 모여 있는 전형적인 시골 마을이다.

도로보다 약간 높은 학교 운동장에 올라서면 학교 건물은 동쪽을 바라보고 있어 여름에는 아침에 받은 열기가 식지 않아 더우며, 겨울에는 한낮에 햇볕이 들지 않아 추울 것이라는 것을 누구나 알 수 있다. 그네, 늘임봉, 미끄럼틀, 철봉까지 연구자가 20년 전에 다니던 학교의 모습 그대로이다. 학교 건물 서편에 있는 조그만 텃밭에는 상추, 배추, 무, 고추 등의 채소가 자라고 그 옆으로 쓰레기 소각장과 주차장이 붙어 있다. 건물은 2층으로 이루어져 있는데 2층에는 교실이 두 개 있다. 지어진 지 얼마 되지 않아 바닥부터 천정까지 아주 깨끗하다. 1층은 서쪽 출입구부터 화장실, 1학년과 2학년 교실, 컴퓨터실, 교무실 중앙현관을 지나 조그만 도서실과 행정실이 하나의 교실을 나누어 쓰고 있으며 다시 교실 두 개를 지나 교장실과 과학실이 있으며 제일 동쪽으로 조리실과 급식소가 있다. 제일 끝에 새로 지은 것으로 보이는 유치원교실이 있다. 운동장 한편에는 학교의 교목이자 대표적 상징물인 은행나무가 우뚝 솟아 있다. 전하는 말로는 거의 100년은 되었다고 하였다. 교직원은 교장과 교감, 유치원교사를 포함해 교사가 10명, 서무, 영양사, 조리사, 기능직, 일반직 등이 9명, 그렇게 열아홉 명의 교직원이 있다. 특이한 사항은 주변 세 개의 학교가 폐교되면서 네 학교가 통폐합되었기 때문에 학생들의 등하교거리는 몇 킬로미터씩 된다. 모든 학생들이 학교버스를 타고 등하교를 하기 때문에 학교버스 기사가 4명이나 되었다.

연구참여자 중 이남명 선생님은 31세에 첫 발령을 받아 산청에서 근무하게 된 초임교사로서 도시에서 태어나 시골에서 자랐으며 그의 아버지는 직업군인이었다. 그는 입학 직전에 행정직 공무원이 되는 것과 교사가 되는 것 사이에서 심각하게 고민하였으며 그가 어렵게 교직을 선택한 이유로는 아이들과 함께 한다는 것을 가장 중요한 이유로 들었다. 그는 25학급 규모의 해당 군의 중심학교에서 초등학교 교사로서 근무를 시작하였다. 김활란 선생님은 농촌에서 태어나 농촌에서 서비스업에 종사하시는 부모님 아래에서 자랐으며 24세의 나이에 창원에 발령을 받아 근무하고 있다. 그녀는 초등학교 6학년 담임선생님의 영향으로 중학교 시절 교사가 될 것을 결심하였다. 그녀는 교사 이외의 다른 직업을 고려한 적이 없었다. 교장 선생님으로 퇴임하신 그녀의 외할아버지로부터의 영향과 초등학교 시절 편애하던 담임선생님에 대한 반발로 교사가 될 것을 결심했다고 하였다. 그녀가 근무한 학교는 공단과 인접했으며 약 20학급 규모였다.

우리는 이 연구를 위하여 자서전적 기술, 심층면담과 더불어 보조자료를 수집하였다. 정정훈 선생님은 2002년 3월 한 달 동안 하루하루 초임교사로서 겪게 되는 여러 가지 사건들을 일기를 쓰듯이 기록하였다. 이 자료는 면담의 토대가 되었으며, 가장 기초적이고도 중요한 자료이다. 2002년 4월 참여자와 각각 개별면담을 실시하고 함께 모여 이야기하는 시간도 가졌다. 면담할 때는 참여자들이 편한 시간에 면담약속을 하여 날짜와 장소를 정하였으며, 장소로는 식사를 할 수 있는 식당이나 차를 마실 수 있는 장소를 택해 부드럽고 편안한 가운데 면담이 진행될 수 있도록 하였다. 서로가 느끼고 경험한 것에 대해 공유하고 토론하는 분위기가 될 수 있도록 노력하였으며 면담 분위기는 자연스럽게 '그래 맞다', '나도 그런 적이 있는데' 와 같은 감탄사를 연발할 정도로 진지하고 화목한 분위기 속에서 진행되었다. 면담의 모든 과정은 참여자의 동의를 얻어 마이크로테이프로 녹음하여 전사하였다.

얻어진 모든 자료들은 질적 분석의 특성에 따라 다음과 같은 절차를 기준으로 분석, 세목화하였다. ① 모든 자료들에 대해 총괄 범위를 정하고 이에 따른 주제별 특성에 따라 내용을 분류하였다. ② 주제별 특성에 따른 분류에 세목을 정하였다. ③ 세목에 따른 내용의 개별성을 확인 검토하였다. ④ 개별성이 확립된 구체적 자료를 바탕으로 관련된 내용을 개별 단위로 구조화하고 평가 · 분석하였다.

수집되고 분석된 모든 자료는 전사(transcription)하여 컴퓨터 파일로 만들어졌다. 컴퓨터에 저장된 모든 파일은 바이러스 감염의 위험을 가지고 있기 때문에 디스켓과 CD-ROM에 다시 저장하여 그 안전성을 유지하였다.

전사작업을 통해 정리된 자료들은 그 주제와 특성을 파악하여 약호화(coding)하는 동시에 의미를 부여하였다. 한번 약호화하거나 의미가 부여되었던 자료라 할지라도 자료를 되새김질하는 과정에서 의미가 바뀌기도 하였다. 의미를 부여하기 위해 가장 많이 노력한 점은 글의 제목을 붙이는 것이었다. 비유와 은유를 사용하여 한 개 혹은 몇 개의 단어로 그 안의 내용을 담아내는 아이디어를 찾아내느라 많은 고민을 하였다. '잔인한 3월' 이 그 대표적인 예이다.

연구의 타당도 확보를 위해 먼저 심층적인 기술(thick description)을 하기 위해 노력하였다. 일지와 면담내용을 전사함에 있어서 구체적인 상황의 묘사, 미묘한 심리의 기술을 위해 노력하였다. 현장에서 사용하는 언어를 그대로 사용함으로써 읽는 이로 하여금 당시의 상황과 감정을 느낄 수 있도록 하였다. 자료를 수집하고 분석하는 작업이 계속해서 동시에 이루어졌기 때문에 면담과 자서전적 기술은 많은 경우에 상호보완적인 역할을 하였다. 면담에서 있었던 이야기가 일지에 기록되기도 하였고 일지에 기록된 내용이 면담에서 집중적으로 다루어지기도 하였다.

이 장의 서두에서 밝힌 바와 같이 우리 연구의 주된 연구방법은 정정훈 선생님이 자신의 삶을 자서전적으로 기술하는 것이다. 연구자인 동시에 정보제공자의 역할을 한 것이다. 자신이 자신의 삶을 기록하고 해석한다는 점에서 우리의 연구는 다른 연구들과 차별화된다. 무엇보다 교사로서 교사의 삶을 연구한다는 것은 정보제공자와 연구자가 동일 인물이라는 것 이상의 의미를 가진다. 지금까지 대부분의 교사연구들은 대학교수로 대표되는 교육연구자 혹은 외부자에 의해서 행해져 왔다. 우리의 연구가 가지는 또 하나의 차별성은 교사의 삶에 관한 연구에서 교사의 입장을 정보제공자 혹은 참여자에서 교사연구자로 끌어올리는 데 기여한다는 점에 있다. 외부자에 의한 교사의 삶에 관한 연구보다 교사에 의한 연구가 가지는 장점은 내부자로서 보다 민감하고 은밀한 문제들, 눈에 보이지 않는 세밀한 부분들까지 알아낼 수 있다는 데 있다. 때문에 교사연구자는 보다 심층적이고 보다 질적인 자료수집이 가능하다. 자료수집에는 교사연구자가, 그 방법론과 기술 해석의 면에는 대학교수가 집중적으로 관여한 이번 연구는 학교현장 혹은 교사의 삶을 연구함에 있어서 교사와 대학연구자의 협력관계가 어떠해야 하는지를 보여주는 예가 될 수 있을 것이다.

III. 혼란 속의 출발

이 절에서는 우리나라 초등학교 초임교사가 학교에 들어간 첫 3월에 대한 이야기를 크게 세 부분으로 나누어 논의할 것이다. 먼저, 학교에 들어간 첫날과 학교생활 시작하기에서는 예비교사에서 교사가 되어 학교생활을 시작하는 첫날 초임교사는 학교에서 어떠한 일을 겪으며 무엇을 깨닫고 느끼는지를 이야기할 것이다. 둘째, 3월의 바쁜 일정 속에서 초임교사는 학교에 어떻게 적응해 가는지를 논의할 것이다. 마지막으로, 초임교사는 그 첫 3월에 어떠한 갈등과 고민을 하며 생활하게 되는가에 대해 논의하고자 한다.

1. 들어가기

초임교사들은 교사로서의 첫날을 가장 힘들게 기억한다. 옆 반 선생님이 무엇을 하는지를 보고 그대로 따라 했다는 교사도 있고, 초등학교 시절의 기억을 더듬어 그 날을 이끌었다는 교사도 있으며, 아이들의 도움을 얻어 그 하루를 넘긴 교사도 있다. 교사로서 시작하는 첫날, 초임교사들은 부푼 꿈과 희망, 설렘으로 첫날을 맞이한다. 그러나 그러한 기분은 교무실에 들어서는 순간 혼란과 어색함에 묻혀 버린다. 교무실에서 자신의 자리는 어딘지, 몇 학년을 가르쳐야 하는지, 막상 교실에 가서 무엇을 해야 하는지 등 학교의 모든 것들은 초임교사에게 어수선하고 어색한 모습으로 다가온다.

그건 무슨 감정이었을까? 지금까지 전혀 느끼지 못했던 감정이었다. 사랑하는 사람을 기다리는 설렘, 자격증시험 발표를 기다리는 초조함, 바라던 성형수술 후 자신의 모습에 대한 기대라고 하면 표현이 될 수 있을까?

이런 여러 가지 감정의 뒤섞임으로 어젯밤 아니 오늘 새벽 4시가 되어서야 잠을 이룰 수 있었다. 그리고 3시간 남짓 자고 일어났다. 그런데도 잠이 부족하거나 피곤하다는 것은 느끼지 못했다. 이렇게 머리가 맑을 수가 있을까?

출근을 해서 교무실로 들어서니 중년의 아저씨들로 보이는 몇 분들(기능직, 교사)이 장작 난로에 불을 지피고 언 손을 녹이고 계셨다. 30대 초반의 여자, 50대 아주머니, 20대 후반의 아가씨, 중년의 아저씨들이 한 분씩 차례로 들어왔다. 어디에 앉아야 할지, 무엇을 해야 할지, 어떤 것을 준비해야 할지 아무것도 몰랐다. 그리고 이야기해 주는 사람도 없었다. 그렇게 긴장되는 30여 분의 시간이 흘러 아홉 시가 되자 교무회의가 시작되었다. 교장선생님께서 중요한 발표를 하였다. 1학년 담임 ○○○, 업무는 환경, 2학년 담임 ○○○, 업무는 …… 나는 4학년 담임이다. 우리 반은 11명이고 업무는 생활, 체육이다.

다목적실에서 개학식이 있었다. 일반 교실보다 약간 넓은 교실로 강당으로 사용하고 있었다. 전교생이 80명 남짓 되는 소규모 학교이니 가능한가 보다. '선생님께 경례' 라는 구령으로 교사와 학생은 서로 인사를 하였다. 학생들은 '열중쉬어' 를 하고 교장선생님의 말씀으로 이어졌다. 교장선생님의 소개로 아이들 앞에서 인사를 하였다. 어젯밤에 그렇게 연습을 했는데 대사가 생각나질 않았다. "훌륭하신 선생님들과 여러분들처럼 착하고 건강한 어린이들 그리고 경치 좋고 공기 좋은 이 학교에서 생활하게 되어 무척 기쁩니다. 여러분들이 열심히 공부하고 신나게 뛰어 놀 수 있도록 최선을 다하겠습니다." 정말 실망이다. 이렇게 평이하고 식상한 인사를 하다니……. 그래도 아이들은 '저 선생님은 어떤 분일까?' 호기심이 가득한 눈으로 나를 관찰한다. 나를 힐끔힐끔 쳐다보며 귓속말하는 아이들. 애써 웃음 지으며 긴장된 안면근육을 풀기 위해서 얼굴을 두드려 보았다.

— 2002년 3월 2일 정정훈 선생님의 교단일지에서

잔뜩 긴장한 채 학생들과 인사를 나누고 배정받은 교실로 내려올 때의 심정은 전투에서 패배하고 돌아가는 병사의 심정이라고 이야기하고 싶을 만큼 정정훈 선생님에게는 실망스러운 것이었다. 그것은 그만큼의 기대가 있었기 때문이었을 것이다.

어떤 직업에 종사하기 위하여 혹은 어떠한 직장에서 일하기 위하여 첫발을 내딛는 사람이라면 누구나 자신이 해야 할 일이 무엇이고 나의 상관은 어떤 사람이며 직장에서의 나의 위치는 어디인지 등에 대한 걱정과 설렘으로 시작할 것이다. 그러나 초임교사는 자신이 어떠한 일을 하게 될지, 자신의 위치는 학생들에게는 교사이며 다른 교직원들에게는 동료교사의 위치라는 것은 누구나 알고 학교로 들어가게 된다. 그러나 다른 직업과는 달리 교사가 가지는 부담과 책임감은 초보자임에도 불구하고 몇 명에서 때로는 30명이 넘는 사람을 이끌어야 한다는 데 있다. 초임교사들은 자신이 받은 교육과 연수로 잘 할 수 있을 것이라는 막연한 기대감과 비현실적인 낙관주의를 가지고 학교에 들어가지만 그러한 생각이 바뀌는 데는 그리 오랜 시간이 필요하지 않다.

> 교실로 내려와 아이들과 인사를 나누었다. 전날 준비한 인사말이 있었지만 미처 생각하지 못하고 칠판에 이름 석 자를 커다랗게 적고 소개를 하였다. 그러곤 아이들도 한 사람씩 일어나서 인사를 하게 했다. '다음은 무엇을 해야 하나' 하고 생각하고 있을 때 한 아이가 "선생님 사물함과 책상 바꿀까요?" 하는 것이었다. "그래 그러자! 사물함은 어디서 가져오니?" "작년에 쓰던 것을 가져오면 돼요." "책상과 걸상도 키에 맞는 걸로 바꾸어야 하는데 어디 있지?" 하고 물으니 "저쪽 창고에 있어요" 라고 대답하고는 아이들이 부산하게 움직이기 시작했다. 척척 알아서 하는 아이들이 무척이나 고마웠다. 난 교사로서 그리고 학교의 한 식구로서 모두 처음인데 아이들은 그렇지 않았다. 아이들은 최소한 3년 유치원을 포함하면 4년, 5년씩 그 학교에 다니던 터라 벌써 학교의 생리를 어느 정도 파악한 것처럼 보였다. 학교생활에 있어서는 아이들이 나보다 선배라는 느낌이 들었다. 한 가지 의아한 것은 사물함을 바꾸고 책걸상을 바꾸고 교실정리는 어떻게 하는지 이러한 모든 것들을 이야기하거나 가르쳐 주는 선배교사가 아무도 없었다는 것이다. 아이들에게 배워가며 익혀 나가는 것이 나빠서가 아니라 교사로서 준비하지 못했다는 미안함을 느껴야만 했다.
>
> — 2002년 3월 2일 정정훈 선생님의 교단일지에서

초임교사는 학기가 시작하는 첫날 자신이 해야 할 일을 정확하게 알지 못하고 시작하게 된다. 더욱 불행한 것은 그러한 상태로 그들은 다른 선배교사들과 똑같은 업무를

시작해야 한다는 것이다. 초임교사들이 학교생활을 시작하는 데 있어서 그들이 해야 할 일을 알려주고, 일의 순서, 방법, 의미 등을 자세히 안내해 주는 사람이 없었다는 것은 더욱 불행한 일이다.

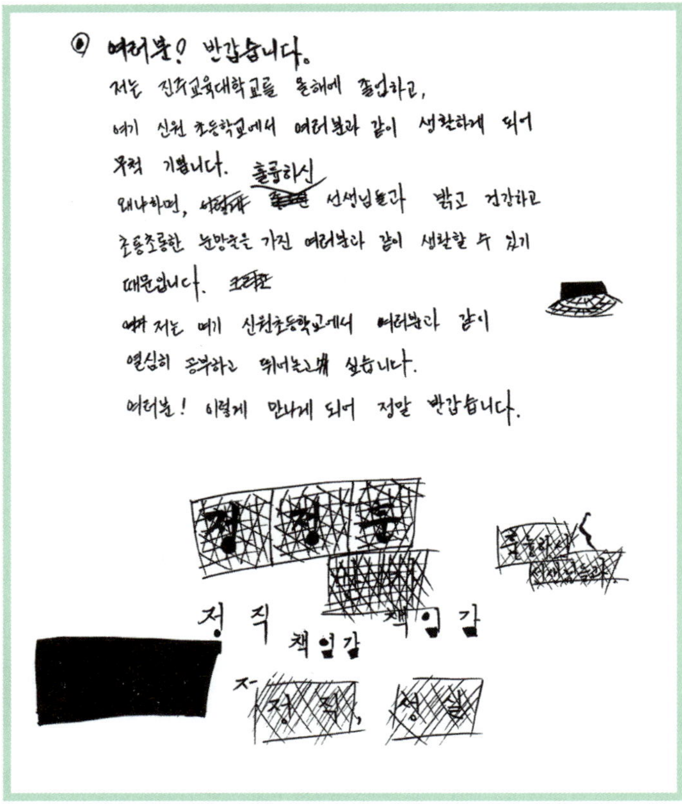
여러분! 반갑습니다.
저는 진주교육대학교를 올해에 졸업하고,
여기 신원 초등학교에서 여러분과 같이 생활하게 되어
무척 기쁩니다.
왜냐하면, 훌륭하신 선생님들과 밝고 건강하고
초롱초롱한 눈망울을 가진 여러분과 같이 생활할 수 있기
때문입니다. 그래서
저는 여기 신원초등학교에서 여러분과 같이
열심히 공부하고 뛰어놀고 싶습니다.
여러분! 이렇게 만나게 되어 정말 반갑습니다.

정 직 책임감 책임감

정직, 성실

정정훈 선생님의 메모

위의 그림은 2002년 3월 2일(첫 출근하는 날 새벽)에 정정훈 선생님이 첫날 학생들과 인사를 하기 위해서 메모(낙서)해 놓았던 것이다. 몇 줄 되지 않는 글귀를 외우고 또 외웠지만 쑥스럽게도 긴장한 탓인지 몇 마디 하지 못한 것으로 봐서 그 긴장감과 부담감은 생각 이상으로 컸을 것이다. 대수롭지 않은 낙서지만 직사각형 모양에 볼펜으로 색을 칠해 채우면서 무슨 생각을 했을까? '정직', '성질', '책임감' 이 세 개의 단어를 적으면서 무슨 생각을 했을까? 새벽까지 잠 못 이루며 교사로서 사는 것이 무엇인지, 앞으로의 인생이 어떻게 변할 것인지, 막연한 기대와 약간의 두려움을 함께 느낀 시간이었을 것이다. 그럼에도 불구하고 정정훈 선생님의 첫날은 성공적이지 못한 하루였다.

> 교장 선생님께서 8시까지 출근을 하라고 해서 8시에 학교에 도착했습니다. 제가 가장 빨리 출근을 했지요. 다른 선생님들은 8시 30분이 되어서야 오시기 시작했습니다. 기다리는 30분 동안 정말 바늘방석이었어요. 내 몸을 어디에 두어야 할지 몰랐어요. 무엇을 해야 하는지도 모르겠고 회의를 하는데 어디에 앉아야 하는지도 몰랐죠. 마치 남의 옷을 입고 있는 느낌이었어요. 그 날이 제일 악몽이었어요. 다른 선생님들도 바쁘니까 신경 써 주시는 사람도 없었고. 아이들과도 이야기하는데 '선생님이~' 하고 이야기하는 것도 너무 서먹했어요.
>
> — 2002년 4월 김활란 선생님과의 면담에서

만약 정정훈 선생님과 김활란 선생님이 교사의 입장이 아니라 학생의 입장이나 회사의 신입사원의 입장이라면 상황은 달라졌을 것이다. 모르면 묻고 시키는 대로 하면 어쩌면 쉽게 그 하루를 넘길 수 있었을 것이다. 그러나 교사로서의 하루는 그것과 다르다. 학생들을 통솔하고 무언가를 지시하고 시범을 보이며 이끌어야 한다. 그렇지 못할 경우 아이들은 선장이 없는 배나 조종사가 없는 비행기처럼 갈팡질팡하게 된다.

초임교사에게는 그 첫날을 제대로 준비하지 못했거나 설사 준비했다고 하더라도 해야 할 일과 일어날 상황을 예측하지 못해 잘못 준비한 책임이 있다. 그리고 동료교사나 관리자들은 초임교사를 자세하게 안내하지 못한 도의적인 책임을 생각할 수 있다. 그러나 그러한 원인들의 결과는 학생들에게 돌아가게 된다. 초임교사가 첫날을 악몽으로 기억하고 힘들어한 것은 자신에 대한 실망, 주위의 무관심에 대한 원망보다 학생들을 잘 이끌지 못한 것에 대한 미안함 때문이다.

초임교사는 교육활동이 얼마나 구체적으로 계획되어야 하는가에 대한 자신의 인식이 얼마나 부족한지를 모른 채 막연하고 추상적인 생각으로 교사로서의 하루를 맞게 된다. 새 학기의 첫날 초임교사는 아이들과 무엇을 어떻게 해야 하는지를 알지 못한 채 그 속으로 들어가게 된다. 마치 정글 속에 늪이 존재한다는 것을 알면서 그 늪에 빠졌을 때 어떤 느낌인지를 모르는 것처럼 그렇게 그 속에 빠져서 허우적거리게 된다. 시업식을 하고 책걸상을 아이들에게 맞게 바꾸고 사물함을 정리하고 겨우내 쌓여있던 먼지와 쓰레기들을 치우는 등의 일들을 하다보면 하루 일과는 봄눈 녹듯이 녹아버려 어디론가 사라져 버린다.

모든 학교에 부임하는 초임교사가 3월의 첫날 자신의 일을 모르고 출근하는 것은 아니다. 간혹 미리 알고 준비를 할 수 있는 초임교사도 있다. 그러나 그렇지 않은 학교가 대부분인 것이 현실이다. 이것은 관례적으로 3월의 첫날 학/반이 정해지고 업무가 정해지도록 되어있는 것이 문제이다.

초임의 이러한 혼란을 줄이기 위해서는 제도적으로 부임 날짜를 학기가 시작하는 첫날로 하는 것이 아니라 일주일이라도 먼저 출근할 수 있도록 해서 업무를 파악하고 개학을 준비할 수 있는 시간을 갖도록 하는 것이 필요하다. 백지상태의 초임교사에게 알아서 준비하라고 하는 것은 가혹한 처사이다. 초임교사는 첫날 자신과 자신의 기대에 자그마한 좌절을 겪게 된다. 그러나 이것은 앞으로 일어날 일에 비하면 그야말로 조족지혈(鳥足之血)에 불과하다.

2. 허둥지둥

이 절에서는 학교 현장에서 가장 바쁜 3월에 어떠한 일들을 하는지를 이야기하고 그러한 일을 처음 겪는 초임교사는 어떠한 생각을 하는지에 대해서 논의하고자 한다. '허둥지둥' 이라는 용어는 바쁜 상황에서 무엇을 어떻게 해야 할지 모르는 초임교사의 모습을 표현한 것이다.

초임교사에게 3월은 잔인하다. 아이들에 대한 사랑과 열정을 교실에서 펼쳐 보일 것이라는 기대와 용기를 가지고 있는 초임교사에게 초임으로의 3월은 그들을 그대로 버려두지 않는 잔인한 달이다. 담임과 교실 업무 등이 정해지고 아이들과의 관계를 형성하고 교실 환경정리를 하고 학교 교육과정, 학년 교육과정, 평가계획, 클럽활동 지도계획 등 이런 모든 것들이 3월 달에 해야 하는 중요한 일들이다. 학교에서는 2월 달에 새로운 학기를 위해 여러 가지 사항들을 준비한다. 그런데 정작 아이들의 지도에 필요한 직접적인 것들(학년 교육과정, 평가계획, 주안작성)에 관한 준비는 이루어지지 않고 있었다. 수업은 3월 3일부터 정상적으로 하는 것으로 되어 있다. 그러다 보니 실제 교육활동이 계획에 의해서 이루어져야 함에도 불구하고 계획이 뒤늦게 이루어지는 모순이 나타나게 되는 것이다.

정정훈 선생님이 초임으로 근무한 학교의 3월의 일들을 살펴보면 다음과 같다: ① 각 학년과 반의 담임과 교실을 배정받으면 교실을 정리하고 학생들의 사물함을 옮기고 키에 맞추어 책상과 걸상 정리하기. ② 업무와 관련해서는 자신이 맡은 업무에 어떠한 일들이 있는지 파악하고 그간의 공문들을 살펴보고 업무파일 만들고 한 해 동안의 업무 계획 세우기. ③ 5학년과 6학년으로 학교생활을 이끌고 저학년을 도울 도우미 조직. ④ 각 학년과 반의 특별실과 특별구역 청소계획 세우기. ⑤ 특기적성활동 희망 조

교장	교감	교무

(3) 월 교육계획

2002 학년도 신원초등학교

날짜	요일	교육계획 내용	담당부서	행사내용(국가.본교)	절후	비고
1	금	삼일절				
2	토	시업식 담임및교실배정.업무조직	교무			
3	일			조세의 날		
4	월	입학식.애국조회.생활도우기조직 청소계획.컴퓨터교육희망조사	교무.생활 청소.연구			
5	화	친목회총회				
6	수	클럽활동부서조직. 부형총회안내장발송.직원체육	교무.연구 체육		驚蟄	
7	목	학생실태조사.학급회조직	교무.담임			
8	금	유치원입원식.경영록협의 전교어린이회임원선출	담임.연구			
9	토	반성조회				
10	일					
11	월	전교조회				
12	화	학교교육계획협의	연구			
13	수	학생가구수조사.직원체육	교무.체육			
14	목	환경구성협의. 학교내규협의	환경.교무			
15	금	학부모총회(학운위지역위원선출)		민방위날		
16	토	반성조회				
17	일					
18	월	각계연간계획수립	전직원			
19	화					
20	수	직원체육		상공의 날		
21	목	학교교육과정편성 제출	담임		春分	
22	금			물의날		
23	토	반성조회		기상의 날		
24	일					
25	월	전교조회				
26	화	교실환경구성완료	담임			
27	수	직원체육				
28	목					
29	금					
30	토	반성조회. 월말통계	담임			
31	일					
비고		※				

정정훈 선생님이 근무한 학교의 3월 교육계획

사. ⑥ 학생들의 의견과 선생님들의 의견을 종합하여 계발활동 부서 조직. ⑦ 학부형 총회. ⑧ 학생들의 가정환경, 교육여건, 생활수준, 부모의 직업, 형제 등 학생과 관련된 많은 사실들을 알기 위한 학생 실태조사. ⑨ 특별활동의 자치활동을 위한 학급어린이회, 전교어린이회의 조직. ⑩ 한 학급을 경영하는 데 필요한 모든 자료들과 평가기록,

각종 조사표 수업계획 등 모든 내용이 들어가는 경영록을 협의하고 만들기. ⑪ 여름방학, 겨울방학, 가정학습의 날, 체험학습, 견학, 소풍과 운동회, 학예회 등의 날을 포함하여 한 해 동안의 모든 학교 행사를 협의하기 위한 학교 교육계획 협의. ⑫ 학생가구수 조사. ⑬ 환경구성은 누가 무엇을 어떻게 예산은 얼마로 할 것인지 협의. ⑭ 학교내규 협의. ⑮ 학교운영위원회에 나갈 교원위원 선출. ⑯ 교육부, 도교육청, 군교육청의 교육계획의 안내와 지침에 따라 학교 교육과정을 편성하고 그것을 토대로 학년 교육과정 편성, ⑰ 전담교사의 시간표가 정해지면 그것과 중복되지 않게 학급의 시간표 작성, ⑱ 학년 교육과정에 따라 각 과목별 수업계획을 나타내는 연간 진도표 작성, ⑲ 진도표를 토대로 자세한 평가계획(평가시기, 방법, 내용, 준거 등) 세우기, ⑳ 주안 작성. 그리고 학급의 환경정리는 물론, 학교의 환경정리도 교사들이 나누어 해야 한다. 이외에 학생들의 특성 및 가정환경 파악(서류와 다를 수 있으므로), 가정방문, 학교가 위치한 지역의 환경을 파악해야 한다.

교실 환경을 꾸미는 일은 정정훈 선생님에게 매우 어려운 일이었다. 학급의 환경정리를 하는 데에만 일주일이 넘게 걸렸다. 열다섯 명 되는 아이들 사물함에 명찰 붙여주고, 시간표와 독서량 역할분담활동 등을 한눈에 알아볼 수 있도록 꾸미고, 뒤쪽 환경판에는 가운데 커다란 나무를 만들어 붙이고 그 가지에 아이들의 꿈을 적어서 붙였다. 그 옆으로 우드락을 오려 아이들의 작품을 게시할 수 있도록 하였다. 이외에도 화분을 만들어 봉숭아와 옥수수를 심었다. 해놓고 보니 변변히 해놓은 것도 없었는데 수업도 팽개쳐 가며 했다는 것이 믿기지 않을 정도였다.

이러한 일들을 하면서 업무를 파악하고 공문서를 처리하는 방법을 익혀야 했다. 허우적대면서 눈코 뜰 새 없이 바쁘게 3월은 흘러간다. 윤리와 체육을 맡은 정정훈 선생님은 3월이 흘러가도록 나의 업무가 구체적으로 어떤 일들을 하는 것인지 제대로 알 수 없었다. 밀어닥치는 공문서 처리에 바빠 무엇을 했는지조차 기억하기 힘들었던 것으로 기억하였다. 그도 그럴 것이 일을 꼼꼼히 배우고 익힌다는 생각보다 빨리 처리하고 다른 일을 해야 한다는 생각에 서두르다 보니 결재서류에서 글자가 잘못되어 다시 작성하는 경우도 허다했다. 이남명 선생님의 말에서 바쁜 3월의 분위기를 실감나게 느낄 수 있다.

> 교실에서 수업을 하고 있으면 무엇이 물밀 듯이 밀려오는 거예요. 기본적인 조사지에서부터 계획을 세우라는 내용까지 정말로 정신이 없더라고요.
>
> — 2002년 4월 이남명 선생님과의 면담에서

물밀 듯이 밀려온다는 그의 표현이 인상적이다. 간단한 조사에서부터 공식적인 보고문서까지 초임교사에게 있어 3월은 하루하루가 새롭다. 각종 업무파악, 문서작성 방법 익히기, 환경정리, 교육과정 편성, 평가계획 세우기, 아이들과의 관계 형성하기 등으로 학기가 시작하고 1~2주 동안에는 수업에 집중할 수 있는 기회를 많이 가질 수 없다. 3월 달에는 여러 가지 일들로 학생들에게 책을 읽게 하거나 교사의 일을 돕도록 교과수업 시간을 활용하게 된다.

> 학기 초에 환경정리를 하잖아요. 저희 학교는 한 학년에 네 학급이 있는데 동학년의 여 선생님께서 꽃무늬 오리기, 학습지꽂이, 신발장과 사물함 명찰 그런 것들을 모두 저보고 만들라는 거예요. 아시다시피 그것들이 잔손질이 많이 가는 일이잖아요. 거의 일주일 동안 수업 못하고 그 일만 했어요.
>
> 3월 내내 주말에도 출근을 했어요. 양이 너무 많아서 혼자서는 할 수 없어서 친구를 데리고 가서 그것들을 오리고 붙이고 했어요. 하다 보니 화가 나는 거예요. 하루는 일을 하다가 친구와 통화하면서 불평을 했어요. "도대체 이 많은 걸 혼자서 어떻게 다하라고 시키는 걸까…" 하고 말입니다. 그런데 다른 선생님이 지나가다가 들은 거예요. 쉬는 시간에 그 선생님이 일을 시키신 선생님에게 농담조로 "김 선생 일 좀 너무 시키지 마라. 힘들어 죽겠단다" 라고 이야기를 했어요. 이후로 저에게 일을 시키신 선생님과 저와의 사이는 말하지 않아도 알겠죠? 그래서 언제 어디서건 말을 조심해야겠구나 하고 생각했습니다. 그 선생님과의 사이가 나빠지면서 동료 선생님들과의 관계가 많이 불편해졌습니다. 그래서 열심히 일했습니다. 시키는 것은 군소리 안 하고 모두 다 했습니다. '언젠가는 알아주겠지' 생각하면서……. 시간이 어느 정도 지나 선생님들과의 관계는 많이 좋아졌습니다. 연수받을 때 고생한다며 밥도 사주시고 그렇게 지냅니다. 다들 좋으신 분들이에요.
>
> — 2002년 4월 김활란 선생님과의 면담에서

초임교사는 교사로서 초보자이면서 직장의 막내이며 또한 교육대학교의 후배가 된다. 때때로 이러한 인연들은 초임교사들에게는 많은 부담으로 작용한다. 동학년에서 해야 할 자질구레한 일들을 도맡아서 해야만 했던 그녀는 조금은 억울한 생각과 동시에, 직장후배이자 학교후배이면서 초임이라는 것 때문에 그러한 일거리들이 자신이 마땅히 해야 할 일이라고 생각했을 수도 있지만, 여러 인연 때문에 거절하지 못하는 상황이었다. 그리고 새로운 집단에 들어가 적응하고 살아남기 위해서는 조금이라도 도와주며 고

분고분하게 지내는 것이 자신에게 이로울 것이라는 살아남기 위한 무의식적인 기제가 발휘되었을 것이다. 전자든 후자든 중요한 것은 모든 것이 생소하고 하나부터 열까지 배우고 익혀 나가야 하는 입장에 있는 초임교사에게 위와 같은 일들은 큰 부담으로 작용함과 동시에 교직의 부정적인 면을 인상적으로 기억하게 되는 계기가 된다.

선배교사들은 흔히 이야기한다. 처음 3월과 4월이 그 한 해를 좌우한다고. 아동들과의 관계 형성하기, 규칙 세우고 지키기, 기본 생활습관 학습방법 훈련 등 모든 것을 연습하고 아이들과 호흡을 맞추어야 할 시기가 3월과 4월인 것이다. 그것들이 잘못 이루어질 경우 교사로서는 힘든 일 년을 보내야 한다는 것이다. 그런데도 불구하고 김활란 선생님은 선배들로부터 그러한 활동을 잘 할 수 있는 조언이나 배려를 받기보다는 투자해야 할 시간마저 빼앗겨 버린 것이다.

경력 있는 선배교사들은 초임교사들이 힘들어하고 어려워하는 것을 당연하게 생각하는 경향이 있다. 자신들의 선배가 그러했고 자신들이 그러한 길을 걸어왔기 때문에 초임교사들이 어려워하고 힘들어하는 것을 당연히 여긴다. 이러한 사고 자체 때문에 초임교사들이 교직에 적응하는 것이 예나 지금이나 크게 변하지 않는 것이다. 그러나 그러한 생각이 바뀌어야 하는 이유는 초임교사들이 느끼는 어려움은 그들 자신만의 문제가 아니라 학생들을 지도하는 문제와 상관있으며 나아가 학부모의 공교육에 대한 신뢰의 문제와도 관련된다고 볼 수 있기 때문이다.

운전을 배울 때 처음에는 브레이크, 클러치, 기어변속과 더불어 여러 가지 자동차 안의 기계들을 조작하느라 백미러를 볼 시간조차 없다. 그러나 차츰 익숙해지면 그러한 것들은 거의 생각하지 않고 자동적으로 조작할 수 있게 된다. 그러면 음악을 켜고 끌 수도 있으며, 운전하면서 간단한 다른 동작들도 취할 수 있게 된다. 그렇게 되기 위해서는 많은 시간을 들여 연습하는 과정이 반드시 필요하다. 물론 자동차의 조작을 도와줄 수 있는 사람이 있으면 그 시간은 짧아질 것이다. 초임교사로서 자기 자신을 운전해 한 해를 달리기 위해서는 그것에만 전념할 수 있도록 배려는 물론 그들을 지원해줄 수 있는 조력자가 필요한 것 또한 당연하다.

3. 고민

이 절에서는 초임교사들이 학교생활을 하면서 사소하다고 생각할 수 있지만 초임교사를 혼란스럽게 만드는 것들에 대해 이야기하고자 한다. 예를 들어, '점심시간에 식사를 할 때 학생들과 같이 식사를 할 것인가, 아니면 교사들끼리 식사를 할 것인가' 또는

'왜 학생들은 중앙현관으로 다니면 안 되는가?' 와 같은 문제들이다. 초임교사는 그들이 가지고 있던 사고방식이나 상식이 새로운 환경에서 충돌하는 것을 경험하게 된다. 특히, 자신이 상상하지 못했던 곳이 아니라 기다리고 고대했던 곳이기에 그 충격은 더욱 커지게 된다. 그러한 상황에서 자신의 교직관을 세우며 적응해 나가는 것은 초임교사들이라면 누구나 겪어야 하는 과정이며 고뇌와 인내의 시간이다.

> 지난주 토요일 첫 출근을 하고 설레는 마음을 간직한 채 주말을 보냈다. 오전 내내 청소하고 정리하고 수업은 1시간밖에 하지 못했다. 그것도 제대로 하지 못한 것 같아 아이들에게 미안하다. 교실이 북적대고 아이들이 이리 뛰고 저리 뛴다. 사물함에서 무언가를 꺼내는 아이, 세면대에서 손을 씻는 아이, 그 잠깐의 시간에 장기판을 펼쳐 든 두 아이. 점심시간이다. 작은 학교여서 그런지 식사 순서는 없다. 그냥 가는 대로 바로 식사를 할 수 있기 때문이다. 저학년 아이들이 앉기에는 다소 높아 보이는 테이블과 의자, 대략 백 석 정도 수용할 수 있는 식당이다. 영양사는 아이들이 손을 씻었는지 엄격하게 검사한다. 검사에 통과하지 못한 아이는 반드시 손을 씻고 와야 하는 모양이다. 아이들과 같이 줄을 서서 식판을 받아 들었다. 우리 반 아이들과 같이(아니 아이들을 따라 가서) 마주보고 나란히 앉았다. 밥을 먹으려는 순간 선배 선생님의 목소리가 들린다.
>
> "어이 정 선생, 이리 와서 같이 먹읍시다. 이리 오라니까!"
>
> "여기 오면 반찬도 한두 가지 더 있을 거요."
>
> "아이들 식사지도는 여기서 해도 되니까."
>
> 그도 그럴 것이 고개만 들면 밥 먹는 아이들이 모두 보이는 아주 조그만 식당이기 때문이다. 밥을 먹는데 자구 고개가 돌아간다. 아이들과 같이 밥을 먹어야 할 것 같은데 선배님 말씀도 틀린 것 같진 않고. 밥을 거의 다 먹어가고 있을 무렵 한 아이가 조그맣고 어두운 갈색의 두 손으로 물을 가득 담은 컵을 들고 내 옆에 서있다. 그런데 그 아이의 엄지손가락이 컵 안쪽을 잡고 있었기 때문에 손가락은 물속에 담겨 있었다.
>
> "선생님 많이 드세요."
>
> "그래, 너두 맛있게 먹었니?"
>
> 약간은 우둔해 보이는 아이가 긴장된 내 마음을 봄눈 녹이듯 녹인다.
>
> — 2002년 3월 4일 정정훈 선생님의 교단일지에서

정정훈 선생님은 학생들과 같이 식사하지 않고 교직원들과 같이 풍성한(?) 식탁을 택했다. 어느 쪽을 선택하든 그것을 문제 삼을 사람은 아무도 없었을 것이다. 그런데, 그는 자신이 기존의 조직에 처음 들어간 이방인이라는 사실 때문에 주위의 눈을 너무 의식하여, 그들과 동일하다는 것을 보여줌으로써 그들로부터 신뢰를 얻기 위함이었던 것이다. 어느 집단에 들어간 사람이라 할지라도 다른 사람들로부터 동질감을 느끼고 그들에게 느끼게 하는 것이 그들의 적응을 이롭게 하리라는 것은 반론의 여지가 없을 것이다. 정정훈 선생님이 학생과 같이 식사해야 한다고 생각했음에도 불구하고 그렇게 하지 않은 것은 다른 교직원들과 빨리 친해지기 위한 무의식적인 기제가 발휘되었던 것이다.

초임교사가 넘쳐나는 일을 처리하면서 3월 달의 교과 진도를 맞추어 나간다는 것은 불가능한 일이다. 그럼에도 불구하고 '주안' 을 작성할 때는 정상적인 수업을 한 것으로 작성을 해야 한다. 만약 그렇지 않을 경우 '감사' 에 지적당할 수 있기 때문이다. 주안은 말 그대로 일주일 동안의 학급의 교육 계획이다. 그런데 그 계획과 실제 일주일이 다른 상황이 발생하는 것이다. 이러한 문제는 시간이 지날수록 심각해진다. 각종 학교 행사로 수업을 포기해야 하는 경우가 적지 않다. 예를 들어 소 체육대회 연습, 학예회 발표 총연습, 그 외 공식적인 일로 인해 수업을 하지 못하는 경우 이 모든 시간들을 포함한다면 교과 수업을 해야 할 시간 중 상당한 시간을 빼앗기게 된다. 따라서 실제 교과 진도와 주안 계획은 차이가 생기게 된다. 그러한 차이는 교사의 능력(?)을 발휘하여 한 시간에 2차시, 3차시 분량을 가르치거나 아니면 가정학습으로 해결해야 한다.

> 오늘 수학시간이었다. 교과진도가 늦은 탓에 '소수 두 자리 수' 와 '세 자리 수' 두 차시 분량을 한 시간에 하기 위해 서둘러 수업을 진행하고 있었다.
>
> "여러분 오늘은 소수 두 자리 수와 세 자리 수를 알아보도록 하겠어요. 공부할 양이 다른 날보다 많으니 집중해서 열심히 합시다."
>
> "선생님! 우리가 배우는 게 늦죠? 그래서 빨리 하시려고 하는 거죠?" 한 아이가 질문을 하였다.
>
> "그래. 그런데 그걸 어떻게 알았니?"
>
> "눈높이 선생님하고 공부할 때는요. 지금 소수의 덧셈과 뺄셈을 거의 다 해 가거든요."
>
> "아~ 그렇구나. 3월 달에 선생님이 할 일이 많아서 우리가 수업을 많이 하지 못하는 바람에 늦어졌구나. 넌 알고 있더라도 다른 친구들을 위해서 복습하는 마음으로 열심히 공부하자, 알겠지?"

> 당황스러우면서 아이들에게 미안한 생각이 들었다. 그러면서 아이들이 그것을 눈치챘다는 것에 대해 약간 놀라기도 하였다. 교사로서 아이들에게 좋지 못한, 믿음직하지 못한 모습을 보인 것 같아 가슴이 아팠다.
>
> '나는 최선을 다했지만 일이 많아서 어쩔 수 없었다' 라고 나 자신을 위로하고 싶지만 그건 얄팍한 합리화에 불과하지 않다는 생각이 든다.
>
> — 2002년 3월 25일 정정훈 선생님의 교단일지에서

학생의 말이었지만 정정훈 선생님은 사교육을 하는 교사와 비교된다는 것에 대해서 유쾌하지 않게 여겼으며 할 일이 많아서 그렇게 되었다고 이야기했지만 자신의 입장을 학생들이 이해하지 못하는 것은 당연한 일이기 때문에 '열심히 최선을 다했다고 생각했던 3월을 보낸 결과가 이것인가?' 하는 생각과 함께 초라한 자신의 모습을 발견하게 되고 더불어 한심하다고까지 여기게 되었다.

나이가 어린 여 교사는 학부모들로부터 완전한 교사로 인정받는 데 남자들보다 어려움을 겪는다. 초임교사를 담임으로 둔 학부모는 교사를 완전히 신뢰하지 않는다. 아니 무시하는 경향이 있다고 해도 지나치지 않을 것이다. 옛날과 다르게 학부모의 학력이 높아지면서 그리고 사회의 분위기가 교사를 존경의 대상으로 바라보지 않는 것으로 변하면서 그러한 경향은 더욱 심해졌을 것이다. 특히 24살의 초임 여 교사에게 그러한 어려움은 더욱 크게 나타난다.

> 저희 반 어머니 회장님이 어머니 회비를 거둬 들여야 하기 때문에 각 가정에 보낼 통신문을 만들어 오셔서 아이들에게 나누어 주라고 부탁하셔서 나누어 준 적이 있습니다. 내용을 보았지만 특별한 내용은 없었고 어머니회를 조직하는 것과 성의껏 회비를 내어 달라는 내용이었습니다. 통신문을 받은 어느 어머니께서 저에게 전화를 하셨습니다. 교사가 학부모에게 돈 내라고 통신문을 보내는 경우가 어디 있느냐며 따지셨습니다. "교사 한 사람 모가지 날리는 것은 식은 죽 먹기다"라고 이야기하면서 화를 내는데 도저히 대화가 되질 않았습니다. 결국 어머니 회장과 그 분을 만나도록 해 주어서 문제는 해결되었습니다.
>
> 또 다른 일이 있었습니다. 저희 반의 한 아이가 신발을 잃어버린 적이 있었습니다. 반 아이들과 찾아봤지만 신발은 찾을 수가 없었습니다. 그 일이 있은 후 며칠이 지나고 쪽지 하나를 받게 되었습니다. 그 쪽지에는 'ㅇㅇㅇ의 신발을 좀 찾아 주세요' 라는 내용이 적혀 있었습니다. 알고 보니 신발을 잃

> 어버린 아이의 어머니가 작년에 그 아이의 담임을 했던 선생님께 전화를 해서 '지금의 신규 선생님은 믿을 수 없다' 며 신발을 찾아 달라고 부탁한 것이었습니다.
>
> — 2002년 4월 김활란 선생님과의 면담에서

김활란 선생님은 좀 더 나이 들어 보이게 하기 위해서 자신이 싫어하는 머리모양(파마)을 했다고 하였다. 학부모들이 어려 보이는 자신을 너무도 쉽게(마치 동생이나 조카처럼) 대한다는 느낌을 떨치기 위한 몸부림이었던 것이다. 나이는 시간이 흐르면 한 살 두 살 많아지기 마련이다. 그러면서 초임교사들도 초임의 딱지를 떼게 될 것은 자명한 일이다. 선배들이 그랬던 것처럼. 공교육이 사회의 변화를 발빠르게 감지해서 적응하지 못한다고 흔히들 이야기한다. 그러나 초임교사들에게는 사회의 변화에 적응하는 것보다 현재의 학교와 교사문화에 적응하는 것조차 힘든 상황이다. 언제까지나 '선배들이 그랬던 것처럼', '시간이 해결해 줄 거야' 라는 말들로 자신과 서로를 위로할 수만은 없는 일이다.

> 아이들은 왜 그런지 모르겠어요. 때때로 서운할 때가 있어요. 어떤 날은 제가 너무 속상해서 밖에 나가 울고 들어 와도 그것을 모르는 거예요. 자기들도 보면 알 텐데…….
>
> 한 날은 판화수업이 있었는데, 그 잉크가 온 교실을 엉망으로 만들어 놓아서 청소가 엄청 힘든 날, 청소분단 애들이 하나같이 학원 가야 된다거나, 엄마가 기다리신다고 하면서 투덜투덜 하고 있었습니다. 아무리 청소구역을 나눠주고, 얼르고 협박을 해도 안 통하길래, 너무 화가 나서 제가 '고마, 너희들 다 가삐라!!!!!!!' 라고 소리치는 순간 아이들이 와~~ 하면서 교실을 빠져 나갔습니다. 단 두 명만 남아서 팔이 빠져라 잉크를 지운 적이 있었습니다. 그때 아이들에 대한 배신감과 그래도 남아준 두 명에 대한 고마움에 만감이 교차하는 순간이었어요.
>
> — 2002년 4월 김활란 선생님과의 면담에서

교직원과의 사이에서, 학부모와의 관계에서, 학생들을 지도하는 데 있어서 어느 하나라도 초임교사를 배려해 주는 사람은 없다. 초임교사는 교사로서의 첫 한 달 동안 많은 생각들을 하게 된다. '내가 무엇을 하고 있는가?', '내가 교육대학교에서 배운 것이 무엇인가?', '아이들은 무엇을 원하고 있는가?', '아이들이 원하는 것과 내가 주려는 것과는 어떤 차이가 있는가?', '무엇이 먼저인가?', '교사로서 잘 할 수 있을까?', '내가 교사로서 적당한 사람인가?', '나의 능력이 이것밖에 되지 않는 것일까?', '내일은 무엇을 하며 어떻게 보내야 하나?', '오늘 내가 학교에서 한 일이 무엇인가?', ' 내가 진정으로 아이들에게 필요한 사람인가?' 이러한 수많은 질문들을 자신에게 던진다. 이러한 질문을 자신에게 던질 수 있는 사람들은 다소간의 여유가 있다. 이러한 질문조차 던질 여력 없이 힘겹고 정신없는 나날들을 보내는 경우 좌절하게 된다.

학교에서 이루어지는 모든 교육활동들은 계획이 되어야 하고 계획된 것은 결재를 받아야 하며 반드시 행정적인 절차를 밟아서 시행해야 한다. 초임교사의 경우 행정적으로 아주 기본적인 사항을 몰라 어려움을 겪는 경우가 있다. 김활란 선생님의 웃지 못할 이야기가 있다.

> 제가 맡은 업무가 아람단, 어린이 소방대, 수집 등입니다. 저는 공문을 모아두어야 한다는 사실을 몰랐습니다. 그래서 저에게 오는 공문은 처리하고 그것을 차곡차곡 모아서 버렸습니다. 그리고, 아람단 발대식이 있는 날이었어요. 아이들에게 모이는 시간과 장소를 이야기해서 아이들을 모았습니다. 그러곤 퇴근하려는 학교버스 기사아저씨께 "제발 태워 주세요"라고 부탁해서 아이들을 데리고 발대식 장소로 갔습니다. 발대식을 하고 있는데 학교에서 전화가 왔습니다. 교무 선생님이었어요. "너는 가면 간다고 이야기를 하고, 출장도 내고 그렇게 가야지 그냥 가면 어떻게 하니?"라고 하시는 것이었습니다. 알고 보니 한 아이의 어머니가 아이가 오지 않아 학교로 전화를 했는데 교무 선생님도 담임 선생님도 몰랐던 것이죠. 지금 생각해 보면 너무 황당한 일이죠.
>
> 공문을 모아야 한다는 이야기는 아무도 해주지 않으셨습니다. 그래서 저는 당연히 일 끝나면 버리는 줄로만 알았죠.
>
> — 2002년 4월 김활란 선생님과의 면담에서

공무원이라면 누구나 업무상 출장을 갈 때에는 상사에게 보고를 하고 출장부에 기록하고 결재를 받아야 하는 것은 아주 상식적인 것이다. 그녀는 교감 선생님이나 교장 선생님에게 보고도 하지 않은 채, 학부모에게 연락도 하지 않은 채 학생들을 인솔하여 출장을 갔던 것이다. 아동을 인솔하는 데 그러한 절차가 필요하다는 것을 몰랐던 김활란 선생님만의 잘못으로 이해할 수도 있겠지만 다른 측면으로 생각해 보면 그러한 기본적인 사항들을 안내해 주는 시스템의 부재, 가르쳐 주지 않은 관리자 그리고 선배교사들도 도의적인 책임을 면하기는 어렵다.

> 3월이 시작되고 일주일이 지났을 때 선생님 한 분이 저에게 '어린이회 일은 잘 돼 갑니까?' 하고 물으셨습니다. 그때까지 저는 무슨 말인지 몰랐습니다. 제가 맡은 업무가 '어린이회 조직'이라는 것을 생각해 내고 나서야 무슨 말인지 알았죠. 저는 무엇을 어떻게 해야 하는지 몰랐습니다. 그 선생님은 작년에 제가 맡은 업무를 하셨던 선생님이었습니다. 그 분이 주시는 자료를 참고로 부랴부랴 조직은 하게 되었습니다. 그러면서 느낀 것은 다른 선생님들이 자신들의 일은 모두 열심히 하는데 옆 사람의 일에는 신경을 많이 써주지 않는다는 생각이 들었습니다. 학교에서 그런 느낌을 받을 때가 종종 있습니다. 만약 그 선생님이 이야기해 주지 않았더라면……. 생각만 해도 아찔합니다.
>
> — 2002년 3월 15일 정정훈 선생님의 교단일지에서

초임교사는 학교에서 처리해야 할 업무의 파악과 그 절차를 제대로 알고 있지 못해 어려움을 겪었다. 어떻게 생각하면 너무 기본적인 사항이기 때문에 누군가 가르쳐 주어야 한다는 생각을 못했을 수도 있다. 아무리 쉽고 당연한 일이라 할지라도 아는 것과 모르는 것의 차이는 일 처리를 제대로 하고 못하고의 차이로 나타나게 된다. 유치원이나 초등학교에 아동이 입학을 하면 신발장에 신발은 놓는 법, 가방을 두는 자리, 외투를 걸어두는 법 등 아주 사소하고 기본적인 훈련부터 시키기 마련이다. 초임교사도 마찬가지로 교사로서의 걸음마를 배우는 사람들이기 때문에 학교에서의 생활을 사소한 것부터 구체적으로 안내해 줄 지원체제가 없다는 것은 초임교사로 하여금 학교생활의 적응을 힘들게 한다. 초임교사가 공문을 작성하는 법, 출장을 갈 때나 올 때 해야 할 일 등을 익히는 방법은 '시행착오'이다. 해보고 틀린 부분을 지적받아 다시 고치면서 적응해 가는 방식이다. 초등학교의 저학년에서 오른쪽과 왼쪽을 구별할 수 있도록 가르쳐지지 않는다면 p나 q 같은 것들을 지도하기 어려운 것처럼 초임교사 또한 학교생활의 기본적인 사항들을 행정적인 절차, 여러 가지 문서 작성 방법, 학교에서 아동들의 지도 시 지켜야 할 규칙 등을 '시행착오'가 아닌 교육으로 배울 수 있도록 지원해 줄 수 있는 제도적 장치가 필요하다.

초임교사들은 학교에서의 일들을 어떻게 처리해야 하는지에 매우 서툴다. 더구나 자신이 모르는 일들을 수행하는 방법을 어떻게 익혀야 하는가에 대해서는 더욱 그러하다. 어떠한 문제가 생겼을 경우 누구에게 질문하고 조언을 구할 것이며 어디에서 어떠한 자료들을 참고할 수 있는지, 무엇이 원칙이며, 그렇지 않을 경우 어떻게 해야 하

는지, 모든 면에서 그들은 초보운전자인 것이다.

이남명 선생님은 아주 좋은 참여자로서 나로 하여금 많은 것을 느끼게 해주었을 뿐만 아니라 의미 있는 자료를 제공해 주었다. 초임교사가 느끼는 혼란스러움에 대해서도 그의 이야기는 의미하는 바가 매우 크다.

> 당연히 첫 일주일 정도는 양복으로 정장을 갖추어서 출근했습니다. 대학 다닐 동안에는 꼭 양복을 입지 않아도 된다고 확고한 신념을 가졌지만, 솔직히 나의 제자들을 위해서라기보다 주변 선배교사들의 눈치 때문에 고민을 했죠. 하지만 그 고민은 곧 해결되었어요. 교장, 교감 선생님을 제외하고는 매일 같이 양복을 입는 교사는 한 명도 없었다는 것을 관찰 결과 알게 되었거든요. 교직생활을 시작한 후 얼마 동안은 교사다운 복장 즉 심플하면서 색채가 강하지 않고 단색계통의 옷을 갖추기 위해 봉급의 많은 돈을 옷 구입하는데 지출했습니다. 이 교사다운 복장은 학교보다 오히려 학군(學群) 내의 학부모 때문에 더 고민했습니다. 저는 퇴근 후 밖에 잘 나가지 않습니다. 그 이유는 간혹 학부모를 만날까 봐 그렇고 또 어느 정도 복장을 갖추어야 한다는 강박관념 때문입니다.
>
> 학군(學群) 내에 살면서 교사라는 특별한 직업을 가진 사람이 아닌 그냥 평범한 직장인, 이웃으로 봐즈었으면 좋겠다는 생각을 하면서 동시에 익명성을 보장받고 싶다는 생각이 들었습니다.
>
> 그 외에도 체육대회, 운동회나 현장 체험 학습 등 학교 일정 중 특별한 날에도 어떤 복장을 입어야 교사다울까 하는 고민을 하면서 이 옷 저 옷 다 펼쳐놓고 입어보기를 수없이 반복했습니다. 정말 교사의 복장에 많은 사람들이 관심을 가질까? 혹시 나 혼자서 괜히 고민하고 그러는 것은 아닐까? 하지만 대학시절 교생실습이나 연수 심지어 강의시간 교수님들에게까지 복장에 대한 지적을 받는 걸 보면 누군가는 관심을 가지고 보는 것은 확실한 것 같습니다. 또 다른 사람들은 교사가 너무 단순한 색의 옷만을 입어서 학생들이 색채 감각과 패션 감각이 떨어진다는 이야기를 하기도 합니다. 정말 학생을 위한 올바른 교사의 복장은 무엇일까? 그런데 아이들이 좋아하는 옷을 관리자나 동료 교사들은 어떻게 생각할까? 고민스럽습니다.
>
> 교무실을 들러서 선배교사들에게 인사를 하고 교실로 들어가야 할까 아니면 그냥 교실로 바로 들어가야 할까? 처음 며칠은 출근하여 교무실에 우두

> 커니 앉아 있다가 교장, 교감 선생님이나 선배교사들에게 인사를 하고 교실에 올라갔습니다. 하지만 그 후는 교무실에 누가 있든 없든 우선 들렀다가 곧바로 교실로 올라갔어요. 며칠 교무실에 앉아있을 때는 별별 생각이 다 들었습니다. 마치 이등병이 자대 배치를 받고, 내무반에서 누가 누군지도 모르는 고참들을 불안한 마음으로 기다리는 심정이라고나 할까?
>
> 교실에 들어서면서 아이들에게 내가 먼저 인사를 해야 할까 아니면 아이들이 인사할 때까지 기다려야 할까? 처음 담임을 배정받고 교실에 올라가는 순간부터 아이들이 인사를 잘 하지 않는다는 것을 알았습니다. 그저 선생님을 멀뚱멀뚱 쳐다만 볼 뿐 내가 기대했던 큰 목소리로 "안녕하세요!" 하고 외치는 그런 상황이 아니었습니다. 이런 일은 아침마다 반복되었는데 인사를 강요해서 받는다는 것이 엎드려 절 받기 식이라는 생각에 처음에는 고민했지만 인내심을 가지고 교실 문을 들어서면서 내가 먼저 학생들에게 "안녕!", "잘 지냈니!" 등의 인사말을 건넸습니다. 언젠가는 아이들이 먼저 인사하길 기대하며. 정말 얼마 가지 않아서 아이들도 이제 내가 교실 문을 들어서면 인사를 하기 시작합니다.
>
> — 2002년 4월 이남명 선생님과의 면담에서

식사를 하는 것, 인사를 하는 것, 옷을 입는 것 등의 문제 이외에도 초임교사가 느끼는 혼란스러움은 아주 사소한 것에서부터 나타난다. 비 오는 날 운동장을 가로질러 가도 되는가? 주차장에 있는 차에 무엇을 가지러 가야 하는데 시멘트 길을 실내화를 신고 나가도 될까? 아이들에게 존댓말을 써야 하는가 낮추어야 하는가? 어느 때 그렇게 해야 하는가? 교사를 무시하는 학부모에게 어떻게 대처해야 하는가? 교직원 간의 편가름 속에서 어떻게 살아남을 것인가? 업무 때문에 학생들의 수업권이 박탈되어도 되는가? 교수가 아니라 치료가 필요한 아동은 어떻게 해야 하는가? 이런 문제들로 초임교사는 고민하게 된다.

Ⅳ. 결론

우리는 이 연구를 통해 우리나라 초등학교 초임교사가 교직에서의 첫 3월을 어떻게 보내는가를 알고자 노력하였다. 이를 위해 본론에서 초임교사가 학교에 들어간 첫날의 일을 집중적으로 다루었으며, 3월에 어떠한 일들을 하게 되는지를 알아보았다. 그리고 그 기간 동안 초임교사의 고민에 대해서 알아보았다.

초임교사로서 첫 3월을 사는 것은 다른 직종의 사람이 자신의 직업에 종사하는 것과는 비교되지 않을 정도로 힘들고 혼란스럽다. 그들은 준비되지 않은 상태로 학교로 들어가 충격과 상처를 받으며 교사로서의 적응을 시작하게 된다. 공문 작성하는 방법에서부터 학생들의 출석부를 만드는 방법까지 아주 사소한 것들조차 그들이 접하는 모든 것은 새로운 것이며 배워야 할 것이다. 초임교사들은 자신의 업무를 익히면서 학급을 운영한다. 그러나 실제로 그들은 맡은 학생들을 지도하는 데에도 많은 어려움을 느끼지만 그것은 자신만의 문제로 교실 안의 문제로 인식을 하게 되고, 다른 문제, 즉 교무실 혹은 학교의 문제로 인식되는 것들에 비중을 더 두게 된다. 이성적으로는 학급에서 아동지도 문제가 가장 우선이 되어야 한다고 생각하지만 학교현장은 그들을 그렇게 내버려두지 않는다. 초임교사들은 자신을 초보자로 대하는 동료교사와 학부모의 태도에 좌절하며 학생들의 지도에서 어려움을 느끼면서 자신의 수업기술과 아동지도 기술의 부족을 실감한다. 그리고 '열심히 하면 잘 되겠지', '난 잘할 수 있을 거야' 라고 막연하게 생각했던 다짐과 각오, 기대가 자신에게는 크게 도움이 되지 않는다는 것을 깨닫게 된다. 초임교사의 3월은 교육과정에 대한 고민, 수업기술에 대한 고민, 수업의 조직이나 학생들의 생활지도 문제 등과 같은 교사로서의 진정한 고민거리에 대한 것이라기보다 우선 자신이 살아 남아야 한다는 절박한 심정이 우선이 되는 시기이다.

초임교사는 '누구와 같이 식사를 할 것인가?' 와 같은 순간적이고도 조그만 문제에서부터 '학부모로부터 신뢰받지 못하는 교사' 라는 정체성에 이르는 문제까지 다양한 고민을 하며 그 한 달을 보내게 된다. 특별히 주목할 만한 것들 중 하나로 초임교사가 공무원으로서 근무규정에 대한 인식이 부족하다는 것을 알아낼 수 있었다. 예를 들어, 출장을 갈 때 상관에게 보고하고 출장명령부에 기록을 해서 결재를 받아야 한다는 것, 자신이 맡은 업무에 구체적으로 어떠한 일이 있으며 그것을 위해서 자신이 언제 무엇을 해야 하는가에 대한 인식이 부족하다는 것이다. 실수를 범하면서 자신이 잘못 알고 있었거나 몰랐던 사실을 알게 된다. '시행착오' 를 거쳐 학교생활을 습득해 가는 것이다. 공문을 작성하는 것, 학급 교육과정, 학급경영록, 수행평가 계획, 기안하는 법, 공문 발송하는 법, 공문 보관하는 법 등 대부분의 일들을 해보고 잘못된 부분을 지적받아 수정하는 방식으로 알아가게 된다. 교육대학교에서의 교육과정을 수료하고 임용전 연수를 통해 교육을 받은 교사가 자신이 받은 교육이 학교생활에 크게 도움이 되지 않는다고 느끼는 이유가 여기에 있다. 초임교사가 가진 처음의 그 열정을 학교에서, 교실에서 발휘하기에는 그 3월은 그들에게 너무 잔인하다. 초임교사를 위한 안내서가 있어서 첫날은 무엇을 하고 둘쨋날은 무엇을 할 것이며 그것을 위해서는 어떠한 노력과 방법이 필요한지 알 수 있다면 초임교사에게 큰 도움이 될 것이다.

우리는 지금까지 초임교사의 3월의 삶이 어떠하며 그들이 그 속에서 무슨 고민을 하며 생활해 나가는지를 이야기하였다. 초등학교 초임교사가 겪는 어려움 대부분은 자신의 앞날을 모르는 데에서 오는 혼란과 충분한 교육을 받고 우수한 교사가 될 수 있을 것으로 여겼던 자신에 대한 실망과 자괴감으로 나타난다. 우리의 연구는 초임교사가 첫 3월에 어떠한 어려움을 겪으며 무엇 때문에 고민하는지를 앎으로써 예비교사들에게는 준비할 수 있는 기회를 제공해 줄 수 있을 것이며, 학교관리자 혹은 교육행정가에게는 초임교사를 지원해 줄 수 있는 방안을 마련하는 데 시사점을 제공해 줄 수 있을 것으로 기대한다. 초임교사에게 있어 이론적이고 추상적인 교육은 첫 3월에 그다지 도움이 되지 않는다. 구체적인 활동에 대한 자세한 안내가 초임교사를 도울 수 있을 것이며 특히 업무를 비롯한 관료적이고 행정적인 절차와 방법에 관한 자세한 지도도 반드시 필요할 것으로 판단된다. 초임교사의 어려움은 현장과 실무에 대한 사전지식 없이 현장에 들어가는 데서 비롯되므로 예비교사의 교육에 있어서 현장에서 필요한 구체적인 기술과 능력을 충분히 습득시켜야 한다는 점과 발령 후 그들을 지원해 줄 수 있는 지원체제와 지도, 조언을 제공할 수 있는 사람이 있다면 초임교사의 교직적응은 그들만의 문제로 남지 않을 것이다. 그들만의 문제로 남지 않는다는 것은 다양한 입장의 사람들이 초임교사의 교직적응에 관한 문제를 인식한다는 것이고 그렇다면 그들의 적응문제를 지원해 줄 수 있는 방안을 탐색하는 출발점이 될 수 있기 때문이다.

이 논문의 제목 '잔인한 3월'은 T. S. Eliot의 '4월은 가장 잔인한 달'에서 힌트를 얻은 것이다. 역사적인 배경은 다르지만 캄캄해 보이는 3월을 지나며 살아남기 위해 몸부림치는 초임교사들을 위해 죽은 땅에서 라일락을 키워내는 그것과 같이 자신의 앞날을 꽃피우라는 바람과 함께, 가냘픈 목숨을 마른 구근으로 먹여 살려 주는 그것처럼 우리나라 초임교사들의 3월의 목마름을 배려해 줄 필요가 있다는 것을 외치기 위함이었다.

우리의 연구는 초등학교 교사와 대학 연구자와의 공동작품으로 앞으로의 교육연구가 어떻게 이루어지는 것이 좋을 것인가에 대한 하나의 대안을 제공해 줄 것을 기대한다.

참고문헌

김영천(1997). 네 학교 이야기: 한국 초등학교의 교실생활과 수업. 서울: 문음사.

김영천(편)(2001). 교과교육과 수업에서의 질적연구. 서울: 문음사.

곽 근(1989). 초임교사의 근무자세와 업무수행능력에 관한 연구. 박사학위 논문. 인하대학교 교육대학원.

박은혜 외(1998). 초임교사를 위한 입문교육 프로그램 모형개발에 관한 기초연구. 한국교원교육학회.

이승복(1998). 신임교사의 교직적응에 관한 연구. 석사학위 논문, 서울대학교.

이용숙, 김영천(편)(1998). 교육에서의 질적 연구. 서울: 교육과학사.

이윤식(1993). 장학론고: 교내 자율 장학론. 서울: 과학과 예술.

이지현(2002). 초등학교 초임교사의 교직적응과 지원체제에 관한 연구. 석사학위 논문. 서울교육대학교 교육대학원.

함용식(1985). 초임교사의 교직의식에 관한 연구. 석사학위 논문. 고려대학교 교육대학원.

Abrahamsom, M. (1983). Social research methods. Englewood Cliffs, N.J.:Prentice-Hall.

Bullough, R. V. (1987). "First Year Teacher: A case study", Teachers College Record 9(2),

C. Lacey (1977). The Socialization of Teachers. London: Methuem and Co. Ltd.

Eddy, E. M., (1969). Becoming a Teacher, Teachers College Press, Columbia University.

Erikson, F. (1986). Qualitative methods in research on teaching. In M. Wittrock(Ed.), Handbook of Research on Teaching on Teaching, Michigan State University.

Glesne, C., & Peshkin, A. (1992). Becoming qualitative researchers: an introduction, NY: Long-man.

Haller, E. (1969). "Pupils' influences into teacher socialization: A Sociolinguistic study." Sociology of Education 40.

K. M. Zeichner & B. R. Tabachnick (1985). The development of teacher perspectives: social strategies and institutional control in the socialization of beginning teacher. *Journal of Education for Teaching*. Vol. 1. No.1.

Lortie, D. C., 진동섭(역)(1993). 교직사회: 교직과 교사의 삶. 서울: 양서원.

Marshall, C., & Rossman, G. B. Designing qualitative research. Newbury Park, CA: Sage.

Ogbu, J. (1994). Ethnography of education. In Husen, T., & Postlethwaite, T.(Eds.). *The International Encyclopedia of Education*. New York: Elsevier Science Inc.

Patton, M. A. Performing the text. Journal of Contemporary Ethnography. 19, 136-155.

Pollias, E. V., Uoung, J. D. (1973). A Teacher is Many Things. Seoul: Pan Korea Book.

R. J. Havighurst and D. C. Levine (1975). Society and Education.

Seidel, J., & Kelle, U. (1995). Diffefent functions of coding in the analysis of textual data. In U. Kelle (Ed), Computer-aided qualitative data analysis: Theory, methods and practice, London: Sage.

Veenman, S. (1984). "Perceived problems of beginning teachers", Review of Educational Research.

Wolfe, T. (1973). The new journalism. New York: Harper & Row.

5

질적 프로그램 평가: 그 솔직함과 불편함

이 글은 필자와 제자들의 공저, 〈한 여름 밤의 꿈: 제7차 교육과정 환상과 추락의 내러티브〉에 들어가 있는 한 장을 발췌한 것이다. 총 여섯 개의 학교(초등학교 2개, 중학교 2개, 고등학교 2개)에서 제7차 교육과정이 어떻게 실행되고 있는지를 묘사하고 있는 이 연구에서 연구 내용 중의 하나는 어느 고등학교에서 제7차 교육과정의 새로운 이상과 목표가 얼마나 잘 효과적으로 적용되고 있는지를 질적방법을 통하여 알아보고자 하였다. 사실 이러한 연구의 주제는 정책연구 또는 평가연구에 해당하기 때문에 대부분 국책기관을 통하여 연구되기 마련이지만 제7차 교육과정이 워낙 우리 사회에 일으킨 반향이 크고 쟁점이 되었기 때문에 필자와 제자들은 아무런 연구비를 받지 않은 채로 연구하고자 하였다. 그리하여 전국에 소재해 있는 학교 6개에 대한 질적연구를 통하여 실제로 국가가 의도한 여러 가지 계획들이 각 학교와 교실수업에서 실천되고 있는지를 평가하고자 하였다. 질적연구가 근본적으로 현상에 대한 기술을 하고 글쓰기를 하는 것이며 그러한 묘사와 표현은 저자의 개인적 판단이 내포되는 평가적인 것이어서 자연스럽게 여섯 개의 학교교실에 대한 질적연구는 제7차 교육과정의 실행과 적용의 정도에 대한 평가적 특징을 가지지 않을 수 없었다.

양적 프로그램 평가

그러나 이러한 내재적인 연관성을 제외하고서라도 필자는 우리나라에서의 대부분의 평가방법이 양적이고 실증주의적이라는 점에 착안하여 양적 도구가 아닌 질적 도구를 활용하여 한 프로그램의 실천 정도 또는 만족도를 조사하는 것이 가능한 것인가를 보여주고 싶었다. 그리하여 행동과학과 사회과학 분야에서 우리 대부분이 '평가' 라고 하면 양적 평가(요구분석, 설문지, 실험, 체크리스트 등)를 생각하지만 이와 함께 질적 평가(참여관찰, 심층면담, 내용분석, 포커스 그룹 등) 방법이 활용될 수 있다는 점을 알려주고 싶었다. 이와 관련하여 구미의 경우에는 어떤 특별한 프로그램을 적용하고 있는 도중에도 의도가 얼마나 현실로 나타났는가를 알아보기 위하여 프로그램의 실행에 대한 질적 평가를 하고 있고 그 작업의 결과로서 하나의 학교에서의 일련의 연수 결과, 아니면 특별한 프로그램의 적용 결과를 몇 백쪽에 해당하는 보고서로 작성하여 그 결과를 제출하고 관련 당사자들이 모두 읽는다는 것을 알게 되었다. 그리고 그러한 내부평가 보고서에는 매우 세밀하게 특정한 공간에서 특정한 프로그램이 어떻게 실행되고 있고, 학습자들은 어떤 경험을 하였으며, 그 결과 그 교육현장이 얼마나 변화하고 개선되었는지를 다양한 자료수집의 방법들을 통하여 기술하고 알려주는 질적 평가가 이루어지고 있다는 사실을 알 수 있었다.

그러나 이러한 사례나 연구문화와는 달리, 우리나라의 경우에는 평가 패러다임이 양적 방법으로 치우쳐 있어서 그런지 현장과 관련된 직접적인 연구보다는 설문지나 체크리스트를 통하여 프로그램의 결과나 효과, 만족도를 확인하려는 양적 평가가 더 우월한 것으로, 객관적인 것으로, 신뢰로운 것으로 받아들이고 있다. 때문에 질적 평가에 대한 필요성과 그 역할에 대한 이해가 낮고 대부분 실행되고 있지도 않다. 그리고 이러한 편파적인 평가의 문화는 대부분의 사람들에게 또는 전문가들에게 '평가' 하면 바로 체크리스트나 설문지에 답하는 것으로 생각하는 경향을 만들어 냈다.

질적 평가의 사례

이에 우리나라에서도 질적연구가 더욱 확산되고 있다는 점에서 질적 평가의 개념과 다양한 방법들이 현장에서 더욱 이해되고 실행되기를 바라는 마음으로 이 연구를 하나의 사례로서 제시하고자 하였다. 그러한 점에서 이 글에 제시된 연구의 예는 질적 평가의 한 가지 예로서 이해하기를 바라며 더욱 다양한 질적 평가의 전략들이 더 많이 우리나라의 현장에서 적용되기를 바라는 마음이다. 독자들은 이 연구에 대한 필자의 의도를 잘 유념하면서 이 글을 읽어주기 바란다. 이 글에서는 우리가 질적 평가를 한다고 하였을 때 일반적으로 알아야 할 평가의 내용들을 제7차 교육과정과 관련하여 크게 다음 세 가지로 설명하고자 한다. 각 영역이 모두 서로 연관되어 있고 질적 평가와 관련된 부분들이므로 양적 평가에서 추구하지 못하는/달성하지 못하는 효과의 또 다른 측면들은 어떤 것들인지에 대하여 생각해 보기를 바란다.

문서 vs. 경험

질적 프로그램 평가와 관련하여 필자가 가장 먼저 제시하고 싶은 논쟁점은 무엇이 변화하였다고 하였을 때 과연 무엇에 대하여 우리가 연구해야 하는가에 대한 상이한 두 가지 입장이다. 이와 관련하여 우리나라의 대부분의 프로그램 평가에서 연구자들이 취하는 입장은 제목에 썼듯이 '문서'이다. 즉, 그 프로그램이 어떻게 만들어졌고 가르쳐지고 있느냐를 연구하는 것이다. 이러한 선택은 대부분의 기관평가 또는 조직평가에서 시도되고 있어서 외부 평가자들이 현장에 들어가면 이와 관련한 평가를 하거나 미리 만들어진 체크리스트에 기록을 한다. 예를 들면, 어떤 계획서가 있는지, 수업 활동을 다룬 자료들은 있는지, 평가지침이 있는지, 출석부는 있는지, 개별 지도 방법을 다룬 지침서가 있는지, 수업목표는 잘 기술되어 있는지, 명료하게 설명되어 있는지 등. 그리고 이러한 문서의 존재 여부에 따라서 그 기관이나 조직의 평가가 많이 결정된다. 그러한 문서들이 실제적으로 잘 가르쳐지고 있는지, 그러한 문서들이 담고 있는 학습경험들이 학생들에게 제공되었는지에 대해서는 평가할 생각이 없고 대부분의 평가가 한시적이기 때문에 오랜 관찰을 하면서 할 수도 없다. 프로그램의 개요나 설명서, 또는 지침서에 내용이 나와 있으면 실제 경험을 제공한 것으로, 수업을 한 것으로 또는 학습자에게 가르쳐지고 학습된 것으로 추정하고 믿는다. 대부분의 기관평가들에서 외부 평가자들이 머무는 시간은 대략 1시간에서 때로는 1박 2일 정도이기 때문에 계획된 의도대로 문서가 실제로 모두 가르쳐지고 학생들에게 실제 수업활동으로 승화되는지에 대해서는 알 바가 없다.

그러나 우리가 평가의 대상을 문서나 진술문이 담겨 있는 자료가 아니라 실제적으로 학생들이 그러한 의도나 목표를 이해할 수 있는 학습경험을 했느냐로 바꾸어 질문하였을 때 무엇을 평가해야 하는지, 어떻게 평가해야 하는지에 대한 기준과 방향은 전혀 달라진다. 일시적 방문이나 프로그램의 완성도 또는 내용의 수준을 평가하는 것이 아니라 그러한 계획이 실제적으로 가르쳐지고 있는 수업상황 또는 프로그램의 실행

상황에서 학습자들이 실제적으로 경험하는 것은 무엇인가에 대하여 직접 연구해야 한다. 때문에 참여관찰은 필수이며 그들의 경험세계를 알 수 있도록 하는 심층면담과 질적 자료의 다양한 수집 방법(일기 쓰기, 감상문, 포커스 그룹 등)들이 활용되어야 한다. 프로그램의 설계자가 의도한 대로 교실현장에서 이를 구현할 수 있는 수업활동 또는 경험이 학생들에게 구현되고 있는지, 아울러 그러한 경험은 프로그램의 계획에서 기술된 것과 유사한 경험인지 아니면 다른 경험인지 또는 예상치 못한 경험인지에 대한 평가가 필요하다. 그리고 그러한 경험이 유의미하고 긍정적인 것이었는지, 아니면 효과는 있었는데 불필요하고 부정적인 것이며 비교육적인 것이었는지에 대해서도 알아야 할 필요가 있다. 그러한 학습경험의 내용이 학습자를 동기화시키는 만족적인 것이었는지에 대한 평가 역시 중요하다. 그러한 점에서 질적 평가의 한 가지 내용은 프로그램의 내용에 대한 문서의 검토가 아니라 그러한 이상이 학생의 수업을 통하여 어떻게 내면화되고 있는지에 대한 과정과 맥락에 대한 평가로 이어져야 할 것이다.

계획과 실행

교육/기관 프로그램 평가의 또 다른 주요한 측면은 실행의 과정이다. 우리의 생활과 세계는 자연과학적 세계가 아니라 개인들이 참여하는 사회적 세계이기 때문에 항상 주관과 해석이 들어가는 유동적인 변화의 세계이다. 따라서 그러한 간주관적 공간으로서 우리의 작업세계(학교, 기관, 병원, 회사 등)에서는 우리가 의도한 대로 또는 계획한 대로 일이 수행되지 않는다. 우리의 업무세계가 유동적이고 비구조화되어 있는 것처럼 우리의 직업세계 역시 법칙이나 규칙에 의해 지배되거나 형성되기보다는 그 세계 안에서 생활하는 사람들의 적극적인 이해와 변화, 재해석을 통하여 이루어진다. 그러한 이유에서 우리가 의도한 프로그램은 현장에서 그대로 적용되지 못하고 다르게 적용되거나 적용이 되지 않거나 아니면 전혀 의도하지 않은 방향으로 실행될 수 있다. 인간/사회현상으로서 직업세계가 갖는 이러한 특징이 CEO가 의도한 대로 또는 새로운 목적이 의도한 대로 현장에 접목되지 못하고 표류하거나 거부되거나 아니면 조정되어 재구성되는 이유를 설명해 준다.

그러한 점에서 질적 평가는 이러한 의도나 계획이 실제로 적용되는 상황에서 어떠한 문제가 있는지를 이해할 수 있는 매우 신뢰로운 자료를 제공한다는 점에서 매우 유용하다. 과정평가, 맥락평가, 사례연구라고도 불리는 이러한 질적 평가 방법들은 하나의 개선 프로그램이 한 현장에 투입되었을 때 의도한 대로 그대로 잘 적용되는지 아니면 그 과정에서 어떠한 문제점을 발생시키는지, 딜레마는 무엇인지, 계획선상에서 생각하지 못하였던 여러 가지 제한요건들이 무엇인지에 대하여 새롭게 바라볼 수 있는 유용한 정보를 제공해 준다. 그리고 이러한 과정평가는 의도한 목적이 구체적 경험으로, 산출로서 변화되는 데 있어서 과정상에 나타나는 전달(delivery)의 문제들이 어디에서 어떻게 나타나는지를 명료하게 규명할 수 있다는 점에서 도움이 된다. 앞에서도 지적한 것처럼 프로그램이 아무리 현장의 특성을 잘 반영하여 만들어졌다고 할지라도 그 프로그램이 현장에 투입되고 적용될 때는 그 현장의 다양한 속성들(물리적/사회적/문화적 특성들)의 영향을 받아서 기대하지 않은 방향으로 나아가거나 변형되는 결과를 가져오기 때문이다. 물론 최악의 경우는 프로그램이 실천되기를 간절히 기대하였으나/실행이 되었으나 변화된 것은 하나도 없는 상태일 것이다.

제7차 교육과정의 실제 모습

이 글에서 소개된 '제7차 교육과정의 모습'을 다룬 현장연구를 읽으면 알 수 있겠지만 우리의 학교현장에서의 수많은 개혁과 새로운 계획의 목적들이 현장과 조우하면서 표류하거나 거부되거나 아니면 새로운 모습으로 변화되는 것을 많이 알 수가 있다. 특히 현장에 대한 이해 없이 이루어진 수많은 학교개혁의 프로그램들이 소리 소문 없이 폐지되거나 실패로 끝나게 된 역사적 사실들은 계획과 실행 사이에는 엄청난 괴리가 존재하고 있으며 그러한 괴리를 질적 평가를 통하여 잘 이해해야 함을 시사하고 있다. 더 나아가 프로그램만 잘 만들어서 전국에 보급하면 현장이 변화할 것으로 믿는 수많은 교육연구자들과 행정가들이 아무리 많은 연수와 강의를 듣게 하더라도 현장의 실천가들은 그러한 의도에 공감하지도 않을 것이며 자신의 교실과 학교사회에서 적극적으로 동참하려고 하지도 않을 것이다. 학교의 조직, 교사의 일의 문화 등 다양한 교육당사자들의 입장과 참여, 해석의 공유 없이는 대단위로 이루어지는 그 어떤 교육개혁도 교실차원에서 의미 있는 변화를 이끌어 내지 못할 것이다. 그러한 생각은 미국의 많은 교육개혁 프로그램들이 결국은 실패로 끝났다는 사실에서 잘 알 수 있다. 컴퓨터가 있지만 먼지로 가득한 교실 속에서 아무도 컴퓨터를 사용하지 않는 어느 미국의 교실수업의 모습은 단적으로 실행에 대한 질적 평가의 중요성을 다시 한 번 강조한다.

어느 고등학교에서의 제7차 교육과정 모습

Tower of Babel[1)]

오늘도, 내일도 그리고 앞으로도
그들은 이상을 추구할 것이다.

오늘도
하늘에 오르고자 돌을 나른다.
첫 번째 돌,
두 번째 돌,
세 번째 돌,
네 번째 돌,
다섯 번째 돌,
여섯 번째 돌,
일곱 번째 돌, 그리고 수시로,

오늘도
다른 한쪽에서는 흙을 쌓는다.
국가 차원에서,
시 · 도 차원에서,
학교 차원에서

탑이 거의 완성되려고 한다.
문서처럼 꿈이 실현되려나 보다.

그러나

문서만 두꺼워진다.
비웃는다.

그들은 의사소통 불능.

Pieter Bruegel, 1563, 'The little Tower of Babel'

"나는 단지 해변에서 놀고 있는 소년과 같다. 때로 자갈이나 더 예쁜 조개껍질을 발견하고는 즐거워하는 소년이다. 그러나 거대한 진실의 바다는 내 앞에 아직 발견되지 않은 채 펼쳐져 있다."

— Sir Isaac Newton

결과 속: 학교교육계획서[2)]

(2006년 12월 24일부터 2007년 3월 말엽)

2006년 12월 24일,
올해도 어김없이 내년을 위한
학교교육과정 계획서를 작성한다.
연말이라 모두가 분주하다. 설문지가 배포된다.
하루가 채 지나지 않아 학부모 설문지가 취합된다.
12월에 이루어지는 설문지의 질, 교사들의 업무에 반비례한다.
학년말 사정안, 학생생활기록부 등에 대한 부담이 설문지를 압박한다.
교사들의 업무에 밀리어 신뢰도와 타당도는 뿌리마저 뽑힌 채 허공에 뿌려진다.
보직 교사 역시 자유로울 수 없다. 자신의 업무 평정 설문이 이루어진다. 자신의 업무 평가를 성실히 수행하는 열성파와 업무 망각기피증에 시달리는 대충파로 양분된다. 이제 1월이다. 학교교육과정 계획서가 만들어진다. 학교 교육과정위원회 조직, 편성 계획 수립을 통한 조직, 임무, 역할의 구체화, 학교교육과정 편성 계획의 수립. 이어지는 국가수준 교육과정, 시 · 도 편성 · 운영 지침 분석을 통한 관계 법령, 교육 시책, 지표, 과제의 분석, 교원, 학생, 학부모의 요구 사항 등 각종 실태 조사 · 분석, 학교교육과정에 반영할 시사점 도출, 학교장의 학교 경영 방침, 학교 교육 목표를 고려한 학교교육과정의 편성, 운영의 기본원칙 결정, 학교의 특색을 살리는 창의적인 교육 활동 계획 수립, 교과교육, 수준별 교육과정, 재량활동, 특별활동을 고려한 (교사는?) 학교교육과정 심의 및 확정 넘쳐 나는 설문지와 평가표, 각종 시책이 150페이지 뚱뚱한 문서로 탄생된다. 2월이 모두 지나가고, 이제 3월이다. 기형적인 모습으로 탄생한 학교교육과정 계획서에 교사들은 관심이

없다. 그속에 무엇이 담겨있는지, 어떠한 절차를 통해 만들어지는지, 자신
에게 맡겨진 업무가 어떻게 구성되어 있고 이를 어떻게 실행해야 하는
지, 도통 관심이 없다. 일부 보직 교사만이 그 중요성과 무용성을
뒤로한 채 목소리를 높이기도 하고 무관심한 채 자신
에게 주어진 현실에 만족하며 그저 지낼 뿐 48개
학급, 120명의 직원, 1800명의 학생
대학입시에만 관심을 갖는다.
인문계 고등학교의
현실이다.

위용: 학교교육계획서

비정상적인 탄생,
학교장의 결재, 보고해야 할 의무가 있는,
법적 구속력은 없지만 규범을 지닌 문서
교육의 이상, 책무성 강조
지켜야 할 이상적인 교육약속
방향성을 지닌 뚱뚱한 책
계획되었지만 실행되지 않는 이상
일반 교사들과 업무 담당자에게 버림받은 녀석
이상은 이상일 뿐 현실 속에 소외된 놈
교육과정의 중핵이지만 핵만 있고 겁만 주는 문서
양치기 소년 같은 존재
거짓말을 조장하는 수다쟁이

하지만

현실은?

특별활동[3] 교육과정: 특이한 활동

난, 특별활동, 나로 말할 것 같으면, 음~~
하나, 학교교육의 목표 달성을 위해 마련한 교과 학습 이외의 교육활동
하나, 학생의 개성 신장, 건전한 취미, 민주적 생활 태도를 육성하기 위한 활동
하나, 학생회, 클럽활동, 학교 행사 등을 통해서 행해지는 다양한 활동
하나, 자치활동, 적응활동, 봉사활동, 계발활동, 행사활동
하나만 있고, 활동은 없는
정의만 내려진 쭉정이

학생들을 위해 나는,
활동 아닌 명분 있는 활약을 해야 한다. 어렵지 않다.
유구무언(有口無言)
학생들은 그으저그으저
목표만 갖는다.

그러나 연구자나 교사들은 볼멘소리를 한다.
이 녀석은 여전히 부담보이
영역별 평가의 비현실성, 인적 · 물적 자원의 미흡
주5일제로 인한 시수 마련의 고충, 재량활동과의 중복 여부
난 죄가 없다.

핑계가 늘어간다.
교사 曰, 자료도 안 주고 나보고 어쩌라는 거죠?
학생 曰, 그냥 공부하면 좋을 텐데.

학생들은 나 대신 다른 것을 선택했다.
자기가 스스로 주도하는 학습, 자기주도학습

일부 아이들 그래도 내 편이다.
전 특별활동을 하~~고~~ 싶어요.

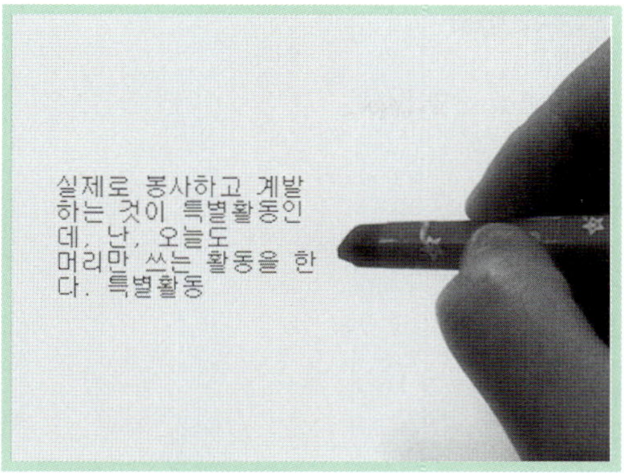

i

3월 늦은 밤, 교무실, 복도
한 쪽에서 열심히 상담 중이다.
담임교사와 학생이 진지한 대화를 나눈다.

아픈 곳은 없냐?
전 꿈이 회사원이에요.
대화는 어긋난다.
상담은 늦은 10시까지 이어진다.
단내가 난다.

6월, 전국연합평가가 있다.
늦은 밤, 여전히 상담은 계속된다.
꿈이 무엇이냐? 어느 대학에 가고 싶냐?
고등학교 생활 너무 힘들어요. 적응이 잘 안 돼요.
어긋남이 지속된다.

오늘 점수는 잘 나왔니?
엄마! 저 전학 갈래요. 학교에 적응하기가 어려워요. 다른 학교로 보내주세요.
국영수를 좀 더 해야겠구나.

학생의 고등학교 적응,

성적으로 결정된다.

선생님, 반 아이들 성적은 어때요?
고민이에요.

아이들의 적응활동
성적에 묻혀
입시에 묻혀
상담만 이루어진다.

성적 적응
아이들의 고민은 깊어만 간다
담임교사의 고민도 쌓여만 간다.

ii

5월 7일 금요일 1교시
적응활동을 하는 날
인터넷 중독을 조사하는 날
중독은 오래전 일,
갑작스런 조사에 호들갑을 떤다.
계획에도 없던 일

원하는 것은 통계자료
국회의원 조사 자료
아이들의 중독은 얇은 종이만큼 가벼워진다.

봄바람에 날릴 듯한 종이 1장
덜렁, 7문항, 4지 선다형
오늘도 시험을 본다.
해석은 4줄—잠재적 위험사용자군, 위험사용자군…….

난 중독이 심한데, 시험 중독도 조사했으면
주어진 시간 50분
20분 만에 끝난다.

학생들 전국학력평가 점수 나왔어요.
원점수, 표준점수, 백분위가 뭐죠?
다들 중독되어 간다.
교사들은 적응해 간다.

아이들은 인터넷
교사는 성적에
충실한 활동
적응활동.

iii

아이는 특별활동 시간에 일기를 쓴다.

당신들의 천국

2007년 12월 7일(금)

무엇을 하는지, 담임 선생님은 말씀이 없으셨다. 그냥 습관적으로 아이들은 책을 편다. 내일 모레가 시험이다. 머리가 아프다. 항상 공부, 공부, 내 적성이 무엇인지, 내 특기가 무엇인지 난 스스로 궁금한 것이 많다.

그런데, 우리 학교에서는 공부만 시킨다. 담임선생님도 마찬가지다. 진로와 적성은 시험 공부로, 특별활동 역시 시험 공부다.

인문계로 온 것이 후회된다.

티브이 속 화자는 열심히 강의중이다. 너무 재미없고 우습다. 순결, 사랑, 하느님. 클릭 한 번이면 그것보다 더 심하고 화끈한 것을 볼 수 있는 세상인데, 강사님은 하느님의 말씀을 전하러 오신 전도사 같다. 수업 용어도 너무 정제되어서 재미가 없다. 학생들은 대부분 존다. 선생님은 돌아만 다니신다. 선생님의 얼굴에서 안쓰러움을 발견할 수 있다. 난 지금 뭘 하고 있는 것일까?

강의가 계속될수록 화가 난다. 학교의 일정에 몹시 화가 난다. 낼 모레가 시험인데 꼭 지금 이것을 해야 할까? 다른 날에 자율학습 하는 날도 많은데 하필 지금이 뭐람. 담임선생님도 화가 나 계시다. 아니 우리 반 아이들 모두 화가 나 있다. 이런 옛날식 강의를 이렇게 소중한 시간에 들어야 하는가?

오늘이 수능 성적이 발표되는 날이다. 국, 영, 수 1등급 644명. 4% 등등. 현실은 계속 점수로 우리를 옥죄는데 티브이 속 선생님은 순결을 강조하신다. 너무 기이한 현상이다. 담임 선생님은 교실에서 지겨운 눈빛으로 티브이 속을 응시하시고 애들은 졸다 못해 잔다. 그리고 난 지금 이 글을 쓰고 있다. 얼마나 기이한 모습들인가?

졸속 학교 일정. 담임 선생님도 잘 모르시는 다변하는 학교 일정, 특별활동을 담당하는 선생님이 계시다고 하는데 왜 이 모양일까? 선생님의 말씀으로는 담당 선생님이 있어도 학기 초에 잡아 놓은 것은 그냥 밀고 나가야 한다니. 참 어이가 없다. 융통성이라고는 하나도 없다. 그렇다고 우리를 위해서 특별활동이 짜여져 있는 것도 아니다. 그냥 기분대로 진행되는 것 같다. 그런데 우리를 위한 것이 아닌 학교를 위한, 아니 어른들을 위한 일정 같다. 그리고 우리에게는 열심히 들으라고 하신다. 이건 우리들의 천국이 아닌, '당신들의 천국' 인 듯하다. 또 머리가 아파온다. 공부할 것이 너무 많다.

iv

특별활동 부서를 정하는 날
돼지가 우물에 빠진 날, 답답한 현실
가위 · 바위 · 보
졌다.
가야 할 특별활동 부서가 없어졌다.
내 교육과정은 논리가 아닌 요행

계발활동 시간
졸리다.
준비물은 사물함에 가득하다.

사물함에 불만이 자욱하다.
급하다. 대학입시
원하지도 않았기에, 마음도 급하기에
안 풀리는 수학 문제
아이들은 떠든다.

2004년 5월 13일
토요일 3, 4교시 계발활동
쾌청
운동장에서 아이들은 봄기운을 찬다.
땀방울이 맺힌다.
아이들의 얼굴에 웃음이 번진다.

2005년 5월 17일
금요일 1교시 계발활동
이마에 식은땀이 흐른다.
문제가 안 풀린다.
아이들은 좌절한다.

2006년 5월 7일
금요일 1교시 계발활동
우울
아이들은 즐겁다.
'와글와글' 잡담이 이어진다.
입가에 침이 마른다.
자기주도학습

2007년 5월 24일
금요일 1교시 계발활동
혼란
복잡한 학사일정

5월 첫째 주는 자치활동
둘째 주는 적응활동
셋째 주는 행사활동
넷째 주는 계발활동

교사, 학생 우왕좌왕

아무래도 상관없다.
이번 주도 다음 주도 그리고
우리는 자기주도학습을 한다.

V

마티스는 예술에서 색을
피카소는 예술에서 선을
마그리트는 대상에서 관념을
교사는 봉사활동에서 학생을
해방시켰다.

봉사활동[4)]은,
지금 여기에 일어나는 해프닝(happening)
우리 삶의 고통, 희망이
논리적인 말로
더 이상 전달할 수 없는 것

교육에서 벌어지는 부조리 극
미술의 콜라주
영화의 몽타주
그리고
봉사활동에
해프닝이 사용된다.

문서고등학교 총 학생 수, 1800명
금요일 1교시 봉사활동
같은 날, 같은 시간, 같은 장소
아이들은 쓰레기 봉투 대신 연필을 든다.
각 반이 봉사 포스트다.
이마에 주름이 잡힌다.
문제가 안 풀린다.

봉사활동
대학입시를 위해 필요한 교과 외 활동
주체와 객체가 모호한 활동
교사가 학생을 위해 적는
거짓 활동

학년 말,
교사들의 코는 피노키오가 된다.
'(교내) 학교 주변 쓰레기 줍기'

Rene Magritte, 'The Castle in the Fyr enees'

'(교내) 인근 지역 휴지 줍기'
거짓말을 줍는다.

글짓기가 어렵다.
실체는 없고 결과만 있다.

교사의 눈으로 본 봉사활동
허공에 떠 있는 거짓된 성
애초에 쌓을 수 없는 성
그러기에 해프닝(happening)

학생생활기록부 위에 가볍게

수준별 교육과정[5]: 동상이몽(同床異夢)

수준별 교육과정
학습자의 경험의 질 중시
학습 결손 방지, 학습자 중심 교육
학교 교육의 질 개선
국어, 사회, 과학은 심화·보충형
수학, 영어는 단계로 위계화
수준별 수업을 위한 배려

학생들에게는,
난이도를 고려한 교육과정
학습 속도를 조절한 세분화된 교육활동
학습 내용 범위, 수준에 맞게 조직된 교육과정
능력에 맞는 기본 학습
부족한 부분은 보충학습
성취 기준에 따라 능력에 맞게 학습하는
이론상, 문서상 나무랄 데가 없는 활동

연구자나 교사들은 목소리를 높인다.

시도해 볼 만한 활동
이상적인 활동
하고 싶지만 할 수 없는 활동
하기에 불편한 활동

평가의 비현실성, 학습의 빈익빈 부익부
형식적인 이동 수업
수준만 있는 수준별 반 편성
성취 수준의 불평등 심화
인적 · 물적 자원의 미흡
인성, 도덕성이 무시된
성취만 중요한 교육과정
늘어만 가는 사교육비
쌓여만 가는 불만
같은 목적, 다른 생각
이 녀석은 우리가 꿈꿔 온 이상 세계, '천공의 성 라퓨타'

전 이걸 잘 못하는 것 같아요.
저에게는 이런 활동이 필요한 것 같은데요.

지하철 속의 사람들

지나치게 똑똑해진 아이들
이해해라. 우리의 교육 현실이 이렇단다.

그래서 우리는,
수준별 교육과정을 무시한다. 하고 싶지 않다.

함께 가고자 했던 길
목적은 하나, 방법은 두 갈래 길,
가깝지만 먼 길
'너는 너, 나는 나'
골은 깊어만 간다.

2007년 7월 25일 2교시 국어 보충 · 심화 시간

알겠니?
(일제히) 네~~~
42명의 아이들, 각기 다른 수준
함께 대답한다. 메아리가 된다.

나는 텍스트 읽기 능력,
너는 말하기 능력
재는 듣기 능력
우리는 글쓰기 능력이 부족해.

얘들아, 제발 너희의 수준을 알려줘
수준별, 내 수준은 어디지?

진단 자료가 부족하기에
성취 기준이 모호하기에

불친절한 평가 영역
다른 수준, 똑같은 평가
오늘도 교사는 진도에 헉헉헉
기말고사가 얼마 남지 않은 모양이다.

집에서 내 아이는 오늘도 티브이를 본다.
돌봐줄 사람이 없다.
내 아이, 우리 반 학생들
모두 소중하다.
휴~~ 한숨만 나온다.

교과서는 변해도
사람은,
수업은, 그리고 나는

예전 은사님의 모습에서 나를 본다.
모두에게 공부할 양은 넘쳐난다.
동상이몽(同床異夢)

모두 알겠지?
일제히 대답한다.
'아뇨'

ii

2007년 6월 25일 2교시 영어 시간

그들은
수준별 이동수업, 분단별 수준 수업을 강요한다.

종이 울린다. 딩동댕~~

아이들은 이동하지 않는다.
수준별 이동 수업도, 교실 내 분단 수업도
존재하지 않았다.

아이들은 조용히 자신의 반에서
교사가 정한
자신이 정한
소정의 목표를 이루고자 일제히 학습한다.

담당 교사, 학생 모두 편안해 보인다.
몇몇의 졸고 있는 학생들
지루해하는 학생
교사의 강의에 힘이 넘쳐난다. 얼굴에 웃음이 가득하다.

성적 평가의 난이성도
교사 상호 간의 문제도
중간 수준의 학생 처리도
상·하 반의 거친 적용도
교수-학습, 교재 개발도
그리고
이동으로 인한 혼란도, 각종 업무도
사라졌다.

교사들은 문서 속 이상보다
현실을 택했다. 대학입시
너희에게 맞는 수준은 스스로 찾아라.

수준을 서로 몰라
공부할 자료만 쌓인다.
학생들의 수준은 입시다.

어, 존재한다.
수준별 이동수업, 분단 내 수준별 수업
문서 속에 살아 숨쉰다.

전문 연구원, 교수, 교육청 관리자
그리고 교사
감사용, 의사소통 불능.

재량활동[6]: 하느님, 좋은 대학에 갈 수 있게

토끼일까요? 오리일까요?
어떤 사람은 "오리다."
"토끼다"라고 주장한다.
중요한 것은,
원래의 오리-토끼 형태는
불변하다는 사실이다.
시각만 바뀔 뿐이다.

Ludwig Wittgenstein의 오리-토끼

재량활동,
우리가 예전부터 해 오던 활동
담임교사가, 교과 담당 교사가 해 오던 활동
열정과 희망이 존재했던 활동
대학입시를 위한 자기주도학습
아이들의 희망과
교사들의 입시 열정이
함께 어우러진 시간

시대가 바뀌고
교육과정이 수업의 틀을 지배했다.

재량활동은 더 이상
학생과 교사만의 시간이 아니었다.

교육과정이 명령한다.
학생 개개인의 흥미, 특기, 관심을 고려해서 학생의 선택권을 확대하라.
다변화하는 시대를 대비해 지식 정보 및 사회적 요구를 최대한 수용하라.
종래의 교과서 중심에서 학교 특색의 교육활동을 펼쳐라.
지역 및 학교 특수성을 특색 있게 구조화해라.
이론적인 학습보다 실험, 관찰, 조사, 수집, 노작, 토론, 견학 등이 이루어지게 하라.

2007년 3월
학생들과 교사들은 고민했다.
담당자 曰, 자료도 주지 않고 나보고 어쩌라는 거야.
학생 曰, 선생님, 공부해도 되나요.
모두가 불만이다.

모두가 선택한 길
자기주도학습
변한 것은 없었다.
오리든, 토끼든

스스로 자신의 꿈, 희망을 부여잡고
오늘도 교사, 학생은
교육과정 명령 대신
현실을 택한다.

하느님, 좋은 대학에 갈 수 있게 해 주세요.
토끼가 되어서 달나라에 가고 싶어요.
미운 오리 새끼가 되어서 백조처럼 날고 싶어요.
아이들은 기도한다.

2007년 7월 25일 3교시 국어 교과 재량 시간
수준별 수업을 위해 안배된 시간
재량을 살릴 수 있는 시간
개성이 넘쳐나는 시간
모든 것은 완벽하다.

국어교사 14명
1학년은 모두 열여섯 개 반
교실마다
국어를 가르치는 교사
국어 재량활동을 가르치는 교사가
다르다.

청바지를 입은 1급 정교사
양복만 입는 전일제 교사
반팔을 입고 스포츠 머리 모양을 한 기간제 교사
긴 생머리에 시를 즐겨 읽는 초임 교사
1학년, 2학년, 3학년을 모두 가르치는 교사
1, 2학년을 걸치는,
1, 2, 3학년을 걸치는 베테랑 교사
아이들의 수준만큼
교사의 모습도, 각양각색

아이들은 책을 읽는다.
시간이 흐른다.
한 명이 졸고 있다.
10분이 지났다.
다섯 명이 졸고 있다.
20분 경과
하고 싶은 일을 한다.

논술을 위해
수시 입학을 위해
우리는 모두 책을 읽어야만 한다.
당위성만 있고 교수-학습은 없는 시간

교사 재량껏 운영되는 수업
아이들 파악도 힘이 드는 수업
적절한 교재도, 평가도 없기에
자율학습식으로 운영, 방치되는 수업

교사는 교사대로, 학생은 학생대로
'너는 너, 나는 나'

우리의 자화상일까요?

교사, 교과 재량활동 일지를 쓴다.
현실을 쓴다.
고민을 쓴다.
교사의 외마디 절규,
나도 열심히 하고 싶다.

ii

실체가 없는
구름 같은 활동이기에
난 오늘도 죄를 짓는다.
피노키오가 된다.

'창의적 재량활동'

창의적 재량활동
시수에도 잡히지 않는 활동
누군가는 죄를 지어야 한다.
나의 죄목, 1학년 담임교사
그게 전부였다.

2006년 3월, 4월, ……, 그리고 12월
모두가 무관심했다.
무엇을 할지, 어떻게 운영해야 하는지
창의적 재량활동을 담당하는 교사도
유관 부서도
1학년 담임교사들도
1학년 업무를 총괄하는 부장 교사도
시간의 흐름에 활동을 맡겼다.

교과 외 활동이 배제된
계획만 무성하고 실체가 없는
구름 같은 활동
평가는 없고 글짓기만 있는 활동
태생부터 잘못된 활동이었다.

2007년 2월 국어 교과협의 시간
선생님, 전 창재를 포함하면, 교과 시수가 20시간이나 되는데요.
뭘, 창의적 재량활동은 빼야지.
원래 이 시간은 그냥 담임 활용시간이야.
얘들이 다 알아서 합니다.
그래도…….
할 말은 많은데 뭔가 석연치 않다.

올해도 창의적 재량활동을 해야 한다. 1학년 담임교사다.
죄를 지어야 한다.

코가 점점 길어진다.

상담, 진로지도, 훈육교육, 입시 정보 알리기
내 머리로는 불가능하다.
연수도 없다.
부서 간 공조체제도 없다. 나의 나태함
업무 연계 ZERO

핑계 있는 무덤, 결론은 자기주도학습.

문서는 강요한다.
창의적 재량활동은,
단위 학교와 교사의 자율적, 창의적 학급 교육과정
학생의 자기주도적 학습 능력 함양을 위한 학습
주제 탐구 학습, 범교과 학습, 체험 중심 학습
창의적 교육활동이라고

2007년 3월 19일, 토요일 1교시 창재 시간
계획은 환경교육, 실재는 독후감 쓰기
훈화 교육을 하는 반도, 자기주도학습을 하는 반도
활동도 자의적, 임의적, 창의적

2007년 3월 31일, 토요일 1교시 창재 시간
계획은 독서학습, 실재 운영은 야영 활동에 관한 내용 전달
훈육을 하는 반, 자리를 바꾸는 반, 교재를 연구하는 교사
용의복장검사가 한창이다.
학교는 조직화된 무질서, 느슨한 이완 결합체제

2007년 4월 16일, 토요일 1교시 창재 시간
독서활동을 하는 날
얘들아, 독서기록장을 펴. 감상문 쓰자.

그냥 평소처럼 공부하죠. 과제도 많고 다음 주는 시험이잖아요.

조용해진다.

창의적으로 공부한다.

2007년 4월 21일 1, 2교시 창재 시간

다면적 능력 검사, 체계적인 운영

사전에 연수가 이루어진다. 방송을 통해 학생들에게 해야 할 일이 전달된다.

주관부서 진로지도부, 협조부서 방송부

담임교사들은 그들이 이끄는 대로 물 흐르듯 흘러간다.

유관 기관과의 협조, 유기적 관계망, 사전 준비

정신을 못 차리겠다.

2007년 5월 14일 7교시 창재 시간

비디오 시청이 한창이다.

방송은 방송대로 떠들고

학생들은 의례히 자기주도학습

교사들은 교재 연구

지루해하는 아이들

담임교사는 창재적으로 다른 비디오를 튼다. '청소년 인권 문제'

다른 반은 두발복장 검사

하나의 학년

서로 다른 활동

금연 교육, 두발 검사, 체육대회 준비, 인권 교육, 자기주도학습

2007년 7월 11일 수요일 7교시 창재 시간

주5일제

토요일 1교시로 잡힌 창재 시간

놀토가 낀 주, 수요일 7교시가 창재 시간

티브이 속 성교육 강사는 자기만의 세계에 빠져있다.

10년 전, 내가 받은 교육

초점을 잃어가는 아이들

갑자기
방송사고
음성이 나오지 않는다.
티브이 속 강사 대신
교사가 강의한다.

투덜투덜, 모두 에~~~. 알았지?
(침묵)
아이들은 무반응이다.
계속되는 활동

2007년 12월 17일 학생생활기록부 입력
자기주도학습, 엉터리 강의, 시험 공부
안 적는 편이 좋다.

특별활동도 글짓기
창재도 글짓기
오늘도 난 피노키오가 된다.
학생생활기록부 작성
'범교과 학습 17시간, 박물관 견학을 통해 우리 문화에 대한 이해를 높임.'
'자기주도학습 17시간, 자기 진로에 대한 고민을 바탕으로 직업과 세계에 대한 이해를 한층 높임.'

코는 점점 길어진다.
인간이 되기는 틀렸나 보다.

얘들아, 거짓말 하면 안 된다. 거짓말은 또 다른 거짓말을 낳거든.
내가 아이들에게 했던 말이다.

iii

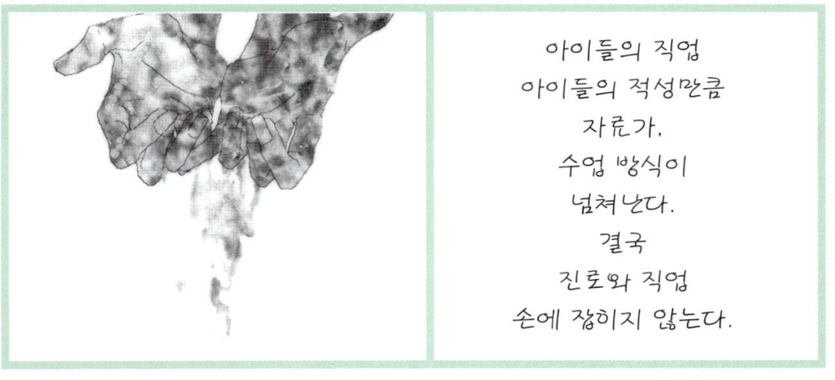

선택 과목에 배당된 단위, 136
시 · 도 교육청과 단위 학교는 28단위 이상 지정
학생 선호도 파악, 교실 여건, 지도 교사 고려
선택할 과목도
단위 수도
고려 사항도 넘쳐났다.

내가 근무하는 곳,
진로와 직업을 선택했다.
교사를 위한 어떠한 배려도 없었다.

아이들의 진로만큼
다양한 직업만큼
자료가 넘쳐난다.
각종 보고서,
서울특별시교육과학연구원의 고등학교 진로교육 프로그램
경상북도교육과학연구원의 진로교육총람 I , II
서울특별시교육연구원의 소질과 적성을 찾아서
인천광역시, 경기도교육정보연구원, 부산광역시교육과학연구원의 진로와 직업

수업 모형, 평가 모형이 넘쳐났다.
문제 해결 학습, 토의식 학습
보고서 형식, 문제 풀이 형식, 토론 형식, 의사소통 형식, 과제 관련 활동
수업 방법도 넘쳐난다.
단원의 개관, 대단원 학습목표, 차시 학습 지도 계획, 과정안, 문제 탐구 활동
동기 유발 및 문제 파악, 문제 해결 방안 탐색, 문제 탐구 활동, 결과 발표, 정리

교사들의 고민이 넘쳐난다.
왜?
선택 아닌 필수 과목

교과목은 하나
가르치는 교사 15명
많은 교과목 교사 중
영어, 국어 교사들이 선택당했다.
서로의 교무실 다르다. 친분도 없다. 협의도 없다.
의사소통의 단절

우리가 선택한 길은,
이카루스의 패러독스
탈옥 이상의 것
내 갈 길을 간다.

내 전공은 국어, 독후감 쓰기
아이들은 매체를 좋아한다.
'성공시대' 보기 그리고 감상문 쓰기
매 시간 500원이면 다운로드
평가는 없다.
물에 휩쓸리듯
아이들은 즐거워한다.
수업 목표가 없다.
아이들에게 미안하다.

무엇을 가르쳐야 하나
내 전공은 국어
눈앞에 닥친 대학수학능력시험, 학력 향상
문제집을 선택한다. '고전문학'
진로에 대해 고민하는 것보다
정답을 찾는 모습이 더 아름답다.

어쩔 수 없다.
인문계 고등학교의 특성
보충수업이 많다. 가르칠 내용도, 공부할 내용도
본 수업 준비만도 숨 가쁘다.

내 전공은 영어, 관광학이 전공이다.
직업 소개, 전공학과 찾기
대입을 위한 지도
직장에 관한 내용, 승진, 연봉, 채용 기준, 선배 인터뷰
내가 지금 잘하고 있는 걸까?

일주일에 진로와 직업, 두 시간
수업 준비 10시간 이상, 비효율
가르칠 내용에 비해 배당된 시간이 너무 많다.

공유 자료도 부족하다.
쓸 수 있는 자료는 많지만 내가 만든 자료가 아니다.
입맛에 맞지 않는다.
연수도 받은 적 없다.
다른 교사들이 존경스럽다.

오늘은 바쁘다.
전공을 살려, 영어 재량활동
아이들은 문제를 푼다.
내 전공을 가르치는 것이 모두에게 행복하다.

내일도 진로와 직업
하루 벌어 하루를 산다.
'진로와 직업 이수'
날개가 녹아 내렸다.

Henri Matisse, 1943 'The Fall of Icarus'

자화상

탑 내부, 294개의 계단을 통해야 종루에 올라갈 수 있다.
종루에는 7개의 종이 걸려있다.
중요한 것은, 하모니

오늘도,
계단을 오르려는 고결한 자들이 있다.
학생 그리고 나를 위하여
종이 울린다.

각기 다른 개성
목표는 하나, 성적 향상

수준은 없어도 공을 쏘기 위해
학생, 교사, 난쟁이의 이마에 땀이 맺힌다.

교수가 없어도
교사, 학생
자신의 꿈을 울리기 위해 학습한다.

무너지지 않으려는 자구책
담임업무매뉴얼, 학교업무매뉴얼, 교무업무시스템

하지만
무
너
지는
소 리
교 육 과
정

KTorre Pendente di Pisa

후주

1) 바벨탑은 성경(창11:1-9)에 "노아의 자손들이 다음의 홍수를 피하기 위하여 하늘까지 닿는 돌탑을 쌓으므로 여호와가 언어를 혼잡하게 하여 통솔력을 중지시키시므로 이름을 바벨이라 하였다."라고 기록되어 있다. 이것에 근거하여 문학가나 예술가들은 자신의 기호나 성향에 맞게 그 의미를 사용하고 있다. 가령, 바벨탑은 '교만한 어떤 헛된 행동'으로 비유되기도 하고, '바벨탑을 쌓는 목적' 에 대해 '신의 뜻에 대적하는, 인간의 끝없는 욕망이나 이상 추구' 를 표현하기도 한다. 또한 바벨탑이 결국 무너짐으로써 인간 사회가 더 큰 혼란에 빠지거나 서로의 소통수단인 언어가 분리되었다는 점에 주목하여 결국 의사소통의 불능을 가져온다는 의미로 사용되기도 한다.

본고에서는 이러한 의미에 기초하여 우리가 실행하고 있는 제7차 교육과정을 해석해 보았다. 가령, 교육과정 전문가들이 교육과정을 이상적으로 끊임없이 수정하고 계획하더라도 그것은 우리의 교육현실이나 교사들의 의견이 배제된 문서일 수 있으며, 이로 인해 교육현장에서는 대입이라는 명목하에 새로운 형태의 교육적 방치가 일어날 수 있다는 점이다. 결국 어떠한 노력을 기울이더라도 그 결과는 결국 바벨탑을 쌓지 못하는 결론으로 이어지며, 새로운 의사소통의 불능 현상을 야기할지도 모른다.

왜냐하면 아무리 교육과정이 새롭게 바뀌고 이상적인 형태로 수정 · 보완되더라도 이러한 이론을 실행하고 운영하는 것은 일선 학교의 현장교사와 학생들이기 때문이다. 그러나 과연 교사나 학생을 중심으로 놓고 볼 때, 우리의 교육현장에서 제7차 교육과정이 어떻게 적용 · 운영되고 있을까?

현장에서 근무하는 교사들은 나름대로 자신만이 지니는 삶과 교과 영역이 있으며, 스스로 열심히 가르치고 현실에 적응하고자 노력한다. 그러나 제7차 교육과정에 대해 불만을 터트린다. 조소를 나타내기도 한다. 그들은 '처음에는 대단한양, 지금은 유명무실한 문서', '실현할 수 없는 교육과정', '복잡하기만 한 교육과정' 이라고 자신의 불만을 토로한다.

결국 이로 인해 제7차 교육과정의 적용은 또 다른 바벨탑 쌓기의 과정이며, 그 결과로 교육과정 전문 연구진과 현장교사 간 또는 학생 간의 새로운 의사소통 불능 현상을 가져오고 있다.

2) '학교교육계획서' 는 문서상으로는 이상적이고 그럴싸한 모습의 교육과정 관련 문서이지만 이것은 단지 계획된 문서이지 실행서가 아니라는 생각이 지배적이다. 즉, 학교교육계획서를 담당하는 부서는 학교에 존재하는 다양한 부서 중, 교수연구부의 주된 업무이다. 이때 교수연구부의 업무를 총괄하는 보직 교사는 교수연구부장으로 각 시·도마다 이들의 모임이 존재하며, 학교교육과정 운영에 있어서도 이들은 매우 중핵적인 위치를 차지한다. 이 모임 속에서도 학고교육계획서에 대한 의견은 분분하다. 특히 연구부장의 성향에 따라 학교의 교육과정은 문서와 다르게 운영되는 경우가 태반이다. 즉, 이들 중 "학교교육계획서를 뭐 하러 만드는지. 만들어 놓고 지키지도 않는 걸 왜 만드는지 나도 모르겠다."라는 식의 볼멘 표현을 더러 들을 수 있다. 이러한 실정에서 보직 교사가 아닌 일반 교사들이 학교교육계획서를 인식하는 정도는 두말할 필요도 없다. 대부분의 교사들이 학교교육계획서의 존재를 인식하지 못할뿐더러 자신이 맡고 있는 교육활동에 대한 중요성은 교사의 무관심과 무사안일이라는 성향 앞에 여지 없이 무너지고 만다.

문서고등학교의 영역별 시간 배당표

구분 \ 학년	10학년 (고1)		11학년 (고2)		12학년 (고3)	
특별활동	34		34		34	
자치활동	4	(1)	4	(1)	4	(1)
적응활동	4	(1)	4	(1)	4	(1)
계발활동	17	(1)	17	(1)	17	(1)
봉사활동	7	(1)	7	(1)	7	(1)
행사활동	2	(20)	2	(20)	4	(20)
계	34(24)		34(24)		34(24)	
비고	( )안의 수는 융통성 있는 시간의 시수임.					

3) 문서고등학교의 특별활동은 'V. 교육과정 운영 계획' 과 'VI. 중점 교육 활동 계획' 에 그 내용이 상세히 기술되어 있다. '다양하고 건전한 집단 활동에 자발적으로 참여하여 개성과 소질을 계발, 신장하고, 공동체 의식과 자율적인 태도를 기름으로써 민주 시민으로서의 기본적인 자질을 함양한다.' 를 목표로 하여 특별활동의 5대 영역인 자치활동, 적응활동, 계발활동, 봉사활동, 행사활동이 균형 있게 계획되어 있다.

또한 특별활동 중 학교 문화 풍토에 맞는 특색 있는 영역을 중점적으로 설정하고,

학교, 학생, 지역 사회의 여건을 고려하여 활동할 것을 지도 중점 사항으로 규정하고 이러한 활동의 결과를 평가하고 있었다.

영역별 지도 중점 내용과 평가 내용을 보면, 다음과 같다.

자치활동	적응활동	계발활동	봉사활동	행사활동
민주적 회의의 기본 원칙을 익히고 자신의 의견을 효과적으로 표현하며, 남의 의견을 진지하게 듣는 태도를 형성하여 자율적인 학교 생활 능력을 기른다.	예절, 준법, 질서, 청결, 절제 등의 기본 생활 습관 형성에 중점을 두고 습관적 행동 수준에 이르도록 한다.	학생의 흥미, 취미, 개성에 맞는 소질을 계발하고 신장하여 자아 실현의 기초를 다지게 한다.	지역사회의 제반 여건과 지역 주민들의 당면한 문제에 대한 이해를 바탕으로 지역 사회 문제를 학교 단위의 집단 활동을 통하여 조력하고 지역사회에 대한 이해를 깊게 하여 학생들의 사회화를 촉진시킨다.	각종 행사의 중요성을 알고, 자발적으로 참여하여 학교와 지역 사회의 일원으로서 갖추어야 할 기본 자질과 태도를 기른다.

영역별 지도 중점 내용과 평가 내용

4) 문서고등학교의 봉사활동은 담당자의 인터뷰(2007. 05. 20)를 통해 그 실태를 정확히 파악할 수 있다. "비록 계획을 세웠지만 1시간도 안 되는 시간에 1500명이 넘는 학생들을 데리고 함께 할 수 있는 활동이란 현실적으로 거의 없어요. 그냥 교내를 청소하는 정도랄까? 특히 금요일 1교시에 봉사활동이 잡혀 있어 교내 청소를 하기도 쉽지 않고 1년 동안 계속 교내 청소만 하기도 그렇잖아요. 시스템상 다양한 활동을 하기가 좀 어려워요. 그래서 그냥 자습을 시켜요. 인접 학교들도 대부분 그렇게 운영하는 것 같은데요. 이러한 현실 말고도 다른 문제도 많아요. 우리 학교와 같은 인문계 고등학교에서는 공부가 제일 우선이잖아요. 학부모나 학생들도 그냥 관리자의 묵인하에 그렇게 넘어가요. 예전에 저희 학교가 봉사활동과 관련된 연구시범학교를 할 때도 문제는 많았다고 하던데요. … (중략)… 교내 봉사활동은 여전히 허공에 떠 있어요. 교외 봉사활동이야 발급 기관이 타기관이기 때문에 별 문제는 없지만 교내 봉사활동의 경우는 학교가 발행기관인데 그 활동이 완전히 해프닝이에요. 논리적인 말로는 설명할 수가 없죠. 연말에 가면, 아이들

의 희망 앞에 교사들은 다소 부끄러운 행위를 해요. 거짓된 행위죠. 이건 마치 학생생활기록부 위에 기록되는 피레네의 성 같아요. … (중략)… 현실에서 아니 학교에서 절대 할 수 없는 활동을 하는 거죠. 꼭 바다 위에 떠 있는 성 같아요. 저희 교사들이 결코 좋아서 하는 행위는 아니에요. 저희들은 아이들의 대입을 위해 그런 행위를 하는 거예요. 우리 애들의 (교내) 봉사활동은 바로 대학입시를 위한 거예요. 이런 걸 보고 나름대로 저희의 완성품을 대학에서 뽑으라는 의도죠. 아이들은 교육의 수요자가 아니라 대학 관계자들이 고르는 하나의 상품인 것 같아요. 교사는 거기에 무언의 동조를 하고 있죠. 이게 (교내) 봉사활동의 현실이에요. 너무 어처구니없는 비현실적인 활동이 봉사활동이죠. 이성적인 사고나 정상적인 사고보다는, 하여튼 제 스스로 부끄러운 활동임에는 틀림없어요."

5) 문서고등학교의 수준별 교육과정은, 학교교육과정에 구체적으로 명시되어 있지 않다. 다만, 수업 관찰과 인터뷰를 통해 알 수 있는 모습은 국어, 수학, 영어가 중심이 되어 수준별 교육과정이 운영된다는 점이다. 가령, 수학 교과의 경우, 수학과 특성화 교육과정이 운영될 정도로 수준별 수업이 실제적으로 이루어지고 있다. 즉, 배치고사나 학기 또는 학년 말 시험 결과를 바탕으로 학생들의 수준이 결정되고 이러한 결과를 기초로 학생들은 상반과 중반으로 나누어져 각자의 수준에 맞는 수업을 받게 된다. 그러나 영어 교과와 국어 교과는 수준별 교육과정이 이루어지지 않는다. 가령, 영어 교과는 단계형 교과임에도 불구하고 학생의 수준을 고려한 수준별 이동 수업이 실제적으로 이루어지지 않는다. 또한 국어 교과의 경우도 심화 · 보충 수업이 전혀 이루어지지 않고 있으며, 과거 일제식 수업이 수준별 교육과정의 주류를 이루고 있다.

6) 문서고등학교의 재량활동 시간 배정

재량활동 시간 배정

영역	구분	단위 배정	개설 교과목(주제)
교과 재량활동 (10) 단위	선택중심교육과정의 선택 과목	4단위	진로와 직업
	국민공통 기본교고-심화 · 보충학습	각 2단위	국어, 수학, 과학
창의적 재량활동 (2) 단위	범교과학습	17시간	인성 교육, 환경 교육, 경제 교육, 보건 교육, 안전 교육, 성교육, 소비자 교육, 통일 교육, 한국문화 정체성 교육, 정보화 및 정보 윤리 교육 등
	자기주도학습	17시간	주제탐구학습, 독서 및 쓰기, 체험, 프로젝트학습 등

(1) 교과 재량활동

(가) 선택과목 재량활동 편성 · 운영 지침

1) 재량활동의 선택중심교육과정의 선택 과목은 「진로와 직업」으로 한다.
2) 진로와 직업은 4단위로 한다.
3) 학생의 과목 선택 방법은 전체 필수로 한다.
4) 학급 편성 방법은 기존 행정학급별로 한다.
5) 담당 교사는 진로와 직업을 가르칠 수 있는 본교교사로 한다.
6) 선택 과목(진로와 직업)에 대한 평가는 과목명, 이수단위 또는 이수여부를 입력하고 평가는 세부 능력 및 특기사항란에 특기할 만한 사항이 있는 학생에 한하여 입력한다.
7) 개설 과목

구분	개설 과목	단위 배정	선택 방법	교사 확보 계획
개설 과목명 및 단위	진로와 직업	4	비선택(필수)	자체

(나) 기본 교과 재량활동 편성 · 운영 지침
1) 기본 교과 심화 보충 학습의 재량활동은 6단위(각 교과별 2단위)를 배정한다.
2) 학생 희망 조사를 받아 영어, 수학, 과학 교과를 개설한다.
3) 학생의 교과 선택 방법은 필수로 한다.
4) 편성 형식(시간 운영)은 학급단위 정시제로 한다.
5) 해당 교과 담당교사가 가르친다.
6) 평가는 평가관점과 기준을 질적으로 평가하고, 평가 결과는 특기 사항을 문장으로 기록한다.
7) 개설 교과

구분	개설 교과	단위 배정	선택 방법	교사 확보 계획
개설 교과명 및 단위	국어	2	필수	자체
	수학	2	필수	자체
	과학	2	필수	자체

6

어느 세일즈맨의 죽음. 질적 자료와 연극적 글쓰기

필자의 책, 〈한 여름 밤의 꿈〉에 실려 있는 경기 한결고등학교에 대한 질적연구는 질적 자료를 드라마로 재현한 작품이다. 원래 참여관찰과 심층면담, 다양한 질적 자료 수집방법을 활용하여 만들어진 이 텍스트는 이 책의 연구자 중의 한 사람인 이희용 선생의 창의적인 작업으로 인하여 드라마 텍스트로 변환되기에 이르렀다. 이미 필자와의 공동작업을 통하여 질적연구에서의 문학적 표현 양식에 관심을 두었던 이희용 선생은 자신이 가지고 있는 문학적 능력과 전문가 집단의 자문을 통하여 일반 질적연구자라고 하면 힘들었을 질적연구의 문학적 재현 작업을 성공적으로 마무리할 수 있었다. 물론 '이 문학적 텍스트가 얼마나 문학적이고 드라마적으로 잘 만들어진 것인가' 라는 질문에 대해서는 우리가 아주 잘되었다고 이야기할 수 없지만 우리나라의 이 분야의 첫 작품의 하나로서 그 의미를 두었으면 하는 생각이다. 따라서 독자들은 이 텍스트가 단순히 독자가 혼자 읽는 텍스트가 아니라 극장이나 연극상영관에서 청중들을 대상으로 공연할 목적으로 만들어진 대본이라고 생각하면서 읽는다면, 그 텍스트가 애초에 기대하였던 실제적 장면들(울리는 목소리, 조용한 공간, 움직이는 주인공들, 밝고 어두운 조명들 등)을 상상하면서 읽을 수 있을 것이고, 그 효과는 더 클 것으로 생각한다.

문학적 텍스트

'질적 자료에서의 문학적 텍스트의 생성' 이라는 작업은 필자에게 있어서 이번이 처음 있는 일이 아니다. 1996년에 필자의 책, 〈네 학교 이야기: 한국 초등학교의 교실생활과 수업〉이 전국적으로 인기를 끌면서, 필자가 가진 한 가지 계획은 이 책의 텍스트를 드라마로 만들어 보는 것이었다. 그 당시, 한양대학교 사범대학의 시간강사였던 필자는 국어교육을 전공하고 있는 대학원생에게 일정의 사례금을 주고 필자의 책의 제4장을 중심으로 한국의 아동들이 겪는 학교에서의 잠재적 교육과정을 중심으로 새로운 텍스트를 만들어 달라고 부탁한 적이 있었다. 그러나 그 계획은 필자의 요청과는 다르게 완성도가 높지 않았고 결국 포기하고 다음 기회로 연기해 버린 기억이 있다. 그 당시의 그러한 실패의 원인으로는 대학원생이었던 각색 담당 연구자가 아직 전문성이 높지 않았고 다음으로 그 노력에 대한 비용을 충분히 지불하지 못하였던 것을 들 수 있다. 차라리 명확하게 연구의 목표를 정한 다음에 전문 대본 작가를 찾아 나서는 것이 더 나았을 것이라는 생각이 나중에 들었다. 또한 원작이 가지고 있는 필자가 생각하는 중요한 내용들과 장면들과는 달리 각색가가 생각하는 나름대로의 판단에 큰 차이가 있어서 교정 작업에는 상당한 의견 조율이 필요하였다. 그러나 필자나 그 대학원생 모두 바쁘고 이 작업에 큰 비중을 두고 있지 않았기 때문에 나중으로 미루는 결정으로 일이 끝나 버렸다.

그러한 점에서 두 번째로 기획한 드라마 텍스트 재현의 작업은 첫 번째 작업에 비하여 더 개선된 것이었다. 특히 문학적 텍스트로 변환하는 역할을 한 작가가 이 연구작업의 연구자였고 실제로 고등학교의 국어과 교사였다. 따라서 그 누구보다도 이 현상에 대하여 잘 알고 있었고 다른 참여자들의 이야기를 면담을 통하여 잘 수집하였기 때문에 대본을 만드는 작업을 잘 할 수 있었다. 내용과 형식 모두에 문제점이 없었다. 따라서 그 결과로서 탄생한 이 드라마 텍스트는 우리에게 만족스러운 것이었고 외부 전문가에게 형식적 조언을 듣는 과정을 취하였기 때문에 드라마 텍스트로서 최소한의 형식을 충족한 것이었다. 즉, 실제 연극의 극작가로 활동하고 있는 전문 작가에게 우리들이 만든 드라마 텍스트에 대하여 문제점은 없는지, 어떤 부분들이 개선되어야 하는지를 자문받았고 그 부분에 대한 교정 작업을 실제로 하였다.

물론 외국의 경우처럼 문학이나 소설 또는 드라마를 대학에서 전공한 질적연구자가 자신이 수집한 자료를 드라마 형식으로 바꿀 수 있다면 더할 나위 없이 좋을 것이다. 아울러 외국의 저명한 질적연구의 드라마 이론화의 주도적 학자들은 학부에서 문학이나 드라마를 전공하거나 전문 드라마 작가로 활동하고 있는 경우가 대부분이다. 그러한 점 때문에 머지않아 질적 텍스트의 문학화 작업, 또는 예술적 작업이 우리나라에서 이루어지기를 기대하면서 우리 연구자들은 이 초기 수준의 드라마적 작품 구성에 만족하지 않을 수가 없었다. 그리고 우리의 목적이 우리의 능력보다 더 강하다면 더욱 많은 수업과 공부, 연극에 대한 참여를 통하여 전문 작가처럼 좋은 드라마 질적연구를 만들 수 있을 것이다.

그러면 많은 독자들과 연구자들은 문학 영역에 속하는 드라마를 왜 질적연구자들이 굳이 만들려고 하는지, 그 이유가 무엇인가에 대하여 궁금증을 가질 것이다. 숫자가 아닌 이야기를 통해서도 하고 싶은 이야기를 다할 수 있는데 왜 굳이 이야기 내용을 드라마로 바꾸려고 하는지 의아하게 생각할 것이다. 그리고 필자 역시 질적연구의 초기 공부 시절에는 구미 질적연구자들의 창의적 개척작업은 한이 없다는 생각으로 불평하곤 하였다. 그리고 우리나라에서는 그러한 탈경계적 글쓰기 작업이 어쩌면 무가치할지 모른다고 스스로 나를 위로하곤 하였다. 그럼에도 '우리가 왜 질적연구를 하는가?' 그리고 '질적연구는 누구를 위한 것인가?' 라는 질문에 답을 하려면 바로 우리가 왜 전통적인 텍스트 대신에 문학적 텍스트 또는 예술적 텍스트를 만들려고 노력하는지에 먼저 답해야 한다는 점을 깨닫게 되었다.

이와 관련하여 질적연구의 글쓰기 대상은 양적연구가 대상으로 하는 청중과는 다르다는 점에서 그 답을 찾을 수 있다. 양적연구에 있어서 글쓰기의 대상이자 청중은 수치와 과학적 글쓰기의 논리, 어려운 학술적 개념이나 방법을 이해할 수 있는 소수의 전문가 집단이다. 더욱 간단하게 말하자면 특정 학문 분야의 대학연구자들이다. 이에 비하여 질적연구에서 청중은 특정 분야의 소수 연구자들을 대상으로 하기보다는 일반 사람들 또는 연구주제와 관련된 전문/일반 독자들 모두가 포함된 포괄적 대상이다. 연구주제가 가설검증이나 효과검증이라기보다는 특정한 문화에서의 사람들의 생활이나 문화이기 때문에 더욱 많은 사람들이 관심을 가지게 되고 읽고 싶어한다. 때로는 질적연구의 연구결과들은 대중의 이목을 끌어서 베스트셀러 또는 스테디셀러가 된다. 물론 그러한 책들은 대중이 잘 이해할 수 있도록 쉽고 재미있게 쓰여졌다.

감동과 설득의 문제

그리하여 질적연구의 궁극적 목적, 삶에 대한 이해와 공감적 태도의 형성, 또는 삶의 개선이라는 목표는 소수의 전문가들이 1회성으로 읽는 것과는 다른 방식으로 쓰여져 전달될 필요가 있다. 이에 탈실증주의 연구 패러다임의 연구자들은 만약 우리의 연구나 연구의 결과가 인간의 삶이나 복지를 개선하기 위한 것이라고 한다면 왜 우리의 연구는 특정한 소수의 연구자가 참가하는 학술대회를 통해서만 발표되고 인용되고 학술지를 통하여 출판되는 것으로 끝나는가에 의문을 제기한다. 그리고 그러한 권위적/통제적 지식의 전달 방식 대신에 더욱 많은 사람들이 연구현상에 대하여 더욱 많이 알 수 있도록 읽기 쉬운 글쓰기 방법으로 표현되기를 바란다. 아울러 감동적이고 설득적이며 한 개인의 삶에 영향을 줄 수 있는 형식의 글쓰기였으면 한다.

그리고 이러한 목적을 달성할 수 있는 한 가지 표현 방식이 바로 문학적 텍스트 기법이다. 문학적 표현 기법을 통하여 청중은 시간과 공간을 뛰어넘어 특정한 역사 시대의 주인공으로 생활을 해보거나 무대의 주인공이 되어 주인공의 고민과 행복을 공감할 수 있게 된다. 아니면 세련된 언어와 단어들을 통하여 우리가 일상적으로 느끼지 못하였던 다양한 감정과 실제, 가치에 대하여 새롭게 느끼게 된다. 귀청을 울리는 북소리와 탬버린 소리 속에서 울부짖는 주인공의 목소리를 들으면서 청중의 몸은 반응하고 그/그녀의 목소리가 무엇을 이야기하고자 하는지, 내가 그/그녀가 아니어도 경험한듯 몸이 반응한다. 미술관에 맞닥뜨린 한 그림을 보면서 제3세계 흑인들의 삶이 지배층과 달리 얼마나 고된 삶이었는지 느끼며, 고리키의 한 단편소설을 읽으면서 사회주의에서의 경제적 고난에 대하여 절실히 느낀다. 그 충격은 순간 나타났다 사라지지만 최근 사회계층의 동향을 숫자로 나타낸 그래프가 알려주는 바는 더욱 크다. 폭력이 폭력을 낳는다는 한인 2세의 국제 광고상의 사진은 포스터에서 주인공이 상대방에게 겨눈 총구가 결국은 자신에게로 돌아온다는 메시지를 잘 보여주고 있다. 때로는 이미지가, 동작이, 목소리가, 그림이, 소리가, 만화가 우리를 더 감동시키고 메시지를 더 효과적으로 전달한다.

예술과 문학의 이러한 대중적 감화의 역할을 일찍이 알고 있었던 질적연구자들은 질적연구의 텍스트 구성작업에 과감하게 문학과 예술을 접목시키는 작업을 하게 된 것이다. 그리고 그러한 한 가지 작업이 바로 연극 대본의 글쓰기 작업과 공연이다. 연극에는 살아 있는 언어, 호소적인 목소리, 현재적 장면, 등장인물의 제스처 등 다양한 훌륭한 설득과 전달의 방법들이 있다. 연극에는 청중이 감정이입을 시도할 등장인물이 있으며, 이야기할 그 무엇인 줄거리가 있으며, 줄거리를 더욱 긴장감 있게 경험하게 해줄 갈등이 있으며, 우리의 일상생활을 그대로 드러내 놓은 것과 같은 계속적인 행동과 말, 대화가 있다. 그리고 조명과 막을 통하여, 목소리와 음향을 통하여 청중은 자기도 모르게 무대의 등장인물들로 동화된다. 우리는 한 편의 연극을 보고 나서, 영화를 보고 나서, 저 연극이 무엇을 가르치고자 하였는지, 어느 작가도 직접 이야기하지 않은 것을 마음속에 새긴다.

'나'의 자연스러운 표현

이 글의 마지막 제언으로서 전통적 연구이든 질적연구이든 최근에 와서 다양한 표현 방법들이 연구자들에 의하여 인정되고 차용되는 현실을 이야기하고 싶다. 서론, 연구방법, 연구결과, 결론으로 이어지는 APA 논문 글쓰기 순서 역시 하나의 전통으로서 더 이상 지켜지지 않고 있고 다양한 방법과 순서의 글쓰기들이 새롭게 개척되고 있다. 오히려 더욱 새로운 표현 방법들, 창의적인 글쓰기들이 더욱 강조되고 격려되는 듯하다. 이론적 논문이든, 질적연구 논문이든, 이제 서론에서 연구자 대신에 '나'의 이야기를 쓰는 것이 너무 자연스러워졌고 글쓰기는 단순히 주제에 관한 건조한 논리적 제시가 아니라 개인의 기억, 소설, 이론, 사실, 통계, 상상이 모두 조화롭게 어우러지는 창의적 표현의 공간으로 자리 잡은 듯하다. 아마도 이 분야의 대표적 연구자라고 한다면 문학의 아이디어를 자신의 글쓰기에 접목한 William Pinar가 아닐까.

그럼에도 불구하고 우리나라의 경우, 사회과학 분야에서의 글쓰기는 전통적인 경향이 짙다. 여전히 객관적인 제3인칭 형태의 글쓰기를 고수하며 과학적 표현이 주를 이룬다. 연구계획서 쓰기에서부터 학위논문 발표에까지, 일반 학위논문이나 저서 출판에까지. 모든 사회과학자들이나 질적연구자들이 자신의 경험이나 연구결과를 표현하고 종합하는 데 사용하는 방법은 숫자를 기초로 하는 실증주의적 글쓰기 기법이다. 그러한 점에서 질적연구자가 일반 교육학연구/사회과학연구에서 그렇게 쫓아 버리려고 하는 실증주의적 이데올로기는 여전히 우리의 표현과 기술의 문화 속에 깊숙이 숨어 있다는 느낌이다. 질적연구인 경우에도 대부분의 연구들이 신문기자들이 주로 사용하는 방식을 취하고 있다. 항상 신적인 존재로서, 연구참여자와 객관적 거리를 두면서 모든 답을 제시하는 존재로서 연구자는 글 안에 존재한다.

아마도 새로운 길을 가지도 못하고 과거에 얽매어 있는 우리 질적연구자들의 실상은 과거 한국 학교교육에서의 글쓰기 훈련의 과정과 습관, 대학교육에서 좋은 글쓰기가 어떤 것인지 학습된 결과일 것이다. 우리는 우리의 감정에 충실하고 정서적이고 표현적이며 예술적인 표현을 드러내는 글쓰기를 해 본 적이 없다. 그리고 어떻게 쓰는지에 대해서도 배워 본 적이 없다. 아마 그러한 단어를 충분히 표현하지 못하였기 때문에 우리는 그러한 감정을 경험해 보지 못하였을 수도 있다. 우리는 대학의 글쓰기와 리포트 평가를 통하여 좋은 글과 나쁜 글, 수준이 있는 글과 없는 글, 문학과 과학의 차이점 등에 대하여 은연중에 비교당하고 배웠을 것이다. 그리하여 개인의 감정과 경험을 쓰고 연구자의 목소리를 드러내는 글쓰기, 예술적 글쓰기 등의 방법들은 대부분 비과학적인 것이고 학술적이지 못한 것이라는 인식을 세뇌시켰을 것이다. 그러나 이러한 이분법적 경계와 구획이 갖는 딜레마는 더 이상 포스트모던의 시대에서 정답으로 간주되지 않으며 끊임없이 의심받고 있다. 특정 방법이 그 외 다른 방법들보다 우월한 지위를 갖는 시대는 지났다. 아울러 과학적 글쓰기 대신에 문학적이고 예술적이며 표현적인 언어들을 강조하는 탈실증적 표현 방법들이 일상생활, 경험, 상호작용에 기반을 두고 있는 인간/사회과학연구에서 오히려 더 적절하다는 평가를 받고 있다.

부전공 영문학 공부

대학교 재학시절 영문학을 부전공한 필자에게 연극적 텍스트에 대한 생각은 남다르다. 영문학과에서 들었던 과목 중에서 ‘미국 현대 희곡’ 은 이 시대의 많은 대표 작품들을 원전으로 읽을 수 있는 기회였다. 유진 오닐, 테네시 윌리암스 등. 그리고 가장 인상 깊었던, 미국 경제 공황기에 실직하여 경제력을 상실한 아버지가 결국 자살하는 것으로 끝나는 ‘어느 세일즈맨의 죽음’ 은 문학과 예술이 우리의 생각과 살아가는 방식, 경험을 재조직하는 방식에 얼마나 기여하는지를 느끼게 해주었다.

학교 2: 경기 한결고등학교

등장인물

최 교사: 올해 한결고등학교에 전임 온 30대 초반의 여 교사로 1학년 담임교사이자 영어교과를 맡고 있다. 또한 1학년 업무로 교육과정을 담당하고 있으며, 두 아이의 어머니이기도 하다.

이 교사: 한결고등학교에서 3년째 근무하고 있으며, 1학년 국어를 가르치며, 1학년 담임을 맡고 있다. 30대 중반의 여 교사로, 한 아이의 어머니이다.

부장 교사: 한결고등학교 1학년 부장 교사로, 올해 보직 교사를 처음 맡았으며, 1학년 교육과정을 총괄 운영한다.

박 교사: 1학년 진로와 직업을 담당하는 교사로 1학년 담임을 맡고 있다.

그 외 김 교사, 학생1, 학생2

때 2007년 3월 2일부터 4월 말까지

무대 한결고등학교의 교무실, 교실, 운동장

배경 3월이라 다들 분주하다. 화창한 날씨치곤 교사들의 움직임이 너무 무거워 보인다. 학교는 여전히 겨울옷을 입은 교사들로 가득하며, 얼굴에는 무언가에 쫓기는 듯한 모습이 역력하다.

제1막 제1장. 3월 24일 월요일 교무실 청소 시간

라라라라 라라라라~~. 7교시 정규 수업을 끝맺는 종이 울린다. 교무실은 분주하다. 교과 담임교사에게 벌을 받는 학생, 전화를 거는 담임교사, 다음 시간 수업 준비를 하는 교사, 서류를 챙기는 교사, 개인 업무를 보고 있는 교사 등 시장통을 연상하게 한다. 담임교사들의 책상은 해당 업무와 관련된 서류, 기간 안에 제출해야 할 증빙 자료, 오늘 해야 할 일, 가르쳐야 할 수업 내용으로 가득 차있다.

최 교사와 이 교사가 교무실로 등장한다.

이마에 땀이 송골송골 맺혀 있다. 무언가에 쫓기는 모습이다. 최 교사와 이 교사는 각자의 자리에 앉는다. 서류에 밀려 책을 놓을 자리마저 없다.

최 교사: (힘든 듯이 의자에 털썩 앉는다.) 이 선생님, 오늘 수업 끝났나요?

이 교사: (힘없이 대답한다.) 아니요. (깊은 한숨을 쉰다.) 휴~ 정규 수업은 끝났는데, 아직 보충 수업이 남아 있어요. 선생님은요?

최 교사: 저도 수업이 오후에 한 시간 더 있어요. (서류를 챙기며) 참, 오늘 내야 할 서류는 다 준비되었나요? 우리 반 학생은 두 녀석이 아직도 말썽이네요. 벌써 3번은 말했는데 아직도…….

이 교사: (맞장구를 친다.) 저도 그래요. 말썽을 피우네요. 요즘 정신도 없는데. 교과 수업 준비도 힘들어 죽겠는데 행정부서에 제출해야 할 서류가 너무 많은 것 같아요. 요선도 학생 조사, 학생들 건강기록부 관리, 학생 기초 조사, 저소득층 학생들 조사, 비상 연락망, 학급회 조직 등 해야 할 일이 너무 많은 것 같아요. 선생님은 다 하셨나요?

최 교사: (한숨을 쉰다.) 저도 아직요. (고개를 떨군다.) 힘이 들어요. 아직 학교에 적응하지도 못했는데 내야 할 서류 때문에 정작 교과 수업도 소홀히 해야 할 판이에요. 모든 애들이 제 맘대로 움직여 주는 것도 아니고 아이들도 다들 사정이 있잖아요.

이 교사: 그건 그래요. 3월은 너무 정신없이 지나가네요. 담임교사로 배정받은 지 얼마 되지도 않았는데, 아이들 이름도 다 못 외었는데, 하여튼 힘이 드네요. 수업은 수업대로, 보충 수업은 보충 수업대로 힘들고요. 그놈의 대학 입시가 무언지, 참.

최 교사: (침통한 표정을 지으며) 그래도 최 선생님은 이 학교에 오래 계셔서 학교가 어떻게 돌아가는지는 잘 아시잖아요. 전 이곳 생활이 낯선데다가 아직도 하루가 어떻게 지나가는지도 모를 지경이에요. 특히 부서별 업무 파악도 안 되는 상황에서 교육과정 업무를 맡아서 뭘 어떻게 해야 할지 잘 모르겠어요. 교육과정 연수도 없고 그렇다고 누가 가르쳐 주는 것도 아니고 교육계획서나 관련 문서를 봐도 감이 잘 잡히지도 않아요. 집에 가면 걱정은 걱정대로 태산이고 몸은 파김치가 되어 있어요. 아이나 남편이 옆에 있는 것도 이젠 위안이기보다는 귀찮기만 해요.

이 교사: 저도 마찬가지에요. 요즘 학교가 너무 빠르게 변해서 적응이 쉽지 않은 것 같아요. 요즘 젊은 선생님들은 참 잘하는데, 저는 쉽지가 않네요. 남편 뒷바라지에 애들 봐주는 사람도 없고, 특히 작년에 했던 내용이 낯설기만 하니 힘들어요. 하여튼 학교생활이 너무 변화가 심한 것 같아요. 최 선생님, 오히려 선생님처럼 이 학교생활을 잘 모르는 것이 나을지도 몰라요. 하루가 다르게 변해서 요즘은 내라는 서류도 많고 세워야 할 계획은 왜 그리 많은지. 업무를 간소화시킨다고 하지만 해야 할 일은 점점 많아지는 것 같아요. 말이 전산화시스템이지 전자 서류로 대치해도 될 일을 옛날처럼 보조문서만 잔뜩 갖추기나 하고 오히려 준비해야 할 서류는 점점 늘어 간 가니…….

최 교사: (걱정스런 어투로) 네에. (화들짝 놀란다.) 참 청소 지도 하러 가야죠. 요즘 애들은 쓰레기가 무슨 장식품 정도로 생각하니. 가시죠.

이 교사: (의자에서 일어나며) 그러게요.

(최 교사와 이 교사가 힘없이 일어서며, 각자의 교실로 퇴장한다.)

제1막 제2장. 3월 24일 월요일 야간 자기주도학습 시간 교무실

여러 명의 교사와 아이들이 교무실 한쪽 자리에서 상담을 하고 있다. 일부는 복도에서 감독 겸 상담을 하고 있다. 최 교사는 복도에서 한 아이와 대화를 나누고 있다. 교사, 학생의 분위기가 3월의 꽃샘추위처럼 차기만 하다. 최 교사는 겨울 외투를 입고 있다.

시계가 밤 9시를 가리킨다. 적막(寂寞), 바람소리!

최 교사: (조급한 마음에 시계를 자주 쳐다본다.) 고등학교에 입학하니 어때요?

학생: (우물쭈물거린다.) 저, 잘 모르겠는데, 아직은~요.

최 교사: 그래요? 몸은 어디 아픈 데 없어요?

학생: 건강해요.

최 교사: (고개를 끄덕이며) 그래요. 그럼, 부모님은 뭘 해요. 여기 등본을 보니 아버지랑 어머니랑 같이 살지는 않는 것 같은데.

학생: 아버지 사업 때문에요. 법적으로 별거 중이세요.

최 교사: 그럼, 가정환경은 어때요? 선생님이 도와줄 것이 있어요?

학생: 그냥 남들처럼 살아요.

최 교사: 우리 학교는 학비 보조랑 급식비를 보조해 주는데 집이 어려우면 알려줘요. 그럼, 많은 도움을 받을 수 있지요.

학생: 괜찮아요.

최 교사: (고민이 많은 듯 표정을 지으며) 음, 여기 입학 점수를 보니 점수가 좀 좋지 않은데. 어떻게 공부해요? 수학이 많이 부족해 보이는데.

학생: (다른 곳을 쳐다본다.) 중학교 때 공부를 안 했어요.

최 교사: (나오는 하품을 손으로 가린다.) 그래요. 처음이라 많이 생소하지만 열심히 생활할 필요가 있어요. 선생님도 열심히 할게요. 가서 13번 좀 데려올래요. (시계를 보며) 아~ 시간이 이렇게 되었네. 자, 같이 교실로 가요. 종례하러 가야지.

(최 교사와 학생이 교실로 들어간다.)

(잠시 후 교무실, 이 교사가 교무실로 들어오는 최 교사를 반긴다.)

이 교사: 최 선생님, 고생하셨어요.

최 교사: 뭘요. 아이들이 더 힘든 것 같은데요. 조는 학생들도 많고요. 제가 전에 있던 학교는 야간에 자기주도학습을 안 했는데 아이들도 선생님도 피곤해 보이시네요.

이 교사: (맞장구를 친다.) 학생도 졸고 교사도 졸고, 다들 피곤해해요. 특히 아이들이 너무 똑똑해져 상담을 안 하면, 무슨 큰일 나는 줄 알아요. 주변 학부모들도 항의전화를 하고요. 그래서 3월은 대부분의 교사들이 밤이 늦도록 남아요. 주로 이 시간을 이용해 상담도 하고 밀린 업무를 하거나 수

업 준비를 해요. 상담이 주를 이루기는 하지만. 아마 다들 입에서 단내가 날 걸요.

최 교사: (근심스러운 표정을 지으며) 그래요? 전에 있던 학교는 특별활동 시간을 활용하거나 일과 시간을 이용해서 상담을 하곤 했는데, 역시 신흥 명문 인문계 고등학교라 그런지 방과 후 수업도 많고 저녁에도 남아서 상담을 해야 하니 지치네요.

이 교사: 힘내세요. 3월은 모든 선생님이 남지만 4월부터는 순번제로 돌아가요. 3월은 원래 힘든 것이니 별수 없잖아요. 야간에 상담하는 것도 이젠 이골이 나있는데요, 뭐. 그래도 학생들이 대학에 들어갈 때는 큰 보람을 느껴요. 아이들이 학교 적응이 다소 늦지만 아이들도 이 생활에 적응하면 다들 그런대로 생활해 나가는 것 같아요. 최 선생님도 고3 담임을 여러 번 하셨다면서요. 잘 아실 텐데. 호호. 어머, 벌써 퇴근 시간이 다 되었네요. 이제 집으로 봉사활동 하러 가야겠네요.

최 교사: (쓴웃음을 지으며) 그러게요. 학교에서도 활동, 집에서도 활동, 하여간 활동이 너무 많아요. 그럼, 내일 뵐게요. 전, 내일 상반과 중반, 교과재량 수업이 함께 있어서 수업 준비를 해야 할 것 같아요.

(혼잣말로) 휴~~ 내일은 야간 심화반 수업이 좀 부담인데, 그놈의 수준, 수준, 너무 어렵네. 내가 배 아파 난 우리 자식들도 수준을 모르는데 그 많은 애들의 수준을 고려하라니 말이 되는 이야기인지. 하여튼 열심히 하자. 아자 아자 화이팅!

(시계가 21시 40분을 가리킨다. 라라라라~ 라라라라~ 종이 치자마자 학생들의 환호성이 들린다. 복도는 순식간에 난장판이 된다.)

제2막 제1장. 3월 25일 교무실

조회 및 수업을 준비하느라 교사들의 모습이 분주하다. 교실 한쪽에 최 교사가 앉아 있다. 최 교사는 멍하니 밖을 응시하고 있다. 늦은 밤까지 수업 준비를 하느라 눈에는 핏발이 서있고, 머리는 푸석해 보인다. 한 손에는 커피가 들려 있다. 세 번째 마시는 커피이다.

최 교사: (혼잣말로) 오늘 수업이 보자. 1교시 중반, 2교시 상반 수업, 4, 5교시는 중반, 음, 저녁에는 심화반 수업이 있네. 휴~~. 중반도 수준 차가 너무 나서 좀 고민인 걸. 그래 오늘 중반은 단어나 용어 개념을 주로 설명해야지. 아이들이 아직도 영어에 대한 이해도가 떨어지니 너무 걱정이야. 여자 반과 남자 반의 수준 차도 너무 심해서 오늘은 기초 지식을 좀 강조해야겠네. 그럼, 상반은 음, 내가 말을 좀 적게 하는 게 좋겠어. 정리할 시간을 줘야겠어. 상반은 학생 수준이 제법 있어서 오늘은 공부 방법이나 응용문제를 중심으로 수업을 하면 되겠어. 그럼, 심화반 수업은 전국학력평가를 가지고 해야지. 머리가 복잡하네. 내가 더 헷갈리니……. 아~ 오늘 영어 교과재량 수업도 있지. (메모를 하며, 머리를 감싼다.)

(교무실에는 수업을 마친 교사들이 앉아 있다. 대부분 컴퓨터 앞에서 자신의 업무를 하고 있다. 책상과 책상 사이에는 책장이 놓여져 서로의 얼굴이 보이질 않는다. 대화가 없다. 탁~, 탁~, 탁~ 컴퓨터 자판 소리만 있고 사람 소리는 없다. 적막하다. 최 교사는 영어재량활동 교재를 보고 있다. 1학년 부장 교사가 다가온다.)

부장 교사: 최 선생님 바쁘세요? 뭘 그렇게 항상 열심히 공부합니까?

최 교사: (고개를 들며) 아, 부장님! 그냥 그래요. 저만 그러나요. 뭐~ 다들 바쁘신 것 같은데요.

부장 교사: (안쓰러운 표정으로) 힘들죠. 요즘 한창 바쁠 때라. 저기, 전에 계셨던 학교는 늦게까지 수업도 없고, 야간 자기주도학습이 없었다고 하던데요?

최 교사: 네에. 주변 환경이 좀 부유한 동네라 학교 수업이 끝나면 아이들은 대부분 학원이나 과외를 하러 가여. 아마 학교에서는 희망자만 한 50명 정도가 남아서 자율적으로 공부해요. 이 학교는 모두 남아서 공부하니 좀 체제가 달라서 힘이 부치네요.

부장 교사: 저희도 예전에는 이렇지는 않았는데, 관리자님의 학교 방침이라 어쩔 수 없어 보입니다. 야간에 심화반 수업도 생기고, 전교생이 모두 늦게 남는 것이 대학입시에도 좋은 결과를 보여서 이런 현실이 지속적으로 반영되고 있습니다. 특히 인근 고등학교들도 모두 동일한 체제를 유지

하고 있어요. 특히 저희 학부모님들도 그런 것을 요구한다고 하네요. (웃으며) 수요자 중심 교육이잖아요.

최 교사: (작은 목소리로 말꼬리를 흐린다.) 네에. 수요자……, 수요자 중심?

부장 교사: 그래도 저희는 좀 사정이 괜찮은 편이랍니다. 인근 다른 학교는 저녁 10시나 12시까지 야간 자기주도학습을 하기도 하고 대부분 모든 교육 활동이 입시와 연관되어 있어요. 형식적으로는 7차 교육과정이지 실제는 예전과 별반 다르지 않다고 합죠. 하지만 저희 학교는 나름대로 7차 교육과정이 충실히 이루어집니다.

최 교사: (놀라며) 그래요? 음~, 부장님, 이 교재는 뭐죠?

부장 교사: 아. 그거요. (자랑스럽게) 저희 학교는 교재개발팀이 있습니다. 각 교과별로 특히 재량활동이 있는 교과나 국, 영, 수 교과를 중심으로 입시 정책에 맞는 다양한 방식의 교재를 개발하죠. 방학을 이용해서 콘도에서 며칠 합숙도 하고 학교 회의실에 모여 함께 고민도 하고, 벌써 3년 정도 되었나요? 아마 그 기간 동안 고민해서 만든 교재랍니다. (교재를 가리키며) 학교에서도 큰 자랑거리이기도 하고 다양한 수준으로 만들어 놓은 것이라 수업하기에도 큰 불편이 없을 겁니다.

최 교사: 그렇군요. 하지만 수업은 하겠는데, (머뭇거리며) 중간고사나 기말고사 때 평가문항이 모두 동일하다고 하던데. 좀 어폐가 있는 것 같기도 하고요.

부장 교사: 그야. 저의 학교만의 문제라기보다 현실이 그러니 어쩔 수 없죠. 일단 교육청이나 상부 기관에서 수준별 수업을 하라고 하지만 평가에 대해서는 뭐, 어떤 대책이 없는 듯하니 저희야 별수 있습니까? 그냥 정책에 따르는 것이 교사가 편한 길이죠.

최 교사: 참, 부장님! 이곳은 교과협의가 잘 이루어지나 봐요? 전에 근무했던 학교는 서로 의사소통이 좀 안 돼서 많이 힘들었거든요. 특히 말이 수준이지 교재도 따로 없고 그래서 일제식 수업을 했는데, 이곳은 정보를 많이 교류하면서 수업도 열심히 하는 것 같아 보기가 좋던데요.

부장 교사: (흥분하며) 맞는 말씀입니다. 우리 학교의 장점입니다. 7차 교육과정에서도 교과협의를 강조하는 것으로 알고 있습니다. 이런 강조점에 맞춰

학교 체제가 잘 정비되어 있죠. 아마 교과협의나 교육과정 면에 있어서는 이 인근의 어느 학교보다 저희 학교가 가장 선두에 있다고 생각됩니다. 특히 재량활동[1]이나 특별활동[2]은 교육과정에 맞게 실제로 모든 활동이 잘 이루어지고 있다고 자부합니다.

최 교사: (의문스럽게) 그래요. 참 이상적인 학교네요.

(부장 교사 퇴장, 최 교사 고개를 갸웃거린다.)

제2막 제2장. 4월 12일 목요일 6교시 운동장

종이 울린다. 학생들은 운동장에서는 창의적 재량활동[3]에 여념이 없다. 4개 반은 체력단련을 하고 있고, 4개 반은 목검이 하늘을 가른다. 강사의 구령에 맞춰 학생들은 춤을 추듯이 부드럽게 움직이다가 때로는 절도 있는 모습으로 자유를 만끽한다. 땀이 흐르고 아이들은 웃고 있다. 웃음에 희망이 번진다.

1학년 담임교사들은 교무실에 앉아 있다. 강사는 햇빛 아래서, 교사는 컴퓨터 앞에서 학생과 컴퓨터를 각각 임장하고 있다. 최 교사와 이 교사는 함께 커피를 마시고 있다.

이 교사: 화요일 6, 7교시에는 좀 여유가 있어 다행이에요.

최 교사: 그러게요. 아이들도 즐거워하고 모두 다 여유가 있어 보이네요. 어떤 아이들은 검도하러 학교 오는 아이도 있나 봐요.

이 교사: 호호. 그래요. 저희 반 학생들은 여자 아이들이라 좀 힘들어 보이던데. 오히려 다양한 활동을 하고 싶어 해요. 하지만 학교 방침이라 강제성이 있어 좀 짜증을 내는 애들도 있더라고요. 전에 계셨던 학교도 이런 활동이 이루어졌나요?

최 교사: 아뇨. 전에 근무하던 학교는 창의적 재량활동이나 특별활동 시간은 주로 담임시간이었어요. 그래서 담임교사들이 그 시간을 활용해서 상담하거나 자기주도학습을 했는데, 이 학교는 어쨌든 활동을 실제로 하니 여러모로 다행이다 싶네요.

이 교사: 뭐. 저희 학교도 예전에는 안 그랬는데 교장 선생님이 바뀌시면서 검도를

매우 중시하시더라고요. 아마 당신 자신도 교장실에서 직접 옛날 책을 가져다 놓고 연구하시는 것 같더라고요. 아는 것이 너무 많으셔서 저희와는 대화 수준이 다르세요. 특히 소신을 가지시고 우리 것은 반드시 지켜야 한다는 믿음으로 밀고 나가시는데, 다들 이걸 인정하는 분위기에요.

최 교사: (놀라며) 그래요?

이 교사: 저희 학교는 교감 선생님이랑 교장 선생님이 성향이 비슷하세요. 교감 선생님도 논술 교육이 중요하다시면서 독서기록장도 직접 만드시고 그걸 활용해서 전 교사, 전 학생의 논술 생활화를 강조하세요. 저희가 방과 후에 하는 검도나 독서 논술 프로그램도 그렇게 만들어진 거에요. 두 분의 소신이 워낙 강하시고 이런 활동들이 아이들을 위한 교육이라 생각하셔서 대부분의 선생님들도 다들 그렇게 생각하시고 잘 따르시더라고요.

최 교사: (고개를 끄덕이며) 네에. 그래서 학생들 대부분이 독서기록장을 가지고 있군요.

이 교사: 교사들은 좀 힘들지만 정착이 되면 모두 만족할 것 같아요. 아직은 과도기라 교사나 학생들한테 모두 부담이지만 시행착오만 좀 극복하면 괜찮을 것 같아요. 최 선생님, 그럼 전에 계셨던 학교는 이런 활동이 아예 없었나요?

최 교사: 그런 것은 아니에요. 전에 있던 학교도 독서기록장이 있었어요. 다만, 그냥 형식적인 경우가 많아서요. 특히 독서기록장은 논술 지도나 창재 시간을 위해 만들어 놓았지만 실제적인 활동은 없고 주로 자기주도학습을 했어요. 그러다 보니 일부 선생님들은 창재 시간 시수를 가지고 학년 초에 다투기도 하셨어요. 지금 제가 있는 학교는 강사 분들이 오셔서 애들을 책임지고 임장도 하시고 검도 지도도 하시잖아요. 전에 있던 학교는 이런 부분이 모두 담임교사들의 몫이에요. 그래서 특별활동도, 창재 시간도 모두 담임교사가 들어가서 시간을 메워야 했죠.

이 교사: (놀라며) 그래요? 담임선생님들이 참고만 있었나요?

최 교사: 뭐~ 다들 서로 바쁘다 보니 자기 일 아니면 신경도 안 쓰잖아요. 그냥 1학년 담임들만 힘들다고 했죠. 그렇다고 1학년 부장교사가 힘이 있는 것도 아니고 저희를 모두 대변해 주는 것도 아니더라고요. 특히 1학년 담임이

없는 대부분의 선생님들은 이 시간을 자율학습시간으로 인정해 버려요. 그래서 시수 조정할 때도 이 시간은 무시한 채 시간 조정을 한답니다. 실제로 운영도 안 되니 저희도 할 말은 없지만 그래도 노력을 해야 하는데……. (끝말을 흐린다.)

이 교사: (의아해하며) 그래도 좀 석연치 않네요. 분명히 임장을 하든 자기주도학습을 시키든 이 시간은 교과 수업 시수에 포함돼야 하는데.

최 교사: 그러게요. 이 선생님, 이젠 이 시간에 무얼 해야 하는지 고민할 필요가 없겠네요. 강사 분들이 저렇게 열심히 하고 저도 잠시 여유를 찾을 수 있어 괜찮은 것 같아요. 다만, 제 역할이 좀 줄어든 것 같아 속상해요. 정규 교과 시간에 교사가 아닌 다른 강사 분들이 우리 아이들을 떠맡는다는 것이 한편으로는 좀 이상하기도 하고, 공교육이 좀 무너진다는 생각이 들어 제 자신이 점점 작아진다는 느낌이 드네요.

이 교사: 그야 뭐, 그렇기는 하지만 좋은 게 좋은 거잖아요. 최 선생님, 그래도 문제가 아예 없는 것은 아니에요. 저희 반에서는 이 활동에 대해 불만을 토로하는 아이들이 더 많아요. 여학생이다 보니 그럴 수도 있지만, 이런 활동이 수요자나 학생의 의견수렴을 거쳐야 하는데 그런 과정이 좀 미흡했잖아요. 특히 한결고등학교를 다니는 학생이면 모두 이런 활동을 해야 한다고 하니 학생들이 좀 불만이 많나 봐요.

최 교사: (고개를 끄덕이며) 네에. 그런 면이 있기도 하겠네요.
(커피를 마시며 창밖을 응시한다. 갑자기 찾아온 여유에 부담감을 느끼는 듯한 표정을 지으며, 생각에 잠긴다. 혼잣말로) 이 시간 나는 어떤 존재인가? 학교 정규 시간에 나는, 내가 해야 할 일은 무엇인가? 내 임무를 타인에게 맡기고 있는 것은 아닌가? 나는 직무유기를 하고 있지는 않은가? 아니면 시류에 몸을 맡긴 채 나 몰라 하고 있지는 않은 걸까?

제2막 제3장. 4월 17일 5교시 교무실

진로와 직업 시간[4)]이다. 최 교사의 손에는 영어책이 들려 있다. 아이들이 수업에 열중할수록 최 교사의 옷에는 분필 가루가 번진다. 종이 울린다. 최 교사 교무실로 들어온다. 몇몇 교사들이 교무실에 모여 있다.

박 교사: (손짓을 하며) 최 선생님, 이리 오셔서 과일 좀 드세요.

최 교사: 네.

박 교사: 최 선생님 '진로와 직업' 시간이셨죠? 어떠셨어요.

최 교사: (걱정스러운 표정으로) 제가 여쭤보고 싶었던 말인데. 저기, 김 선생님은 '진로와 직업' 시간에 어떤 활동을 주로 하세요? 오늘 전 수업하기가 너무 고민스럽고 교재 연구할 시간이 부족해서 제 전공 교과를 좀 편집해서 가르쳤어요.

박 교사: 좋네요. 최 선생님, 그 수업 때문에 너무 고민하진 마세요. 저도 제 전공을 좀 편집해서 가르치거나 자율학습을 그냥 시켜요. 뭐 작년에는 주로 자기주도학습을 시켰는데 좀 미안하더라고요. 그래서 올해는 제 교과 내용을 좀 변형하기도 하고, 우리 반 수업이다 보니 학교에서 전달하는 내용을 알려주거나 상담을 주로 합니다.

최 교사: (안도의 한숨을 쉰다.) 네에. 좋은 방법이네요. 저도 그러면 되는데 왠지 제 의무를 다하지 않는 것 같아 좀 찜찜하네요. 특히 학생들이 이 시간에 진정 무엇을 원하는지도 잘 모르겠고 하여튼 고민이 많이 되요.

박 교사: 그렇군요. 아마 다른 분들도 대부분 비슷한 입장이실 겁니다. 하지만 결국은 모두 이런 형태로 수업을 진행하시더라고요. 아마 대부분 선생님들이 담임 반에 '진로와 직업'을 들어가기 때문에 담임 전달 사항이나 상담 아니면 영어 시험을 보는 것 같더라고요. 뭐, 시험 기간 전에는 시험공부를 시키기도 하고 시험 진도가 떨어진 반은 보강 시간으로도 활용하는 것 같아요. 다들 이 과목 전공자들이 아니라서 어려워하죠. 자료도 그리 많지 않은 것 같고, 음~ 가장 중요한 건, 월말에 평가가 없잖아요. 그냥 '이수'라고만 적다 보니 여러 방면에서 기형적인 교과시간으로 인식하는 것 같더라고요. 뭐 아이들도 대부분 이러한 사실을 소문으로 알고 있어 이 과목을 그냥 편안한 시간 정도로 생각한답니다.

최 교사: (수긍하며) 네에. 그러요. 전에 한번 '진로와 직업' 연구 자료를 찾아봤는데, 자료는 참 많더라고요. 한데 정작 쓰려고 하니 교재 연구하는 데에 많은 시간이 소비되고 제 전공이 아니라 무척 힘이 들더라고요. 남이 만든

자료라 낯설기도 하고 핑계지만 요즘 하도 바빠서 교과 연구하기에도 시간이 벅차기도 하고요. 교과서도 너무 일반적인 내용만 있고 수업하기가 용이하지도 않은 것 같아요. 특히 진로와 직업 교과가 5교시에 있어서 저나 학생들이 모두 힘이 더 들었던 것 같아요.

박 교사: (진심어린 표정을 지으며) 너무 고민하진 마세요. 그러다 건강도 해치고 다들 쉬엄쉬엄 한답니다.

최 교사: (과일을 들고 자리로 돌아온다. 힘없이 털썩 주저앉는다. 혼잣말로) 내가 할 수 있는 일은 과연 무엇인가? 아이들에게 정작 중요한 것은, 교육자로서 내 진정성과 아이들의 정체성은 어디서 찾아야 하는 걸까? 찾기에는 힘이 벅찬 걸까? 이게 나만의 생각일까? 아이들은 어리다. 나는, 나이만 많은 걸까? 우리의 옛날 스승님들도 이런 고민을 하셨을까? '진로와 직업', 아이들의 장래를 생각해 볼 때, 내 전공 교과보다 오히려 더 중요한 것은 아닐까? 시험이 없다지만 내 행동이 무책임한 것은 아닐까? 훗날 아이들이 나를 어떻게 평가할까? 난 아이들에게 떳떳한 교사일 수 있을까? 그리고 집에 있는 남편과 자식들에게 난 자랑스러운 교사일까? 난 왜, 이렇게 고민만 하는 걸까? 다리에 힘이 풀린다.

제2막 제4장. 4월 21일 토요일 3, 4교시 특별실

라라라라~ 라라라라. 2교시를 마치는 종이 울린다. 아이들은 일제히 자신이 선택한, 자신에게 주어진 계발활동 담당부서로 몸을 재빨리 움직인다. 몇몇은 벌써 운동장에서 자신의 특기를 계발하고 있다. 일부는 오늘 해야 할 활동 내역을 정리하는 등 수업 때와는 다르게 얼굴에 화색이 돈다. 각 교실에 있는 학생들도 바쁜 모습이다. 체육복을 갈아입는 학생, 가방을 싸서 교외로 봉사활동을 나가는 학생, 등산을 가기 위해 편한 복장으로 갈아입는 학생, 바둑, 장기판을 챙기는 학생, 영어 테이프나 MP3를 들고 뛰어가는 학생 등 아이들은 자신만의 적성을 찾아 삼삼오오 움직인다.

교실 한쪽 구석에서는 세 명의 학생이 가위바위보를 하고 있다. 부서 배정을 조율하고 있는 듯하다. 4월의 햇볕이 어느 때보다 따듯해 보인다.

최 교사가 바쁜 듯이 무언가를 메모하고 있다. 교무실 저편에 앉아 있던 이 교사가 최 교사에게 다가온다.

이 교사: 어머, 최 선생님 또 공부에요. 매일 뭘 그리 보세요?

최 교사: (쑥스러운 표정을 지으며) 네에. 오늘 해야 할 계발활동에 대해 정리하고 있었어요.

이 교사: 이 선생님은 항상 공부만 하나 봐요. 오늘 같은 날은 대충 해도 아이들이 알아서 다들 열심히 해요. 저희 학교는 동아리가 자체적으로 잘 조직이 돼서 동아리에 기장, 부기장이 있어요. 그 학생들을 중심으로 동아리 신입생 면접도 보고, 그 학생들이 일년 운영을 자기주도적으로 해나가요. 특히 학교에서도 동아리 활동을 활성화하기 때문에 특별활동 배정에 있어서도 동아리에 들지 않은 아이들만 조직하니 나머지 부서 배정도 별 문제 없이 진행되는 것 같아요. 뭐, 동아리가 없는 애들도 자신이 희망하면 언제든지 자유롭게 조율이 이루어지기 때문에 학생들 사이에서도 큰 불만이 없어요. (웃으며) 덕분에 교사들도 계발활동 시간에는 좀 자유로워지죠.

최 교사: 네에. 선생님은 올해 무슨 반을 맡으셨어요?

이 교사: 전, 독서반을 맡았어요. 뭐, 필독 도서를 제시해 주었으니 아마 알아서 잘 읽고 감상문도 잘 쓸 거라 생각해요. 기장이 워낙 똑똑해서 잘 해요. 선생님은 무슨 반을 맡으셨어요?

최 교사: 전, 영어회화반을 맡으려고 했는데 올해는 이곳 생활이 처음이라 수업 부담도 좀 있고 해서 아이들을 고려하기보다는 제가 평소 즐겨 하는 십자수반을 맡았어요. 학교생활에 큰 부담을 주지 않을 것 같아서요.

이 교사: (의아해하며) 십자수요? 다재다능하시네요. (손뼉을 치며) 아~, 지난번에 의부에서 오셨던 예쁜 강사분이 바로 십자수반 선생님이셨군요. 음~, 하여튼 좋겠어요. 선생님이 특별히 가르치지 않아도 되고요.

최 교사: (손을 내저으며) 꼭 그렇지만은 않아요. 강사 선생님이랑 저랑 협의해서 계발활동을 운영하려고 해요. 실기는 주로 그분이 담당하고 이론이나 실습은 제가 담당하려고요.

이 교사: 그래요. (놀라며) 언제 그런 것을 다 배우셨어요? 저도 내년에는 특기적성 연수를 좀 받아야겠어요. 그래야 제가 하고 싶은 것을 할 수도 있고, 아이

들도 즐거워할 것 같아요.

최 교사: (호기심 어린 표정으로) 선생님, 저희 학교 말이에요. 원래부터 계발활동이 이렇게 자율적으로 운영이 되었나요? 처음에 무척 놀랐어요.

이 교사: (머뭇거리며) 뭐~ 꼭 그랬던 건 아니고요. 아마 올해에는 운영이 좀 활발히 이루어지는 것 같아요. 작년에는 운영이 거의 안 되다시피 했어요. 작년에는 월요일 1교시가 특별활동 시간이었거든요. 올해처럼 계발활동 시간이 토요일로 따로 배정이 되지도 않았고 월요일 날 계발활동을 포함해서 특별활동이 그냥 뭉뚱그려 운영되다 보니 언제 무슨 시간을 하는지 교사나 학생 대부분이 잘 몰랐었어요. 특히 계획도 따로 없는 것 같고 각 영역이 어떻게 운영되는지도 모르겠고, 담당부서도 없는 것 같았어요. 뭐, 학년 부장님 말씀에 따르면, 주무부서에서는 그냥 학년에서 알아서 운영하라고 하더라고요. 그래서 학년 부장님도 그냥 담임선생님들 보고 담임시간으로 활용하라고 하시더라고요.

최 교사: 네에. 그럼, 저와 같이 외부강사가 있는 계발부서는 어떻게 했죠?

이 교사: 그야 강사분이랑 갈등이 좀 있었죠. 사전 조율을 해야 하는데 그게 쉽나요. 교사들도 학교 일정을 잘 모르는 판인데요. 아마 외부강사가 있는 반에서는 적잖은 고민이 있었나 봐요. 준비물은 항상 교실 구석에 쌓여져 있고 언제 계발활동이 있을지를 잘 몰라 강사랑 교사랑 서로 힘들었다고 하더라고요.

최 교사: 그래요. (말끝을 흐린다.) 그럼,

이 교사: (말꼬리를 가로챈다.) 그래도 다행이에요. 올해는 토요일 3, 4교시가 계발활동이잖아요. 비록 월요일 1교시가 다른 특별활동 시간이라 여전히 각 활동들이 헷갈리지만 뭐, 예전처럼 담임 시간으로 활용하면 되니까. 큰 문제는 없잖아요.

최 교사: (걱정스런 눈빛으로 말끝을 흐린다.) 그야 그렇기는 한데…….

이 교사: 그럼 주말 잘 보내세요. 전 계발활동이 끝나자마자 바로 퇴근하려고요.

최 교사: 그러세요.

(고민에 빠진 표정을 지으며, 혼잣말을 한다.) 계발활동이야 그렇다고 치지만 다른 특별활동은 항시 담임 업무로 내맡겨진 상태였구나. (고민하는

표정을 지으며) 어디까지 내 업무고 어디까지 희생하고 봉사해야 하는지 가슴이 답답하기만 하다. 담임의 역할은 어디까지일까?

(최 교사가 고개를 떨어뜨리며, 퇴장한다.)

제2막 제5장. 4월 25일 법의 날, 1교시 봉사활동, 운동장

오늘은 아침 일찍 운동장 조회가 있다. 학생 부장 교사는 오와 열을 맞추기 위해 분주하다. 학생들은 자신의 개성에 맞게 줄을 선다. 호통 소리에 맞춰 오와 열이 대략 맞춰진다.

사열대에서는 교장 선생님의 말씀이 길어진다. 한 달에 한 번 하는 조회라 시상할 내역도 많고 해야 할 일도 많으신가 보다. 시간이 길~~어진다.

담임교사들의 얼굴은 각양각색이다. 웃는 교사, 인상을 쓰고 있는 교사, 무언가를 골몰히 생각하는 교사, 걱정들이 많나 보다.

조회가 끝났다. 1교시가 시작한 지 벌써 30분이 지났다.

최 교사: 선생님, 오늘 1교시 봉사활동 아닌가요? 교육계획서나 주간 계획을 보니 봉사활동이라고 적혀 있던데……. (말끝을 흐린다.)

이 교사: (웃으며) 맞아요. 월요일부터 또 청소할 줄 알았는데, 오늘은 운이 좋네요.

최 교사: 이곳 선생님들은 혹시 학교 교육과정 계획서를 보시나요?

이 교사: 글쎄요. 대부분 관심이 없을 걸요. 전 이 학교에 오래 있었는데 계획서를 본 적이 거의 없어요. 그거 부장 교사들이 작성하는 거 아닌가요? 우리 같은 일반교사는 그런 일에 관심도 없잖아요. 특히 계획과 실행은 엄연히 다르기도 하고 보면 오히려 헷갈리기만 해요.

최 교사: (고개를 끄덕이며) 네에.

이 교사: 전에 계셨던 학교에서는 학교 교육계획서대로 교육과정을 실행했나요?

최 교사: (머리를 어루만진다.) 뭐, 꼭 그런 건 아니지만 그래도 많은 부분이 그걸 기본으로 이루어지던데요. 교육과정이 교장 선생님 결재도 받아야 하고 교육청에도 보고해야 하니 학교 측에서는 그걸 지키려고 무진 애를 써요.

다만 그런 것이 문서나 형식 차원이 좀 강해서 그렇지, 행정부서나 교감 선생님이 주관해서 자체 연수도 하고 부서별 교육과정 협의 같은 것도 있고 그랬어요. 뭐, 실제적으로는 잘 이루어지지는 않았지만요.

이 교사: (놀라며) 그래요. 저희 학교는 뭐, 특별한 교육과정 연수는 없었던 것 같아요. 아마 있어도 대부분의 선생님들은 관심이 없어서 잘 보시지도 않을 거예요. 예전에 도 교육청 차원에서 뭐더라 특별활동이나 재량활동에 대해 연수를 한 것 같은데, 음~ 맞다. 사이버 연수를 시켰는데 저랑 같이 있던 선생님들은 짜증을 내시더라고요. 대부분 클릭, 클릭, 클릭, 다른 사람이 대신해 주기도 하고 그냥 그랬어요.

최 교사: (웃으며) 뭐, 다들 비슷하네요. 참, 이 선생님, 궁금한 것이 있는데요. 음~ 1교시 봉사활동이라 잡혀 있는 날, 항상 이렇게 청소를 하나요?

이 교사: (웃으며) 항상 그런 건 아니지만 대체로 대청소를 해요. 지난번 나누어준 청소 구역표를 보셨죠? 대략 14개 구역으로 학교 주변을 나누잖아요. 그래서 월요일 1교시가 되면 모두가 자기에게 맡겨진 구역을 청소해요. 다들 열심히 하죠. 하지만 1500명이 넘는 학생들이 한 날 한 시에 모두 청소를 하니 효율성은 거의 없어요. 명목만 있는 경우도 있고 그렇죠 뭐.

최 교사: 전 지난번에 모두 청소하는 모습 보고 놀랐어요. 아주 열심히 하더라고요. 보기 좋던데요. 학교도 깨끗해지고. 근데, 선생님, 저희 학교 교육과정을 보면, 봉사활동이 7시간 정도 잡혀 있는데 매번 청소만 하나요?

이 교사: 네. 선생님도 아시다시피 봉사활동이 월요일 1교시에 잡혀 있잖아요. 그래서 어디 멀리 나가서 봉사활동 하기가 너무 힘들어요. 봉사 포스트도 없고, 아이들 안전상에 문제가 있을 수도 있고, 학습 분위기도 많이 흐려지잖아요. 월요일 아침부터 청소하고 오면, 월요병에, 흐트러진 분위기에, 특히 문제는 주변 학부모님들이 몹시 싫어해요. 뭐, 수요자들이 싫어하는데 굳이 하는 것도 좀 그렇잖아요. 그래서 학교에서는 고육지책으로 봉사활동 시간을 이렇게 운영하는 것 같아요. 아마 대학입시에도 봉사활동 부분이 중요하잖아요. 꿩 먹고 알도 먹으려는 거죠.

최 교사: (고개를 끄덕이며) 아, 네에.

이 교사: (호기심이 가득한 표정으로) 전에 계시던 학교는 특별활동 시간에 봉사활

동을 안 했나요?

최 교사: (얼굴이 빨개진다.) 네에. 전에 있던 학교는 문서상으로는 봉사활동이 8시간 정도 잡혀 있었는데 저희도 안전상의 문제나 봉사 포스트의 부재 때문에 활동이 거의 전무했어요. 지켜야 할, 해야 할 활동을 못해서 아이들에게 너무 미안했어요. 그렇다고 저 혼자만 어떻게 할 수 있는 활동도 아니고 항시 이 부분 때문에 고민이 많았어요. 연말에 가서 교내 봉사활동 적을 때는 더 고통스러웠지요.

이 교사: (고개를 끄덕이며) 저희도 별반 다르지는 않아요.

최 교사: (눈을 동그랗게 뜬다.) 그럼, 선생님, 오늘 같이 봉사활동 안 한 날은 연말에 어떻게 기록해요? 학생 생활기록부에 적기도 좀 뭐할 것 같은데…….

이 교사: 음. 그냥 연말에 교무기획부나 다른 행정부서에서 적으라는 대로 입력해요. 다른 학교들도 대부분 그렇게 하잖아요. 봉사활동도 대략 그렇죠. 뭐. 이게 봉사활동만의 문제겠어요? 특별활동이나 다른 교육과정이 대부분 거짓이 좀 많잖아요. 그나마 봉사활동이야 일부가 지켜지는 활동이라 좀 문제가 있어도 아이들을 위한다는 말에 그저 따르는 거죠. 연말에 가면 하지도 않은 활동을 적느라 다들 코가 점점 길어지죠. 그 시간이 되면 다들 글짓기 선생님을 부러워하죠.

최 교사: (목소리가 작아진다.) 그야 그렇기는 한데…….
(혼잣말로 중얼거린다.) 수요자를 진정으로 위한 교육이 뭘까? 대학입시를 위한 준비인가, 아니면 교육과정 달성, 아니면 교육의 진정성 확보?

(최 교사는 무언가를 생각하는 듯 하늘만 쳐다본다.)

제2막 제6장. 4월 25일 6교시 교무실

다들 분주한 모습이다. 6교시 교과 시간에 '법의 날' 특별 강연회가 있다. 방송실은 방송실대로 강사가 강연할 수 있게 시스템을 정비하고 교실은 교실대로 교사들의 임장 아래 학생들은 모두 텔레비전 앞에 정숙한 자세로 앉아 있다.

교무실에 있는 교사들의 반응도 각양각색이다.

이 교사: (목소리를 높인다.) 시험 범위까지 교과 진도를 못 나갔는데, 뭐 하자는 건지. 사전에 이러한 활동은 창의적 재량활동 시간이나 특별활동 시간으로 돌리고 미리 계획해서 운영하면 얼마나 좋아요. 평소 특별활동 시간에 뭘 할지 몰라 버둥대는 것보다 훨씬 알차고 좋을 텐데. 진짜 화가 나려고 하네요.

김 교사: (맞장구를 친다.) 맞습니다. 이건 시험 진도 때문에 바쁜데, 도와주지는 못할망정 다른 활동을 하라고 하니. 참~. 아무리 '법의 날' 이지만 좀 너무 하는 것 같아요. 그래 놓고 우리 보고 게으르다니 정체되었다니 하는 모습이 화가 납니다.

박 교사: (달래는 듯한 어조로) 다들 좋은 게 좋은 것이 아닙니까? 어떻게 보면 잘 되었을 수도 있고, 전 이 시간이 진로와 직업 시간인데, 뭘 가르칠지 항시 고민만 하고 자율학습을 시켰는데 오늘은 학생들이 덜 졸 것 같아 괜찮다고 생각하는데. (머리를 만지며) 너무 제 생각만 하나요. 미안합니다.

부장 교사: (큰 소리로) 자, 선생님들 죄송합니다만 임장 지도 좀 부탁드립니다. 학교에서도 다 사정이 있어서 그랬으니 좀 이해해 주시고요. 자~~ 교실로, 임장 부탁드립니다.

(교사들이 각자의 교실로 이동한다.)

4월 25일 6교시 교실

1학년 6반 교실, 텔레비전에는 낯선 사람이 나와 나름대로 열심히 강의하고 있다. 평소 명쾌한 판결을 신조로 하는 모습과 달리 사뭇 긴장한 모습이 역력하다. 학생들은 구미가 당기는지 열심히 텔레비전을 주시하고 있다.

시간이 흐른다. 학생들은 흥미를 잃어 가고 있다. 눈동자에 힘이 들어간다. 힘들어 하는 모습이 역력하다. 최 교사는 조는 아이들을 깨우기 시작한다.

최 교사: (달래는 듯한 어조로) 얘들아, 일어나요. 지금 중요한 강의를 하지 않나요? 인근에 저명한 인사라고 하던데 그래도 예의가 있지. 들으면 좋은 내

용이니 열심히 들어요. 여러분도 저런 사람이 될 수 있도록 평소 행실을 바로 하고, 열심히 살아야 해요. 알았지요?

학생 1: 선생님, 방송 상태가 너무 안 좋아요. 무슨 말을 하는지도 잘 안 들리고, 유명 인사라지만 너무 시시한 이야기만 하는 것 같고, 음~, 뭐라 말하는지도 잘 모르겠어요. 다른 사람이 하면 안 되나요. 차라리 선생님이 말씀해 주시는 게 더 나을 것 같은데. (아이들이 따라 웃는다.)

(30분이 흘렀다. 최 교사의 이마에 땀이 맺히고 있다. 창밖을 응시하던 최 교사의 얼굴이 일그러진다.)

최 교사: (화난 어투로 반말을 한다.) 졸지 말고 일어나. 어서~

학생 2: (반항적인 표정을 지으며) 선생님, 우리 그냥 공부하면 안 되나요? 며칠 후면 중간고사인데 할 공부도 많고 이건 시간 낭비인 것 같은데요. 각자 공부할 수 있게 해 주시면 좋겠습니다. 죄송합니다.

최 교사: (화가 나서) 뭐? (잠시 시간이 흐른다.)
(체념한 듯한 표정을 지으며) 음. 그래, 그렇게 해라.

(여전히 텔레비전 속의 화자는 평범한 이야기를 대단한 듯이 무어라 중얼거리고 있다. 아이들은 대부분 고개를 숙이고 있다. 공부하는 아이, 조는 아이, 떠드는 아이 등. 태양은 여전히 강렬했으며, 아이들의 모습은 해맑기만 하다. 최 교사는 고개를 떨어뜨린다.)

최 교사: (혼잣말로) 나는 지금 무슨 활동을 하고 있지? 이게 교육활동인가? 교육의 진정성은 어디로 갔지? 갑자기 변경된 학교 일정, 미숙한 강사, 아이들에게 변명하기 바쁜 나, 난 무슨 잘못을 한 걸까? 아이들을 존중하며 사랑하고자 했던 내 마음이 흔들린다. 판사는 지금 어떤 기분일까? 자신의 가족을 심판하는 심정은 아닐까? 지금 내 기분은, 프로메테우스가 되려고 했던 나의 소중한 사직의 꿈은, 제우스에게서 불을 훔치기 위해 아니 아이들을 위해 끝없이 희생하고 봉사하려던 내 소중한 꿈. (머리를 감싸며) 아~ 처참히 무너져 내린다. 교직의 바위에 묶인 나, 언제까지 내 간이 버텨낼까? 이것이 내가 바라던 교육자의 모습인가? 난 이제 어떻게 행동해

야 하는가? (자조적 어투로) 나는 지구를 지키는 원더우먼도, 프랑스의 애국소녀인 오를레앙의 처녀도 아니다. 그저 힘없는 현장교사이자 두 아이의 엄마다. 하지만 나의 자식들, 내가 가르치는 학생들, 나의 꿈, 내가 몸담고 있는 교직의 미래는 앞으로 어떻게 될까? 무엇이 교사의 역할이고 교육의 진정성인가? 나는 소망한다. 왜? 내가 가르치는 아이들과 내 자식들에게 부끄럽지 않은 교사이자 엄마이고 싶기 때문이다. 그럼 이제 어찌해야 하는가? 행동하지 않는 신념은 신념이 아니라고 하던데. 나는? 혼자서 무소의 뿔이 되어야만 하는가?

(최 교사는 창밖을 응시하며, 무언가를 깊이 고민한다. 시간이 흐른다. 최 교사의 눈이 빛나기 시작한다. 무언가를 결심한 듯 교실 문을 나선다. 창밖의 태양은 여전히 강렬하기 짝이 없다.

후주

1) 한결고등학교의 재량활동은 학교장의 방침에 따라 인근 여타 학교와 달리 특징적인 모습을 보여준다. 교과재량의 경우, 수학, 영어 교과를 중심으로 재량활동이 이루어지고 있었으며, 각 교과에 맞는 교재 개발을 통해 학생들에게 다양한 수준의 내용으로 가르치고 있다. 또한 창의적 재량활동의 경우, 검도를 정시제로 운영함으로써 학생들의 심신과 학업 성취도를 고취시키고 있다.

재량활동 교육과정 편성 · 운영

구분		과목명	이수 단위	운영 유형 및 방법	비고
교과 재량	선택과목	진로와 직업	4	정시제 운영	
	심화 · 보충과목	수학	2	정시제 운영 학급내 수준별 조편성	
		영어	2		
창의적 재량	범교과 학습	검도	2	정시제 운영	

2) 한결고등학교의 특별 운영계획을 보면 다음과 같다.

특별활동 교육과정 편성 · 운영

활동 영역	배정 시간				운영 유형	운영 방법	비고
	1학년	2학년	3학년	계			
자치활동	12시간	12시간	6시간	30시간	정시제, 격주제	학년, 학급단위	
적응활동	6시간	6시간	3시간	15시간	정시제, 격주제	학년단위	
계발활동	34시간	34시간	17시간	85시간	정시제	희망에 의한 그룹 편성	
봉사활동	10시간	10시간	5시간	25시간	정시제, 격주제	학년단위	
행사활동	6시간	6시간	3시간	15시간	정시제	학년단위	
계	68시간	68시간	34시간	170시간			

또한 봉사활동의 내실화를 기하기 위해 다음과 같은 목적, 방침, 세부 추진 계획을 계획하고 있다.

(1) 목적

봉사활동을 통한 다양한 현장 체험학습 기회 제공으로 실천 위주의 인성교육을 강화하고 봉사활동을 생활화하여 삶의 보람을 체득할 수 있게 하며, 더불어 사는 공동체 의식과 민주시민의 기본적 자질을 함양토록 한다.

(2) 방침

가) 자발적이고 계획적이며 지속적인 프로그램 운영
나) 학생들 스스로 수립 · 실천하며 사후 반성과 평가 실시
다) 시간 수 확보보다 실천 위주의 인성교육 차원에서 지도

(3) 세부 추진 계획

가) 학교와 지역별 자원봉사센터 간의 봉사활동 지원체제 구축
나) 지방자치단체 자원봉사센터, 민간단체와 합동으로 학생봉사활동 지원 네트워크 구축
다) 학생 봉사활동 프로그램 개발 지원 추진으로 학교 간 교류 강화
라) 계획, 실천, 반성의 과정 중시
마) 지속적인 봉사활동 프로그램 운영 계획 수립 추진
바) 봉사활동일지 기록 및 관리 철저
사) 봉사활동 시간 부여 및 봉사활동 확인서 발급의 적정성 강화
아) 봉사활동추진위원회 구성 및 운영 등

3) 한결고등학교는 교육과정 운영상, 창의적 재량활동 시간을 특기 적성 교육활동의 일부분으로 활용하여 일부는 일과 시간, 나머지 부분은 방과 후 수업으로 활용하고 있다.

▶ 학교 선택 특기 적성 교육활동

(1) 목적

학교의 교육목표에 맞는 특기 적성 활동을 전개함으로써 지역 문화에 대한 이해, 고차원적 사고력의 신장을 이룰 수 있고 나아가 개성 있는 인재를 키우는 데 그 목적이 있다.

(2) 방침

가) 사전 계획을 통해 운영하되, 학교의 실정을 고려한다.
나) 교육활동에 필요한 경비는 수익자 부담을 원칙으로 한다.
다) 검도의 경우, 교육과정상의 창의적 재량활동과 연계하여 지도한다.
라) 검도의 경우, 전문적인 외부 강사가 지도한다.
마) 독서 · 논술의 경우, 담임교사가 지도하는 것을 원칙으로 한다.

(3) 실시 계획

구분	지도내용	실시일		1학기	시간(주당)	지도교사
		여	남			
검도	검도 품세	화	목	17주	1시간	외부 강사
논술	논술 능력	목	화	17주	1시간	각반 담임

4) 한결고등학교는 교과재량 활동 시간에 도교육청 선택과목인 '진로와 직업' 을 10학년에서 운영한다. '진로와 직업' 과목은 해당 교과를 가르칠 수 있는 전문지도교사가 없기 때문에 전공교과 수업 시수가 타교과에 비해 현저히 적거나 시수가 일반 교사보다 비교적 적은 교사를 중심으로, 이 과목의 시수를 배당한다. 그러다보니 한결고등학교에서는 전공과목이 다른 9명의 교사가 자신에게 맡겨진 반의 '진로와 직업' 을 일주일에 1시간에서 2시간씩 가르친다. 자세한 내용을 보면 아래와 같다.

(1) 목적

학생들이 성장 발달하는 과정에서 개인의 적성, 흥미, 인성을 이해하고, 나아가 학생들이 저마다 지니고 있는 꿈과 소질, 능력을 발휘하게 하여 개인적으로는 자아실현을 성취할 수 있도록 돕고 더 나아가 자신에게 적합한 진로 계획을 수립하여 진학 또는 직업에 필요한 지식, 기능을 습득함과 동시에 일과 직업에 대한 건전한 가치관 및 태도를 형성하여 사회적으로는 인간으로서의 행복한 삶을 최대한 누리며 살 수 있도록 도와주는 데 그 목적이 있다.

(2) 방침

가)모든 학생을 대상으로 한다

나) 진로 상담실을 개방하여 학교생활을 도울 수 있도록 한다.

다) 주 2시간 진로와 직업 및 교과재량시간을 이용하여 진로 교육을 실시한다.

라) 적성검사와 진로탐색(선호도) 검사를 통해 자신의 적성, 흥미, 인성, 능력 등을 정확히 이해하도록 한다.

마) 진로교육 프로그램을 활용하여 학생들이 진로를 탐색하고 잠정적으로 진로 계획을 세워보도록 한다.

(3) 추진 내용

가) 현명한 진로 선택을 할 수 있도록 여러 가지 자료와 정보를 제공한다.

나) 학생 진로탐색검사 및 인성검사를 실시한다.

다) 진로탐색 프로그램을 운영한다.

7

사이버 공간=사이버 질적연구

인터넷에서의 삶에 대한 질적연구는 최근에 와서 더욱 번창하고 있다. 많은 사람들이 백화점에 가지 않고 인터넷 몰을 통하여 쇼핑을 한다. 그리고 그러한 경험을 옆집 친구에게 문자로 보내고 댓글을 단다. 그리고 그러한 댓글들은 검색어를 통하여 오늘의 검색어로 떠오르면서 세간의 관심을 끌게 된다. 그러면 전국의 많은 사람들이 그 주제에 대한 새로운 검색을 하고 위키피디아 사전에 자신의 생각을 첨가한다. 새로운 수요가 만들어지고 대화 문화가 형성되고 특별한 사회주제가 국민관심사로 등장한다. 그 결과 이를 해결하기 이하여 국세청, 경찰, 또는 정부에서 문제 사태에 개입한다. 그리고 다음 날 아침이면 런던의 신문 일면에 우리의 사건이 보도되고 싸이의 노래는 세계적 음악으로 널리 소개된다.

문화현상으로서 인터넷

누구나가 이 세상 삶의 주인공으로 살아가고 있는 듯하며 여론 형성의 주역으로 영향을 끼친다. 먹고 싶은 음식, 가고 싶은 외국 관광지, 알고 싶은 생활정보가 실시간 검색되고 소비자를 위하여 제공된다. 욕망이 더욱 가속적으로 분출되고 해소되며 재창조된다. 이제는 컴퓨터 앞에서 글을 쓰지 않으면 생각이 나지 않고 하루의 아침부터 저녁까지 테크놀로지로 연계된 인터넷을 통하여 나의 삶, 우리의 삶, 인류의 삶의 모든 부분들이 영향을 주고받는다. 더욱 자유로운 것 같으면서 우리의 삶은 더 제한적이고 통제받는다. 우리의 언어와 글은 인터넷 어딘가에 남아 있어서 나의 미래를 결정하고 영향을 끼치는 자료로서 영원히 존재하고 나의 정체성은 나도 모르는 누군가에게 확인되고 검열되어 해킹당한다. 실제 속의 나와 인터넷 속의 다른 나가 공존하면서 때로는 분열되면서 나에 대한 다차원적 텍스트를 만들어 낸다. 과거와는 상상할 수 없을 정도의 다양한 '나'의 정체성이 만들어지고 새로운 나와 우리를 만들기 위하여 계속적으로 인터넷을 헤매고 다닌다.

걷지 않고서, 찾아가지 않아도 자신의 좁은 공간에서 과거의 일상적인 업무로 해결되던 많은 일들이 해결된다. 학생들은 이제 건물이라고 하는 물리적 공간에 가지 않고서도 인터넷을 통하여 선생님을 만나서 수업을 한다. 교사들 역시 필요한 모든 정보를 iPad 하나를 가지고 모두 해결한다. 평생교육을 위하여 대학 졸업 후 사이버 대학에서 또 다른 전공을 하여 자격증을 딸 수가 있다.

실제 지구보다 더 넓은 무한한 공간에 인류의 새로운 삶의 공간이 마련된 것이다. 이를 연구하기 위하여, 그 속에서 살아가는 사람들의 문화와 의사소통, 정체성에 대한 탐구를 하기 위하여 '인터넷 질적연구'라는 새로운 형태의 질적연구가 만들어지고 있다. 이 주제가 바로 이 글에서 소개하는 논문과 관련이 깊다. 왜냐하면 이 글에서 소개하는 한국 학교에서의 사이버 가정학습을 통하여 우리나라 학생들이 학교라는 전통적인 건물 교실 안에서 공부하는 것이 아니라 인터넷상에서 교사와 학생이 수업하는 새로운 수업문화를 연구하였기 때문이다. 한 교실에서 교사가 만든 가정학습 사이트를 들어가 교사와 학생들이 어떤 수업을 어떻게 하는지를 참여관찰과 심층면담, 문서분석을 통하여 연구하고자 하였다. 완전한 의미에서의 인터넷 질적연구라고는 할 수 없지만 인터넷상의 특정 학습 사이트의 교육적 특징을 연구하였다는 점에서 인터넷 질적연구라고 부를 수 있을 것이다.

인터넷 질적연구의 도래

사이버 질적연구, 인터넷 질적연구 등 다양하게 불리는 인터넷 기반 질적연구는 우리에게는 생소하지만 구미의 경우 이미 익숙한 연구방법으로 자리 잡고 있다. 필자가 1998년 방문한 미국 시카고 대학교의 사회학과에서는 이미 그 당시에 이 연구방법론을 대학원 석사과정에서 가르치고 있었다. 국내의 경우, 여론, 경영학, 소비, 문화, 예술 영역에서 한국인의 인터넷을 통한 삶에 대한 연구는 많이 하였을 것으로 추정하지만 방법론적으로 이 방법의 특징과 이론화를 시도한 연구문헌은 별로 없는 듯하다. 다른 영역에 비하여 우리나라가 인터넷 강국 또는 IT 강국으로 불리는 현실을 생각한다면 적어도 이 분야는 국제적이어야 하지 않을까 생각한다.

이러한 점에서 한국의 질적연구자들이 방법론적으로 관심을 가져야 할 연구주제는 인터넷 질적연구라는 점을 말하고 싶다. 아울러 이 인터넷에 대한 질적연구는 컴퓨터의 대중화 이래로 많은 사람들의 새로운 삶의 공간으로 자리 잡았다는 점에서 이 공간에서의 탐구는 모든 사회과학자들에게는 필수적인 탐구의 대상으로 간주되고 있다. 인터넷을 날마다 경험하고 참여하면서 인터넷 속에서의 사람들의 생활과 문화에 대하여 학술적 관심을 갖지 않는다는 것은 인간/사회현상을 탐구하는 연구자에게는 논리적으로 설명이 되지 못한다. 그러한 점에서 이미 중요한 사회과학 탐구의 방법론이자 공간으로 떠오르고 다양한 질적연구의 방법론적 탐구가 시도되고 있는 인터넷 질적연구에 대하여 배우고 연구하는 노력이 필요하다. 이에 이 영역과 관련하여 다양한 많은 연구용어들이 쓰이고 있는데 그 대표적인 용어들을 소개하면 다음과 같다. 가상 문화기술지(Virtual Ethnography), 온라인 문화기술지(Online Ethnography), 원격 문화기술지(Remote Ethnography), 사이버 문화기술지(Cyber Ethnography), 네트워크 문화기술지(Netnography), 사이버 인류학(Cyber Anthropology), 디지털 문화기술지(Digital Ethnography).

사이버가정학습

이러한 새로운 연구문화를 배경으로 하여 시도된 필자의 '한국 학교에서의 사이버가정학습에 대한 질적연구'는 기존의 현장작업과는 다른 공간인 학생들의 사이버 공간에서의 학습의 과정을 연구하였다는 점에서 인터넷 질적연구에 속한다. 이를 통하여 사이버가정학습을 성공적으로 이끄는 요인들은 어디에 있는지, 사이버가정학습에서 나타나는 학습의 다양한 형태에는 어떤 것들이 있는지를 규명하고자 하였다. 연구의 주요 관심이 성공 요인이나 여러 가지 형태의 교수-학습의 특징을 규명하는 쪽으로 진행된 데는 이 연구가 연구비를 수혜받은 프로젝트이고 연구할 것을 미리 연구비 수혜기관으로부터 지정받았기 때문이었다.

현실의 개선과 전략의 규명이라는 측면에서 이 연구가 진행되었다는 점에서 이 연구의 방향을 이해하기 바라며, 인터넷상에서의 상호작용을 질적으로 연구한다는 것은 일상 생활의 공간으로서 우리의 실제적 공간을 연구하는 것과는 어떠한 차이점이 있을 것인지에 대하여 생각해 보기를 바란다. 그리고 인터넷에서의 질적연구를 하기 위한 좋은 전략이나 방법적 이슈들에 대해서 역시 잘 생각해 보는 여유가 필요하다. 이 글에서는 사이버상에서 이루어지는 교사와 학생 간의 가정학습을 주제로 하여 어떤 학습의 형태들이 구현되는지, 문제점에는 어떠한 것들이 있는지를 규명하려고 하였는데 이 주제는 단순히 초등학교나 중학교를 벗어나 모든 형태의 학습이 이루어지고 있는 인터넷 활용 교육에 적용될 수 있을 것이라 생각한다.

과거와는 달리 많은 학생들이 대학교에 직접 다니는 대신에 사이버 대학에서 공부를 하고 평생교육의 목적 아래 직장을 다니면서 다시 새로운 전공이나 자격증을 취득하기 위하여 사이버 대학교에 입학한다. 이러한 경향은 보편화되고 있어서 미국의 경우, 인터넷을 통한 학부학사학위를 수여하는 대학이 있거나 캠퍼스가 없는 무형의 대학들이 만들어져 있다. 이에 필자의 경우, 교육학, 교육과정과 수업, 교육평가 영역에서 질적연구를 하고 있기 때문에 앞으로 더욱 확대되고 확산될 인터넷을 활용한 교육체계와 학습문화에 더욱 많은 관심을 가져야 할 것으로 생각한다. 그리고 이와 비슷하게 다른 전공 연구자들 역시 인간의 동기와 욕망, 상호작용, 문화의 형성이 과거와는 달리 어떻게 인터넷에서 이루어지고 있는지를 자신의 학문 분야에서 탐구하려는 노력이 필요할 것이다.

인터넷 질적연구의 가치

이러한 인터넷의 공간적 특징과 시간적 특징이 양적으로 접근하는 데 한계가 있다는 점에서 우리 질적연구자의 또 다른 개척 공간이라는 점을 강조하고 싶다. 익명성이 보장되거나 면대면 상황에서 말하기 힘든 내용, 자유자재로 하게 되는 대화의 방식, 면대면에서 바로 사라져 버리는 대화의 기록과는 달리 수북하게 쌓이는 대화의 자료, 그리하여 언제든지 연구할 수 있는 자료의 보존성, 연구자와 연구참여자의 편안한 대화의 방식(서로 편안한 방법과 공간, 시간에 이메일이나 다른 테크놀로지를 활용하여 대화할 수 있는 형식) 역시 이 연구가 갖는 진정한 가치이다. 이에 우리나라 인터넷 질적연구의 초기 형태의 사례로 간주될 이 연구가 다음 이 분야의 질적연구자들에게 발달을 위한 기초자료가 되기를 바라며 방법적으로, 내용적으로 더욱 우수한 인터넷 질적연구가 우리나라에서 더 많이 만들어지기를 바라는 마음이다. 아울러 전 세계 그 어느 국가의 시민, 연구자들에 비하여 가장 최상의 인터넷 환경을 갖추고 있는 우리나라에서 질적연구자와 사회연구방법론자, 테크놀로지 전문가가 만나서 연구한다면 또 다른 형태의 인터넷 질적연구 기법들이 만들어질 것이라 생각한다. 그리고 이 분야는 바로 한국의 질적연구자에 의하여 선점되고 이론화되는 한국적 탐구 영토로 변화할 것이다.

사이버가정학습 사례연구: 인터넷 기반 질적연구에 대한 방법론적 성찰

Ⅰ. 서론: 인터넷과 질적연구

인터넷은 이제 단순히 인류가 사용하는 정보통신수단이나 도구를 뛰어넘어 새로운 인류학적 공간을 만들어 내고 있다. 프랑스의 사회 철학자이자 커뮤니케이션 학자인 Levy에 따르면 디지털 테크놀로지에 의해 구성되는 거대한 사이버공간은 인간의 집단 지성이 한데 어우러져 모든 존재가 탈중심적으로 상호 연결되어 상생하는 새로운 인류학적 공간의 탄생이다(Levy, 1994). 디지털 세계에서 만들어지고 있는 이러한 새로운 공간은 물질계와는 대별되는 인간의 문명화 과정이 완성되고 인간화 과정이 꽃피우는 정신계 즉 누스페어(noosphere)의 출현이라는 것이다(Levy, 2000).

이처럼 새로운 인류학적 공간으로서 인터넷의 성장은 인터넷 공간에서의 다양한 사회, 정치, 경제, 교육 현상에 대한 문화인류학자들의 연구관심을 급속하게 불러일으켜 왔다. 그러나 인터넷 기반의 문화인류학적 연구관심의 증가는 문화인류학자들에게 새로운 사회연구 분야를 제공할 뿐만 아니라 인터넷 공간에서의 사회현상에 대한 연구에 있어서 질적연구방법론에 대한 새로운 도전과 성찰을 요구하기에 이르렀다. Jones(1999)는 그의 책 〈Doing Internet Research〉에서 인터넷 기반의 질적연구방법론에 대한 이론적, 실천적 이슈들을 탐색한 바 있으며, Hine(2000)은 인터넷 기반의 질적연구를 '가상적 문화인류학(virtual ethnography)' 이라 지칭하며 문화적 산물이자 문화적 맥락으로서 인터넷에 대한 심도 깊은 연구의 필요성을 주창한 바 있다. 더 나아가 Mann과 Steward(2000)는 인터넷을 단순히 하나의 연구 분야로서뿐만 아니라 질적연구에 있어서 새로운 자료수집의 도구로서 주목해야 한다는 점을 강조하였다. 이제 인터넷의 등장은 기존의 관찰, 면접, 내용분석과 같은 전통적 질적연구방법들을 인터넷이라는 새로운 인류학적 공간에 어떻게 적용할 것인지에 대한 '인터넷 문화인류학' 에 대한 방법론적 논의와 성찰을 요구하고 있다(Sade-Beck, 2004).

마찬가지로 교육 분야에서도 인터넷 기반의 사이버학습 환경에 대한 질적연구가 증가함에 따라 인터넷 기반의 질적연구방법론에 대한 연구자들의 성찰적 반성에 대한 요구가 나타나고 있다. 최근 들어 Agostinho(2004)는 e-Learning에 대한 질적연구에 있어서 어떻게 자연주의적 질적탐구방법론이 적용될 수 있는지에 대한 성찰적 논문을 발표한 바 있으며, e-Learning 질적연구 수행에 있어서 도전받는 연구 윤리적 이슈들에 대한 탐색도 시도되고 있다(Kanuka & Anderson, 2007). 이처럼 사회과학 분야 더 나아가 교육학 분야에서의 인터넷 기반 연구에 대한 증가는 질적연구자들에게도 인터넷 기반의 질적연구를 수행하는 데 있어서 새로운 방법론적 도전과 성찰을 필요로 하기에 이르렀다.

이 글에서는 인터넷 기반 교육의 질적연구의 한 사례로서 '사이버가정학습 우수운영사례에 대한 질적연구'를 소개하고 이에 대한 방법론적 성찰을 시도하고자 한다. 우선 연구의 배경과 목적, 적용된 질적연구방법들, 연구결과에 대하여 기술할 것이다. 이러한 연구사례에 대한 기술을 바탕으로 인터넷 기반의 교육현장에 대한 질적연구에서 연구자로서 느꼈던 방법론적 이슈들에 대한 성찰과 논의를 전개할 것이다.

II. 연구의 소개: 사이버가정학습 우수사례 질적연구 프로젝트

1. 연구의 배경과 목적

본 연구는 사이버가정학습 우수운영사례 및 연구학교의 활용사례를 중심으로 참여교사의 운영과정 및 학생들의 학습경험을 심층적으로 기술하고 그러한 총체적 맥락 속에 나타나는 효과요인들을 귀납적으로 분석하는 질적연구를 수행하는 것이었다.

본 연구는 2006년 9월부터 12월까지 한국교육학술정보원의 연구의뢰를 받아 수행되었다. 본 연구가 수행되기 전 해에 한국교육학술정보원은 사이버가정학습의 효과성에 대한 설문조사를 통하여 양적분석연구(권성호 외, 2006)를 수행한 바 있다. 이 양적연구는 학생 19,567명, 교사 1,531명, 학부모 5,345명을 대상으로 설문조사를 실시하여 비록 만족도 수준이지만 사이버가정학습이 학생들의 학업성취도 증진과 사교육경감에 있어서 어느 정도 효과를 거두고 있음을 보여 주었다. 그러나 양적연구를 바탕으로 이루어진 선행 효과성분석연구는 사이버가정학습의 현황에 대한 사용자의 만족도 및 효과성 인식 파악을 위한 통계적 자료를 제시하고는 있지만, 사이버 학습공간 안에서 실제로 교사들이 어떻게 사이버가정학습 체제를 활용하여 공교육 정상화를 위해 노력하고 있으며, 학생들은 사이버가정학습 체제 내에서 어떠한 학습경험을 갖고 어떠한 학업성취 효과를 거두고 있는지에 대한 심층적인 이해와 설명을 제공해 주고 있지는 못하다. 따라서 사이버가정학습 체제 내에서 이루어지는 교육과정의 내부적 실제들, 그 학습현장을 총체적으로 이해하고, 이를 바탕으로 사이버가정학습을 성공적으로 만드는 핵심요인이 무엇인지에 대하여 체계적으로 해석하는 질적연구 작업의 시도가 본 연구의 목적이었다.

이를 위하여 본 연구에서는 '사이버가정학습 우수운영사례 및 연구학교 사례'를 중심으로 참여교사들의 운영과정 및 학생들의 학습경험을 심층적으로 기술 · 이해하고, 그러한 총체적 맥락 속에 나타나는 운영유형별 핵심성공요인들을 귀납적으로 분석하는 질적연구를 수행하고자 하였다. 한국교육학술정보원은 최근 사이버가정학습의 운영유형을 크게 담임형과 비담임형으로 구분하고, 담임형은 다시 학급지원형, 학급배정형, 자율학급형으로 나누고 있으며, 비담임형은 자율학습형으로 유형을 분류하여 관리하고 있다.[1)] 이러한 운영유형별로 희망초등학교(학급지원형 사례), 보람중학교(학급배정형 사례), 미래중 · 정보고등학교(자율학급형 사례), 비전중학교(단위학교형 사례), 평화닷컴(비담임형 자율학습 사례) 사례를 연구대상으로 선정하였다. 이러한 운영유형별 사례를 대상으로 사이버가정학습이 운영목적별로 어떻게 운영되고 있으며, 운영과정상에 나타나는 교수-학습 전략은 무엇이며, 또한 사이버가정학습을 중심으로 발생하는 상호작용 경험은 어떠한지를 심층적으로 기술, 이해하고, 이를 바탕으로 사이버가정학습을 성공적으로 운영했던 운영유형별 우수사례들에 내재되어 있는 핵심성공요인을 규명하였다. 핵심성공요인을 규명하는 데 있어서 최대한 내부자적 관점(emic perspective)을 취하고자 노력하였다. 즉, 선정된 운영사례의 실제 참여자들(교사, 학생, 학부모 등)의 관점에서 지각되고 평가되는 것으로서의 사이버가정학습을 효과적으로 만드는 전략이나 요인을 규명하고 논의하고자 하였다.

2. 적용된 질적연구방법

1) 연구대상 사례 선정

2005년에 선정된 10개의 사이버가정학습 우수사례와 10개의 사이버가정학습을 진행하는 u-Learning 연구학교를 대상으로 운영유형별로 사이버가정학습의 긍정적 성공요인이 풍부하리라 기대되는 다섯 개의 사례들(information-rich cases)을 다음과 같이 선정하였다. 선정과정에서 사이버학급 형태, 학교 급, 지역, 교과의 균형 있는 분배를 고려하였다.

연구대상 사례 선정[2] 및 참여관찰 및 심층면담 진행 현황

운영유형	사이트명	지역별	현장관찰	온라인 관찰	심층면담
학급지원형	부산 희망초등학교 '알럽스쿨'	도시형	3회	2006.10.22 ~12.15	교사 3회/학생 3명 집단상담 1회
학급배정형	대구 보람중학교 '대구 e-스터디 수학반'	도시형	3회	2006.10.16 ~12.9	교사 3회/학생 1회
자율학급형	충북 미래중 · 정보고등학교 '공포의 외인구단 영어반'	농촌형	3회	2006.9.25 ~12.24	교사 3회/ 학생 집단상담 (5명, 6명) 2회
단위학교형	전북 비전(도전,영광)중학교 '마이사이버스쿨'	농촌형	3회	2006.10.16 ~12.9	교장 · 교감 · 교무부장 각 1회/교사 3회/학생 1회/학부모 1회
자율학습형	평화닷컴	도시형	1회	2006.10.16 ~12.2	사이버상담교사 3회

2) 자료의 수집: 참여관찰, 심층면담, 내용분석

본 연구는 질적 사례연구에서 사용되는 대표적인 자료 수집법인 관찰, 면담, 내용분석을 모두 사용하였다. 첫째, 참여관찰은 다양한 관찰의 형태 중 본 연구에서는 '관찰자로서 참여관찰' 을 수행하였다. 참여관찰은 크게 학교현장 방문을 통한 참여관찰과 사이버가정학습 공간에서 이루어지는 운영활동에 대한 사이트 관찰을 다음 표와 같이 병행하여 사용하였다. 학교현장 참여관찰은 자율학습형(운영사무실 1회)을 제외하고 각 3회씩 이루어졌으며, 사이트 관찰은 각 유형별로 관찰보조원을 활용하여 평균 20시간 이상의 관찰과 기록이 이루어졌다.

사이트명	관찰기간	총관찰시간	관찰 참여인원
낙민초 알럽수학	2006.10.22~12.15	32회 42시간	관찰보조원 4명
청구중학교	2006.10.16~12.9	33시간(1인당 16.5)	관찰보조원 2명
학산중 · 정보고 공포의 외인구단	2006.9.25~12.24	27회, 15시간 10분	관찰보조원 3명
문장초등학교	2006.10.16~12.9	80기간(1인당 20)	관찰보조원 4명
마령중학교 마이사이버스쿨	2006.10.16~12.2	26회, 20시간 30분	관찰보조원 4명
꿀맛닷컴	2006.10.22~12.2	14회 29시간	관찰보조원 4명

둘째, 각 우수운영사례에 나타나는 성공요인을 내부자(교사, 학생, 학부모)의 관점에서 깊이 있게 이해하기 위하여 반구조화된 심층면담법을 실시하였다. 면담가이드에 담긴 질문내용은 크게 다섯 가지 영역(계기, 갈등과 문제, 노력과 시도, 변화와 성취, 기대와 전망)으로 이루어졌으며, 사례별로 담당교사와 3회 및 학생들과의 집단상담 1회 이상, 그리고 단위학교형 사례의 경우 교장, 교감 및 교무부장, 학부모와의 면담이 포함되었고, 자율학습형의 경우 사이버상담교사와의 심층면담을 진행하였다. 심층면담 시간은 평균적으로 교사들과는 1회당 1시간 30분 소요되었으며, 학생들과는 1회당 1시간 정도가 소요되었다. 모든 면담의 내용은 빠짐없이 전사되었으며 총 전사량은 468쪽이었다.

마지막으로 사이버학습과정에서 교사와 학생들이 작성한 상호작용 결과물 및 학습결과물들을 수집하였다. 오프라인 활동과 관련해서는 교수계획서, 사이버학급 운영규범서, 사이버 학습지, 사이버 소식지 등을 수집하였으며, 온라인 활동과 관련해서는 사이버공간상의 학습콘텐츠, 상담게시판 게시물, 제출된 과제물 등을 수집, 분석하였다.

3) 자료의 분석 및 타당성 검토

수집된 자료들은 기본적으로 '원자료의 전사' → '주제별 약호화(코딩)' → '주제의 발견' 이라는 일반적인 질적연구 분석 단계를 거쳐 정리되었다(김영천, 2006). 첫째, 선정사례에 대한 현장작업이나 사이버상에서 수집하거나 기록한 자료들에 대한 철저한 전사 작업을 실시하였다. 둘째, 주제별 약호화는 전사 작업을 통해 기술된 텍스트를 특정 주제나 이름 등을 가지고 명칭을 부여하는 과정으로서 본 연구에서는 개방형 코딩방법과 도식에 의한 코딩방법이 병행되었다. 우선 개방형 코딩방법을 활용하여 각 운영유형별로 참여자의 관점에서 인식된 성공요인과 관련한 주제를 각 운영사례당 최소 13개에서 최대 24개까지 기술하였다. 그리고 이렇게 진술된 성공요인들은 다시 도식에 의한 코딩방법을 통하여 12개의 관련영역으로 범주화되었다. 마지막으로, 성공요인 코드들에 대한 범주화 결과를 바탕으로 서로 관련이 있거나 유사한 내용을 담고 있는 코드들 중에 가장 빈도 높게 나타나는 영역을 중심으로 핵심성공요인에 대한 주제를 발견하고 생성하는 작업을 실시하였다. 이러한 과정을 통해 각 운영유형별로 3~4개의 핵심성공요인의 주제들이 규명, 논의되었다. 본 연구의 수행과정과 결과도출에 있어 타당도를 확보하기 위하여 이미 전술한 바와 같이 심층면담, 관찰, 내용분석과 같은 '자료수집 방법의 삼각법(triangulation)' 이 활용되었으며, 규명된 성공요인 코드들에 대한 '참여자들의 검토(member check)' 와 함께 공동 연구자들 간의 '동료에 의한 연구결과 검토 작업(peer review)' 등이 이루어졌다.

3. 연구결과의 보고와 논문 출판

이러한 연구작업을 바탕으로 연구진은 사이버가정학습 우수운영사례 질적연구 결과 보고서를 한국교육학술정보원에 제출하였다. 325쪽에 이르는 이 결과보고서에는 여섯 가지 사이버가정학습 사례에 대한 깊이 있는 문화기술적 이해를 바탕으로 각 사례별 효과요인들에 대하여 심층적인 기술과 해석을 제시하였다. 그리고 이러한 연구결과 보고서를 바탕으로 전문학술지에 연구결과를 정리하여 논문을 출판하는 작업에 착수하게 되었다. 논문 출판에 있어서 연구자는 두 가지 고민을 가졌다. 하나는 방대한 분량의 심층적 기술결과를 어떻게 제한된 지면의 논문으로 전환하는가에 대한 고민이었다. 이는 대부분의 질적연구자들이 질적연구결과의 논문 출판과 관련하여 느끼는 고충일 것이다. 다른 하나는 개인적으로 본 연구를 수행하는 과정에서 추가적으로 생성되었던 새로운 연구질문에 대한 것이었다. 애초의 연구목적은 사이버가정학습의 각 운영사례별 효과요인들을 규명하는 것이었지만, 연구과정에서 우수사례 교사들이 공통적으로 보여주는 탁월한 실천력을 사이버가정학습 운영에 대한 실천적 지식으로 규명해 보는 새로운 연구작업의 필요성을 느끼게 되었다. 이는 수집된 질적 자료들에 대한 새로운 자료분석을 요구하는 작업이었다. 즉, 애초의 연구목적이 각 운영사례별로 독립적인 핵심성공요인을 분석하는 작업이었다면 새로운 연구문제는 사례 간 분석을 통하여 사례교사들에게 공통적으로 나타나는 실천적 지식의 모습을 규명하는 것이었

다. 이를 위하여 필자는 공동연구진의 동의를 얻어 수집된 자료에 대한 별도의 자료분석을 통하여 두 번째 논문작업을 진행하게 되었다. 이러한 과정을 통하여 두 개의 논문이 출간될 수 있었다. 아래에서는 이러한 논문들에 제시된 연구결과의 일부를 발췌하여 소개하고자 한다.

사례별 분석을 통한 연구결과의 정리: 사이버가정학습 우수운영사례 질적연구

첫 번째 논문은 한국교육학술정보원에 제출한 연구보고서를 바탕으로 운영유형별 핵심성공요인에 대한 연구결과를 제시하는 것이었다. 이 논문에서는 사이버가정학습의 다섯 가지 운영유형별로 핵심성공요인을 규명하여 제시하였다. 여기에서는 다섯 가지 운영유형 중 학급지원형 사례에 대한 연구결과 부분만을 발췌하여 소개하고자 한다.

김도헌 · 김영천 · 이근호 · 이현철 (2007). 사이버가정학습 우수운영사례 질적연구: 운영유형별 핵심성공요인 분석을 중심으로. 교육정보미디어연구 13(2), 107-137. 그중 113~118쪽에서 발췌.

학급지원형 사례: 희망초등학교 '알럽수학반'

희망초등학교 '알럽수학' 반 사례는 한국교육학술정보원의 유형분류에 따르면 '담임제 학급지원형' 사례라 할 수 있다. 학급지원형은 학교의 담임교사가 담당학급의 학생을 대상으로 학급운영과 병행하여 사이버학습활동을 지도하는 형태를 의미한다.

1) '알럽수학반' 사례의 맥락과 운영적 특성

'알럽수학' 반은 대도시지역에 위치한 희망초등학교 6학년 사이버학급 사례이다. 이 사이버학급은 담임교사인 돌쌤선생(사이버상의 별명)의 계획과 지도하에 학급 학생 29명 중 20여 명이 참여하고 있다. 돌쌤선생에 따르면 "희망초등학교가 위치한 지역이 중산층 이하의 서민들이 주로 살고 있기 때문에 일부 학생들의 컴퓨터 및 인터넷 사용 여건이 안 좋아 20여 명만이 사이버학습활동에 참여하고 있다" 고 한다.

'알럽수학' 반의 운영은 기본강의→학급과제→LIVE강의→단원평가의 형태로 진행되고 있었다. 기본강의는 사이버가정학습 홈페이지에 탑재되어 있는 플래시 강좌를 활용하여 학생들이 자신의 방식대로 요약, 정리하면서 학습할 수 있도록 하였다. 일반적으로 학교에서 학습한 내용을 집에서 다시 복습하는 형식으로 운영되고 있다. 학급과제는 매 차시 진행 후 학급과제를 풀어서 풀이과정과 답을 과제물 제출란에 올리도록 하였으며, 아동들의 풀이과정과 오답을 확인, 수정해서 아동들에게 다시 그 문제를 풀 수 있도록 답 글과 채점결과를 개인공지로 보냈다. 세 번 동안 온라인상에서 지도를 해도 학급과제를 완전히 이해하지 못한 아동은 오프라인상에서 직접 만나 지도하는 '삼진아웃제' 를 활용하기도 하였다. 라이브강의는 단원에 대한 올바른 개념정리, 수학의 문제해결력 신장을 위해 주말에 1번 아동들과 일정한 시간을 정해 온라인상에서 실시간으로 진행하였다. 단원평가는 학습목표 도달도와 성취도를 확인하기 위하여 실시하였는데, 성적은 개인공지를 통해 확인할 수 있도록 하였으며 틀린 답에 대한 의문점은 Q&A나 교과상담을 통해 해결할 수 있도록 하였다.

또한 '알럽수학' 반에는 학생들의 적극적인 참여를 유도하기 위하여 사이버두레법률이라는 것을 만들어 활용하고 있었다. 여기에는 학급의 구성, 사이버학급회의, 재판과 상벌 등 사이버가정학습에 참여하면서 학생들이 지켜야 할 넷티켓이나 태도 등이 포함되어 있고 그에 따른 포상과 처벌에 따른 규정들이 재미있게 구성되어 있었다. '알럽수학' 반의 또 한 가지 특징은 학생들이 직접 참여하는 사이버학급경영이라 할 수 있다. 사이버상에서도 학습부, 미화부, 홍보부 등을 두고 회원들을 모집하고 그들 스스로 사이버상에서 각 부서와 관련한 활동을 자치적으로 하도록 만들었다. 즉 학생들 스스로 홍보활동도 하고, 또한 질문이 올라오면 학습부원들이 먼저 답글을 달아주기도 하면서 선생님의 시간부담을 줄이는 대신에 학생들 스스로 사이버학급관리에 참여하고 있었다.

2) '알럽수학' 사례에 나타난 핵심성공요인

'알럽수학' 반 사례에서는 참여자의 관점으로부터 진술된 24개의 성공요인 주제가 발견되었으며 이를 12개의 관련영역으로 다음 표와 같이 범주화를 시도하였다.

'알럽스쿨' 사례의 성공요인 주제 및 범주화 (계속)

성공요인	1	2	3	4	5	6	7	8	9	10	11	12
1. 작은 성공체험이 사이버교육에 대한 신념을 만든다.	○											
2. 교사의 비전이 곧 사이버에서의 열정으로 나타난다.	○											
3. 환경(컴퓨터환경, 학생들의 여건, 학부모으 성향)을 먼저 파악한다.		○				○						

'알럽스쿨' 사례의 성공요인 주제 및 범주화

성공요인	1	2	3	4	5	6	7	8	9	10	11	12
4. 철저한 학습지도안이 아이들의 준비된 참여를 만든다.		○										
5. 아이들이 참여하는 홍보이벤트를 만든다.			○									
6. 막연한 홍보가 아니라 생생한 사이버의 매력을 보여주어야 한다.			○									
7. 학부모의 협력을 얻기 위한 홍보수단을 마련한다.			○									
8. 사이버두레법률을 통해 포상에 대한 계획을 구체화한다.		○		○								
9. 오프라인상에서의 '독려'와 '피드백'이 최고의 방법이다.				○								
10. 사이버 학급경영은 학생들의 자발적 참여를 유도한다.				○								
11. 교사는 교과 외 활동의 다양한 이벤트 기획자가 되어야 한다.		○		○								
12. 사이버상의 대화는 학교에서의 것과 질적으로 다르다.					○							
13. 장문의 교훈적 피드백보다 신속한 흔적이 더 중요하다.					○							
14. 학생이 위축되지 않도록 자유로운 분위기를 조성한다.					○							
15. 소극적 아이를 끌어들이기 위한 칭찬릴레이와 같은 이벤트를 만든다.				○	○							
16. 온-오프 연계는 진정한 수준별 지도를 가능하게 한다.								○	○			
17. 온라인 게시판 활동은 학교생활과 연계될 때 풍부해진다.					○			○				
18. 오프라인에서 부족한 '인성교육'을 온라인이 보충한다.								○				
19. 온라인활동은 오프라인이 발견하지 못한 숨겨진 잠재능력을 발굴한다.								○				
20. 사이버상의 일기쓰기를 공책 일기쓰기와 병행해본다.								○		○		
21. 오답노트와 삼진아웃제와 같이 풀이과정을 중시하는 교수전략은 질 높은 학습을 보장한다.									○			
22. 학력진단서비스를 이용한 반복적인 문제풀이 습관을 형성한다.									○			
23. 실시간 라이브강의에 대한 반응은 실로 폭발적이다.									○	○		
24. 아이들의 변화를 스스로 보게 하는 학습이력시스템이 필요하다.											○	

Note. 1. 교사의 자세/태도, 2. 교사계획, 3. 홍보전략, 4. 참여동기유발, 5. 상호작용/피드백, 6. 학생특성이해, 7. 콘텐츠의 질, 8. 온오프연계, 9. 학업성취지원, 10. 효과적인 Tech 활용, 11. 운영/관리전략, 12. 학교지원체제

'알럽수학반' 사례의 경우 '상호작용 및 피드백', '온-오프 연계', '교사 계획', '참여동기 유발' 영역과 관련한 성공요인이 가장 빈도 높게 나타나고 있다. 이러한 분석을 바탕으로 '알럽수학반'에서 나타난 학급지원형 사례의 핵심성공요인을 제시하면 다음과 같다.

① 교사 포트폴리오를 통한 철저한 분석과 계획

모든 우수사례를 통해서 나타나는 핵심성공요인은 바로 교사들의 사이버가정학습에 대한 헌신적인 열정에서부터 비롯된다고 볼 수 있다. 그리고 이러한 열정이 가장 많이 묻어나는 것이 바로 교사의 철저한 계획성과 그에 따른 실행력이라 할 수 있다. '알럽수학' 반을 운영하는 돌쌤선생의 경우 매 학년 사이버가정학습을 운영하면서 그 기록들을 포트폴리오로 가지고 있었다. 이 포트폴리오 속에는 실로 다양한 돌쌤선생의 계획안들이 자리 잡고 있었다. 연간 수업계획표와 각 차시별 수업지도안뿐만 아니라 화상강의 계획안 및 강의교안까지, 철저한 학습지도안은 돌쌤선생의 사이버가정학습을 효과적으로 만드는 토대가 되고 있었다. 그러나 이러한 학습지도안만으로는 학생들의 높은 참여율을 설명해 주지 못한다. 돌쌤선생은 학습지도안에 따른 사이버수업활동 후 교수-학습 일지를 쓰고 있었다.

> 처음에는 라이브 수업이 호기심속에 잘 이루어지겠지만 계속적인 흥미를 유발하기 위해서는 내가 보여주는 이벤트 등이 필요할 것 같다. 학원시간이나 개인적인 용무로 인해 이탈되는 아동도 있을 것이다. 수업 직전에 노래를 틀어준다든가, 잘한 아이에게 효과음이라든가, 같이 해볼 수 있는 게임이라든가 이런 것들을 적용해 볼 만한 가치가 있다. 라이브 수업의 성패는 나에게 달려있다. 아자!!
>
> — 돌쌤선생의 교수학습 일지 중에서

이러한 교수학습 일지를 보면 자신의 교수학습 활동을 성찰하는 내용, 잘된 점과 문제점, 개선안에 대한 생각들을 매 사이버강의 후마다 꼼꼼히 기록하여 다음 사이버강의에 반영하고 있었다. 이러한 일상적인 계획과 반성의 과정이 바로 아이들의 적극적인 참여로 이어지고 있음을 확인할 수 있었다.

② 사이버두레법률 제정과 사이버학급경영을 통한 자발적 참여 유도

'알럽수학' 사이버학급에는 사이버두레법률이라는 것이 있었다. 이 법률은 총 8장 44조로 이루어진 것으로 여기에는 사이버가정학습에 참여하는 학생들에게 부여되는 포상과 처벌의 원칙이 상세하고 재미있게 제시되어 있었다. 돌쌤선생은 상벌에 대한 계획을 최대한 구체적으로 아이들에게 제시해 주는 것이 공정하고 바람직하다고 말한다. 포상의 계획이 사전에 구체적으로 공유되어야 아이들이 자발적으로 참여하는 데 도움이 된다는 것이다. 실제로 알럽수학반에서는 사이버두레법률에 나와 있는 대로 매월 학습우수자를 선정하여 상장과 문화상품권을 수여하기도 하면서 아이들의 참여 동기를 유발하고 있었다.

또한 학생들의 자발적 참여를 유도하는 것은 학생들이 직접 참여하는 사이버학급 경영이었다. 이를 위해 돌쌤선생은 사이버상에서도 학습부, 정보과학부, 미화부, 홍보부 등의 학급부서를 두어 활동을 시켰다고 한다. 예를 들어 학습부는 Q&A답변을 담당하기도 하고, 미화부는 사이트를 꾸미기도 하며, 홍보부는 다양한 자료를 만들어 학생에게 홍보하는 역할을 하기도 하였다. 이러한 사이버학급경영을 통해서 지난해까지만 해도 사이버학급지도를 위해 하루 2시간 이상씩을 컴퓨터 앞에 앉아 있어야 했는데 학급부서원들이 역할을 스스로 분담함으로써 선생님의 부담은 줄어든 대신 학생들의 자발적 참여가 이루어지게 되었다고 한다.

③ 사이버상의 잦은 대화를 통한 교사의 관심과 격려

학급지원형 사이버가정학습의 경우, 같은 선생님, 같은 동료들의 학교생활과 병행하여 이루어지기 때문에 사이버상의 상호작용은 교사의 입장에서 학생들의 생각을 더 잘 이해할 수 있도록 하는 데 효과적이라고 말한다.

> 사이버상의 특징은 애들 속마음을 가장 잘 알 수 있다는 겁니다. 왜냐하면 시간적으로 우리가 대낮에 학교에서 이야기하는 것과 밤에 선생님과 둘이서 이야기할 때 이야기의 내용과 질이 달라진다는 거죠. 애들이 학교에서 만났을 때 이야기하는 것은 단순하게 겉에 있는 얘기들인데 밤에 우리 둘이서만 한다고 하면 상당히 감정이 높아지고 그게 참 중요한 것 같아요. 제가 보기엔 밤에 이야기를 하면 정말 밀도 있는 얘기가 된다는 것입니다.
>
> — 2006년 11월 17일(금) 2차 방문 교사 면담

돌쌤선생의 경우 사이버가정학습을 하게 된 이후 가장 큰 변화가 아이들에 대한 이해가 깊어진 것이라고 한다. 사이버상을 통해서 아이들이 오히려 선생님에게 더 솔직하고 깊게 다가올 수 있었다는 의미이다. 또한 돌쌤선생은 사이버상에서 상호작용을 하는 데 있어서 "장문의 교훈적 피드백보다 신속한 흔적이 더 중요하다"고 말한다. 즉, 교사에게 주어진 시간적 제약 등을 고려할 때 장문의 교훈적인 답글을 불규칙적이고 간간히 올리는 것보다 짧지만 지속적인 관심을 표현하는 신속한 답글과 피드백이 사이버상에서는 훨씬 더 효과적일 수 있다는 것이다. 이외에도 사이버상에서의 상호작용과 관련하여 '학생들이 위축되지 않도록 자유로운 분위기를 조성'하는 것과 사이

버활동에서 나타날 수밖에 없는 '소극적 아이들을 끌어들이기 위한 칭찬릴레이와 같은 다양한 이벤트 활동' 이 사이버상의 상호작용을 효과적으로 만드는 요인으로 나타났다.

④ 오프라인 학교생활과 연계된 온라인 학습 및 생활지도

돌쌤선생은 심층면담과정에서 효과적인 사이버학습전략으로서 수도 없이 온라인과 오프라인의 필연적인 관계에 대하여 언급하였다. 즉 오프라인과 가장 밀접히 연계된 학급지원형 사이버가정학습이 다른 유형보다 가장 효과적이라는 것이다. 특히 오프라인 학교생활과 연계된 온라인 학습이 진정한 수준별 지도를 가능하게 한다는 점이다. 즉 학생들에 대한 특성이나 수준을 학교생활을 통하여 잘 파악하고 있기 때문에 온라인상의 다양한 콘텐츠 및 문제풀이 활동을 학생 수준을 고려하여 계획, 제공하여 줄 수 있다는 것이다. 또한 오프라인에서 부족한 '인성교육' 을 온라인에서 보충할 수 있다는 점도 온-오프 연계의 중요성 중 하나이다. 흔히들 온라인을 건조한(dry) 매체에 비유한다. 그러나 '알럽수학' 반의 담임교사는 학교생활에서는 인성교육이 다소 부족하다는 느낌을 갖게 되는데 사이버교육을 활용하면서 아이들과 소통하는 공간이 확장됨을 느낀다고 한다. 이외에도 '학교생활에서는 발견하지 못하는 아이들의 숨겨진 재능을 온라인 환경에서 발견' 할 수 있다거나 '공책 일기쓰기보다 사이버상의 일기쓰기가 아이들의 글쓰기 지도와 생활반성에 더 효과적' 일 수 있음을 확인할 수 있었다.

사례 간 분석을 통한 연구결과의 정리: 한국 사이버가정학습 우수사례 교사들의 실천적 지식 연구

그리고 두 번째 논문은 사례별 분석을 통하여 우수사례 교사들의 실천활동에 공통적으로 내재된 실천적 지식의 모습을 드러내는 논문이었다. (중략) 여기에서는 연구결과를 어떻게 조직화하였는지를 보여주는 초반 부분과 실천적 지식 모델 중 실천적 지식의 이미지에 대한 부분만을 발췌하여 소개하고자 한다.

김도헌 (2007). 한국 사이버가정학습 우수사례 교사들의 실천적 지식 연구. 교육인류학연구 10(2), 197-232. 그중 205~206 및 223~227쪽에서 발췌.

본 연구는 한국 사이버가정학습 우수운영사례 교사들에 대한 질적연구를 바탕으로 그들의 사이버가정학습 실천활동에 나타나는 실천적 지식의 모습을 규명하고자 하였다. 이 장에서는 한국 사이버가정학습 우수사례 교사들의 실천적 지식에 대한 연구결과를 엘바즈의 분류체계를 기초로 하여 '전략', '원리', '이미지'의 차원으로 나누어 제시하고자 한다. 다음 그림은 본 연구로부터 규명된 우수사례교사들의 실천적 지식에 대한 연구결과를 14가지의 실천전략, 7가지의 실천원리, 그리고 3가지의 포괄적 이미지로 나누어 개념화하고 있다. 그림에 제시된 연구결과 개념도를 바탕으로 이 장에서는 사이버가정학습 우수사례 교사들의 실천적 지식을 크게 두가지로 나누어 논의할 것이다. 우선 첫 절에서는 세 명의 우수사례교사들의 실천경험 및 운영과정 속에 나타나는 사이버가정학습 운영의 실천적 원리와 그러한 원리들이 구현되는 구체적 실천전략들을 기술할 것이다. 두 번째 절에서는 이러한 우수사례교사들의 실천적 원리와 전략을 바탕으로 그들의 실천적 경험 속에 투영된 실천적 지식의 세 가지 이미지에 대한 논의를 전개할 것이다. (중략)

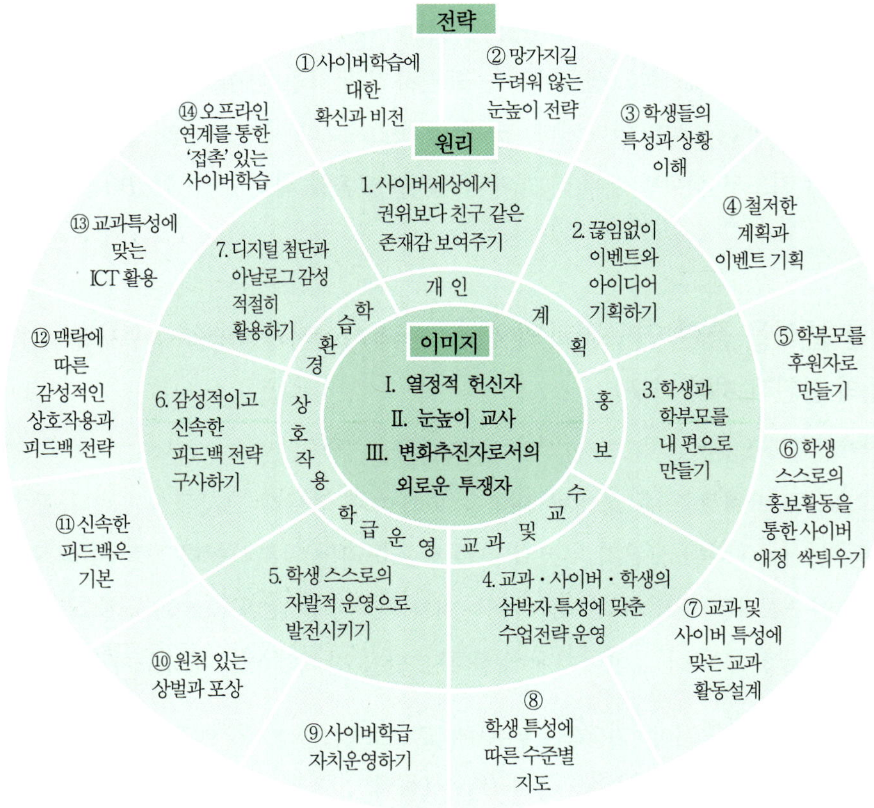

우수사례교사들의 실천적 지식 연구결과 개념도

사례교사들의 실천적 지식에 투영된 세 가지 이미지

이제 세 명의 사례교사들을 면담하고 그들의 실천과정을 관찰하면서 연구도구로서 연구자가 느낀 그들의 실천적 지식에 투영된 세 가지 포괄적 이미지에 관하여 논의하고자 한다. 이러한 포괄적 이미지는 '종소리 없는 교실을 만드는 열정적 헌신자', '수평적 관계의 눈높이 교사', '변화추진자로서의 외로운 투쟁자'의 이미지라 할 수 있다.

1) '종소리 없는 교실'을 만드는 열정적 헌신자

연구자가 본 연구에서 추구하고자 했던 연구 질문은 '사이버가정학습 우수사례를 운영했던 탁월한 실천력을 보여준 교사들의 탁월함은 과연 어디로부터 나오는 것일까'에 관한 물음이었다. 그러나 세 명의 교사들과 만나고, 심층적 면담을 하면서 이러한 질문은 '이들이 사이버가정학습에 보여주는 헌신과 열정은 도대체 어디로부터 나오는 것일까'에 대한 물음으로 자연스럽게 바뀌고 있었다. 왜냐하면 본 연구에 참여한 세 명의 우수사례교사들은 성공적인 사이버가정학습 운영을 위해서 교사에게 요구되는 최고의 덕목이자 원칙은 바로 '열정적 헌신'에 달려 있다고 말하기 때문이다. 사실 본 연구에서 전술된 그들의 사이버가정학습 운영상의 실천적 원리와 전략들은 그들의 열정과 헌신이 실천현장에서 어떻게 표출되고 있는가와 다름없다고 생각된다. 그들의 '열정'과 '헌신'을 수반하지 않고는 그들의 '실천적 지식'을 생명력 있게 논의하는 것은 무의미하다.

> 학교에서 아이들은 종소리에 의해 움직입니다. 종소리가 아이들을 스트레스 받게 하지요. 지금 5분만 더 놀고 수업하면 재미있을 것 같은데 종소리에 놀 수가 없지요. 한참 재미있게 공부하는데 종소리가 나면 수업분위기는 비틀어지고 말죠. 아이들의 자율성을 침해하는 것이 바로 종소리라고 생각해요. 그런데 사이버공간은 바로 종소리가 없는 공간이라고 생각합니다. 교사가 조금 노력하면 아이들이 타율이 아니라 자율성 있게 공부도 하고 이야기도 맘껏 할 수 있는 공간, 그것이 바로 사이버가정학습의 매력이 아닐까요?
>
> — 2006.10.27 A교사 1차면담

A교사는 자신이 운영하는 사이버학습공간을 '종소리가 없는 교실'이라고 표현한다. 사이버가정학습을 학생들과 함께 한 이후 학생들에게 '방과 후'라는 개념은 없어졌다고 말한다. 학생들은 종례 시 스스럼없이 "선생님 있다가 사이버에서 뵈요"라고

말하며 교실 문을 나간다고 말한다. 이러한 종소리 없는 교실을 만들기 위해 A교사는 매일 저녁마다 사이버상에서 아이들이 올린 글에 답을 주고 문제지에 대한 해설을 달아 주기도 하며, 주말 저녁마다 자신의 시간을 할애해서 실시간 라이브 강의를 하기도 한다. 그러나 이러한 종소리 없는 교실을 만들기 위한 헌신적 노력 속에는 '원형탈모' 까지 겪었던 교사들의 노고의 시간들이 담겨있다.

> 사이버라는 게 정말 유비쿼터스처럼 언제 어디서나 할 수 있는 것이기 때문에 더 힘들더라고요. 오프라인 티칭은 학생이 꼭 교실에 있을 때에만 할 수 있는 건데, 이거는 어디서나 할 수 있는 것이기 때문에 어디를 가나 생각이 나는 거예요. (중략) '이걸 하면 학생들이 자극을 받을까?', '이 방법은 안 좋을 것 같아!' 이런 것을 나름대로 생각을 하는데요, 그게 늘 고민이에요. 사이버교사가 가지는 팽팽한 긴장감의 연속, 근데 그게 바로 원형탈모의 원인이 됐죠, 탈모가 왔었거든요.
>
> — 2006.11.6 B교사 2차면담

이렇듯 원형탈모까지 겪고, 가정에서 원성을 듣고, 학교에서도 잠시의 숨쉴 틈을 갖지 못하며, 한순간도 사이버가정학습을 위한 시간과 노력을 아끼지 않는 그들의 헌신적 열정은 도대체 무엇으로부터 나오는 것일까? C교사는 이에 대해 다음과 같이 말한다.

> 제일 큰 응원은 교장선생님도 교감선생님도 아니고 동료교사들도 아니고 학생이에요. 학생들이 '학기말 되고 그러면 성적이 올랐어요', '선생님 덕분에 일 년간 즐거운 학습을 했다' 거나 그런 발언들 …… 또 학원 안 다니고도 학원 다니는 친구들이 많이 부러워한다거나 어제도 그런 글이 하나 올라왔어요. 그런 부분들이 저를 자극해 왔고 …… 뭐랄까 교사가 인정받는다는 건 학생들로부터 얻는 보상이 가장 큰 보상이 되지 않을까? 학생들도 마찬가지일 거에요. 선생님들에게 받는 보상이 가장 큰 보상이 아닐까? 그걸 우리가 너무 많이 놓치고 있었던 거 같아요.
>
> — 2006.11.7 C교사 2차면담

이처럼 교사들의 학생들에 대한 애정을 바탕으로 한 사이버가정학습에 보여주는 '열정적 헌신' 은 그들의 사이버가정학습에 대한 실천적 지식의 원천이자 실천적 지식을 설명하는 가장 포괄적인 이미지라 할 수 있을 것이다.

2) 수평적 관계의 눈높이 교사

우수사례교사들의 실천적 지식에 투영된 두 번째 이미지는 바로 '수평적 관계의 눈높이 교사' 들이었다는 점이다. 이미 실천적 전략으로서 교사들은 사이버공간상에서 '때로는 망가지길 두려워하지 않는 친구' 같은 모습을 보여주는 것이 학생들과의 유대감 형성과 참여도 증진에 좋은 방법이 될 수 있다는 것을 언급한 바 있듯이 우수사례교사들에게 비춰지는 가장 공통적인 모습은 바로 '교사의 권위' 와는 거리가 먼 '친구 같은 존재' 였다는 점이다. 연구에 참여했던 사례교사들은 한결같이 사이버공간에서 학생들의 적극적인 참여를 유도하기 위해서는 교사가 권위로부터 벗어나 학생들과 수평적 위치에 서있어야 한다고 말한다.

> 수업시간에 '선생님 수업 어색해요' 라고 말할 수 있겠습니까? 어떤 학생이 질문을 했는데 답변을 해 줬는데 거기에 대한 답변이 선생님 좀 어색한데 좀 더 자연스럽게 해주실래요? 이런 건 쉽게 못 하잖아요. 그런데 이런 것이 온라인에서는 가능할 수 있다는 거죠. 왜냐하면 온라인상에서는 학습자와 선생님은 수평적 위치거든요.
>
> — 2006.11.7 C교사 2차면담

위의 인용문은 우수사례교사들이 학생들의 참여와 관심을 끌기 위한 '권위로부터의 낮아짐' 에 대한 교사의 생각을 보여주는 예이다. 티조볼드(Tjovold, 1976)는 교실에서 교사의 권위는 학생들의 행동을 일방적으로 통제함으로써 의사소통의 단절이나 부적절한 의사소통을 야기할 수 있은을 지적한 바 있다. 우수사례교사들은 교사의 권위가 야기할 수 있는 이러한 의사소통의 부재나 부적절함은 자발적 참여를 전제로 하는 사이버 공간에서는 더욱 치명적일 수 있음을 체험적으로 인식하고 있었다. 즉 B교사가 언급한 "망가지는 것도 두려워하지 않아야 한다"라는 의미는 교사가 권위적 이미지에서 벗어나 친구 같은 수평적 존재로 인식될 때 학생들을 편안하게 사이버가정학습 체제로 끌어올 수 있다는 것이다. '낮아짐' 이란 교사의 권위를 내려 두라는 것보다는 학생들에게 교사의 눈높이를 요구하기보다는 교사의 눈높이를 학생들에게 맞추어 의사소통할 수 있는 눈높이 교사가 되어야 함을 의미한다고 할 수 있을 것이다.

3) 변화추진자로서의 외로운 투쟁자

세 번째로 연구자에게 비춰진 사례교사들의 모습은 '변화추진자로서의 외로운 투쟁자' 로서의 이미지였다.

> 근무시간엔 상상할 수가 없죠. 제가 7시 반에 출근해서 퇴근하는 시간이 5시 40분 쯤 되는데 그 동안에는 사이버학습과 관계된 일들을 거의 못하죠. 학교 와서도 제 업무가 있는 거고, 지금도 사이버학습을 한다는 이유로 학교생활에 소홀한 거 아니냐는 이야기가 나올까봐 두려워하거든요. 사실상 학교에서의 일반 여타 선생님들과 차이가 없고 사이버학습은 어차피 집에 돌아가서 제시간 투자해서 하는 건데……. 그런 부분들은 사이버학습에 참여하는 선생님들이라면 공통적으로 느끼는 부담이 아닐까 생각이 됩니다. 이제 사이버학습을 진행하는 선생님들이 …… 한편으로 보면 이건 너무 솔직한 이야기인데 동료교사들의 질투나 시기를 받을 수 있는데 더한 것은 '저 선생님들이 하는 일들이 성공을 한다면 우리도 해야 하는 것이 아닌가?' …… 고운 눈으로 바라보지 않을 가능성이 높죠. 그래서 더 외로운지도 몰라요.
>
> — 2006.11.7 C교사 2차면담

사이버가정학습을 운영하는 대부분의 교사들에게 가장 커다란 부담은 아마도 과도한 학교업무와 별개로 자발적으로 사이버가정학습을 운영해 나가야 하는 시간적 부담일 수 있다. 또한 여성교사인 B교사의 경우, 매년 가정에서의 원성에도 시달리며 사이버가정학습을 해야 한다고 말한다. 그러나 이보다 교사들이 속한 학교와 교직사회의 문화로부터 겪는 어려움과 딜레마는 '튀는 교사' 로서의 부정적 인식이었다. 사이버가정학습 관련 외부 연수나 출장을 가야 할 경우에도 교장선생님의 눈치를 봐야 하고, 때로는 학교수업만 해도 힘든데 쓸데없이 사이버수업까지 혼자서 튀게 열심히 한다고 동료교사들의 질투어린 시선도 받아야 한다. 때문에 사이버가정학습을 잘 하기 위해선 동료교사와 인간관계를 잘 다져놔야 할 필요가 있다고까지 말하기도 한다. 이처럼 학교와 가정에서 부딪치는 어려움과 딜레마 속에서도 우수사례교사들은 학생들로부터 얻는 보람으로 인해 자신들은 영원한 '사이버맨' 이 될 수밖에 없다고 한다. 또한 연구에 참여한 사례교사들은 '외로운 투쟁자' 로서의 이미지보다는 공교육 활성화를 위한 사이버교육의 필요성을 다른 선생님들에게 전파해 나가는 '변화주도자로서의 연결자(connector)' (Gladwell, 2002)로서의 이미지를 더 선호해 보이는 듯하였다.

III. 연구사례에 대한 방법론적 성찰

지금까지 인터넷 기반 질적연구의 한 사례로서 필자들이 참여했던 '사이버가정 우수 운영사례에 대한 질적연구' 프로젝트의 과정과 그로부터 도출된 일련의 연구결과물을 소개하였다. 이제 이러한 인터넷 기반의 사이버가정학습에 대한 질적연구사례에 대한 방법론적 성찰을 통하여 이 글을 마치고자 한다. 이러한 방법론적 성찰은 인터넷 기반의 교육현상에 대한 질적연구를 수행하는 데 있어서 질적연구자들이 생각해 보아야 할 세 가지 방법론적 이슈들을 중심으로 이루어질 것이다. 첫째로 인터넷 기반의 질적연구를 수행하는 데 있어서 온라인과 오프라인상에서 질적 자료수집의 통합적 접근의 중요성에 대하여 논의할 것이다. 둘째로 인터넷 기반의 질적연구를 수행하는 데 있어서의 질적 준거 충족에 관하여 논의할 것이다. 마지막으로 인터넷 기반의 질적연구에서 나타날 수 있는 윤리적 문제들에 대하여 간략한 논의를 하고자 한다.

1. 온라인 및 오프라인 질적 자료수집 통합의 중요성

본 연구는 질적연구에서 사용되는 대표적인 자료수집방법인 참여관찰, 심층면담, 내용분석을 통하여 이루어졌음을 소개하였다. 그런데 이러한 세 가지 자료수집방법을 사용하는 데 있어서 중요했던 점은 인터넷 기반 연구의 특성상, 참여관찰 및 내용분석을 통한 자료수집은 사이버가정학습 공간에서 이루어지는 운영활동 및 게시물들에 대한 온라인상에서 주로 이루어졌으며, 심층면담은 운영사례에 참여했던 참여자(교사, 학생, 학부모)들을 대상으로 오프라인상에서 자료수집이 이루어졌다는 점이다. 즉, 본 연구는 온라인과 오프라인 자료수집방법을 적절히 통합함으로써 인터넷상에서 이루어지는 사이버가정학습의 내부적 실재를 내부자의 관점에서 깊이 이해하려고 시도했던 대표적인 온라인 및 오프라인 질적 자료수집의 통합적 접근사례였다는 점이다.

Sade-Beck(2004)은 인터넷 기반의 질적연구를 수행하는 데 있어서 문화기술적으로 풍부한 질적 자료를 수집하기 위해서는 온라인 및 오프라인 자료수집방법 통합의 중요성을 강조한 바 있다. Sade-Beck에 따르면 온라인 및 오프라인 자료수집방법의 통합은 기본적으로 연구자에게 연구현장 및 연구대상에 대한 접근성을 확대시킬 뿐만 아니라 연구대상인 인터넷상의 특정현상(본 연구에서는 사이버가정학습 운영)에 내재된 보이지 않는 장면(behind the scenes)에 대한 접근성을 높여주기 때문에 중요하다고 주장한다.

실제로 본 연구에 있어서도 연구진들이 온라인상에서의 참여관찰 및 내용분석활동과 오프라인상에서의 심층면접법을 어떻게 적절히 통합하여 자료수집활동을 진행할지의 문제는 사이버가정학습 우수운영사례에 대한 심층적인 이해를 하는 데 있어서 커다란 영향을 주었다. 소개된 연구에서는 온라인 자료수집활동과 오프라인 자료수집활동을 다음과 같이 통합적으로 접근하였다. 우선 연구자들은 6개의 사이버가정학습 우수운영사이트를 선정하고, 이에 대한 참여자 및 관련자들로부터 연구동의를 얻어 운영사이트에 대한 접근권한을 부여받아 3개월 동안 참여관찰을 진행하였다. 이러한 참여관찰은 각 사이트별로 관찰보조원(3명에서 4명씩)을 두어 대략 20~30여 회에 걸쳐 지속적으로 이루어지도록 하였다. 이러한 참여관찰을 통하여 사이버가정학습 사이트에서 일어나는 다양한 교수-학습활동과 교수와 학생, 학생과 학생 간에 일어나는 다양한 상호작용에 대한 관찰 일지를 작성토록 하였다. 또한 이러한 참여관찰은 온라인상에 게시되는 다양한 자료들에 대한 내용분석과 병행하여 이루어졌다. 즉 내용분석은 주로 교사들이 올리는 다양한 교수-학습자료들과 교수 및 학생들의 게시물자료들이었다. 그런데 이러한 온라인 참여관찰 및 내용분석을 수행하는 데 있어서 중요했던 사항은 교사, 학생, 학부모를 대상으로 한 오프라인상에서의 심층면접이었다. 심층면접은 연구계획서상 사이버가정학습을 운영하는 교사들과 3회, 학생, 학부모 등과 최소한 1회씩을 진행하도록 계획되었다. 각 심층면접의 시기는 각 사이트를 담당한 연구진별로 융통적으로 진행하도록 하였으나 결과적으로 3개월의 참여관찰기간의 시작, 중간, 정리단계에 각 1회씩 수행되었다. 결국 이러한 온라인상에서의 참여관찰과 내용분석과정과 오프라인상에서의 심층면접의 교차적인 병행과정을 통하여 각 자료수집활동으로부터 얻어지는 발견점들을 상호 보완해 주는 역할을 하였다. 온라인 자료수집과 오프라인 자료수집을 조화시키는 방향은 연구사례의 경험을 토대로 두 가지로 생각해볼 수 있을 것이다.

첫째, 인터넷 특정현상에 대한 온라인 관찰로부터 자료수집활동을 시작하여 심층면접과 같은 오프라인 자료수집활동으로 전개하는 것이다. 이는 인터넷상에서 일어나는 특정현상에 대한 관찰을 통하여 현상 자체에 대한 있는 그대로의 이해로부터 연구를 시작할 수 있다는 장점이 있다. 또한 이러한 인터넷 현상에 대한 관찰결과는 보다 깊은 심층면접을 위한 면접 질문을 준비하는 데 도움을 줄 수 있다. 또한 온라인 참여관찰 후 이루어지는 오프라인상에서의 심층면접을 통하여 온라인상에서 관찰하였던 관심현상 이면에 숨겨진 배경과 원인 등에 대하여 내부자적 관점에서의 해석과 분석을 가능하게 해준다는 점에서 의미가 있다. 실제로 본 사례연구에서도 온라인 참여관찰결과는 후속적인 오프라인 심층면접의 과정을 안내해 주었다. 예를 들어, 연구자들은 온라인 게시판활동을 관찰하면서 학생들의 풍부한 게시글에 비해 교사의 피드백은 너무나도 간단한 문구로 댓글이 달리는 현상을 관찰하게 되었다. 사이버우수학급의 교사활동으로 보기에는 그 피드백이 너무나도 짧고 성의 없어 보이기까지 하였다. 그러나 해당교사와의 후속적인 심층견접과정에서 이에 대한 의문은 쉽게 풀릴 수 있었다. 이 교사의 사이버운영경험상으로는 대부분의 초보교사들은 하나의 피드백을 주더라도 장문의 교훈적인 답글을 달아 주고자 하는데 이는 그것을 읽는 아이들에게나 수없이 많은 게시물에 답글을 달아 주어야 하는 교사에게나 매우 부담스러운 활동이 될 수밖에 없다는 것이다. 그리고 그러한 부담 때문에 피드백을 신속하게 달아 주지 못할 경우에는 학생들의 참여도가 현저히 떨어질 수 있다고 한다. 즉, 온라인상에서는 장문의 피드백을 간간히 주기보다는 모든 학생들의 게시글에 비록 짧더라도 즉각적인 피드백을 주는 것이 훨씬 더 효과적일 수 있다는 것이다. 이처럼 온라인에서 관찰된 현상에 대한 후속적인 오프라인에서의 심층면접과정은 그 현상에 대한 내부자적 관점에서의 이해와 해석을 가능하게 해주었다.

둘째, 심층면접과 같은 오프라인 자료수집활동으로부터 시작하여 참여관찰이나 내용분석과 같은 온라인 자료수집활동으로 전개하는 것이다. 이는 연구대상 인터넷 사이트에서 벌어지는 복잡하게 얽혀있는 다양한 현상들과 장면들에 대한 관찰활동이 요구될 경우, 사전에 수행된 심층결과의 내용이 참여관찰활동의 초점과 분석단위에 대한 안내를 해줄 수 있다는 장점을 가진다. 예를 들어, 사이버가정학습의 각 사례사이트들은 강의실, 학급게시판, 학급자료실, 학급토론방, 개인별 공간 등과 같은 수없이 많은 공간들로 나누어져 있으며, 이러한 공간들에는 수개월에 걸쳐 누적된 수백 개의 게시물들과 자료들이 올라와 있다. 뿐만 아니라 교사들의 교수공간과 학생들의 학습공간은 별도로 구성되어 있으며, 이러한 공간에 올린 다양한 자료들과 활동들은 교수-학습과정에서 상호 역동적으로 관련되어 있는 것들이었다. 이러한 사이버가정학습의 공간을 관찰 초기에 분석대상이나 분석단위를 명확히 하지 않고 막연하게 참여관찰하는 것은 매우 무모해 보이기까지 하였다. 그러나 이러한 온라인 관찰 활동 전에 수행될 심층면접은 참여관찰의 초점이 될 점들을 안내해 주었다. 예를 들어 교사들이 심층면접 시 언급했던 사이버 학생자치기구나 수학문제풀이 삼진아웃제와 같은 활동사항들에 초점을 두고 실제 그러한 활동들이 인터넷상에서 어떻게 이루어지는지를 관찰할 수 있었다. 결국, 오프라인 심층면담이 온라인 참여관찰활동의 범위와 분석대상을 안내하는 역할을 할 수 있으며 또한 심층면담에서 나온 연구참여자들의 진술내용들에 대한 타당성을 검토하는 차원에서 온라인 참여관찰활동을 수행할 수 있었다.

결국, 온라인 참여관찰 및 내용분석을 통한 자료수집활동과 오프라인상에서의 심층면접을 상호 교차적으로 수행하는 통합적 접근과정은 인터넷상의 연구사이트에서 발생하는 현상과 그러한 장면에 참여하는 참여자들의 의도 및 주관적 경험들에 대한 상호 호혜적인 관계성을 밝힐 수 있을 것이다. 만약 인터넷 현상에 대한 관찰만을 배타적으로 활용하는 질적연구의 경우 연구대상 사이트로부터 직접적으로 나타나는 발견점들에만 초점을 맞추어 왜 그러한 현상들이 일어나는지에 대한 내면적 이해나 주제의 발견에 그만큼 소홀해질 위험성에 빠질 가능성이 높을 것이다. 결국, Sade-Beck(2004)이 강조한 것처럼 인터넷 기반의 질적연구를 수행하는 데 있어서 질적으로 풍부한 자료를 수집하기 위해서는 인터넷상에 존재하는 문화현상과 그러한 현상 이면에 내재된 보이지 않는 장면들을 이해하고 분석하기 위한 온라인 및 오프라인 자료수집방법의 통합적 접근방식은 무엇보다 중요하다 할 것이다.

2. 이러닝 연구에 있어서의 연구타당성 확보

인터넷 기반의 이러닝에 대한 질적연구에 있어서도 질적연구의 패러다임을 충족시킬 준거들에 부합하는 연구를 진행하는 것은 무엇보다도 중요할 것이다. 이와 관련하여 Agostinho(2004)는 이러닝 연구에 있어서 질적탐구가 어떻게 적용되어야 하는지에 대한 질적탐구의 안내를 제시한 바 있다. Agostinho에 따르면 이러닝에 대한 질적연구에 있어서도 연구의 질에 대한 평가 기준은 연구설계의 적절성, 연구엄밀성(rigor)의 제시, 연구성과의 유용성 세 가지 기준을 충족시켜야 한다고 주장한다. 연구설계의 적절성의 문제는 이미 온라인 및 오프라인상의 자료수집방법의 중요성에 대한 논의를 통하여 다루었기 때문에 여기에서는 본 사례연구가 어떻게 연구엄밀성을 확보하고자 하였는지를 중심으로 논의를 전개하고자 한다.

우선, 연구의 엄밀성은 수행된 질적연구가 어떻게 연구타당성(trustworthiness)을 확보하는가의 문제라 할 수 있다. Lincoln과 Guba(1985)에 따르면 이러한 연구타당성을 확보하는 데 있어서 9가지의 기법들을 활용할 수 있다: 장기간의 참여(prolonged engagement), 지속적 관찰(persistent observation), 삼각측량(triangulation), 동료 검토(peer debriefing), 부적 사례분석(negative case analysis), 참여자 확인(member checks), 풍부한 기술(thick descritpion), 연구경과의 축적(compiling an audit trail), 성

찰일지 작성(reflective journal). 이러한 9가지 타당도 확보방안들이 본 사례연구에서는 어떻게 실행되었는지를 논의하고자 한다.

첫째 장기간의 참여와 지속적 관찰로써 본 연구는 3개월의 기간에 걸쳐 연구가 진행되었으며 각 사례별로 최소 26회에서 32회에 걸쳐 온라인 관찰이 이루어졌으며 각 관찰시간은 회당 평균 1시간 정도였다. 이는 거의 주당 2~3회씩 접속하여 온라인공간에서 이루어지는 활동들을 관찰한 것으로써 이를 통하여 충분한 참여관찰과정을 확보하였다.

둘째, 삼각검증은 자료수집단계와 자료분석단계 동안 이루어졌다고 볼 수 있다. 즉, 자료수집의 삼각검증은 앞서 논의한 대로 온라인 참여관찰, 온라인상의 게시물 등에 대한 내용분석, 오프라인상에서의 참여자 심층면접과 같은 다양한 연구자료의 유형을 확보함으로써 이루어졌다. 또한 자료분석의 삼각검증도 각기 다른 자료유형에 대한 교차분석을 통하여 이루어졌다. 예를 들어 온라인상에서의 관찰결과물은 관찰사항과 관련한 심층면접의 전사기록과 함께 검토, 분석되었다.

셋째, 동료 검토와 참여자 확인은 연구진행과정 및 연구결과 정리기간 동안 비공식적, 공식적 형태로 이루어졌다. 먼저 동료 검토는 연구에 참여한 공동연구진들 간에 각 사례별 자료수집결과 및 분석결과에 대하여 정기적인 만남을 통하여 상호 검토하는 형태로 이루어졌다. 그리고 참여자 확인은 연구진행과정 동안 심층면접 전사자료나 온라인 관찰상의 기록을 검토할 때 필요시마다 비공식으로 연구참여자의 검토를 요청하였으며, 연구결과 보고물을 작성하는 단계에서는 1차 보고서 작성물에 대한 공식적인 참여자 검토를 부탁하였다.

넷째, 심층기술은 468쪽에 이르는 면담 전사자료와 각 참여관찰별로 기록된 관찰일지, 연구기간 동안 축적된 내용분석자료들을 바탕으로 325쪽 분량의 심층기술을 포함하는 질적연구 보고서가 만들어졌다.

마지막으로 연구경과의 축적 및 성찰일지의 작성인데, 본 연구에서는 연구진들 간의 온라인 커뮤니티를 만들어 이를 수행하였다. 즉 4명의 주 연구진들의 거주지역이 다르고 연구대상지역도 각기 다른 관계로 서로의 연구상황 및 결과물들을 공유하고 토론하기 위하여 연구커뮤니티 공간을 만들었다. 이러한 공간은 자연스럽게 연구과정에서 발생하는 모든 연구결과물들을 축적시키는 역할을 하였으며, 각 연구자들이 각 연구활동별 후기를 올림으로써 성찰일지를 상호 작성하고 공유하는 역할도 하였다.

3. 이러닝 질적연구에서의 윤리적 이슈

인터넷을 활용한 수업에 대한 질적연구가 늘어남에 따라 교육연구자들은 인터넷에 대한 질적연구에 있어서 윤리적 기준에 대한 검토가 필요함을 공감하고 있다. 특히 이러닝 질적연구에 있어서 연구자들에게 혼란을 불러일으키는 윤리적 이슈는 참여자 동의(participant consent), 공공 대 사적 소유권(public versus private ownership), 비밀보장과 익명성(confidentiality and anonymity)의 문제로 요약될 수 있다(Kanuka & Anderson, 2007).

본 연구를 수행하는 데 있어서도 이러한 윤리적 이슈들은 연구자들에게 매우 어려운 문제였다. 여기에서는 인터넷 기반 연구에서 여전히 논쟁의 대상이 되고 있는 참여자 동의 문제와 인터넷 자료의 소유권과 관련한 이슈에 대해 성찰해 보고자 한다.

첫째, 참여자 동의를 구하는 문제였다. 본 연구는 연구의뢰기관인 한국교육학술정보원이 연구사례로 선정된 학교와 교사들이 소속되어 있는 교육청의 정식 공문을 통하여 연구동의를 얻어 수행되었기 때문에 공식적인 형태로 참여자 동의를 구했다고 볼 수 있다. 그러나 인터넷 기반 연구에서 인터넷상에서 이루어지는 사이버가정학습에 참여하는 모든 학생들로부터 연구동의를 얻는 문제는 매우 복잡한 윤리적 이슈이다. 본 연구의 경우에서도 단위학급형 사이버가정학습에 참여하는 학생들에게는 직접 학교를 방문하여 학생들에게 연구취지를 소개하고 연구동의를 얻는 과정을 거쳤지만 수만 명의 불특정 학생들이 참여하는 지역 사이버가정학습 사이트를 대상으로 했던 사례연구에서는 사이트 관리기관으로부터 해당 사이트에 올려진 내용들에 대한 연구동의를 받기는 했지만 불특정 학생들 모두에게 연구동의를 얻지는 못하였다. 이는 불특정 학생들이 올린 게시글들이 연구에 이용되었다는 측면에서 논쟁의 소지가 있는 민감한 문제일 수 있다. 이러한 인터넷상에서의 질적연구에서 불특정 다수에게 연구동의를 얻는 문제는 학교현장에서 연구대상이 명확한 연구와 달리 매우 도전적인 문제일 수 있으며 이는 다음에 논의되는 인터넷 자료에 대한 공적 대 사적 소유권의 문제와도 밀접히 관련되어 있다.

둘째, 공적 대 사적 소유권에 대한 문제이다. 즉, 인터넷상에 공개된 공간에 올려진 게시글이나 토론글을 연구자들이 자유롭게 연구분석의 대상으로 삼을 수 있는 공개적 소유권(public ownership)을 가진 것으로 볼 것인지, 아니면 그러한 토론글이나 게시글을 연구분석에 활용하고자 할 경우 그 글의 작성자에게 반드시 연구동의를 얻어야 하는 사적 소유권(private ownership)을 가진 것으로 볼 것인지의 문제이다. 그리고 이러한 소유권 논쟁에 대한 어떠한 해석을 내릴지에 따라 앞서 논의되었던 불특정 다수 학생들이 참여하는 사이버가정학습에 대한 연구동의를 얻는 문제에 대한 접근방식도 다를 수 있을 것이다. 이러한 문제는 아직까지도 인터넷 기반의 질적연구에 관심을 갖는 학자들 사이에서도 논쟁의 대상이 되고 있는 이슈이고 앞으로도 많은 논의들이 이루어져야 할 부분이라 생각한다.

지금까지 인터넷 기반 교육의 질적연구의 한 사례로서 필자들이 참여했던 '사이버가정학습 우수운영사례에 대한 질적연구' 를 소개하고, 이러한 연구사례 기술을 바탕으로 인터넷 기반의 교육현장에 대한 질적연구에 있어서 연구자들이 느꼈던 방법론적 이슈들에 대해 살펴보았다. 첫째로 인터넷 기반의 질적연구를 수행하는 데 있어서 온라인과 오프라인상에서의 질적 자료수집의 통합적 접근의 중요성에 대하여 논의하였다. 둘째로 인터넷 기반의 질적연구를 수행하는 데 있어서 어떻게 연구의 타당성을 확보할 것인가에 대하여 논의하였다. 마지막으로 인터넷 기반의 질적연구에서 나타날 수 있는 윤리적 문제들에 대하여 논의하였다. 인터넷이 새로운 인류학적 공간으로 등장한 이후 교육분야에서도 인터넷 기반의 사이버학습 환경에 대한 질적연구에 관심 및 요구가 지속적으로 증가하고 있다. 앞으로 이러한 요구에 부응하기 위해서는 전통적 질적연구방법들을 인터넷이라는 새로운 인류학적 공간에 어떻게 적용할 것인지에 대한 '인터넷 기반 질적연구방법론, 또는 '인터넷 문화인류학' 에 대한 보다 심도 깊은 방법론적 논의와 성찰이 질적연구자들에게 요구될 것이다.

후주

1) 단위학교형은 연구학교 차원에서 사이버가정학습을 추진하는 경우로, 학교에 따라 담임형과 비담임형이 병행되어 활용될 수 있다.
2) 본 연구에서 사용되는 사례 학교명, 교사명 등은 모두 가명임을 밝혀둔다.

참고문헌

권성호, 임시혁, 임정훈, 이준, 박선희, 신상희(2006). 2005년도 사이버가정학습 효과성 분석 연구. 한국교육학술정보원 연구보고 CR 2006-8.

김도헌(2007). 한국 사이버가정학습 우수사례 교사들의 실천적 지식 연구. 교육인류학연구 10(2). 197-232.

김도헌, 김영천, 이근호, 이현철(2007). 사이버가정학습 우수운영사례 질적연구: 운영유형별 핵심성공요인 분석을 중심으로. 교육정보미디어연구 13(2). 107-137.

김영천, 김도헌, 이근호, 이현철, 권효진(2006). 사이버가정학습 우수운영사례 질적연구. 한국교육학술정보원 CR 2006-22.

김영천(2006). 질적연구방법론 1. 서울: 문음사.

Agostinho, S. (2004). Naturalistic inquiry in e-Learning research. International Journal of Qualitative methods, 4(1), Article 2. Retrieved 2008.1.10 from http://www.ualberta.ca/~iiqm/backissues/4_1/pdf/agostinho.pdf.

Gladwell, M. (2002). *The tipping point: How little things can make a big difference.* NY: Little, Brown and Company.

Hine, C. M. (2000). Virtual ehtnography. London: Sage.

Jones, S. (ed.). (1999). Doing internet research. London: Sage.

Kanuka, H. & Anderson, T. (2007). Ethical Issues in qualitative e-Learning research. *International Journal of Qualitative Methods*, 6(2), Article 2. Retrieved 2008. 1.10 from http://www.ualberta.ca/~iiqm/backissues/6_2/kanuka.pdf.

Levy, P. (1994). L' intelligence collective. France: Les Editions La Decouverte. 권수경 역. (2002). 집단지성: 사이버공간의 인류학을 위하여. 서울: 문학과 지성사.

Lincoln, Y. S., & Guba, E. G. (1985). Naturalistic inquiry. Beverly Hills, CA: Sage.

Sade-Beck, L. (2004). Internet ethnography: Online and offline. *International Journal of Qualitative Methods*, 3(2). Article 4. Retrieved 2008.1.10 from http://www.ualberta.ca/~iiqm/backissues/3_2/pdf/sadebeck.pdf.

Tjovold (1976). *The Issue of Student Control: A Critical Review of the Literature.* Paper presented at the AERA Annual Convention.

8

가장 푸코적, 가장 한국적 질적연구, 학원교육 Syndrome

푸코 방법론은 최근의 사회과학 연구에서 가장 널리 이용되고 있는 새로운 연구방법이다. 원래 철학으로 시작한 이 이론은 구미의 방법론자들에 의하여 연구되더니 최근에 와서는 방법론으로서 철학의 개념으로 이용되고 있다. 푸코가 철학과 사회과학에 던진 창조한 새로운 많은 연구개념이 있지만 우리에게 가장 명료하고 유익하게 남긴 교훈 중의 하나는 우리가 믿는 지식(진실)은 사회적인 것이며 특히 그 지식은 그 지식이 만들어진 사회에서의 주류 권력을 소유한 사람들의 이익에 맞는 권력적인 것이라는 점이다. 그는 이를 위하여 법, 학교, 여러 가지 사회과학 지식이 어떻게 역사적으로 태동되었는지를 그가 이론화시킨 연대기적 분석(geneology), 또는 고고학적 분석(archeological 무미묘냔)을 통하여 밝혀 내었다. 그리고 그의 연구에서는 그의 성취향을 반영이라도 한듯, 우리가 비정상적으로 간주하고 있는 동성애(homosexuality)가 역사적으로 어떻게 이성애 중심의 사회에서 비정상적인 것으로, 정신병적 문제로 고착화되기 시작하였는지를 다양한 학둔들의 역사를 통하여 분석하였다. 그 결과, 동성애는 다양한 학문들의 참여와 결탁을 통하여, 법, 의료, 간호학, 인류학, 문학, 교육학 이론들의 생성을 통하여 이성애주의자 중심의 자본주의 사회에서 어떻게 몹쓸 병으로 치부되는지를 여러 문헌들과 문서들의 해체적인 분석을 통하여 밝혀 주었다.

정상성의 기준

푸코의 그러한 분석이 사실이든 아니면 사실이 아니든지 간에 우리가 그의 방법론으로부터 얻을 수 있는 한 가지 연구의 시각은 우리가 정상적으로 받아들이는 것, 또는 이론이라고 받아들이는 많은 우리 주위의 지식들이 사실은 그 자체의 진실과는 관계없이 권력적인 것이며 주체들(권력의 소유자들)의 다양한 학술적/비학술적 관계와 활동을 통하여 재생산되는 구성적인 것이라는 점이다. 이에 서구의 많은 학자들은 최근에 와서 우리 주위의 역사적 사실, 이념, 또는 원리가 어떻게 권력적 관계의 산물인지, 어떤 사회적 관계를 통하여 진실로서 또는 사회적 사실로서 대중들에게 소개되고 가르쳐지고 있는지를 분석하는 해체적 연구를 하고 있다. 그러한 점에서 우리 주위를 살펴보면 특정한 학문의 창립이나 수용 또는 확산을 단순히 그 학문 자체의 가치나 우수성보다는 그 사회의 다양한 이해 당사자들의 정치적 행위로 인한 결과 또는 권력 투쟁의 전리품으로 바라보는 새로운 시각이 필요하다는 생각을 한다.

이러한 문제와 관련하여 필자는 간간히 어떠한 사회적 지식이나 이슈들이 매스컴과 대중 지식을 통하여 우리에게 진실로서 필요한 것으로 우리를 세뇌시키는지를 생각하는데 그 중에서 몇 개의 현상이나 이슈들은 우리의 주의를 끄는 것들이 있다. 가장 먼저 날마다 우리의 삶에 영향을 끼치는 텔레비전에서의 여성 재현의 문제는 여전히 담론적이다. 실제 세계를 반영하지 못한 여성의 이미지와 여성적 사유의 특징들이 계속적으로 광고와 드라마들을 통하여 재생산되고 있다. 변덕스럽고 감성적이며 인간관계적인 여성, 항상 자식의 성공에 목매는 여성들이 한국의 대표적인 여성의 이미지이다. 그리고 드라마에서 여성의 최종 목적지는 항상 결혼이며 돈이 많은 남성을 만나는 것이 여성의 가장 큰 행복이라는 메시지를 보낸다. 그리하여 특수 공작을 맡은 북한 여공작원의 결말은 남한 탤런트를 사랑하여 본분을 잊고 가정을 꾸미며 사는 것으로 마무리된다. 부모와 시부모의 사랑을 받으며 끊임없이 복종하고 인내하는 희생정신을 가진 전통적 여성이 작가가 강조하는 또는 시청자가 기대하는 한국 여성인 것이다. 그리고 그러한 줄거리와 메시지를 통하여 남성 최고 지상주의인 한국 사회에서 남성은 살아갈 수 있는 것이다. 그 많은 부조리와 실제들이 있음에도 많은 여자 대학생들이 그러한 사회문제에 대한 해결자로서 자처하기보다는 남자들이 기대하는 전통적 여성의 이미지로서 삶을 살아간다.

학원교육 연구의 담론성

푸코의 이러한 해체적 방법론의 관점에서 새롭게 시도한 질적연구가 바로 이 다음에 소개될 '우리나라 학원교육에 대한 질적연구' 이다. 이 연구주제는 여러 가지 점에서 담론적이다. 첫째, 한국의 대부분의 교육학자들과 사회학자들은 이 한국적 문제를 연구하지 않는다. 아니, 아예 모른다. 현상과 실제 문제에 대한 탐구와 해결에 대한 의지가 없다면 한국의 교육학, 사회학, 인류학과 문화연구는 그 어떤 의미와 가치가 있을까? 대부분의 대학의 이 분야의 학자들은 푸코나 맑스, 또는 듀르케임을 이론적으로 이야기하는 데 최선을 다한다. 필자가 그들과의 대화에서 왜 이러한 한국적 주제인 '학원' 에 대하여 연구하지 않느냐고 물으면 그 대답이 가관이다. 서구에서 그런 연구를 하지 않기 때문이란다. 이 대답이 바로 필자가 이야기한 '한국의 학원교육' 이 담론적이라는 점이다.

즉, 한국에서 사회과학을 연구하는 방법(주제, 탐구방법 등)은 서구적이며 서구학자들이 연구하지 않는 것은 탐구할 가치가 없는 것으로 해석하고 있다는 점이다. 이는 우리나라에서 무엇을 연구하고 어떤 것을 연구해야 하는가의 정상성을 결정하는 주체는 우리 자신이 아니라 바로 구미 학자들의 담론의 세계라는 점이다. 그들이 연구하는 것만을, 그들이 이야기하는 것만을 연구하는 것이 과학적이고 이론적이며 적절한 것이고 그렇지 않은 것들에 대한 탐구는 학술적이지 않고 가치롭지 않고 효용성이 적다는 점이다. 그리고 이러한 연구태도는 학술세계에 있어서 주체(서구)와 타자(한국) 사이의 불평등한 연구관계를 형성할 것이며 우리는 끊임없이 그들의 말과 이론에 대한 공부가 가장 최적인 것으로, 가장 정상적인 것으로 간주하게 될 것이다. 우리는 그들의 학문적 복종자의 역할을 계속하게 될 것이다. 그리고 그 과정에서 결코 주체에 도달할 수 없는 심리상태 속에서 분열과 아노미의 심리상태를 경험할 수 있다. 그것은 마치 파농의 연구에 나타난 것처럼, 불어를 하지 못하는 알제리인들, 프랑스식 사고를 하지 않는 알제리인들이 마음 속이 끝없는 불안감으로 가득 차 있는 것과 크게 다를 바가 없을 것으로 생각한다.

학원의 대중적 이미지

둘째, 한국의 학원교육은 학교교육자들과 학원교육자들 사이의 담론적 관계를 반영하고 있다. 그리고 그 과정에서 국가와 매스컴은 학교교육에 우호적인 태도로서 많은 역할을 하고 있다. 따라서 전 국민의 많은 학부모들이 자신들의 자녀를 학원에 보내고 학교교육의 실패에 대하여 지적하지만 여전히 학교교육에 대한 지식과 보도는 긍정적이며 건설적이다. 이에 비하여 많은 학생들이 학원교육을 통하여 학습성과를 이루고 대학교에 입학하고 긍정적 효과를 경험하고 있지만 이러한 효과에 대하여 공식적으로, 건설적으로 보도하는 연구결과 또는 보고서는 없다. 매스컴과 신문기자들은 학원교육이 단순지식을 전달하거나 연습을 통한 문제풀이만 시킬 뿐 학생들에게 의미 있는 학습경험을 제공해 주지 못한다고 비난한다. 그리고 학원교육에 대한 부정적인 이미지의 양산을 위하여 악덕 학원업주, 학원비의 과다 책정, 암기식의 학원 수업들을 과장하여 광고하고 확산시키고 있다.

그러한 이유에서 학원교육의 실상이나 실제적 사실과는 달리, 이제 일반 국민들이 생각하는 학원교육의 이미지는 국가와 교육과학기술부, 매스컴의 신문기자들이 만들어 놓은 방향으로 전개되고 있다. '학원' 하면 암기식 수업이 떠오르고 대부분의 모든 교육학자들과 교사들까지도 학원을 이 단어와 연계시킨다. 그리고 이러한 용어와 이미지를 통하여 실패한 학교교육의 역사를 은폐하면서 여전히 대부분의 국민들에게 학교교육에서의 학습이 더 바람직하며 교육적이라는 점을 강조한다. 그 결과, 학원의 실제 수업이나 방법이 무엇이든지 간에 많은 지식인들, 국가교육 연구보고서와 연구논문들의 핵심적 내용들은 이 주제로 귀납되며 이 개념으로 학원에 대한 논의를 시작한다. 회복하기에, 학원에 대한 진정한 지식의 창출은 이미 늦었다.

이러한 점에서 필자는 푸코의 방법론이 가장 적합하게 적용되는 사례로서 우리나라의 학원교육을 상정하고 학원교육이 학원교육에 대한 대중적 지식과 과연 얼마나 차이가 있는 것인지를 밝히고자 하였다. 그리하여 부정적 이미지와 개념으로 점철된 '한국의 학원교육' 은 그 대중적 이미지와는 사실적으로 매우 다르며 매우 건설적이며 긍정적인 것이라는 점을 밝히고자 하였다. 이를 통하여 학원교육에 대한 대중적 이미지가 역사적으로 어떻게 누구에 의하여 고착화되었는지를 연구는 할 수 없지만 우리가 가지고 있는 학원교육에 대한 서구적 평가와 한국적 지식과는 너무나 대별되게 차이가 있다는 점을 밝히고, 그러한 지식들이 공식적이고 정상적인 것으로 인정되지 못하는 지식의 고고학을 밝히고 싶었다. 그리하여 '사회악', '지나친 교육열' 등의 부정적 평가로 가득 찬 한국 학원교육에 대한 담론은 권력적인 것이며 구성적인 것이고 역사적인 것임을 논의하고자 하였다.

되받아치는 제국

이러한 목적을 가지고 시도된 우리나라에서의 '학원교육' 연구는 지식의 정상성에 대한 권력적 탐색과 함께 서구에서 기명해 놓은 지식의 탐구 영역 그 바깥에 대한 탐구 역시 중요하다는 점을 강조하고 싶었다. 즉, 서구에서 논의되지 못한/논의할 수 없는/모르고 있는 비서구적 현상에 대한 탐구야말로 앞에서 이야기한 지식의 국제적 관계의 불평등을 해체할 수 있는 가장 효과적인 전략이면서 많은 탈식민 연구자들이 이야기하는 'Empire writes back'의 이념을 달성시킬 수 있는 글쓰기이기도 하다. 즉, 이 책의 제1장에서 이야기한 것처럼 서구가 이야기하지 않은, 동양적 텍스트를 만드는 것이 나의 연구목적의 하나라고 한다면 서구의 그 어떤 교육학 분야의 학술서적에 나와 있지 않은 'Hakwon Education'에 대하여 연구하는 것이야말로 동양인으로서, 한국인으로서 질적연구를 할 수 있는 가능성이라고 생각하였다. 익숙한 그러나 그것을 낯설게 바라보는 방법으로서 질적연구, 필자가 가장 잘 알고 있고 경험하고 있는 사회현상으로서 한국의 학원교육, 그럼에도 그 어느 누구 하나 연구하지 않고 탐구하지 않으려는 비정상적인 연구의 대상, 바로 이 주제가 필자가 연구해야 할 한국적 질적연구의 텍스트 공간이라는 생각을 하게 되었다.

새로운 언어 창조 작업으로서 학원연구

그러한 점에서 한국의 학원교육연구는 탈식민 텍스트로서 한국적 언어를 학문화하고 세계화시킬 수 있는 새로운 언어 창조작업에 속한다. 훌륭한 연구자의 연구작업의 핵심, 또는 과거와는 다른 새로운 이론이 갖는 가치는 항상 기존과는 다른 것을 바라보게 하는 새로운 언어 또는 은유를 만드는 것이었다. 우리가 일반적으로 알 수 있는 거대담론들 또는 이론들은 모두 새로운 개념들이나 용어이다. 그 예로는 재생산, 의식화, 해방, 소외, 이익사회, 상응이론, 저항, 리좀, 노마드, 다중지능이론, 정서지능, 해체 등이 있다. 따라서 만약 우리의 학문(교육과정과 교육과학의 작업)이 새로운 그 어떤 사유의 언어와 개념을 만들어 가는 작업이라고 한다면, 필자는 '우리 한국의 학자들은 우리의 학문의 발전과 심화를 위하여 그 어떤 새로운 은유나 연구용어를 만들 수 있을 것인가' 또는 '만들어야 하는가'에 대하여 질문해야 한다고 생각한다. 그리고 우리가 활용하고 있는 많은 교육학/사회과학의 주요 이론들의 개념들이 서구의 학자들에 비하여 뒤처져 있고 창조 작업에 적극적이지 못하였다는 생각을 한다. 우리는 항상 그들이 창조한 표현이나 용어들을 수용하고 공부하여 그것들을 중심으로 우리의 현상과 실제를 분석하는 데 적용하는 방식으로 연구를 해왔다. 그러한 점에서 '학원' 이라는 학술적 용어가 이러한 새로운 이론으로서 그 위치를 점할 수 있는 가능성과 해결작업에는 어떤 것들이 있는지에 대하여 고심해 볼 때이다.

공동체적 사유로서 학원연구

과학을 진리의 탐색의 과정이 아니라 공동의 연구언어와 관점을 소유한 연구자들의 사회화와 의사소통의 현상이라고 개념화한 많은 과학철학자들의 주장을 빌린다면 그 무엇을 새롭게 만들고 타자들에게 기명시키고 각인시키고 새로운 연구주제나 'ism' 으로 수용하게 하는 것은 그 주장의 진실의 정도를 떠나서 그 집단의 지적 지향과 깊은 관계가 있다고 한다. 만약 그렇다고 한다면 우리나라의 학자들이(또는 동북아의 학자들이) 이 학원교육을 새로운 교육과정의 탐구주제로서 상정하고 계속 탐구하며 새로운 지식체와 이론들을 생산한다고 한다면 학원교육의 새로운 연구집단과 탐구문화는 서구의 그 어떤 교육과정의 연구집단이나 관점만큼 확고한 위치를 잡을 수 있을 것이다. 우리는 학술지와 학술대회와 학자들의 발표들을 통하여 무엇이 새로운 연구주제이며 그것을 배우고 아는 것이 왜 중요한지를 설득당한다. 계속적으로 넘쳐나고 광고되는 특정 교육과정의 ism에 우리는 노출되며 최면되고 그 주제를 거부감 없이 또 다른 그 어떤 새로운 탐구영역으로서 간주하게 될지 모른다.

특히 이와 관련하여 Spivak(2003)은 주체와 타자를 이야기할 때 경제, 인구, 문화에서의 위계의 의미를 담고 있는 'Globe' 라는 용어 대신에 보다 평등하고 다양성이 용인되는 의미를 포함하는 용어로서 'Planetarity' 라는 용어를 사용하자고 하였다. 그녀의 이러한 용어의 선정은 국제 교육과정 탐구에서 주류와 비주류, 주체와 타자로 구분되어 있는 역사적/동시대적 상황을 변화시키기 위한 하나의 아이디어가 될 것이다. 즉, 주체의 언어가 보편화되고 있는 범국가적/세계화시대에서 타자화된 국가들의 언어와 문화, 다양성을 인정하고 보존하고 유지시키는 방법으로서 그녀는 Planetarity라는 용어를 빌어서 타자화된 국가의 문화적 현상과 역사를 강조하고자 하였다. 학원교육에 대한 탐구 역시 이러한 관점에서 이해한다면 주체는 타자의 새로운/지역적/익숙하지 못한 교육 현상을 경청하고 이해하려는 연구적 태도가 필요하며 타자 역시 자신의 지역적 현상을 의미 있고 가치로우며 다양성의 이념에 부합되는 것으로 새롭게 인식하려는 노력이 필요하다.

토착적 지식으로서 학원연구

서구의 많은 교육과정 학자들은 그 학자들의 개인적/사회적/문화적 경험 속에서 잉태되고 발달되었다. 교육과정 사회학은 미국의 학교교육과 자본주의 사회의 구조적 관계 속에서 학교교육이 불평등에 어떻게 잠재적으로 기여하는가를 탐색하고자 하였고 다문화교육은 점차 다양한 인종으로 구성되어 가는 구미의 국가에서 학교교육과 교육과정이 어떻게 그 새로운 긍정적 역할을 해야 할 것인가를 언어, 상호작용, 텍스트, 장학 등의 관점에서 연구하고자 하였다. 이렇게 구미의 대부분의 교육과정의 탐구노력이 그 학자들의 일상적인 문화적 경험 속에서 이루어진 사회구성적 결정체라고 한다면 우리의 교육과정 학자들에게 있어서 한국의 학교교육을 이해하고 연구하고 이론화한다고 하였을 때 가장 먼저 떠오르는 연구주제 또는 연구현상은 무엇일까? 아마도 교육열, 제한된 자원에 대한 지극한 경쟁적 학습방식, 그리고 이를 위한 사교육과 학원교육의 발달 등을 들 수 있겠다.

이렇게 교육열과 학원교육이 우리의 일상적 경험이면서 우리가 가장 잘 알 수 있는 익숙한 현상이라고 하였을 때, 이 주제에 대하여 가장 잘 알 수 있고 탐구할 수 있는 학자는 바로 우리 한국의 교육과정 학자가 아닐까 생각한다. 자신 스스로가 학원교육의 경험자이면서 희생자였고 나아가 내부자였던 교육과정 학자들은 서구 학자들이 경험하지 못한 개인적 학원교육에 대한 자서전과 타 학습자(친구, 옆집 아이, 학생들 등)들의 생애사들에 대하여 낱낱이 알고 있는 실정이다. 이렇게 학원교육이 한국 교육과정 학자들이 배타시킬 수 없는 일상적인 교육적/문화적 현상이라고 한다면 그 현상을 가장 잘 탐구할 수 있고 접근할 수 있는 언어적/방법적/문화적 지식을 소유하고 있는 연구자는 바로 우리 한국 학자가 아닐까 생각한다.

전복적 기제로서 학원연구

탈식민을 이야기할 때 우리가 선택할 수 있는 방법은 크게 두 가지가 있을 것이다. 첫째는 그들의 이론과 지식을 그들 이상으로 알고 저술하여 그들로부터 인정받는 방법이며, 둘째는 그들의 주장과 담론과는 다르게 새로운 영역을 개척하여 자신의 노력과 결과를 입증받는 방법이다. 첫째는 전유의 방법이며 둘째는 전복의 방법이라고 하겠다. 이 두 가지 방법 중에서 그 어떤 방법이 우리의 위상과 가능성을 더 잘 확인시키고 증진시킬 수 있는지는 개인에 따라, 연구영역에 따라 다를 것이다. 대표적으로 교육평가나 교육공학의 경우에는 한국의 학자들이 서구의 연구기관에서 최선을 다하고 있으며 가끔씩 그 이름을 국제적으로 날리는 경우가 있다. 그러나 이 영역을 제외하고 필자의 지식 안에서 추정한다고 한다면 우리나라와 동양학자들이 서구의 교육과정 영역 안에서 그 이름을 날리는 경우는 거의 없는 듯하다.

이러한 경험적 자료들에 기초하여 일반화하기는 어렵지만 전유의 방법이 제3세계 학자들의 국제적 위상을 높여줄 수 있는 방법이 아니라고 한다면 전복의 방법은 그 대체물이나 해결책이 될 수 있을까? 필자가 생각하기에 세계 교육과정 연구에서 이 분야에 대한 새로운 특성화와 집중화를 계속한다면 첫 번째는 동북아시아 국가들의 지역적 교육현상으로 소개될 것이며, 이 주제에 대한 담론들이 계속적으로 강조되고 확산된다면 장래에 가서는 이 주제가 세계적 교육과정의 탐구주제가 되지 않을까 생각해 본다. 동북아시아의 지나칠 정도의 학교에서의 경쟁적인 학습문화 또는 잘 체계화된/계획된/통제된 가르침과 학습의 방법은 과거의 경우, 대집단 수업(direct instruction)으로만 국한되어 설명되다가 최근에 와서는 다양하게 소개되고 있다. 국가 발전의 원동력, IT 시대의 새로운 학습 문화, 교육을 중요한 가치로 삼은 성공적인 학교모델, 공공교육학(public pedagogy) 등의 새로운 미사여구로 점철되고 있다. 때문에 과거와는 다른 관점에서 동북아시아의 학원교육/사교육/비형식교육의 다양한 흐름들과 이슈들을 탐구하려는 학술적/대중적 관심들이 증가하고 있는 실정이다.

지금까지 크게 네 가지 영역에서 학원교육에 대한 탐구가 갖는 학술적/국제적 의미를 논의하였다. 이를 토대로 우리의 학원교육에 대한 연구는 식민화된 한국의 연구문화 속에서 제대로 연구되지 못하였다는 점을 지적하였다. 둘째, 그러한 학원교육은 그 악영향이나 부수효과가 부정적일지 몰라도 학술적인 측면에서 매우 중요한 문화적 주제라는 점을 인정하였다. 서구에서 나타나지 않는 동아시아 일련의 국가들의 교육열을 반영한 현상이라는 점에서 세계화시킬 수 있는 연구주제라는 점을 강조하였다. 셋째, 학원교육에 대한 연구가 부진하고 무관심한 것은 학원이라는 현실에 대하여 국가와 학원산업, 학교교육과 학원교육 사이의 권력관계에 있어서 소수자 입장에 처해 있어서 그 자체의 가치와 효과에 대한 대중화와 지식이 인정되지 못하였다는 점을 지적하였다. 그리고 우리가 접하는 지식, 일반적으로 '진실' 이라고 알려진 지식은 실제와 다를 수 있으며 그러한 잘못된 지식이 현실을 호도하고 부정적인 판단을 내리는 평가를 가져온다는 점을 제안하였다. 그리고 마지막으로 질적연구를 통하여 우리에게 전달되고 있는 지식, 세뇌를 요구하는 지식과는 달리, 새로운 지식이 규명될 수 있고 그러한 지식의 규명과 창조작업을 통하여 푸코가 이야기한 권력으로서 지식 행사의 영향력을 줄일 수 있음을 시사하였다.

이에 이 글에서는 학원에 대하여 알려진 공공지식과는 달리 실제 학원이 갖는 효과와 가치는 그러한 대중적 이미지와는 다를 것이며 그러한 지식과 권력의 숨겨진 관계를 노출시키고 해체시키는 역할을 하는 작업이 질적연구를 통하여 가능해질 수 있음을 제안하였다.

초등학생의 학원 교육과정과 평가체제에 관한 분석적 이해

Ⅰ. 서론

얼마 전 제4회 한국 청소년 학술패널대회에서는, 청소년들의 성장모습을 정확히 이해하고 적절한 정책비전을 제시하기 위한 주요한 주제 중 하나로, 김기한(2007)이 '그림자 교육: 사교육 효과에 대한 종합분석' 이라는 논문을 발표하였다. 학교가 아닌 학원이라는 공간에 대해 '그림자 교육' 이라는 용어를 사용하며, 효과의 측면에 대해 논의하고 있었다. 이렇듯 학원은 학생들에게 간과할 수 없는 공간이며, 또 다른 학습의 공간이다. 불과 얼마 전까지만 해도 공교육기관인 학교에서의 학습이 학부모와 학생들에게 학습의 대부분을 차지하는 영향력을 지니고 있었다. 하지만 경제적인 여건이 풍요로워짐에 따라 학부모와 학생들은 학교가 아닌 새로운 학습의 장인 학원에 눈을 돌릴 여유가 생기기 시작하였다. 그리고 학원교육 시장은 학부모와 학생들의 교육에 대한 관심과 열망을 간과하지 않고, 상업적으로 이용하며 학교와 더불어 과외, 학원, 공부방과 같은 형태로 학습의 새로운 장으로 세를 넓혀가고 있다. 이러한 상황에 대해 Cummings와 Altbach(1997)는 동아시아 나라들이 인적 자원과 엘리트 교육에 집중하고 있으며, 특히 학원교육에서 그러한 현상을 찾아볼 수 있다고 이야기하고 있다.

물론, 공교육 정책적 측면으로 청와대브리핑 자료에 따르면, 참여정부는 기존의 특기 · 적성 교육을 방과후 학교로 체제를 바꾸며, 사교육비 경감과 교육격차 해소 등의 교육서비스를 제공하고자 노력하고 있다(2006.01.26). 그리고 그러한 방침에 따라 초 · 중등교육법 23조 2항으로 방과후 학교를 신설하도록 추진하고 있고, 현재 국회에 체류 중이다. 학교 현장에서 방과후 학교는 학원교육 시장보다 적은 비용으로 다양한 교육기회를 제공한다는 의의를 갖고 있다. 하지만, 진정한 의미에서 학부모와 학생들이 원하는 학습이 이루어지고 있는 장으로 인정하기에는 아직 미비한 상태이다.

그와 비교하여 과외, 학원, 공부방을 총괄하는 의미를 지니는 학원교육 현장은 학생들과 학부모들로 항상 문전성시를 이루고 있다. 저마다 학원교육들은 더 나은 교육이 이루어지고 있다고 홍보하고 있으며, 학부모와 학생들은 많은 정보를 수집해, 높은 성적을 얻을 수 있다고 판단되는 학원교육을 선택하며 철새처럼 이동하고 있다. 그 중 학부모와 학생들이 가장 많이 접하고 있는 학원교육의 형태는 학원, 즉 학원에서의 학습을 뜻한다. 학원학습은 과외에 비하여 경제적으로 저렴하다는 장점과 과외보다는 조금 많은 인원이지만 능력에 맞는 분반수업으로 맞춤식 교육이 가능하다는 장점을 가지고 있다. 그리고 학원학습과 공부방을 비교하면 경제적으로는 학원학습이 조금 비싸지만, 공부방에서는 1인의 교사가 전 과목을 가르치는 것과 달리 학원학습에서는 교과에 따라 전공 교사가 가르친다는 장점을 지니기 때문에 많은 학부모와 학생들은 보편적으로 학원학습을 선택하고 있다.

이처럼 학원교육 시장은 더 이상 간과할 수 없는 학습의 장으로 자리를 잡아가고 있다. 하지만, 이러한 현실에 비하여 교육현장에서의 학원교육에 대한 선행연구는 학원에서 실시하는 학습의 효용성과 학부모와 학생들의 만족도, 학습의 성과와 관련된 양적연구가 주류를 이루고 있다. 선행연구들 중에 학원에서 이루어지는 학습에 관한 연구로는 이은기(2005)의 학원학습에 대한 아동과 부모의 인식연구가 있었다. 그리고 김양분과 김미숙(2002)은 입시학원의 교육실태를 분석하여 학원의 교육목표와 교육과정 운영, 강사 관리 및 운영 측면을 포함한 경영 전략을 살펴봄과 동시에 입시학원 교육이 학생, 학부모, 교사에게 미치는 영향과 교육 효과와 문제 등을 연구하였다. 이 연구에서는 학원수업의 문제점을 단순암기, 창의성 감소 등으로 지적하고 학원수업으로 인하여 학생들이 학교공부에 영향을 받고 있다고 비평하였다. 또한 반복학습으로 인하여 학생의 자기 주도 학습 능력이 감소한다고 지적하였다. 그 외에 출판물로는 이범 외 3인(2007)이 집필한 〈학원 발가벗기기〉라는 책이 있다. 이 책에서는 현재의 입시제도와 학원수업의 문제점을 지적하며, 학부모들이 알아야 할 재무지식과 함께 학원을 다녀도 성적이 오르지 않는 학생들의 문제점을 진단하며, 나아가 학원을 다니면서 성적을 올리는 전략과 방법을 제시하고 있다. 그리고 박경실(2006)의 〈이름 있는 학원들의 학원 경영이야기〉, 박동옥(2007)의 〈1등 학원 경영기술〉 등 학원 경영의 노하우와 체계적인 시스템, 성공비결을 소개하며 그들의 교육에 대한 열정과 함께 학원교육의 효율성을 홍보하는 책들이 속속 발간되고 있다.

위에 제시된 학원의 효용성과 학업성취도와의 상관관계, 교재분석, 학원에서 실시하는 학습에 관한 선행연구는 대부분 양적 접근법을 이용하여 수치상으로 상관관계를 알아보는 것이 주류를 이루고 있었다. 그리고 〈학원 발가벗기기〉라는 책에서는 선행연구의 내용들과는 달리 학원에 대해 실질적인 정보를 학부모와 학생들에게 제시하며, 성적을 올리기 위해 다니는 학생과 학부모에게 방법적인 측면에 대해 조언을 해주고 있었다. 하지만 그 외의 선행연구로는 학원교육의 현장인 학원의 실태를 제대로 파악하기 힘들었다.

따라서 실제적인 학원교육의 현장을 살펴보고, 학원현장에서 운영되는 교육활동을 알아야 할 필요성이 있었다. 학원을 방문하여 면담과 관찰을 통해 학원에서는 어떤 교육과정이 이루어지는지, 학원에서 실시하는 평가는 어떤 형태를 띠고 있는지 살펴봄으로써, 새로운 학습의 장인 학원교육을 통해 교육현장을 정확한 눈으로 살필 수 있는 장을 마련하고자 하였다. 그런 의미에서 이번 연구는 양적 접근법으로 학원의 효율성과 효능에 관한 상관관계를 살펴보는 것에서 나아가, 질적 접근법을 통해 학원현장에 직접 들어가 살펴보고 관찰하며, 학원관계자들과의 이야기를 통해 학원의 교육활동을 살펴보았다는 측면에서 교육적 의의를 갖게 되었다.

이에 이 연구에서는 학원실태, 학업성취도 간의 연관성, 교재분석 등에만 치우쳤던 학원교육에 대한 선행연구에서 한 발 나아가 질적연구방법을 사용하여 실제 학원에서 운영하고 있는 교육과정과 평가 방법에 관해 살펴보았다. 첫째, 학원에서 운영하는 교육과정은 학교와 비교하여 어떻게 다른지, 나아가 어떤 장점을 갖고 있는지 살펴보았다. 이를 통해 학교 교육과정의 탄력적인 변화 및 학원과의 비교에서 장점으로 부각될 수 있는 점을 강화하여야 할 것이다. 둘째, 학원의 교육과정과 더불어 평가를 살펴보았다. 학원에서 실시하는 평가가 어떤 체제로, 언제, 어떤 방식으로 이루어지는지 알아보고, 왜 그러한 평가 체제가 학부모와 학생들의 만족도와 호응도 면에서 높은지 알아보았다. 이를 통해 학교교육에서 실시하고 있는 평가를 학원에서는 어떻게 수용하여 활용하고 있는지 연관관계를 찾아 학교현장에서의 평가가 효율성을 높이는 방향으로 변화 가능하도록 해야 할 것이다.

II. 초등학생의 학원 수강 실태

교실에 들어가서 학원을 다니고 있지 않는 학생이 있느냐고 묻는다면 극히 드문 사례로 한두 명을 제외하고 거의 없는 실정이다. 지금 학생들에게는 학원을 다니지 않는 것이 오히려 더 의아하게 느껴지는 상황인 것이다. 그래서 통계자료를 통해 우리나라 초등학생이 다니고 있는 학원의 실태를 알아봄으로써 왜 학원교육에 관심을 가지고 연구해야 하는지 이유를 찾아보도록 하겠다.

1. 초등학생의 학원 수강

길을 지나다가 고개를 들어 주위를 둘러보면 학원을 쉽게 찾아볼 수 있다. 특히 학생들이 많이 다니는 학교나 주거 지역 주변은 그야말로 학원천국이다. 실제로 한국교육개발원 통계시스템(2006)에서 제공하는 연도별 사설 학원 수와 수강자 수를 보면 그동안 우리나라의 연도별 학원 증가 현상을 알 수 있다.

연도별 사설 학원 수 및 수강자 수

연도(년)	학원 수(개)	수강자 수(명)	이수자 수(명)
1970	1,421	119,681	460,590
1980	5,023	411,162	1,444,974
1985	11,196	657,039	2,079,806
1990	28,862	1,793,583	5,865,085
1995	52,053	3,230,275	9,037,971
2000	57,935	3,412,430	7,772,909
2005	64,591	4,479,681	9,281,245
2006 (초등학생)	66,841	4,714,812 (1,624,293)	9,088,728 (2,639,931)

학원 수는 1970년 1,421개에서 꾸준히 증가하여 1985년에는 11,196개에 달하였으며 1990년과 1995년 사이, 해마다 평균 5,000여 개가 증가하여 5년 사이 총 23,000여 개가 증가하였다. 2000년 이후 증가율이 약간 둔화되어 2006년 학원 수는 66,841개이다.

수강자 수는 순수한 인원을 말하며 이수자 수는 여러 가지 과정을 이수한 경우 누계한 인원을 말한다. 수강자 수는 학원 수의 증가와 함께 1970년 이후 꾸준히 증가하였는데 1985년과 1995년 사이 약 10년간 무려 2,500,000명이 증가한데다 증가율이 급증하여 2006년에는 수강자가 4,714,812명에 달한다. 표에서 보는 바와 같이 초등학생 수강자인 1,624,293명은 학원의 전체 수강자 중 약 34.5%에 이르고 있다.

이수자 역시 대체로 증가하는 추세를 보이는데 1990년과 1995년 사이 무려 이수자 수가 약 7,600,000명 증가하는 등 급격한 증가 추세를 보였다. 그러나 1995년과 2000년 사이 1,200,000명 정도가 감소하였고 2000년 이후에는 증감이 반복하여 2006년 이수자는 약 9,088,728명에 달한다. 표에서 보는 바와 같이 초등학생 이수자인 2,639,931명은 학원의 전체 이수자 중 약 29%에 이르고 있다.

2006년 초등학생 중 학원 이수자 비율

연도(년)	전체 초등학생 수(a)	학원 이수자 수(b)	비율(b×100/a)
2006	3,925,043명	2,639,931명	약 67%

2006년 우리나라 전체 초등학교를 다니고 있는 학생 수가 3,925,043명임을 감안하여 2006년 학원을 다니고 있는 초등학생 수강자 수인 1,624,293명을 비교해 보면 초등학생 중 약 41.4%가 학원을 다니고 있는 것으로 추정된다. 이수자 수를 비교하면 우리나라 초등학생 중 약 67%가 학원을 다닌 경험이 있는 것으로 볼 수 있다. 이는 통계자료이며 지역별 수강실태에 차이가 있음을 감안할 때 실제 학교현장에서 학원을 다니고 있는 학생은 더 많을 것으로 예상할 수 있다.

2. 초등학생이 다니는 학원 종류

한국교육개발원 통계시스템(2006)에서 제공하는 분야별 사설학원 현황의 우리나라에 소재해 있는 학원 수를 살펴보면 43.0%가 입시검정 및 보충학습 분야로 나타났고 두 번째가 37.2%인 예능 분야였다. 이에 대한 수강자 수를 살펴보면 입시검정 및 보충학습 분야가 49.1%로 가장 많았고 예능 분야가 21.9%를 보였다. 다음 표는 2006년 전체 학원 수에서 각 분야별 초등학생의 수강자 및 이수자 수를 보여준다.

2006년 각 분야별 학원의 수강자 수 (계속)

구분(분야)	전체			초등학생	
	학원 수(개)	수강자(명)	이수자(명)	수강자(명)	이수자(명)
합계	66,841	4,714,812	9,088,728	1,624,293	2,639,931
직업기술	4,210	298,428	630,691	45,727	110,174
국제실무	5,914	721,474	1,706,496	221,121	360,862
인문사회	657	191,436	352,944	4,333	5,813

2006년 각 분야별 학원의 수강자 수

구분(분야)	전체			초등학생	
	학원 수(개)	수강자(명)	이수자(명)	수강자(명)	이수자(명)
경영실무	2,431	155,048	316,492	70,209	113,697
예능	24,867	1 034,416	1,618,594	486,844	675,884
입시검정 및 보충학습	28,762	2 314,010	4,464,011	796,059	1,373,501

한국사회조사연구소(2005)에 따르면 2004년 9월부터 12월까지 전국 467개 초·중·고교생 27,650명을 대상으로 청소년 종합실태조사를 한 결과 초등학생의 87%가 학원에 다니거나 과외를 하고 있는 것으로 나타났다. 그리고 초등학생이 다니고 있는 수강학원(중복응답) 종류에 대해서는 '학교공부관련' 이 60.7%로 가장 많았고 '학습지' 가 34.1%로 뒤를 이었다.

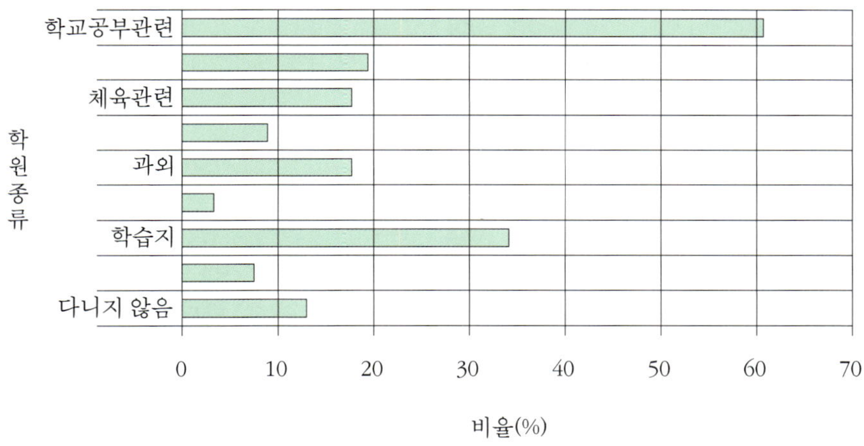

초등학생 수강학원 종류별 비율(중복응답)
* 위 그래프는 한국사회조사연구소(2005)에서 인용함.

위의 통계 조사표에 따르면 우리나라의 많은 초등학생이 학교공부와 관련된 종류의 학원에 다니고 있는 것을 알 수 있다. 이와 같은 현상 속에서 교육인적자원부(2007)의 사교육 시장에 대한 실태조사 결과 수강과목은 초등·중등·고등학교에 상관없이 영어와 수학, 국어 비중이 높았다. 초등학생의 경우 영어 81%, 수학 71.3%, 국어 48.7%, 과학 35.2%, 예체능 34%, 사회 32.2%, 논술 20.3%, 전문교과 3.3%로 파악되었다. 영어와 수학을 중심으로 이뤄졌던 사교육이 이제는 거의 모든 과목으로 확대되고 있음을 보여주는 것이다.

이처럼 초등학생의 학원교육도 이와 같은 세태에 맞물려 수학, 영어, 국어 위주의 학습을 하려는 학생들이 많이 있지만 다른 교과로 확대되어 가고 있음을 알 수 있고 학교공부와 관련된 학원을 많이 수강하는 것을 알 수 있다.

Ⅲ. 연구방법

제3절에서는 본 연구가 진행된 과정과 그 방법에 대해 알아보고자 한다. 연구는 우리나라 초등학교 3학년에서 6학년에 이르는 학생과 그 학생이 수업을 받는 학원의 교사를 대상으로 진행하였고, 학원에서 이루어지는 그들의 일상과 학원의 생존전략을 이해하기 위해 학원을 방문하여 그들의 이야기를 직접 듣기도 하였다. 연구는 관찰과 심층면담을 이용한 질적연구방법을 활용하였다. 연구결과의 타당도 작업은 심층적 기술, 삼각측정법, 연구 참여자에 의한 연구결과의 평가 작업을 통해 이루어졌다.

1. 연구기간

본 연구는 2006년 1월부터 시작하여 2007년 2월까지 1년이 넘는 기간 동안 진행하였으며 연구주제와 연구 참여자 선정에서부터 자료수집, 분석, 타당도 작업에 이르기까지의 과정을 연구기간으로 잡았다.

연구기간 및 활동

연구기간	연구활동
2006년 1월~2006년 2월	연구주제 선정 및 계획
2006년 3월~2006년 4월	연구 참여자, 장소 선정
2006년 3월~2006년 12월	장기적 관찰 및 면담, 문서 자료 수집
2006년 4월~2006년 12월	심층적 기술
2007년 1월~2007년 2월	타당도 작업

위의 표는 연구의 기간과 활동을 나타낸 것으로, 자료수집과 글쓰기의 과정이 동시에 꾸준히 이루어졌음을 보여준다.

2. 연구 참여자

연구의 목적을 위해 초등학생과 학원 교사를 연구대상으로 삼아 선정해 나갔다. 우선 학원학습을 경험하고 있는 우리나라 초등학생 중 6학년 3명, 5학년 4명, 3학년 2명의 어린이를 연구 참여자로 선정하였고, 연구의 윤리와 부가적인 자료 획득을 위해 해당 학부모와 면담의 형식으로 친밀감을 형성해 나갔다. 각 연구 참여자는 자신 또는 학부모의 요구와 필요에 의해 학원학습을 시작하고 있었으며, 당시 학력 수준은 상위권에서 중위권에 이르는 아동이었다. 연구장소는 연구 참여자가 다니고 있는 초등학교와 전국에 무수히 분포되어 있는 보습학원 중 2개의 종합학원과 3개의 프랜차이즈 단과학원을 선정하였고, 직접 방문과 그곳에 근무하고 있는 학원 교사와의 면담을 통해 학원학습의 과정과 평가에 관한 자료 및 정보를 수집하였다. 이상의 정보는 다음 표에 요약하였다.

연구 참여자와 연구장소

연구 참여자	연구장소
• 초등학교 6학년 3명, 5학년 4명, 3학년 2명 • 학원 원장 및 교사 12명	• 종합학원 2곳 • 프랜차이즈 형식의 단과학원 3곳

3. 연구방법

연구는 참여관찰과 심층면담, 내용분석의 방법으로 진행하였다. 우선 기본적인 정보는 학생들의 학교와 학원생활을 참여관찰을 통해 수집하였다. 가장 많은 시간을 할애한 방법은 심층면담으로 이를 통해 연구 참여자의 의식과 감정, 그들의 삶뿐만 아니라 학

아동용 면담 가이드

영역1: 배경, 사전지식 A 학원 경험 B 가정에서의 교육에 대한 관심 C 학습태도에 대한 자기평가 **영역2: 학원의 교육과정** A 학원에 관한 정보 B 학습과 관련된 학원정보 C 학원에서 제공하는 서비스	**영역3: 학원의 학습방법** A 교과별 학습방법 B 시기별 학습방법 C 매일 매일의 수업방법 및 내용 **영역4: 학원교재** A 각 과목별 교재의 종류 B 교재의 구성 C 교재의 특성 및 부가비용 **영역 5: 학원에서의 평가방법**

면담 주제 및 일정

<table>
<tr><th rowspan="3">시기</th><th colspan="4">면담 주제(평가) 및 일정</th></tr>
<tr><th rowspan="2">학생</th><th colspan="2">교사</th><th rowspan="2">학부모</th></tr>
<tr><th>학교</th><th>학원(원장 포함)</th></tr>
<tr><td>2006년
3~4월</td><td>라포르 형성, 이전 학원
경험 및 현재 일과시간,
학원수업의 기본 사항</td><td>라포르 형성</td><td>라포르 형성</td><td>라포르 형성</td></tr>
<tr><td>5~6월</td><td>학원교재 및 수업방법
수업 시간표와 교육과정</td><td>학교에서의
교과학습평가 실태</td><td>학원수업 방법 및
교재, 교사 등</td><td rowspan="6">학원 교육이
가지는 의미
장점과 단점</td></tr>
<tr><td>7~8월</td><td>방학 중 교육과정
및 평가</td><td></td><td>학원교육과정 계획 ·
제작 · 종류 및 방법</td></tr>
<tr><td>9월</td><td>학원의 평가와 보상
수준별 반편성</td><td>학교에서의 교과학습
평가의 방법과 위상</td><td>학원 수업, 평가
방법 및 실제</td></tr>
<tr><td>10월</td><td>학교에서의 교과학습평가와
학원에서의 평가의 의미</td><td></td><td rowspan="2">학원의 의미</td></tr>
<tr><td>11월</td><td>학원 수업방법, 교재,
교육내용</td><td>학교에서의 교과학습
평가의 의미</td></tr>
<tr><td>12월</td><td>추가 자료수집
학원에서의 평가의 의미</td><td>추가 자료 수집
평가의 의미</td><td>추가 자료 수집, 학원
에서의 평가의 의미</td><td>학원에 보내는 이유
평가의 의미</td></tr>
</table>

원학습의 전반적인 체계와 특성을 이해할 수 있었다. 이를 위해서 사전에 연구의 목적에 맞는 면담가이드를 작성하였고, 면담의 스케줄과 주제도 이에 따라 이루어졌다. 다음 표는 면담의 주제만 요약한 아동용 면담가이드이고, 그 다음 표는 이에 따른 실제 면담 일정과 주제를 보여준다.

아이들과의 면담은 40분이 넘지 않도록 하였으며, 학원 방문은 일주일이나 2주일에 한 번씩 방문을 하여 수업 참관을 하거나 학원 원장이나 교사와 면담을 하였다. 문서화된 자료는 아이들이 사용한 학원 교재와 학원에서 배부한 팜플렛, 안내장, 평가결과지 등 모두를 수집하였고, 학원 방문시 학원 원장이나 교사로부터 직접 수집하기도 하였다. 다음 표는 수집한 자료의 대략적인 양으로 본 연구방법의 특성을 잘 나타낸다

수집 자료의 양

아동 면담횟수 및 시간	총 220여 회 약 150시간
학원 교사(원장 포함)와의 면담	총 60여 회 약 120시간
학원 방문	총 90여 회
학교 교사와의 면담	총 60여 회 약 80시간
학부모와의 면담	약 20시간
수집한 학원 교재 및 문서화된 자료	약 200부
전사 자료	A4 약 600장

고 볼 수 있다.

연구 참여자별 면담시간을 보면 아동은 평균 20회, 학원 교사(원장 포함)는 평균 10시간, 학교 교사와는 평균 9시간, 학부모와는 평균 2시간이 이루어졌다. 이런 면담과 90여 회의 학원 방문을 통해 문서화된 자료를 수집하고, 면담 과정은 전사 자료로 남아 심층적 기술의 기본 자료가 되었다.

4. 자료분석

이용숙 · 김영천(1998)은 질적 자료 분석의 과정을 전사, 코딩, 주제의 발견이라는 세 개의 과정으로 정의하고 있으며, 질적 자료 분석은 다양한 분석방법이 존재하고 각 연구방법들이 특징을 가지고 있기 때문에 자신의 연구에 어떤 분석방법을 선택하는 것이 가장 유리한지를 규명하는 노력을 해야 한다고 강조한다. 본 연구에서는 수집한 자료를 전사 → 주제별 약호화와 적용 → 주제 생성의 세 단계로 분석하였다. 연구기간 동안 수집한 자료들은 주로 연구 참여자와 면담한 내용, 학생들의 학교 · 학원일기, 학교 · 학원에서 나온 유인물, 학교 · 학원 성적표, 학원의 학생 포트폴리오 자료, 다양한 교재, 연구일지 등이었다.

자료 분석 초기에는 전사한 출력물을 재차 읽어보며 연구방향에서 중요하거나 의미 있다고 생각되는 내용에 밑줄을 긋거나 동그라미를 하여 표시하였다. 이 세그멘팅(segmenting) 작업을 하면서 반복되는 자료나 연구 참여자의 언어로 표현된 말 등 하나씩 하나씩 흐름을 형성하여 작은 주제를 생성하였다. 연구자는 세그멘팅한 부분에서 작은 주제를 찾아내며 그때마다 새롭게 정리된 아이디어를 메모하여 정리하였다. 혹시 놓친 부분이 있지는 않은지 현장을 떠올리기도 하고 전사한 자료를 다시 보기도 하면서 관련이 있는 내용들을 하나의 코딩으로 묶어 명칭을 부여하였다. 이때 정리된 단어와 문장들은 글쓰기에서 중요한 아이디어로 자리 잡았다. 이렇게 정리하며 자료가 필요한 경우 추가 자료 수집이 이루어졌다. 초기코딩 후 심층코딩 단계로 옮겨가 초기에 만든 코딩 중에서 자료에 계속 나타나는 코딩을 중심으로 새로운 포섭적 코딩을 만들었다. 이 단계에서는 핵심적이고 통합적인 주제어로 전반적인 내용을 포괄하고 종합하는 작업을 수행하였다. 마지막 작업은 실제 글쓰기에 활용될 내용을 선택적으로 정하는 것이었기 때문에 신중하였고 연구 참여자가 놓치거나 깨닫지 못하는 부분을 찾기 위해 동료교사나 연구 참여자에게 조언을 구하기도 하였다.

5. 타당도 작업

본 연구의 신뢰도를 높이기 위해 연구자는 충분한 기간 동안의 집중적인 관찰, 심층적인 기술(thick description), 삼각측정법(triangulation), 연구 참여자에 의한 연구결과의 평가 작업(member checking)을 수행하였다.

우선 충분한 기간 동안의 집중적인 관찰로 연구 참여자와 학원 교육의 특성을 이해하기 위한 자료를 충분히 모을 수 있었다. 앞서 제시하였다시피 1년 여 동안의 연구기간 동안 학교와 학원에서의 연구 참여자들의 생활을 관찰하면서 자료를 보충하고 보완하는 과정을 통하여 연구의 신뢰도를 높일 수 있었다.

둘째, 면담과 학원일기 자료를 전사함에 있어서, 현상의 복잡성과 상황성을 정확하게 전달하기 위하여 심층적인 기술에 초점을 두었다. 심층적 기술은 연구자가 아닌 그 어느 다른 외부자라고 하더라도 그 자료들의 분석이 그렇게 만들어질 수밖에 없다는 것을 이해시키는 효과적인 자료가 된다(김영천, 2006). 이에 연구 참여자들의 삶의 이야기와 학교나 학원의 현장을 현실감 있고 생동감 있게 전달하기 위하여 노력하였다. 참여관찰을 통한 세부적 기술과 사진자료는 심층적 기술을 위한 자료로 활용되었다.

셋째, 참여관찰, 비디오, 사진, 녹음, 면담, 문서자료, 일기 등 다양한 연구방법으로 자료를 수집하는 삼각측정법을 사용하였다. 여러 가지 방법으로 자료를 수집하여 연구 참여자들의 삶의 과정을 실질적으로 기술하도록 노력하였으며, 이를 위해 쪽지, 메모, 관찰, 사진 등의 보조 자료도 활용하였다. 앞서 설명한 연구방법들을 통하여 다양한 자료들을 수집하였고 그 자료들을 상호 확인하고 검토하는 과정을 거쳐 한 가지 방법으로는 알 수 없었던 내용을 다른 방법으로 알 수 있었다.

넷째, 연구 참여자에 의한 연구결과의 평가 작업을 하였다. 이는 연구결과에 의해 내려진 연구결과의 타당성을 평가하는 중요한 과정이며 연구자가 도출한 임의적 분석과 결론이 과연 맞다고 할 수 있는지를 연구 참여자에게 확인하는 절차를 뜻한다. 따라서 연구자는 연구가 진행되는 과정에서 연구 참여자들에게 연구자가 이해하고 받아들이고 있는 의미들이 정확한지 다시 한 번 묻고, 확인하는 작업을 거쳤다. 다음 표와 같이 연구 참여자에 의한 연구결과의 평가 작업은 2007년 1, 2월 총 4회에 걸쳐 연구 참여자를 달리하여 진행하였다. 연구 참여자들은 연구자의 연구결과에 공감을 나타내었고, 학원교육의 특징을 이해할 수 있는 계기가 되었다는 반응을 보였다.

연구 참여자에 의한 연구결과의 평가 작업

날짜	연구 참여자	반응
2007년 1월 9일	아동: 3학년 1명, 5학년 2명, 6학년 1명	• 자신의 학원생활을 맞게 표현했다. • 학원에 다니는 이유를 한 번 더 생각하게 되었다.
2007년 1월 23일	학원 교사(원장포함) 3명	• 학원의 학습 시스템을 잘 이해하고 서술했다는 반응을 보였다.
2007년 2월 6일	학부모 2명	• 궁금했던 아이들의 학원 생활을 알 수 있는 계기가 되었다는 반응이었다. • 학원의 수업 스타일을 알 수 있게 되었다.

Ⅳ. 학원의 교육과정

제4절에서는 학원의 교육과정을 이해하고 교육의 특징을 살펴본다. 학원의 교육과정은 학원에서 이루어지는 학습의 총체를 의미하기 때문에, 학원의 수업과 더불어 다양한 교육활동을 포함한다. 그리고 학원 교육과정은 하나의 형식을 계획하여 일률적으로 운영되지 않고, 상황과 계속적인 평가를 통해서 유연성을 발휘한다. 학원의 생존전략은 점점 더 치밀하고 시스템화되고 있어 더 효과적이고, 실질적으로 학생들의 학업성적을 향상시키기 위해 수업의 방법이나 체제의 측면에서 계속적인 변화를 모색하고 있다. 이렇듯 변화를 거듭하며 나름의 생존전략을 구가하고 있는 학원의 교육과정과 그 특성에 대해 살펴보면 다음과 같다.

1. 학원 교육과정의 구조

학원 교육과정은 기본적으로 4분기로 운영된다. 학원 교육과정에서 분기를 나누는 기준은 새로운 학년 및 학기 학습의 속진학습 및 반복학습 시작여부와 관련된다. 그리고 4분기의 시작 시점을 기준으로 학생들은 학원에 새로 등록하거나, 다른 학원으로 옮길 수 있다. 학원 교육과정의 분기는 12월부터 다음해 2월까지를 1분기, 3월부터 5월까지를 2분기, 6월부터 8월까지를 3분기, 9월부터 11월까지를 4분기로 나눈다. 학원에서 이루어지는 4분기의 교육과정 중 1분기에는 1학기 예습을 통해 속진학습을 실시하고, 2분기에는 1학기 복습을 실시하며 반복학습을 한다. 3분기에는 2학기 예습인 속진학습을, 4분기에는 2학기 복습인 반복학습을 한다. 구체적인 학원 교육과정 운영은 다음 표에 요약, 설명하였다.

학원 교육과정

구분	1분기	2분기	3분기	4분기
	12, 1, 2월	3, 4, 5월	6, 7, 8월	9, 10, 11월
수업	1학기 예습	1학기 복습	2학기 예습	2학기 복습
	속진학습	반복학습	속진학습	반복학습
특강	경시반 상설 운영, 영역별 반 편성, 각종 시험 대비 특강 실시			

이는 학교 교육과정과 큰 차이를 보이는데 체제, 학기시작, 수업일수, 교육과정 운영, 방학기간의 학습의 형태에서 다음과 같은 차이를 보인다.

학교와 학원의 교육과정 비교

항목	학교 교육과정	학원 교육과정
체제	• 2학기	• 4분기
학기 시작	• 3월 2일부터 1학기 시작 • 여름방학 후 개학일부터 2학기 시작	• 12월 첫 주 (다음 학년의 1학기 속진학습 시작) • 3월 첫 주(1학기 반복학습) • 7월 첫 주(2학기 속진학습) • 9월 첫 주(2학기 반복학습)
수업일수	• 법정 수업일수 존재(주 5~6일)	• 주 5일, 단 보충, 심화학습이 필요한 학생이나 시험기간에는 토, 일요일, 공휴일에도 수업을 함
교육과정 운영	• 학교 교육과정과 교과학습 진도를 확인하며 조정 • 재량활동시간 등을 이용하여 교사의 자율권 행사 • 각종 행사활동이 이루어짐	• 교재 위주(한달 과정) • 인근 학교 교육과정(행사, 학력평가, 방학)에 따라 탄력적으로 운영
방학기간의 학습	• 방학 과제 제시(학습보다는 활동 위주를 권장함)	• 속진학습

학원의 교육과정은 교재의 구성과도 밀접하게 연관해서 운영된다. 특히 프랜차이즈인 경우는 교육과정과 수업방법, 평가 등 모든 시스템이 정형화되어 있다. 수학의 경우, 교재는 월별로 한 권씩 있으며 교재 구성은 주별, 또는 월별로 되어 있다. 주말 평가, 월말 평가는 교재에 같이 포함되어서 교육과정이 운영되면 자연스럽게 이루어진다. 교재 구성이 3개월씩 나눠져서 교재를 통해 교육과정은 자연스럽게 속진과 반복학습을 진행한다.

2. 학원 교육과정의 특징

학원 교육과정의 특징을 구체적으로 살펴보면, 속진학습과 반복학습, 분반제도, 계속적인 평가의 세 가지로 나눠볼 수 있다. 각각의 특징은 학원에서 어떻게 교육열이 재생산되고 있는지 설명해 주는 주제이기도 하다.

1) 속진학습과 반복학습

속진학습과 반복학습은 미리 배우고 또 반복해서 학습하는 과정에서 학생들의 학습력을 높이겠다는 학원교육의 목적을 잘 반영해 주는 특징이라 할 수 있다. 속진학습과 반복학습의 기초가 되는 기준은 바로 학교 교육과정이다. 학원은 학교 교육과정상의 방학기간을 이용하여 1차로 속진학습을 진행한다. 그리고 학기가 시작되면, 학교의 교육과정보다 한발 앞서서 방학 때 배운 내용에 대해 반복학습을 시작한다. 그리고 학교의 교육과정에서 시험이 실시되면, 학원에서는 반복학습을 그만두고 문제풀기를 시작한다. 시험에서 더 좋은 성적을 얻는 것이 학원에서의 최종 목표이며 나아가 학원이 살아남을 수 있는 길이기 때문이다.

방학은 학원에서는 새로운 학기를 준비하는 기간이다. 여름방학에는 2학기의 학습을 속진학습으로 실시하고, 겨울방학의 경우는 다음 학년도의 학습을 대비한 속진학습이 이루어진다. 여름 방학 동안은 1학기의 내용과 연계된 2학기의 내용을 시작하며, 겨울방학의 학습은 다음 학년의 1학기의 교육과정 내용과 전 학년도의 1, 2학기 내용을 연계하여 속진학습을 진행한다.

학기 중의 학원 교육과정은 학교의 정규 교육과정에 비교하면 속진학습이고, 사설보습 학원의 입장에서는 이미 방학 기간을 활용하여 속진학습이 이루어졌기 때문에 반복학습이라는 두 가지 의미를 띠는 학습이 진행된다. 먼저, 학기 초, 학기 중 1, 학기 중 2, 학기 중 3의 기간에 실시되는 사설 보습 학원의 속진학습은 방학 중에 이미 개념과 원리를 학습한 속진학습을 토대로 하여 학교 진도보다 최소한 2~3일, 보통은 일주일, 혹은 한달 정도 앞서 이루어진다. 이때 속진학습은 기본적인 문제를 바탕으로 하여 응용력과 적응력을 요구하는 문제풀이를 중심으로 이루어진다. 그리고 문제를 푸는 중간 중간 중요한 개념에 대해서는 학원 교사의 설명으로 학생들이 암기하도록 수업이 진행된다. 다음 표는 이러한 학원교육의 반복학습과 속진학습의 주기를 잘 나타내준다.

학기별 사설 보습 학원에서 실시하는 학습의 형태

학기	학기초	진단 평가	학기중1	중간 고사	학기중2	수학 진급평가	학기중3	기말 고사	학기말
시기	3월초	3월중순	~5월 중순	5월중순	~6월 중순	6월중순	~7월초	7월초	~8월말
학습방법	속진학습	반복학습	속진학습	반복학습	속진학습	반복학습	속진학습	반복학습	속진학습

진단평가, 중간고사, 수학 진급평가, 기말고사 기간에는 전형적인 반복학습이 이루어진다. 이때는 문제풀이 위주의 반복학습 형태로 진행되는데, 이미 속진학습을 통해 배운 개념과 원리를 숙지하고 있기 때문에 문제풀이 능력을 길러주는 데 목적을 두고 수업이 진행된다. 이 시기의 수업은 계속적으로 문제를 풀면서 오답공책을 작성하고 틀린 문제를 외우면서 점수를 올릴 수 있도록 한다. 그리고 끊임없이 문제집과 복사물을 학생들에게 제공하여 문제에 익숙해지도록 요구한다. 이 기간 동안 학생들은 시험에 대한 불안감을 해소하고, 시험문제에 대한 적응력을 높일 수 있는 효과를 얻게 된다.

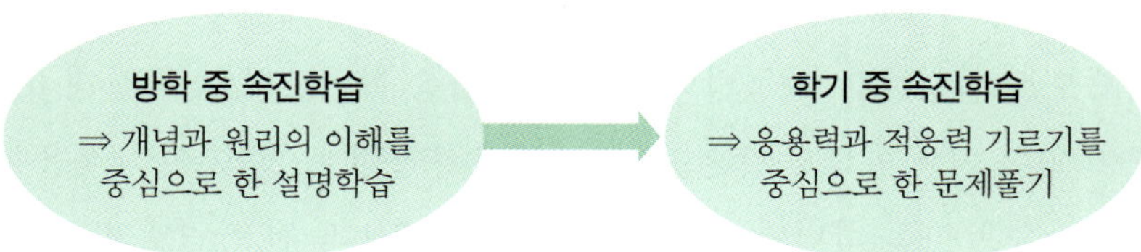

방학 중 속진학습과 학기 중 속진학습의 차이점

2) 분반제도

학원의 교육과정이 갖고 있는 두 번째 특징은 분반제도이다. 분반제도는 사설 보습 학원에서 학교교육과의 경쟁력에서 우위를 차지하고 있다고 강조하고 있는 부분이다. 대부분의 사설 보습 학원에서는 학생들이 학원에 입원(入院)하는 순간부터 그 학생의 수준을 평가하여 수준에 맞는 반에 배정하고 수업을 진행해 나간다. 그리고 학생들의 수준과 교과에 따라서 교육과정이 운영된다고 강조한다.

사설 보습 학원에서는 분반제도를 통해 능력에 따라 반이 나뉘고 학급당 인원을 적게는 5명에서 많게는 12~15명 선으로 구성하고 있다. 분반제도는 학부모들에게도 매우 매력적인 부분으로 작용하고 있으며, 분반제도의 핵심은 학생의 능력에 맞는 반을 구성한다는 것이고, 궁극적으로 개개인의 학습의 욕구를 충족시킨다는 의미를 지닌다.

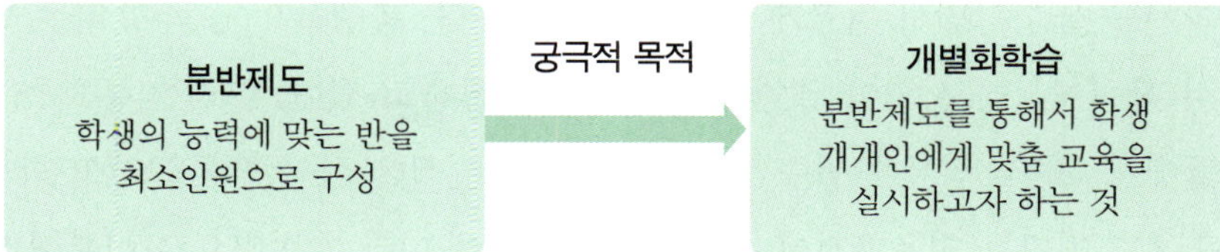

분반제도의 궁극적 목적

학교현장에서는 다인수 학급의 특성상 개개인 학생의 요구에 맞는 개별학습을 실시하기에 물리적, 환경적으로 어려움이 따르는 데 비해 학원은 최소의 비용으로 분반제도를 운영하여 능력이 비슷한 학생들을 모아 교육과정을 운영하며, 개별학습의 효과를 올리고 있다.

분반제도를 가장 잘 활용하는 과목은 상대적으로 개인차가 심하게 나타나는 영어와 수학 교과이다. 영어 교과는 학년 구분 없이 철저히 능력별로 분반을 하는 데 반해 수학은 그 학년의 틀 안에서 각 학생의 단계에 맞추어 분반을 하였다. 이 분반제도는 각 수준별 맞춤 교육을 할 수 있다는 장점이 크게 작용하여 효율적인 학습과 교수를 진행할 수 있었다. 단과 형태가 아닌 종합 학원인 경우는 모든 과목을 수준별로 나누기보다는 수학 교과의 반을 기준으로 반을 나누어 진행되고 있다. 이는 학년의 틀을 유지한 상태로 학력을 가장 잘 진단할 수 있다는 교과의 특성을 반영한 것이라 할 수 있다. 그리고 몇몇 종합 학원의 경우는 시간별로 국어, 과학, 사회, 논술 등의 부가과목의 강좌를 열어놓고, 학생들의 시간에 맞춰서 반에 들어갈 수 있도록 운영하기도 하였다.

3) 계속적인 평가

학원 교육과정의 세 번째 특징은 계속적인 평가이다. 학원은 수강하기 위해 들어가는 순간부터 분반을 위한 평가로 시작한다. 이렇듯 학원에서 끊임없이 평가를 하는 이유를 살펴보면 세 가지로 정리할 수 있다.

첫째, 학원 교육과정상의 학습 효과를 알아보기 위함이다. 학생들이 학원 교육과정에서의 학습에서 얼마만큼의 증진을 보이는가는 학원 입장에서도 중요한 부분이 된다. 결국, 시험을 통해 교실 현장에서 이루어지는 학습의 효과를 살펴, 향후 대책을 세우고, 교육과정을 수정 보완하여 지도해 나가는 것은 중요한 부분으로 의미를 갖게 된다.

둘째, 학원의 평가는 학원에서 이루어지는 교육과정상의 활동을 학부모와 학생들에게 홍보한다는 의미를 지니고 있다. 학부모와 학생에게 있어서 가장 먼저 접하게 되는 평가는 학원을 들어서면서 치르게 되는 능력시험이다. 학생들의 능력에 따른 반 편성을 위해서 학원에서는 시험이 당연한 절차라고 홍보하고 있다. 이러한 홍보는 학부모와 학생들에게 교육과정상에 필수적인 부분이라는 인식을 심어준다. 그리고 학원에 입원한 이후에도 평가는 교육과정이 운영되면서 시기에 따라 계속적으로 이루어진다. 학원에서 실시한 시험지를 게시판이나 홍보판에 게시하여 자신의 사설 보습 학원을 다니고 있는 학생들이 이 정도의 문제를 풀 수 있다는 것을 보여주며, 학원을 다니지 않는 학부모와 학생들에게 학원학습의 필요성을 역설하는 무언의 홍보를 하고 있다.

셋째, 학원의 교육과정 속에서 실시되는 계속적인 평가의 궁극적인 목적은 학교 시험에서 성적을 향상시키는 것이다. 계속적인 평가는 학생들이 시험에 익숙하도록 하고, 다양한 문제를 접하게 함으로써 학교에서 실시하는 시험을 미리 대비하고 준비할 수 있는 기회를 제공한다. 그리고 이러한 교육과정에서 시험 성적이 향상될 수 있는 가능성은 더 높아지게 된다.

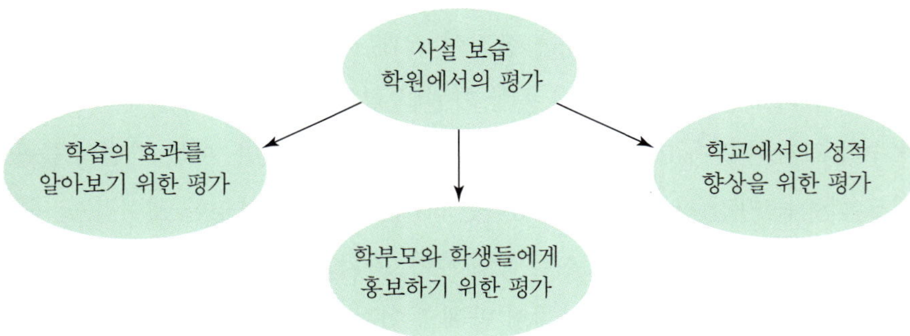

사설 보습 학원에서의 평가의 세 가지 목적

학원에서는 학부모와 학생들의 요구와 학원 자체의 교육적 효과를 동시에 알아보기 위해서 교육과정상의 계속적인 평가에 매달리고 있다. 학교 현장에서 실시하는 시험보다도 더 많은 횟수로 학생들을 계속적으로 평가하고, 나름의 방식으로 학생들을 격려하거나 체벌하고 있다. 그리고 사설 보습 학원에서의 계속적인 평가에 학부모와 학생이 거부감을 갖지 않고, 적극적으로 참여하고 있다. 학원의 교육과정 속에서의 평가는 학생 수준을 평가하고, 능력에 맞는 지도에 필요한 필수불가결한 요소로 인식되고 있기 때문이다.

이상에서 살펴본 것과 같이 학원 교육과정은 고정된 틀이 없이 유연하게 운영되고 있다. 즉, 상대적으로 융통성을 발휘하기 힘든 학교보다 한발 앞선 교육과정 운영을 통해 속진학습과 반복학습을 실시하고 있으며, 분반제도로 개개인의 수준에 맞는 맞춤

교육을 실시하고 있다. 그리고 교육과정 속에서 계속적인 평가를 통해서 학원 교육과정이 갖는 문제점을 수정 보완하며 학교와 다른 교육의 장으로써 학원의 위치를 확고히 굳히고 있다. 학원의 교육열은 체계적인 형식과 운영을 통해 계속 세를 키우고 있다. 오히려 눈에 보이지 않는 교육열의 실체는 더욱 존재감이 부각되고 있으며 교육의 장에서 더 이상 간과해서는 안 되는 주제로 부각되고 있다.

V. 학원의 평가방법

제5절에서는 학원학습에서 실시하고 있는 학원에서의 평가방법을 살펴보도록 하겠다. 학원에서의 평가는 계획된 잦은 평가, 체계적으로 분석된 성적표, 이를 통한 개인별 관리로 학생들을 학원으로 불러 모으고 있었다. 학원에서의 평가는 다음 그림과 같이 그 특징을 맞춤식 평가, 학생 요구에 부응하는 평가, 자기 진단을 위한 평가로 크게 세 가지로 정리할 수 있다.

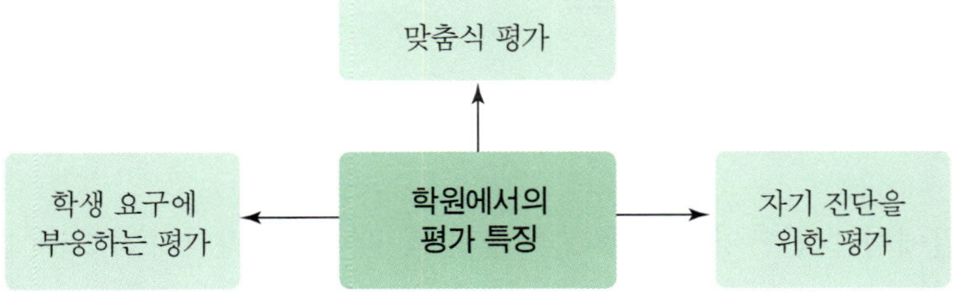

학원에서의 평가의 특징

1. 맞춤식 평가

학원에서의 평가의 첫 번째 특징은 맞춤식 평가이다. 맞춤식 평가는 진단평가를 통해서 학생들이 수준에 맞는 반으로 분반되고, 다시 일정기간이 지나서, 학생 능력에 맞는 평가 학습지로 평가가 이루어진다는 것을 의미한다. 즉, 학생들은 학원학습에서 자신의 수준에 맞는 평가 학습지를 통해 개인별 맞춤식 평가를 받고, 추후에 결과에 따라서 계속적인 지도를 받고 있었다. 이는 학원에서 수강생을 모집하기 위한 홍보 전략으로, 학교현장에서 한 명의 교사가 많은 학생을 지도하는 열악한 교육여건을 학원에서 틈새 공략한 부분이었다. 즉, 학부모와 학생들에게 학교에서 실제적으로 개인에 맞는 맞춤식 평가를 통한 교육이 제대로 이루어지지 않는다는 것을 강조하며, 학원학습은 맞춤식 평가를 통해서 개개인에 맞는 맞춤교육을 실시하고 있다고 강조하고 있었다. 그리고 맞춤식 평가는 학부모와 학생들에게 간과할 수 없는 학원학습의 장점으로 부각되고 있었다.

학원학습에서의 맞춤식 평가는 소수의 인원으로 반을 구성하는 학원방침에서 시작되는 것으로, 학생들은 진단평가를 통해 자신의 능력을 확인받고, 능력에 따라 분반된다. 이를 통해 학생들은 능력에 따른 교재를 통해 맞춤식 교육을 받게 되고, 배운 내용에 대해서도 맞춤식 평가를 경험하게 된다. 맞춤식 평가 시스템이 잘 갖춰져 있는 돌담학원의 사례를 살펴보면 다음 표와 같다.

돌담학원: 수학교과 평가 과정

<table>
<tr><th>요일
한달</th><th>월</th><th>화</th><th>수</th><th>목</th><th>금</th><th>비고</th></tr>
<tr><td>시작단계</td><td colspan="5">진단평가</td><td>• 분반학습 및 개인별 맞춤식 지도</td></tr>
<tr><td>1주</td><td colspan="4"></td><td rowspan="4">매주 마지막마다 주마무리 평가 실시</td><td rowspan="4">• 한 단원이 끝날 때마다 수준별 교재에 제시되어 있는 단원평가 실시
• 학생들의 분반된 수준에 따라서 다른 수준의 중간 · 학기말 평가 실시</td></tr>
<tr><td>2주</td><td colspan="4">연산과정 평가(자체제작)</td></tr>
<tr><td>3주</td><td colspan="4"></td></tr>
<tr><td>4주</td><td colspan="4">서술형 문제 평가(자체제작)
• 월말평가</td></tr>
<tr><td>수학학습 순서</td><td colspan="6">연산기초 → 보충문제 → 유사문제 → 문장제 문제 → 경시대회 문제</td></tr>
</table>

돌담학원에서는 진단평가를 통해 학생의 학습상황을 파악하여 그에 맞는 교재가 선정되고 분반되어서, 수업이 진행되었다. 그리고 평가 또한 각 반의 능력에 맞게 시험수준이 조정되었다. 맞춤식 평가가 이루어진 뒤, 평가결과에 따라 지금 반에 머무르거나, 다른 수준의 반으로 상향 혹은 하향 이동하였다. 평가의 실시에 있어서도 돌담학원의 경우 개인 수준에 맞는 평가 학습지가 제공되었다. 다음 그림은 돌담학원에서 제공하는 개인 수준에 맞는 평가지 제작과정이다.

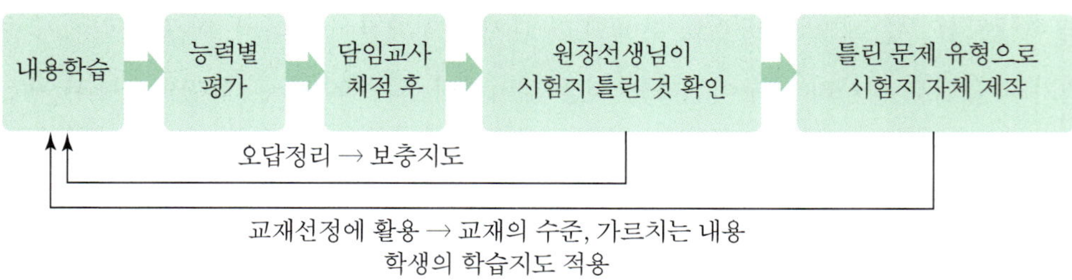

돌담학원의 평가지 제작과정

돌담학원의 경우 학생들에게 맞춤형 평가를 실시하며, 나아가 시험지 제작도 학생들의 시험 결과를 분석하여 부족하고 어려워했던 부분을 중심으로 구성하여 재평가를 실시하였다. 이때 눈여겨볼 만한 부분은 학원에서 실시하는 재평가는 학생들이 다음 단계로의 분반을 독려하기 위해서 실시하고 있다는 것이었다. 즉, 학생들의 실력이 향상되었음을 시험을 통해 확인하고, 상향식 분반을 통해 학생들의 학습 내적 동기 유발을 이끌어 내고 있었다.

학생과 학부모가 학원을 찾는 이유 중 하나가 바로 개별 학습으로, 맞춤식 교육과 평가가 이루어진다는 것이다. 평가 결과를 활용한 맞춤식 지도는 학교의 다인수 학급에서 이루어지기 힘든 부분임에 비해 학원에서는 적은 인원과 그에 맞는 교육과정 및 평가 실행으로 가능하였다. 그리고 그러한 장점은 학부모와 학생들에게 학원학습을 선택하게 하는 매력적인 요소가 되고 있었다.

2. 학생 요구에 부응하는 평가

학원에서의 평가의 두 번째 특징은 학생 요구에 부응하는 평가이다. 학생 요구에 부응하는 평가는 학생들이 다니는 학교 교육활동에서 평가가 실시될 때, 학원에서는 평가를 준비하고 나아가 대비하도록 도와준다는 것을 의미한다. 대체로 학생들은 학교 수업내용을 더 잘 이해하고 학교에서 치러지는 평가에서 우위를 차지하기 위하여, 자신의 꿈에 더 가까이 다가서기 위하여 학원을 다닌다. 이에 대해 학부모도 같은 생각을 가지고 있었는데, 내 아이가 미래에 좀 더 나은 삶을 살기를 바라는 소망을 갖고 있었다. 따라서 학원은 수요자가 바라는 목표를 달성하기 위해, 그들의 요구에 부응하기 위한 도구로 평가를 활용하고 있었다. 학교의 학력평가 시기에 맞춰 학원에서의 평가가 계획되고 실시되었으며, 학원 교과로 다루지 않던 예체능 교과까지 학교 시험기간이 되면 학원에서 집중적으로 학습을 실시하여 평가를 대비하였다. 즉, 학생의 학습상황에 맞춰 요구되는 평가를 학원에서는 준비하여 대비해 주고 있었다. 다음 표는 학교의 교과학습평가에 따른 미소학원의 스케줄로 학교의 교과학습평가에서 좋은 결과를 얻고 싶어 하는 학생들의 요구에 부응하기 위한 학원의 수업 방법과 전략을 엿볼 수 있었다.

대부분의 학원에서는 학교의 시험기간이 다가오면 시험을 보기 전 약 보름 동안 시험 대비 프로그램이 운영되며, 평가도 그에 따라 진행이 되었다. 학원에서는 학교 시험을 대비한 평가가 평소에 비해 더욱 잦아지며, 문제유형 또한 학교의 시험유형과 유사

학교의 교과학습평가에 따른 미소학원 스케줄

달	1	2	3	4	5	6	7	8	9	10	11	12
학교	겨울방학				1학기 중간 학력 평가		1학기 기말 학력 평가	여름방학	2학기 중간 학력 평가		2학기 기말 학력 평가	겨울방학
학원	다음 학년 내용 예습		학교진도보다 1~2달 빠른 내용 학습	학교에서의 교과학습 평가 대비 (학교시험 보기 보름전부터 시작) 학원수업 진도 안 나감		학교 진도 보다 1~2달 빠른 내용 학습	학교에서의 교과학습 평가 대비 (학교시험 보기 보름 전부터 시작) 학원 수업진도 안 나감	1학기 복습 및 2학기 예습	학교 진도 보다 1~2달 빠른 내용 학습	학교에서의 교과학습 평가 대비 (학교시험 보기 보름 전부터 시작) 학원수업진도 안 나감	학교 진도 보다 1~2달 빠른 내용 학습	학교에서의 교과학습 평가가 끝나면 바로 다음 학년 내용 예습

한 형태로 제시되어 문제풀이를 연습시켰다.

학원의 학생들이 학교시험에서 성적이 오르거나 좋은 결과를 얻게 되는 것은 곧 그 학원의 홍보수단이 되며, 이것은 학원이 생존해 나가는 중요한 열쇠가 된다. 학원은 높은 성취도를 바라는 수요자의 욕구를 만족시키기 위해 다양한 방법을 구안하여 효과적이고 효율적인 평가를 실시하기 위해 노력하고 있었다. 특히 프랜차이즈의 경우 끊임없는 연구와 투자로 다양한 이론을 바탕으로 수요자의 눈길을 끌게 하며 그러한 노력에 대한 결과는 학원에서 실시한 평가를 통하여 증명되고 있었다. 이것은 학교시험에서 학생이 받은 점수나 평가 결과로 학원에서의 노력을 확인받게 되고 그 노력의 과정 중 하나로 학원에서 이루어지는 평가는 수요자의 목적에 부합하게 되는 것이다.

3. 자기 진단을 위한 평가

학원에서의 평가의 세 번째 특징은 자기 진단을 위한 평가이다. 자기 진단을 위한 평가는 학교와 달리 학원에서의 평가가 학생들의 학업 성취의 과정과 결과를 다양한 자료를 토대로 제공해 준다는 것이다. 전국 등수, 각 교과별 영역에 따른 성취수준 등을 학원에서 실시하는 평가를 통해 확인할 수 있었다. 그리고 자기 진단을 위한 평가를 통해 학부모와 학생들은 학습에 있어서 진단을 하고, 새로운 학습 대책을 학원 교사와 함께 모색하며 학습을 개선해 나갔다.

자기 진단을 위한 평가라는 특징에 맞게 학원의 평가는 계속적으로 진행되며 학교에 비하여 그 횟수도 잦았다. 평가는 계획적으로 시행되고 평가를 통해 학습지도가 이루어지기 때문에 결과의 통지도 무척 중요한 부분이었다. 흔히 말하는 학원의 통지표에서는 평가결과표로 과목별 성취 비율과 문항별 요소분석, 지난 평가 결과 띠그래프, 전국에서 자신의 위치(프랜차이즈의 경우 가명된 프랜차이즈의 학생들 중)를 확인할 수 있었다.

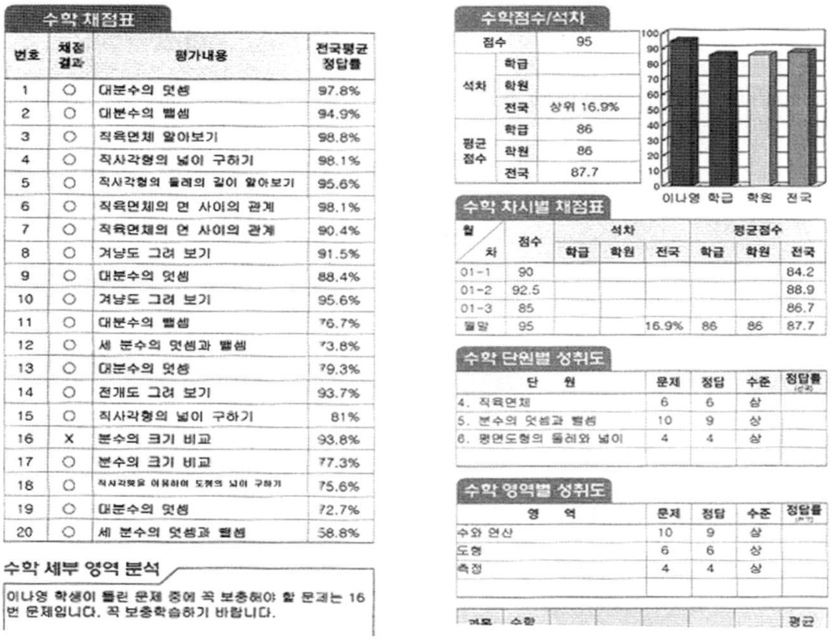

수학 채점표

번호	채점 결과	평가내용	전국평균 정답률
1	○	대분수의 덧셈	97.8%
2	○	대분수의 뺄셈	94.9%
3	○	직육면체 알아보기	98.8%
4	○	직사각형의 넓이 구하기	98.1%
5	○	직사각형의 둘레의 길이 알아보기	95.6%
6	○	직육면체의 면 사이의 관계	98.1%
7	○	직육면체의 면 사이의 관계	90.4%
8	○	겨냥도 그려 보기	91.5%
9	○	대분수의 덧셈	88.4%
10	○	겨냥도 그려 보기	95.6%
11	○	대분수의 뺄셈	76.7%
12	○	세 분수의 덧셈과 뺄셈	73.8%
13	○	대분수의 덧셈	79.3%
14	○	전개도 그려 보기	93.7%
15	○	직사각형의 넓이 구하기	81%
16	X	분수의 크기 비교	93.8%
17	○	분수의 크기 비교	77.3%
18	○	직사각형을 이용하여 도형의 넓이 구하기	75.6%
19	○	대분수의 덧셈	72.7%
20	○	세 분수의 덧셈과 뺄셈	58.8%

수학 세부 영역 분석

이나영 학생이 틀린 문제 중에 꼭 보충해야 할 문제는 16번 문제입니다. 꼭 보충학습하기 바랍니다.

수학점수/석차

점수		95
석차	학급	
	학원	
	전국	상위 16.9%
평균 점수	학급	86
	학원	86
	전국	87.7

수학 차시별 채점표

월/차	점수	석차			평균점수		
		학급	학원	전국	학급	학원	전국
01-1	90						84.2
01-2	92.5						88.9
01-3	85						86.7
월말	95			16.9%	86	86	87.7

수학 단원별 성취도

단 원	문제	정답	수준	정답률
4. 직육면체	6	6	상	
5. 분수의 덧셈과 뺄셈	10	9	상	
6. 평면도형의 둘레와 넓이	4	4	상	

수학 영역별 성취도

영 역	문제	정답	수준	정답률
수와 연산	10	9	상	
도형	6	6	상	
측정	4	4	상	

능력학원의 수학 결과표

위에 제시된 그림은 능력학원에서 학생들에게 제공하는 수학 교과에서 영역별 자기 진단이 가능한 성적표를 제시한 것이다. 수학 교과의 각 영역의 평가 내용과 채점 결과가 제시되고, 나아가 전국평균 정답률까지 제공하고 있었다. 그리고 전국에서 자기의 위치와 영역별 성취도를 도출해 제시함으로써 초등학교 고학년 학생들은 자신의 학습 수준을 진단하고, 어떤 부분에서 노력해야 할지 대책을 마련하는 능동성을 보이기도 하였다. 그리고 평가 결과표는 학생뿐만 아니라 학부모에게도 자신의 아이가 학습현장에서 어떻게 생활하고 공부하는지, 상대적인 학력 수준 등에 관해 자료를 제공해 주고 있었기에 유용한 자료로 인식되었다.

또한 결과표는 학부모와의 상담 자료로도 활용되었다. 학원은 일정한 교육비만으로도 쉽게 그만두고 등록할 수 있다는 특징이 있으므로 학생이나 학부모의 입장에서 부담 없이 자신들의 주장을 펴거나 대화를 요청하기도 하였다. 서비스의 일환으로 주기적으로 발송되는 평가 결과표와 전화 연락을 통한 학습 태도나 학습방식 등의 정보 제공 등을 통해 학생에 대한 다양한 정보를 제공해 주는 학원의 노력 또한 대화의 창구를 넓히는 역할을 하고 있었다. 이렇게 학원의 평가는 학생과 학부모가 원하는 것이 무엇인지, 지금 현실에서 그들이 무엇을 필요로 하는지 파악해 그것을 평가하고 평가 결과표를 활용해 그 욕구를 해소시켜 주고 있었다.

지금까지 학원학습의 평가방법에 대해 살펴보았다. 학원에서의 평가는 학습 후 피드백을 통해 부족한 부분이 무엇인지 알게 하고, 더 나은 학습을 위한 지표로 사용되었다. 그리고 가정과 연계된 대화의 창구 및 학원을 홍보하는 자료로도 활용되었다. 따라서 각 학원의 평가체제는 학부모와 학생에게 학원을 선택하는 데 영향을 미치는 중요한 특징이 되었다.

Ⅵ. 결론 및 제언

지금까지 이 글에서는 질적인 연구방법을 통해 초등학생들이 다니고 있는 학원의 교육과정과 평가방법에 대해 알아보았다. 학교와 더불어 학습의 공간으로 각광받고 있는 학원학습의 실제적인 운영을 살펴봄으로써 기존 연구에서 발견하지 못했던 학원 교육과정의 특징과 평가의 의미를 발견할 수 있었다. 먼저, 학원에서 실시하는 교육과정은 세 가지의 특징으로 설명될 수 있다. 첫째, 속진학습과 반복학습을 통해 학습과정 상에서 학생들의 학습 경쟁력을 높이고 있었다. 둘째, 분반제도를 통해 학생들의 능력에 따른 교육과정을 운영하고 있었다. 이는 궁극적으로 학생 개개인의 능력에 맞는 맞춤 교육과정을 운영한다는 것을 의미하는 것이다. 셋째, 계속적인 평가를 실시함으로써 학원 교육과정이 갖는 문제점을 찾아서 보완하고 수정해 나간다는 특징을 지니고 있었다. 결국, 학원 교육과정은 학교 교육과정의 연장선상에서 학부모와 학생들의 요구사항을 충족하며 변화에 능동적인 교육과정을 운영하고 있었다.

그리고 학원에서의 평가는 계획적으로 잦은 평가와 체계적으로 분석된 성적표를 통해 학생 개개인을 관리해 주고 있었다. 즉, 평가결과를 활용한 학생 개개인에 맞는 맞춤식 지도를 실시하고 있었다. 나아가 학부모와 학생들이 학원을 다니는 가장 큰 이유인 학습에서의 성적 향상을 위해 계속적인 평가를 실시하고 있었다. 마지막으로, 학생과 학부모에게 자기 진단을 위한 평가를 통해서 학생 발달 상황을 확인시켜 주며 성적을 관리하고 있다는 특징을 발견할 수 있었다. 이상에서와 같이 학원학습 과정과 평가에서 나타나는 특징들은 학생과 학부모에게 학원이 매력적인 학습의 장소라는 인식을 갖게 하며, 나아가 학원학습으로 학부모와 학생들이 몰리는 원인으로 작용하고 있었다. 이러한 연구결과는 학원에서의 수업이 개별지도와 친밀감 형성, 개별적인 상담을 통한 성적향상의 기능을 갖고 있다는 김양분과 김미숙(2002)의 연구에서의 분석과 비슷한 결과를 제시하는 것이다.

이번 연구를 통해 학원의 교육과정과 평가를 살펴봄으로 인해서, 기존연구에서 간과하던 실제적인 학원의 모습을 살펴볼 수 있었다. 하지만, 학원 표본이 적었다는 점에서 후속연구는 더 많은 표본을 대상으로 객관성을 높여야 할 필요성이 대두되었다. 그리고 학원에 대한 질적 분석을 통하서 학원의 교육과정과 평가에 관한 공통점을 중심으로 특징을 도출하였기에, 각각의 학원에 관한 차이점은 논의하지 않았다. 이에 각 학원이 갖는 개별성과 독특성에 대한 연구가 필요할 것이다. 더불어, 학원 교육과정과 평가에 관한 연구와 글쓰기 과정에서 학원수업의 특징에 대한 서술이 학원학습이 갖는 장점으로 부가될 수 있는 여지를 남겨 놓았다. 따라서 과연 이러한 특징이 학생들의 학습에 진정으로 교육적인 의미와 효과를 가져다주고 있는지에 대한 또 다른 차원에서의 질적연구가 시도되는 것이 필요하다고 생각한다. 이에 김양분과 김미숙(2002)의 연구에서 지적하였던 학원에서의 수업이 학생에게 끼칠 수 있는 학습의 부정적인 효과 등에 대한 연구가 더욱 심층적으로 이루어질 필요가 있음을 시사한다.

이러한 문제점 지적과 인식에 기초하여 이 연구의 제언으로서 다음과 같은 내용들을 시사점으로 제시하고자 한다.

첫째, 본 연구는 학원의 교육과정과 평가에 관한 초기연구로 시도되었다. 이에 이 분야에 대한 심층적인 연구가 더 있어야 할 것이며 더욱 다양한 학원의 형태들, 목적들, 수업방법들과 평가방법들, 학원의 효과에 대한 실증적 연구들이 이루어져야 할 것이다. 교과에 따라, 학생의 발달 수준에 따라, 학기에 따라 학원 수업이 어떻게 달라지고 특징을 갖는지에 대한 보다 종합적이고 체계적인 연구들이 이루어지는 것이 요구된다.

둘째, 학원학습에 관한 연구가 초등학교 수준에서 나아가 중학교, 고등학교로 확산되어 발달적 연구가 이루어져야 할 것이다. 이 연구는 초등학생들을 대상으로 연구가 진행되었지만, 우리나라에서의 학원수업과 관련된 핵심 연구장소는 중학교, 나아가 입시를 중심으로 이루어지는 고등학교에서의 학원수업이다. 그러한 점에서 미래의 연구는 본 연구와는 다르게 중학생을 대상으로 하는 학원에서의 교육과정과 평가방법, 고등학생을 대상으로 하는 학원에서의 교육과정과 평가방법에 대한 연구들이 이루어져야 할 것이다. 그리고 그러한 시도는 우리나라 학원수업의 전체적인 구조와 범위를 이해하는 데 도움을 줄 것이다.

마지막으로, 학원 교육과정의 특징이 갖는 학습자의 의미와 이해에 대한 심층적인 연구가 필요하다. 이 연구에서는 학원의 수업에 참여하고 있는 학생들의 경험에 대한 해석과 의미에 대하여 구체적으로 탐구하지 않았다. 이에 과연 학생들이 이 글에서 제시한 것처럼 이러한 학원수업의 특징에 대하여 어떠한 지각과 평가를 가지고 있는지, 학교에서의 수업과 비교하여 어떠한 장점과 문제점을 가지고 있는지를 심층적으로 그려내는 연구가 필요하다. 특히, 학원에서의 수업이 강조하고 있는 개별화나 수준별 수업 등이 갖는 의도하지 않은 문제점과 부정적인 효과에 대한 연구들이 이루어져야 할 것이다. 그러한 이유로는 학교 수업이 끝나고 난 후에 받게 되는 또 다른 형태의 학원수업은 그 수업이 아무리 잘 구조화되고 설계되었다고 할지라도 학생들에게는 또 다른 형태의 '공부하는 기계' 로서의 이미지를 양산시킬 것이며 학생들은 그러한 이미지 속에서 심리적, 발달적, 인간관계적인 부정적 정서나 태도, 학습기술을 습득할 수 있다는 개연성이 충분히 있기 때문이다.

참고문헌

고형순(2002). 학원과외 학습이 아동의 스트레스에 미치는 영향. 석사학위 논문. 제주대학교.

권미나(2007). 영어 사교육이 초등학생의 학업 성취도와 정의적 태도에 미치는 영향. 석사학위 논문. 대구교육대학교.

김기한(2007). 그림자 교육: 사교육 효과에 대한 종합분석. 한국청소년패널 학술대회자료집.

김대현, 김석우(2005). 교육과정 및 고육평가. 서울: 학지사.

김설경(2006). 공 · 사교육의 비교분석을 통한 공교육의 개선방안. 석사학위 논문. 경상대학교.

김순기(2006). 교사와 학부모의 사교육 인식 비교. 석사학위 논문. 경인교육대학교.

김양분, 김미숙(2002). 입시학원의 교육 실태 분석. 한국교육개발원 연구보고서 RR2002-01.

김영천(2006). 질적연구방법론 1: Bricoleur. 서울: 문음사.

김영천(2007). 현장 교사를 위한 교육평가. 서울: 문음사.

김영천(2007). 우리나라 교육과정 개발 담론에 대한 그 다섯 가지 비평과 시사점. 중등교육연구, 55(2), 113-150.

김인식, 최호성(1996). 최신 교육과정 및 평가(수정판). 서울: 교육과학사.

김종화, 김봉진(2005). 교육과정 및 교육평가. 서울: 형설출판사.

박경실(2006). 이름있는 학원들의 학원 경영 이야기. 서울: 미디어숲.

박남기(2003). 교육전쟁론. 서울: 장미출판사.

박도순(2007). 교육평가. 서울: 교육과학사.

박동옥(2007). 1등학원 경영기술. 서울: 미래와 기술.

박성희(2004). 질적연구방법의 이해. 서울: 원미사.

방경희(2007). 영어과 수준별 수업에 관한 공교육과 사교육간 교사와 학생의 인식 비교 연구:중학교2학년을 중심으로. 석사학위 논문. 경상대학교.

이범, 황치역, 이광구, 조남호, 이병흔(2007). 학원 발가벗기기. 서울: 와이즈멘토.

이용숙, 김영천(1998). 교육에서의 질적연구: 방법과 적용. 서울: 교육과학사.

이용숙, 김영천, 이혁규, 김영미, 조덕주, 조재식(2005). 실행연구방법. 서울: 학지사.

이정선(2006). 문화로 읽는 학교교육. 서울: 다예미디어.

이종각(2005). 한국의 교육열 세계의 교육열. 서울: 하우출판사.

이해명, 피재성, 손춘자, 이은주, 김현주, 정경숙(2006). 현대 교육과정 및 평가. 서울: 교육아카데미.

이혁규(2005). 교과교육 현상의 질적연구. 서울: 학지사.

장상호(2004). 학교교육의 정상화를 위한 교육평가의 재구성. 교육원리연구 제9권. 83-176. 한국교육원리학회.

조승제(2007). 교육과정과 평가의 쟁점. 서울: 교육과학사.

조용환(1999). 질적연구:방법과 사례. 서울: 교육과학사.

최미나(2007). 사교육 경험이 학업성취에 미치는 영향. 석사학위 논문. 고려대학교.

한준상(2005). 국가과외. 서울: 학지사.

허정경(2006). 방과후 아동지도의 이론과 실제. 서울: 파란마음.

황인실(2008). 초등학교와 학원에서의 학습자 평가방법에 대한 질적연구. 석사학위 논문(미발행). 진주교육대학교.

Andrew, G. Sparkes (1994). Life histories and the issue of voice: reflection on an emerging relationship. *Qualitative Studies In Education*, 7(2), 165-183.

Atkinson, P. (1990). *Ethnographic imagination: Textual construction lf reality*. New York: Routledge.

Belenky, M. et al. (1986). *Women' s ways of knowing: the development of self, voice, and mind*. USA: Basic Books.

Bogdan, R, C., & Biklen, S. K. (1992). *Qualitative research for education*, MA: Allyn & Bacon.

Connelly, M., & J. Clandinin (1990). Stories of ezperience and narrative inquiry. *Educational Researcher*, 19(5), 2-14.

Cummings, W., & Altbach, P. (1997). *The challenge of Eastern Asian Education: Implications for America*. State University of New York Press.

Creswell, W. J. (1998). *Qualitative inquiry and research design*. London: Sage.

Creswell, W. J. (1998). *Education research*. NJ: Pearson.

Daniel C. Levy (1986). *Private Education: Studies in Choice and Public Policy*(Yale Studies on Nonprofit Organizations). Oxford University Press.

Eisner, E. (1981). One the differences between scientific and artistic approaches to Qualitative research, *Educational Researcher*, 10(4), 5-9.

Glaser, B. & Strauss, A. (1976). *The discovery of grounded theory*. Chicago: Aldine.

Glesne, C., & Peshkin, A. (1992). *Becoming qualitative researchers*. An introduction. NY: Longman.

Harold Stevenson (1994). *Learning Gap: Why Our Schools Are Failing and What We Can Learn from Japanese and Chinese Education*. Simon & Schuster.

Lather, P. (1991). *Getting smart: Feminist research and pedagogy with/in postmodern*. Routledge.

Miles, M., & Huberman, M. (1984). *Qualitative data analysis: a sourcebook of new methods*. Beverly Hills, CA: Sage.

Padgett, D. K. (2004). *The qualitative research experience*. NY: Thomson.

Spradley, J. P. (1979). *Ethnographic interview*. New York: Holt, Ringart & Winston.

Strauss, A., & Corbin, J. (1990). *Basics of qualitative research: grounded theory procedures and techniques*. Newbury Park, CA: Sage.

Tesch, R. (1990). *Qualitative research: Analysis types and software tools*. New York: Falmer.

9

더러운 데이터. 실행연구의 희망과 위선

실행연구는 질적연구의 대표적인 지적 전통 중의 하나이며 현장의 개선과 관련하여 가장 직접적인 영향을 주는 방법이다. 질적연구의 다른 지적 전통들과 비교하였을 때 현장을 변화시키고 의도하는 목적에 맞추어 프로그램을 설계하여 투입하고 그 변화를 확인하려 한다는 점에서 순수하게 이론적이지도 학술적이지도 않다. 특히 질적연구의 두 번째 패러다임인 '해석적 연구'가 맥락의 이해나 문화의 기술을 강조하고 있다는 점에서 현학적이고 실제의 변화와 직접적인 관련이 없다는 비판을 받을 수 있는 반면 이 실행연구는 현실의 개선, 변화를 강조한다는 점에서 비판적 패러다임에 속한다. 물론 이렇게 비판적 패러다임에 실행연구가 속하는 이유는 이외에도 다른 여러 가지 이유가 있다. 그 중 대표적인 이유 중의 하나는 대학연구자가 대부분의 이론이나 지식을 창출하고 실천가들은 그 이론들을 수용하고 자신의 실제 영역에서 적용한다는 점에서 관계의 구조는 위계적이고 불평등하다. 이에 비하여 실행연구에서는 수동적이고 수용적인 위치에 있었던 실천가들이 대학의 연구자들처럼 현실의 개선과 변화를 위하여 이론을 개념화하고 자신의 현장에 적용하여 변화를 모색한다는 점에서 대학연구자의 역할로 변화된다. 그리하여 대학연구자들처럼 실천가들 역시 이론의 생성가로서, 변화의 주창자로서 그들의 새로운 역할을 개념화시킨다.

새로운 분야로서 실행연구

그러한 점에서 실행연구는 질적연구를 하는 연구자들, 특히 현장과 관련되어 연구를 하는 질적연구자들에게는 새로운/흥미로운 탐구영역임에 틀림없다. 이에 필자 역시 질적연구를 탐구하는 학자로서 실행연구에 대한 이론적 공부를 미국에서 하게 되었고 이 분야를 한국에 소개해야겠다는 생각을 하게 되었다. 그리하여 1998년 진주교육대학교 교육학과 교수로 채용되면서 실행연구의 첫걸음을 딛게 되었다. 그리고 연구주제로는 '초등학교에서의 수행평가의 도구 개발'로 정하였다. 다행히도 이 연구의 목적을 잘 알고 있었던 그 당시 총장님의 배려로 필자는 이 연구를 개인 연구가 아닌 학교 정책연구로 할 수 있었고 연구장소는 교육대학교 부설 초등학교로 정하였다. 왜냐하면 전국의 교육대학교 부설 초등학교는 단순히 아이들을 가르치는 역할뿐만 아니라 연구를 위한 목적을 가지고 있었기 때문에 대학의 연구역량을 바로 발휘할 수 있는 좋은 장소였고 초등학교의 설립 목적에도 적합하였기 때문이다. 특히 그 당시의 부설 초등학교들은 위치적으로 인근에 있는 교육대학교와 관련 없이 자체적으로 연구를 하고 있거나 아니면 대학의 최신 이론이나 지적 자산과의 공유나 협력 없이, 초등학교 선생님들을 중심으로 연구하고 있었기 때문에 수준 높은 연구들을 수행하지 못하고 있었다. 가장 안타까운 현실은 대학연구자는 현장교사들과 만날 기회가 없었고 현장교사들 역시 대학교수들과 연구를 하는 것에 부담감을 느끼고 있었다.

그러나 가장 중요한 문제는 대학연구자와 현장실천가가 함께 모여 공동연구를 한다는 것에 대한 개념이나 문화가 없었기 때문에 대학연구자는 자신 혼자서 이론연구를 하면서 실천적 제안을 개념적으로 하고 있었고 현장실천가들은 현실개선과 관련한 새로운/수준 높은 이론이나 방법들에 대하여 직접적으로 지도를 받거나 도움을 받는 기회가 거의 없었다는 점이다. 따라서 이론은 이론대로, 실제는 실제대로 분리되어 다루어지고 있었기 때문에 좋은 현실변화를 기획하기가 어려운 실정이었다. 특히 그 당시 1998년 이후에 국가가 공표한 제7차 교육과정 개혁의 중요한 내용 중의 하나가 수행평가였는데 이 개념은 그 당시 우리나라에 새로운 평가의 개념이어서 좋은/유익한 이론서적들이 거의 없었기 때문에 대학과 연계한 학교현장에서의 연구주제로서는 가장 적절하지 않을까 생각하였다. 전국의 모든 학교들과 교사들이 학습자 평가 방법으로서 수행평가를 실천했어야 했는데 현장교사들이 의존할 수 있는/배울 수 있는 이론적으로 잘 설명해 놓은 교지나 참고서적들이 없었던 것이다. 부설 초등학교 바로 옆에 대학 건물이 있고 그 학교에 초등학교 수행평가의 적절한 방법을 모색하는 데 도움을 줄 수 있는 대학교수들이 있었음에도 불구하고.

초등학교 수행평가 도구개발 작업

이러한 시대적 분위기 속에서 필자는 대학의 전폭적인 지원 속에서 대학연구소와 부설 초등학교 간의 협동적 실행연구를 시작할 수 있었고 약 4년을 지속적으로 하게 되었다. '초등학교에서의 수행평가 도구개발' 이라는 프로젝트 이름을 만든 필자와 진주교육대학교의 정책연구는 우리나라의 현장연구로는 드물게 대학연구자와 현장교사가 협동적으로 참여하는 새로운 연구형태가 되었으며 초등학교 평가도구 개발을 위하여 대학연구자는 이론적 분야를 담당하고 현장교사는 실천 분야를 담당하여 협동적 연구문화 속에서 현장에 가장 적합한 평가도구를 개발하는 실행연구를 하게 되었다. 그리고 그 결과 매년 '전국 학술대회' 형식으로 치러진 연구결과 발표에는 전국적으로 많은 연구자들이 진주교육대학교를 방문하였고 교대 부설 초등학교에서 있었던 실제 수업의 실행과 관찰을 통한 경험은 이러한 새로운 형태의 실행연구의 필요성과 가치를 인정하는 기회가 되었다. 매년 연구영역이 초등학교 교과목의 선정에 따라서 달라지기는 하였지만 국어, 수학, 과학, 실과, 도덕, 영어 등 대부분의 대학 학과 교수들이 참여하고 부설 초등학교의 모든 교사들이 해당 교과에 맞추어 학년별로 참여하는 대규모 학교변화 프로젝트의 형태로 변화하였다. 그리고 그 최종의 결과는 그 당시 제7차 교육과정 개혁이 의도하였던 진정한 의미에서의 학교 차원에서의 '평가방법의 문화'의 변화라는 목적을 달성하는 것이었다. 그리고 그 결과 우리나라 초등학교의 연구문화, 수행평가 도구 개발, 대학과 부설 초등학교 사이의 협동연구, 실행연구의 새로운 전형 등 많은 역사적 기록을 남기게 되었다.

이 연구는 이 프로젝트의 입안자로서 그리고 전체 자문교수로서 이미 10년이 지났음에도 불구하고 아직까지 필자의 뇌리에 강하게 남아 있다. 그만큼 힘든 점도 많았고 아쉬운 점도 많았으며 실행연구가 갖는 가치가 무엇인지에 대해서도 많이 배울 수 있었다. 대학교수들의 현장교사들과의 협동연구의 거부, 지나친 이론의 우월성 강조, 교사들의 수업관찰 노출에 대한 불안감, 다양한 형태의 반성과 회의에 대한 부담감 등. 그러나 필자가 가장 중요하게 배운 한 가지 교훈은 이론과 실천의 괴리가 얼마나 큰 것이며 그 간격을 좁히기 위하여 우리는 얼마나 노력해야 하는가라는 것이었다. 그리고 그 교훈의 최종목적지는 실행연구가 의도하는 것처럼 현장교사는 단순히 가르치는 존재가 아니며 외부 이론을 단순히 자신의 교실에 적용하는 존재가 아니라 이론의 실제 적용력을 위하여 무엇이 자신의 교실에서 가장 최적인지, 어떠한 방법들이 가장 효과적인지, 어떻게 해야만 자신이 배운 이론을 자신의 교실에 새롭게 변화시켜 교실 수업에 접목시킬 수 있는지를 끊임없이 고민하고 공부해야 하는 '연구하는 교사' 여야 한다는 점이었다. 자신의 교실 환경, 교과, 주어진 물리적 조건, 문화적 특징 등이 이론이나 모형과는 너무 다르기 때문에 그 추상적이고 이상적인 방향이나 방법들을 여과 없이, 실제적 고려 없이 그대로 적용하였다가는 교실 수업은 그대로 실패로 끝날 수밖에 없는 것이다.

교사 지식의 적절성

그 예로서 필자가 선택한 '수행평가 도구 개발' 작업에서 자신의 수업에서, 교과에서 몇 번을 평가해야 하고, 어떤 교과 내용을 기초로 해야 하고, 어떤 평가 내용을 가지고 해야 하는지에 대해서 가장 자신 있게 답할 수 있는 사람은 그 평가에 대한 이론을 다룬 대학 전문교재가 아니라 교사 자신이기 때문인 것이다. 그러한 점에서 교사는 이상과 현실을 잘 이해하고 그 두 개의 간극을 잘 좁혀 나가는 방법을 규명하고 대안을 찾는 탐색자 역할을 하는 반성적 탐구자인 셈이다. 대학연구자들이 새로운 이론이 만들어질 때마다, 모든 교실 상황에 맞는 수업 시나리오나 방법, 또는 전략을 365일 가르쳐 줄 수는 없는 셈이다. 아울러 대학연구자들이 그 방법들을 제공해 줄 수 있는 적임자가 아닐 것이다. 오히려 현장에서 오래 가르치고 있는 교사들이 그 구체적 방법에 대한 탐구를 더 잘 할 수 있다.

현장개선의 방법으로서 실행연구의 가치와 중요성은 해가 갈수록 더해지고 있고 외국과 우리나라의 많은 실천 분야에서 그 인기가 높아지고 있다. 간호학, 의료 서비스, 경영학, 교육학, 사회복지학 등. 여러 분야에서 현장실천가들을 위한 연구방법으로서 실행연구가 이루어지고 있고 해당 분야의 석사 학위와 박사 학위 논문들이 이 주제를 중심으로 이루어지고 있다. 과거 우리나라의 학위 주제들이 대부분 이론적이었다는 점에서 특히 현장실천가들이 대학원 공부를 하면서도 학위 논문은 자신의 실제 실천 분야와 관련이 없는 이론이나 추상적 연구개념이나 주제를 다루었다는 점에서 최근에 나타나고 있는 현장실천가에 의한 자신의 현장에 대한 실행연구의 탐구 문화는 매우 바람직하고 긍정적인 것이라는 생각을 한다. 왜냐하면 그들에게 가장 중요한 공부의 목적, 또는 탐구의 목적은 대학연구자의 목적과는 다른 것이며 자신의 현장의 개선을 위하여 대학원 공부를 하는 경우에 있어서 대학원 탐구와 논문 탐구의 방향은 자신의 실제에 대한 구체적 개선이어야 하기 때문이다. 자신이 평소 가지고 있었던 연구문제나 연구관심 또는 새롭게 공부한 이론을 어떻게 자신의 실제 개선에 기여하게 할 수 있을 것인지와 같은 실행연구적 탐구가 이들의 현직교육의 목적에 가장 부합하는 연구형태일 것이다. 그럼 이 글에서는 한국의 현장에서 이루어진 실행연구에서 필자가 의도한/바랐던 일련의 연구의 목적이 무엇인지에 대하여 설명하면서 글을 마치고자 한다. 그리고 이러한 바람은 필자의 연구방법론의 정체성인 '질적연구의 확산' 과 매우 밀접한 관련이 있다는 점을 미리 밝히며 그러한 관점에서 다음에 소개될 글을 읽는 데 참고로 하는 것이 필요하다.

현장교사의 새로운 역할

첫째, 필자의 실행연구에서는 현장교사들이 실행연구의 방법으로서 질적연구에 대하여 더욱 많이 알기를 원하였다. 특히 연구주제가 '초등학교 수행평가 도구개발' 이었기 때문에 학생들의 학습의 결과와 수행에 대한 질적 자료들에 대한 수집과 분석이 필요하였다. 이에 이러한 자료의 수집과 해석을 가능하게 하는 방법으로서 질적연구의 존재와 가치에 대하여 알기를 바랐다. 그리하여 프로그램 실행의 문제점, 효과, 더 나은 개선을 위한 자료수집 방법으로서 교사들은 참여관찰과 심층면접에 대하여 알게 되었고 이러한 방법들이 갖는 가치와 장점에 대하여 새롭게 배울 수 있었다.

그리고 이러한 새로운 방법에 대한 학습은 교육연구에 대한 기존의 생각을 근본적으로 변화시켰다. 즉 연구라면 의례히 질문지를 만들어 통계분석을 한다든지, 아니면 실험연구를 한다는 것으로 생각하였는데 연구자로서 교사가 프로그램을 만들어 자기 교실에 투입하고 그 과정을 분석하고 결과에 도달할 수 있도록 계속적으로 모니터하고 최종적으로 결과를 확인하는 이 새로운 연구과정에 매우 흥미를 느끼고 의미를 부여하였다. 자신의 교실 안에서, 그리고 바로 그 옆에 연구의 현장이 있으며 그 연구현장에 대하여 언제든지 자료를 수집하고 분석할 수 있는 새로운 연구경험은 과거에 가졌던 연구에 대한 생각들(머나만 장소에 있는 연구장소, 연구에 개입해서는 안 되는 객관적 위치, 직접 물어서는 안 될 것 같은 연구관계 등)을 많이 바꾸어 주었다.

새로운 탐구 형식

특히 한번 실행하고 나면 끝나는 전통적인 연구와는 달리 계속적으로 연구를 하면서 반성하고 새로 고치고 가장 좋은 도구를 만들기 위하여 꾸준히 변경하는 연구작업의 과정은 연구에 대한 과거의 일회성 연구작업에 대한 생각을 변화시켰다. 즉, 질적연구로서의 실행연구의 참여경험은 인간/사회 연구에서의 가장 중요한 자료수집 방법은 질문지를 통한 제3자에 의한 자료수집이 아니라 직접 현장에서 연구참여자와의 만남을 통하여 가능한 것이며, 그러한 연구과정에서 수집한 자료들이 양적 자료들에 비하여 더 진실하고 객관적이며 의미 있는 것이라는 사실을 안 것이다. 연구참여자와 연구자가 직접 면대면의 상호작용에서 만났을 때 가장 진실한 데이터들이 만들어질 수 있다는 생각을 갖게 되었고 그러한 실제 상황에서 수집한 자료들과 의미 해석이야말로 현장개선과 참여자의 이해에 더욱 적합하다는 점을 깨달은 것이다. 교사들은 이 세상의 인간연구에는 양적연구뿐만 아니라 질적연구라는 새로운 형식이 있다는 점을 깨닫게 된 것이다. 이에 이 글에서 은유한 네 개의 질적연구 개념을 잘 읽는 것이 중요하다.

실천으로서 현장연구

둘째, 이 실행연구에서 강조하고자 한 새로운 교훈 중의 하나는 연구라는 것은 대학교수가 하는 고매한 행위가 절대 아니라는 점을 이해시키는 것이었다. 아울러 우리가 진실 또는 이론이나 사실로 받아들이고 있는 대학에서의 교육학 지식이 반드시 대학교수들에 의해서만 만들어지는 것이 아님을 각인시켜 주고 싶었다. 오히려 대학교수들 외에도 현장에서 날마다 아이들을 가르치고 있는 교사들이 그러한 이론을 생성하는데 더 적절한 위치에 있다는 점을 알려주고 싶었다. 실제적으로 오랜 기간의 연구작업을 통하여, 실제적으로 대학교수와의 협동작업을 통하여 초등학교의 교사들은 우리가 이야기하는 이론이 어떻게 만들어지고 학술지나 학술대회를 통하여 전국적으로 알려지는지 경험하였다. 이러한 학구적 경험은 현장교사가 단순히 대학연구자의 요구를 수용하여 그들이 요청한 이론이나 프로그램을 자신의 교실에 그대로 적용하는 수용적 존재가 아니라 대학교수들이 알지 못하는 부분(적용의 적절성과 과정 등)을 규명하고 이를 대학연구자에게 알려줌으로써 연구의 상호호혜자로서 연구에 참여함으로써 이루어졌다. 그리하여 대학연구자들만큼이나 현장교사들도 연구를 잘 할 수 있는 존재이며 실행연구에서는 대학연구자와 현장교사가 동등하게 때로는 다른 비중으로 다른 역할을 하면서 서로 창의적이고 비판적인 연구행위를 하게 된다는 점을 인식하게 되었다.

연구자로서 교사의 이미지

그리하여 그들이 대학교와 대학원에서 은연중에 학습하였던 잠재적 교육과정으로서 실천가의 열등한 위치 또는 이미지에 대한 기억을 지워 버리고 대학연구자와 현장실천가가 동일하게 또는 다른 형태로서 연구에 참여하는 적극적 존재라는 사실을 배운다는 점이었다. 그러한 이유 때문에 다음에 제시된 필자의 글에서 글의 발표자 역시 대학연구자 혼자가 아니라 세 명의 이름으로 되어 있어서 연구의 결과를 세 사람이 공유하는 형태로 만들게 되었다. 아울러 2000년대 초에는 생소하였던 대학연구자와 현장교사의 연구작업에 대한 참여의 경험을 각각 말하고 써 내려가게 한 글쓰기를 시도한 것은 우리나라에 만연해 있는 대학연구자 중심, 또는 이론가 중심의 연구문화를 반성하면서 새로운 형태의 실행연구에서는 대학연구자와 현장교사가 평등한 연구의 위치 속에서 연구를 할 수 있다는 점을 강조하고자 하였다. 그리하여 필자가 한국의 현장교사들을 만날 때마다 항상 느꼈던 안타까움, 또는 기대로서 '연구자로서 교사'의 새로운 이미지를 갖출 수 있기를 바랐다.

교수법, 교육학 이론, 지시의 새로운 개념, 새로운 지능 개념의 등장 등 과거에는 기대하기 어려운 새로운 교육학 이론과 학습이론이 넘쳐나고 있는 이 시대적 분위기에서 교사는 이제 더 이상 단순히 지식의 수용체로서 머물 수 없으며 항상 누군가로부터 이론이 현장형태로 구체화된 답안(자료들)을 받거나 도움을 받을 수는 없다. 대신에 교사는 변화하는 교육환경과 교육학 지식의 요청 속에서 연구를 교직의 또 다른 새로운 역할로 이해하면서 대학연구자처럼 연구하고 실천하고 자신의 일상생활을 반성하는 태도를 갖는 노력이 필요하다. 미국에서의 교육개혁의 우선순위가 과거 현장의 물리적 개선이나 연방예산의 우선 투자에서 현장교사들의 연구능력 증진 쪽으로 변경된 예는 연구자로서의 교사의 역할을 강조해야 하는 구체적인 예라고 할 수 있다.

그러한 점에서 필자는 우리의 학교교육의 현장 역시 국가 주도 또는 상급자가 주도하는 위계적인 개혁의 방향이 아니라 항상 우리가 가장 민주적이라고 하는 아래에서 위로 가는 풀뿌리 형태의 변화의 방향이 더 많아지기를 바라는 마음 가득하다. 모든 사람들의 마음처럼 현장의 교사들 역시 자신들 스스로가 변해야 현장이 변할 수 있는 것이며 그렇게 될 때 교사는 누가 간섭하지 않더라도 학생을, 교실을, 수업을, 교육과정을 개선하려고 할 것이다. 대신에 자신의 참여와 변화와 각성 없이 행해지는 일반적 형태의 교실 개선 작업과 연구는 그 연구가 끝나게 되면 바로 멈추는 것이고 더 이상 수행되지 못할 것이다. 연구에 대하여, 변화에 대하여 자신이 의미를 느끼고 몰입하고 교육적이라고 판단할 때 그 누가 요청하지 않더라도, 그 누가 강요하지 않더라도 교사는 변화하며 새로운 것을 모색하며 아동들에게 가장 좋은 것이 무엇인지를 탐색하려고 할 것이다. 그러한 자기 반성적 탐구과정으로서 실행연구를 하는 교사에게 있어서 연구는 교육적이며 자기 탐색적이고 보상적이다. 더 이상 연구는 요식행위가 되지 않을 것이다. 그러한 점에서 이 글에 참여한 현장교사의 글쓰기와 그들의 경험 공유는 실행연구의 진정한 경험으로부터 비롯된 것으로 생각한다.

업 클로스 앤드 퍼스널(Up Close and Personal): 현장연구자가 들려주는 학교연구의 이슈와 딜레마

지난 10년에 걸쳐 교육학연구에 있어서 교육실천가의 역할에 대한 조용하지만 아주 실질적인 변화가 일어났다. 그것은 바로 실행연구 또는 실천가연구라고 불리는 연구 양식으로서 우리 교육자로 하여금 교육개혁에 있어서 자신의 실제에 대하여 이해한다는 것이 얼마나 중요한가를 깨닫게 해주는 매우 훌륭한 계기가 되었다(Noffke, 1994, ix).

Ⅰ. 3년의 세월, 라포르, 그리고 글쓰기

이 글은 지난 3년 동안 현장연구를 해온 대학연구자와 현장교사 두 사람의 학교현장연구 경험을 서술해 놓은 글이다. 먼저 대학연구자는 질적 방법을 전공하고 대학원의 학생들에게 질적 방법을 사용하여 실행연구를 하도록 지도해 온 사람이며 실제로 수업개혁 프로그램인 '초등학교 수행평가 도구개발' 연구작업을 위하여 초등학교 현장에 직접 들어가 현장교사와 지난 3년 동안 연구하였다. 그리고 두 현장교사는 '초등학교 수행평가 도구개발' 이라는 수업개혁 프로그램에 대학연구자와 함께 참여하였고 그 과정에서 질적 방법을 이용한 현장개선연구가 어떤 것인가를 직접적으로 경험한 교육전문가이다. 따라서 대학연구자와 현장교사라는 차이만 있었을 뿐 이 세 사람에게 연구란 학교현장에 직접 들어가 프로그램을 실행하고 그 변화의 추이를 살피며 최상의 방책을 찾아 가면서 수업을 개선해야 하는 것이라는 신념을 공유하고 있다.

이에 우리는 우리나라에서 '현장개선을 위한 질적연구' 또는 '실행연구' 가 교육현장개선의 방법으로 새롭게 회자되고 있는 상황에서 우리의 학교현장연구의 경험이 이

분야의 이론화와 현장연구의 분위기조성을 위하여 어떠한 노력이 있어야 하는가에 대하여 실증적인 논의자료를 제공해 줄 것으로 생각하여 이 글을 통하여 이야기하기로 하였다. 나아가 대학연구자와 학교현장교사 간의 협동연구(Noffke, 2001), 교사의 현장경험에 대한 목소리의 이론화, 교사의 삶의 연구 필요성(Goodson, 1992; Huberman, 1993), 현장교사의 실제적 개인적 지식(Clandinin & Connelly, 1987), 교육과정계획자로서 교사(Connelly & Clandinin, 1988), 교육과정 실행에서의 교사의 일(조재식, 2002) 등의 현장 지향적 교육학연구가 강조되고 있는 상황에서 학교현장연구에 참여한 현장교사의 이야기를 들려주는 것도 교육학연구에서 사장되어 있던 연구자로서 교사의 이미지를 새롭게 조망할 수 있는 기회가 될 것이라고 생각하였다. 더 나아가, 질적 방법이 학교현장연구에 접목되면서 그 어느 때보다도 교실수업개선연구의 핵심이 대학연구자에서 학교현장교사로 이동되는 상황에서 현장교사가 자신의 교실에서 연구자로 참여하여 이룩한 교실수업개선의 결과를 기술하고 말하는 것은 추후의 많은 현장교사들이 연구자로서 자신의 수업을 개선하고 개혁하기 위한 현장연구에 참여할 수 있는 학구적 동기와 집단의식을 불러일으킬 것이다.

그러나 무엇보다 이 글, 실제 실행연구에 참여한 대학연구자와 현장교사의 이야기에서 우리가 이야기하고자 하는 것은 '연구자로서 교사' '실행연구'가 새로운 교실개혁의 방법론으로 부상한 지금, 과연 이론이 약속하는 것처럼 실행연구가 현장교사에게 가장 바람직한 수업개선의 방법인지, 아니면 기존의 많은 개혁의 도구처럼 또 하나의 보랏빛 희망으로 끝나게 되는 유행인지에 대해서이다. 현장교사에 의한 실행연구물들이 계속 쏟아져 나오고 있는 상황에서 그들이 경험한 실행연구의 의미는 무엇이며 그러한 연구방법이 얼마나 교실현장의 개선에 의미 있는 기여를 할 수 있는 것인지를 들어보는 것은 매우 의미 있는 일이 될 것이다. 그러나 안타깝게도 실행연구의 경험에 대하여 자신의 경험을 이야기해 놓은 현장교사와 교육연구자의 글이 나오지 않은 상태에서 우리는 양적 방법과는 다르게 엄청난 노동과 노력, 열정이 소비되는 실행연구에 대하여 그 내부자는 어떤 해석과 가치를 부여하고 있는지를 알아야 할 필요가 있다. 그리고 그러한 이해는 우리의 현장에 자리잡혀 갈 '실행연구'를 보다 효과적이고 적합한 연구방식으로 알리고 확산시키기 위하여 어떠한 정책적, 학술적, 다양한 형태의 지원이 필요한지를 규명하는 데도 도움이 될 것이다. 이제는 그들의 부드러운 목소리를 들어야 할 때이다.

II. 자신의 교실현장을 연구하는 교사들: 교육과정의 새로운 탐구영역

제2절에서는 교사가 질적 방법을 사용하여 교실을 개선하고자 하는 '실행연구'가 교육학연구분야에서 새로운 연구분야로 부상하고 있음을 간단하게 소개하고자 한다. 이미 최의창(1998)이 실행연구를 현장연구라는 용어로 사용하면서 실행연구의 정의와 가치에 대하여 설명해 주었고, 이용숙(2002)과 조재식(2002)이 실행연구와 관련된 제반 이론적, 방법론적 이슈들을 기술하였기 때문에 이 글에서는 간단하게 교사에 의한 현장연구의 동향과 그 가치를 강조하고자 한다.

> 실행연구는 2002년 미국의 교육학연구연합회(American Educational Research Association)의 프로그램 설명서에 나와 있는 것처럼 교육학연구의 주요 연구분야 중의 하나로 부상하였고 이 분야만을 특별하게 연구하고 토론하는 연구자집단이 생기게 되었다. 매년 이 학술대회에서 미국 현장의 교사들은 자신들의 교실에서 어떠한 개선과 변화를 가져오도록 노력하였는지에 대한 논문들을 발표하고 있다. 이러한 교사연구자의 역할을 강조한 듯, Richardson(2001)이 편집한 『교수연구핸드북』 제4판에서는 교수연구의 새로운 탐구분야로서 '실천가에 의한 현장연구(practitioner research)' 논문을 교수연구의 새로운 동향으로 소개하였다. 또한 Bryman과 Burgess(1999)가 편집한 『질적연구』 제4권에서도 '실행연구'를 한 개의 특별영역으로 구분하여 소개하고 있다.

이에 우리나라의 경우에도 '실행연구'에 대한 연구분위기와 이론화가 시도되기 시작하였다. 첫째, 『열린교육실행연구』가 발행되어 현장교사에 의한 실행 연구작품과 논문들이 소개되기 시작하였다. 특히 이러한 학술지의 창간은 현장교사로 하여금 현장연구에 참여하고 그러한 연구경험을 다른 교사와 공유하게 만드는 훌륭한 의사소통의 기회라는 점에서 매우 고무적인 현상이라고 이야기할 수 있다. 둘째, 『교육마당 21』은 2001년 11월의 특집 주제로서 '현장교육의 개선을 위한 질적연구'를 다룸으로써 교실수업개선에서 질적 방법의 효과와 교사연구를 전국의 교사들에게 전달하고자 하였다. 교육부 편집부의 이러한 새로운 시도는 우리의 학교현장이 개선되기 위하여 교사가 어떻게 달라져야 하고 어떠한 연구들이 이루어져야 하는가를 바라는 교육정책가들의 방법론상의 인식 변화를 보여주는 좋은 예이다.

셋째, 교사연수 프로그램에 있어서도 변화가 일어나기 시작하였다. '교육연구법' 하면 통계가 강조되었던 지난 세대와는 달리 이제 '현장교육연구법'의 이름 아래 질적연구법과 실행연구가 여러 교사연수 프로그램에서 제공되고 있다. 특히 울산교원단체연합회가 울산지역 초등학교, 중학교 교사들에게 제공한 현장교육연구법은 양적 방법 30시간, 질적 방법 30시간을 강의하게 함으로써 이정표적 작업을 시도하였다. 아울러 2002년 4월에 있었던 한국교육과정평가원 교수-학습센터의 수업장학을 위한 전문가회의에서 장학사로 참여한 한 연구자는 수업개선을 위해서는 수업분석에 대한 연수와 훈련이 더욱 필요하다고 강조하였다. 그러한 주장의 배경에는 교사가 자신의 수업과 타인의 수업에 대한 분석을 할 수 있을 때에만 교실수업의 개선과 변화가 일어날 수 있음이 전제되어 있다.

질적 방법을 통한 실행연구가 새로운 수업개선의 패러다임으로 확산되는 이러한 시대적 요청에 따라 교사가 연구자로서 참여하는 현장연구는 현장의 문제와 이슈들을 기술하고 해결책을 찾는 데 상당한 기여를 할 것으로 생각된다. 그리고 이러한 주장은 서구의 많은 실행연구자들에 의하여 강조되어 왔다. 그 동안 대학연구자가 해었던 양적연구방법을 모사하는 것이 아니라, 즉 연구의 목적을 이론의 정립과 규명에 두지 않고 연구문제를 현장 친화적이고 현장 지향적인 실제사례에 둠으로써 교실수업개선이 이루어질 수 있다는 것이다. 그러한 점에서 자신의 교실에서 나타나는 교육현상을 기술하고 문제점을 해결하기 위한 교육학연구들이 인정받을 것이며 수업개선에 가장 기여할 수 있는 방법으로 자리잡게 될 것이다. 거대이론과 검증보다는 사례 중심의 교육개선의 연구들이 확산될 것이다. Altrichter, Posch, Somekh(1998)가 사용한 표현, '자신의 교실현장을 연구하는 교사들' 처럼, Anderson, Herr, Nihlen(1994)이 사용한 표현 '당신의 학교를 연구하기' 처럼, 교사의 이미지는 추상화된 교육학이론의 재검증이 아니라 자신의 교실의 수업과 실제를 개선하기 위하여 자신의 현장을 연구하는 교사로 변화될 것이다.

III. 독백, 고백, 그리고 현장 이야기

제3절에서는 우리나라 학교현장에서 질적 방법을 사용하여 현장연구를 한 세 명의 현장연구자의 실제 경험을 이야기 방식으로 소개한다. 첫째, 대학연구자인 김영천은 현

장연구를 실행하였던 대학원 학생의 지도교수로서 겪은 실행연구의 경험에 대하여 주로 이야기할 것이며 둘째, 현장교사인 박찬봉과 박일녀는 대학과 초등학교의 공동연구에서 현장연구자로 참여하면서 느끼고 경험한 이야기들을 서술할 것이다.

1. 김영천의 이야기

나는 지난 3년간 대학원 학생들의 석사학위논문 지도를 통하여, 학교현장교사와의 공동연구 등을 통하여 경험하였던 '현장연구' 에 대한 나의 개인적 느낌과 해석을 이야기하고자 한다. 특히 나의 이야기는 '패러다임의 변환' 이라고 불리는 교육학연구방법의 변환기에 나타난 것이기 때문에 소수집단인/주변인인 질적연구자로서 논문을 지도하면서, 방법론을 가르치면서, 실행연구를 지도하면서 겪을 수밖에 없었던 문제들과 딜레마들을 담고 있다. 따라서 이 이야기들은 Fay가 이야기한 것처럼, 한국 교육학연구에서의 연구방법 패러다임의 변환이라는 나의 학구적 이상이 한국 상황에서 어떻게 갈등을 빚고 비판받았으며 또 다르게 수용되어 가고 있는가를 설득적으로 보여주는 교육적 자료이다. 현장연구를 하면서 느꼈던 다양한 경험들을 이야기 방식을 사용하여 다섯 가지의 은유로 특징화시켜서 소개한다.

1) 더러운 데이터

> 인조의 아들 소현세자와 소현세자비 강씨는 청국의 볼모로 잡혀 갔다가 9년을 청국에서 지낸 후 조선으로 돌아왔다. 특히 실용주의자로 변한 소현세자비는 조선은 변해야 한다는 개혁론을 주창하였는데 이러한 개혁적 아이디어는 소현세자의 아버지이자 세자비 강씨의 시아버지인 인조에게 엄청난 위협이 되었다. 그 결과 실용주의적 개혁주의를 적용 못한 채 소현세자는 의문의 암살을 당하였고 강씨는 사가로 쫓겨 나가 1년 후 사약을 받고 죽음을 맞게 되었다. 아울러 인조의 손자들은 제주도로 유폐되어 의문의 암살을 당하였다.

'더러운 데이터' 는 현장연구에서 질적 자료 또는 질적 방법이 무가치하거나 비효과적인 것으로 폄하되는 경우를 비유하여 쓰였다. 이처럼 학교현장연구에서는 오직 양적 자료만이 합법적으로 쓰일 뿐, 질적 자료는 의미 없는 것으로 치부되어 글쓰기에서 사용되지 않거나 아무런 쓸모가 없는 쓰레기로 전락되어 버린다. 질적 자료의 가치의 진실성을 따지든지 따지지 않든지 간에 질적 자료는 현장연구를 하는 양적연구자에게 불편함(methodology of discomfort)만을 불러일으킬 뿐이며 신뢰하기 어려운 순수하지 못한 더러운 옷자락에 불과하다. 숫자와 어울리기 힘든 속성으로 인하여 현장연구에서 질적 자료는 심사위원들에게 비판받을 뿐 아니라 이적으로 추방되어 글쓰기의 공간에서 사라져야 마땅하다.

질적 자료가 더러운 데이터로 인정되는 경우는 현장연구자가 양적 방법만을 공부하였기 때문에 질적 자료에 불편함을 느끼거나 아니면 잘못된 선입견을 가지고 있어서 편견을 부여하는 경우이다. 그러나 무엇보다 현장의 질적 자료가 더러운 데이터로 오인되고 연구과정에서 삭제되는 것은 학교현장연구자의 논문을 심사하는 통계지상주의에 빠져있는 현장연구자 논문지도교수, 그 심사위원집단의 권력 때문이다. 그리고 그 권력의 핵심에는 맑스가 이야기한 허위의식(false consciousness)이 내재하고 있고 그러한 허위의식은 자신들의 일상적 사고를 지배할 뿐 아니라 자신들에게 행복감을 느끼게 해주는 원천이 되고 있다.

구바와 링컨(Guba & Lincoln, 1989)이 '교육학방법론의 합법성의 싸움 100년' 이라고 지칭했었던 것처럼 더러운 데이터는 질적 자료와 현장에 대한 연구를 매도하는 양적연구 패러다임이 그 힘이 우세할 때 자연스럽게 나타난다. 쿤(Kuhn, 1970), 포게위츠(Popkewitz, 1984)가 정의한 과학의 개념처럼, 과학이 진실의 추구가 아니라 특정 이데올로기를 공유한 집단의 사회적 실제라고 하였을 때, 양적연구 패러다임이 지난 교육학연구 50년을 지배해 온 우리나라의 교육학연구에서 질적 자료는 아무런 문제없이 '더러운 데이터' 로 낙인찍히고 짓밟히게 된다.

『오리엔탈리즘』에서 오직 힘 있는 자만이 자신을 표현할 수 있다고 이야기한 사이드(Said, 1979)의 명제처럼, 권력과 지식에서 누가 지식을 생산해 내는가를 권력집단과 관계시켜 분석한 푸코(Foucault)의 결론은 내가 표현하려고 하는 '더러운 데이터' 의 이미지를 가장 잘 나타낸다.

이야기 1

1997년이었다. 한 교육대학원에서 질적연구방법론을 강의하였던 나는 석사논문으로 '수준별 교육과정 수업에서 나타나는 학생들의 상호작용' 을 연구하려고 하는 선생님의 논문에 도움을 주게 되었다. 나의 방법론 수업을 듣고 있었던 학생이었기 때문에 여러 번에 걸쳐서 나는 질적 자료의 수집과 관련한 아이디어와 방법을 설명해 주었고 좋은 논문이 나올 것을 기다렸다. 몇 주

> 가 지났을까. 그 선생님이 드디어 석사학위를 따게 되었다고 나를 만나자고 하였다. 잘 쓰여진 논문이라고 생각하고서 논문을 받았다.
>
> 완전히 바뀐 논문체제며 논문의 내용들, 수준별 수업에서 나타났던 그 생생하고 비판적인 교실생활의 자료들은 어디론지 사라지고 남아 있는 것은 수준별 수업에 대한 학급 학생들의 수업효과뿐이었다. 양적연구자들에 의하여 난도질되었을 그 현장의 데이터들은 바로 모두 쓰레기통으로 버려진 더러운 데이터들로 전락해 버린 뒤였다.

과학이 연구방법론 집단의 싸움이라는 명제를 잘 이해하고 있는 나는 축하한다는 한마디밖에 할 수 없었다. 자신의 삶을 옭아매는 사회의 계급구조를 벗어나려고 하다 결국 실패하고 감옥으로 잡혀가는 은행강도사건을 다룬 영화 '따뜻한 오후' 의 주인공이 된 듯한 느낌이 들었다. 내 손에 쥐어진 한 장의 상품권. 그리고 내 머리 속에서 현란하게 들리는 타르티니의 바이올린 소리 '악마의 트릴' .

2) 고통스러운 데이터

'고통스러운 데이터' 는 질적 방법을 사용한 현장연구가 양적 방법을 사용한 현장연구자에 비하여 상당한 양의 어려움과 고통을 경험한다는 것을 나타내기 위하여 사용한 개념이다. 질문지를 만들어 현장에 들어갈 필요도 없이 자료를 수집하고 분석하는 양적연구와는 달리 현장연구에서 연구자는 현장에 들어가 생활하면서 오랜 기간을 자료수집과 분석을 위하여 모든 개인적 욕망과 삶을 포기한다. 따라서 연구작업이 연구가 아닌 고통 그 자체로 느껴진다. 하지 않아도 될 연구작업들(현장 들어가기, 관찰일지 쓰기, 면담, 인간관계의 형성 등)을 성공적으로 해내기 위하여 연구자에게 인간이 가져야 하는 모든 종류의 인내심이 요구된다. 특히 자신에게 현장연구의 가치와 신념이 없을 때 그러한 고통의 경험정도는 훨씬 커진다.

그 몇 가지 예를 들면 왜 현장작업이 그렇게 고통스러운 연구작업이 되는가를 쉽게 이해할 수 있다. 첫째, 연구작업과정이 복잡하고 상당한 양의 의지와 노력을 요구한다. 연구를 위하여 학생들과 면담을 해야 하고 관찰해야 하며 녹음자료를 전사해야 한다. 이러한 일련의 활동들은 현장교사에게 연구의 의미보다는 부담스러운 연구라는 생각을 갖게 만든다. 한 시간의 녹음 자료를 전사하기 위하여 5~6시간을 허비해야 한다면 그 누가 그러한 연구작업을 선호하겠는가? 특히 연구 자체를 대학원교육의 목표가 아닌 승진을 위한 점수 채우기로 간주하고 있을 특정한 현장교사에게 있어서 그러한 작업은 비효과적이고 낭비적이며 잘못된 선택일 것이다. 이와 관련하여 현장작업이 현장교사에게 불러오는 육체적, 심리적, 인간관계적 스트레스는 김영천(2001)의 글에 잘 표현되어 있다.

이쯤 되면 많은 현장의 연구자들은 그 연구목적이 아무리 숭고하고 원대한 것이었다고 하더라도 숫자가 주는 매력과 마력에 이끌려 통계연구소를 통하여 의뢰한 자료에 기초하여 논문을 작성하는 것이 훨씬 용이하고 효과적이라고 생각할 것이다. 학교현장에 들어가 연구하는 현장연구자는 바로 '피 흘리는 로미오(Romeo is bleeding)' 일 뿐이다.

이야기 2

2001년 1월 울산교총은 우리나라 최초로 '현장교육연구방법론' 이라는 제목으로 교사연수 프로그램을 개발하였다. 양적연구방법 30시간, 질적연구방법 30시간으로 구성되어 있는 이 프로그램에 나는 질적연구방법을 담당하는 강사로 참여하게 되었다. 나의 수업은 유명한 질적연구 작품에서 얻을 수 있는 재미있는 에피소드를 중심으로 시작되었고 수업이 진행되면서 다양한 질적방법을 소개하는 쪽으로 전개되었다. 현장교사들인 학생들은 매우 진지했고 이 새로운 분야에 이방인처럼 대하면서도 호기심을 가지고 있었다.

관찰의 기법, 면담, 핵심집단면담, 전사방법 등을 설명하면서 수업의 깊이는 더해 갔다. 학생들은 피곤해하면서도 수업을 잘 따라오는 것 같았다. 대화와 토론, 작업으로 구성된 이 질적연구 수업이 학생들에게 새로운 관심과 흥미를 불러일으킨 것이 틀림없다는 생각이 들었다. 토론하는 과정에서 나를 찾는 학생들, 도와달라고 외치는 학생들, 서로 웃고 협동하는 학생들. 학자로서의 자부심과 성취감을 느꼈다. 드디어 수업이 끝났다. 한 학생이 나에게 다가왔다. 칭찬을 기대하고 있던 나에게 그녀는 다음과 같은 말을 하고 떠났다. 그리고 그 말은 나의 세 시간의 강의를 물거품으로 만들어 버릴 만큼 명쾌하고 시니컬하였다.

"교수님, 그런데요. 이렇게 어렵게 연구할 거 뭐 있답니까. 누가 알아주기나 한대요. 교총에서 이런 방법으로 연구논문 쓰면 다 떨어져요. 우리는 대강 숫자 넣어 가지고 논문 써서 졸업하거나 논문대회에 나가면 되어요. 질적 방법을 쓰면 사람 다 죽이겠어요. 그거는 교수님이나 하셔야 될 것 같네요. 숫자가 되든, 글자가 되든 우리는 상만 받으면 되어요."

그녀의 말을 들으니 패러다임의 전환기에 있어서 질적 방법을 강의하는 연구자의 역할은 얼마나 힘들고 허무한 것인가를 느꼈다. 허탈감이 밀려왔다. 보네것(Vonnegut, 1991)의 『죽음보다 더 고통스러운 은명』이 바로 나의 운명이며 『홀로코스트 유태인 학살형무소 5호』의 죽음을 기다리는 고통 속의 내가 그려졌다. 그 학생이 내뱉은 한마디가 온몸에 학살의 전기로 흘러가는 것 같았다. 많은 말을 하고 싶었으나 『그리고 아무 말도 하지 않았다』. 계몽과 해방이 얼마나 어려운 작업인가를 깨달았다. '나는 진정 현장교사들의 입장을 이해하지 못하는 것일까?' '실행연구와 질적연구는 그들의 삶과 전혀 관계가 없는 의미 없는 허무의 메아리인가' 하는 생각이 들었다. 나도 고통스럽고 그들도 고통스럽다는 느낌이다.

3) 무서운 데이터

'무서운 데이터'는 현장연구자에게 있어 현장연구를 하게 되면서 연구에 대하여 보다 많은 윤리적 갈등과 혼란, 부담을 느끼게 만든다는 의미를 나타내기 위하여 사용한 개념이다. 현장에 들어갈 필요가 없는 양적연구와는 다르게 질적 방법을 사용한 현장연구자는 현장에 머물고 연구하게 되면서부터 학교현장이 가지고 있는 여러 가지 병폐와 문제점들을 알게 되고 그러한 내용들을 어떻게 다루어야 하는지 고민에 빠지게 된다. 즉, 연구문제가 중립적이고 객관적이며 탈비판적인 연구문제를 다루는 양적연구와는 달리 현장연구는 연구자에게 우리 학교현장의 숨겨진 정치적, 구조적, 인간관계적 문제점들을 노출시킨다. 그리고 그러한 문제점들이 순진한 연구자이든 비판적인 해방연구자이든 간에 연구문제로 다가간다.

따라서 현장연구는 윤리적 선택과 딜레마, 정체성의 혼란을 불러일으킨다. 내부자로서 아니면 연구자로서 내가 본 것과 들은 것, 외부자가 알지 못하는 것 또는 알아서는 안 되는 것을 과연 연구라는 공간에 써 내려가야 하는가에 대한 강한 회의와 함께 현장연구에 대한 공포심과 함께 포기하고자 하는 퇴행의 행동이 나타난다. 특히 자신이 써 내려갈 현장의 이야기가 많은 반향을 불러올 수 있는 주제들이나 이야기들을 다루는 경우 현장교사는 기꺼이 희생하려고 하지 않는다. 그것은 위험한 현장작업이며 그렇게 해야 할 만큼 그들의 입지는 강하지 않다.

이야기 3

2001년 여름 나의 연구실에 한 대학원생이 찾아왔다. '초등학교 교실에서의 교사생활'을 주제로 연구논문을 쓰고 있었던 이 학생은 논문 쓰기를 포기하겠다고 하였다. 성공적인 논문 진행을 고대하고 있었던 나는 그 학생의 이야기에 그 이유를 묻지 않을 수 없었다. 그의 이유는 여러 가지였는데 크게 두 가지로 요약되었다. 첫째, 질적연구방법을 쓰기 때문에 언제 끝날지 모른다는 점, 둘째 연구가 자신을 이상하게 만든다는 것이었다. 특히 두 번째 이유와 관련하여 그 학생은 교사로서 학교현장연구를 한다는 것이 자신에게 상당한 심리적 부담감을 불러일으키면서 연구를 잘할 수 없을 것 같다고 하였다. 그는 이렇게 말하였다.

"저는 원래 세상을 비평하고 비판하는 그런 성격을 가진 사람이 아니었는데 이 연구를 하면서부터 학교현장의 나쁜 점, 다른 교사들의 문제점들만이 저에게 다가옵니다. 자꾸 연구를 하면서 제 성격이 비판적이 되고 세상이 문제 투성이로 가득 차 있어요. 그리고 제가 그러한 글을 쓰더라도 누가 그 글을 썼는지 다 알게 될 텐데요. 그것도 두려워요."

나는 그렇게 하여 나의 대학원의 첫 지도 학생 중의 한 명을 잃게 되었다. 비판적인 글을 비판적이지 않게 쓰는 것도 글쓰기의 훌륭한 기법이며, 현상의 지나친 부정적 이미지화는 제삼자인 심사위원교수들에 의하여 조정될 수 있다고 말하고 싶었지만 굳이 말하지 않았다. 연구자를 길러 내려고 하는 대학연구자와 졸업을 목표로 하는 현장교사 간의 이러한 세계관의 차이 앞에서 '당신의 행복이 나의 행복' 이라는 미국의 생활철학처럼 그 학생의 결정을 존중해 주는 수밖에 없었다. 현장연구를 하여 어떻게 졸업하겠느냐고 비아냥거리는 주위 교사들의 걱정 어린 한마디가 한 학생에 대한 나의 2년간의 지도와 훈련의 과정을 물거품으로 만들기에 충분하였다. 무심코 던진 돌에 개구리가 맞아 죽어버린 것이었다.

비판이론의 실제적 적용에 대한 한계를 논의한 엘스워스(Ellsworth, 1989)의 글, '대학수업에서 비판이론 강의의 한계' 가 생각났다. 패티 래더(Patti Lather)가 나에게 했던 "그들은 우리 질적연구자에게 정책기금을 제공해줄 준비가 되어 있지 않으며 나 또한 수차례 질적 방법을 사용한 현장연구계획서를 제출하였으나 심사위원들에 의하여 탈락되는 수모를 겪었다"라는 말이 생각났다. 소크라테스가 이야기한 것과는 달리, '검증받은 삶만이 가치로운 것일까' 하는 회의가 들었다.

4) 교훈적 데이터

'교훈적 데이터' 는 현장연구를 하면서 질적 방법을 사용하여 처음으로 질적 자료의 가치를 이해하고 질적 방법에 의한 실행연구를 자신의 통계방법연구에 접합시키는 경우를 의미한다. 이것은 최근에 가장 이상적으로 간주되고 있는 방법론의 트라이앵귤레이션이 사용되는 경우를 말한다. 이러한 상호보완적인 방법론 사용의 문화는 양적연구를 선호하면서도 양적연구의 한계점을 인식하고 있는 개방된 대학연구자가 지도학생의 논문지도에 질적연구자를 심사위원으로 초대하는 경우에 이루어진다. 이러한 방법론의 혼합적 사용은 교육학연구의 최근 경향으로 부상하였다.

이 경우에 질적연구자인 논문심사위원은 양적 방법만을 사용하여 자료를 해석하는 제한점을 보완하기 위하여 현장에 들어가 질적 자료를 수집하고 그 자료들을 논문에 사용하기를 권고한다. 논문지도교수에 의하여 논문통과의 여부가 질적연구자에게 넘어온 이 경우에 있어서 논문을 쓰는 현장연구자는 질적연구자가 원하는 수준으로 논문을 재구성하기 위하여 최상의 노력을 하게 되고 이 과정에서 새로운 질적 방법인 면담이나 관찰 등을 연구의 후반부에 실행하게 된다.

형식적으로 참여하게 되는 이러한 연구과정에서 많은 현장연구자들이 질적 방법의 의미와 가치를 늦게나마 깨닫는다. 설문지에서 나타나지 않았던 내용들, 설문지가 얼마나 잘못 만들어졌는가 하는 문제, 연구자의 사고의 제한점, 해석을 확대시켜 주는 연구참여자들의 경험과 이야기. 이들은 질문지를 통하여 알려고 하였던 x가 y에 미치는 영향 또는 무엇에 대한 인식과 태도라는 현상에 대하여 보다 깊은 이해를 도출해 낸다. 인간이 기본적으로 글을 쓰는 동물이 아니라 말을 하는 동물인 것처럼 연구자가 참여자에게 무엇을 적기를 요구하기보다는 직접 찾아가 이야기하려고 할 때, 연구자는 설문지에서 나타나지 않은 많은 해석의 자료들을 획득하게 된다. 그리고 그들은 아이즈너(Eisner, 1991)가 이야기한 것처럼 '계몽된 시각'을 갖게 되는 것이다.

이야기 4

1999년 여름, 나는 특수교육 전공 두 명의 현장연구자를 논문심사위원으로 만나게 되었다. 논문지도교수에 의하여 통과가 된 이 논문들은 이제 나머지 두 명의 심사위원의 결정을 기다리고 있었다. 나는 남아 있는 약 2주일간에 논문에서 요구되는 현장자료를 새로이 첨가하든지 아니면 다음 학기에 논문을 제출하라고 요구하였다. 학구열에 불타 있었던 두 선생님은 최선을 다하여 논문을 쓰겠다고 이야기하고서 질적연구와 관련된 이론서적 및 자료수집 기법 등에 대하여 스스로 공부하였다. 그리고 모르는 내용은 나의 연구실이나 집으로 찾아와 대화함으로써 해소되었다.

> 뜨거운 여름날 아침, 한 연구자는 온 몸이 땀에 젖은 채로 찾아와 연구가 끝났다고 하였다. 그리고 자신이 수집하고 분석한 질적 자료들을 양적자료와 혼합하여 연구결론을 잘 도출해 내었다. 어려운 과제를 해낸 석사과정 학생에게 칭찬을 하면서 어떤 기분이냐고 물었다. 그는 다음과 같이 말하였다.
>
> "처음에는 질적 방법 써서 자료 찾으라고 하니까 진짜 난감했어요. 대학원에서 배우지도 않았잖아요. 그런데 현장에 가서 특수교육교사와 대화하고 특수교육학생들의 부모와 면담하면서 진짜 많이 배웠지요. 설문지도 잘 만들지 못하였지만 설문지에서 다루지 않았던 내용들이 대화와 면접에서 쏟아져 나와서 너무 놀랐어요. 앞으로 조금 더 공부하고 싶은 생각이 듭니다."

나의 머리 속에 떠오르는 음악 알비노니의 아다지오(Adagio). 조금은 느릿하지만 내 삶에서, 나의 학생지도에 있어서, 그리고 우리의 교육학연구에서 일어나는 연구 패러다임 변화의 증거들. 느릿하게 시작하여 라벨의 볼레로처럼 활활 타올라라. 그들이 쓴 논문 '완전통합교육에 대한 장애아 부모들의 태도', '소리내어 생각하라(Think Aloud): 훈련이 정신지체아의 사회적 실행능력에 미치는 효과' 는 나의 책장에 계속 꽂혀있다.

5) 용감한 데이터

> 많은 새들이 무리 지어 하늘을 난다. 그러나 독수리는 용맹스럽게 홀로 하늘을 난다.

'용감한 데이터' 는 학교현장을 이해하고 개선하기 위해서는 질적 방법에 의한 실행연구가 필요하며 따라서 질적연구자로서 현장연구에 참여할 용기와 의지가 준비된 현장연구자를 비유하기 위한 용어이다. 이들은 학교현장에 대한 기존의 연구들이 대학연구자의 그것과 큰 차이가 없었으며 실제 교실의 개선에는 도움이 되지 않는 이론적이고 추상적인 연구에 불과한 것이라는 것을 잘 알고 있는 계몽된 연구자이다. 따라서 이들은 연구의 출발을 기존연구의 이론검증을 위한 단골메뉴 대신에 자신의 교실과 경험에서 비롯된 실제적인 연구문제를 가지고 연구하거나 아니면 수업개선을 위한 새로운 프로그램 실행과 평가를 연구한다. 그들을 매료시키는 것은 예언이나 통제가 아니라 현실의 학교생활세계의 이해와 기술이다.

이들은 주위 현장교사의 걱정스러운 비평에 기꺼이 저항할 용기를 가지고 있고 이정표적인 현장연구를 하겠다는 목표의식도 강하다. 질적 방법을 사용하여 현장연구를 한다는 것이 얼마나 힘들고 노력을 요구하는가를 알면서도 기꺼이 자신의 삶의 일부분을 그것을 위하여 희생할 준비가 되어있는 연구자들이다. 다음의 학교현장연구의 새로운 패러다임을 확립시켜 나갈 이런 용감하고 새로운 연구세대는 기존의 양적연구자들이 질적연구에 대하여 공격하는 연구개념들인 '일반화 문제', '연구의 객관성 문제', '연구자의 주관성 문제' 등에 대하여 확고하게 답할 수 있는 지식과 여유를 가지고 있다. 질적연구 패러다임이 확고하게 인정되지 않고 있는 우리나라의 교육학연구 상황에서 이들이 믿는 것은 '현장이 기여할 수 있는 자료의 생산' 이며 개척자적 정신이다.

이야기 5

2002년 나의 '질적연구방법론' 수업에서는 각 학생들의 연구계획서 발표가 있었다. 이 중에서 한 학생은 연구계획서의 주제로 '초임교사의 학교생활과 수업' 에 대한 생활사 연구를 하겠다고 하였다. 최근에 부상하고 있는 교사의 삶에 대한 연구돌풍을 따라서 우리나라에서 초임교사의 사회화와 생활을 1년간 연구하겠단다. 그리고 자신이 그 연구를 할 수밖에 없는 이유로는 우리나라에서 이루어진 기존의 연구들이 외부 연구자들에 의하여 수행되었거나 연구의 진실성에 문제가 있는 것을 예로 들었다. 라포르(rapport)가 형성되어 있는 대학교 4학년 친구 네 명을 연구보조자로 선정하여 각 교사가 겪는 일상생활과 교육학적 이슈들을 연구하겠단다. 그리고 네 학교 이야기에서 그리지 못한 초등학교 교사의 삶을 교사의 시각에서 그려 나가겠다고 하였다. 이때 이 연구에 참여하고 있던 다른 대학원 학생이 흥미 있는 이야기를 하였다.

"저도 저 연구에 참여하여 글을 쓰고 있는데요. 학교에 처음 가니까 학교는 계속 딜레마의 연속이라는 사실을 알게 되었어요. 꼭 거대이론(Grand theory)을 찾을 필요 없이 등교하여 학교운동장을 걸어갈 때 어느 쪽으로 걸어가야 하는지, 교무실에서는 어디에 앉아야 하는지 마치 이방인이 새로운 문화에 동화되어 가는 그러한 과정 같았어요."

다른 대학원생의 발표를 연기시키고 대화를 계속하게 할 만큼 여러 가지 방법적 이슈들, 아이디어들, 연구자가 내부자로서 가지게 될 윤리적 딜레마 등 흥미로운 질적연구의 방법적 쟁점들이 학생들의 경험으로부터 나타나게 되었다. 1998년의 나의 글 '질적연구 패러다임과 포스트콜로니얼 교육과정연구' 에서 우리나라의 질적연구의 핵심적 연구주제로서 한국 교사의 생활과 세계에 대한 연구를 강조했던 만큼, 이 대학원생의 연구주제와 연구의지는 나를 매료시키기에 충분하였다. 특히 교육학 전공의 외부 연구자가 아닌 현장교사가 직접 써 내려갈 이 연구에서 우리나라 초등학교 초임교사의 생활이 어떻게 기술되고 그려질 것인가를 생각하니 기대가 되었다. 연구를 잘 수행하여 미국 교사직전 교육프로그램에서 교사가 되기를 희망하는 학생들에게 가장 많이 읽히는 책 중의 하나인 볼로흐(Bullough, 1989)의 『초임교사』와 같은 책이 나올 수 있기를 희망하였다.

나에게 들려오는 드보르작의 현악 사중주 '아메리카'. 신세계를 개척한 자들의 환희와 노고를 축하하였다. 그리고 김소월의 '산유화'에서 그려지는 봄꽃으로 가득 찬 새로운 생명의 파란 들판. 용감한 새로운 신세계를 기다린다.

2. 박찬봉의 이야기

나는 현재 진주교육대학교 부설 초등학교에 근무하고 있고 교직경력이 19년 되었으며, 대학원에서 교육방법을 전공하여 지난 3년간 진주교육대학교 초등교육연구원과 공동 연구한 '초등학교 수행평가 도구개발'에서 현장연구자로 참가하였다. 1차 연도(1999)에는 졸업수행평가 프로젝트, 2차 연도(2000)에는 국어과 쓰기 수행평가, 3차 연도(2001)에는 자기평가와 전자포트폴리오 수행평가 도구개발에 참여하였다.

여기서는 교사 연구자의 역할 수행이 얼마나 어려운 작업이며 중요한가를 그간의 경험을 바탕으로 소개하고자 한다. 이런 나의 이야기가 실천적 반성과 적극적 탐구가 요구되는 현장의 분들께 조금이라도 도움이 되었으면 한다. 진주교육대학교 김영천 교수님과의 만남은 신선함이었고 타는 목마름에 대한 오아시스였다. 대학연구자의 이론이 뒷받침되었기에 교실현장에서 실천적 반성과 적극적 탐구가 가능했다.

학교교육의 개선에 관한 한, 우리는 모두 그것이 얼마나 어려운 과제인가를 잘 알고 있다. 만약 그것이 쉬운 일이었다면 학교교육 개선이 그토록 오랫동안 우리의 관심을 끌지는 못했을 것이다. 어쨌든 학교교육의 질을 좌우하는 것은 교사가 아닐까 생각한다. 우리 교육의 개선은 교육의 최전선, 즉 교실수업의 개선으로부터 시작되고 종결된다고 생각하며, 교사는 반드시 자기 수업의 개선에 있어서 외부에 의존하지 말고 스스로 주체가 되어 자신의 교육실천을 의미 있고 효과적으로 개선하기 위해 연구하는 교사가 되어야 한다.

1) 실행연구의 딜레마

실행연구를 실천하는 거의 모든 현장연구자들은 비슷한 경험을 했겠지만 나도 현장연구에 참여하는 동안 몇 가지 딜레마를 겪게 되었다. 첫째는 일선 현장과의 괴리였다. 교육현장은 너무나 스스로 짜 놓은 틀에 얽매여 있는데 연구자가 주체가 되어 실천하고 변화해야 하는 즉 실행연구와는 맞지 않는 부분이 많았다. 새로운 변화를 요구하고는 있으나 아직도 현장은 적극성이 부족하고 변화를 쉽게 받아들이지 못하고 한 번 짜 놓은 교육과정은 그대로 적용되길 원하고, 교과서 중심으로, 업무 중심으로, 구호 중심으로, 교육행정가 중심으로, 지시일변도로 교육은 흘러가고 있다. 우리의 현장은 아직 국가 수준 교육과정 기준 시수를 이행하기 위해 실제보다는 문서를 중시한다. 어떤 경우에는 학교장의 결정이 더 중요시되거나 학교 업무의 원활한 처리를 위해 짜 놓은 교육과정이 무시되는 경우도 종종 있다. 이러한 상황에서 현장교사가 실천적 반성을 통해 융통성 있게 교육과정을 적용할 여지는 매우 적어진다. 또한 교사들도 새로운 교육과정을 수용하는 것을 고유한 업무 이외의 것이라고 생각하거나 교육현장의 변화를 귀찮아하는 모습들을 볼 때 아직은 적극성이 부족하다는 느낌이 들었다.

둘째는 이론 정립의 부족이었다. 수많은 현장교사들이 '언제 새로운 학문과 지식을 이해하고 받아들여 현장에 적용할 것인가' 하는 문제였다. 과다한 업무와 수업, 현장교사 자신의 노력 부족 등으로 현장은 언제나 불안한 것이다. 누가 이렇게 이야기하면 이렇구나, 저렇게 이야기하면 저렇구나 하는 식으로 말이다. 졸업수행평가 프로젝트를 연구하면서 선행 연구물을 국내에서 구할 수 없을 때 김영천 교수가 미국의 선행 연구물을 소개해 주지 않았더라면 연구는 몇 배 어렵게 진행되었을 것이다. 또한 국어과 쓰기 수행평가 도구 개발 때에는 진주교대 국어교육과 곽재용 교수의 자료 제공과 아이디어 공유가 없었다면 쓰기 10단계 평가에 대한 평가 준거 마련 및 평가방법에 대한 나의 자신감은 그리 높지 못했을 것이다. 그리고 전자포트폴리오 도구 개발에서 진주교대 교육학과의 권혁일 교수의 노하우와 식견이 전자포트폴리오라는 새로운 영역의 도전을 가능하게 했고 연구의 핵심인 전자포트폴리오 프로토타입(prototype)의 개발 역시 세 교수의 지원으로 가능하게 되었다.

셋째는 여건의 미성숙이다. 소위 교육 행정가들은 쉽게 현장교사의 다양한 실행연구를 용납하지 않는다. '뭐 그런 것을 하고 있어', '그런 것 안 해도 옛날에 잘 되었어', '왜 그래' 등은 특히 젊은 현장연구자들에게 극복하기 어려운 부분이다. 현장교사들 중 교육 자체보다는 승진이나 무사안일주의에 빠져있는 교사들도 많이 있고, 교육 행정가와 교육정책에서 아직은 실행연구를 쉽게 받아들이는 모습이 흔하지 않다.

특히 현장연구에서 많은 비중을 차지하고 있다고 볼 수 있는 각종 현장연구대회에서 실행연구가 발붙일 틈은 아직 없어 보인다. 하지만, 이런 모든 딜레마는 누가 극복해야 하는가? 이것 역시 현장연구자의 몫이라 여겨진다. 그렇지만 동시에 현장연구자의 몫을 이해하고 배려해 줄 때 우리 교육은 보다 나은 방향으로 보다 빠르게 발전되지 않을까.

1999년, 실행연구와 첫 만남이었던 6학년 담임 시절에 경험하였던 '졸업수행평가 프로젝트' 라는 실행연구에서 나는 김영천 교수님으로부터 이론의 부족함을, 학교행정가의 의지를 통해 용기를, 동료 교사들로부터 희망을 얻었고, 일반 학교에서는, 양적 연구에서는 상상도 못할 소중한 경험을 하였다. 초등학교에서 하나의 평가에 준비한 시간을 빼고 보고서 작성에만 8시간을 투입하는 평가, 평가 도중에 중앙일보에서 나온 기자가 학생들과 학부모를 대상으로 인터뷰가 이루어지는 일, '과연 잘 할 수 있을까? 몇 명이나 주어진 시간에 보고서를 작성하여 제출할 수 있을까?' 등 설레는 가슴, 학생들이 신이 나고, '나도 해냈다' 는 생각이 학생들의 얼굴에 그려질 때의 희열, 세 시간에 걸친 발표가 끝이 난 후 학부모와의 간담회 시간에서 들은 '대견하다' , '자랑스럽다' , '이런 평가도 있다니!' , '선생님 수고하셨습니다.' 등의 인사말. 11월이 지나고 12월이 되어 나는 자신을 되돌아볼 수 있었다. 무엇이 부족했으며 훌륭했는가를.

현장연구가 흔히 연구자 혼자 책상 위에서 이루어지는 행위라면 졸업수행평가 프로젝트는 대학연구자인 교수와 현장연구자인 교사 등 여러 사람의 협동연구를 통해 가장 합리적이고 현실적이며 교육적인 방법으로 추진되었다는 점에서, 또 연구 결과를 토대로 다른 연구자가 얼마든지 새로운 방식으로 적절하게 연구할 수 있다는 점에서 가슴 뿌듯했고, 다른 연구에서는 미처 느껴보지 못했던 희열과 성취감을 맛볼 수 있었다.

2) 새로운 변화

'졸업수행평가 프로젝트, 국어 쓰기 수행평가, 자기평가, 전자포트폴리오' 와의 만남을 통해 나는 나 자신도 모르게 몇 가지 변화가 생겼다. 첫째, 현장연구의 주체는 현장교사여야 한다는 생각이다. 학교현장에서 좋은 교육을 실천할 수 있는 유일한 보루는 '좋은 교사' 이며 현장연구가 교실 수업개선에 목적이 있고 현장교육을 현장교사가 담당하고 있기 때문이다. 나는 3년간의 실행연구를 추진하기 전에는 모든 연구는 교수나 다른 연구자들이 실천한 것을 적용만 하면 된다는 생각을 많이 했다. 3년 전의 나처럼 아직도 이런 생각을 하고 있는 현장교사가 있다면 인식의 전환이 있어야 진정한 교실

수업개선이 이루어진다고 생각한다.

둘째, 나 자신의 교육활동을 체계적으로 반성하고 탐구하는 성찰적 노력이다. 즉 나 자신의 수업을 반성하고 반성된 내용을 수업에 실천하려는 의지가 그것이다. 반성하고 탐구하는 성찰적 노력을 하지 않는 교사는 없다고 보지만, 현장교사의 대부분은 시간이 부족하거나, 관심이 없는 이유로 학습일지를 쓴다든지 자기평가를 실시하는 등 다양한 방법으로 체계적이고 탐구적으로 교육활동을 하지 못하는 경향이 있다. 나도 예외는 아니었다. 그러나 나는 김영천 교수를 비롯한 여러 교수님의 도움으로, 또 3년간의 연구참여의 대가로 자기 성찰적 노력이 보다 체계적이고 탐구적으로 바뀐 것 같다.

셋째, 교육학 연구에서 연구자토서의 교사의 위치를 확인하면서 질적 방법이 학교현장연구에 접목되어야만 교실 수업개선은 이루어질 수 있다는 인식의 전환이다. 체계적이고 점진적으로 이루어지는 학교교육에서 양적연구만으로는 교실 수업개선을 이루기에는 역부족이다. 질적 방법의 현장연구를 위해 졸업수행평가 프로젝트 연구에서 나는 하나의 루브릭(rubric)을 만드는 데 거의 한 달이 걸렸으며 교수, 연극인, 웅변가, 현장교사, 학부모 등 약 40여 명의 인원이 참여하여 최상의 루브릭을 만들려고 노력했던 경험이 있다. 그리하여 학생들의 자기평가와 학습일지 등을 관찰하면서 연구의 방향과 교실 수업개선을 보다 효과적으로 실천할 수 있었다.

3) 나의 희망

3년간의 실행연구는 체계적이고 점진적으로 이루어진 연구였기에 단기적으로 이루어지는 연구의 단점을 극복할 수 있었고, 비협동적인 연구에서 협동적인 연구, 즉 공동연구를 통해 아이디어의 공유와 상호보완적인 연구가 이루어졌기에 현장을 개선할 수 있었으며, 프로그램을 실행하고 그 변화를 살펴 최선의 길을 찾아갔기에 평가를 개선할 수 있었다고 감히 말하고 싶다. 선진적이고 실험적이며 창의적인 연구작업이 우리의 현장에 적용되고 확산되기를 진정으로 소망해 보며, 수많은 현장교사들이 참여할 수 있는 터전이 하루 빨리 마련되기를 기대하면서 몇 가지 희망을 제시해 본다.

첫째, 교육정책 결정자 또는 교육정책 입안자는 이제 과감하게 현장연구에서 질적연구를 수용해야 하며, 특히 각종 연구대회에서 질적연구를 양적연구와 동일하게 인정하거나 오히려 장려해야만 한다. 아울러 아낌없는 행·재정적인 지원이 이루어져야 하고, 초창기라 볼 수 있는 질적연구의 연구자에 대한 심리적인 격려와 아낌없는 배려가 필요하다.

둘째, 학교현장의 문화가 바뀌어야 한다. 아직도 학교현장은 간단하고 쉬운 방법으로 연구하고자 하는 풍토가 있으며, 새로운 시도에 대한 거부감이 있다. 이런 학교문화가 변화되지 않고서는 교실 수업개선은 아직 멀다고 생각한다. 현장교사들은 보다 적극적으로 질적연구를 수용하고 실천할 필요가 있으며, 학교 경영자는 이런 현장교사의 노력을 이해하고 격려하여 진정 교실수업이 개선되는 현장연구가 이루어질 수 있도록 새로운 학교문화의 창출에 노력을 아끼지 말아야 한다.

셋째, 대학과 현장과의 연계적인 작업이 필요하다. 교실수업 연구의 핵심이 대학연구자에서 학교 현장교사로 이동되는 상황에서 현장은 여전히 자료가 빈약하고 이론과 현장의 접목이 난관에 부딪히는 경우가 허다하다. 기존의 대학연구자 중심의 또는 학교 현장교사 중심의 비협동적인 연구문화에서 벗어나 대학연구자와 현장교사 간의 상호 협동과 아이디어 공유를 통하여 진정한 의미에서의 협동연구를 우리 현장에 접목시키는 노력이 필요하다.

3. 박일녀의 이야기

진주교육대학교 부설 초등학교에 근무하고 있는 나는 교육 경력이 18년 되었으며, 진주교육대학교 대학원 미술교육과를 졸업하였고, 지난 3년간 김영천 교수의 실행연구인 '초등학교 수행평가의 문항개발과 적용' 에 현장연구자로 참여하였다. 이 글에서는 현장개선연구 즉 실행연구가 현장의 교사에게 어떤 영향을 주었고, 현장 수업개선에는 실질적으로 어떤 도움과 어려움을 주었으며, 앞으로 바라는 사항은 무엇인지를 현장의 적용과정에서 경험한 이야기를 중심으로 소개하고자 한다. 나의 조그만 경험이 후속의 실행연구를 하시는 분들께 도움이 되고, 현장을 연구하는 데 소중한 자료가 되었으면 하는 바람이다.

먼저 진주교육대학교 교육학과 김영천 교수와 진주교육대학교 교수들을 만나, 교수들이 하는 이론적 기반 위에 현장교사의 연구와 경험이 합쳐져 학생에게 직접 적용이 가능하고 반성까지 할 수 있는 연구를 하게 되고 수업의 질을 향상할 수 있게 되었다. 지난 3년간 해온 연구는 현장에 적용이 가능한 연구였고, 이제껏 해왔던 연구와는 사뭇 다른 신선함이 느껴지는 일이었으며, 이론에만 그치지 않고 학생에게 적용이 가능하다는 것이 참으로 매력적이었다.

현장의 교사들은 학생과 직접 생활하므로 현실에 대한 감각과 학생에 대한 이해, 계획의 실천 가능성 판단 여부 등에 있어서는 교수들보다 나은 점이 많다. 이에 반해 교수들은 이론적으로 정립이 되어 있어 교수들과 현장교사와의 공동연구는 현장감도 있으면서 이론적으로도 탄탄한 연구가 될 수 있었다. 학교교육의 핵심이라고 할 수 있는 수업의 질을 개선하기 위해서 교육학자들이 지난 40년간 수많은 노력을 하였지만 연구자와 실제로 수업에 적용하는 교사가 달랐기 때문에 효과를 보지 못하였다고 한다. 즉 연구자의 관심은 일반적이고 교사의 관심은 아주 구체적이라는 점이 문제였다. 최의창(1998)은 '학교교육의 개선, 교사 연구자, 그리고 현장개선연구(action research)' 에서 교육실제의 개선에 있어서는 소비자가 바로 생산자가 되는 자급자족의 원리가 효과적이며, 교사가 자신의 수업을 향상시키는 데 필요한 진단과 처방을 스스로 내리는 자기치료능력이 있을 때, 교육활동을 가장 효과적으로 개선시킬 수 있다고 하였다. 처음에는 교수의 연구내용에 가타부타하는 것에 부담을 느꼈는데, 나의 주장이 받아들여지고, 나의 의견대로 방향을 약간 바꾸었을 때, 학생이 더 잘 이해하는 것을 보고 용기를 얻고 더 적극적으로 참여하게 되었다.

1) 실행연구의 딜레마

교수들과 같이 실행연구를 하는 것은 교사에게 커다란 경험이며 현장의 실상과 이론을 접목시키는 점에서 매우 바람직한 일이나 다음과 같은 딜레마를 겪게 되었다. 첫째, 시간과 노고가 너무 많이 든다는 점이다. 짜여진 교육과정 프로그램 안에 실행연구를 통해 고안된 새로운 수행평가를 삽입하려고 하다 보니, 무엇보다 시간상의 문제가 많았으며, 아동의 평가에도 상당한 어려움이 있었다. 즉 기존의 교육과정에 있는 모든 내용을 다루면서 실행연구도 동시에 하려고 하니까 교사의 노고와 시간이 너무 많이 든다는 문제가 있었다. 수행평가 3년째인 2001학년도에는 미술과 윤쌍웅 교수와 미술과 수행평가 도구 개발을 하였다. 우리는 가능한 한 새롭고 다양한 수행평가의 문항을 만들기 위해 노력하였으며, 그 결과 아동이 다양한 경험을 해보게 한 점은 유의미한 점이라고 생각한다. 특히 진주의 8경을 엽서로 만들어서 판매하기, 자연을 다양하게 제시하여 주고 그 배경에 맞게 자신이 살고 싶은 집을 그리기, 명화를 보고 자신의 의도대로 바꾸어도 보고 작가에게 편지 써보기 등은 다양한 수행평가의 일례라 할 수 있다. 그런데 이런 일련의 활동을 하려면 많은 시간이 요구되었는데 한 작품을 만드는 데에만 5~6시간이 소요되고, 이를 또한 정리하고 루브릭을 만들어 평가까지 하려면 10시간은 족히 걸리는 실정이었다.

정규시간 외에는 아동의 방과후 지도가 어려운 실정이고 수행평가이므로 가정에서 해오게 할 수도 없어서 담임의 재량시간을 이용하여 지도하였으나 시간이 많이 부족하였다.

> **이야기 1: "아휴, 힘들어!"**
>
> 진주 8경에 대한 엽서를 만들던 수업시간의 일이었다. 예습과제로 진주의 8경에 대한 사진이나 그림, 전설 등이 있으면 조사해 오기로 하였는데 학생들은 제법 인터넷을 뒤져서 칼라로 그림을 빼어 오는 등 성의를 보여 주었다. 교사도 나름대로 진주 8경을 크게 복사하여 제시하고, 어떤 점이 좋은지 자신의 생각도 들어보고 진주에 대한 자부심도 느끼고 대단히 흥미롭게 진행하고 있었다. 한참을 이야기하고 난 후 아동이 이야기하였다.
>
> "선생님, 그림은 언제 그려요?" 아차, 시계를 보니 벌써 30분이 훌쩍 지나 2시간 블록 타임의 거의 반이 지나가 버리고 50분밖에 남지 않은 실정이었다. 아동의 다양한 화구를 준비하여 빨리 작품을 완성하고 싶은 욕망을 교사는 북돋아 주지는 못할망정 아동의 의욕을 자제시킨 꼴이 되어 버렸다.
>
> 불기, 은박지에 그리기, 스크래치, 찍기, 종이접기, 골판지에 표현하기 등 다양한 방법이 총집합되어 그야말로 후끈거리는 교실이었다. 교실 뒤에는 참관하는 교사들로 가득하였고, 아동의 성화에 시계를 보니 본질적인 작품은 들어가지도 않았는데 시간은 거의 반이나 지나가고 참으로 황당하였다. 열심히 하였으나, 그나마 작품을 완성한 아동은 쉽고 간단한 방법을 택한 학생들이었다. 2시간이 마칠 무렵에는 완성된 몇몇의 학생들이 자신의 작품에 대한 감상을 하고 대충 마친 후에 참관하시던 선생님들이 가시고 나서 다시 작품을 완성하게 하였다.
>
> "아휴, 힘들어!" 정말 교사도 학생도 힘이 들었고, 이 수행평가 작품의 완성을 위하여 그 날의 오전수업을 몽땅 바쳐야 했다.

둘째, 초등학교나 대학에서도 실행연구에 대한 관심이나 물적 지원이 없어서 힘든 점이 많았다. 어떤 연구든지 맨손으로 할 수 있는 것은 없다. 복사도 해야 하고, 재료도 사야 하고, 시설도 필요한 것은 갖추어야 하고, 때론 다른 사람의 인력도 필요한 경우가 있으나, 물질적인 도움이 전혀 없어 추진상의 문제가 있었다. 수행평가 3년째인 미술과 적용할 때의 일이다. 아동이 만든 진주 8경을 그림엽서로 만들기가 있었는데 인쇄비의 보조가 없어서 보고회 하는 날 참석하신 분께 판매하고, 심지어 학부모의 도움까지 받아서 충당을 하였다.

셋째, 교사에게 아무런 인센티브가 없다는 점이다. 물론 학생의 수업개선을 위한 직접적인 영향을 준다는 점은 대단히 시사적이지만 승진의 가산점을 얻을 수 있다든지 아니면 근두조건이 좋은 곳으로 옮겨가는 데 도움이 된다든지 등의 교사에게 실질적인 도움을 주는 점이 없다.

넷째, 실행연구를 다른 학급이나 학교로 확산시킬 방법을 찾기 힘들다는 점이다. 교수님의 탄탄한 이론과 현장교사의 현실감이 합쳐진 멋진 작품을 많이 확산시키고 싶은 욕망이 있으나, 이를 확산시키는 데 어려움이 많다.

2) 새로운 변화

제7차 교육과정에서 요구하는 학생 상은 자주적인 학습능력을 가지게 하는 것이다. 고기를 낚는 방법을 가르쳐 주는 교육이 바로 그것인데, 답을 제시해 주기보다는 생각을 할 수 있게 하고 자신의 생각을 피력할 수 있는 능력을 가진 학생을 키우는 데는 현장개선을 위한 질적연구만큼 효과적인 것은 없었다. '이것이 아니면 저것' 이라는 식의 정답을 요구하는 것보다는 스스로 의사를 결정하는 능력을 갖게 하는 것이었다. 교사에게는 다음과 같은 변화가 생겼다.

첫째, 연구가 연구로 그치는 것이 아니라 현실감을 갖게 되었다는 것이다. 즉 학생의 입장, 수요자의 측면을 많이 고려하게 되었다.

> **이야기 2: "역시 학생과 눈높이를 맞추는 것이 최고"**
>
> 실행연구의 첫해에 나는 수학과 수행평가에 참여하였다. 처음에는 수학교육과 정영옥 교수의 연구내용을 현장에 적용하는 수준이었다. 첫 모임에서 정 교수가 만든 문제는 충격적일 만큼 참신하였다. '수학' 하면, 계산하고 측정하고 통계 내는 등의 일을 떠올리게 되는데 정 교수가 만든 문제는 아동이 문제의 구칙을 발견하고 발견한 규칙에 따라 나머지의 답을 스스로 찾게 하는 것, 이야기 문제 만들기, 저널 쓰기, 구성과제, 자기평가 등 기존의 교과서나 문제집에서는 한 번도 본 적이 없는 생전 처음 보는 문제들이었다. 그런데 이 문제들은 참신하기는 하였으나 학생의 수준을 전혀 고려하지 않은 듯하였다. 적용대상은 초등학교 1~2학년이었는데 문제는 그림이나 삽화를 전혀 넣지 않고 단순히 글로만 제시되어 학생이 흥미를 느낄 수 없게 되어 있었고, 긴 줄글로 제시되어 인내를 갖고 끝까지 읽지 않으면 이해가 힘들었으며, 단어 자체도 학생이 잘 모르는 어른의 입장에서 쓰이고, 학생이 답을 줄글로 쓸 수 있게 칸이나 줄을 그어주는 등의 것들이 허술하였다. "교수님, 이렇게

하면 학생이 이해를 하지 못합니다. 재미있게 만들어야 합니다. 아동의 수준을 너무 고려하지 않았군요."

처음의 적용은 대부분의 학생이 이해를 못해 좋은 문제가 빛을 보지 못하였는데, 현장교사의 이야기를 듣고 다시 만든 문제는 교사의 자세한 안내와 더불어 실시한 결과 전혀 다른 결과가 나왔다. 이 연구는 학생에게 수학이란 참 재미있는 교과라는 생각을 심어주게 하는, 즉 생활에 수학이 왜 필요한지를 느끼게 하고, 말랑말랑한 학생의 뇌 활동을 왕성하게 해주는 좋은 연구였다.

둘째, 현장교사는 경험만을 중시하고 이론에는 부족한 점이 있었는데, 이론의 정립에 관심을 갖게 되었다.

이야기 3: "문외한이던 사람이 전문가로?"

실행연구의 두 번째 해에는 사회교육과 정호범 교수와 의사결정능력 신장을 위한 수행평가 문항 개발에 참여하였다. 현명한 소비, 합리적인 직업선택, 경부 고속 철도의 경주통과 문제, 장애인 학교를 우리 마을에 설립하는 문제 등으로 아동이 자신의 생각을 정리하여 자기의 의사를 결정하는 능력을 길러주는 수행평가였다. 수행평가 문항 개발에 관한 첫 모임에서 우리 5학년은 사회과에 배정받아 의사결정능력을 위한 문항개발에 참여하게 되었으나, 전문적인 지식이 상당히 부족함을 느낄 수 있었다.

그래서 교수의 의도대로 따라 가는 형식이 될 우려가 많았으며, 교사와 교수의 의견이 맞지 않을 경우 교사도 적극적으로 도울 수가 없었다. 그래서 뒤지지 않으려는 마음에 사회과의 서적도 읽어보고, 사회과에서 의사결정을 적용할 수 있는 단원이 어떤 것인지 분석도 하여 어느 정도 지식을 갖게 되니까 아동에게 적용할 때의 문제점이나 수준을 맞출 수가 있었다.

또한 현장의 개선을 위해 교육현장의 실황을 당사자의 입장에서 구체적이고도 명확하게 이해하기 위해서는 객관성과 일반성이 강조된 양적 자료보다는 주관성과 구체성이 부각되는 질적 자료가 보다 유용하게 쓰인다는 것과 현장과 밀착된 질적연구가 매우 효과적이란 것을 알 수 있었다.

셋째, 새로운 것을 도입하고 적용해 보고자 하는 개척자적인 정신을 갖게 되었다. 교사는 자신이 이전에 가지고 있던 지식과 경험을 촉매제로 사용하여, 대학의 교수가 만들어 놓은 이론과 원리를 이용만 하는 소비자가 아니라 자신에게 필요한 수업과 학습에 관한 지식을 스스로 생산해 내는 사람이다. 즉 지식과 의미의 '능동적 생산자' 라는 사실을 느낄 수 있었고, 교사가 자신의 교육활동을 개선하기 위해서는 질적연구를 바탕으로 한 고사연구자로서 실천적 반성을 하고 적극적인 탐구자세를 취해야 한다는 것을 알게 되었다.

3) 나의 희망

지난 3년간 우리 교사는 많은 경험을 하였고, 또 이론적으로도 새로운 것을 알게 되고, 모든 연구는 현장에 적용이 되었을 때 그 빛을 발휘할 수 있다는 것을 느꼈다. 나는 이 연구가 많이 확산되어 교육에 관계하는 더 많은 분들의 의식이 변화되기를 기대하면서 다음과 같은 몇 가지 희망을 제시해 본다.

첫째, 교육과정과 현장연구를 잘 접목시켜 교사가 실행연구를 또 다른 귀찮은 일로 생각하지 않게 되었으면 하는 것이다. 즉, 현행 7차교육과정에서 교사에게 주어진 재량시간을 정말 교사가 마음껏 의도한 수업을 할 수 있는 시간으로 활용할 수 있었으면 하는 바람이다. 둘째, 교사의 노고에 합당한 물적인 지원과 교사가 자부심을 가질 수 있는 여건을 만들어 달라는 것이다. 즉, 교사와 대학연구자가 공동으로 참여하는 실행연구를 통해 연구비의 지원과 연구 점수 · 공동 연구자로서의 명예를 나눌 수 있기를 바란다. 끝으로, 교사가 현장에서 손쉽게 실행할 수 있고 나아가 교실의 수업을 개선할 수 있는 실행 연구물이 많이 축적되어 다른 교실, 다른 학교에서도 실행연구가 하나의 붐이 되었으면 하는 소망을 가져본다.

Ⅳ. 결론: 밀착취재(Up close and personal)를 마치며

'업 클로스 앤드 퍼스널: 현장연구자가 들려주는 학교연구의 이슈와 딜레마' 라는 제목의 이 글은 교실 수업개선을 위한 실행연구에 참여한 한 명의 대학연구자와 두 명의 현장교사들이 지난 3년간 현장연구에 대하여 겪은 다양한 경험들을 기술한 것이다. 이 기술의 목적은 현장교사에 의한 자기 교실의 개선작업이 어떠한 의미가 있었고 딜레마가 있었는지를 실행연구가 새로운 개혁의 방법으로서 대두되는 상황에서 이야기하는 것이었다. 이를 통하여 우리 현장에 실행연구가 적용되는 경우에 이 분야의 관심집단이 유념해야 하는 이론적, 정책적, 방법적 이슈에는 어떤 것들이 있는가를 이해시키고자 하였다.

이에 글의 내용으로서 연구자 세 명이 겪은 현장의 이야기들을 이야기방식을 통하여 기술하였다. 첫째, 대학연구자인 김영천은 해방의 이름 아래 양적연구방법에 의한 현장연구와 질적 방법에 의한 실행연구 사이에서 새로운 방법론의 파수꾼으로서 지난 6년간 경험하였던 여러 가지 생활이야기들을 들려주었다. 둘째, 현장의 교사들은 교사가 아닌 연구자로서 현장에 참여하는 것이 무슨 의미가 있는지를 실행연구를 해왔던 수많은 최근의 선도적 현장교사들의 목소리를 대변하여 이야기해 주었다. 그리고 그러한 목소리를 통하여 현장의 개선이 '실행연구'를 통하여 어떤 희망과 시사점을 줄 수 있는지를 교육정책가와 교육행정가에게 들려주고자 하였다.

이에 이 글의 저자들은 앞에서 이야기한 우리의 경험들이 현장개선과 관련하여 이야기되고 있는 교사의 변화, 교실수업의 개선, 학교개혁 등, 우리의 시대정신을 조금이나마 함양시키기를 희망하면서 이 글의 결론으로서 다음 세 가지 내용을 강조하고자 한다. 이 세 가지 희망은 '실천(praxis)으로서 연구'라는 용어(Lather, 1986b)가 나타내는 것처럼, 우리의 교육학연구/교실수업개선연구가 의미 있는 성과를 가져오기 위하여 어떠한 방향으로 나아가야 하는지를 지적하는 것이다.

첫째, 자신의 교실과 학교의 교육문제를 탐구하는 실행연구가 더욱 많이 이루어져야 할 것이다. 앞에서 드러난 현장교사 두 명의 이야기처럼 실행연구는 그 많은 부담과 어려움에도 불구하고 현장교사의 자기개발과 교실수업의 변화에 끼치는 영향은 상당하다는 것을 알 수 있었다. 이러한 계몽과 반성의 효과는 자신의 일상적인 경험과는 관계없는 이론의 검증과 가설의 확인으로 이어지는 기존의 양적연구방법과는 달리 현장교사의 자기수업의 개선과 수업에 대한 반성에 의미 있는 효과를 가져올 것이다.

둘째, '밀착취재(up close and personal)'라는 용어가 나타내는 것처럼 현장교사들의 경험과 그들의 연구경험이 우리의 교육개혁과 교육학이론의 중요한 자원으로 이용되어야 할 것이다. 실제에 비해서는 이론이, 현장교사에 비해서는 대학연구자의 담론이 지금까지 교육학연구의 방향과 성격을 지배해 온 상황하에서 우리의 교육학연구는 다소 추상적이고 현실에 도움이 되지 못하는 관념적 연구들이 수행되어 왔다. 따라서 수업개선과 현장에 대한 개혁의 논의도 온통 대학연구자의 이론과 그들의 편파적인 해석에 근거하여 이루어졌다고 하겠다. 그러한 측면에서 현장교사의 연구경험과 이야기, 그들의 해석이 학교교육개선 이론화의 중요한 재료로서 고려되어야 할 것이다. 교실수업의 개선이 단순히 이론의 완성이나 전달만으로 되는 것이 아니라 이론이 현장에 적합하게 접합될 때 효과를 거둘 수 있다는 점에서 현장교사들의 연구에 대한 참여와 비평, 이야기하기는 교실수업개선의 가장 중요한 기여 중의 하나가 될 것이다. 그러한 점에서 현장교사 자신에 의한 교실개혁의 이야기 쓰기, 실행연구를 사용한 석사와 박사논문의 발표와 학술지 기고, 실행연구자들의 연구자집단의 형성과 아이디어의 교환, 대학연구자와 현장교사 간의 협동연구문화의 조성 등이 필요할 것이다. 이러한 분위기 속에서 교사 위에 군림하는 대학연구자의 연구관행이 사라져야 하며 교사와 더불어 하는 연구문화가 정착되어야 할 것이다.

셋째, 교실교사를 연구자로서 성장시키는 여러 가지 방법들이 고안되고 실현되어야 할 것이다. 앞의 경험적 이야기들은 우리 대학연구자와 교육정책 입안가에게 어떻게 해야만 교사가 변할 수 있고 그러한 변화가 교실의 수업개선으로 연결될 수 있는가를 잘 이해시켜 주는 좋은 실증적 자료들을 제공해 주었다. 교사가 교육현상을 이해하고 반성하고 그 해결책을 찾아가는 전문가로서 성장하게 될 때, 가장 이상적인 교육개혁의 방법인 교사들의 자생적인 의식에 변화가 일어날 것이며 그러한 의식의 변화는 자신이 생활하고 있는 교실에서의 개선과 변화로부터 시작하는 풀뿌리식 교육개혁운동으로 이어질 것이다. 이를 위하여 다양한 차원에서의 변화의 노력이 시도되어야 할 것이다. 교육대학원의 훈련과정의 변화, 교사연수 프로그램의 변화, 교사연구대회에서의 논문평가방법의 변화 등 심층적이면서도 포괄적인 개혁 작업들이 요청된다.

참고문헌

교육부(2001). 교육마당 21. 11월 호 특집: 현장교육의 개선을 위한 질적연구. 교육부.

김영천(1997). 네 학교 이야기: 한국 초등학교의 교실생활과 수업. 서울: 문음사.

김영천(2001). 현장작업에 필요한 열한 가지 연구기술. 교육인류학연구, 4(1), 1-43.

김영천 편(2001). 교과교육과 수업에서의 질적연구. 서울: 문음사.

이용숙, 김영천 편(1998). 교육에서의 질적연구: 방법과 적용. 서울: 교육과학사.

이용숙(2001). 현장교육연구의 반성과 전망. 교육마당 21, 11월 호 특집. 교육부.

울산교원총연합회(2001). 현장교육연구방법론. 미간행 교사연수자료.

조재식(2002). 교육과정 실행과 교사의 일: 현상학적 접근. 교육과정연구, 20(1), 229-252.

조재식(2002). Book review: Qualitative Research in Curriculum and Instruction(교과교육과 수업에서의 질적연구). Young Chun Kim ed., 미국 Journal of Curriculum Theorizing, 가을호.

최의창(1988). 학교교육의 개선, 교사연구자, 그리고 현장개선연구. 이용숙 · 김영천 편. 교육에서의 질적연구: 방법과 적용. 문음사.

한국교육과정평가원(2002). 교수-학습센터 구축을 위한 전문가 회의(4월). 비공식자료.

Altrichter, H., Posch, P., & Somekh, B. (1998). *Teachers investigate their work*. New York: Routledge.

Anderson, G., Herr, K., & Nihlen, A. S. (1994). *Studying your own school: An educator' s guide to qualitative practitioner research*. California: Corwin Press Inc.

Ashton-Warner, S. (1986). Teacher. New York: A Touchstone Book.

Bryman, A. & Burgess, R. (1999). *Qualitative research vol.* IV. Thousand Oaks: Sage.

Carr, W. & Kemmis, S. (1991). *Becoming critical: Education, knowledge, and action research*. London: The Falmer Press.

Clandinin, J. & Connelly, M. (1987). Teachers' personal knowledge: What counts as 'personal' in studies of the person. *Journal of Curriculum Studies,* 19(6), 487-500.

Connelly, F. M. & Clandinin, D. J. (1988). *Teachers as curriculum planners*. New York: Teachers College Press.

Eisner, E. (1991). *The enlightened eye: Qualitative inquiry and the enhancement of educational practice*. New York: Macmillan Publishing Company.

Ellsworth, E. (1989). Why doesn' t this feel empowering? Working through the repressive myths of critical pedagogy. *Harvard Educational Review*, 59(3), 297-324.

Guba, E. & Lincoln Y. (1987). *Fourth generation evaluation*. Newbery Park: Sage.

Kuhn, T. S. (1970). *The structure of scientific revolution*. Chicago: University of Chicago Press.

Huberman, M. (1993). *The lives of teachers*. New York: Teachers College Press.

Jackson, P. ed. (1992). *Handbook of research on curriculum*. New York: Macmillan Publishing Company.

Kemmis, S. & McTaggart, R. (1988). *The action research planner*. Victoria: Deakin University.

Lather, P. (1986b). *Research as praxis,* Harvard Educational Review, 56(2), 257-277.

Noffke, S. (1994). Foreword. Anderson, G., Herr, K., and Nihlen, A. S. *Studying your own school: An educator's guide to qualitative research*. California: Corwin Press Inc.

Noffke, S. Practitioner research. In Richardson (4th ed.). *Handbook of research on teaching*. Washington: American Educational Research Association.

Popkewitz, T. (1984). *Paradigm and ideology in educational research*. Lewes Falmer Press.

Program brochure (2002). *American Educational Research Association Annual Conference*, Unpublished material, New Orleans.

Richardson, V. ed. (2001). *Handbook of research on teaching,* IVth edition. Washington: American Educational Research Association.

Said, E. (1979). *Orientalism*. NY: Vintage Books.

Vonnegut, K. (1991). *Fates worse than death*. The Berkley Publishing Group.

Weiler, K. (1988). *Women teaching for change: Gender, class and power*. New York: Bergin and Garvey Publishers.

10

질적 텍스트의 소재로서 '나'. 고백적 글쓰기

갑자기 발병한 어머니의 간암. 4기란다. 대학을 바로 졸업한 아들에게 친척은 거의 없었다. 이혼한 아버지, 그리고 아버지와 함께 사는 누나. 체육대학을 졸업한 이 아들이 할 수 있는 일은 그냥 가끔씩 아르바이트를 하는 일. 어머니의 병원비는 도우미 비용을 포함하여 약 200만원. 저축해 놓은 돈은 거의 없다. 갑자기 목돈 마련을 위하여 몸을 팔기로 하였다. 누가 보면 매춘이고 누가 보면 비도덕적이다. 그럼에도 고등학교 여자친구 이래로 여자를 사귄 적이 거의 없었던 이 청년은 한달 어머니의 병원비를 위하여 그리고 남아 있는 약 1년 간의 어머니의 행복한 삶을 위하여 오늘도 최선을 다한다. 더 많은 팁을 위하여 그리고 수당을 위하여. 우리 연구자들은 이 청년의 결정을 어떻게 이해해야 할까? 그리고 그에 대해 어떻게 글을 쓸 수 있을까? 우리가 기독교인이라면, 우리가 여자라면, 우리가 부잣집 아들이라면.

> 거의 20년을 질적연구를 하면서 점차적으로 그 중요성을 깨닫게 되는 방법적 이슈는 라포르의 문제이다. 라포르는 이미 심리학 분야에서 많이 통용되는 개념으로서 연구자가 연구참여자와의 진실한 연구를 위하여 공감적 태도를 가질 수 있어야 한다는 점이다. 그러한 이유 때문에 이방인으로서 연구현장에 들어와 타인을 또는 자신과는 다른 집단을 연구하려는 연구자에게 있어서 그들의 삶을 이해하기 위한 가장 기초적인 삶의 태도로서 라포르가 요

구된다. 대부분의 질적연구 개론서나 현장작업을 가이드하는 내용의 핵심에는 연구참여자들의 삶을 이해하기 위한 방식으로서 그리고 그들에게 가깝게 다가가기 위한 방법으로서 라포르를 강조하고 있다. 따라서 연구자와 연구참여자 사이의 심리적 거리가 줄어들고 상대방의 문화 또는 생활방식을 기꺼이 그 어떤 편견이나 판단에 기초하지 않고 이해하려는 연구태도야말로 좋은 현장작업을 하는 데 그리고 그들의 입장을 이해하고 더 많은 현장자료를 수집하는 데 결정적인 역할을 한다고 믿어진다.

라포르

그러한 점에서 필자 역시 현장작업을 하면서 그렇게 해 오고 있고 해 왔다고 믿어 왔지만 최근에 와서는 그러한 신념이 흔들리기 시작한다. 그리고 필자가 해 왔던 많은 기존의 질적연구들을 다시 바라보고 분석해 보면 '나' 는 과연 그들의 입장에서 현장을 바라보았는지, 그리고 해석하려고 했었는지에 대하여 그렇게 확신을 가지고 답을 하기가 어렵다. 오히려 그러한 '라포르' 의 문제를 방법론의 중요한 전략으로 실천하였다고 글로 썼지만 실제 현장작업에서 그리고 자료의 표현과 해석에서 얼마나 라포르의 이상적 정의가 실제로 적용되었는지는 평가하기가 어렵다. 특히 최근 몇 년 동안 새롭게 공부하고 있는 '포스트모더니즘과 사회과학 방법론' 에 대한 주요 쟁점들을 고민하다 보면 과연 연구자인 저자가 얼마나 자신과 다른 사람들에 대하여 공감하고 변화할 수 있을 것인가에 대하여 회의적인 생각을 하게 된다. 그리고 많은 양적연구들 그리고 질적연구들의 연구문제와 연구과정, 그리고 연구결과들이 아무리 객관성을 강조할지라도 실제적으로는 철저히 연구자의 개인적 편견과 그/그녀의 익숙한 삶의 방식에 근거하여 묘사되고 해석되고 평가되었다는 사실들을 많이 알게 된다.

이러한 이유 때문에 내부자와 외부자의 근본적 차이를 인정하고 들어가야 하는 많은 질적연구들(젠더, 인종, 성취향, 계층, 종교, 장애, 민족 등)에서 이방인으로서 연구자가 연구대상인 연구참여자들을 얼마나 가깝게 연구할 수 있고 이해할 수 있을 것인지에 대하여 방법적 이슈로 비하하고 있다. 그 결과 초창기 많은 질적연구들에서 이러한 위치성의 차이로 인하여 많은 자료들과 결과들이 영향을 받았다는 사실을 추적 연구를 통하여 밝혀내기 시작하였다. 그 예로서, 초기 여성학 연구에서 백인 상류층 대학교수가 노동계급의 흑인 여성의 가족 폭력 문제를 연구한다는지, 남성 연구자가 제3세계의 여성 연구자들을 연구한다든지, 아니면 이성애 연구자가 동성애 연구참여자들을 연구하는 데 있어서 다양한 한계와 딜레마들이 있었음을 규명하였다. 그 대표적인 예로서 말리노프스키의 태평양 군도에 대한 연구, 마가렛 미드의 사모아 섬에 대한 연구에서 연구자들이 얼마나 연구참여자들에 대하여 연구책에 묘사되어 있는 내용과는 다르게 그리고 실제 삶과는 다른 해석을 도출하였는지를 역사연구를 통하여 밝혀 내었다. 아울러 교육문화기술지의 선구자 중의 한 사람인 Harry Wolcott의 경우, 자기 연구의 참여자였던 고등학교 중퇴 남학생에 대한 생애사 연구를 하면서 그 청소년과의 애정관계와 다양한 동성애적 관계, 그리고 그러한 사실들이 연구자료의 해석과 표현에 어떻게 영향을 끼쳤는지를 그가 죽기 전에 또 다른 해체적 글쓰기를 통하여 학술지에 발표하는 경우까지 있었다.

연구자의 주관성과 위치성

연구자의 위치성과 주관성에 대한 이러한 탐색과 노출은 아예 그러한 시도를 하지 않는 양적연구자들의 연구행위에 비하여 더 과학적이고 진실한 것이라는 점을 인정하면서 인간/사회현상을 연구하는 데 있어서 필연적으로 나타날 수밖에 없는 연구자와 연구참여자의 정치적 위치와 불평등한 연구관계에 대한 방법적 탐색은 모든 사회과학 연구의 중요한 이슈 중의 하나로 떠오른, '나' 에 대한 정체성(identity)에 대한 탐구로 이루어지고 있다는 점에서 우리 모든 질적연구자들이 주목해야 할 부분일 것이다. 연구자 자신이 연구참여자와 얼마나 가까워졌고 아니면 얼마나 가까워지지 못하였는지, 잘한 점은 무엇이고 잘하지 못한 점은 무엇인지를 기존의 양적연구에서 제1장에 쓰게 되는 연구의 제한점(limitations of the study)으로 개념화하기보다는 그 연구를 더 잘 이해하기 위한 연구의 배경자료로서 활용하고 읽는 연습이 필요하다는 생각이다. 이러한 점에서 우리나라의 많은 양적연구와 질적연구들에서 연구자의 주관성이 연구에 얼마나 다양하게 그리고 은연중에 자료의 수집과 해석, 글쓰기에 영향을 미쳤는지에 대한 해체적 작업이 거의 없는 채로 매스컴에 인용되고 학술지에 게재되는 것은 연구자들이 스스로 연구의 행위를 진실하지 못한 것으로 색칠해 버리는 과오를 범하는 것이라고 생각한다. 그러한 점에서 앞으로 질적연구방법을 활용한 질적연구 학위 작업에서 연구자들은 더욱 이 문제를 고민하고 연구방법론 제3장에 또는 연구의 서론으로서 제1장에 또는 연구의 결과인 마지막 장에 자신의 위치와 주관성, 연구결과의 의미 해석에 있어서 가능성과 딜레마들에 대하여 솔직하게 글을 쓰는 노력이 필요할 것이다.

이에 이 글에서 소개한 '가장 푸른 눈동자'는 '질적연구에서의 라포르와 저자의 위치' 문제를 잘 다루고 있다는 점에서 독자들이 주의 깊게 읽었으면 하는 필자의 글이다. 이 글은 2012년에 출간된 필자의 저서, 〈가장 검은 눈동자: 한국 다문화 아동의 슬픈 자화상〉에 제1장으로 소개된 내용이다. 이 책은 한국 다문화 아동들이 한국 사회에서 살아가면서 겪는 일상적인 생활 문제들, 그리고 가장 중요하게 교육 문제들을 학교생활과 가정생활을 중심으로 연구한 것이다. 연구의 주요 내용은 가장 인종적으로 차별적인 문화를 가지고 있다고 평가되는 한국이라는 사회에서 다문화 가정 아동이라는 이름 속에서 날마다 살아가면서 어떠한 문화적/교육적 경험을 하는지를 밝히는 것이었다. 특히, 한국 다문화 교육의 대부분의 연구들이 다문화 가정의 여성에 대하여 집중되어 있어서 또 다른 차별받는 존재로서 그리고 문화적으로 한국의 일반 아동과 다른 존재로서 다문화 아동의 문화적 경험을 교육적 관점에서 묘사하고 이해하고자 하였다. 그리고 이를 통하여 이들의 정상적인 발달과 다른 주류 한국인 아동들처럼 잘 성장할 수 있는 교육적 처치와 방법에는 어떠한 것들이 있는지를 논의하고 싶었다.

황인종으로서 유학생

그러나 이 한국 다문화 아동에 대한 연구를 하게 된 연구배경에는 이 다음 글에 나와 있는 것처럼 필자 역시 미국이라는 다인종 국가에서 5년을 살면서 나의 의지와 관계없이 황인종으로 불리고 그에 따라서 평가받은 경험이 놓여 있다. 그리하여 나중에 졸업을 하고서 한국에 오게 되면 한국의 유색인종으로 살아가고 있던 미군과 한국인의 2세들 또는 중국교포들에 대한 연구를 하고 싶은 생각이 있었고 계획을 가지고 있었다. 그리고 그러한 계획은 서울과 멀리 떨어진 진주에 내려와 생활하면서 차차 잊혀지다가 다문화 아동 문제가 한국 사회와 교육 분야의 중요한 연구현상으로 부각되면서 연구관심을 갖게 되었다. 그리고 이러한 연구관심은 다음 글에도 나와 있는 것처럼 필자가 미국에서 생활하면서 가졌던 인종적 차별, 그리고 유색인종으로서 경험하였던 여러 가지 미국 사회의 문제들에 대한 비판적 각성에 근거하고 있다. 물론 사람에 따라서 미국 사회를 어떻게 규정할 것인지는 그 사람의 여러 가지 배경(계층, 젠더, 종교 등)에 따라서 영향을 받겠지만 한국에서 주류로 살다가 공부 잘한다는 학생으로 칭찬받다가 희망을 가지고 떠나간 미국이라는 사회는 필자의 기대와는 참으로 다른 것이었다. 물론 미국의 그러한 사회적 특징에 잘 적응하고 문제가 없는 것으로 사는 유색인종들이 있을 테고 한국 유학생들이 있겠지만 비판사회학과 비판교육학 이론들을 공부한 필자로서는 더욱 그러한 경험들이 크고 아픈 것으로 느껴졌다. 그리고 다른 유학생들이 한국으로 돌아오기를 거부하는 그러한 세태와는 달리 박사학위를 받고서 바로 한국으로 돌아와야겠다는 생각이 굴뚝 같았다.

이러한 저자의 피부색, 그리고 민족과 인종에 대한 개인적 판단과 취향이 〈가장 검은 눈동자〉를 연구하게 된 개인적 배경이면서 아울러 연구를 하면서 연구자와는 다른 한국의 또 다른 인종적 이방인인 다문화 가정과 아동들에 대하여 현장작업을 하면서 그들의 삶을 얼마나 이해할 수 있을 것인가 하는 라포르 문제에 영향을 끼쳤을 것으로 생각한다. 물론 이 연구가 완전한 것이 아니며 약 1년 정도밖에 수행되지 않았다는 점에서 이 연구가 갖는 문제점들은 참으로 많다. 그럼에도 불구하고 필자가 그들을 바라보는 태도 그리고 연구를 하려고 하는 이유는 그들의 관점에서 이 한국 세상을 바라보고 개선을 하기 위한 방법을 탐구하고 사회정의, 차별 금지, 모두가 평등한 사회 등의 비판적 이념들을 구현하기 위한 것이었다. 아울러 필자가 아무 것도 몰랐던 30대 초기의 미국의 충격적인 인종차별의 경험들은 한국에서의 그들의 일상생활 역시 그러할 것이라는 공감적 태도라는 자세에 깊게 연관되었을 것으로 생각한다.

그리고 그러한 관점에서 필자는 필자 개인의 이야기를 독자들에게 하는 것은 어떨까 생각하였다. 왜냐하면 필자 자신의 인생에서 한 가지 중요한 경험이 바로 '인종' 에 관한 것이었으며 그러한 경험이 바로 다문화 아동과 유색인종에 대한 배려와 공감으로 연결될 수 있었기 때문이다. 따라서 독자들은 이 글을 통하여 필자가 가지고 있었던 '아름다움' 에 대한 미적 기준은 어떤 것이었고 그러한 기준이 삶을 살아가면서 어떻게 달라졌는지, 그리고 인종연구를 하는 질적연구자로서 자신과는 다른 또 다른 피부색을 가진 인종들(다문화 가정 아동들)을 연구할 때 얼마나 심리적 거리를 좁힐 수 있었는지에 대하여 이야기하고 싶었다. 가장 아름다운 피부색으로서 하얀색, 그리고 백인을 나타내는 외모의 대표적 특징으로서 푸른 눈에 대한 달라진 가치관과 평가가 다른 유색 인종에 대한 이야기를 들을 때, 글을 쓸 때, 그리고 그들의 삶에 대하여 해석을 할 때 어떤 위치 속에서 연구행위를 하게 하는지에 대한 연구배경을 알려주고 싶었다. 그리하여 우리는 모두 이성적으로 생활하고 사유하고 바라보고 있지만 때로는 그러한 이성의 깊은 내면에는 바로 같음과 다름이라는 매우 평범한 진리가 무엇이 옳고 그른지, 무엇이 정상적이고 정상적이지 않은지, 무엇을 쓰고 무엇을 쓰지 말아야 할 것인지를 결정하는 데 큰 영향을 끼친다는 점을 말하고 싶다.

인종 그리고 이야기하기 힘든 과거의 한 백인 여성에 대한 기억을 이야기하는 것은 그렇게 쉬운 일은 아니었다. 혹자는 왜 그러한 비밀 이야기를 했는지, 정말 사실인지,

과학적 연구라고 평가되는 학술서적에서 저자 개인의 이야기를 할 필요가 있었는지에 대하여 많이 이야기한다. 그리고 필자 역시 굳이 그럴 필요는 없었을 것이라고 답하였지만 이 다음 글에 나타나 있는 것처럼, 인종에 대한 필자의 과거의 문화적 경험이 그대로였다면, 또는 여전히 백색신화 속에서 모든 실제를 바라보게 되었다면 한국 다문화 아동에 대한 연구는 이루어지기 힘들었을 것이다. 아니면, 하기는 하였지만 필자가 기대하는 자료들을 수집하기는 어려웠을 것이다. 필자의 현장작업 중에서 가장 힘들었던 작업이 바로 다문화 아동의 경험에 대한 연구들이었는데 그럴 수 있었던 것은 필자가 한국 사회에서 자라면서 가졌던 여러 가지 경험, 필자의 위치들에 대한 기억이 이 연구를 가능하게 만들었다는 생각을 한다. 필자가 부잣집 자식이었다면, 여전히 미국의 박사학위를 받은 사실에 만족하면서 미국 교육학 이론을 그냥 흉내 내는 제3세계 학자의 전형적인 삶을 살아가고 있다면, 아니면 약자들의 고통의 원인은 그들의 게으름이나 능력의 탓으로 귀인하는 사람들의 입장에 있다면, 필자는 이 연구를 이렇게 만들 수 없었을 것이고 이렇게 만들려고 하지도 않았을 것이다. 그러한 점에서 연구에서의 저자의 개인적 이야기의 위치는 숨겨져 있는 연구의 동인체라는 생각을 하며 때로는 그러한 연구자의 이야기를 연구의 전면에 노출시키는 것이야말로 연구와 개인, 그리고 탐구와 한 인간의 두 개의 끊을 수 없는 연결고리를 드러내는 또 다른 중요한 연구행위가 아닐까 생각한다.

자기 이야기 하기

그리고 그러한 자기 이야기 쓰기는 또 다른 점에서 텍스트의 진정성과 가치를 독자들에게 담보할 수 있는 글쓰기 전략이 아닐까 생각한다. 그러한 것이 많은 사회과학 연구에서 저자들이 왜 그 연구를 하게 되었는지와 관련하여 자신의 생애사, 가족사 또는 학문의 경험을 이야기하는 이유일 것이다. 그리고 많은 문학자와 연구자, 디자이너와 건축가들이 한 개의 작품을 끝내고 나면 또 다른 개인적 경험을 탐색하기 위하여 멀리 낯선 곳으로 여행을 가는 이유일 것이다.

빠삐용이라는 영화가 생각이 난다. 스티브 맥퀸과 더스틴 호프만이 출연한 탈옥수 이야기이다. 이 영화에서 주인공인 빠삐용은 섬에서 탈출하여 도주하는 과정에서 도움을 받아야 할 처지에 놓인다. 그리고 그 도움을 줄 입장에 있는 원주민은 그가 진정으로 자신을 이해하는지, 아니면 그냥 이방인인지 알아보기 위하여 한 가지 제안을 한다. 빠삐용은 그의 제안을 받아들이고 결국 도주에 필요한 배를 선물받는다. 내부자와 외부자, 라포르, 또는 내부자와 외부자와의 간극 좁히기, 이런 것들은 질적연구의 현장 작업에서도 필요하지만 실제로 내부자의 삶의 묘사에 있어서 드러나지는 않지만 은연중에 외부자인 연구자가 내부자인 연구참여자를 어떻게 생각하는지에 따라서 그 표현의 방법과 깊이, 정도가 달라진다. 진정으로 그들을 위하여 생각할 수 없고 이해할 수 없다면 좋은 글을 쓸 수는 없다.

가장 푸른 눈동자: 질적 텍스트에서 자서전적 기술의 가능성

나는 다시 태어나면 금발머리에 파란 눈을 가진 백인으로 태어나고 싶다. 흐트러져 버린 과거를 고쳐서 새로운 삶을 살아보고 싶다. 아니, 눈동자 색과 머리 색에 집착하는 것을 보면 나는 전생에 파란 눈의 백인이었는지도 모른다. 그렇지 않고서야 태어나서 50년이 지난 오늘날까지 백인에 대한 동경과 열망이 이렇게 강렬할 수 있을까?

나는 파란 눈에 노란 머리카락을 가진 사람만 좋아하는 것이 아니고 백인들 전체가 멋있다고 생각한다. 그중에서도 특별히 파란 눈의 백인은 참으로 매력적이다. 그래서 파란 눈의 백인이 옆을 지나가면 왠지 기분이 좋고 가슴이 뛴다. 어떻게 설명할 수 있을까? 백인의 아름다움을 감상하기 위하여 미국의 거리에서 몇 시간째 사람 구경을 하고 있거나, 우리나라 영화관에서 주인공에 관계없이 백인이 나오는 영화를 보러 갔다가 재미가 없어서 잠만 자다가 나오는 사람이 나 말고 또 있을까?

어느 해인가 살을 에이도록 추웠던 서울 천호동의 영화관이 아직도 기억난다. 1987년 12월 31일 천호동 근처의 오래된 영화관. 관객은 나 혼자였다. 12월 마지막 날에 갈 곳이 없었던 나는 그 동네 영화관에서 우연히 〈나인 하프 위크〉라는 영화를 보게 되었다. 탄사가 절로 나올 만큼 아름다운 여주인공의 몸매. 대부분의 사람들이 여주인공인 킴 베신저의 육감적인 몸매에 정신이 나갔겠지만 나는 그녀의 파란 눈의 신비로움에 넋을 잃었다.

나의 이런 생각이 틀린 것만은 아니다. 이 세상에서 아름다운 대부분의 사람은 모두 파란 눈을 가진 백인이지 않은가. 할리우드 불문율이라고 하였던가. 미국과 유럽 영화 주인공의 대부분은 파란 눈에 금발머리를 가졌다. 학창시절 밤잠을 설치게 만들었던 〈Endless love〉의 브룩 쉴즈부터 〈맘마미아〉의 아만다 사이프리드에 이르기까지.

이 외에도 내가 가장 좋아하는 여배우인 조디 포스터, 빅토리아 시크릿의 천사 모델인 지젤 번천, 원초적 본능의 샤론 스톤, 그 밖의 기네스 펠트로, 시에나 밀러, 카메론 디아즈, 모두 파란 눈 아니면 녹색 눈의 미인들이다. 남자 배우들 역시 예외가 아니다. 로버트 레드포드, 폴 뉴먼, 레오나르도 디카프리오, 브래드 피트 모두 파란 눈을 가지고 있다. 1980년 후반 우리나라를 풍미하였던 팝송 〈Betty Davis' Eyes〉에는 인기 여배우 Betty Davis의 파란 눈을 칭송하는 내용까지 담겨 있지 않은가.

그래서 그런지 유명 흑인 여배우들까지 푸른 색 콘택트 렌즈를 착용하고 금발로 머리를 염색한다. 검은 육체에 파란 는이 대비되는 나오미 캠벨의 매력은 그지없이 신비로울 뿐이다. 그녀들의 정체성에 대하여 질문하고 싶지만 그래도 아름답다는 점에는 이견이 없다. 그런 이유 때문인지 아르마니 여성 향수 이름, 불가리 · 구찌 · 돌체 & 가바나, 심지어 샤넬의 남성 향수의 광고 이름은 모두 BLUE다. 겁이 많은 나는 콘택트 렌즈를 사용하지 않지만 미래 의학이 발달하여 눈동자 색을 바꿀 수 있다면 옅은 녹색으로 성형하고 싶다.

백인들은 파란 눈만큼이나 얼굴 생김새도 매력적이다. 오똑한 콧날, 두터운 쌍꺼풀, 조그마한 얼굴, 볼록한 뒤통수, 위로 말린 긴 눈썹, 육감적인 곱슬머리. 그래서 그들은 모자를 써도 예쁘다. 머리를 감지 않아도 머리를 물에 적셔 손으로 넘기면 머리는 미용실에 다녀온 듯 멋스럽다. 그래서 그들은 우리와 달리 아침에 머리를 감지 않아도 된다. 그들의 체형 역시 우리가 부러워할 만큼 균형이 있다. 떡 벌어진 큰 가슴, 삼각형의 짧은 상반신, 올라간 엉덩이, 긴 다리. 우리와 달리 다리의 근육 역시 알통이 있어 보이지 않고 장방형으로 길게 뻗어 있다. 그들이 청바지를 입은 모습은 겉치레 없는 패션이다. 우리처럼 다리를 길게 보이게 하기 위해 청바지 단을 구두까지 내릴 필요가 없다.

목소리 또한 감미롭다. 날마다 치즈를 먹어서 그런지 그들의 목소리는 우리보다 부드럽다. 듣다 보면 잠이 올 것 같다. 그에 비하여 우리 목소리는 탁하다. 아무리 가수 이은미가 노래를 잘 부르고 조성모의 발라드가 뛰어나다고 해도 그들의 고음처리는 실망스럽다. 그릇 깨지는 소리가 난다. 조수미가 노래를 잘하지만 그녀의 특기는 최고 고음을 요구하는 모차르트의 마술피리에서만 오직 발휘될 뿐이다. 반면 셀린 디온의 고음은 맑다. 아마도 성악에서는 더욱 차이가 나리라. 집에서 낮잠을 자다가 아파트 바깥에서 들리는 미국 팝송은 자장가로 느껴지지만 우리나라 민요와 트로트는 잠을 깨우는 소음으로 느껴진다.

나는 백인에 대한 환상 때문인지 어려서부터 백인처럼 되고 싶었고, 나중에 어른이 되면 백인 나라로 이사 가려고 작정하였었다. 그래서 생각해 낸 미래 직업이 외교관이었고, 외교관이 되어 구미의 여러 나라에서 일하면서 그들과 함께 살 수 있을 것이라는 꿈을 꾸었다. 나는 중학교 때부터 영어공부에 최선을 다하였는데 꿈도 영어로 꿀 정도였다. 대학교에서도 영문학을 전공하려고 하였지만 학력고사 점수가 낮아서 할 수 없이 교육학과에 들어갔다. 그러나 꿈을 포기할 수가 없어서 나는 교육학보다는 영문학과 영어공부에 더 심혈을 기울였다. 대학 3학년부터는 부전공을 영문학으로 선택하여 교육학보다도 훨씬 더 힘들게 대학과정을 마쳤다. 영문학과 교수들이 왜 영문학과에 와서 공부하느냐고 불평을 하였지만 나는 아랑곳하지 않고 영어공부에 최선을 다하였다. 영문학과의 여러 강좌를 들으면서 백인 나라에 대한 역사와 언어, 문학에 대하여 많이 알 수 있었고 타임지와 뉴스위크지 등을 계속 탐독하였다. 열심히 공부하면 내가 그러한 나라의 시민으로서 살 날이 올 것이라고 굳게 믿었다. 백인 나라 그리고 그들의 언어로 책을 읽는다는 것이 나를 살게 만들었고 희망을 북돋워 주었다.

드디어 꿈은 이루어졌다! 1990년 9월, 나는 파란 눈을 가진 사람들이 많이 사는 나라 미국에 유학생 자격으로 입국하였다. 박사과정에서 교육학을 공부하게 된 것이다. 처음 발을 디딘 곳은 미국 중서부의 오하이오였다. 정원이 잘 꾸며진 집들이 담 없이 이어져 있고 백인 아이들이 푸른 잔디밭에서 뛰어노는 풍경. 특히 예쁜 여성이 거리를 지나가면서 처음 보는 나에게 'Hi' 인사하며 웃어 줄 때는 하늘을 날아갈 것 같았다. 역시 이 사람들은 참으로 착하고 예절이 있구나 하고 생각하였다. 내가 미국 박사과정을 공부하면서 스트레스를 해결하는 방법은 세 가지였다. 주말에 영화 보기, 점심 먹고 맥도날드나 학교 벤치에서 백인 감상하기, 수영하기.

햇볕을 유난히 좋아하는 백인 학생들은 날씨가 포근해지는 4월 초면 반바지만 입은 채로 너나 할 것 없이 드넓은 학교 잔디밭에 누워서 선탠을 하였다. 어떤 여학생은 상의를 벗고 엎드린 채 하얀 피부를 드러내어 나에게 감상하는 즐거움을 주었다. 그 넓은 오하이오 주립대학교의 잔디밭에서 햇볕을 만끽하는 인종은 아시아인도 아니고 흑인도 아닌, 오직 백인뿐이었다. 한국의 대학에서 공부하러 온 방문 연구자인 한 음악전공 선생님이 저 넓은 잔디밭에 한국인 한 사람 없다고 그 뚱뚱한 몸매로 선탠을 하러 가잔다. 나는 몸매에 자신이 없고 피부가 노란색이어서 옷을 벗기 싫었다. 나중에 듣자하니, 그 선생님은 오하이오 주립대학교 역사상 최초로 선탠을 한 한국인이었을 거라며 매우 자랑스러워했다고 한다. 나는 백인들이 과연 그 선생님을 어떤 시선으로 쳐다보았을까가 궁금했지만 말이다. 어쨌든 그 선생님이 시내 백화점에서 사온 망원경 덕분에 15층에서 내려다보이는 신입생 기숙사 앞마당의 잔디밭에서 선탠하고 있는 미국 여학생들의 아름다운 하얀 몸매를 음미할 수 있었다. 우리는 며칠 동안 잔디밭에 반라로 누워 있는 여학생들의 몸매를 감상하느라 정신이 없었다.

백인에 대한 감상과 신비스러운 감정은 힘든 박사과정 시절 유일한 낙이었다. 캠퍼스 건너편에 있는 서점이나 문구점에 갈 때 그리고 기숙사 식당에서 파란 눈의 백인 학생들을 만나면 감상하는 버릇이 생겼다. 처음에는 참으로 신기하다는 생각을 하였고 다음에는 저게 사람일까 하는 생각이 들었다. 아니면 조각인가? 한국인과는 다른 무슨 음식을 수천 년 또는 수만 년 동안 먹었길래 저런 신비스러운 형태로 변하였는지 알아보아야겠다고 생각하기도 하였다.

학부와 대학원생이 함께 식사하는 기숙사 식당에서 식사를 할 때는 매우 즐거웠다. 왜냐하면 학부 학생들은 대부분 유학생이 아니기 때문에 오하이오 주의 다른 시나 시골에서 온 백인들이었다. 그들 중 유난히 노란 머리카락에 파란 눈을 가진 학생들이 많았다. 나는 그런 학생들이 지나갈 때 또는 내 앞에 줄 서 있을 때 도대체 어떻게 저렇게 생겼을까 생각하곤 하였다.

그래서 그런지 첫 번째 기숙사, 두 번째 학교 밖의 주택, 세 번째 기숙사에서 만나거나 함께 생활한 미국 친구들은 대부분 백인이었다. 그들과 대화하고 영어책의 모르는 부분에 대해 설명을 듣고 영어의 어려운 발음을 지도받을 때 나는 미국에 온 것은 참으로 행운이었고 이곳이야말로 내가 살 곳이라고 생각하였다.

기숙사와 학교에는 많은 인종과 국적을 가진 학생들이 있었지만 나의 친구들은 대부분 백인이었고 백인이 아닌 사람이나 한국 유학생은 일부러 만나지 않았다. 나는 그 어떤 한국 학생들보다도 더 백인이 되려고 노력하였고 백인 친구들을 더 많이 만드는 것이 나를 더 멋있게 만들어 준다고 생각하였다.

물론 그 넓은 미국에 파란 눈을 가진 사람만 있는 것은 아니었다. 대도시로 갈수록 금발머리나 파란 눈을 가진 사람은 적었고 오히려 혼혈이 많았다. 그러나 중서부나 시골로 갈수록 북구 백인의 정통적 특징을 물려받은 사람이 많았다. 오하이오 주립대학교 역시 학생 수가 5만 명이 넘기 때문에 사람들의 눈동자 색은 다양하였다. 검은색 눈, 갈색 눈, 녹색 눈, 회색 눈, 파란색 눈, 심지어 노란색 눈을 가진 학생까지 있었다.

그럼에도 불구하고 색깔에 민감하였던 나는 그 많은 눈동자 색 중에서 파란 눈이 가장 아름답게 느껴졌고, 파란 눈에 노란색의 머리카락을 가진 백인의 얼굴이 가장 조화롭고 화려하다고 생각하였다. 물론 회색이나 하얀색 머리카락에 파란색 눈을 가진 사람은 더할 수 없이 신비로웠다.

여느 때와 마찬가지로, 기숙사 식당에서 백인들을 쳐다보며 점심을 먹고 있을 때였다. 함께 식사하고 있던 대학원생들 중 나의 그런 취미를 알고 있는 율랄라는 나에게 이렇게 말하였다.

"이 세상에서 가장 아름다운 눈이 꼭 파란 눈인 것만은 아니야. 그리고 금발도 아니야. 나는 검은색 머리카락과 눈동자가 더 아름다워."

이 말은 마치 나를 비난하는 듯하였다. 율랄라는 뉴욕 Dance Theater에서 전문 댄서로 일하다가 나이가 들자 교수가 되기 위하여 이 대학교의 대학원 무용과에 들어온 학생이었다. 율랄라가 나에게 선물한 20대 초반 사진을 보면 그녀는 나오미 캠벨이나 타이라 뱅크스처럼 아름답고 젊고 늘씬하였다. 그러나 나를 빗대서 한 말 '검은 머리카락과 눈동자'에 대하여 내가 반응이 없고 겨울 방학에 아버지 농장으로 놀러 가자는 제안을 거부하자 그녀는 더 이상 나를 좋아하지 않았다.

물론 파란 눈을 가진 모든 백인이 다 마음에 드는 것은 아니었다. 그들이 나에게 나쁜 짓을 하거나 도움을 요청하였을 때 도와주지 않거나 약속을 하지 않고 찾아왔다고 하여 기숙사 방문을 열어주지 않을 때는 그들이 미웠다. 잘은 모르겠지만 그들 역시 거짓말을 하는 것 같았고 멍청한 백인을 만나면 참으로 실망스러웠다. 그리고 파란 눈에 금발머리라도 못생긴 백인이 많았고 뚱뚱한 백인 역시 많았다.

어느 날 기숙사에 살고 있는 백인 친구의 방에 놀러 갔다가 카펫과 화장실 바닥에 떨어져 있는 노란색 머리털을 보았을 때는 소스라치게 놀랐다. 그 머리털을 보고 떠오른 것은 '개'였다. 바로 우리나라 토종 견. 처음에 나는 미국의 어느 대학교 기숙사 학생 방안에 우리나라 누렁이의 털들이 빠져 있는 줄로 착각하였다. 누렁이가 이곳 미국까지 어떻게 왔을까?

노란색 머리카락이 예쁘거나 신비롭다기보다는 섬뜩하였다. 처음으로 백인이 인간이 아닌 개 같다는 생각이 들었다. 털이 없는 우리와 달리, 그들은 머리부터 발끝까지 온통 털로 뒤덮여 있지 않은가. 바닥에 흩어져 있는 노란 털을 보았을 때 처음에는 놀랐고 다음에는 웃음이 터져 나왔다. 미국 친구가 왜 그렇게 웃느냐고 물었지만 대답할 수가 없었다. 차마 당신의 머리카락이 개털 같다고 말할 수는 없었다.

'토종 견' 하면 떠오르는 추억이 있다. 고향 여수에서 초등학교를 다니던 시절에 친구들과 함께 바닷가에 놀러 갔을 때의 일이다. 멀리서 연기가 피어오르며 이상한 냄새가 나자 우리는 무슨 일인지 궁금해졌다. 다가가 보니 아저씨들이 누렁이를 불로 태우고 있었다. 누런 토종 견을 죽인 다음 커다란 높은 나무에 그 누렁이를 매달아 놓고, 불을 피워 익히고 있었다. 우리는 털 타는 냄새가 싫었지만 타오르는 불꽃 속에서 검은색의 물체가 그을려지고 있음을 어렴풋이 볼 수 있었다. 당시 초등학생이었던 나는 큰 충격을 받았는데, 그때 가장 먼저 떠오른 이미지는 아프리카 영화 〈몬도가네〉였다.

아직까지 기억나는 이상한 화약품 같은 탄내는 기숙사에서 날마다 맡게 되는 백인들의 겨드랑이에서 나는 노린내와 비슷하였다. 그 누렁이 털이 타면서 일어난 시커먼 검은 연기는 멀리서도 보일 정도로 고향 잿빛 바닷가의 하늘 끝까지 올라가고 있었다.

그럼에도 불구하고 파란색과 노란색은 참으로 마음에 들었다. 파란색과 하얀 피부에 대한 이러한 이유 없는 신비로움은 국제선 비행기 안에서도 느꼈다. 한국행 국제선 비행기 안에서는 기분이 가라앉는 것을 느꼈다. 처음에는 그 이유를 모르다가 왜 그럴까 생각하던 중 나중에 알게 되었다. 어둡고 무겁고 칙칙한 분위기. 승객 대부분이 한국인을 비롯한 아시아인이어서 검은 머리카락, 검은 눈동자, 그리고 누런 피부색이 실내 분위기를 어둡게 만들었다.

내가 색에 너무 예민한 것일까? 아니면 내가 하얀 피부를 너무 좋아하여 뇌가 그런 느낌을 갖게 단든 것일까? 이에 비하여 동양인이 없는 미국 국내선을 탈 때는 비록 흑인들이 간간히 있긴 했지만 기분이 좋았다. 실내가 밝고 화려하고 가벼웠다. 하얀 피부와 신비스러운 눈동자 색이 만들어 내는 실내의 다채로운 분위기.

검은 것이 아름답다고 주장한 Malcolm X의 이론적 주장에는 동의하지만 검은색이 파란색이나 하얀색보다 더 아름답다는 미학적 측면의 주장에는 의견을 달리한다. 진정한 멋쟁이라면 봄에 입을 흰색 바지를 가지고 있어야 한다는 이야기를 패션 잡지에서 읽은 적은 있지만 검은색 정장 바지를 가지고 있어야 한다는 말은 들어 본 적이 없다.

그러나 언제부터인지 파란 눈과 백인에 대한 신비로움과 맹목적인 동경은 점차 깨지기 시작하였다. 그 환상은 미국 생활 5년째 접어들면서 깨지기 시작하였고 애증과 함께 실망과 분노로 변해 갔다.

왜 그런 일이 일어났을까? 내가 잘못한 것일까? 아니면 애초에 잘못된 것이었을까? 아니면 가질 수 없어서 그들에 대한 감정이 애정에서 증오로 변한 것일까? 아니면 기대보다 실망이 컸던 것일까?

어렸을 적에 가졌던 순수한 감정 대신에 파란 눈, 노란 머리, 그리고 그들의 삶과 문화가 싫어지기 시작하였다. 사랑에 대한 열정이 큰 만큼 사랑이 떠나갈 때 남는 상처가 큰 것처럼, 백인에 대한 또 다른 배리적 감정이 점차 커졌다. 이러한 애증은 미국에서의 삶이 힘들수록 그리고 그들과 만나는 날이 많아질수록 더 커졌고 내가 백인이 아니라 한국인이며 황인종이라는 사실을 명백하게 알려 주었다.

백인을 동경하는 흑인 남성이 백인과 결혼하고 난 다음에 어둠 속에서 빛나는 부인의 하얀 피부에 자신의 검은 피부가 대조될 때 피부색의 차이를 절실히 느끼고 검은색을 혐오하게 되는 것과 비슷한 경험이었다.

생각의 변환은 뜻하지 않게 공부하는 동안 그리고 생활하는 동안 여러 가지 에피소드를 통해 자연스럽게 일어났다. 일상생활, 수업, TV에 나오는 대화 내용, 국제 뉴스 등. 다음 세 가지 이야기는 내가 동경한 백인의 나라에서 나의 피부색이 어떤 대접을 받았는지, 그리고 황인종의 실제가 어떤 것인지를 깨닫게 해 준 중요한 모티브들이다. 이러한 모티브들이 나로 하여금 백인의 나라에서 나는 이방인밖에 될 수가 없고 나는 그들의 시민으로서 살 수가 없다는 사실을 깨닫게 해 주었다. 더더욱 중요한 것으로, 내가 가졌던 '백인에 대한 동경'과 '백인 되기'의 신화는 내가 만들어 놓은 잘못된 허상이라는 사실을 알게 되었다.

1. Parking Lot 이야기

미국인 친구 집에 놀러 갔을 때의 일이다. 가게에 음료수를 사러 가며 주차장 옆에서 잠깐 기다려 달라는 친구 말대로 나는 그곳에서 친구를 기다리고 있었다.

그때 인근 주택의 거주자로 보이는 백인이 차 주위에 서성거리고 있는 나를 보고서 신고를 한 것 같았다. 조금 있다가 경찰차가 요란한 소리를 내며 내가 있는 곳으로 오는 것이 보였다.

나는 친구가 옆에 없었기 때문에 그들에게 설명을 하는 것이 어렵다고 판단하고 우선 숨기로 하였다. 그래서 친구 집 한쪽 벽에 몸을 숨겼다. 경찰들이 나를 찾아서 왜 여기 있느냐? 왜 숨어 있느냐? 그러면서 갑자기 수갑을 채우면 어떡할까? 미국 친구는 왜 안 오는 것일까? 한 5분 정도 숨어 있었을까. 손에 진땀이 났다. 드디어 나를 찾고 있던 두 명의 경찰이 전화를 걸더니 어디론가 차를 타고 가버렸다.

잠시 후에 미국인 친구가 나타났고 자초지종을 들은 친구는 별일 아닌양 웃었다. 그러나 나는 너무 놀라 왜 늦게 왔냐며 친구에게 화를 냈고 그냥 기숙사로 가 버렸다. 놀란 가슴을 진정시키는 데는 며칠이 걸렸다.

아마도 백인 주민에게 주차장에 서 있는 노란색 피부의 나는 누군가를 기다리는 학생이 아니라 차량을 훔치려고 기회를 엿보는 절도범으로 인식된 것이리라.

2. Classroom Culture 이야기

대부분의 미국 교수들은 대학원 수업에서 동양인들에게 친절하였다. 특히 대화와 참여를 많이 해야 하는 미국 대학원 수업에서 얌전히 있는 동양 학생들에게 인내심을 가지고 그들을 그냥 놔두는 미국 교수들이 예의 있다고 생각하였다.

그러나 나는 그러한 범주로 평가받기 싫어서 대학원 5년 동안 열심히 수업에 참여하고 질문하고 공부하였다. 물론 그러한 노력 덕분에 어떤 교수에게는 기억에 남는 동양 학생으로 평가받았지만 어떤 교수에게는 여전히 인상적이지 않았던 것 같다. 대부분의 수업이 훌륭하였지만 노골적으로 나를 이방인으로 인식하게 하는 수업 역시 여러 개 있었다. 그중에서 하나를 소개한다.

그 수업은 아직까지 생생하다. 수강생 중에는 동양 학생이 몇 명 있었다. 영어에 자신이 없는 동양 학생들이 무리지어서 특정한 자리에 앉아 있는 것이 문제이기는 하였지만 아마도 백인 교수에게는 그 자리가 '열등한 아시아 학생들' 의 자리로 간주되었을 것이고 쳐다보기 싫었을 것이다. 더욱 가관인 것은 동양 학생들이 질문이 있다고 해도 못 들은 척하고, 질문을 받았지만 무슨 말인지 알 수 없어서 그랬는지 아무런 비평이나 답변을 주지 않고 다른 미국 학생에게 질문을 새로 하라고 하는 등 교수의 차별적인 행태였다. 나는 한 학기 동안 그 교수의 관심을 끌지 못한 채 수업을 마쳤다.

강좌명이 〈교사의 전문성 개발〉이었던 그 수업에는 몇 개의 간단한 글쓰기 과제 외에 기말과제가 하나 더 있었다.

나는 기말과제로 〈좋은 교사: 나의 이야기〉라는 제목의 글을 썼다. 이 글에서 나는 어떤 한 백인 교수가 수업에서 보여 준 인종차별적 여러 행동이 나로 하여금 주류의 위치에 있지 않은 학생(공부 못하는 아이, 유색인종, 가난한 가정의 학생, 이혼한 가정의 학생 등)들을 바라보는 시선에 어떤 영향을 주었는지를 내러티브 식으로 전개해 나갔다.

글의 내용으로 교실수업에서 겪은 나의 차별적 경험과, 교실에는 공부 잘하는 학생들만 있는 것이 아니라 공부 못하는 학생들 역시 있으며, 공부 못한다는 사실은 진실이라기보다는 교사가 만들어 놓은 특정한 범주와 문화적 이미지에 의하여 부과된 허상일지 모른다는 점을 강조하였다. 그리고 교사가 진정으로 자신의 위치성(인종, 언어, 종교, 성 취향, 계급, 젠더 등)으로부터 벗어나서 자신과는 다른 배경에서 살아온 학생들을 이해하고 평등하게 대우하며 가르치고 평가할 수 있는가는 매우 중요한 교수 이슈가 될 수 있다고 적었다.

다양한 문화적 전통과 언어적 전통, 그리고 인종적 전통을 가진 수업에서 정말로 교사에게 중요한 것은 교과내용을 잘 가르치는 것과 함께 교사와 다른 피부색을 가진 학생들, 교사와 다른 언어를 모국어로 쓰는 학생들, 교사와 다른 종교를 가지고 수업 중에도 기도를 하는 학생들이 있는 다문화 수업 상황에서 각 개인의 독특한 문화적 배경을 이해하는 것이라고 생각한다고 적었다.

나는 기말고사가 끝난 다음에 내 글이 어떤 평가를 받았는지 알아보기 위하여 과제물을 찾으러 사범대학(Ramseyer Hall)에 갔다. 그리고 내 기말과제에 깨알처럼 써 놓은 백인 교수의 파란색 글을 읽을 수 있었다.

백인 교수의 비평은 다른 일반 교수의 평가처럼 'well-written, very good, provocative' 라는 단어로 진행되었다. 자신의 논문을 인용하였으니 당연한 것이었으리라. 그러나 점차 쪽수가 넘어가면서 그 교수는 내 글에서 뭔가를 느꼈는지 아무 비평이 없다가 마지막으로 갈 무렵 'You' re talking about me' 라고 적어 놓았다. 그리고 한 장을 넘기자 나에게 이야기하듯 긴 글을 썼다. 첫 문장은 'I am very sorry for my behaviors' 였다.

그 교수가 행한 수업 태도에 대해 내가 문제를 제기하면 학교 인종차별 금지위원회나 학교 다문화 교육 담당자로부터 문제 제기를 받을 수 있어서 미리 잘못을 시인한 행동이었을지 모른다. 아니면 정말로 진심이었을지도 모른다. 어쨌든 교수의 행동이 내 글을 읽은 이후로 달라질 것이라고 생각하지는 않았다. 그 이후에 사범대학 건물에서 그 교수를 우연히 만나기는 하였지만 다른 교수들에게 하는 것만큼 반갑게 인사하지는 않았다.

3. Christmas Present 이야기

미국에서 맞은 첫 겨울, 나는 1990년 12월 크리스마스를 서울 셋째 매형의 누나가 살고 있는 미국 오하이오 주 Dayton 시에서 보냈다.

기숙사비를 조금이라도 아낄 수 있도록 배려한 고모의 초청으로 나는 약 3주간 이곳에서 맛있는 한국 음식과 편안한 잠자리를 제공받았다. 내가 햄버거를 좋아하지 않았기에 고모는 고모부에게 버거킹이라는 패스트푸드점에서 와퍼를 사주도록 하였다. 맥도날드의 일반 햄버거와는 달리 직접 스테이크를 구워서 만든 이 햄버거는 한국의 불고기를 먹는 것 같아서 내 입맛에 잘 맞았다.

첫 학기가 끝나 긴장이 풀려서인지 나는 약 3주 동안 날마다 10시간을 넘게 잤다. 크리스마스가 다가오자 회계사인 고모부의 손님과 지인들로부터 (나에 대한 이야기를 들었는지) 여러 가지 선물이 배달되었다. 선물 중 가장 비싼 것은 200달러가 넘는 Parker 만년필이었다. 아마 학자가 되라고 이 비싼 명품을 선물한 것 같았다.

크리스마스 시즌이 끝나고 개학이 되자 나는 1월 초에 Columbus 시로 돌아와 두 번째 학기를 맞게 되었다. 등록비와 생활비를 계산하던 나는 비싼 만년필이 필요 없으니 이것을 Parker를 파는 백화점에 가서 현금으로 바꾸면 한 달 기숙사비를 마련할 수 있을 것이라고 생각하였다. '나에게 비싼 만년필은 불필요하고 불편하며 잘 나가는 미국 볼펜이 최고' 라고 생각한 것이다.

이에 시내에 있는 백화점에 가서 이 만년필을 현금으로 바꾸어 달라고 하였다. 포장까지 그대로인 제품에 문제가 없자 백화점 점원은 물건을 현금으로 바꾸어 주겠다면서 여러 가지 신분증을 요구하였다. 나는 오하이오 주립대학교 학생증, 미국 사회보장번호 등을 제공하고 고모부의 주소와 모든 상황을 설명하였다.

그런데 점원은 어려운 부탁이 남았다고 하면서 나를 믿기는 하지만 혹시 모르니 사진을 찍어야 한다고 하였다. 나는 200달러 이상이 생기는 일이라서 백화점의 특별 창구로 올라가 그들이 원하는 대로 사진을 찍어 주었다. 그런데 사진을 찍는 방식이나 자세가 약간 이상하였다. 외국 영화에나 나오는 범인 수배 과정에서 제시하는 앞면과 옆면 중심의 사진이었다.

그 당시에는 별 생각 없었는데 기숙사로 돌아와서 생각해 보니 내가 무슨 물건을 훔친 사람으로 오인받은 기분이었다. 요구하는 증명을 모두 제시했는데도 백화점 담당자와 점원은 왜 나에게 사진을 찍으라고 했을까. 물론 현금으로 바꾸어 주는 것만으로도 고맙긴 하지만 그 사진 촬영에 대한 기억은 아직까지 찜찜하게 남아 있다.

이러한 일련의 경험을 겪고 내 삶을 반성해 보면서, 내가 '백인 되기' 에 열중하는 동안 그리고 백인의 문화에 동화되기 위해 애쓰는 동안 몸과 정신, 정체성이 얼마나 피폐하고 부정적으로 평가되고 나를 가장 사랑해야 할 내가 나를 얼마나 미워하였는지를 깨닫게 되었다.

나의 지난 삶과 사유의 역사는 백인 되기의 이데올로기로 인하여 황폐해져 버린 것이었다. 백인이 아닌 내 몸과 내가 바라는 만큼 백인이 되지 못하는 현실이 내 존재를 거추장스럽게 생각하게 만들었고 나를 자꾸 부끄러운 존재로 폄하하게 만들었다.

그러한 비하감은 공부, 몸, 생활방식 모두에 부정적으로 작용한다는 것을 알게 되었다. 거울을 볼 때마다 내 얼굴에 짜증이 났고 내 몸매에 환멸을 느꼈다. 오똑하지 못한 코, 쌍꺼풀 없는 찢어진 눈매, 툭 튀어나온 광대뼈, 넓은 턱, 짧은 다리, 처진 엉덩이. 모자를 써도 어울리지 않고 청바지를 입어도 멋있지 않다.

뿐만 아니라 학업에서도 불만이 늘어 갔다. 시작부터 다른 출발선에서 공부하였음에도 나는 그들의 뛰어난 영어 구사력에 좌절감을 맛보았다.

왜 나는 미국의 대학원생들처럼 창의적인 글을 쓰지 못할까? 나의 박사논문은 그들보다 높은 점수를 받았을까? 나는 왜 교육학을 공부하는 연구자로서 나의 삶, 정체성, 역사, 그리고 한국 국민으로서의 존재를 자랑스러워하지 못할까? 어떻게 저들은 3일을 자지 않고서도 끄떡없는 체력을 가졌을까?

오하이오 주립대학교 50m 수영장에서 허덕이며 간신히 수영하고 있는 나와 키가 2m가 넘는 돌고래 같은 대학교 수영부 학생들의 모습을 비교하면서, 우리들의 다른 출발점을 잊은 채 왜 나는 저들처럼 더 강하지 못할까 자책하였다. 올림픽에서 동양인들이 육상, 수영, 농구, 수구, 배구, 축구 등의 부문에서 과연 서양인들을 따라잡을 수 있을까? 차라리 동양인들이 잘할 수 있는 종목만 집중적으로 육성하는 것이 낫다고 생각하였다. 탁구, 체조, 레슬링, 피겨스케이팅, 양궁, 제기차기나 씨름 같은 종목 말이다.

그러던 중 이러한 자책과 불만은 눈덩이처럼 불어날 뿐 삶을 행복하고 가치 있게 만들어 주지 못한다는 사실을 깨닫게 되었다. 이렇게 계속 불평과 불만을 가지고 인생을 살아야 할 것인가? 그 결과는 나에게 어떤 긍정적인 결과를 가져다줄 것인가? 바꿀 수 없는 신체 조건과 문화 전통을 비판하면서 내 인생을 허비할 것인가?

그리고 가장 중요한 것으로, 왜 내가 5년 동안 비싼 등록금을 미국에 지불하면서 가족의 고통을 감내해야 하고 가장 화려한 인생의 5년(30세부터 34세까지)을 이곳 미국의 한 학교에 와서 외로이 밤을 지새우며 공부해야 하는 것인가? 날마다 맛없는 햄버거를 먹으면서, 못하는 영어를 해 가면서, 1달러에 쩔쩔 매면서 살아야 하고, 불편한 백인의 방식으로 살아야 하는 것인가?

만약 우리나라가 미국이 되고 우리말이 세계 공용어가 되었다면, 우리는 편안히 살고 오히려 미국인들이 우리나라에 와서 힘들게 공부하면서 우리를 모방하려 하지 않겠는가 하는 생각이 들었다. 아마도 그렇다면 미국인들은 자신의 머리색보다는 우리의 머리색을, 그리고 모국의 음식보다는 우리나라 음식을 더 선진적인 음식으로 간주하고 좋아하였을 것이다.

그러고 나서 고향 한국을 생각하였다. 토인비가 이야기하지 않았더라도 한국에는 아름다운 효 문화가 있고 나를 자랑스러워하는 가족이 있다. 친구들이 있고 맛있는 음식들이 있다. 가장 다행스럽게도 날마다 나의 피부색을 의식하지 않고서도 거리를 활보할 수 있고 자신 있게 이야기할 수 있고 내 생각을 거침없이 우리말로 표현할 수 있다. 바로 그곳이 행복이 가득한 곳이라는 것을 처음 느끼게 되었다.

25센트짜리 맛없는 햄버거를 먹는 것, 멍청한 백인들과 대화하는 것에서 첫사랑의 짜릿함을 맛볼 것으로 기대하면서 어울려 다닌 것, David Letterman Show의 농담을 이해하는 수준까지 향상된 듣기 실력에 자부심을 느끼고, 미국의 어두운 하류문화를 다루는 토크 쇼를 즐겼던 나날이 부끄럽고 부질없게 느껴졌다.

그리고 내가 그토록 부정하고 불신하였던 한국 문화, 나의 몸, 나의 한국적 삶의 전통이 친근해지기 시작하였다. 그러한 인식은 첫사랑에 눈이 멀어 몇 달을 살다가 나중에 제 정신으로 돌아와서야 갖게 되는 평정심, 후회 또는 냉정한 판단력 같은 것이었다.

내가 아름답고 선진적이며 문화적으로 우수하다고 생각한 그들의 삶의 방식이 얼마나 비인간적인 것인지 회의하였다. 지나가다가 조금만 몸이 닿아도 무슨 일이 있었던 것처럼 'I' m sorry' 를 해야 하는 것(나는 그 말을 하루에 15번 이상 한 것 같다), 각자 먹은 만큼 돈을 내는 Dutch Pay, 약속 없이는 그 무엇을 할 수 없는 계약과 예약 문화(감기 때문에 갔다가 일주일 후에 오라는 말을 듣고 일주일 후에 가려고 했더니 감기가 나았다), 미국 주요 공중파와 CNN Live를 통하여 날마다 쏟아지는 한국을 포함한 중동과 중국, 아시아에 대한 부정적 메시지(한국 중/고등학교의 충격에 가까운 입시공부 문화, 태국의 매춘산업, 인도의 할렘가, 중국의 여아 영아 살해 문화, 한국 여대생의 사치 문화), 어디를 가든지 내가 누구인가를 설명하기 이전에 내가 어느 국가에서 왔는지 또는 어느 대륙의 출신인지를 알려 주어야 하는 인종적 기준.

그러고 보니 미국에 가기 위하여 대학원 입학지원 신청서에 기록해야 했던 항목 중 하나가 내가 어느 나라 국가 출신이고 어떤 인종에 해당하는지를 표시하는 것이었다. 그리고 그러한 기명이 바로 나를 미국과 구미의 나라들이 어떻게 바라보는가를 명확하게 보여 주는 전형적인 낙인찍기라는 것을 생각하게 되었다.

나는 내가 누구인지 이전에 어떤 인종인지를 먼저 그들에게 알려 주어야만 하는 문화 속에서 살고 있었던 것이다. 황인종 또는 흑인으로 소개한 자기소개서와 기록이 대학과 학과에서 심사위원들에게 백인과 달리 어떻게 읽혀졌을까? 나의 개인적 이점이나 장점을 소개하는 대신 나를 황인종으로 소개하는 문화 속에서 내가 살아가야 한다면 나의 첫인상과 평가는 다른 인종에 비하여 높은 것일까 아니면 낮은 것일까? 차종으로 따져 본다면 나는 기아일까, 포드일까, 벤츠일까, 아니면 포르쉐일까? 시계로 따진다면 나는 길거리에서 파는 이름 없는 시계일까, 미군 부대에서 몰래 훔친 재고품일까, 아니면 일본제 세이코, 프랑스제 까르티에, 아니면 그 비싸다는 스위스제 롤렉스일까?

더 아이러니한 것은 그러한 인종분류 항목 최하단에는 항상 'Equal opportunity', 'Non-discrimination policy' 또는 'Affirmative action' 이라고 명시되어 있다는 점이다.

비록 한 개인이 어떤 선천적인 피부색을 가졌다고 할지라도 그 사실을 공식문서에 고백할 경우 어떠한 차별을 하지 않겠다는 이 메시지는 어쩌면 고상하고 배려하는 듯 하지만 한편으로는 모순이라는 생각이 들었다. 평등을 강조하고 차별을 원치 않는다면 차라리 피부색을 묻지 말아야 하지 않을까. 미국의 대학원 지원서에 사진까지 붙이라고 하였다면 나는 여러 가지 점에서 차별을 더 많이 받았을 것이다. 참으로 다행스러웠다.

힘든 일이 지나면 사람들은 대부분 고통스러운 기억을 잊어버리고 힘든 과거를 미화한다고 한다. 나 역시 그렇다. 힘들고 나쁜 일은 모두 잊은 채 미국에 대한 일반적 이미지(자연, 관광지, 문화, 음식, 스포츠 등)만 기억하고 있다.

그러나 내가 그렇게 동경하였던 백인의 나라에 살지 않겠다고, 남지 않겠다고 한 진짜 이유는 미국과 달리 한국에서는 나의 찢어진 눈매와 검은 눈동자, 노란색 피부를 의식하지 않으면서 걸어 다닐 수 있고 식당에 갈 수 있다는 사실 때문이었다.

나는 그것이 자유라고 생각한다. 마틴 루터 킹이 그의 딸이 놀이공원에 갈 수 있는 그 날에 대한 기다림이 바로 그의 꿈(I have a dream)이라고 말한 것처럼.

아마도 내가 이런 이야기를 하면 어떤 사람은 자신은 그런 일을 겪어 본 적이 없다고 하면서 내가 과민한 것 아니냐고 반문할지 모른다. 자신은 미국 생활이 너무 좋았고 행복하였다고 말할지 모른다. 물론 나 역시 미국에서의 경험이 모두 나빴다고 강조하는 것은 아니다. 내가 말하려고 하는 단 하나의 사실은 피부색과 눈동자 색을 날마다 의식하면서 살아야 하는 문화에 내가 실망하였을 뿐이라는 것이다.

결과적으로, 나의 미국 생활 5년의 경험은 내가 누구이고, 어떻게 살아 왔고, 앞으로 어떤 삶을 살아야 하는가를 진지하게 돌아볼 수 있는 기회를 주었다. 세속적으로 말한다면 나는 미국에 대하여 순진한 생각을 하고 있었고 착각하고 살았던 것이다. 많은 사람들이 미국에서 조교수 직을 구해야 하고 1~2년은 미국에서 일하다가 한국에 오는 것이 경력에 도움이 된다고 조언해 주었지만 나는 짐을 챙겨서 한국으로 오고야 말았다.

사실 나는 비행기를 갈아타는 미시간 주 디트로이트 국제공항에서 다시는 미국에 오지 않을 것이며 영어 논문 역시 쓰지 않을 것이라고 맹세하였다(세계가 지구화되고 국제화되면서 그리고 서구 학술지에 논문이 게재되는가의 여부를 학자의 능력으로 삼는 한국 교수평가의 새로운 규정으로 인하여 이 약속은 깨져 버렸다).

물론, 내가 공부하는 동안 미국 대학으로부터 박사과정 장학금을 전액 받으면서 편하게 삶을 즐겼거나, 졸업하고 미국에서 대학교수 자리를 얻은 흑인들이 정체성을 잊은 채 백인들의 상아탑 속에서 백인인양 살아가는 것처럼 내가 백인 문화의 한 일원이 되었다면, 이 글은 쓰이지 않았을 것이다. 또는 내가 한국에서 거부의 아들로서 진실이니 평등이니 자유니 하는 가치에 대하여 신경 쓰지 않고 살 수 있었다면, 자존심을 높여 줄 기댈 것이 있었다면, 피부색에 대한 의식은 아마도 형성되지 않았을 것이다. 자본주의에서 돈은 또 다른 향락과 포기와 타협 그리고 사회 문제에 대한 방관적 태도를 형성해 줄 것이기 때문이다.

그러나 내가 개인적으로 어릴 때부터 학교와 사회로부터 여러 가지 이유로 받은 차별은 나의 삶과 가르침에서 가장 중요한 가치관이 무엇이고 무엇을 위하여 살아야 하는지를 다른 사람들보다 일찍 깨닫게 해 주었다.

나는 자유의 여신상이 있었던 미국이 나를 구해 줄 줄 알았다. 그러나 그 자유의 여신상을 세우기 위하여 100명이 넘는 흑인이 작업 도중 떨어져 죽었다는 역사적 사실은 얼마나 아이러니한가.

이에 내가 성인이 되어서 살아야 할 삶의 공간, 나의 자식과 후손이 살아야 할 공간은 단순히 부모의 직업으로 인하여, 고향으로 인하여, 출신 학교로 인하여 자신의 능력이 폄하되는 그런 세상이 되어서는 안 된다고 스스로 약속하였다.

그래서 그랬을까. 1992년 여름 방학 때 메릴랜드의 볼티모어에서 아르바이트를 하면서 일요일에 잠깐 들른 필라델피아(워싱턴이 수도가 되기 이전에 미국의 수도였다)의 여러 기념관이 즐비해 있는 길가에서 나의 시선을 사로잡은 건물은 바로 미국 헌법 기념관이었다. 엄청나게 넓고 높은 1층 로비에 미국 헌법이 어떻게 만들어졌고 어떻게 발전되어 왔으며 어떤 사건으로 개정되어 왔는지 연대별로 상세히 전시되어 있었다.

내가 가장 좋아하였던 문구, 헌법 제1조 '인간은 어떤 이유에서도 차별받아서는 안 된다' 는 문장이 나를 눈물짓게 하였다. 그리고 1995년 나는 한국으로 돌아왔다.

서울 거리가 지저분하고 어수선하였지만 마음이 평화로웠다. 대학 수업에서 차별과 사회정의 그리고 교육학의 역할에 대하여 많이 가르쳤다. 나는 교육과정 수업에서 인종, 성별, 성 취향, 계급과 관련된 불평등 문제를 많이 다루었다.

그리고 학생들에게 한국에 와 있는 동남아시아 출신 노동자들의 삶을 연구하라는 기말과제를 내주었다. 학생들의 리포트는 내 추측 이상으로 충격적이었고, 점차 다문화되어 가는 우리나라 사회에서 다문화에 대한 연구와 우리나라 사람들의 타 민족에 대한 인식과 역사적 전통이 변화되어야 함을 알게 해 주었다. 그리고 학생들에게 내가 언젠가는 '우리나라 동두천의 혼혈 아이들에 대한 질적연구' 를 할 것이라고 이야기해 주었다.

4. J 이야기 그리고 시카고 오헤어 공항

2년 후 1997년 12월 겨울, 나는 바람의 도시 시카고의 Flamont 거리에 있는 J의 집을 찾아갔다. 시간강사였던 나는 어렵게 한 달짜리 단수비자를 받아 미국을 방문할 수 있었다. 처음에 신청하였다가 시간강사라는 이유로 신원이 불분명하다고 거절당하였다가 지인의 도움으로 가까스로 비자를 받게 된 것이다.

항상 그랬듯이 시카고의 겨울 거리는 온통 눈으로 뒤덮여 있었고 날씨는 귀를 시리게 하였다. 밤늦게 J가 사는 동네에 도착한 나는 1년 만에 J를 다시 만나는 기쁨을 축하하기 위하여 미국인들처럼 포도주를 한 병 샀다. 한국에서 통화하였을 때 J는 이제 더 이상 만나지 말고 미국에도 오지 말라고 하면서 전화를 끊었다. 그러나 나는 포기할 수 없었고 1년간 시간강사를 하여서 모은 돈으로 비행기 표를 사서 시카고로 날아왔다.

저녁 이후로 여러 번 전화를 하였지만 전화 응답기만 돌아갈 뿐이었다. 밤 11시가 넘어서 체념하는 마음으로 마지막으로 전화를 걸었을 때 그때서야 J의 목소리를 들을 수 있었다. J는 깜짝 놀랐고 가끔 농담을 즐겼던 나이기에 진짜 시카고에 왔느냐고 물었다. 그렇다고 하였더니 어디에 머물 것인지 묻고서는 자신의 집주소를 알려 주었다.

시카고 근처의 한 모텔에 이미 풀어 놓은 짐을 여행용 가방에 대충 챙기고 택시로 30분 이상을 달렸다. 기대감과 걱정, 여러 가지 복잡한 착잡한 심정. 내가 J를 만나기 위하여 그 먼 서울에서 시카고로 올 것이라고는 전혀 생각하지 못한 것 같았다.

5층짜리 건물의 3층에 있는 방 두 개짜리 아파트였다. 1년 전에 머물렀던 샴버그에 있는 J 부모님의 화려한 집과는 달랐지만 J의 방에 있었던 물건과 가구가 그대로 있었기 때문에 친숙했다.

영하의 밤 날씨. 밖에는 함박눈이 내리고 있었고 우리는 이런저런 이야기를 나누었다. J의 방 저쪽 한구석에는 내가 지난 2년간 보낸 많은 편지와 선물, 그리고 그 선물을 쌌던 포장지가 그대로 놓여 있었다.

아직까지 버리지 않았구나. 아직 나를 좋아한다는 뜻인가? 내가 J의 부모님 집을 방문하였을 때 J 어머니가 J의 방을 안내하면서 들어가지 않는 것이 낫다고 하였다. 그 이유는 나중에 밝혀졌지만, 내가 한국에서 보내 준 선물과 편지, 만화책 등이 지저분하게 널려 있었기 때문이었다. J 어머니의 불평하는 말 '돼지우리가 네 방보다 더 깨끗할 것이다' 가 기억난다. 물론 어머니는 그 많은 물건과 편지를 내가 보냈다는 사실을 모르는 듯하였다.

나는 J가 좋아하는 한국 과자를 선물로 주었고 J는 과자 몇 개를 먹었다. 그리고 나는 J에게 노래를 불러 달라고 졸랐다. 아니, J는 내가 조르기도 전에 먼저 노래를 불러 주었다. 직접 기타를 치며 노래를 부르는 J는 매력적이라는 생각이 들었지만 J 어머니의 말씀처럼 가수로는 성공하지 못할 것 같다는 생각도 하였다.

그날 밤 우리는 J의 소파에 누워 많은 이야기를 하였고 우리는 어디서 잘 것인지를 결정하였다. J는 소파가 좋겠다고 하였지만 나는 소파에서는 잠을 자지 못하니 대신 J의 침대에서 자겠다고 하였다. 나는 가끔 참으로 용감하다는 생각을 한다. 망설이던 J는 침대에서 자라고 하였고 나는 다시 1년 만에 J의 따뜻한 체온을 느낄 수 있었다. J는 잠들었지만 나는 뜬 눈으로 밤을 지새웠다. 시차 때문에 잠을 못 이루었을 것이다. 그러나 정작 나를 잠들지 못하게 한 것은 앞날에 있을 일과 나의 삶에 대한 여러 가지 번민이었다.

다음 날은 떠나기 하루 전이었다. 우리는 시카고 거리를 돌아다니면서 맛있는 점심을 먹고 저녁도 먹었다. 서점에서 잠깐 아르바이트를 하고 있었던 J는 예고도 없이 출근하지 않고 나랑 놀러 다녔다. 타이 레스토랑에서 저녁을 먹던 J는 자꾸 내 이마를 보더니 나를 '스님' 이라고 부른다. 내가 왜 스님이냐고 묻자 내 머리카락이 자꾸 빠져서 언젠가는 스님이 될 것이라는 거다. 내가 화를 내자 "스님은 귀엽고 착하다"라고 변명하면서 화내지 말라고 한다. 그렇지만 나는 J에게 한 번이라도 잘생겼다는 말을 듣고 싶었기에 스님이라는 말에 기분이 몹시 나빠졌다. 그런데 이제는 머리털까지 빠진 아저씨라니.

나는 그런 말 대신 듣고 싶은 말이 있었다. 잘생겼구나, 매력적이구나, 멋지구나 등. 그러나 J는 나에게 잘생기지는 않았다고 노골적으로 이야기한 적이 있다. 거짓말이라도 하지 그랬을까. 대신에 J는 왜 내가 좋으냐고 묻는 말에 쌍꺼풀 없는 눈, 입술, 그리고 웃는 모습이 좋고 착하다고 하였다. 그리고 가장 마음에 드는 것은 서양 남자들과는 달리 몸에 털이 없어서란다. 어이가 없다. 그래 머리털까지 없어지면 나는 너에게 더욱더 매력이 넘치겠구나. 아예 온 몸의 털을 다 없애 버려야겠다.

스님 발언에 화가 난 그대로 질 수는 없었다. 그래서 미국에서 배운 금발 여성에 대한 비하적 농담 하나를 이야기해 주었다. "자 금발머리 아가씨, 다음 방에 들어가 구석에 앉아서 기다려 주세요. 그러나 그 방은 구석이 없는 원형의 방이었다. 그래서 금발 아가씨는 어디에 앉을지 계속 장소를 찾을 수밖에 없었다." 이야기를 들은 J 역시 화가 났고 우리는 무승부로 싸움을 끝냈다.

그날 밤 9시가 넘었다. 시카고의 날씨는 너무나 춥고 창밖으로 또 눈이 내린다. 우리는 음악을 듣고 있었고 나는 J에게 한국 옛날이야기를 하나 해 주겠다고 하였다. 그리고 J에게 자신을 이야기의 여주인공으로 생각해 보라고 하였다.

이야기는 〈견우와 직녀〉였다. 나는 이야기를 다 들려주고 J가 직녀라면 일 년에 한 번씩 서로 만나면서 살 수 있는지 물었다. J는 잠깐 생각하더니, 직녀는 견우와 헤어져야 하고 서로 다른 사람을 만나는 것이 낫다고 하였다.

J의 대답에 나는 그 두 사람이 항상은 아니지만 일 년에 한 번씩 그렇게라도 만나면 행복하지 않겠냐고 물었다. 그러나 J는 피식 웃으며 함께 살 수 없다면 헤어져야 한다고 대답하였다.

당연한 말이다. J의 대답을 들은 후 우리는 정적 속에 오랫동안 그냥 있었다. 나는 J의 말이 무엇을 뜻하는지 알고 있었기에 "Good night" 하면서 돌아누워 잠을 청하였다. J의 따뜻한 체온이 느껴지는 침대에 누운 나는 J의 대답이 그럴 거라는 것을 예측했으면서도 마음이 몹시 슬펐다. 그러나 내 욕심이 너무 크다는 것을 알고 있었기에 J를 탓할 수는 없었다.

어머니가 앞을 보지 못하고 아버지는 곧 대학교에서 은퇴하기 때문에 유일한 딸인 J는 부모님을 돌봐야 했다. 아버지와 어머니의 고향이 뉴욕 주의 버팔로여서 아버지의 퇴직 후 고향으로 돌아갈 계획이었다. 거짓말이라도 직녀처럼 기다릴 수 있다고 이야기해 주면 안 되나.

갑자기 J는 나에게 자느냐고 물었지만 나는 대답하지 않고 자는 척하였다. 그러나 J 역시 내가 소리 내지 않고 울고 있다는 것을 알고 있었으리라. 추위에 자주 떨고, 배고픔을 참지 못하고, 잘 울고, 짜증을 잘 내고, 마음속에는 항상 연구 생각뿐이고. 이번에 또 운다고 나에게 실망할까 봐 울음소리를 들려 줄 수가 없었다.

그런 와중에 내가 왜 이곳까지 와 있는지, 왜 깊은 밤에 잠을 자지 못하고 고통스러워하는지, 이러한 사랑의 감정에 왜 휘둘리며 살아야 하는지, 인간은 감정을 모두 통제하면서 살 수는 없는지, 나 자신의 나약함을 나무라면서 이곳 시카고의 이름 모를 동네에 와 있는 내가 미워졌다.

나에게 공부 대신에 또 다른 삶의 행복을 가져다준 J를 처음 만난 2년 전 여름이 생각난다. 오하이오 주립대학교 교정 건너편의 서점. 한국으로 가기 전 꼭 필요한 책 몇 권을 사기 위하여 잠깐 들른 서점에서 J는 저 멀리서 책을 읽고 있었다. 자태가 우아했고 아름답고 귀족적이었다. 프린스턴 대학교에 다니는 상류층 출신의 학부 여학생들처럼.

J의 나이 26세. 학교 앞 서점에서 J를 보았을 때 내 몸은 어는 듯하였다. 조각 같은 얼굴에 화장하지 않은 얼굴 그리고 가느다란 몸. J는 마치 Swarvsky의 파란 눈을 가진

모델처럼 아름다웠다. 녹색 눈에 금발을 한 매혹적인 J는 영문학을 전공하는 대학원생이었다.

나는 서점을 나가려던 참이었지만 나가지 않고 한참 동안 기다리다 말을 걸기로 하였다. "Hello" 하면서 말을 거는 나에게 J는 미소로 답해 주었다. 그리고 나에게 미국인이냐고 물었다. 아마도 그 당시 내가 미국에 오래 있어서 발음이 미국인과 비슷하였거나 아니면 미국에 이민 온 한국인으로 생각하였던 것 같다. 진짜 한국 사람이라고 대답하자 J는 매우 반기는 눈치였다. J는 한국에서 일 년 정도 영어강사 생활을 하였단다. 한국인을 좋아하고 한국 문화를 좋아한단다. 약속이 있다고 문을 나서는 J에게 나는 기숙사 연락처를 알려 주었고 J도 집 연락처를 알려 주었다.

그날 밤 우리는 언제 연락을 할지 알 수 없었지만 내가 저녁 8시경 망설이며 서성거리고 있을 때 전화벨 소리가 기숙사 방에 울려 퍼졌다. 이 떨리는 마음. 그녀가 나를 더 좋아하는 것일까?

우리는 전화로 이야기를 하다가, 곧바로 어둠이 짙게 깔린 컬럼버스 시의 가장 큰 대로인 High Street의 커피숍에서 만나 이런저런 대화를 하였다. J는 한국에서 점을 쳤는데 전생에 한국 사람이었다는 말을 들었다고도 했다.

그날 이후로 우리는 날마다 만났고 교정을 걸었고 저녁을 먹고 한국과 미국 그리고 문화에 대하여 이야기하였다.

그리고 미국을 떠나기 하루 전날 밤, J는 나에게 오늘 밤 아직 밤이 깊지 않았는데 더 하고 싶은 것이 있는지, 원하는 것이 있는지 물었다.

그 질문에 용기를 얻은 나는 J의 얼굴과 몸을 만지고 싶다고 한국식 표현 그대로 영역하여 말하였다. 그리고 나는 J의 아파트에 가서 촛불로 가득 찬 방안에서 밤새 이야기하며 처음으로 J의 눈과 뺨과 머릿결을 만져 볼 수 있었다.

그리고 그 다음 날 아침, 나는 기숙사에서 짐을 챙겨 공항으로 떠났다. 나는 5년 만에 박사학위를 받고서 그토록 원했던 한국으로 돌아가게 되었다. 그렇게 가고 싶었던 한국이지만 그리고 지긋지긋하였던 미국 생활이었지만 오늘따라 떠나기가 싫었다. 바로 파란 눈과 노란 머릿결을 가진 J 때문이었다. 그러나 떠남은 예정된 것. 아쉬움과 안타까움을 뒤로한 채 나는 비행기에 탑승하였고 23세의 첫 사랑 이후로 누구를 떠나는 것이 힘들고 어렵다는 것을 새삼 느끼게 되었다.

그렇게 하여 오하이오를 떠난 나는 한국에 도착하여 대학에서 시간강사 생활을 시작하였고 J는 대학원을 마치고 고향인 일리노이 주의 시카고로 돌아갔다.

우리는 일 년 동안 전화하고 편지 쓰고 선물 보내는 데 정신이 팔려 있었다. 아마

대학교 4학년 때의 첫 사랑 이후 이렇게 열렬했던 적은 없었던 것 같다. 길에서도, 책을 읽을 때도, 다른 사람과 이야기할 때도, 그리고 잠을 잘 때도 J가 생각났다. 밤에 국제 전화로 하는 우리의 대화는 때로는 한국말, 때로는 영어를 섞어 가며 했고 어떤 때는 무슨 말인지 모른 채 대화를 하였다. J의 부드러운 영어 발음으로 한국어를 말할 때 나는 처음으로 사람의 목소리가 성적인 매력을 갖는다는 사실을 알게 되었다.

나는 J를 처음 만났을 때 31살이라고 이야기하였지만 사실은 36살이었다. J가 너무 어려 보였기 때문에 거짓말을 할 수밖에 없었다. 그래도 그 당시 공부만 하고 있었기 때문에 나는 나이에 비해 어려 보였다. 그래서 J는 아무런 의심을 하지 않았다. 그러나 그 거짓말은 곧 들통이 났다. J가 거짓말하는 사람을 제일 싫어한다는 말에 숨기면 안 되겠다고 생각하였고 사실대로 내 나이는 36살이라고 실토하였다. 그 이후로 J는 나에게 '아저씨'에게 속았다고 놀렸다.

J의 모든 것이 좋았지만 J에게 처음부터 푹 빠진 것은 J의 파란 눈 때문이었다. J의 눈은 파랗기보다는 녹색에 가까웠다. 신비로운 눈동자 색은 계절에 따라 변하고 아침 저녁으로 변하고 조명에 따라 변하였다. 나는 그것이 너무 신기하여 식사할 때도 커피를 마실 때도 J의 눈을 감상하곤 하였다. 그래서 내가 화나 있을 때면 J는 일부로 내 얼굴 앞에 눈을 가까이 가져와 웃어주곤 하였다. 모든 불이 꺼져 버린 길거리의 밤. 달빛으로 어두운 방에서 빛나는 J의 녹색 눈은 그 어떤 보석이나 예술품보다 더 신비롭고 황홀하였다.

드디어 오늘은 떠나는 날. 시카고를 떠나 한국으로 가는 날이다. 날씨는 비가 올 듯 우중충하였고 아침이었지만 어두웠다. 우리는 시카고 오헤어 공항에 도착할 때까지 아무 말도 하지 않았다.

나는 그 많은 추억을 모두 버리고 한국으로 돌아간다. 시카고 오헤어 공항의 한국행 출구. 남들이 하는 것처럼 건강하게 잘 살라고 이야기하였다. 그리고 지난 일 년간 시간강사 하면서 모은 돈 약 2000달러를 J에게 주었다. 받지 않으려고 하는 J. 그것은 내가 J에게 해 줄 수 있는 유일한 마음의 표시였다. 우리는 서로 작별인사를 했고 나는 출구 쪽으로 갔다. 헤어짐은 항상 슬픈 것. 예견하고 왔건만!

떠나는 줄이 점차 줄어들고 J의 모습이 작아질 무렵, J가 뛰어 오면서 내 이름을 부른다. 다가오면서 할 말이 있다고 한다. 그래서 나는 줄을 이탈하여 J와 이야기를 시작하였다. 떨리는 목소리로 나에게 이야기를 시작한 J. 가지 말라고. 자기를 떠나지 말라고 한다. 한국에 가지 말고 이곳 미국에서 살잔다. 내가 이곳 대학교수직을 얻지 못하고 노동자가 되면 대신 자기가 먹여 살리겠단다.

J가 내 손을 꼭 부여잡았다. 잠깐 정적이 흘렀다. 그러나 그 정적은 너무나 많은 생각의 파편과 고민으로 가득 차 있었다. 이런 이유 때문에 5개월 전에 한국 대사관에서 내가 신청한 미국행 비자가 거부된 것일까. 한국의 정처 없는 시간강사여서 미국에 가면 미국 여자 만나서 한국으로 돌아오지 않을까 봐. 미국에 남지 못할 이유가 너무 많았지만 그래도 J를 떠날 수밖에 없는 가장 큰 이유를 찾는 것은 어렵지 않았다.

> 자식이 없어서 양녀를 입양하고 난 후 다음해에 생긴 J. J는 부모님 결혼 후 15년 만에 얻은 첫 딸이자 무남독녀였다. 내가 〈보니와 클라이드〉의 주인공은 아니지만 J를 부모님 곁으로 보내서 부모님을 편히 모시고 백인의 사회에서 잘 살기를 바랐다.

한국에서 훌륭한 학자가 되는 것이 인생의 꿈인 것을 아는 J였기에 나의 대답이 어떨지는 J 역시 예측하였을지 모른다.

나는 밝게 웃으며 J에게 이야기하였다. "다음에 다시 (미국인으로) 태어나면" 그녀의 볼에 따뜻하게 키스하고 탑승구로 뛰어갔다. 정신을 잃기 전에 어서 비행기 안으로 들어가야 했다. J가 더 이상 나를 볼 수 없는 비행기 안으로.

얼른 내 자리를 찾아서 좌석에 앉았다. 가슴이 터질 듯했다. 무엇이 무엇인지 알 수가 없었다. 마음이 변하기 전에 벨트를 당겨 내 허리에 세게 조였다. 참았던 눈물이 쏟아지면서 미안하다는 말이 나도 모르게 흘러나온다. 다시 탑승구로 돌아갈까? 미칠 것만 같았다.

비행기 안은 사람들이 탑승하기 시작하여 소란스럽고 자리를 찾느라 분주했다. 울보인 나는 또 눈물이 흘러나왔다. J는 가버렸을까? 아니면 내가 다시 올지 몰라 그대로 서 있을까? 크게 소리 내어 울고 싶었지만 그럴 수가 없었다. 대신 자리에 있던 담요를 당겨 머리를 덮었다. 그리고 울음이 터져 나왔다. 나는 아무 복도 없이 태어났고 오직 학술적 명예만 가지게 된다고 하던데 그 무속인 말이 정말일까?

비행기가 서서히 움직이기 시작했다. 그리고 눈물방울 하나하나마다 J가 나에게 해준 잊지 못할 추억이 담겨 떨어졌다.

옆자리에 앉아 있던 나이 지긋한 미국인 할머니가 소리를 참으며 흐느끼고 있는 나에게 인자하게 말을 건넨다. "Son! Don' t cry. Please say something." 휴지를 주면서 눈물을 닦으란다. 그리고 여승무원이 나를 찾아왔다. 어디가 아픈지 왜 그런지 이야기하란다. 그리고 어깨를 토닥여 준다.

나는 이들에게 무어라 설명할 수 있을까? 내가 피부색 때문에 사랑을 버렸다고 이야기하면 이해할 수 있을까? 떠나지 말라고 하는 J의 말을 따르지 못하는 내 마음을 이들은 이해할까? 다른 피부색 때문에 미국에서 날마다 겪을 불안한 삶의 연속이 무서워서 사랑하는 연인을 버리고 이 비행기를 타고 한국으로 간다고 말한다면 이들은 나에게 잘했다고 이야기할까? 그들에게 내 이야기를 어디서부터 어떻게 해야 할까? 그리고 설명을 할 수나 있을까?

그리고 나는 진주교육대학교의 교수가 되었다. 꿈에 그리던 직업이었다. 그러나 기쁨은 잠시. 오늘도 J가 잠깐 학원 강사로 근무하였던 서울 강남의 학원 거리 주변을 거닐어 본다. 그리고 차가운 밤의 추위를 피하기 위하여 들어간 호텔의 어두운 방의 적막 속에서 침대의 이불까지 소스라치게 차갑다. 그리고 그 차가움을 잊기 위하여 오늘 밤 다시 듣는 노래. 바로 J가 시카고에서 사서 보내 준 노래 〈Nothing compares to you〉를 들으면서 잠을 청한다.

11

다문화 질적연구: 의심스럽고 가벼운 텍스트

우리나라가 다문화 사회로 진입하면서 우리 학문 분야에서도 연구 주제의 새로운 변화로 나타난 것이 '다문화 가정'에 대한 연구이다. 교육학, 사회복지학, 아동학, 가족학, 사회학, 인류학 등의 여러 분야에서 다문화 가정과 여성들, 아동들에 대한 연구들이 방대하게 이루어지고 있다. 출판사와 매스컴, 종교계과 복지계 등에서 이 주제와 관련된 다양한 활동을 하고 있다. 그리고 교과부, 여성복지부, 법무부와 문화관광부에서는 다문화 가정과 아동의 한국적 적응을 위한 다양한 정책적 지원과 실제들이 적용되고 있다. 아울러 많은 학자들이 이 주제를 학술적으로 접근하면서 이들의 한국적 적응에 관련된 프로그램 개발, 상담, 정착, 교육, 건강 등의 측면에서 연구를 하고 있다.

한국 다문화 아동

이러한 연구분위기 속에서 탄생한 필자의 연구 중의 하나가 〈한국 다문화 가정 아동의 교육적 목소리〉에 대한 연구이다. 이 연구는 질적연구자로서 문화 현상을 연구한다는 점에서 특별하지는 않지만 기존의 대부분의 질적연구들이 다문화 가정의 여성들에 대한 연구에 치중하였다면 이 연구는 필자의 전공이 교육학이었기 때문에 그들의 2세인 혼혈 아동들의 한국에서의 교육적 삶의 여정과 특징을 다룬 점이 차별화된다. 이에 필자와 연구자들은 우리나라의 경남에 소재한 초등학교에 다니고 있는 다문화 가정 아동들을 연구참여자로 선정하였다. 연구자는 필자를 포함한 한국인이었고 연구참여자는 이 글의 연구방법에 나와 있는 것처럼 동남아시아 국가 출신의 어머니를 둔 아동들이었다. 연구는 약 1년 정도 이루어졌고 심층면담, 참여관찰, 문서들의 분석과 같은 다양한 질적연구를 통하여 그들이 경험하고 있는 소수자로서 한국 다문화 아동들의 발달적 약점과 특징이 무엇인지를 그려내는 것이었다. 그리고 그 결과는 바로 이 논문으로 출판되었다.

필자의 이 책의 다른 글에서 강조한 것처럼, 이 논문의 제목 '목소리의 재구성' 이라는 표현처럼 그들이 이 사회에 전하고 싶은 말, 우리 교사들에게 하고 싶은 말, 다른 주류 한국인이라면 겪지 않을 일상적 경험이 무엇인지를 비판교육사회학과 다문화 교육의 목적이라는 측면에서 개념화하는 것이었다. 그리고 그들의 목소리를 통하여 그들의 삶과 발달, 환경적 조건은 다른 다수의 한국 아동들과는 달리 불충분한 것이며 발달을 자극시킬 수 있을 만큼 교육적이지 못하다는 사실임을 보여 주고자 하였다. 그들은 아버지의 실직이나 경제적 곤란함 이외에도, 어머니의 한국어 실력, 교육적 가치에 대한 낮은 동기화, 친구들과의 대인관계 등 다양한 어려움을 겪고 있었다. 그리고 그러한 결과, 자신들에 대한 평가인 자존감이 낮았고 자신들이 이 사회에서 성공할 것이라는 자기 예언 역시 매우 낮은 것으로 연구되었다.

연구의 단점

그러나 이러한 연구결과로 나타난 다문화 아동의 건강한 삶이 우려될 만큼 필자는 이 연구를 출판하고 나서 이 연구가 과연 정말로 잘된 것인가에 대하여 걱정하게 되었다. 그러한 걱정은 양적연구자가 아니라 질적연구자이기 때문에 가능한 것이었고 질적연구자이면서 연구방법론을 전공한 학자였기 때문에 가능한 것이었다. 왜냐하면 누군가의 명언처럼 우리는 사회과학 연구라는 이름 아래 책이나 논문으로 연구의 과정과 결과를 깔끔하고 명료하게 제시하지만 사실상 연구작업에 자연적으로 나타나는 연구의 복잡한 과정들, 논문에 쓰기 어려운 일들, 연구논문에 들어가서는 안 되는 일들, 이러한 내용들에 대해서는 굳이 학술지나 전문서적에 쓰지 않게 되기 때문이다. 항상 연구는 잘 이루어졌고 좋은 결과를 만들었고 우리는 현장작업을 의도한 대로 잘 수행하였다는 식으로 글을 써 내려가기 때문이다. 이에 필자와 연구자들은 다문화 아동들에 대한 연구를 하면서 그러한 많은 연구의 어려움을 겪었고 그러한 어려운 경험들이 연구작업과 자료의 수집, 자료의 결과 해석에 영향을 끼쳤을 것임에도 우리는 말하지 않고 쓰지 않았을 것이다. 연구팀 누군가는 이 사실을 알았을 것임에도 이야기하지 않았고 아니면 느끼지 못하였을지도 모른다.

그러나 이 연구를 출판하고 난 다음에 그리고 이 글을 소개하는 '독자들을 위한 또 다른 소개 글'을 쓰기로 하면서 이 글과 관련하여 가장 먼저 알려 주어야 할 내용, 또는 고백할 내용은 바로 이 연구가 갖는 심각한 방법론적 약점이 아닐까 생각한다. 그리고 이러한 사실들에 대하여 다른 연구자들에게 알리고 다음 연구자들이 현장작업을 하는 경우에 그러한 문제나 단점이 계속 실행되지 않아야 한다는 생각을 한다. 그러한 점에서 한국 다문화 가정과 아동들에 대한 연구를 대부분 읽어본 결과, 필자가 현장작업에서 가진 방법적 어려움을 그대로 겪고 있거나 아니면 방법적 약점을 가진 채 연구된 경우가 많았다.

진실한 연구의 조건

그리고 이러한 방법적 약점을 인식한 후 '이 연구에서 우리 연구자가 도출한 연구결과가 과연 타당하다고 할 수 있을까?' '우리는 정말 진실한 자료들을 얻은 것일까?' 또는 '그들의 삶의 목소리의 내용을 잘 전달할 것인가?' 라는 질문을 하기 시작하였고 그 대답으로서 어쩌면 필자의 연구는 이 글의 제목처럼, 불확실한 진실의 의미처럼, 진실이라고 말하고 있지만 사실이 아닌 사실이 아닌가 하는 생각을 하게 된다. 그리고 다른 연구들에 비해서는 상당히 오랫동안 참여관찰을 하고 많은 면담을 하기는 하였지만 이 연구 역시 내부자들의 삶의 경험과 이해를 내부자가 아닌 외부자로서 접근한 것은 아닌가? 또는 정말로 그 사람들은 나에게 그들의 이야기를 솔직히 말해 주었을까? 나는 그들의 말의 어느 정도를 이해하고 글로 적었을까? 더 중요한 내용을 얻지 못한 것은 아닐까? 이와 같은 혼란스러운 질문들이 계속 이어졌다.

그리하여 이 중요한 방법론적 고민으로부터 필자의 연구와 다른 대부분의 한국의 다문화 관련 질적연구자들이 어떤 실제적인 방법적 약점을 가지고 있는지를 학술적으로 지적하고 이를 시정하는 노력이 필요하다는 생각을 하게 되었다. 왜냐하면 필자와 비슷한 방법으로 한국 다문화 가정에 대한 연구를 한 작업들, 다문화 가정과 관련된 대부분의 질문지 중심의 양적연구들에서 필자가 저지른 방법적 약점들을 내포하고 있었고 앞으로도 계속 이러한 방식으로 연구될 것이기 때문이다. 특히 한 연구가 학술지를 통하여 발표되고 나면 후속 연구들이 그러한 앞의 연구들을 하나의 좋은 예로 삼아 질적연구를 하는 경우가 많기 때문에 방법론자로서 이 글에 대한 나의 첫 번째 역할을 이 연구가 어떤 문제점을 가지고 있고 이 연구가 더 잘 되기 위해서는 어떠한 작업들이 있었어야 했는지에 대한 방법적 반성을 쓰지 않을 수 없다. 그리하여 미래의 연구자 또는 독자들이 그 어떤 다문화 연구와 관련된 연구결과나 논문을 읽을 때 과연 이 글을 진실한 것으로 읽어야 하는지, 이 연구에서의 이야기들이 얼마나 진실한 것인지를 평가하면서 비판적으로 읽을 수 있기를 바란다.

언어의 문제

필자의 연구가 갖는 첫 번째 어려움은 연구에서 활용한 언어에 대한 것이었다. 우리 연구자들은 한국어를 중심으로 연구참여자(다문화 아동 어머니와 학생들)들과 면담하였는데 여러 가지로 면담에 영향을 주었다. 첫째, 어머니들과의 면담시 대부분 한국어가 서툴거나 초보적인 단계에 있었기 때문에 대화의 수준은 기초적인 것이었고 심도 있는 질문이나 대화를 이어 가지는 못하였다. 따라서 심층면담의 경우, 연구참여자들이 자신들의 삶의 문제들이나 경험을 생애사적으로 묘사하는 방법은 힘들었고 대신에 연구자가 질문하면 예나 아니오로 간단하게 답하는 경우가 많았다. 아울러 대화가 지속되지 않는 경우가 많았기 때문에 우리 연구자들은 연구참여자들이 말할 것으로 생각하는 내용인 이슈 또는 답을 미리 결정하고 그러한 답을 말할 것으로 기대하고 대화를 유도하거나 답을 기다렸다. 이러한 언어의 어려움으로 연구참여자들 역시 한국어로 말하는 것을 힘들어하였고 면담을 주도적으로 이끌기보다는 수동적이고 방어적인 자세로 하게 되었다. 그녀들은 충분히 그 무엇인가를 말하고 싶었을 것이고 자신의 말로 그 모든 감정들을 드러내고 싶었겠지만 한국어는 그녀들의 생각을 전달하기에는 너무 힘든 언어였음에 틀림없다.

그러한 점에서 앞으로 한국에서 이루어질 다문화 연구들에서 과연 계속 연구자가 한국어를 가지고 연구를 해야 할 것인지에 대하여 관련 연구자들 모두가 고민해 보아야 할 것이다. 우리가 제3세계의 다른 민족을 연구하기 위하여 다른 국가들로 가는 것은 아니지만 한국어를 모국어로 쓰지 않는 다문화 가정의 여성들에 대한 연구에서 가장 기본적인 연구자세로 그들의 언어를 가지고 대화해야 한다는 것은 필수적인 것이다. 이에 구미의 많은 인류학과 학생들이 다른 민족과 문화를 연구하기 위하여 그들의 언어들을 몇 년을 배우고 난 다음에 현장에 들어간다는 훈련 과정을 명심할 필요가 있다. 때문에 우리가 그녀들의 모국어로 대화할 수 없다면 그녀들의 모국어를 쓸 수 있는 전문 통역자나 전공자를 활용하여 대화하는 자세가 필요할 것이다.

다문화 여성의 다양성

한국 다문화 아동 연구에서 나타나는 또 다른 방법적 어려움은 다문화 가족이라는 한 개의 연구대상에 대하여 그 참여자들의 인종적 구성이 너무 다양하다는 점에 있다. 즉, 우리가 연구하려는 연구주제는 다문화 아동의 교육적 삶임에도 불구하고 이들의 가정에서의 사회화, 한국어의 습득, 가정에서의 학습 등에 상당한 영향을 끼치고 있는 사람이 바로 어머니의 존재였다. 그러나 이때 어머니의 존재는 한국 다문화 아동이라는 하나의 집단으로서 범주화하기에는 너무나 인종적으로 다르고 문화적으로 달랐다. 그리고 이러한 다양성의 조건이 현장작업을 하는 데 여러 가지 점에서 딜레마로 작용하였다. 그러한 딜레마의 몇 가지 예는 면담의 여러 곳에서 나타났다.

다문화 여성들을 동남아시아 국가들의 여성이라고 범주화했지만 그녀들의 인종적 구성이나 문화적 구성은 각기 다르다. 베트남, 인도네시아, 태국, 일본, 중국, 조선족, 북한 등. 공통점이 있기는 하지만 서로 이질적인 요소들이 많았다. 불교권도 아니고 기독교권도 아니고 다양한 종교를 가지고 있었고 한국에 이주해 온 목적 역시 달랐다. 일본은 주로 종교적 이유로, 인도네시아는 네트워킹을 통하여, 베트남은 국제결혼을 통하여, 조선족은 경제적 부의 획득을 위하여 한국으로 왔다. 때문에 그녀들의 다양한 이주의 목적은 각기 다른 생활상을 연출하고 있었고 그녀들의 가정에서의 아동의 교육방식과 생활방식은 참으로 달랐다. 교육이 강조되는 문화권과 그렇지 않은 문화권, 사회경제적 배경에 따른 다양한 양육 태도, 종국적인 이주의 장소로서 한국을 생각하는 정도 등이 모두 달랐다. 그리고 이러한 다양성 때문에 연구자들은 많은 사전 면담가이드에 의한 면담이 어려웠고 아울러 범주화하는 작업 역시 어려웠다.

표집의 문제

필자의 다른 글에서 강조한 것처럼, 한국 다문화 아동의 연구는 필자의 현장작업 중에서 가장 힘든 작업 중의 하나였다. 그 여러 가지 내용들이 모두 힘들었지만 가장 힘든 이유 중의 하나는 현장 들어가기의 어려움이었다. 그리고 이러한 어려움을 해결하는 전략으로서 우리 연구자들은 편리 표집을 활용할 수밖에 없었다. 즉, 연구를 이해하고 도움을 주려는 다문화 가정을 중심으로 연구를 진행하였다. 따라서 진정으로 그들의 삶이나 목소리를 들어야 하는 가정과 아동들의 참여가 제한되거나 배제된 채로, 연구자가 편리하게 참여시킬 수 있는 표집들이 연구에 들어오게 되었다. 이러한 연구참여자들은 학교 선생님에 대하여 우호적인 태도와 한국 사회에 대하여 긍정적인 태도를 가지고 있는 사람들일 것이며, 면담을 한 경우 필자의 연구뿐만 아니라 다른 다문화 연구에서도 여러 번 연구참여자로 선정된 경험이 있었다. 연구를 하는 과정에서 연구에서 배제된 연구참여자들이 있었음에도 불구하고 이들을 연구에 참여시키지 못하였다는 점은 참으로 안타깝다. 연구윤리상 자발성을 원칙으로 하기 때문에 학부모가 거절을 하는 경우, 더 이상 설득하는 것이 불가능하였다.

한국 다문화 가정의 아버지 또는 어머니들이 자신들의 삶에 대한 연구에 참여하지 않는 이유는 어디에 있을까? 이 주제에 대하여 더 심도 있는 연구가 필요하겠지만 연구작업의 과정에서 듣게 된 이유는 충분히 설득적이었다. '그렇지 않아도 다문화 아동으로 살아가는 것이 힘든데, 굳이 학교 선생님에게 또는 친구들에게 다문화 아동이라고 낙인찍히는 것이 싫고 그러한 사실이 특별하다는 점을 당사자 어린이에게 또는 다른 친구들에게 알려줄 필요가 없다' 는 것이었다. 조용히 한국 사회에서 살아가고픈 심정이었다. 두 번째 이유는 한국 사회에 대한 부정적인 태도였다. 한국에 와서 살고는 있지만 이 생활이 싫어서, 그리하여 자신들의 삶에 대한 그 어떤 연구나 정책 역시 자신들의 삶을 개선해 줄 수 없을 것이라고 믿고 있었다. 과거의 생활에서 아니면 최근의 생활에서 한국인, 한국 사회, 한국의 학교와 문화로부터 배척과 소외의 경험을 하였을 것이고 그러한 감정이 필자의 연구에 대한 거부로 나타났을 것으로 생각한다.

그들은 연구자에게 연구를 하면 하고 싶은 말이 많이 있었을 것이다. 그럼에도 불구하고 그들은 아무런 말을 하지 않고 조용히 이 한국 사회에서 살고 싶을 뿐이다. 만약 그들이 한국적 삶의 특징이 무엇인지 서술하게 된다면 다른 참여자들에 비하여 더욱 공격적으로 더욱 비판적으로 이야기하였을 것이다. 아울러 다른 연구참여자들과는 다른 형태의 개선 방법과 해결책, 정책에 대하여 이야기하였을 것이다. 아니면 그렇게 이야기한들 별 차이가 없을 것으로 추측하고 이야기하지 않았을 것이다. 이에 필자의 연구에서 연구를 거부한, 이야기하지 않기를 결정한 여러 다문화 가정의 학부모의 목소리는 무엇이었는지에 대하여 다시 한 번 생각해 보아야 할 것이다. 그리고 연구표집에서의 약점과 관련하여 그들이 필자의 연구에 참여하였다면 연구의 내용과 자료들은 또 어떻게 달라졌을지를 방법적 관점에서 생각해 보아야 할 것이다.

왜곡된 실제의 이미지

한국 다문화 아동의 삶에 대한 생애사적 연구를 하면서 가졌던 어려움 중의 하나는 연구참여자에 대한 부정적 이미지였다. 이미 한국의 매스컴을 통하여 확산된 '다문화 가족' 에 대한 일반적/공통적 이미지는 '한국의 남성에게 시집을 온 동남아시아의 여성' 들이었고 그러한 여성의 이미지 뒤에는 또 다른 이미지로서 가난과 경제적 어려움이 있었다. 그리고 이러한 이미지는 연구자가 연구아동들을 만나러 갈 때, 또는 연구아동의 부모들을 만나러 갈 때 하나의 중요한 선입견으로 작용하였는데 그들의 한국적 삶이 경제적 조건과 관련 없이 행복하고 만족스러운 것으로 생각될지 몰라도 그들을 불행한 과거와 불순한 목표를 가진 이주민이라는 생각으로 바라보는 기준으로 작용하였다.

특히 대도시의 남성들과는 달리 경남 소재의 농촌에서의 다문화 가정은 대부분 한국 여성들과 결혼을 하지 못하고 혼기를 놓친 40대 전후 총각들의 결혼이 많았는데 우리가 아는 것처럼 이들의 대부분의 결혼은 동남아시아 여성들과의 국제결혼, 특히 결혼 중매회사를 통하여 만남이 주선되고 결혼으로 이어지는 경우가 대부분이었다. 그리하여 2000년대 이래로 급속히 확산된 농촌 총각들의 동남아시아 여성과의 국제결혼이 한국 내에서, 그리고 동남아시아 여러 나라들 사이에서 사회문제로 비하되면서 윤리적 측면에서, 인권 측면에서 비난받고 개선되기를 지적받았다. 그리하여 동남아시아의 각국의 매스컴과 인권 단체들은 경제적 보상을 대가로 한 국제결혼에 대한 문제점들을 한국 정부와 인권단체들에게 제기하는 지경까지 이르렀다. 그리고 이러한 국제문제는 한국 사회에서도 중요한 사회문제로 부각되면서 일반 국민들 사이에서는 동남아 여성의 한국이주와 결혼에 대하여 '돈에 팔려온 신부' , 또는 '코리안 드림' 으로 사랑 없이 한국으로 온 동남아 여성들을 표현하는 말로 알려지기 시작하였다.

그러한 대중적 이미지는 필자의 이 여성들, 다문화 가정의 존재를 바라보는 시선에도 영향을 끼쳐서 이 여성들이 진정으로 한국으로 이주를 하였는지, 아니면 결혼 후 몇 년 살다가 이혼하거나 다시 자신의 나라로 돌아갈 것인지 등과 같은 생각을 갖게 만들었다. 때문에 짧은 만남이었지만 사랑하였기 때문에 또는 한국에 정착한 이후로 새로운 삶을 새로운 가족과 함께 살기로 한 용감한 여성으로서 바라보기보다는 어딘가 불순한 의도를 가지고 있고, 사랑 없이 한국으로 온, 가정을 위하여 희생한 또 다른 제3세계 여성으로서 연구참여자들을 인식하게 되었다. 그리고 그러한 편협한 평가는 그 여성들이 가지고 있는 다른 형태의 이미지들을 바라보는 데 또는 찾아내는 데 연구자의 탐색을 방해하였을 것이다. 이들 여성은 초기 한국인의 미국 이주에서 찾을 수 있는 것처럼 자신의 땅에서 살지 않고 또 다른 도전적인 삶을 살기 위하여 떠난 한국인 여성 이주민과 비슷한 것이었다.

그러한 점에서 이들 여성은 경제적 조건의 배경과 관계없이 한 인간으로서 가지고 있는 다양한 매력과 자질을 가진 인간이다. 새로운 언어를 배울 준비가 되어 있고 자신과 다른 문화에 대한 감수성이 풍부하고, 자신과 다름에 대한 수용의 태도가 되어 있고, 아울러 부모나 형제의 행복을 위하여 기꺼이 자신의 삶을 희생하려고 한 매우 헌신적인 존재임에 틀림없다. 그러한 점에서 우리 1960년대의 독일에 일하러 간 광부나 간호사와의 차이점을 발견하기는 어려울 것이다. 적어도 필자의 관점에서는 그렇다. 동남아시아 여성에 대한 필자와 연구자들의 생각이 대중적인 인식과 큰 차이가 없었기 때문에 '발견' 이나 '그들의 관점' 을 이해한다고 하였지만 그들이 한국에 온 이유를 경제적인 것, 또는 돈을 벌기 위한 것으로 미리 판단하고서 그들이 진정으로 이 나라에서 원하는 또 다른 것들이 무엇이었는지, 그들조차 알지 못하였던 그 이주의 동기들에 대하여 반성하고 생각하도록 자극시키는 연구작업을 하지 못하였던 것이다. 이에 이 여성들의 또 다른 생존의 특징이나 생활철학 등을 이해하고 규명하려는 연구문제나 연구질문이 없었다는 점이 이 연구가 갖는 또 다른 약점으로 꼽힌다.

연구참여자에 대한 문화적 지식

연구자가 좋은 현장작업을 하기 위한 한 가지 조건은 연구참여자에 대하여 많이 알고 있는 것이다. 그리고 그러한 지식은 대화를 더욱 심도 있게 만들고 대화를 더욱 깊게 만든다. 아울러 연구자와 연구참여자가 공감하는 주제가 있다면 연구에서의 공감과 라포르는 더욱 강해졌을 것이다. 이에 필자의 현장작업에서는 가능하면 연구참여자가 많이 아는 것, 잘 아는 것, 서로가 공감을 느낄 수 있는 주제를 찾으려고 노력하는 자세를 가졌다. 예를 들면, 연구참여자가 무용에 대한 조예가 깊으면 무용에 대하여, 미국 경험이 있으면 미국 여행에 대하여 이야기하면 된다. 또는 연구참여자가 사회비판적 태도를 가지고 있으면 진보와 가까운 이슈를 가지고 대화하면 좋은 인간관계를 맺을 수 있다. 필자가 현장작업에서 항상 해왔던 방법이다.

그러나 이번 다문화 여성의 아동에 대한 질적연구에서는 그러한 라포르 형성의 가능성이 참으로 낮았다. 그리고 그러한 라포르의 낮음이 좋은 자료, 심층적인 자료의 수집을 방해하였을 것이다. 이와 관련하여 가장 먼저 제기할 수 있는 문제는 연구자와 연구참여자가 남자와 여자로 서로 달랐다는 점으로 이는 라포르 형성에 있어서 어려움을 유발하였을 것이다. 여성으로서 경험을 가지고 있지 않은 연구자는 동남아시아 여성으로서 한국에서의 가족 형성 과정, 육아경험, 남편과의 관계, 시집살이 등에 대해서 이야기할 주제가 마땅치 못하였다. 그냥 연구는 연구질문을 중심으로 건조하게 진행되었을 뿐이다. 남성 대 남성 또는 여성 대 여성이었다면 더 많은 흥미로운 대화를 지속하였을 것이다.

그러나 무엇보다 연구자로서 연구참여자와의 면담과 대화에서 가장 어려웠던 점은 연구자가 연구참여자에 대하여 아는 것이 거의 없다는 점이었다. 특히 다문화 여성의 관심을 끌 수 있는 그들 국가와 문화에 대한 지식이 거의 없었기 때문에 부드러운 대화를 유지할 수 있는 자극제들을 가지고 있지 못하였다. 실제로 동남아시아에 가본 적이 없는 연구자로서 동남아시아 출신의 연구참여자들에게 어떤 질문이 적절한지 알 수가 없었다. 그들만의 특별한 음식들이 무엇인지, 그들의 대표적인 역사적 상징이 무엇인지, 그들의 최근 관심사들은 어떤 것들인지에 대하여 아무런 준비가 되어 있지 못하였다. 오히려 지리적으로 더 먼 영국, 프랑스, 미국의 여성이었다면 할 말이 더 있었을 것이다. 그만큼 아시아의 민족으로서 필자는 다른 아시아의 민족과 문화에 대하여 아는 것이 없었고 그러한 빈약한 문화적 지식은 연구로서의 대화를 성공적으로 하지 못하였다. 이와 관련하여 다시 한 번 인종과 문화 연구에서 연구자의 위치성이 문제로 부각된다는 점을 강조하고 싶다. 인종연구로 유명한 알렉스 헤일리의 〈뿌리〉는 흑인이었던 작가가 자신의 선조들이 미국 사회에 어떻게 끌려 왔으며 살아 왔는지를 전기적 관점에서 묘사한 수작이다. 이러한 수작이 가능했던 가장 중요한 요인은 작가 자신이 흑인으로 삶을 살았고 흑인의 삶에 대하여 잘 알고 있었고 조상들에 대한 이주의 역사를 알아보고 싶었고 그러한 궁금증은 필자가 한국 다문화 아동의 연구를 하는 것과는 비교가 되지 않을 존재론적이고 본능적인 것이었다는 데 있다. 할아버지와 할머니는 어디에서 살았고 어떻게 살았고 그 위의 선조들은 어떻게 미국에서 살아왔는지, 아프리카에서 끌려왔는지를, 그의 실제 생활을 통한 문화적 지식으로 그 선조들의 삶과 흑인의 생애사에서 무엇을 어떻게 표현해 내야 하는지를 정확하게 알 수 있었을 것이다. 내가 알 수 없는 것, 쓸 수 없는 것, 생각할 수 없는 것을 그 문화 속에 살고 있는 내부자들은 우리에게 말해줄 수가 있는 것이다.

지금까지 한국 다문화 가정의 연구, 그 아동들에 대한 연구에서 필자는 연구의 결과 대신에 이 연구가 질적연구로서 어떻게 수행되었는지, 그 수행 과정에서 어떤 방법적 약점들이 있었는지에 대하여 논의하였다. 그리고 이러한 논의의 방식은 기존의 글에서는 없었던 것이며 대부분의 사회과학 연구에서는 다루어지지 않는 것이다. 그럼에도 불구하고 이러한 방법적 딜레마들을 노출시키고 대중화시키는 것은 우리나라의 다문화 관련 연구들이 과거와는 조금 다르게 더욱 적절하고 진실하게 아울러 방법적으로 신뢰롭게 이루어지기를 바라는 마음에서 비롯된 것이다.

때문에 이 글을 읽을 독자들, 연구자들은 자신과는 다른 문화와 언어를 사용하는 연구참여자들을 연구하는 데 있어서 우리가 유념해야 하는 일련의 방법적 지식에는 어떤 것들이 있을 수 있는지를 자세하게 생각해 보는 노력이 필요할 것이다. 그리고 그러한 노력이 계속 경주된다고 한다면 우리의 미래 30년 후의 한국 다문화 연구의 작업들과 그 연구결과들은 과거와는 매우 다른 것이며 더욱 개선되고 우수한 것으로 평가될 것이다. 아울러 그 때가 되면 30년 전에 이루어진 대부분의 연구들이 믿을 수가 없는, 신뢰롭지 못한, 재검토가 필요한 연구들로 누군가에 의하여 분석될 것이다.

한국 다문화가정 아동들의 삶과 교육: 생애사적 목소리의 재구성

Ⅰ. 들어가며

최근 다문화교육의 중요성이 날로 강조됨에 따라 교육과학기술부와 각 시도교육청은 다문화가정의 아동들에게 효과적으로 대응하기 위한 거시적인 교육 정책적 방안들을 제시하고 있다(이동성 · 김지인 · 이다해, 2010: 6). 그러나 다문화가정의 아동들을 위한 일부 교육정책들은 그 취지와 다르게 일회성 이벤트로 전락하거나, 다문화가정의 아동이라는 부정적인 이미지를 오히려 고착시키고 있다. 이러한 교육현실을 직면한 다문화가정의 구성원들은 한국의 거시적인 다문화교육 정책들을 외면할 수밖에 없다. 따라서 국가수준 및 시도단위의 거시적인 다문화교육 정책들이 다문화가정 구성원들의 생활세계에 뿌리내리기 위해서는 다문화가정 아동들의 삶과 교육을 둘러싼 실제적인 문제와 딜레마를 조명할 수 있는 생애사적 교육연구가 필요하다.

한국의 다문화교육을 위한 최근의 연구노력과 그 결과들은 미래 다문화교육의 활성화를 위해 고무적이라 볼 수 있다. 한국의 다문화교육 연구동향은 다문화가정의 아동에 대한 연구(배은주, 2006; 오성배, 2007; 조혜영 · 서덕희 · 권순희, 2008; 심우엽, 2009; 이민경 · 김경근, 2009), 다문화가정의 학부모에 대한 연구(변수용 · 김경근, 2008; 김옥남 · 김영화, 2009; 권순정 · 신수영, 2010; 이민경 · 김경근, 2010), 다문화교육에 대한 학교실태 및 교사에 대한 연구(김정원, 2006; 조혜영, 2009; 김인, 2009; 윤경원 · 엄재은, 2009; 심우엽, 2010), 다문화 교육과정에 대한 연구(주재홍 · 김영천, 2010)로 구분할 수 있었다. 위의 대표적인 선행연구들은 질적 혹은 양적 연구방법론을 통하여 한국의 다문화교육 현상을 둘러싼 제 교육문제들을 집중적으로 논의하였다.

한국의 다문화교육에 대한 위 교육연구들은 아동, 학부모, 학교, 교사, 교육과정 등과 같은 특정한 연구주제 혹은 연구대상을 중심으로 한국의 다문화교육을 심층적으로 탐구하였다. 그러나 이 연구는 위의 연구동향에서 한 걸음 더 나아가, 한국 다문화가정 아동들의 삶과 교육을 보다 다각적으로 조명하고자 한다. 즉, 이 연구는 다문화교육과 관련된 여러 당사자들(다문화가정의 아동들, 학교 담임교사들, 다문화가정의 어머니들)의 복수적 관점(multiple perspectives)에서 다문화가정 아동들의 삶과 교육을 입체적으로 조명하고자 한다.

다문화가정 아동들의 삶과 교육은 또래와 교사, 부모와 친지들과의 일상적인 상호작용을 통해 복합적으로 구성된다(이동성 · 김지인 · 이다해, 2010). 그래서 다문화가정 아동들의 삶과 교육은 다문화가정 아동들의 목소리뿐만 아니라, 여러 교육당사자들의 복수적인 입장과 견해를 담아내는 생애사적 연구를 통하여 온전히 해명될 수 있다. 따라서 우리는 다문화가정의 아동과 어머니, 학교교사의 복수적 관점에 기초한 생애사적 접근을 통해서 다문화가정 아동들의 삶과 교육을 주제로 하나의 이야기를 재구성하고자 한다.

생애사(life history) 연구는 화자가 실제적으로 체험한 삶의 경험에 주목함으로써 한 개인의 관점(perspective), 생활세계(life world), 의식(awareness), 주관성(subjectivity), 감정(emotion)을 드러내고, 사회적 현상에 대한 심층적인 이해를 이끌어내는 질적연구방법이다(Kridel, 1998; Goodson & Sike, 2001; Nash, 2004; West et al., 2007; 김영천, 2009; 김영천 · 이동성 · 황철형, 2010). 특히, 다문화가정 아동들의 삶과 교육을 탐구하는 생애사 연구는 한국의 다문화적 사회현상과 관련된 교육당사자들을 심층적으로 이해함으로써 보다 현실적이고 타당성 있는 다문화교육 정책수립의 단초가 될 수 있다(김영천 · 이동성 · 황철형, 2010).

따라서 이 글은 한국 다문화가정 아동들의 삶과 교육을 입체적으로 조명하기 위하여 여섯 명의 아동들뿐만 아니라 학교교사들(N=6), 어머니들(N=6)을 대상으로 내러티브 인터뷰(narrative interview)를 할 것이다. 그리고 그들의 생애사적 목소리를 하나의 주제적 이야기로 재구성하여 재현함으로써 다문화가정 아동들의 삶과 교육에 배태된 교육학적 교훈들을 이야기하고자 한다. 물론, 각자의 다양한 생애사적 이야기들은 다문화가정의 아동들이 처해있는 특수한 상황에 따라 차별적인 형태로 드러날 수 있다. 왜냐하면, 외국인 어머니의 출신국가와 학력, 결혼동기, 한국어 능력, 자녀양육 방식과 태도, 종교, 아버지의 사회경제적 지위(SES)와 자녀교육에 대한 관심 정도, 가정의 경제적 수입, 가족 및 친지 간 친밀도, 학생의 성격이나 학업성취도와 같은 개인적 특성들은 각 다문화가정 아동들의 삶과 교육에 있어서 차별적인 이야기를 빚어낼 수 있기 때문이다(Gollnick & Chinn, 2006; Grant & Sleeter, 2007; Sleeter & Grant, 2009).

하지만 이 같은 개인적 특수성과 차이점에도 불구하고, 그들의 이야기는 공통적으로 한국의 다문화교육을 위한 교육학적인 통찰을 제공할 수 있다. 따라서 우리는 다문화가정의 아동들과 교사들, 학부모의 복수적 입장에서 다문화가정 아동들의 실제적 삶과 교육을 입체적으로 조명하고자 한다. 이러한 연구결과는 한국의 다문화교육을 위한 교육정책 수립의 기초 자료로 활용할 수 있을 것이다. 한편, 이 연구는 특정지역(경남) 다문화가정(국제결혼 이주여성)의 사례들에 국한되었기 때문에 한국의 전반적인 다문화가정 아동들의 삶과 교육을 대변하기는 힘들 것이다. 그러나 이 연구의 결과는 한국 다문화가정 아동들의 실제적인 삶과 교육을 입체적으로 이해하고, 개선할 수 있는 하나의 예시자료가 될 수 있을 것이다.

II. 아동들의 삶과 교육에 대한 선행연구 고찰

다문화가정 아동들의 삶과 교육에 대한 대표적인 선행연구를 제시하면 다음과 같다. 첫째, 배은주(2006)는 다문화가정(이주노동자 가정) 아동들의 학교생활 실태를 사례연구를 통하여 살펴보고, 그들이 경험하는 갈등을 파악하여 해결방안을 모색하고자 하였다. 다문화가정의 아동들은 표면적으로 한국 학생들과 다르지 않게 생활하는 듯 보였지만, 실제로는 다양한 갈등을 경험하였다. 즉, 다문화가정의 학생들은 나이에 맞지 않는 학년배정으로 학교생활에 부적응을 보이기도 하고, 피부색과 저개발국 출신이라는 점 때문에 차별을 경험하였으며, 한국어 의사소통 능력이 부족하여 원만한 교우관계를 형성하지 못하기도 하였으며, 어려운 경제형편으로 학교 학습 준비를 제대로 못하기도 하였으며, 한국인으로서의 동화를 희망하면서 정체성의 혼란을 경험하기도 하였다.

둘째, 오성배(2007)는 다문화가정 아동의 교육기회를 접근-경험-성취의 과정으로 나누어 분석하였다. 다문화가정의 아동은 취학 이전 단계부터 가정교육이 제대로 이루어지지 못하고 있는 실정이었으며, 중도탈락률도 매우 높은 상황이었다. 취학한 이후의 경험의 과정에서도 이들을 위한 별도의 보완 프로그램이 제대로 마련되어 있지 않은 상태에서 교사의 자발적 배려에 의존하였고, 피부색으로 인하여 따돌림을 당하는 경우도 적지 않았다. 다문화가정 아동의 학업성취도도 매우 낮은 것으로 확인되었으며, 이들에 대한 사회의 시선도 부정적이었다.

셋째, 조혜영 · 서덕희 · 권순희(2008)는 다문화가정 아동의 학업수행에 대하여 문화기술적 연구를 수행하였다. 그들은 교실생활을 참관하고 교사와 학부모 면담을 통해서 다문화가정 아동들의 수업 참여 과정, 교실생활 모습, 부모의 지원 등 학교 적응 및 학업수행 과정을 파악하였다. 이 연구는 다문화가정 아동의 학업수행 과정에 대한 단순 일반화를 지양하고 다양한 적응 모습을 제시하고자 하였다. 다문화가정 아동들은 한국에서의 체류 연한, 교과목 종류, 부모의 지원 정도, 지역사회와 학교의 지원 프로그램 유무와 참여 정도에 따라 학업 수행의 다양한 모습을 나타내었다.

넷째, 이민경 · 김경근(2009)은 다문화가정 청소년들(이주 근로자 자녀들)의 적응 전략에 대하여 심층사례연구를 수행하였다. 다문화가정의 청소년들은 사회적 소수자로 살아가게 될 취약성에도 불구하고, 이들은 명시적, 암묵적 방식으로 이루어지는 사회적 배제와 소외의 기제들을 간파하고, 나름대로 적응전략을 취하면서 자신들의 진로를 모색하기도 하였다. 즉, 다문화가정의 청소년들은 자신들을 규정하는 주류사회 메커니즘에 대한 간파를 통해 주류사회의 시각과 태도를 비판하기도 하였지만, 심리적인 보호 메커니즘에 의한 내부 전략을 주로 취하였다. 그들의 적응전략은 적극적 동화, 거리두기, 동화와 거리두기 사이의 균형 잡기로 범주화할 수 있었다. 그들의 담론과 연구결과는 다문화 사회에 적절한 교육적 인프라 구축의 필요성을 시사해 주었다.

다섯째, 심우엽(2010)은 일반 초등학생들의 다문화가정 아동에 대한 인식과 평가, 국가 정체성 및 인종선호도를 조사하여, 일반 학생들이 인종 및 다문화인에 대한 고정관념과 편견이 있는지를 조사하였다. 또한, 그는 인종편견 관련 이론인 발달적 집단간 이론과 사회정체성 발달 이론에 근거하여 단일민족 사고, 자민족중심주의, 인종배제주의, 다문화친구에 대한 개방성, 자아존중감 간에 어떠한 관계가 있는지를 조사하였다. 자료 분석 결과 많은 일반 학생들이 다문화 친구들을 낮게 평가하고, 차별하고 있으며, 그들을 한국인으로 인식하지 않으며, 단일민족 사고가 강한 것으로 밝혀졌다.

마지막으로, 최성보(2011)는 질적연구를 통하여 다문화가정 아동들의 학교생활 적응에서의 한계와 가능성을 동시에 살펴보고자 하였다. 그는 다문화가정 아동들을 둘러싼 여러 당사자들을 대상으로 심층면담을 실시하고, 그들의 학교생활 적응 모습을 다각적인 차원에서 분석하였다. 그는 다문화가정 아동들의 학교생활 적응양상을 친구관계 측면, 수업 측면, 교사관계 측면에서 고찰하여 각각의 한계와 가능성을 제시하였다. 그는 다문화가정 아동들의 성공적인 학교생활 적응을 돕기 위한 교육주체들의 각별한 노력이 필요하다고 주장하였다.

위에서 살펴본 바와 같이, 국내의 선행연구들은 사례연구, 심층면담, 문화기술지,

양적연구 등을 통하여 다문화가정 아동들의 삶과 교육을 다각적으로 조명하였다. 특히, 국내 선행연구들 가운데 일부(조혜영 · 서덕희 · 권순희, 2008; 이민경 · 김경근, 2009; 최성보, 2011)는 다문화가정의 아동들을 일방적인 교육적 원조와 지원을 필요로 하는 사회적 소수자로 고정관념화하지 않았으며, 그들의 주체성과 자율성을 발견하였다는 점에서 연구의 가치가 있다. 저자들은 이러한 연구결과에 더하여, 다문화가정 아동들의 삶과 교육을 둘러싼 제 당사자들의 복수적 관점과 생애사적 목소리들을 하나의 이야기로 재구성하고자 한다.

III. 연구방법

우리는 앞서 제시한 연구목적을 위하여 보조연구자들(초등교사 3명)을 추가적으로 섭외하였다. 왜냐하면, 생애사 연구에 대한 방법론적 배경을 갖춘 현장교사는 다문화가정의 아동 및 부모와 직접적인 상호작용을 할 수 있는 최적의 위치에 있기 때문이다. 연구기간은 2009년 9월부터 2010년 12월까지 약 1년 4개월이었으며, 3개 국가 다문화가정 아동들(N=6)과 외국인 어머니들(N=6), 담임교사들(N=6)이 연구에 참여하였다. 연구 참여자들의 인적 특성은 다음 표와 같다.

연구 참여자들의 인적 특성(2010년 기준)

학생 이름	성, 학년	어머니 학력	어머니 국적	아버지 직업	학생의 학력
한국(가명)	남, 초 4학년	대학고 졸업	인도네시아	일용직(건축)	우수
은중(가명)	남, 초 5학년	고등학교 졸업	인도네시아	무직(실직)	보통 이상
봉식(가명)	남, 초 4학년	대학고 졸업	필리핀	회사원(청소)	기초부진
은주(가명)	여, 초 5학년	대학고 자퇴	필리핀	일용직(농업)	보통 이하
근호(가명)	남, 초 5학년	대학교 졸업	필리핀	회사원(기계)	보통
하니(가명)	여, 초 6학년	고등학교 졸업	중국	회사원(조선)	보통

현장교사의 맥락을 지닌 연구자들은 자신들이 근무하는 지역으로부터 가까운 위치에 있는 다문화가정의 아동들을 목적표집(purposeful sampling)하였다. 이때 (보조)연구자들은 화자들의 언어능력을 고려하여 가능한 고학년(4~6학년) 아동들을 연구 참여

자로 선정하였다. 연구자들은 각 학교장의 허락 아래 다문화가정의 아동들이 있는 초등학교를 직접 방문하여 아동들과 담임교사를 대상으로 내러티브 인터뷰를 하였고, 추가적으로 다문화가정 아동들의 교실수업과 학교생활을 참여관찰하였다. 그리고 (보조)연구자들은 다문화가정을 방문하여 외국인 어머니들을 내러티브 인터뷰하고, 가정환경과 교육여건을 파악하기 위해 추가적인 참여관찰을 하였다.

연구자들이 수집한 연구 자료들은 내러티브 인터뷰 전사본(narrative interview transcription)과 포커스그룹인터뷰(FGI) 전사본이었다. 그리고 추가적으로 현장일지(field note), 기억자료(memory data) 및 자기반성적(self reflective)인 글쓰기 자료, 편지 및 이메일, 각종 문서자료(성적표 및 생활기록부)를 수집하였다. 우리는 질적연구의 논리적 특성에 따라 자료수집과 동시에 자료분석을 하였는데, 세그멘팅(segmenting), 초기코딩(initial coding), 대립코딩(versus coding)을 통해서 범주들(categories)을 생성하여 하나의 이야기를 재구성하였다. 우리는 하나의 이야기를 '다문화가정 아동들과 교사들의 목소리(2개 범주)', '다문화가정 외국인 어머니들의 목소리(3개 범주)'로 양분하고, 사실적 글쓰기(realistic writing)로 재현하였다.

이 연구는 연구결과의 신뢰성(trustworthiness)을 확보하기 위해 다음과 같은 타당도 작업을 하였다. 첫째, 충분한 연구기간(2009년 9월부터 2010년 12월까지)을 통해 자료를 수집하고, 다문화가정의 아동들과 교사들 그리고 부모들의 다양한 내러티브를 하나의 이야기로 재구성하였다. 둘째, 이 연구는 생애사 연구과정에서의 방법적 타당성을 검증받기 위해서 전국단위 학회(지)에서 연구방법론과 관련된 주제(생애사 연구를 위한 방법론적 이슈와 딜레마, 생애사 연구를 위한 인터뷰 가이드 개발)로 학회발표(2회)와 논문게재(2편)를 하였다. 셋째, 이 글은 연구자들이 수집한 자료들을 하나의 일관성 있는 이야기로 재구성하기 위해 세 차례(2010. 10. 28, 2010. 11. 26, 2010. 12. 13)의 포커스그룹인터뷰를 하였다. 포커스그룹인터뷰는 각 연구자들이 공유된 연구결과가 무엇인지를 검토할 수 있는 동료검증(peer checking)의 수단이 되었다. 마지막으로, 저자들은 이 연구의 결과를 다문화가정 아동들의 담임교사들에게 제공함으로써 연구결과의 타당성을 검증받았다. 담임교사들의 지적사항은 최종적인 글쓰기 과정에서 일부분 반영되었다. 특히, 담임교사를 중심으로 한 구성원 검증(member checking) 과정은 다문화교육을 위한 실천적 아이디어들을 이끌어 내는 데 교육적 통찰을 제공하였다.

Ⅳ. 다문화가정 아동들과 교사들의 목소리

4절에서는 다문화가정 아동들의 학습과 담임교사들의 교수와 관련된 생애사적 이야기 분석을 통해서 다문화가정 아동들의 삶과 교육을 조명하였다. 다문화가정 아동들의 학교적응을 위해서는 한국어 능력이 중요하였다. 다문화가정의 아동들은 다양한 학업 성취 수준을 나타내었지만, 학령이 높아질수록 학력저하 현상을 나타내었다. 특히, 그들은 교과 성적이나 선호도와는 관계없이 국어교과를 부담스러워하였다. 한편, 담임교사들은 아동들의 학교 및 교실생활에 결정적인 역할을 하였다. 그러나 담임교사들은 단지 다문화가정의 아동이라고 해서 특별한 관심과 교수적 노력을 기울이지 않았다.

1. 아동들의 학습전략: '불평등한 교육경쟁에서 살아남기'

다문화가정 아동들의 학습과정은 '출발선이 다른 달리기 경기'와 유사하였다. 첫째, 다문화가정의 아동들이 학교와 교실수업에 조기 적응하는 데 필요한 것은 한국어 구사능력이었다. 유치원과 초등학교의 교사들뿐만 아니라 또래마저도 다문화가정 아동들의 언어사용(language in use) 방식과 언어사용 능력(linguistic competency)에 따라서 구별 짓기를 하였다. 다문화가정 아동들은 한국어 사용의 능숙 정도에 따라 유치원과 초등학교에서 차별적인 적응양상을 나타내었는데, 일부 아동들은 학교 및 수업 부적응과 또래관계의 단절, 학력저하 현상을 나타내었다. 이러한 연쇄적 현상은 주로 유치원과 초등학교 저학년(1, 2학년) 시기에 발생하였다.

> 봉식이는 여러 명의 선생님을 거쳐 왔지만 깊이 있는 관계를 형성하지는 못했어요. 이는 내성적인 성격 탓도 있겠지만, 자신의 생각을 제대로 표현할 수 없었던 봉식이의 낮은 언어사용 능력이 더 큰 문제였어요. 예전에 봉식이는 또래 친구들과 잘 어울리지 못하고 혼자서 조그마한 장난감을 가지고 노는 경우가 많았어요. 2학년 때까지 봉식이는 학급의 친구들과 거의 대화하지도 않고, 어울려 노는 일은 더더욱 없었거든요.
>
> — 2010. 10. 28. 봉식이 이야기. FGI 전사본

> 다행스럽게도 신(神)은 은중이를 저버리지 않았어요. 그는 보통 아이들에 비해 두뇌가 명석한 아이였습니다. 3년 동안의 유치원 생활, 선생님, 아버지,

> 할머니의 한국어 사용을 보고 듣고서 한국어를 완벽히 익혔어요. (중략) 아무래도 은중이는 어머니보다 한국 사람들과의 직접적인 상호작용이 빈번하고, 언어를 자연스럽게 습득할 수 있는 기회가 많았으니까요.
>
> — 2010. 11. 26. 은중이 이야기. FGI 전사본

유아기 및 초등학교 저학년 시기의 언어적 지체와 결핍은 다문화가정 아동들의 낮은 자아존중감 및 학업성취도와 직결될 가능성이 높다. 특히 다문화가정 아동들의 낮은 언어적 소통능력은 중요한 타자들(교사, 또래)에 대한 상호작용의 빈도와 질을 저하시킴으로써 학습의욕을 저하시키고, 학습부진 현상을 초래할 수 있다. 그러나 다문화가정 아동들을 대상으로 한 한국어 조기교육의 중요성에도 불구하고, 그들을 위한 한국어 지도의 책임은 전적으로 가정 내 보호자들에게만 전가되어 있는 실정이다. 하지만 한국어 능력이 낮은 외국인 어머니들이 자녀의 한국어 교육을 도맡기는 힘들며, 생계유지를 위해 가정에 상주하지 않는 아버지 또한 한국어 교육을 하기 쉽지 않은 상황이다.

둘째, 다문화가정의 아동들은 개별적으로 다양한 학업성취 수준을 나타내었다. 초등학교 저학년 때부터 시종일관 낮은 학업성취도를 보인 아동들이 있는가 하면, 예상과는 달리 높은 학업성취도를 나타낸 아동들도 있었다. 또한 아동들마다 각기 상이한 교과 선호도를 나타내었다. 이 같은 사실은 초등학교 수준에서 다문화가정의 아동이라고 해서 반드시 학교교육에 실패하는 것이 아님을 경험적으로 입증해 주었다. 다만 한 가지 특기할 만한 점은, 아동들의 학령이 높아짐에 따라서 높은 학업성취도를 보인 아동들마저도 점차 성적이 저하되는 특징을 나타내었다는 점이다.

다문화가정의 아동들이 학령이 높아짐에 따라서 학력(academic achievement)이 저하되는 현상은 교과내용이 점차적으로 어려워진 것도 한 원인이 될 수 있다. 그러나 교과내용의 난이도는 일반 학생들에게도 동일하게 적용되기 때문에 다문화가정 아동들의 학력저하 현상의 주요한 원인이 될 수는 없다. 학력과 관련된 다문화가정 아동들의 내러티브를 면밀히 분석해 본 결과, 학령이 증가함에도 불구하고 일반 학생들에 비하여 실제적인 학습시간이 절대적으로 부족하다는 공통적 현상이 발견되었다. 한국의 대다수 일반 학생들은 학령이 높아질수록 교과내용이 어려워지기 때문에 학습시간을 늘린다. 즉, 다수의 일반 학생들은 학부모의 관심과 지원 속에서 가정 내 혹은 사설학원을 통해서 물리적 학습시간을 증가시킨다.

> 어머니는 사설학원 영어강사였어요. 그래서 한국이는 저녁 6시가 될 때까지

> 2시간 동안 자유 시간을 만끽할 수 있었죠. 어머니는 집에서 책도 읽고, 숙제를 하라고 했지만 재미가 없었어요. 그래서 집 근처에 있는 친구들과 함께 마을 주변에서 놀이를 하면서 오후 시간을 보냈어요. 바깥 놀이가 재미없으면 친구 집에 가서 컴퓨터 게임을 하거나 TV를 시청하기도 했어요.
>
> — 2010. 10. 28. 한국이 이야기. FGI 전사본

> 은주가 공부방을 가는 이유는 이름처럼 '공부' 를 위해서 가는 것이 아니었어요. 경제적인 이유로 종합학원, 속셈학원, 영어학원, 피아노학원, 미술학원 등 사설 학원들을 보낼 수 없는 은주 어머니는 모든 과목을 조금씩이라도 봐주고, 특히 간식과 저녁을 제공해 주기 때문에 은주를 공부방에 보냈어요. 공부방은 다문화가정의 아이들에게 학습을 위한 공간보다도 안전하게 놀고 쉴 수 있는 공간이었어요.
>
> — 2010. 10. 28. 은주 이야기. FGI 전사본

> 성적을 알고 싶어 성적표를 보자고 했지만 어디에 두었는지 찾지 못했어요. 근호는 학기 초에 비해 성적이 많이 떨어졌는데, 특히 국어 성적이 많이 떨어졌다고 말했어요. 근호 어머니는 근호가 혼자 있는 시간이 많아져서 컴퓨터 게임을 너무 많이 하는 게 원인이라고 생각했어요. 근호는 성적을 잘 기억하지는 못했지만, 완전히 망쳤다는 말을 반복했어요.
>
> — 2010. 11. 26. 근호 이야기. FGI 전사본

> 하니는 집에 가게 되면, 주로 컴퓨터로 친구들과 채팅을 하면서 시간을 보냈어요. 휴대폰으로 통화를 하면 통화요금이 나오기 때문에 친구들과 자유롭게 이야기할 수 있는 수단으로 컴퓨터를 좋아했어요. 하지만 어머니가 컴퓨터 하는 것을 싫어해서, 눈치를 보면서 '몰컴' 을 했어요.
>
> — 2010. 12. 13. 하니 이야기 FGI 전사본

다수의 일반 초등학생들과는 달리, 다문화가정의 아동들은 학령이 증가함에도 불구하고 저학년 때와 동일한 학습방식과 학습시간을 고수하였다. 학교일과를 마친 다문화가정의 아동들은 사설학원보다는 공부방이나 집으로 곧장 귀가하였다. 다문화가정의 부모들은 공부방에 교육적 기대를 하였으나, 이들 공부방은 전문적인 학습지도보다는 보육차원에 머물러 있었기 때문에 아동들의 학력신장에 실질적인 도움이 되지 못하였다. 그리고 귀가한 아동들마저도 학교의 과제를 해결하거나 시험공부를 하기

보다는 친구들과 무작정 놀기, 과다한 TV 시청, PC 게임 등을 하면서 저녁시간을 허비하였다.

불행히도, 다문화가정의 부모와 담임교사는 학령증가에 따른 다문화가정 아동들의 학력저하에 대한 원인을 파악하지 못하였다. 담임교사들은 현실적으로 아동들의 학교 밖 생활을 파악하기가 쉽지 않다. 다만, 숙제나 학습준비물을 챙겨오지 않는 표면적 현상을 통해서 아동들의 가정생활을 짐작할 수 있을 뿐이다. 또한 다문화가정의 부모도 생계유지나 언어적 제약 때문에 자녀의 가정 내 학습을 돌봐주기가 쉽지 않다. 이러한 상황에 놓여있는 일부 다문화가정의 아동들이 학교교육에서 높은 학업성취를 나타내기는 힘들다.

셋째, 다문화가정의 아동들은 특정한 교과에 대한 개인적 선호도가 상이하였다. 그러나 한 가지 특징적 현상은 다문화가정의 모든 아동들이 교과 성적과는 관계없이 국어교과를 부담스러워하였다는 점이다. 국어성적이 낮지 않은 다문화가정의 아동들마저도 국어를 부담스러워하였다. 다문화가정의 아동들이 국어과를 특별히 어려워하거나, 기피하는 이유는 그들의 제한적인 어휘력에 원인이 있었다. 그들은 한국의 일반 학생들이 자연스럽게 습득하고 있는 순우리말을 오히려 어렵게 인식하였다. 그들의 제한적 어휘력은 비록 교과수업에서 가시화되지는 않았지만, 자신의 의견이나 주장을 말하는 데 있어서 불편함을 초래하였다.

봉식이의 학교생활 기록부(교과 및 행동특성)

교과학습발달 상황

학년	과목	세부능력 특기사항
1	국어	인상 깊었던 일이나 느낌을 표현하는 능력이 부족하고 조리 있게 발표를 하지 못함
	수학1-가	구체적 상황이 주어진 간단한 이야기 문제를 해결할 수 있는 능력이 향상되었음
	수학1-나	수학적 사고력이 부족하여 수학과 전 영역에서 성취 수준이 떨어짐
	바른 생활	친구들과의 사이가 원만하며 공동 생활에 바르게 참여하려고 노력함
	슬기로운 생활	주변의 생물을 잘 구분하고 돌볼 줄 알며 동물을 관찰하고 특징을 이해하려고 노력함
	즐거운 생활	재미있었던 일을 다양하게 표현하려고 함
	우리들은 1학년	친구의 좋은 점을 알고, 서로 사이좋게 지내려는 태도가 돋보이고 기초적인 기능을 익혀 학교 생활을 잘 함

학년	과목	세부능력 특기사항
2	국어	자기의 생각을 정확하게 전달하기 어려워하지만 다른 사람이 말하는 것을 듣고 그 의미를 이해함
	수학1-가	5 이상의 수에 대한 개념이 형성되어 있지 않고 덧셈과 뺄셈을 하기 어려워하므로 숫자에 대한 학습이 필요함
	수학2-나	수 개념이 형성되고 있으며 새로운 학습에 대하여 흥미를 가지고 즐겁게 참여함
	바른생활	윗사람에 대한 예절을 지키려고 노력하며 물건을 아껴 쓰려는 태도가 엿보임
	슬기로운생활	어릴 적 사진을 보고 현재의 모습과 비교할 수 있으며 사진에 대해 잘 설명할 수 있음
	즐거운생활	노래 부르기와 공놀이 활동을 좋아하고 학습에 적극적으로 참여하며 그림을 그리고 꼼꼼하게 색칠하는 능력이 우수함
3	국어	주어진 글을 잘 읽으며 인물이 한 일을 간단하게 정리할 수 있음. 자신의 생각을 짧은 글로 표현함
	도덕	도움을 받으면 감사할 줄 알며 겸손한 태도를 가짐
	사회	사회 현상에 대한 이해와 분석 능력이 양호함
	수학3-가	1~50까지의 수를 읽고 쓸 수 있으며 10이하 수의 덧셈 뺄셈을 할 수 있음
	수학3-나	일, 십, 백의 자리를 알고 세 자리 수와 관련된 문제를 해결할 수 있음. 받아올림이 있는 '몇 십 몇 + 몇 십 몇'을 계산할 수 있음
	과학	주변 현상에 대한 탐구적 태도가 바람직하나 탐구한 내용을 분석, 종합하여 정리하는 능력이 부족함
	체육	굴렁쇠 굴리는 방법을 알고 굴렁쇠 굴리기를 함
	음악	음정이 정확하진 않으나, 열심히 노래를 부르며, 리코더 연습을 꾸준히 해야겠음
	미술	주변 사물을 관찰하여 미적으로 표현하는 능력이 양호함
	영어	영어학습에 적극적으로 참여하며 개인연습을 꾸준히 하는 모습을 보임
4		

행동특성 및 종합의견

학년	행동특성 및 종합의견
1	학교생활을 매우 즐겁게 하며 자기 의사 표시를 분명히 하나, 국어교과의 읽기, 쓰기 기능이 부족하고 학습태도가 산만한 편이어서 집중력 향상에 관심이 필요함
2	꾸미기를 꼼꼼하게 잘 하고 체육과 수업을 좋아하며, 밝고 쾌활한 성품을 가졌으며 주어진 역할에 최선을 다하고 글씨를 바르고 예쁘게 씀
3	늘 밝은 표정으로 즐겁게 학교생활을 하며, 심성이 곱고 착하여 교우 관계가 원만함. 자신의 생각을 드러내서 말하는 데 자신감이 부족하므로 자신감을 더 길러야겠음

> 국어요. 국어는 진짜 싫어요. 그거 말고, 사회는 진짜 잘 이해 가요. 사회는 쉬워요. 시험 치면 무조건 100점, 95점인데. 사회는 거의 다 말이 한자로 뜻이 되어 있잖아요. 중국어를 좀 하니까는 알아듣겠어요. 목축도 나무 '목' 자에다가 가축 그거잖아요. 그래서 금방 알아듣고. 하지만 국어에서 뭐 "기웃거리다" 그런 것은 한자가 안 들어가잖아요? 무슨 말인지 잘 모르겠어요.
>
> — 2010. 05. 16. 한국이의 내러티브

> 근호는 어머니가 필리핀인이라서 한국말이 서툴긴 하였지만, 우리나라에서 태어났고, 아버지 또한 한국인이어서 소통을 하는 데 어려움을 겪지는 않았어요. 다만 수학과 과학의 성적이 높은 반면에 국어, 사회 특히 국어과의 성적이 그리 좋지 않은 편이었어요. 수학문제를 빨리 해결하는 능력이 있고, 이해력도 높았으나 국어의 경우 중간, 기말고사의 점수는 70점대로 좋지 않았어요. 그리고 4학년에서 5학년으로 올라오면서 국어점수가 조금 더 내려갔어요.
>
> — 2010. 11. 26. 근호 이야기. FGI 전사본

다문화가정의 아동들이 일반 학생들에 비해 한국어 어휘력이 떨어지는 이유는 언어습득의 결정적 시기에서 제한된 언어적 상호작용이 한 원인으로 작용하였을 것이다. 우리는 시골의 조부모 손에서 자란 유아들이 사투리를 구사하는 모습을 통해서도 이러한 사실을 곧장 확인할 수 있다. 이러한 점으로 미루어 짐작해 볼 때, 다문화가정 어머니의 한국어 습득 노력과 정도는 자녀의 한국어 습득에 영향력을 미친 것으로 보인다.

2. 담임교사들의 교수전략: '고정관념과 교수적 평등주의'

학교의 담임교사들은 다문화가정 학생만을 위한 '의미 있는 타자'와 모든 학생들을 위한 '공정한 교육자' 사이에서 고민하였다. 첫째, 다문화가정의 아동들이 학교생활과 교실수업에 적응하는 데는 결정적인 사건(event)이나 의미 있는 타자들(significant others)이 존재하였다. 즉, 다문화가정 대다수의 아동들은 저학년 담임교사의 관심과 배려로 학교생활과 교실수업에 점차적으로 자신감을 얻을 수 있었다. 특히, 담임교사들이 자연스러운 교수 · 학습의 과정에서 다문화가정 아동들의 특성과 장점을 부각시키고, 일반 학생들이 그것을 자연스러운 것으로 받아들일 수 있도록 하는 학습풍토 조

성은 효과적인 교수전략이었다. 또한, 아동들이 처해 있는 상황에 따른 융통성 있는 교수는 다문화가정 아동들의 학교생활과 교과학습에 실질적인 도움이 되었다.

> 그 쌤(선생님)이 와가지고, 제가 영어를 하니까는, 제가 말을 이상하게 하니까는, 외국인인지 바로 눈치 채고, "아, 너는 인제 외국인이니 애들보다, 지금은 이렇지만 애들이랑 잘 대화할 거다." 그러니까는 그 다음부터 한국어를 배우기 시작한 거에요. 아빠한테 처음에 한국어 가르쳐달란 말 안 했는데. (중략) 유치원과 초등학교에서 좋은 친구들과 선생님을 만난 것은 참 다행이라고 생각해요. 훈성이와 수정이가 없었다면, 선생님을 만나지 못했다면…….
>
> — 2010. 05. 16. 한국이의 내러티브

> 선생님은 은주를 특별하게 대하였다고는 생각하지 않았어요. 다만 자신이 맡게 된 업무(다문화교육)가 있었고, 그 업무와 관련된 아이가 은주였기 때문에 은주를 조금 더 유심히 바라보고, 이야기를 나누었을 뿐이라고 말했어요. 하지만 분명한 것은 3학년 때 이미선 선생님과의 관계, 은주의 부모님과 담임교사와의 긴밀한 관계와 대화가 은주의 학교생활에 긍정적인 영향을 미친 것은 확실합니다.
>
> — 2010. 10. 28. 은주 이야기. FGI 전사본

한 가지 아쉬운 점이 있다면, 담임교사들은 다문화가정의 어머니 국적에 대하여 별다른 관심을 기울이지 않았다. 다수의 담임교사들은 외국인 어머니들의 국적을 대략 동남아시아의 한 국가쯤으로 인식하였다. 그 예로, 일부 교사들은 인도네시아와 필리핀에 대한 국가정보를 오인하기도 하였으며, 어머니의 출신국가를 전혀 모르고 있는 경우도 있었다. 이러한 점은 한국의 초등 교사들이 외국인 어머니들을 개별적인 존재로 인식하기보다는, 동남아 출신 혹은 아시아계 국제결혼 이주여성이라는 단일범주 혹은 고정관념(stereotype)에서 바라본 측면이 없지 않다. 그러나 다문화가정 어머니의 출신국가에 대한 교사들의 낮은 인식실태는 관점에 따라서 놀라운 일이 아닐 수도 있다. 왜냐하면, 초등학교의 교사들은 예전처럼 가정방문을 하지도 않으며, 학생과 학부모의 개인정보를 보호한다는 명목하에 기초 환경조사도 형식적으로 하고 있는 실정이기 때문이다.

> 한국이 어머니가 인도네시아 사람인가? 인도네시아가 아니라 다른 나라 같

> 은데? 공문을 한 번 찾아봐야겠어요. (몇 분의 시간이 흐른 후) 어! 인도네시아 맞네. 인도네시아 사람 맞습니다!
>
> — 2010. 01. 23. 한국이 담임교사의 내러티브

> 은주 선생님은 교육청과 학교로부터 다문화교육 프로그램을 운영해야 한다는 통보를 받고, 프로그램을 운영하기로 결정할 때까지 은주가 다문화가정의 아이라고 느끼지 못했다고 합니다. 당시 가정환경조사서에 은주 어머니의 이름이 '다니아'로 적혀 있었기 때문에 혹시 어머니가 외국인일지도 모른다고 추측했던 모양입니다. 담임교사는 은주의 말이나 행동, 학습, 교우관계, 어느 부분에서도 다른 한국인 아이들과 다른 면을 발견하지 못했던 것이죠.
>
> — 2010. 10. 28. 은주 이야기. FGI 전사본

위 같은 교육상황에서, 초등학교 담임교사들이 다문화가정 아동들을 대상으로 맞춤형 교육을 실시하는 데 무리가 있을 수밖에 없다. 담임교사가 다문화가정의 어머니에 대한 국적을 확인하는 일은 단순한 통계적 사실 확인 그 이상일 수도 있다. 왜냐하면, 다문화가정 어머니의 국적, 결혼동기, 학력, 한국어 능력 등에 대한 개별적 정보는 담임교사가 다문화가정 아동의 생활세계를 이해하는 데 결정적인 역할을 하며, 맞춤형 학습지도와 생활지도의 기초적 자료가 될 수도 있기 때문이다.

둘째, 담임교사들은 다문화가정의 아동이라는 이유만으로 특별한 교수적 관심을 기울이지 않았다. 그들은 교수적 평등주의(egalitarianism)에 기초하여 '공정한 교육자'로서 교사 맥락(teacher context)을 강조하였다. 이러한 맥락에서 일부 담임교사들은 연구초기에 이 연구에 참여하는 것을 꺼렸다. 즉, 그들은 다문화가정의 아동이 연구자들의 기대와는 달리 특별한 문제가 없는 평범한 학생이기에 연구대상으로 적절치 않다고 판단하였다. 교사들의 이러한 상황정의(definition of the situation)는 다문화교육에 대한 무관심에서 비롯되었다기보다는, 공정한 교육자로서의 제도적 정체성(institutional identity) 때문이었다(이동성, 2009). 일부 담임교사들의 이러한 상황정의는 단지 다문화가정의 아동이라고 해서 뭔가 특별한 점이 있을 것이라고 기대한 연구자의 고정관념을 뒤흔들었다.

> 다문화가정의 아동이기 때문에 뭔가 챙겨야 한다는 관념이 문제가 있지 않을까 싶어요. 취약한 부분을 도와주는 그런 거는 괜찮을 수 있는데, 잘못하면

> 선입견으로 지도하기 쉬운 이런 부분도 있거든요. 한국이 같은 경우에는 별로 느낄 수 없게 하니까. 어떻게 보면, (학생)본인이든 선생님이든 의식하지 않는 게 가장 이상적이라고 생각해요.
>
> — 2010. 01. 23. 한국이 담임교사의 내러티브

> 저는 봤을 때, 다문화가정 아동은 되게 잘 챙기고 있다는 생각이 들대요. 아닌가? 뉴스에서 보니깐, 다문화가정 방문교사 지원확대 이런 거 막 뜨대요. 그래서 다문화도 중요하지만, 그냥 저소득층 있잖아요? 기초수급 이런 애들은 국가에서 지원되지만, 그런 거 말고도 어려운 애들 있잖아요? 그러니까 어중간한 애들 있잖아요? 그런 애들을 도와줘야 한다고 생각해요. 아예 어려우면, 확실하면 지원받지만, 사실 어려운 애들도 있잖아요. 그런 걸 챙겨주면 좋을 텐데 그런 생각을 했어요. (중략) 그러니까 다문화 챙기는 것도 맞는데, 그거는 그대로 하고, 방문교사 늘리는 것처럼 다른 저소득층에도 방문교사 이런 거 좀 해주면 좋겠어요. 특히 어머니 없는 애들 있잖아요.
>
> — 2010. 04. 14. 은중이 담임교사의 내러티브

담임교사의 입장에서 볼 때, 다문화가정의 아동이 교실수업이나 학교생활에서 특별한 점이 없다면 관심의 우선순위에서 밀릴 수밖에 없다. 왜냐하면, 교사들의 관심은 다문화가정의 아동들보다 불리한 상황에 처해 있는 결손가정 학생, 기초생활수급자 학생, 기초학습부진학생 및 교과학습부진학생, 특수학생으로 향하기 때문이다. 그러나 다문화가정 아동은 부모의 이혼 때문에 결손가정 혹은 조손가정의 자녀가 된다든지, 경제적 빈곤 때문에 기초생활수급자 혹은 차상위 계층의 자녀가 되거나, 학습부진의 누적으로 기초학습부진학생 혹은 교과학습부진학생이 되었을 경우에 한해서 교사의 주요 관심대상이 되었다.

현 정부와 교육과학기술부는 기초학력부진 제로(zero)화 정책을 강조함으로써 기초학습부진학생에 대한 구제방식은 교사들에게 중요한 이슈가 되었다(이동성, 2010). 위 사례들 가운데 담임교사가 고민스러워하는 교육적 이슈는 다문화가정의 기초(교과)학습부진학생의 지도방식이었다. 왜냐하면, 나머지 교육적 이슈들은 다문화가정 부모의 낮은 사회경제적 배경에서 비롯되었기 때문에 근본적인 문제해결이 어려웠다. 이 연구에 참여했던 한 아동(봉식이)은 기초학습부진학생이었는데, 학교 교사들은 봉식이를 특수반(특수학생 대상 전문반)으로 입적시켜 수준별 지도를 하였다.

> 봉식이는 2학년 2학기에 도움반(특수반)으로 가면서부터 사회성이며 학습적인 면에서 두드러진 변화를 나타냈어요. 2학년 때의 또래 간 상호작용은 담임교사의 말처럼 일방적인 '호기심' 이었지만, 지금의 봉식이는 친구들과 뛰어놀고 공도 찹니다. 또래와의 상호작용은 4학년에 들어오면서 급격하게 좋아졌어요. 이는 담임선생님의 관심과 노력이 이루어낸 성과라고 생각해요.
>
> — 2010. 10. 28. 봉식이 이야기. FGI 전사본

> 봉식이가 처음에 왔을 때는 굉장히 힘들어했어요. 공부를 해도 변화되는 것이 거의 없었고. 그런데 봉식이가 굉장히 성실해요. 제가 뭐 하라고 하나 시키면, 다른 것 전혀 신경 안 쓰고 그것만 하거든요. 그렇게 한참의 시간이 흐르고 나서는 꾸준하게 잘 하고 있어요. 봉식이는 여기에 오면 굉장히 적극적이에요. 선생님도 보시다시피, 우리 반(특수반)에 있는 아이들이 좀 심하잖아요. 봉식이는 거의 천재죠. (중략) 약간의 생각을 필요로 하거나 서술식 문장으로 된 문제, 규칙 찾기 등에서 많이 힘들어하는데, 단순히 계산하는 문제는 잘 하고 있어요. 이제 조금 더 복잡한 문제로 넘어가야 하는데 두고 봐야죠.
>
> — 2010. 03. 18. 특수반 교사의 내러티브

학교 담임교사들의 이러한 교수전략은 다문화가정 기초학습부진아동의 기초학력(3R)을 신장시키는 데 기여하였다. 왜냐하면, 일정 시간을 이용하여 특수반으로 내려간 아동은 특수교사의 전문적이고 집중적인 교수를 통해서 어느 정도의 수준에서 읽고, 쓰고, 셈하기가 가능해졌기 때문이다. 그러나 다문화가정의 기초학습부진학생을 한시적으로 특수반으로 입적시키는 교수전략이 과연 교육적으로 적절한 교수법인지에 대해서는 논란의 여지가 있다. 왜냐하면, 특수반으로서의 이적은 일반 아동들로부터 다문화가정 아동을 분리시키고 구별 짓는 타자화의 교육적 행위가 될 수 있기 때문이다.

V. 다문화가정 외국인 어머니들의 목소리

5절에서는 다문화가정 외국인 어머니들의 관점에서 다문화가정 아동들의 삶과 교육을

간접적으로 조명하였다. 다문화가정 외국인 어머니들은 자신들이 처한 상황과 주관성에 따라 차별적인 교육열을 나타내었다. 하지만 다문화가정의 남편들은 대체적으로 자녀의 학교교육에 대한 관심이 낮아서 직접적인 개입과 관여를 하지 않았다. 한편, 다문화가정 시댁 친지들의 관심과 배려 정도는 다문화가정 아동들의 학교교육에 대한 적응도와 직결되었다.

1. 다문화가정 외국인 어머니들의 교육열: '차선의 선택'

다문화가정의 외국인 어머니들은 한국 어머니들의 높은 교육열에 편승할 것인지, 아니면 나름의 독자적인 방식으로 자녀들을 교육시킬 것인지에 대하여 심각한 고민을 하였다. 일부 외국인 어머니들의 교육열은 한국 일반 어머니들의 교육열에 버금가는 것이었다. '한국 엄마의 교육열을 따라잡기' 위한 그들의 노력은 자녀들이 학교생활과 교실수업에 몰입할 수 있는 여건을 조성하였다. 하지만 그들이 한국 어머니들의 교육열을 따라잡기 위해서는 일정부분 고통을 감내해야 했다. 한편, 일부 외국인 어머니들은 자국의 교육문화에 터하여 한국의 경쟁적인 교육문화에 합류하지 않으려고 하였다. 하지만 교육열을 좇아가지 않는 외국인 어머니들은 자신들의 독자적인 선택에 불안해하였다. 결국 외국인 어머니들이 어떠한 교육적 선택을 하더라도 차선의 선택이 될 수밖에 없었다.

> 한국이에게 얘기를 안 했어요. 캠프(영재교육을 위한 방학 중 학교 교육프로그램)를 하고 있는데, (한국이 어머니로부터) 전화가 와서 30분 가까이 씨름했어요. "정말 죄송합니다. 캠프 기간 때는 간식이라든지 이런 문제들이 있어서 정해진 숫자, 신청서 받은 그 숫자 이외에는 (신청)할 수가 없습니다. 정말 죄송합니다." 라고 얘기드릴 정도로. 이처럼 어머니가 안내장, 과제 이런 거 잘 챙겨보세요. 한국이에 대한 엄마의 배려인 거 같아요. "내가 이러니까, 내가 이래서, 우리 애가 그렇게 될지 모르겠다." 그래서 항상 챙겨보시는 거 같아요.
>
> — 2010. 02. 23. 한국이 담임교사의 내러티브

> 연구자: 아빠는 (아침에) 일찍 출근하시지? 엄마(이사벨)는 어때?
> 봉식이: 엄마는 (아침) 6시에 일어나서 컴퓨터 해요.
> 연구자: 아침부터? 뭐 하시는데?

봉식이: 빙고게임(pc 게임의 한 종류)요!

연구자: (너에게) 밥은 챙겨주시고?

봉식이: 네.

연구자: 그럼, 낮에도 빙고게임을 하시고?

봉식이: 네.

— 2010. 03. 11. 봉식이와의 인터뷰 장면

은주 어머니는 한국 엄마들의 교육열을 이해하기 힘들대요. 자녀들의 학원비로 엄청난 돈을 쓴다는 사실을 믿기 어려워했어요. 그래서 그녀의 아이들은 분수에 맞게 교육을 시킨다고. 하지만 변변한 학원이나 학습지 하나도 시키지 못하는 현실을 안타까워하기도 했어요.

— 2010. 10. 28. 은주 이야기. FGI 전사본

다문화가정의 외국인 어머니가 자녀의 학교교육에 특별한 관심을 기울이지 않을 경우, 아동들은 학교에서 교과학습부진학생이나 기초학습부진학생이 될 가능성이 있다. 특히, 한국의 연합적 교육경쟁 문화에 대한 낯설음과 제한적인 한국어 능력으로 남편에게 자녀교육을 전가할 경우, 아동들은 학습부진을 나타낼 수도 있다. 이 같은 예측은 주류 한국 학부모들의 자녀교육에 대한 후원문화와 직결되어 있는데(이종각, 2002: 388-394), 아버지보다는 어머니가 자녀교육을 적극적으로 후원하는 방식이 한국의 일반적인 교육문화이기 때문이다. 따라서 한국 어머니들의 후원문화를 고려해 볼 때, 다문화가정의 아동들은 상대적으로 가정의 교육적 후원을 받기 힘들다고 볼 수 있다.

2. 남편들의 낮은 교육적 관여: '일반적인 이미지의 함정'

다문화가정의 남편들은 한국의 일반 아버지들처럼 자녀의 학교교육에 특별한 관심을 보이거나, 직접적인 관여를 하지 않았다. 그러나 '일반적 아버지 이미지' 에 기초한 소극적인 교육적 관여는 아동들의 학교교육에서 하나의 함정으로 작용하였다. 다문화가정의 남편들은 무직이거나 영세 농업 및 공업, 일용직 노동자로 근무하였다. 그들은 불안정한 경제적 수입과 열악한 근무환경 때문에 적극적으로 자녀의 학교교육에 개입할 수 없었다.

연구자: 봉식아, 어제 아빠랑 재미있게 놀았어?

봉식이: 아니요.

연구자: 왜? 아빠가 늦게 들어오셨어?

봉식이: 아니요.

연구자: 그럼 왜?

봉식이: 귀찮데요.

연구자: 누가? 봉식이가 귀찮다고? 그럼 어제 누구랑 놀았어?

봉식이: 혼자서요. 아무것도 안 했어요.

— 2010. 03. 11. 봉식이와의 인터뷰 장면

그래, 제발 학교에서 적는 거(알림장, 안내장, 각종 조사서)나 그런 거 제발 안 보내주면 안 될까? 머할라꼬 그거, 똑같은 거 자꾸 보내요. 저는 솔직히 아는 것만 적는데, 뭐 생판 모트는 것 있으먼……. 그래서 뭐, 대충 아는 것만 적어서 아이들에게 주지만. 제발 학교에서 보내는 그거 좀 보내지 마소. 왜 그래요?

— 2010. 03. 18. 봉식이 아버지의 내러티브

근호의 아버지는 엘마(근호의 어머니)처럼 적극적이지 않았어요. 근호의 일기장이나 숙제를 봐주는 일은 없었죠. 엘마는 한글을 잘 알지는 못해도 근호에게 숙제를 했는지 가끔 묻기도 했고, 학원교육에 대해 관심도 많았어요. 그러나 아버지는 야근이 없을 때 근호와 함께 TV로 야구나 드라마를 시청하는 정도였죠.

— 2010. 11. 26. 근호 이야기. FGI 전사본

하니 아버지의 모습은 하니 어머니를 힘들게 하는 또 다른 이유가 되었어요. 아이들을 키우는 데 있어서 아버지의 부재! (중략) 이른 출근 시간과 늦은 퇴근 시간과 쉬는 때에 친구들을 만나러 가는 남편. 하니 어머니는 남편의 사회생활을 인정해주는 것이 옳다고 생각했지만, 혼자 아이들의 교육을 책임져야 한다는 것을 부담스러워했어요.

— 2010. 12. 13. 하니 이야기. FGI 전사본

자녀의 학교교육에 대한 남편들의 소극적인 관여는 한국에서의 일반적인 학부모 교육문화로 볼 수 있다. 그러나 남편들의 이러한 역할인식은 아동들의 학업성취 측면에서 '위험한 함정'이 될 수도 있다. 앞서 논의한 바와 같이, 외국인 어머니들은 한국

의 보통 어머니들처럼 자녀의 학교교육에 영향력을 발휘하기 힘들다. 실제로, 다문화가정 어머니들은 제한된 한국어 능력 때문에 알림장을 챙기는 것도 쉽지 않았다. 또한 학교나 교실을 방문할 경우, 어눌한 한국어와 피부색 때문에 자녀가 학교 또래들로부터 놀림당할 것을 두려워하였다. 이러한 언어적 제약과 심리적 위축감은 담임교사와의 적극적인 교류를 저해하는 요소로 작용하였다. 또한 자녀의 학령이 높아짐에 따라서 교과내용이 어려워짐으로써 자녀들의 학습을 조력하는 일도 힘들어졌다. 이러한 맥락에서 다문화가정 남편들에게는 한국의 일반적인 아버지의 교육적 관심과 지원을 뛰어넘는 교육적 관여가 요구되었다.

> 한 번씩 한국이가 물어보잖아요. "엄마 이거 무슨 뜻이야?" "나도 잘 몰라." 그러죠. 설명이나 이런 것도 힘들고. 한국의 역사 모르잖아요. 좀만 대충, 옛날에 어떻게, 어떻게 이런 거는 알죠. 근데 깊이로 들어가면 잘 모르잖아요. 자세하게 한국 어떻게, 어떻게 이런 거 잘 모르거든요. 그런 쪽으로 도와주지 못하잖아요. 그래서 저는 항상 이래 얘기하거든요. "너는 엄마가 외국인이라서 엄마는 많이 못 도와준다." 항상 얘기해주거든요. 독립성이 많이 키워지게.
>
> — 2010. 02. 23. 한국이 어머니의 내러티브

> 어머니가 사회 문제집을 샀지만, 은주에게 직접적으로 가르쳐주지는 못했어요. 언어적인 문제뿐만 아니라 사회라는 교과내용이 '한국의 사회' 였기 때문에, 자신이 배운 사회와는 완전히 달라서 가르쳐줄 수가 없었던 거죠. 그래서 은주가 문제를 풀면 그것을 채점하고, 이해하지 못하는 부분은 은주의 오빠가 가르쳐주었어요.
>
> — 2010. 10. 28. 은주 이야기. FGI 전사본

> 알림장을 봐도 무슨 뜻인지 잘 모를 때가 많아요. 그래서 근호가 혼자서 다 알아서 했는데, 선생님이 한 번씩 도와주면 좋을 것 같아요. 내가 한국말이 잘 안 되니깐 숙제도 걱정되고, 공부도 걱정돼서 공부학원을 계속 보냈어요. 수학이랑 국어 가르쳐주는 학원이요. 그리고 피아노랑 태권도도 보냈어요. 그런데 근호가 재미없어하고 그래서 지금은 영어학원만 보내요.
>
> — 2010. 05. 16. 근호 어머니의 내러티브

3. 시댁 친지들의 교육적 후원: '차별적인 관심과 배려'

다문화가정에 대한 시댁 친지들의 관심과 배려는 아동들에게 '교육적 후원자'로서 역할을 하였다. 그러나 시댁 친지들의 무시와 무관심은 도리어 아동들에게 '교육적 훼방꾼' 역할을 하였다. 따라서 다문화가정 아동들의 삶과 교육을 위해서는 부모들의 교육적 후원뿐만 아니라 시댁 친지들의 관심과 배려도 중요하였다. 특히, 조부모는 다문화가정 아동들의 일상생활과 한국어 습득과정에 중요한 역할을 하였다. 조부모의 따뜻한 보살핌 속에 자란 아동들은 한국어 습득에서 일반 아동들과 큰 차이를 나타내지 않았다. 그러나 주변 친지들로부터 고립된 아동들은 학교적응에 어려움을 겪었다. 결국, 다문화가정 아동들이 학교생활이나 가정생활에 적응하기 위해서는 부모의 교육적 후원뿐만 아니라 시댁 친지들의 배려와 관심도 중요하였다.

> 제일로 중요한 게 문화죠. 문화! 우리 문화(인도네시아)는 자유라고 할 수 있죠. 한국은 조금, 한국은 그게 뭐지, 호칭도 마찬가지. 나이도 높임말……. 외국인이면 언어 못하는 거 당연하잖아요? 근데 안 받아들여요. 우리 시부모님도 (나보고) 버릇이 없다고. 가정교육 안 받아, 뭐 이런 거 많이 말을 하죠.
>
> — 2010. 02. 23. 한국이 어머니의 내러티브

> 대학을 졸업하고 남편과 시어머니의 손에 이끌려 한국으로 오는 동안 기대에 차 있었대요. 그러나 그 기대감이 실망감으로 바뀌는 데는 단 며칠이 걸리지 않았다고 해요. 이사벨은 가족뿐만 아니라 주위의 어느 누구와도 의사소통을 할 수 없었죠. 가족들은 친절하지 않았으며, 남편도 그녀의 한국생활을 적극적으로 도와주지 않았어요. 시어머니는 그녀에게 다른 한국인 며느리들과 같은 것을 기대했던 모양이에요.
>
> — 2010. 10. 28. 봉식이 이야기. FGI 전사본

> 시부모님은 잔정이 많은 분들은 아니었지만, 다니아(은주 어머니)에게 서운하게 대하지는 않았습니다. 남편은 다정다감하진 않았지만 괴팍하거나 폭력을 휘두르는 사람은 아니었어요. 시댁 식구들은 그녀에게 마음 따뜻하게 대해주었으나, 구체적인 행동으로 표현하지는 못한 것 같아요. 시누이들이 다섯 명이나 있었지만 모두 출가하고 근처에 살지 않아서 그녀의 한국생활을 돕지 못한 것으로 보여요.
>
> — 2010. 10. 28. 은주 이야기. FGI 전사본

다문화가정의 외국인 어머니들은 대체로 시댁 식구들과의 원만한 관계형성이 어렵다고 호소하였다. 특히, 한국의 가부장적 문화를 강요하는 시어머니와의 잦은 갈등은 외국인 어머니의 언어적 및 심리적 위축감을 초래하였다. 그리고 시댁 친지들과의 잦은 갈등과 마찰로 인한 외국인 어머니들의 정서적 불안과 고립감은 자녀들에게도 전이되었다. 일부 외국인 어머니들은 시댁 친지들과의 갈등을 회피하기 위해 주변 친지들의 요구와 불만을 일방적으로 수용하였는데, 이 과정에서 신앙생활(기독교, 이슬람교 등)이 큰 도움이 되었다.

> 지금은 안 좋아요. 우리 어머니가 집사람이 임신했을 때 식당을 잠깐 했었어요. 그 때 어머니가 집사람에게 스트레스를 좀 많이 줬었어요. 그리고 내 여동생도 (아내에게) 만날 스트레스를 팍팍 주니까. 또 명절 때 가면, 고모들이나 큰 엄마들이나……. 집사람이 처음 명절 때는 (시댁으로) 갔어요. 갔는데, 어느 날 갔더니 큰 엄마가 집사람한테 스트레스를 많이 줘버렸어요. "왜 아버님 제사에는 오지 않느냐?" 이런 이야기들을 하니까요.
>
> — 2010. 03. 18. 봉식이 아버지의 내러티브

Ⅵ. 나가며: 교육학적 교훈과 실천적 아이디어

이 연구는 한국 다문화가정 아동들의 삶과 교육을 입체적으로 조명하기 위하여 아동들(N=6)과 외국인 어머니들(N=6), 학교 교사들(N=6)의 생애사적 목소리를 하나의 이야기로 재구성하였다. 구체적인 연구결과를 요약하면 다음과 같다. 첫째, 다문화가정의 아동들은 학교적응을 위해 한국어 구사능력이 중요하였다. 다문화가정의 아동들은 다양한 학업성취 수준을 나타내었지만, 학령이 높아질수록 학력저하 현상을 나타내었다. 둘째, 학교 담임교사들은 다문화가정 아동들의 학교생활에 결정적인 역할을 하였다. 그러나 학교 교사들은 다문화가정의 아동이라고 해서 특별한 교육적 관심과 노력을 기울이지 않았다. 셋째, 다문화가정의 어머니들은 자신들이 처한 상황에 따라 차별적인 교육열을 나타내었다. 하지만 다문화가정의 아버지들은 자녀의 학교교육에 직접적인 개입을 하지 않았다. 그리고 주변 가족들의 관심과 배려 정도는 다문화가정 아동들의 삶과 교육에 직결되었다.

결론에서는 위와 같은 연구결과에 기초한 교육학적 교훈들을 이야기하고, 다문화가정 아동들의 삶과 교육을 개선하기 위한 실천적 아이디어들을 제시하고자 한다. 우리가 제시할 실천적 아이디어들은 주류적 관점(majority perspective)에서 불리한 소수자들(minorities)을 일방적으로 도와주는 시혜적, 치료적 접근에 가깝다고 볼 수 있다. 따라서 우리는 상호 공존과 상호 호혜적 접근을 강조하는 다문화교육의 최신 흐름을 역행한다는 비판으로부터 자유로울 수 없다.

하지만 국내의 다문화적 상황은 외국의 사회문화적 배경과 사뭇 다른 점을 간과할 수 없다. 초창기 다문화사회에 진입한 우리나라의 경우, 사회적 소수자들을 대상으로 한 보상적 차원의 지원과 배려가 아직까지도 절실하다. 따라서 우리의 접근은 문화적 및 언어적 결핍의 관점에서 소수자들에게 일방적인 도움을 제공해야 한다는 논리가 아니라, 우선적으로 시급한 교육적 현안들을 해결하기 위한 임시적 처방에 가깝다. 결국, 다문화교육은 소수자들보다는 모두를 위한 교육으로 나아가야 하며, 시혜적 관점보다는 상호 호혜적인 관점을 지향해야 한다. 다만, 이 연구는 현재 다문화가정 아동들의 삶과 교육에 주목하였기 때문에, 본론의 전개방식에 따라 학생교육과 교사교육, 학부모 교육을 위한 실천적 아이디어들을 제언할 것이다.

우선, 다문화가정 아동의 삶과 교육을 둘러싼 제 당사자들의 복수적 관점과 생애사적 목소리는 다음과 같은 두 가지의 교육학적 교훈을 제공하였다. 첫째, 이 연구의 결과는 '다문화가정의 아동' 이라는 경명에서 발생할 수 있는 다수자들의 고정관념에 대하여 새로운 반성과 통찰을 제공하였다. 즉, 다문화가정의 아동들은 각자의 개별적인 체험과 가정환경, 교사 및 학교와의 사회적 상호작용을 통하여 차별적인 삶과 교육을 경험하였다. 그들 가운데 일부는 한국의 주류 아동들과 거의 흡사한 교육적 경험을 하기도 하였다. 따라서 우리는 '다문화가정의 아동' 이라는 단일범주를 통해 그들을 타자화하고, 주변화하며, 이상화하려는 사고방식으로부터 과감히 벗어날 필요가 있다. 즉, 다문화가정의 아동들은 하나의 고정적이고 동질적인 소수집단의 구성원들이 아니라, 각자의 개별성과 고유성을 지닌 교육적 존재로 볼 수 있었다.

둘째, 한국의 다문화 교육연구 동향은 다문화교육의 직접적 당사자인 다문화가정의 아동들과 외국인 어머니들을 주요한 연구대상으로 설정하였다. 그러나 그들의 삶과 교육은 주류 한국인들의 그것과 유리되거나 분리된 것이 아니었다. 즉, 다문화가정 아동들과 외국인 어머니들의 삶과 교육은 바로 우리 이웃들의 평범한 삶과 다름 아니었다. 따라서 한국의 다문화교육은 다문화가정의 아동들과 외국인 어머니들뿐만 아니라, 주류 한국인들도 주요한 연구대상으로 선정할 필요가 있다. 왜냐하면, 다문화가정 아동들의 정체성과 관점은 또래, 담임교사, 학급, 학교, 아버지, 주변 친지들, 지역공동체, 교육정책 등의 미시적, 중간적, 거시적 맥락 속에서 유동적으로 구성되었기 때문이다. 따라서 앞으로의 다문화교육은 모든 이를 주요한 연구대상으로 설정해야 하며, 생태학적 접근(ecological approach)을 통하여 다문화적 교육현상을 심층적으로 탐구해야 할 것이다.

지금부터는 다문화가정 아동들의 삶과 교육을 개선하기 위한 실천적 아이디어들을 제시하고자 한다. 학생교육의 측면에서 살펴본 실천적 아이디어들은 다음과 같다. 첫째, 한국어에 능숙하지 못한 다문화가정의 유아들과 초등학교 저학년들을 위해서는 체계적인 한국어 특별보충교육 프로그램의 지원이 절실하다. 그리고 다문화가정 아동들의 언어적 발달정도를 조기에 진단하고, 보충지도를 할 수 있는 전문 인력의 개발과 배치가 필요하다.

둘째, 다문화가정 아동의 학령증가에 따른 학력저하 현상을 미연에 차단하기 위해서는 교과학습에 대한 담임교사와 학부모의 세심한 교육적 관심과 지원이 절실하다. 그리고 시도교육청과 교육과학기술부는 개인, 법인, 종교단체, 지자체, 정부 등의 지원으로 운영되고 있는 공부방의 교육 실태를 조사하여 그것의 보다 효율적인 운영방안을 모색해야 할 것이다. 공부방 운영의 질적 향상을 위하여 학교의 교육프로그램이나 교재를 보급하거나, 일정한 자질을 갖춘 교수요원들(사범대학이나 교육대학의 예비교사들)을 지원하는 것도 하나의 방안이 될 수 있을 것이다.

셋째, 다문화가정 아동들의 한국어 능력을 향상시키기 위해서는 부모들과 주변 친지들(특히, 조부모)의 언어적 지원도 중요하였다. 따라서 다문화가정 아동들이 부모나 주변 친지들을 통해서 한국어 습득이 여의치 않은 상황이라면, 조기에 놀이방, 유아원, 유치원에 아동을 입원시키는 것도 하나의 대안이 될 수 있을 것이다. 왜냐하면, 다문화가정 아동은 조기에 교육기관에 입문함으로써 교사 혹은 또래들과의 언어적 상호작용을 통해 자연스럽게 한국어를 체득할 수 있기 때문이다.

다음으로, 교사교육 측면에서 살펴본 실천적 아이디어들은 다음과 같다. 첫째, 일부 시도교육청에서 시행하고 있는 '교사 방문제'는 담임교사가 다문화가정 아동의 생활세계를 세밀히 파악할 수 있는 하나의 대안이 될 수 있다. 또한, 학교 교사들이 다문화가정 외국인 어머니들의 출신 국가에 대한 문화적 정보를 세밀히 파악하고, 그에 따라 맞춤형 교수활동을 전개할 수 있는 직무연수 프로그램의 개발 및 개설이 필요하다. 가령, 현장교사들은 개별 아동의 문화적 차이와 생활세계를 반영한 교수를 위하여 Gay(2004)의 문화적으로 적합한 교수법(culturally relevant/responsive pedagogy)을 고려해 볼 수도 있다. '문화적으로 적합한 교수법'은 인종적, 민족적, 문화적으로 다양한 학생들의 지식, 과거 경험, 준거체계, 학습유형 등을 고려함으로써 학생들의 학업성취, 자아존중감, 다문화적 민감성을 개선하는 교수법이다. 이러한 직무연수는 현장교사들이 다문화가정 아동들의 의미 있는 타자로서 자리매김하는 데 기여할 것이다.

둘째, 학교관리자와 현장교사들은 한시적으로 특수반에 입적한 다문화가정 아동이 수준별 교수를 통해 기초학력이 향상된 사실에 주목할 필요가 있다. 이는 학교교사의 교수방식과 지도역량에 따라서 다문화가정 아동들이 기초학습부진으로부터 구제될 수 있음을 암시하고 있다. 그러나 다문화가정의 기초학습부진학생들이 일정기간 특수반으로 편입되는 교수전략에 대한 교육적 논쟁은 불가피해 보인다. 미국의 저명한 다문화 교육학자인 Banks(2007)는 협동학습이 다문화교육을 위한 이상적인 교수전략이라 주장하였다. 왜냐하면, 다문화교육은 문화적 소수자들의 적응과 동화를 위한 분리적인 교육보다, 다수자들의 편견과 차별을 해소하는 상호이해와 평등, 정의를 지향하기 때문이다. 따라서 현장교사들은 수준별 교수법뿐만 아니라 일반 학생들과 다문화가정 학생들이 학습공동체를 형성할 수 있는 협동학습도 아울러 고려해야 할 것이다.

마지막으로, 학부모교육 측면에서 살펴본 실천적 아이디어는 다음과 같다. 첫째, 다문화가정 아동들이 학교교육에서 높은 학업성취도를 달성하기 위해서는 외국인 어머니들의 자녀교육에 대한 관심과 지원이 절실하다. 따라서 자녀교육에 대한 외국인 어머니의 적극적인 교육적 관심을 이끌어 내기 위해서는 학교와 지역사회와 국가 수준의 어머니 교육이 절실하다. 그리고 다문화가정 외국인 어머니들은 학교와 지역사회, 국가가 제공하는 각종 교육프로그램에 참여함으로써 한국의 언어와 문화를 심층적으로 이해할 필요가 있다.

둘째, 다문화가정 아동들의 학력저하 현상을 방지하기 위해서는 자녀의 학교교육에 대한 아버지의 각별한 교육적 관심과 지원이 절실하다. 이를 위해서는 외국인 어머니를 대상으로 하는 다문화교육 프로그램뿐만 아니라, 한국 아버지를 대상으로 하는 다문화교육 프로그램의 개발과 개설도 시급하다. 따라서 단위학교와 지역교육청은 다문화가정 아버지들이 학교교육 활동에 적극적으로 참여할 수 있는 기회의 장을 마련함으로써 자녀의 학교교육에 대한 그들의 교육적 관심과 관여를 이끌어 내야 할 것이다.

셋째, 다문화가정 아동들의 삶과 교육을 실질적으로 개선하기 위해서는 부모들을 대상으로 한 다문화교육뿐만 아니라, 주변 친지들의 교육적 관심과 배려도 중요하다. 따라서 단위학교와 지역교육청, 지방자치단체는 학부모교육 프로그램과 더불어 주변 가족교육 프로그램도 병행해야 할 것이다. 주변 친지들의 관심과 배려는 다문화가정 아동과 외국인 어머니들에게 언어적 지원과 더불어 정서적, 심리적 안정감을 제공할 것이다. 결국, 한국 다문화가정 아동들의 삶과 교육을 실질적으로 개선하기 위해서는 학생교육과 교사교육, 학부모교육이 상호 유기적으로 결합하여 하나의 다문화교육 공동체가 새롭게 형성되어야 할 것이다.

참고문헌

권순정, 신수영(2010). 결혼이주여성을 위한 한국어 교실 체험에 담긴 문해교육의 의미 탐색. 교육인류학연구, 13(2), 83-113.

김영천, 이동성, 황철형(2010). 다문화가정 학생 연구를 위한 인터뷰 가이드의 개발과정: 현장으로부터의 이야기. 다문화교육연구, 3(2), 5-36.

김옥남, 김영화(2009). 도시지역 여성결혼이민자의 재사회화에 관한 질적연구. 교육사회학연구, 19(1), 55-80.

김 인(2009). 초등학교 다문화교육의 현황 및 지향점. 초등교육연구, 22(1), 23-42.

김정원(2006). 국내 몽골 출신 외국인 근로자 자녀 학교교육 실태 분석. 교육사회학연구, 16(3), 95-129.

배은주(2006). 한국 내 이주노동자 자녀들의 학교 생활에서의 갈등 해결 방안: 초등학교를 중심으로. 교육인류학연구, 9(2), 25-55.

변수용, 김경근(2008). 부모의 교육적 관여가 학업성취에 미치는 영향: 가정배경의 영향을 중심으로. 교육사회학연구, 18(1), 39-66.

심우엽(2009). 다문화 학생의 민족정체성 및 정서적 특성. 초등교육연구, 22(4), 27-47.

심우엽(2010). 초등학생의 다문화 아동에 대한 인식과 태도. 초등교육연구, 23(4), 43-63.

오성배(2006). 한국 사회의 소수 민족(ethnic minority), '코시안' (Kosian) 아동의 사례를 통한 다문화교육의 방향 탐색. 교육사회학연구, 16(4), 137-157.

윤경원, 엄재은(2009). 다문화 멘토링에 관한 질적연구. 교육사회학연구, 19(3), 104-124.

이동성(2009). 초등학교 교실수업의 문화적 특징과 전개형태에 대한 해석적 연구. 미간행 박사학위논문, 부산대학교 대학원, 부산.

이동성(2010). 초등학교 기초학습부진학생지도 경험에 대한 자문화기술지. 교육인류학연구, 13(3), 141-168.

이동성, 김지인, 이다해(2010). 우리나라 다문화교육 현장작업(fieldwork)에서 경험하는 방법론적 딜레마와 이슈들. 다문화교육연구, 3(1), 5-25.

이민경, 김경근(2009). 이주 근로자가정 청소년들의 적응전략. 교육사회학연구, 19(2), 107-132.

이민경, 김경근(2010). 이주가정 학부모들의 자녀교육 욕구: 자녀교육 욕구 표출 양상과 의미화. 교육사회학연구, 20(2), 129-156.

이종각(2002). 교육인류학 탐색. 서울: 도서출판 하우.

조혜영, 서덕희, 권순희(2008). 다문화가정 자녀의 학업수행에 관한 문화기술적 연구. 교육사회학연구, 18(2), 105-134.

조혜영(2009). 다문화가정 자녀에 대한 교사의 인식 연구: 서울의 한 초등학교를 중심으로. 교육인류학연구, 12(1), 263-295.

주재홍, 김영천(2010). 학교의 국제이해 교육과정에 대한 탈식민주의적 비평. 교육과정연구, 28(3), 27-55.

최성보(2011). 다문화가정 초등학생들의 학교생활적응 탐색. 다문화교육연구, 4(2), 105-130.

Banks, J. A. (2007). *Educating citizens in a multicultural society*. Teachers College Press, Columbia University. 김용신 · 김형기 (역) (2009). 다문화 시민교육론. 서울: 교육과학사.

Gay, G. (2004). The importance of multicultural education. In D. J. Flinders & S. J. Thornton(Eds.). *The curriculum studies readers*(2nd ed), pp. 315-321, New York: Routledge Falmer.

Gollnick, D. M. & Chinn, P. C. (2006). *Multicultural education in a pluralistic society*(7rd ed). Pearson Education Ltd.

Goodson, I. & Sike, P. (2001). *Life history research in educational settings: Learning from lives*. Open University Press.

Grant, C. A. & Sleeter, C. E. (2007). *Turning on learning: Five approaches for multicultural teaching plans for race, class, gender, and disability*(4rd ed). John Wiley & Sons, Inc.

Kridel, C. (1998). *Writing educational biography: Explorations in qualitative research*(ed). Garland Publishing Inc.

Nash, R. J. (2004). *Liberating scholarly writing: The power of personal narrative*. New York: Teachers College.

Sleeter, C. E. & Grant, C. A. (2009). *Making choices for multicultural education: Five approaches to race, class, and gender*(6rd ed). John Wiley & Sons, Inc.

West, L. et al. (2007). *Using biographical and life history approaches in the study of adult and lifelong learning: European perspectives*. Peter Lang Publishing.

12

다층적 장르, 소설적 글쓰기. 가장 검은 눈동자

〈가장 검은 눈동자〉는 필자의 저서 〈가장 검은 눈동자: 한국 다문화 아동의 슬픈 자화상〉의 제3부에 들어가 있는 내용이다. 그 책의 마지막에 해당하면서 저자의 여러 가지 기대와 희망이 주인공의 삶을 통하여 드러나 있다. 어쩌면 그 주인공을 통해 그 책의 연구자가 결론이라고 하는 표현 대신에 하고 싶었던 연구의 결과와 시사점을 드러내려고 하였고, 더욱 중요하게 미래의 한국 다문화 연구가 어떻게 달라져야 하는지를 암시적으로 표현한 부분이기도 하다. 그러한 점에서 필자는 이 제3부를 쓰면서 과거의 〈연구의 결론 및 논의〉등과 같은 실증주의적 글쓰기를 제시하는 대신에 한 편의 소설작품을 통하여 연구자가 기대하는 이 주제에 대한 여러 가지의 제언과 시사점을 독자들과 이 분야의 연구자들에게 알려주고 싶었다. 아울러 가장 중요하게 이 책의 주인공들로 묘사되어 있는 한국 다문화 아동들 모두에게, 어쩌면 단 한 사람에게 이야기하고자 하였는지도 모른다.

장르의 혼합

이에 이 글에서는 필자의 책 〈가장 검은 눈동자: 한국 다문화 아동의 슬픈 자화상〉을 읽기 위한 사전 지식으로서, 특히 제3부 '가장 검은 눈동자' 를 잘 읽기 위한 자료로서 저자의 의도가 무엇인지를 솔직하게 이야기하고 싶다. 그리고 그렇게 하는 것이 이 분야의 미래 독자들의 질적연구에 대한 이론화와 방법적 탐색에 더욱 도움을 줄 수 있을 것으로 추측하기 때문이다. 첫째, 제3부를 소설적 글쓰기로 한 이유는 이미 구미의 경우 장르의 혼합 또는 간학문적 연구 동향 또는 통섭으로 인하여 학문 고유의 연구방법들이 다른 연구들과 결합하여 새로운 연구방법을 탄생시키는 문화가 확산되었다. 인문학의 연구방법론이 사회과학에서 쓰이기도 하고 사회과학의 연구방법이 인문과학이나 예술분야의 탐구에도 쓰인다. 예술분야의 표현기법이 교육학에도 쓰이고 사회학에서도 넓게 쓰인다.

그러한 점에서 과거 문학의 영역으로 속해 있었던 소설적 탐구 형식은 과거 소설 창작 분야에만 국한되지 않고 다양한 사회과학의 분야에서 차용되고 있다. 이미 교육학과 인류학, 사회학과 질적연구 영역에서 소설적 표현의 양식의 도입은 더 이상 새로운 일이 아니다. 그리하여 구미의 경우, 소설 형식을 빌어 쓴 사회과학 연구 작업이 박사학위 논문으로 통과되기까지 한다. 그 결과 실제와 표현, 실제와 상상력의 간격이 어디까지인지가 모호해진 상태다. 아울러 포스트모더니즘의 도래는 특정한 대상이나 실재를 표현할 수 있는 방법이 다성적이어서 한 가지로 고정시키는 것은 의미의 이해와 표현에 도움이 되지 않는다고 강조하고 있다. 더 나은, 더 다른 표현을 통하여 실재는 더 적절하게 드러날 수 있다는 것이다. 그리고 이러한 입장은 특정한 어떤 방법은 그 나름대로의 장점을 가지고 있지만 다른 방법이 가지고 있는 장점을 가지지 못하고 있다는 것을 의미한다. 때문에 어떤 특정한 방법의 선택이 특정한 연구문제/대상/경험을 모든 상황에서 가장 잘 표현할 것으로 생각하는 기존의 생각을 버려야 할 때이다. 때로는 양적 방법이, 때로는 그림이, 때로는 소설이, 때로는 논설문이 연구자가 전달하고자 하는 의미와 메시지를 가장 잘 전달할 수 있을 것이다.

초벌 작품

이러한 측면에서 〈가장 검은 눈동자〉는 소설적 글쓰기 방법으로서 질적연구를 한 필자의 한국 최초의 작품이다. 물론 〈한 여름 밤의 꿈〉 마지막 장에서 간단한 단편 소설 형식의 글을 작성하기는 하였지만 이 작품을 첫 번째 전문 작품으로 소개하고 싶다. 그러한 점에서 우리나라 내에서 소설적 글쓰기가 질적연구의 새로운 표현 방법으로서 뿌리내리기를 기대하며 더욱 많은 연구자들이 이 주제에 대한 방법적 이론화에 고민하였으면 한다. 물론 필자가 소설가 경험이 없기 때문에 제3부에서 시도한 소설적 글쓰기의 소설 작품으로서의 완성도와 작품성에 대한 평가는 전문 소설가나 문학가에게 맡겨야 할 것이다. 아니면 창작의 과정에서 필자의 의도를 이해하는 전문 소설가가 참여하여 작품을 공동으로 만들었으면 좋았을 것이다. 이에 필자의 욕심이기는 하지만 필자가 만든 이 초안을 다른 전문 소설가가 첨삭하고 더 소설적 형식으로 바꾸어 그 내용이 어떻게 달라질지를 한번 감상해 보는 것 역시 매우 재미있는 탐구 작업이 될 것이라고 생각한다.

숨겨진 제목의 의미

둘째, 이 작품을 읽는 배경으로서 필자가 이야기하고 싶은 내용은 '가장 검은 눈동자' 라는 표현이다. 즉, 왜 제목을 '가장 검은 눈동자' 라고 하였을까에 대한 필자의 생각을 알려주고 싶다. 앞에서도 이야기한 것처럼, 이 다문화 아동의 텍스트의 결말이 다른 양적연구, 또는 다른 일반 질적연구의 결말처럼 끝나는 것이 싫었기 때문에 소설적 글쓰기로 제3부를 만든 것이며 그 소설적 형식을 가장 잘 나타낼 수 있는 표현이 바로 문학적 표현이라는 생각을 하였다. 따라서 소설 형식의 느낌을 주면서 이 책의 전체 주제인 인종 문제를 쉽게 나타낼 수 있는 방법으로서 우리의 몸과 피부색을 활용하였다. 그리고 우리가 어떤 사람이 어떤 인종에 속하는지를 가장 쉽게 판별하는 방식이 바로 '눈동자색' 이라는 점에서 '가장 검은' 이라는 표현을 통하여 이 책의 주제가 인종에 관한 것이며 문화적인 것임을 알려주고 싶었다. 물론 이때 '가장 검은 눈동자' 라고 칭하게 된 것은 프린스턴 대학교 영문학과 교수이자 세계적인 문학가인 노벨상 수상자, 토니 모리슨의 소설 〈가장 푸른 눈동자〉에서 모방한 것임을 밝히지 않을 수 없다. 연구를 하면서 그리고 이 책에 대한 글을 쓰면서 그녀의 작품, 흑인 여성으로서 미국의 삶에 대한 경험이 어떠하였는지를 여러 번 생각하게 되었다.

이에 제3부의 제목을 '눈동자' 라는 개념으로 확정하는 것은 어려운 일은 아니었다. 그 다음으로 더 중요하게 고민한 것은 어떤 눈동자를 나타내야 하는가, 어떤 눈동자색이 필자의 책 제목과 한국에서의 인종연구에 적합할 것인지를 고민하게 되었다. 그리고 그 생각의 결과, 한국인의 눈동자색인 '가장 검은 눈동자' 로 제목을 정하게 되었다. 그러나 이때 단순히 한국인이기 때문에 눈동자색이 검어야 한다는 생각에서 벗어나 주류 한국인으로서 또는 한국인이 아닌 외국인이 한국인으로서 정상적으로 살기 위하여 가져야 하는 이상적인 눈동자색으로서 '검은' , 그리고 그것도 '가장 검은' 을 형용사로 붙이게 되었다. 이를 통하여 한국에서 살게 될 미래의 다문화 가족들과 아동들은 검은 눈을 가진 한국인으로서 정상적으로 대우받기를 바라는 마음을 표현하고자 하였다. 그리고 그러한 '가장 검은 눈동자'는 육체적으로 공동체적 의식을 구현하는 방법이지만 더욱 중요하게 한국인으로서 갖추어야 할 문화적 전통과 가치, 의식을 공유한 구성원을 뜻하는 것이다.

정체성 탐구

셋째, 이 소설적 내용에서 필자가 전하려고 하였던 또 다른 메시지는 새로운 정체성의 탐구로서 한국 다문화 아동의 삶이었다. 이는 필자의 현장작업을 통하여 얻은 연구의 내용과 관련된 것으로서 많은 다문화 아동들은 자신들의 의지와 관계없이 어머니가 한국인이 아니라는 사실, 피부가 까맣다는 사실, 한국어를 잘 못한다는 사실 등에 대하여 부끄러워하며 생활하는 경우가 많았다. 이에 그러한 사실들의 노출에 불편하기도 하고 어떤 경우에는 자신이 그러한 범주에 들어간다는 사실을 주위에 알리지 않으려고 하였다. 때로는 학생의 어머니나 아버지가 그러한 아동의 자존감을 고려하여 학교에 그러한 사실을 알리지 않기도 하였다. 그리고 이러한 사회적 분위기, 다름을 인정하지 않고 존경하지 않는 주류 한국 아동들의 태도, 매스컴의 한국인 중심 보도 내용, 어디에도 없는 자신들의 존재, 그리고 이러한 호의적이지 못한 모든 환경들이 이 아동들의 삶에 부정적으로 영향을 끼치고 있었다.

이 3부의 주인공 역시 고등학생 때까지 베트남 어머니에 대하여 부끄러워하였고 어머니와 외출을 하지 않았다. 그러나 결국 어머니가 죽고 난 다음에 어머니의 사랑에 대하여 알게 되었고 늦게나마 자신이 얼마나 귀한 자식이고 가치로운 자식이며 멀리 베트남에서 홀로 한국에 와 정착한 어머니가 마지막으로 가졌던 희망이라는 사실을 알게 된다. 필자는 이 내용에 대한 메시지로서 한국 다문화 아동의 개인적 삶은 모두 귀중한 것이고 가치로운 것이며 어떤 한 어머니의 가장 사랑스러운 자식임을 일깨워 주고 싶었다. 힘들지만 힘든 환경을 극복하고 자식을 대학에 보내고 훌륭한 사람으로 성장시킬 그 어머니들이야말로 도전감과 극복심, 개척정신을 가진 여성이 아닐 수 없기 때문이다. 그리고 그러한 헌신과 희생의 결과가 바로 다문화 아동 '당신'이라는 사실을 알아야 한다.

베트남으로 가기

이에 이 책의 마지막이자 〈가장 검은 눈동자〉의 마지막으로서 주인공인 회사원이 어머니의 삶을 향하여 베트남으로 떠난다는 설정 역시 자신의 뿌리와 정체성에 대한 확인과 인정을 강조하기 위한 것이다. 우리 모두는 누군가의 자손이며 핏줄이고 그러한 관계에 대한 기록과 자부심이 있을 때만이 자신을 이 세상에 존재하게 하는 힘을 갖게 될 것이다. 항상 타자의 이미지로, 타자의 복사된 존재로서 평생을 살 수 없으며 그렇게 사는 것은 자신감의 상실과 함께 자아의 분열을 가져올 것이다. 거짓된 삶을 살아가게 될 것이다. 그러한 점에서 이 책의 마지막에서 어머니 고향으로의 여정은 한국 다문화 아동들의 미래 과제 중의 하나는 어머니가 이야기하지 않았던/기록하지 않았던 어머니와 가족의 생애를 기록하고 재현하는 것이며 이러한 과제는 바로 한국 다문화 가정의 어머니를 둔 그 자식들에 의하여 가장 잘 수행될 것이다.

그 다음 베트남 어머니를 둔, 즉 어머니의 피가 흐르고 있는 주인공의 인종적 특징은 베트남에 대한 그 어떤 유전적 특징을 가지고 있지 않은 한국 연구자들에 비하여 보다 긴밀한 내부자적 위치로 그의 연구자적 입장을 강화시킨다. 비록 절반의 피가 흐르고는 있지만 베트남 어머니를 둔 주인공이 베트남 어머니의 삶과 그 생활방식을 이해하는 데 있어서 전혀 그렇지 못한 한국인 연구자들에 비하여 더욱 쉬울 것이며 라포르를 형성하기도 효과적일 것이다. 평생 알지도 못한 국가와 민족을 대상으로 연구하는 객관적 거리를 둔 연구자에 비하여 베트남 여성의 어머니를 둔 한국 혼혈아가 베트남 여성의 슬프고 차별화된 삶을 그리고 이해하고 생각하는 방식이 더욱 깊고 복잡할 것이다. 그리고 그러한 입장은 어머니의 삶이 왜 그렇게 될 수밖에 없는지를 그들의 관점에서 바라보고 묘사하는 데 긍정적인 기여를 할 것이다. 일반인인 한국인, 주류로서 삶을 살아가고 있는 한국인의 눈에 보이지 않는 한국적 실제들과 차별들, 경험들과 구조들을 베트남 혼혈아로서, 한국의 다문화 아동으로서 보았을 것이며 경험하였을 것이다. 그리고 그러한 탈경계적 위치는 베트남 여성의 한국적 경험과 문화적 지식의 특징을 그려 나가고 규명하는 데 더욱 가치로운 문화적 태도를 가져다줄 것이다. 그러한 이유 때문에 많은 질적연구자들, 인종연구자들이 자신과 다른 타 민족에 대한 연구에서 그 민족에 속하는 구성원인지 아닌지를 구분하려고 하는 것이다.

가장 검은 눈동자: 질적 글쓰기 방법으로서 소설 형식의 가능성

어느덧 초등학교를 졸업한 지 20년이 흘렀다. 그동안 많은 것이 변했다. 경남의 시골 산청에서 고등학교를 졸업하고, 부산의 대학에 진학하였다. 여러 전공을 두고 고민하다가 어렸을 때부터 글을 읽고 쓰기를 좋아했던 기억으로 '국문학'을 선택하였다. 다행히 우리 군에 있는 고등학교에서 공부를 잘하여 농어촌 장학생으로 선발되었다. 교직과목을 이수해서 교사 자격증을 따면 중학교나 고등학교에서 선생님까지 할 수 있다는 생각이 들었다. 많지는 않지만 장학금을 받았고 부족한 것은 아르바이트를 하여 충당하였다.

조상 대대로 농사만 지었던 우리 집에서 그리고 친척들 중에서 나는 4년제 종합대학에 들어간 첫 번째 학생이었다. 집안 종손이 처음으로 대학물을 마시게 되었다고 부모님들은 무척 좋아하셨다. 아버지가 그런 나를 무척 대견해하셨지만 가장 좋아하였던 사람은 바로 어머니였다.

어머니는 평소에 밖으로 나다니기를 꺼렸지만 우리 아들이 부산에 있는 대학교에 들어갔다고 자랑을 하시며 이 동네, 저 동네로 나를 데리고 다니셨다. 그 날은 마치 우리 집의 잔칫날 같았다. 아버지는 몸이 불편하였지만 동네 주민들을 모두 음식점에 불러 술잔치를 벌이셨다.

내가 중학생일 때 농사를 짓다 몸을 다친 아버지는 그 후 가벼운 농사일이나 소일거리로 나날을 보내셨다. 가끔 집에 딸려 있는 밭일을 했지만 그날 저녁에는 어김없이 끙끙 앓으셨다. 그런 아버지가 늦은 밤까지 동네 주민들과 술을 드시고 노래를 부르는 것을 본 것은 참으로 오랜만의 일이었다. 나 역시 부모님을 기쁘게 해드린 것 같아서 무척 기뻤다. 효도란 이런 것이구나 하고 생전 처음 느꼈다.

어머니는 산청에서 버스로 약 50분 거리에 있는 거창시의 큰 횟집에서 평생을 종업원으로 일하셨다. 베트남에서 결혼하여 한국으로 이주하고서 몇 해 동안은 아버지와 함께 농사를 지었다.

그러나 비가 안 오고 태풍으로 농사가 여러 해에 걸쳐 잘 안 되자 빚이 늘었고 이내 농사를 단념하셨다. 대신에 어머니가 거창에 있는 음식점에 나가서 일을 하였고 아버지는 가족들이 먹을 만큼만 농사를 지었다. 아버지는 몸이 아파서 일을 많이 할 수가 없어서 집안 경제를 어머니가 모두 맡게 되었다.

거창의 횟집에서 오전에 어머니가 하셨던 일은 찬거리 다듬기, 설거지, 식당 청소였다. 점심과 저녁에는 손님들이 몰려오면 주문을 받아서 음식을 가져다주는 일이었다. 때문에 어머니는 아침 8시경에 집을 나서서 하루 종일 일하다가 밤 11시가 되어서야 돌아오셨다.

어머니는 외모나 말투가 달라서 손님들 대부분이 어머니가 남아시아에서 온 외국인이라는 사실과 시골 청년에게 시집 왔다는 사실을 지레 짐작으로 알았다. 그렇지만 어머니는 그런 사실에 개의치 않고 즐겁게 일하며 상냥하게 손님을 맞이하였기 때문에 손님과 금세 친해졌다. 어머니의 밝은 성격에 손님들은 어머니가 어느 나라에서 왔는지, 남편은 무엇을 하는지, 그리고 자식은 몇 명인지 등을 많이 물었다. 그런 어머니 성격에 매료되어 오는 손님들은 농담을 하기도 하고 아들은 공부를 잘하는지, 그리고 고향 베트남에는 갔다 왔는지를 물으셨다. 어머니의 친절한 태도 때문에 손님들은 어머니에게 고생한다며 팁을 주기도 하였다.

그런 어머니는 내가 군대를 제대하고 학교에 3학년으로 복학하던 해 3월에 돌아가셨다. 어머니 나이 51세였다. 갑자기 찾아온 췌장암으로 치료조차 시도해 보지 못하고 어머니는 부산의 종합대학교 병원에서 한 달간 입원하였다가 집에서 조용히 임종을 맞이하였다. 어머니가 임종한 후 마지막으로 어머니를 보던 날, 나는 처음으로 어머니의 얼굴을 자세히 볼 수 있었다. 중학교 이후로 어머니는 나를 그리고 나는 어머니를 서로 잘 쳐다보지 않았기 때문에 어머니의 얼굴을 가깝게 본 적이 없었다. 평생 여름 뙤약볕에 농사를 지어서 그런지, 그리고 일만 하여서 그런지 눈과 입 주위에 굵은 주름이 여러 군데 짙게 파여 있었다. 어머니는 다른 여자들보다도 10년 이상 늙어 있었다.

아버지보다 아들을 더 사랑한 것 같았던 어머니는 내 손을 잡은 채 숨을 거두셨다. 까맣게 타버린 검은 피부와 희끗희끗한 머리칼, 그리고 눈에는 눈물이 가득 고여 있었다.

어머니의 장례식은 아버지, 친가쪽 어른들, 그리고 동네 주민들 몇 분만 모시고 단출하게 이루어졌다. 묘소는 집 뒤쪽에 있는 동산에 마련하였다. 아버지는 볕이 잘 들어서 따뜻한 이곳에 어머니를 모시는 것이 가장 낫겠다고 생각하였다.

어머니의 장례식에 여동생은 오지 않았다. 생사를 알 수 없는 여동생. 고등학생일 때 집이 싫다고 몰래 집을 떠나 서울로 도망을 간 동생은 아직까지 소식이 없다. 어머니가 어렵게 모아 둔 금부치들을 가지고서 야밤 도주한 동생은 어디에 가 있을까. 성공해서 다시 집에 오겠다던 동생은 여태까지 소식이 없다.

모델이나 영화배우 되는 것이 꿈이었던 동생은 어렸을 때부터 모델이나 연예방송을 보는 것이 낙이었다. 여배우들의 예쁜 얼굴, 날씬한 몸매 등을 좋아하였고 그들보다 자신이 더 예쁘다고 생각하였다. 사실 동생은 어머니를 많이 닮아서 잘록한 허리, 조그마한 얼굴, 긴 다리와 예쁜 엉덩이를 가졌다. 그리고 눈이 매우 컸다.

그래서 그런지 어렸을 때부터 동네 아저씨들이 이 아이 처녀 되면 총각들 많이 애태우겠다고 입맛을 다시곤 하였다. 고등학교에서도 많은 남학생들이 쫓아 다니고 집으로 찾아왔다. 동생 역시 그런 남학생들과 놀러 다니느라고 집에 늦게 들어왔다.

그런 동생에게 어머니는 화가 잔뜩 났고 집을 못 나가게 하곤 하였다. 머리카락을 모조리 깎아 버린 일까지 있었다. 그러나 소용이 없었다. 동생은 어머니의 구박을 참지 못하였는지, 아니면 시골 생활이 싫었는지, 어쩌면 서울에 가면 유명 배우가 될 줄 알았는지 가출해 버렸다. 딸이 없어진 것을 안 어머니는 다음 날 아침부터 저녁까지 산청을 헤매고 다녔다.

산청 시외버스 터미널의 어떤 아주머니로부터 딸아이가 웬 남학생과 서울 가는 버스를 타고 가는 것 같았다는 이야기를 들은 어머니는 힘없이 집으로 돌아왔다. 며칠간 아무 일도 안 하고 우시던 어머니는 모든 것을 체념하였는지 일을 다시 나가기 시작하셨다. 그리고 집에 있으면서 딸아이 간수 못한 아버지를 괴롭혔다.

딸이 없어지고 난 후 어머니는 하나 남은 아들에게 더 매달리는 것 같았다. 아버지에 대한 애절한 감정은 없어진 지 이미 오래, 대신 어머니는 나를 의지하면서 살았다. 밥을 먹을 때면 어머니는 나를 몰래 자주 쳐다보았다. 그리고 그냥 웃었다. 왜 그런지는 모르지만 어머니는 나를 볼 때 얼굴을 보지 않고 눈을 보는 것 같았다. 그리고 살짝 웃었다. 우리 아들은 눈이 제일 마음에 든다고 하였다.

그러나 사실 나는 눈보다는 코, 다부진 어깨 그리고 가무잡잡한 피부가 더 매력적이었다. 부산의 학교 기숙사에서 고향에 전화를 걸면 어머니는 항상 저녁밥을 먹었는지 물었다. 밥 잘 챙겨 먹으라고 신신당부하였고 나쁜 사람들이 많이 있으니 사람들을 잘 믿지 말라고 하였다. 집에 가면 어머니는 횟집 식당에서 팁으로 받은 꼬깃꼬깃한 만원짜리 몇 장을 내 손에 쥐어 주었다. 그것 역시 아버지 몰래 살짝.

그런 어머니에게 아무런 효도를 해 주지 못한 나는 어머니 묘소에 '복수초'를 한아름 캐어다가 심어 드렸다. 노란색의 복수초는 추운 3월 나무 사이 또는 바위 사이의 음지에서 가까스로 움을 트고서 봄을 알려주는 야생 영춘화다. 눈 속을 헤치며 핀 그 꽃은 며칠 피지도 못하고 바로 져버려서 아쉬운 꽃이다. 복수초는 머나먼 이국 땅에 오셔서 고생만 하고 돌아가신 어머니 같았다.

어머니가 돌아가시고 난 다음부터는 고향에 갈 일이 별로 없었다. 대신에 아버지에게는 가끔 전화를 하였다. 혼자 밥을 해 드시는 아버지가 안타깝기는 하지만, 서울에 홀로 올라와 고시원에서 생활하는 내 몸 하나 지탱하기도 힘들다. 그리고 그런 지친 삶 속에서 어머니에 대한 기억 역시 희미해졌고 고향에 대한 모든 것을 잊은 채 하루살이처럼 살아갔다.

어렸을 때부터 어머니 덕분에 베트남어를 약간 할 줄 알았던 나는 베트남어를 잘한다는 과장된 이력서 덕분에 베트남에서 수산물을 수입하는 무역회사에 취직할 수 있었다. 회사 사장의 기대와 달리 나의 베트남어 실력은 거의 형편없었다. 회사 사람들이 왜 어머니가 베트남 사람인데 베트남 말을 모르냐고 물었을 때는 할 말이 없었다. 왜냐하면 어머니는 내가 베트남에 대하여 그리고 베트남 말을 따라하는 것을 싫어했기 때문이다.

내가 집에서 어머니 나라 말에 대하여 물어 보면 어머니는 역정을 내시고 그런 말하지 말고 배울 필요도 없다고 잘라 말씀하셨다. 그러나 가끔씩 기분이 좋을 때나 아니면 약간 술기운이 있을 때는 베트남 말을 하든지 아니면 노래를 불렀던 것 같다. 그렇게 귀동냥을 해서 간단한 베트남 말을 배운 것이 전부다.

내가 일했던 회사는 우리나라 사람들이 많이 먹는 쭈꾸미를 냉동하여 수입하는 무역업체였다. 때문에 특별히 어려운 일이 없었고 대부분 영어로 이메일을 통해 의사소통하고 아니면 한두 달에 한 번씩 베트남에 가서 시장조사를 하는 일이 고작이었다. 지방대학 졸업장을 가지고 서울의 중소기업에 취직해서 월급을 받고 생활할 수가 있어서 감사했고, 베트남 말을 배우면서 하는 일이라 재미있기까지 하였다.

그러나 그 즐거움은 잠깐이었고, 3년이 지나자 일이 재미없어졌다. 그리고 지난달에 회사를 그만두어 버렸다. 사람을 자주 만나고 저녁까지 회식을 하고 때로는 거짓말을 하는 직업이 나의 적성에 맞지 않았다.

그러나 대책 없이 회사를 그만둔 것은 아니었다. 지난달에 작은 출판사에서 출간한 내 책이 잘 팔려서 글을 써볼 생각을 하였기 때문이다. 지난 3년간 베트남을 오가면서 베트남에 대하여 우리나라 사람들이 모르는 내용이 많아서 그것들을 모아 관광책자 형식으로 소개하였는데 의외로 독자들의 반응이 좋았다. 출판사에서 아예 작가가 되는 것이 어떠냐고 격려까지 해 주었다. 몇 달치 월급에 해당하는 인세를 받자 자신감이 생겼다.

내가 어려서부터 책 읽기를 좋아하고 상까지 받았던 기억이 났다. 아버지는 안정된 직장을 그만둔다고 화를 내셨지만 나는 사직서를 제출해 버렸다. 그리고 서울 신림동 근처에 있는 조그마한 고시원으로 들어갔다. 절약하면 한 9개월 정도는 돈을 빌리지 않고 글을 쓸 수 있으리라.

지금 쓰고 있는 책은 나의 두 번째 책이다. 그러나 작가로서는 첫 데뷔작이 될 것이다. 아직 제목은 정하지 않았고 내용 역시 알지 못한다. 다만 주제는 나의 어머니에 대한 것이다. 어머니에 대하여 무엇을 써야 할지 알지만 구체적으로 새롭게 알아야 하고 찾아야 하는 내용이 많아서 할 일이 많을 것 같다.

가장 가까이 있었지만 우리는 서로 대화를 많이 하지 않았기 때문에 나는 어머니의 삶에 대하여 알고 있는 것이 별로 없다. 어머니는 한국말을 잘 못하였기 때문에 나에게 말을 많이 하지 않았고 나 역시 그런 어머니에게 다른 집의 아들처럼 말을 많이 한 것은 아니었다. 때문에 막상 어머니에 대하여 쓰려고 하니 아는 것이 별로 없는 것 같았다.

어머니에 대한 책을 작가의 데뷔작으로 정한 것은 참으로 우연이었다. 회사를 그만둔 지난달에 어머니의 제사가 있었다. 그래서 산청으로 가는 버스를 타고 고향에 갔다. 제사를 끝내고 피곤하여서 아버지 방에 잠깐 누워 있었다.

그런데 아버지 방에는 전에 보지 못한 여러 가지 물건이 많이 있었다. 궁금하여 이것저것 만지다가 특이한 상자를 발견하였다. 아버지에게 물었더니 잘은 모르겠고 어머니 상자라고 말씀하셨다.

나는 궁금하여 그 종이 상자를 열어 보았다. 먼지가 수북한 종이 상자 안에는 여러 가지 물건이 있었다. 통장, 나 어렸을 때 백일 사진, 대학교 합격 통지서, 배우다만 한국어 공부책, 그리고 고향에서 찍은 어머니 가족들 사진.

그중 가장 눈에 띄는 물건이 하나 있었는데 제목이 없는 공책이었다. 어머니의 베트남 이름이 쓰여 있는 그 공책이 무슨 공책일까 궁금하였다.

그러나 아버지가 옆에 있어서 읽지는 못하고 가지고 나왔다. 추운 3월의 날씨지만 외투를 입고 뒷동산으로 올라갔다. 어머니는 이 공책에 무엇을 쓰셨을까? 어서 읽고 싶었다.

어머니 무덤 옆에 앉아서 첫 페이지를 넘겼다. 어머니의 처녀 사진과 베트남 가족들 사진. 어머니는 처녀 때 정말로 예뻤다. 수수하고 촌스럽지만 총명해 보였고 자태가 우아하였다. 바람에 흣날리는 어머니의 처녀적 앞머리 모습이 왠지 나를 슬프게 만들었다.

다음 장에는 아버지와의 첫 만남을 기록한 글과 사진들이 있었다. 어떤 페이지에는 사진이 없고 대신에 그림을 그렸다.

어머니의 공책에는 내가 그동안 알지 못하고 지냈던 어머니의 삶이 고스란히 담겨 있었다. 처음 몇 장은 한국말로 쓰여 있는데 두세 장을 넘기자 한국말을 포기하였는지 베트남 말로 글을 적어 나갔다. 고향에 대한 기억, 들판, 그리고 한국의 동네들을 그림으로 그렸다.

특히 겨울이 너무 추워서 겨울에 고향이 가장 그리웠다고 적혀 있었다. 그리고 여러 형제들과 부모님이 보고 싶은 마음, 베트남에서 온 편지들, 특별한 날에는 날짜와 함께 무슨 일이 있었는지를 적어 놓았다. 그리고 어머니는 내가 태어난 날에 대해서도 글을 적었다.

> 병원에서 아들을 낳았다. 아들이라고 소리치는 시어머니와 남편 소리. 너무 기뻤다. 그리고 나는 가장 먼저 아들의 눈동자를 쳐다보았다. 까만 검은 눈동자. 예쁘다. 마음이 놓인다. 그리고 하느님께 감사드렸다. 그리고 행복해서 눈물이 났다. 나하고 달리 정말로 눈동자가 까맣구나. 이제 우리 아들을 다른 사람들이 외국 사람으로 생각하지는 않겠구나.

어머니는 왜 내가 아들인 것보다 검은 눈동자를 가진 것이 더 마음에 들었을까? 일기를 읽어 내려가면서 그 이유를 알 수 있었다.

베트남이 프랑스 식민지였을 때 먼 조상 할머니가 프랑스 남자의 아기를 가지게 되었단다. 그래서 낳은 아이가 할머니였는데, 할머니는 혼혈이어도 다른 데는 차이가 없었지만 프랑스 남자의 눈동자를 닮아서 약간 노란색이 맴도는 갈색이었다.

그래서 다른 베트남 아이들과 달리, 어머니도 피부는 까무잡잡하였지만 유독 눈만 노란색에 가까운 갈색이었다. 그래서 어머니는 산청에 장이 서서 시내를 나올 때나 길을 걸을 때 사람들이 자신을 쳐다보는 것이 신경 쓰였다.

그리고 "저 처녀 눈이 왜 그래?", "어디 병이 들었나?", "그 명수 총각이 처녀 잘못 데리고 온 것 아냐?", "혹 황달 걸린 거 아닌가?"라는 말을 들었단다.

그 이후로 어머니는 사람 많은 곳에는 자주 안 나가셨다. 특히 나와 여동생을 데리고 학교에나 시내에는 가지 않으셨다. 어머니의 눈동자 색깔 때문에 아이들이 남들의 입방아에 오르는 것이 싫었던 게다. 그래서 그랬을까. 중학교와 고등학교 시절 친구들이 집에 놀러 왔을 때에도 어머니는 과일만 준비해 둔 채 그냥 밖에 나가 버리셨다. 그래서 어머니는 항상 내 눈동자를 바라보고 있었을까? 그리고 아무도 없을 때 어머니는 나를 보며 그렇게 흐뭇해하셨을까?

그러나 나를 낳고 동생을 낳았을 때의 행복만큼, 어머니는 험난할 앞날에 대한 많은 절망을 구구절절 써 놓았다. 어머니의 계획은 아기를 가지지 않고 있다고 2년이 지나면 한국인으로 호적을 바꾸고 식당에서 일을 하다가 돈을 벌어서 베트남으로 떠나는 것이었다.

한 2년 정도 일하면 베트남의 부모님에게 좋은 집을 지어드리고 몇 년은 편안하게 살 수 있다고 하였다. 특히 베트남의 할머니가 어머니를 포함하여 세 딸을 낳자 아버지는 다른 여자에게 장가를 가버렸단다. 그래서 어머니는 할머니와 함께 어려운 생활을 해야 했고 할머니는 무척 아프셨단다. 쌀이 없어서 밥을 굶은 적이 많았고 산에 올라가 코코넛을 따 끼니를 때운 적도 많았다.

어머니는 고향의 할머니가 더 보고 싶었던 것 같다. 그래서 어머니는 한국에서 낳은 우리들(아들이나 딸)보다는 고향을 더 그리워하고 더 가고 싶어하였다. 그러나 한국에서의 새로운 삶이 그러한 계획을 바꿀 만큼 좋지는 못하였다. 특히 산청의 할머니와 아버지가 어머니를 많이 힘들게 하였기 때문에 아무 친척이 없는 이곳에서 살기가 더 힘들어 고향에 가고 싶었을 것이다.

어머니와 나이 차이가 20년 이상 났던 아버지는 술만 마시면 말을 잘 알아듣지 못하는 어머니를 때렸다. 그리고 시어머니 역시 어머니를 구박하고 잘못할 때마다 나무랐다. 심지어는 어머니가 도망을 못 가도록 할머니가 어머니를 단속하기까지 하였다.

그리고 몸을 다쳐 농사일을 그만두고 누워 계셨던 아버지는 집에 있게 되자 밤마다 피곤에 지친 어머니를 괴롭히는 일이 잦아졌다. 어머니는 그러한 괴롭힘을 참기 힘들어하였다. 어머니는 공책에 아버지와의 첫 만남을 다음과 같이 적어 놓았다.

> 어느 날 우리 오지 마을에 차를 타고 온 베트남 아저씨는 한국에 가면 잘 살 수 있다고 하면서 한국에 시집 가면 큰돈을 벌 수 있다고 하였다. 그 아저씨는 베트남의 농촌 처녀와 한국의 농촌 총각을 결혼시켜 주는 '오빠'라 불리는 결혼 브로커였다. 그 브로커는 한국으로 시집 가면 아픈 어머니를 병원에서 치료할 수 있다고 설득하였다. 마음이 흔들렸다. 어머니가 나을 수만 있다면. 마음을 정하고 난 후에 그 오빠가 시키는 대로 오빠가 주는 책 한 권을 하노이의 셋집에 살면서 공부하였다. 주로 간단한 한국말과 예절이었다.

> 두 달 정도 지났을 때 드디어 다른 농촌 지역에서 뽑혀 온 시골처녀들과 함께 처음으로 한국 오빠들(농촌 총각들과 아저씨들)과 선을 보았다. 여러 번의 여흥과 식사를 하면서 나는 명수 씨(아버지)가 나를 좋아한다는 사실을 알게 되었다. 나는 약간 늙었지만 착해 보이는 그 아저씨가 싫지 않았다. 그리고 그 아저씨는 내게 다른 베트남 여자들에 비하여 약간 노란색을 띤 눈동자가 예쁘다고 하였다. 다른 모든 베트남 여자들은 눈동자가 거의 검은색이었기 때문에 더 마음에 들었단다.
>
> 더 다행스러운 것은 어떤 베트남 처녀는 나이가 60이 넘은 할아버지와 결혼을 하였다. 나중에 들은 이야기로는 그 할아버지의 자식들(며느리들)이 할아버지 식사와 빨래를 해 주기가 귀찮아서 돈을 모아서 결혼을 시킨 것이란다. 그래도 명수 씨는 총각이고 젊어서 다행이었다. 결혼 예식을 하노이에서 끝내고 나서 명수 씨와 함께 고향으로 와서 약 3일간 지냈다. 일종의 결혼식이었다. 그리고 명수씨의 도움으로 어머니를 병원으로 보내드렸다.

그러나 베트남에서 본 한국 드라마나 광고에서 소개된 것과 달리, 어머니가 정착한 산청의 시골집은 너무나 초라했다. 산청은 베트남의 시골과 거의 비슷하였다. 물론 집과 도로 건물이 더 잘 만들어진 것을 제외하고는. 그래서 어머니는 얌전히 2년을 살다가 한국 국적을 가진 다음 도망가야겠다고 생각하였다. 한편 마음에 들지는 않지만 자신에게 잘해 주는 늙은 남편이 고맙기도 하였다. 그래서 시어머니와 남편을 잘 모셨다. 그리고 베트남에서처럼 밭에 나가 일도 하였다. 일하는 것은 어렵지 않았다.

그러나 결혼할 때는 알지 못하였던 아버지의 주사가 고약하다는 사실과 며느리에 대한 시어머니의 애정이 깊지 않다는 사실이 어머니를 힘들게 하였다. 아버지는 술만 먹고 오면 어머니를 때렸고 그 다음 날은 아무 일이 없었다는 듯 행동하였다. 그리고 시어머니가 시키는 일이 베트남에서 했던 일보다 더 많았다. 그래서 텔레비전에 나오는 국제결혼 부부의 행복한 삶을 소개하는 프로그램을 보면서 자신이 비참하다고 생각한 듯하다. 시어머니는 어머니가 도망갈까 봐서 다른 외국 처녀들을 못 만나게 하였다.

2년만 참자. 그런 생각으로 산청에서 생활하였다. 고향의 맛있는 음식들이 생각났지만 참을 수밖에 없었다. 음식은 항상 할머니와 남편이 먹고 싶은 종류를 택하였다.

그러던 어느 날 갑자기 어머니는 임신을 하였단다. 기쁜 생각보다는 앞날이 막막하였단다. 고향에 가야 하는데 어떡하지. 그러나 임신을 하자 갑자기 잘 해주는 남편과 시어머니 태도에 잠시 동안은 행복하였단다. 헷갈렸다. 그냥 여기에 머무를까 아니면 어머니가 있는 고향으로 갈까. 나를 낳고 바로 그 이듬해에 동생을 낳았다. 처음으로 미역국을 먹어 보았다. 이상하였다.

그러나 아들과 딸을 낳은 후에도 어머니는 산청에 있고 싶지 않았다. 어머니와 동생들 그리고 고향이 있는 베트남으로 가고 싶었다. 딸을 낳고 난 뒤 몇 달 후 어머니는 새벽녘에 우리 둘을 놓고 도시로 탈출하기로 마음먹었다. 그리고 모두가 잠든 새벽 5시경. 조용히 짐을 챙겨서 가방 하나를 들고 집을 나오려고 하였다. 그때를 어머니는 다음과 같이 적었다.

> 어젯밤 산청을 떠나려고 하였다. 떠나려고 방문을 열자 아들이 잠에서 깼다. 이제 11개월. 평소 같으면 잠을 깨면 울 텐데 오늘따라 울지 않는다. 대신에 나를 쳐다보고 웃는다. 까만 눈이 참으로 귀엽구나. 무어라고 나를 보며 웅얼거린다. 조용히 전등불을 켰다. 다행히 남편과 할머니는 아이들 소리 듣기 싫다고 옆방에서 자고 있다. 나를 보더니 무어라고 한다. 들리지 않는다. 또 무어라고 그런다. (어). (마), (어어마). 처음으로 내 아들이 나를 엄마라고 불렀다. 온 몸에 전기가 오는 것 같았다. 아기 옆으로 갔다. 그리고 아기를 안으며 "다시 불러봐, 아가야. 엄마라고." 그리고 나는 손에 들었던 가방을 방에 내려놓은 채 베트남 가는 것을 포기하였다. 그리고 내가 베트남의 처녀가 아니라 이 아이의 한국 엄마라는 생각이 처음으로 들었다.

어머니의 공책에는 2009년 겨울에 자신을 찾아온 어떤 교수 이야기도 있었다. 교육대학교 교수라고 소개한 그 선생님이 아들에 대하여 알고 싶다고 하여서 집으로 들였다. 그러나 집안의 방에는 남편이 누워 있었기 때문에 방에 들이지는 못하고 마당에서 이런저런 이야기를 하였다.

그 선생님은 어머니에게 여러 가지 질문을 하였고 어머니는 생각나는 대로 이야기를 해 주었단다. 한국말이 서툴었던 어머니는 더 잘 대답해 주고 싶었지만 대부분 말을 이해할 수가 없었단다. 그리고 베트남 말로 물어 보면 더 잘 대답해 줄 텐데 하는 생각이 들었단다.

나중에 몇 번 더 만나야 한다고 연락이 왔지만 집안 일, 음식점 일이 바빠서 답장을 주지 못하였고 대신 그 선생님은 아들을 몇 번 만났다고 회상하였다. 다만 아들이 야구를 좋아하는 것을 알고 야구 배트와 공을 사 오신 그 선생님이 참으로 고마웠다고 적어 놓았다.

그 글을 읽으니 어렴풋이 초등학교 시절에 나를 찾아온 앞머리가 많이 빠진 한 아저씨가 생각났다. 그 아저씨는 학교생활과 가정생활에 대하여 물으셨다. 우리의 이야기를 책으로 쓴다고 하였는데 책은 쓰셨을까? 어떻게 쓰셨을까? 그리고 그 분은 어디 계실까? 궁금하였다. 나는 그 책에서 나와 어머니 그리고 나의 가족이 어떻게 그려졌을지 궁금하였다.

서울로 올라온 나는 그 학교의 홈페이지에 들어가서 그 선생님을 찾았다. 그러나 그 분의 사진과 홈페이지는 사라진 지 오래였다. 학과에 연락한 결과 오래전에 학교를 그만두고 한국을 떠났다고 한다. 미국의 휴스턴이 있는 텍사스로 가 버리셨단다.

네이버 검색창에 그 분의 이름을 입력하니 여러 권의 책들이 나왔다. 혹시나 하고 책 이름을 차례로 읽으니 다문화가정 아동에 대한 책이 있었다. 너무나 반가웠다. 책 이름은 〈가장 검은 눈동자: 다문화 아동의 슬픈 자화상〉이었다.

어떻게 적었을까? 잘 적었을까? 슬프게 적었을까? 아니면 좋은 이야기만 적었을까? 책이 이미 절판되어 있어서 국회 도서관을 통하여 그 책이 어디에 있는지 알아보았다. 전국의 몇몇 대학 도서관에 보관되어 있었다.

며칠이 지나서 내가 국회 도서관을 통하여 신청한 책이 제본되어 집으로 배달되었다. 다문화가정 아동 삶의 이야기들이 재미있게 쓰여 있었다. 하지만 내 이야기와 비슷한 이야기는 없었다. 아마 내 이야기가 재미가 없어서 마지막 원고에 들어가지 않았나 하고 생각하였다. 대신에 다른 아이들 이야기를 읽어 보았다. 모두 나와 비슷한 배경에서 다른 행로를 거치면서 살아간 아이들의 이야기였다.

그러나 대학교수인 그 선생님이 쓴 글은 다소 미흡하다는 생각이 들었다. 조금 더 복잡하게 이야기를 전개해 나갔으면 좋았을 텐데. 그리고 좀 더 재미있게 이 아이들과 어머니들의 이야기를 썼으면 좋으련만 하는 안타까움이 들었다. 그 선생님은 구차한 여러 이야기들을 알고 있었지만 일부러 쓰지 않았을지 모른다.

2030년 11월, 나의 첫 데뷔작 '잊혀진 여행: 어떤 베트남 처녀 이야기'를 쓰기 위하여 베트남에 갈 것이다. 어머니가 태어난 곳을 찾아가 보고, 그곳에 살았던 어머니에 대한 기억을 더듬고, 친척들을 만나볼 것이다. 아마도 내가 그 처녀의 아들이었느냐고 반갑게 맞이해 줄 사람들이 있을 것이다.

몹시 설렌다. 많은 사람들을 만나서 어머니가 베트남에서 떠난 이야기를 듣고 산청에 다시 들러 어머니를 알고 있는 동네 주민들도 만나 볼 계획이다. 어떤 이야기들을 해 주실까? 어머니의 삶을 기록한다는 점에서 이번 이야기는 소설, 문학작품 이전에 나의 가족사를 추적하는 뿌리를 찾는 작업이다.

이 일이 쉽지는 않을 것이다. 그래서 잠을 이루지 못하겠다. 시작을 어떻게 해야 할까?

확실한 것은 하늘나라에 계신 어머니가 나의 어머니 고향 방문을 위하여 뱃길의 파도를 잔잔히 해 줄 것이며 들판에는 산들바람이 부드럽게 불게 해 줄 것이다. 그리고 어머니의 고향으로 다가갈수록 맑은 하늘에 푸른 뭉개구름으로 반겨 주실 것이다.

어머니의 고향에 도착하면 어머니가 가장 좋아하였던 한국 노래를 불러 드릴 것이다. 어머니가 공책에 또박또박 한국어로 써 놓은 노랫말.

그때는 몰랐지만 내가 어렸을 때 나를 업고서, 그리고 부엌에서 일을 하시면서, 마당에서 일하실 때, 가끔씩 늦은 밤 마루에 앉아 먼 산을 바라보면서 불렀던 그 노래를.

> 내 영혼이 떠나간 뒤에 행복한 너는 나를 잊어도
> 어느 순간 홀로인 듯한 쓸쓸함이 찾아 올 거야
> 바람이 불어오면 귀 기울여 봐
> 작은 일에 행복하고 괴로워하며
> 고독한 순간들을 그렇게들 살다 갔느니
> 착한 당신 외로워도 바람소리라 생각하지 마
>
> 너의 시선 머무는 곳에 꽃씨 하나 심어 놓으니
> 그 꽃나무 자라나서 바람에 꽃잎 날리면
> 쓸쓸한 너의 저녁 아름다울까
> 그 꽃잎 지고 나면
> 낙엽의 연기 타버린 그 재 속에 숨어 있는 불씨의 추억
> 착한 당신 속상해도 인생이란 따뜻한 거야

13

질적 내용분석. 교과서 지식의 잔혹함과 교활함

이 글에 소개한 논문은 우리나라의 세계사 교과서의 숨겨진 이데올로기들을 오리엔탈리즘의 관점에서 분석한 내용이다. 연구방법으로서 그리고 이론적으로는 오리엔탈리즘의 주요 개념들을 활용하였고 방법적으로는 질적 내용분석을 활용하였다. 내용분석이라는 단어 앞에 '질적' 이라는 단어가 들어간 데는 내용분석의 방법은 크게 양적으로 접근하기도 하고 질적으로 접근할 수도 있기 때문이다. 우리나라의 경우, 질적연구 분야에서 방법론적으로 내용분석을 논의하고 이론화하는 노력이 별로 없지만 이 기법이 분석기법으로는 여러 학문들에서 널리 활용되고 있다. 대표적으로는 광고와 매스커뮤니케이션, 정치학, 여성학, 문화연구 등에서 많이 쓰이고 있다.

텍스트의 의미

텍스트에서 나타나는 명료한/숨겨져 있는 메시지의 특징과 내용을 규명하려는 이 연구방법은 최근에 와서 질적연구자들에게 많이 활용되고 있다. 즉, 명료하게 구별할 수 있는 텍스트의 특징들을 양적인 방법으로 체계화하는 것과는 달리 텍스트 뒷면에 또는 기저에 담겨져 있는 의미와 의도를 텍스트의 내용을 읽고 이해하면서 분석해 내려고 하는 방법이 질적이다. 따라서 어떤 단어들이 몇 번 나왔는지, 양화시키기보다는 특정한 주제나 의미, 또는 의도들이 주어진 텍스트에 어떻게 숨겨져 있고 감추어져 있고 또는 강조되고 있는지를 분석하고자 한다. 때문에 숨겨진 의도를 찾으려고 한다는 점에서 정치학이나 광고학에서는 표면에 감추어져 있는 저자의 욕망을 찾으려고 노력한다.

구체적으로 특정한 시기에 특정한 신문이 왜 그 주제를 선정하였고 그 주제를 설명하는 방식이 어떻게 이루어져 있는지를 밝히려고 하는 노력이 신문에서의 'agenda setting' 에 대한 텍스트 질적분석 방법이다. 때문에 교과서의 내용에 나타나는 여성의 그림이나 설명의 횟수를 확인하는 작업 그리고 그러한 횟수에 기초하여 텍스트의 특징을 이해하려는 작업이 양적이라고 한다면 그러한 숫자에 기명되어 있는 여성의 이미지나 설명의 방식을 드러내려고 하는 작업은 질적 내용분석에 속한다. 그래서 때로는 양적 내용분석을 하고 이를 기초로 하여 질적 내용분석을 하는 작업을 하기도 한다.

해체적 탐구로서 텍스트 분석

이러한 질적 내용분석은 특히 비판사회과학의 중요한 해체의 방법으로서 널리 이용되고 있다. 즉, 기존의 사회질서와 권력의 체제가 그들이 소유하고 있는 이데올로기 재생의 기관들(교회, 학교, 매스컴, 광고 등)을 통하여 은밀하게 전달되고 시민들에게 내면화될 것으로 생각하고서 그러한 숨겨진 메시지가 어떻게 전달되고 있는지를 질적 내용분석을 통하여 밝혀 내려고 한다. 이를 통하여 우리가 이야기하는 공식적 지식이 공평하거나 정의적인 것이 아니라 특정한 이해집단의 흥미와 지배를 반영하는 매우 부분적이고 상대적인 지식이라는 점을 강조하고자 한다. 그리고 이러한 분석의 결과를 통하여 우리의 지식이 더 공평해지고 소수자를 보호하는 방법으로 개선될 것을 요구한다. 이러한 질적 분석의 한 가지 예로는 대중광고에서 묘사되는 '흑인' 에 대한 이미지, 드라마에서 나타나는 '여성' 의 이미지 등이 속한다.

Jean Anyon

이러한 질적 내용분석의 가장 대표적인 한 예로는 미국의 역사 교과서의 이데올로기를 질적 내용분석을 통하여 밝혀낸 미국 비판교육사회학자이자 교육과정 학자인 Jean Anyon을 들 수 있다. 그녀는 맑시즘과 네오맑시즘에 기초하여 민주주의와 자유 그리고 정의를 구현한다는 미국의 사회가 사실은 학교에서 가르치는 역사 교과서의 지식을 통하여 잘못된 인종, 여성에 대한 이미지를 양산하고 있고 미국의 역사 지식 역시 매우 인종적으로, 여성적으로, 그리고 노동자계급에 편협한 방법으로 내용을 진술하고 있다고 분석해 냈다. 그녀의 질적 내용분석에 따르면, 미국의 역사에서 흑인이 기여한 역사에 대한 공헌이 역사적 사실과는 관계없이 삭제되거나 생략되었음을 역사서적에 대한 분석을 통하여 밝혀 내었다. 아울러 미국의 여성의 역사는 실제 교과서에서 설명한 여성의 역사와 매우 다르게 설명되어 있다는 점 역시 남성 중심의 미국 사회를 재현하기 위한 남성 권력집단의 숨겨진 욕망이라고 강조하였다.

그녀는 이 분석을 위하여 교과서 텍스트 분석의 세 가지 준거로서 '생략', '왜곡', '특징화' 라는 방법에 기초하여 특정한 집단의 존재가 어떻게 재현되고 불평등한 존재로 묘사되었는지를 성공적으로 규명해 주었다. 이와 관련하여 필자 역시 한양대학교 대학원 석사학위 졸업 논문으로서 내용분석을 활용한 적이 있었다. 앞에서 소개한 Jean Anyon 학자의 수준 높은 분석은 아니었고 가장 기초적인 수준에서의 양적 내용분석이었다. 학위 논문의 주제는 우리나라 중학교 도덕과의 잠재적 교육과정에 대한 연구였다. 이 연구에서는 우리나라의 중학교 도덕과에서 강조하고 있는 도덕적 가치들에 어떤 것들이 있는지를 텍스트 분석을 통하여 밝히고 이러한 교과서의 가치들이 실제적으로 학교에서/학교의 문화를 통하여 습득되고 내면화될 수 있는지를 질적연구 방법을 통하여 논의하였다.

도덕과 교과서 분석

이를 위하여 먼저 다양한 도덕과 관련 이론서적들에 기초하여 도덕교육에서 강조하고/강조해야 하는 가치체계들을 도출하였고 이를 우리나라 도덕과 교과서의 내용분석의 준거로서 활용하였다. 그 결과 우리나라 중학교 도덕과에서 가장 강조하는 가치로는 서구에서와는 달리, 충성, 복종, 협동, 자기 인내, 희생 등과 관련 집단주의를 지향하는 외재적 가치가 많았다. 분석의 과정으로는 교과서 한 쪽을 분석의 양으로 정하고 전체 3개 학년의 전체 쪽수에서 계속적으로 중요하게 강조하는 도덕적 가치에 어떤 것들이 있는지를 양화시켰다. 그 다음으로 교과서에서 학생들이 내면화하기를 기대하는 가치들이 실제적으로 중학교의 학교문화와 생활에서 학습될 수 있는지를 참여관찰과 심층면담을 통하여 분석해 내었다. 도덕과 수업관찰과 중학교 교사와 학생들을 면담하여 실제적으로 그러한 가치들이 자신들의 삶에서 내면화될 수 있는지를 탐구하였다. 그 결과 도덕과가 강조하고 있는 협동이나 희생과 같은 숭고한 가치들의 내용과는 달리 중학교의 학습문화는 오히려 성공을 위한 경쟁과 배척, 이기심 등이 더 중요한 생활가치로서 강조되고 있음을 알 수 있었다. 즉, 학교 교과서와 선생님은 다른 아이들을 위하여 살아야 하고 희생해야 한다고 수업에서 이야기하지만 실제 학교생활에서 교육과정과 수업, 평가를 통하여 학생들에게 내면화시키고 있는 도덕적 가치들은 학교의 공식적 교육목표와는 다른 부정적인 것들이었다. 그리고 이러한 부정적인 도덕적 가치들의 경험과 내면화가 중학교 도덕과의 잠재적 교육과정이었다.

한국 세계사 교과서 분석

이러한 과거의 내용분석의 경험에 비추어 2011년과 2012년에 주재홍 교수, 문승호 교수와 공동작업한 연구가 바로 이번에 읽게 될 우리나라 세계사 교과서의 오리엔탈리즘에 대한 내용분석 연구이다. 다행히도 과거에 텍스트에 대한 내용분석을 한 경험이 있어서 초기 작업은 어렵지 않았으나 분석의 결과를 이론화하고 명료화시키는 작업은 상당히 힘들었다. 특히 Anyon의 작업처럼 우리나라 역사 교과서에 제시된 동양에 대한 설명 부분이 과연 역사적으로 얼마나 사실이고 어떤 중요한 내용들이 삭제되거나 생략되거나 왜곡되어 제시되었는지를 밝히기 위한 방법으로서 동양의 역사와 관련된 다양한 책들과 문헌들을 방대하게 읽고 리뷰하는 작업이 힘들었다. 다행히도 이 부분은 이 분야의 전문가인 주재홍 교수의 적극적인 참여로 어렵지 않게 해결되었다. 그리고 그 결과 이 연구의 작업 내용은 'Educational Studies' 라는 국제 학술지에 게재될 수 있었다.

질적 내용분석의 논문으로서 이 연구에서 중요하게 고심한 부분은 크게 두 가지였다. 첫째는 분석의 준거를 만드는 작업이었고 둘째는 분석을 지지할 수 있는 적합한 자료들을 찾는 일이었다. 두 개의 작업영역이 모두 힘들었지만 첫 번째 영역이 더 많은 생각과 고민, 명료화가 필요하였다는 점에서 더 의미 있는 부분이었다. 아울러 이 논문의 여러 심사자들이 여러 번에 걸쳐서 이 기준에 대한 세련화를 요구하였다는 점에서 이 기준의 가치가 상당한 것으로 생각하였다. 이에 우리 연구자들은 탈식민주의 이론들에 대한 깊이 있는 읽기를 통하여 탈식민학자들이 이야기하는 '물리적 식민화가 끝난 후에도 왜 심리적 식민화가 계속 제3세계에서 이루어지고 있는지에 대한 탐구' 작업의 필요성을 이해하면서 그 어떤 방법적 전략들이 그러한 또 다른 식민화를 유지시키고 있는 기제들인지를 규명하고자 하였다.

그리고 그러한 분석의 기준으로서 식민화 역시 하나는 담론적 과정이기 때문에 식민지 국가의 문화적 자산의 구체적 예들이 그러한 식민화 담론에 어떻게 기여하고 있는지를 '교과서'를 통하여 이해하려고 하였다. 이에 우리는 이 분야의 대가들이 이론화시킨 식민화 담론의 이론들로부터 몇 가지 중요한 식민담론의 기제들을 추출하고 이러한 기제들이 우리나라의 교과서에 어떻게 작용하는지를 면밀히 분석하고자 하였다. 따라서 Spivak, Said, Bahba, Fanon 등의 저작들로부터 분석 기준들이 될 수 있는 식민지배 통치의 효과적인 담론적 특성들을 추출하였다. 그리고 그 다음으로 그러한 각 담론적 특성은 식민성의 이식과 재현에 어떻게 연결되는지를 이론적으로 다시 설명하였다. 그 결과 이 논문에 소개된 (중략) 분석 준거들을 개념화시키게 되었다.

탈식민 분석의 기준

분석의 준거가 개념화되고 난 다음 두 번째 작업은 이러한 준거에 기초하여 우리나라의 역사 교과서가 어떻게 지배자와 피지배자의 이분적 관계를 이데올로기적으로 묘사하고 합법화하는지를 일련의 역사지식과 문헌들의 자료에 기초하여 연결시키고자 하였다. 이 연결의 과정에서 여러 가지 분석의 기준들이 잘 활용되었다. 앞에서 설명한 Anyon의 접근처럼 여러 가지 이미지 형성과 재현에 대한 특별한 방식들이 어떻게 교과서에서 적용되었는지를 분석하였다. 그리고 세계사 교과서에서의 분석 단원으로 선정되니 세 개의 단원(산업혁명, 신대륙발견, 과학혁명)에서 동양과 서양의 이미지가 어떻게 차별적으로 그리고 불평등하게 묘사되었는지를 관련 자료들의 읽기와 인용을 통하여 해석하였다. 그리고 그 분석의 결과로는 우리나라의 세계사 교과서의 지식이 역사적 사실과는 별도로 서양과 동양에 대한 이분법적 태도를 취하고 있으며 서양이 보다 긍정적인 세계사적 주인공의 역할을 하는 존재로 그리고 동양은 열등한 위치에서 서양의 보조적인 역할을 하는 존재로 묘사되고 있다는 결론을 낼 수 있었다. 그리고 이러한 동양의 불평등한 이미지의 강조는 세계사라는 매우 특수한 교과의 특성을 반영한 채로 동양의 국민들과 학생들로 하여금 동양은 서양에 비하여 열등한 존재이며 따라서 서양에 비하여 역사적으로 세계사의 발전에 기여하지 못한 존재라는 이미지를 제공하고 있었다.

필자와 공동연구자들은 질적 내용분석 방법이라는 질적연구의 한 가지 방법을 통하여 우리가 진실 또는 과학적 사실로 받아들이고 있는 학교지식이 사실은 역사적 사실과는 별도로 특정한 집단의 이익을 보장하고 강화하는 이데올로기적 재생산의 역할을 하고 있다는 사실을 밝혀 주었다. 때문에 지금까지 우리가 질적연구 분야에서 이야기한 질적연구방법으로서 참여관찰이나 심층면담, 또는 생애사나 포커스 그룹 인터뷰 같은 방법으로서 내용분석 방법과 같은 접근이 존재하는 것이며 이 방법은 다른 질적 연구방법과는 또 다른 측면에서 질적연구의 효과와 가치를 확산시킬 수 있는 방법이다. 왜냐하면 우리가 현장에서 수집한 자료들(문서들)에 대한 읽기와 분석을 통하여 주제를 찾는 '질적연구 분석'의 특징은 사실상 이 글에서 소개한 질적 내용분석의 기법과 비슷하기 때문이다. 텍스트를 읽으면서 텍스트가 강조하는 또는 의도하는 메시지나 의미가 무엇인지를 새로운 은유나 용어로 특징화하는 작업으로서 '코딩'은 바로 질적 내용분석 연구자들이 자신들이 연구할 텍스트의 내용을 읽으면서 그 숨겨진 의도 또는 의도하는 주제가 무엇일지를 개념화하는 작업과 유사하기 때문이다. 그러한 이유로 질적 내용분석은 좁게는 특정한 텍스트의 메시지를 분석하는 비평의 기법으로서, 넓게는 질적연구과정에서 수집한 주요 문서들 또는 전사한 데이터의 의미를 추적하는 코딩의 일반적 과정으로서 이해될 수 있다.

질적연구방법으로서 참여관찰이나 심층면담이 우리나라의 질적연구작업에서 널리 이용되고 있는 데 비하여 질적 내용분석은 이론적으로 소개가 잘 되어 있지 않고 실제적으로 이 방법을 활용하여 텍스트를 비평한 연구들 역시 거의 없다. 그러한 점에서 이 주제에 대한 방법적 이론화가 더욱 필요할 것이다. 아울러 젠더, 문화, 성취향, 계급, 나이, 종교, 민족, 인종 등의 권력적 관계가 담론적으로 나타나고 있는 우리의 상황에서 내용분석의 효용성은 더욱 클 것으로 생각한다.

Elusive Images of the Other:
A Postcolonial Analysis of South Korean World History Textbooks*

South Korean educators and curriculum scholars have attempted to challenge Eurocentric points of view in history education. Despite these efforts, the dominant textbooks and teaching practices in South Korea continue to project colonial epistemologies. This paper argues that postcolonial inquiry into knowledge production can help expand the debate. Grounded in a framework of postcolonial theories, we examine three Korean high school world history textbooks for the ways in which they reproduce Eurocentric colonial hegemony. To conduct our study, we developed four analytical criteria: 1) constructions of subject/other, 2) discourses of inclusion/exclusion, 3) silencing of voices, and 4) narratives of re/colonization. Focusing on two major historical themes in the textbooks—the Discovery of New Trade Routes and the Industrial Revolution—the authors postulate the need to pluralize historical consciousness, reflect the contributions of the East to world history, and rethink curriculum and teaching practices.

keywords: postcolonial theories, textbook analysis, world history textbooks, Korean curriculum studies.

* Kim, Y.C., Moon, S., Joo, J.(2013) *Educational Studies*. Vol. 49. pp.213-246. American Educational Studies.

Who controls the past controls the future; who controls the present controls the past.
— Orwell (1949, 35)

George Orwell's famous phrase from 1984 explains how the past is colonized, legitimated, and reproduced by power/knowledge (Foucault 1980). His thinking inspires educators to consider how political, cultural, and economic imperialism controls the consciousness of the colonized and reproduces inequality among nation-states. Orwell's concept inspires curriculum scholars to question the uneven forces of cultural representation in educational discourses, both during and after colonization (Ashcroft and Triffin 1998; Asher 2010; Pinar and Taubman 1995). Similarly, Lloyd (1993) posits that colonialism remains in the present as historical anecdotes and that the debris from these anecdotes is in the present tense, not the past. Since this one-sided interpretation of the past depicted by the colonizer shapes students' understandings of who "we" and "they" were, educators should examine the power structure in schools.

This paper challenges the legacy of colonial lenses that compels us to see our identities and relationships through the eyes of colonial ideology (During 1998). Drawing from postcolonial theories, educators assert that colonial hegemony impacts curriculum practices and it "plays a role in transmitting colonialist structures and practices"(Asher 2010, 662; Kaomea 2006). In this paper, we examine this "discursive oppression" in and across multiple contexts, incorporated with curriculum and educational practices (Dimitriadis and McCarthy 2001). Inspired by postcolonial theories, we ground our work in two related epistemologies. First, using Foucault's (1980) analysis that power circulates in the relationship among history, knowledge, and truth, we examine how Eurocentric postcolonial hegemony is legitimated in South Korean history textbooks through the interpretation of colonialism as cultural and economic civilization. Second, we examine the ways in which these textbooks constitute a powerful device for reproducing Eurocentric ideology; we do this by drawing from the work of scholars who question the colonial standpoint created by the historical relationship between South Korea and other countries. Thus, the purpose of this study is to explore how South Korean history textbooks silence and marginalize certain historical events and people, and ultimately reproduce Eurocentric ideology. Guided by postcolonial theories, we analyze how three mainstream high school world history textbooks represent and reproduce various localities as objects subordinated and controlled for centuries by the West.[i] Since postcolonialism is not limited to just one location, such as South Korea, but occurs socioculturally, politically, and economically worldwide, we examine possibilities for advancing curriculum studies internationally. Our work is part of the larger effort to decolonize education in transnational contexts where colonialism affects not only local issues, but also international concerns (Rhee and Subreenduth 2006).

We begin by reviewing postcolonial perspectives on school knowledge and curriculum in Korea. We then explain our data sources and our criteria for postcolonial textbook analysis. "Literary analysis," our primary method, involves reading documents and drawing evidence from the material in order to support a thesis (Alridge 2006). Utilizing this methodology, we discuss two major historical themes generated from our analysis: 1) the Discovery of New Trade Routes, and 2) the Industrial Revolution. We focus on these two themes because Eurocentric perspective is the most prevalent in the interpretation of these events among other historical events. Our study aims to help Korean educators, administrators, and students rethink Korean textbooks as sites of the reproduction of Eurocentric ideology. Further, we hope that the analytical tools and practices we present here will encourage curriculum scholars to review their textbooks for the ways in which Eurocentric epistemology shapes their understandings of cultural hegemony.

Postcolonial Perspectives on Korean History and Curriculum

A major concern in postcolonial theory is the struggles of people who endured political and cultural colonization, even after the colonizers left (Lloyd 1993). Central to this concern is the idea that colonial hegemony continues to exist well after the end of political colonization (Slemon 1995). Scholars begin looking critically at their own fields of education and curriculum, drawing from postcolonial theories, which provide a critical lens to review educational practices. South Korea is no exception to these postcolonial discourses because it has been colonized socio-culturally and historically by Japan, China, and the U.S. (S.K. Kim 1997). Since this paper discusses a process of globalized Eurocentric cultural imperialism, a brief explanation of Korea's modern history will enrich the discourse regarding the impact of cultural, political, and educational colonization on a nation-state that has never been directly colonized by European countries.

Brief Modern Korean History and Colonization

Historically, no European countries colonized Korea; rather, it was Japan that colonized Korea, between 1910 and 1945. The power and the position of this "Eastern" colonizer provide a different analysis about political, social, and cultural colonization from that experienced by India, Vietnam, and Indonesia, which were directly controlled by European colonizers. During Japanese colonization, "cultural genocide" of Korean society happened over 35 years. Japanese was the only official language taught in schools, Koreans were forced to change their names into Japanese forms, Korean history textbooks were prohibited, and Koreans were forced to respect the war shrine of Japan (Caprio 2009). Korean history was distorted by Japanese imperialism, which indicated that elements of Korean culture were inferior to those of the Japanese (e.g., language), and that Japan was the civilized country needed to "protect" Korea from Western imperialism (Beasley 1991). Overall, the Korean language was eliminated during the colonization, and the idea of Korean inferiority was prevalent in the teaching of Korean history (Oh 2002). Japanese imperialism, not European/US imperialism, controlled modern

Korea, and Japan became the enemy for Koreans. Although the actual colonizer was Asian and not Western, Western colonial narratives have dominated in Korea. An examination of cultural imperialism from the West, especially from the U.S., is crucial in understanding why Korean education is grounded in a Eurocentric perspective despite the fact that Japan directly colonized Korea.

Historically, after Japan unconditionally surrendered to the U.S. in 1945, Korea did not become independent. Instead of Japan, Korea was under the trusteeship both of the U.S. (the southern part of Korea) and the Soviet Union (the northern part of Korea) according to the Potsdam Declaration. In his book *Culture and Imperialism*, Edward Said (1993) emphasizes that imperialism is not a moment in history but a continuing practice from the dominant discourse of the empire. In Korea's sociopolitical, cultural, and educational context, U.S. imperialism did not exist as the moment in Korean history during the U.S. military government from 1945 to 1948, but has explicitly established cultural imperialism (i.e., Eurocentric and U.S.-centric ideology), most notably in Korea's public education. Knowledge of the U.S. military government era (1945-1948) is crucial in understanding the ways in which U.S.-centric values and actual sociopolitical, educational, and cultural systems have been implemented in South Korea as cultural hegemony. In the article, "The Concept of Cultural Hegemony: Problems and Possibilities," Lears (1985) uses Gramsci's definition of cultural hegemony as being comprised of consensus and coercion. According to Gramsci, hegemony is a process to generate a consensus that the particular interests of a specific group are those of society at large. Socially marginalized groups adopt a concept that is not their own but is borrowed from the dominant group (Lears 1985).

This cultural hegemony of consensus and coercion was implemented in South Korea during the U.S. military government era. Most notably, Captain E. L. Lockard organized the Korean Committee on Education and attempted to reorganize Korean modern education based on the U.S. educational model, including curriculum, major textbooks, and teaching-learning methods (Brazinsky 2007; Y. Lee 2003). The American Educational Mission to Korea (AEMK) consulted with the Korean Department of Education for "better" education, such as introducing English language classes in secondary schools, adopting Deweyan progressivism, planning curriculum drawn from learning by doing, and introducing democratic education (Y. Lee 2003). In 1955, *Curriculum Handbook for the School of Korea* was published under the auspices of the U.N. Korean reconstruction agency, and the American-Korean Foundation assisted in publishing this handbook. The Korean government decided what, how much, and when to teach based on this handbook. The initial setup of Korea's contemporary schooling and curriculum were highly influenced by U.S.-centered notions of curriculum.

When Gramsci's argument is incorporated with Korea's modern history, the complicated process of hegemonic consent is evident in Korean education. South Korea has accepted Eurocentric and U.S.-centric perspectives as "universal" in understanding world history. Overall, this paper aims to examine the ways in which cultural imperialism and cultural hegemony have been salient in Korea's education. This paper examines the impact of globalized Western cultural imperialism in the analysis of world history, even though the West did not directly colonize this nation-state.

Postcolonial Curriculum and School Knowledge in Korea

Previously, we examined Japanese colonization and U.S. influences in South Korea's education. This section examines the ways in which Korean postcolonial curriculum scholarship was established in order to provide the context for our study.

Using diverse approaches to postcolonial studies, Korean educators have posed a series of difficult questions about the ways in which practices of identity and curriculum are influenced by Eurocentric and U.S.-centric ideology (Author and J. Cho, 2005; D. H. Lee 1982; J. K. Lee 1992). For example, J. K. Lee (1992, 13) argues that knowledge is transferred from the U.S. to Korea without critically challenging U.S.-centric discourses. He maintains, "Korean educational studies are replicating Eurocentric epistemology in their understanding of knowledge, learning, and teaching. They are not independent because this reproduction of Eurocentric knowledge is not generated from Korea's context." D. H. Lee (1982) also argues that South Korea's educational philosophy is highly influenced by the U.S. and that our educational discourses are neither creative nor independent. According to him, theory and practice come mainly from Korea's dependency on U.S. educational philosophy.

Author and Cho (2005) emphasize the need to conduct inquiry into postcolonial topics in the Korean educational context and thus open new territory for postcolonialism within and across Korean curriculum studies. They suggest that Korean postcolonial educators should attend to the following: 1) analyzing school curriculum, 2) developing postcolonial curriculum to challenge the colonial aspects of the U.S. curriculum, 3) centering Korean educational research in the Korean context, 4) developing new discourses in curriculum studies, and 5) encouraging educators' self-reflection. Author (2005a) posits that the Korean colonial standpoint has been shaped by both the historical relationship between South Korea and the U.S., and the Eurocentric epistemology embedded in this relationship. He also argues that Korean schooling has been historically constructed by Western cultural systems and that it reproduces the particular ideology of Western countries, particularly the U.S. (Author 2006a). Korean educators, he maintains, should develop postcolonial perspectives in Korean curriculum studies.

A number of Korean curriculum scholars have applied postcolonial theory to curriculum assessment and textbook analysis. For example, going from the history of Korea's 35 years of subjugation to Japanese imperialism, to Western cultural imperialism, S.K. Kim (1997) revisits Korean perceptions about Western literature. S. K. Kim (1997, 86) concludes that "studies on postcolonial theory would provide lenses to review Koreans' consciousness about Western literature and examine the ways in which the foreign literature curriculum is developed by Eurocentric perspectives."

B.Y. Kim (2001) uses the binary opposition between self and other to analyze social studies textbooks, especially history textbooks. Most notably, he explains how migrant workers, particularly from Southeast Asia, are portrayed as perpetual "others" in these textbooks. His analysis focuses on Korean history and explains how current Korean history textbooks include and exclude specific ethnic groups such as Filipinos, Vietnamese, and Malaysians. In addition, he examines the ways in which "government approved" history textbooks prevent students from analyzing history from multiple perspectives.[ii] Using a framework of decolonization, he posits that Korea's social studies curriculum should generate narratives to counter the impacts of Japanese imperialism and U.S. sociocultural colonization. His major argument is that the discourse on decolonization must start from the specific context of Korea and should not be "given" by analyses of other nation-states without critical examination. J. K. Lee (1992, 13) argues similarly in the context of Korean curriculum studies: "Educational discourses in Korea," he maintains, "should begin from a very specific Korean context… . This is the beginning of overcoming abstract discourses about educating Korean students which are mainly borrowed from [Western educational discourses]."

Author (2006b) analyzed middle school history textbooks through the lens of Orientalism (Said 1985). He discovered that content about the West is highlighted, while content about the East is minimized, and that the West is depicted as superior to the East in terms of technological development and civilization. Similarly, J. D. Lee et al. (2007) found that Korean world history textbooks describe the world through the binary of center and periphery. Based on an analysis of 31 high school world history textbooks, they explain that the U.S., Europe, and China are placed at the center of the world and that the remaining countries are considered as peripheral or "other" in world history.

Other Korean studies from a postcolonial perspective concentrate on the ways in which students in the West learn about the East. These studies challenge the geographical imagination generated by Western school curriculum. W.P. Hong (2009), for instance, conducted an ethnographic study of two schools in the U.S. that regularly teach units about Asia. He observed one middle school and one high school in the Midwest for four weeks and ten weeks, respectively. Teachers in the study intended to reduce prejudice against Asians and Asian culture and to increase sensitivity about cultural differences. However, the students strengthened their stereotypical images about Asia as having a simple culture. W. P. Hong (2009, 253) also underlined that these problems are not limited to the U.S. Given that Korea has become a culturally and ethnically diverse society, "how to teach about cultural differences among people is an important educational discourse in Korea as well." Overall, Hong (2009) implies that Midwestern students in his research still look at Asian culture as simple, and then their curriculum is exported to Korea. This cycle generates the same message about a monolithic version of "Asian" culture to Korean students as well. His work emphasizes the importance of teachers' exposure to Asian cultures and their openness toward cultural differences. In practice, his research emphasizes not only the use of more teaching-learning materials, but also the importance of utilizing popular culture properly and not confirming stereotypical images about culture.

Overall, Korean educators and curriculum scholars have attempted to overcome Eurocentric points of view in history education. However, despite their efforts to move toward multiple perspectives on world history, dominant textbooks and teaching practices continue to project colonial and Eurocentric epistemologies and to control knowledge production. As authors, we believe that developing new analytical tools that focus on relations of power/knowledge (Foucault 1980) will help us examine more effectively how this dominant worldview continues to be reproduced in curriculum content. Further, given Korean teachers' strong reliance on textbooks, we believe that textbook analysis is the starting point for raising questions about whose epistemology is circulated as valuable within educational practice, how the high school history curriculum shapes learning from a Eurocentric perspective, and how this perspective is explicitly and implicitly embedded in students' educational experiences. We hope that this paper will help provide critical lenses to pluralize our understanding of the world as well as to acknowledge the contribution of the East to world history.

Methodology

Drawing from postcolonial theories, we purport to examine how Eurocentric and colonial formation of discursive and cultural practices are (re)produced by textbooks in a nation-state. As Lloyd (1993) and other postcolonial theorists posit, colonial ideology remains in the present as cultural hegemony, and that the debris from historical anecdotes exists in the present tense, not the past. Among multiple approaches to analyzing cultural imperialism, we investigate the ways in which textbooks, especially world history textbooks, are utilized to reproduce this cultural imperialism, even though colonization is officially over.

We argue that discourse analysis of textbooks is crucial to investigating how cultural imperialism is embedded in the explanation, interpretation, and analysis of historical anecdotes. Discourses refer to ways of thinking, behaving, and practicing manipulated by written and spoken languages (Foucault 1977). In this paper, we aim to examine what knowledge is validated as truth and how knowledge is formulated in society via discourse analysis of Korean world history textbooks. Since textbooks are major parts of discursive practices in education, we attempt to develop analytical tools for textbooks and apply them to three actual mainstream world history textbooks. We will identify implicit messages in texts and make an overall qualitative judgment of textbooks as characterized by the flow, organization, and/or structure of sentences (Riessmann 2008). In this section, we explain our data sources and the four criteria we developed for analyzing content from a postcolonial perspective.

Data Sources

We selected the three mainstream high school world history textbooks most widely circulated in South Korea. All three are titled *High School World History* (Kim and Choi 2003; Oh and Park 2003; Oh and Jung 2003). They were developed on the basis of the 7th Korean National Curriculum Revision[iii]. In our analysis, we refer to them as Textbook I, II, and III. They are published, respectively, by Gyohaksa Press, Geumsung Press, and Jihaksa Press. These presses are private publishing companies, meaning that the government is not directly involved in the books they publish. Instead, their publications are government approved. This contrasts with the history textbooks published by the government for grades 1-9.

The textbooks have 319, 351, and 385 pages, respectively, that encompass Ancient History (22%), the Middle Ages (23%), Modern History (30%), and Contemporary History (25%). Three major chapters cover modern history: chapter 5 (The Growth of Asian Societies), chapter 6 (The Growth and Extension of European Modern Societies), and chapter 7 (The Modern Development of Asian World). In these three chapters, Modernization Movement and Nationalism Movement are the major discourses of Eastern history, including the Ming & Qing Dynasties in China, Japan, Mughal India and Southeast Asia, and Southwest Asia. Modern Western history, on the other hand, is depicted by themes of the Renaissance, the Development of Absolutism, Religious Reform, the Discovery of New Trade Routes, the Industrial Revolution, and Civil Revolution. Among many possible themes for analysis, we focus on two major themes, (1) the Discovery of New Trade Routes and (2) the Industrial Revolution, in three textbooks. These two themes as well as the description of the East during the same time period cover 30% (34 pages), 30% (25 pages), and 26% (30 pages) within the Modern History section, respectively. Overall, our analysis concentrates on the Modern World History section (15th-19th centuries) of the textbooks in order to analyze to what extent Eurocentric ideology is prevalent in the description of contributions to the advancement of the world economy as well as the development of industrial technology.

Multiple perspectives exist in terms of describing, interpreting, and analyzing the beginning of world trade and the advancement of technology. For example, Braudel (1992) and Wallerstein (1974) posit that Europe was the center of the world economy before the 19th century. In contrast, Abu-Lughod (1989), Bentley (1998), Chauduri (1990), Fairbank (1992), and Hodgson (1993) claim that the East controlled the world economy even before the 19th century. Frank (1998) posits "The West first bought itself a third-class seat on the Asian economic train, then leased the whole railway carriage, and only in the nineteenth century managed to displace Asians from the locomotive" (37). While controversial perspectives exist to understand modern world history, the authors are interested in the examination on the ways in which Korean world history textbooks depict what happened in history and then reproduce a certain hegemony and power/knowledge (Foucault, 1980). Based on these data sources, we aim to analyze the cycles of discussions, agreements, and negotiations that surround the viewpoints presented on modern history. In our analysis, the authors highlight major sentences and paragraphs that address Eurocentric ideology explicitly and implicitly.

Criteria of Analysis

This section explains the four criteria we developed to analyze the textbooks from a postcolonial perspective. Our use of postcolonial theories in this study is predominantly guided by the work of Franz Fanon (1963, 1967), Edward Said (1978), and Gayatri Spivak (1988). In order to explicate the ways in which Korean textbooks describe the East and the West, and thus reproduce Orientalism and Eurocentric domination, we developed and utilized four criteria: 1) constructions of subject/other, 2) discourses of inclusion/exclusion, 3) silencing of voices, and 4) narratives of re/colonization. This approach to textbook analysis investigates the exclusiveness, silence, and domination embedded in traditional Eurocentric epistemology. At the same time, it attempts to deconstruct and reconstruct the ways in which students' subjectivity is politically, economically, and culturally shaped by curriculum and education. Our four criteria are explained in the following sections. Table 1 is a brief explanation of analytic questions and theoretical foundations of the four criteria.

Four Criteria for Textbook Analysis

Criteria	Analytic Questions	Major Theoretical Foundations
Construction of Subject/Other	– How do history textbooks construct subject and other in terms of the contributions of specific nation-states to historical events? – How do the textbooks explain who initiated socio-political and economic change in terms of the world economy and industrial development? – How are certain characterizations of each world presented? Whose ideology is considered of most importance?	Frantz Fanon (1967) *Black Skin, White Masks*
Discourses of Inclusion/ Exclusion	– What part of the history about specific nation-states is included and excluded in the textbooks? – Who is included/excluded in the explication of historical events? – What are the specific political view, epistemology, and ontology that exclude and include a particular nation-state's interest? – In what ways is a specific nation-state partially included in world history?	Said (1979) *Orientalism* Foucault (1980) *Power/ Knowledge*

Criteria	Analytic Questions	Major Theoretical Foundations
Silencing of Voices	– Whose voices are silenced in the narration of world history? – To what extent are the victims' agony and struggles due to colonization and colonial ideology discussed in the history textbooks? – In what ways are the consequences of colonization addressed in the textbooks? Is colonization described only as having positive results (e.g., civilization)? – To what extent are the struggles of the colonized described?	Spivak (1988) *Can the subaltern speak?*
Narratives of Re/colonization	– How is colonial ideology reproduced in textbooks and thus re-colonizes the consciousness of students? – To what extent do the textbooks freeze stereotypes about the East and the West, and fix hierarchical relations between the two? – How is the description of nation-states in the textbooks used to reproduce colonial ideology (e.g., civilization, saving the soul, etc)? – How is colonial ideology internalized in students' consciousness and reproduced through education?	Freire (1980) *Pedagogy of the Oppressed*

Constructions of Subject/Other

This criterion provides a lens for analyzing how history textbooks construct *subject* and *other* in terms of the contributions of specific nation-states to historical events. This concept stems from Frantz Fanon's (1967) *Black Skin, White Masks*. Fanon introduces the colonial relationship between subject and other and analyzes the unequal power structure that conserves White as the subject and Black as the other. Drawn from psychoanalytical theory, Fanon explicates how colonial discourse impacts Black people's experience of inferiority and dependency living in a White world. The Black subject's self-division between Black and White people is a direct consequence of "colonialist subjugation" (17): that is, a Black person's self-perception is divided, and it exists as *the other* while appropriating and imitating the cultural code imposed by the colonizer. As Fanon (1967, 17) explains, "…to speak is to exist absolutely for the other." Fanon analyzes the cause of this self-division from an historical and psychoanalytic interpretation influenced by colonization. Fanon (1967, 100) states,

> My patient is suffering from an inferiority complex···If he is overwhelmed to such a degree by the wish to be white, it is because he lives in a society that makes his inferiority complex possible, in a society that derives its stability from the perpetuation of this complex···

As a psychiatrist, Fanon "historicizes" unconscious inferiority imposed on Blacks by colonial ideology. The awareness of "colonialist subjugation" about historical events as well as the interrogation of subject/other dichotomy is crucial for discourse analysis in texts.

We used this criterion of the construction of self/other in order to analyze how the three textbooks in our study describe who was recognized as the subject/other. We analyzed how the textbooks explain who initiated socio-political and economic change in terms of the world economy and industrial development. In addition, we examined how certain characterizations of each world are presented and whose ideology is considered of most importance. Although constructions of race, gender, ethnicity, and class are important in postcolonial theory and textual analysis, we mainly highlight regional and nation-state issues in our analysis.

Discourses of Inclusion/Exclusion

Our second criterion examines what part of the history about specific nation-states is included and excluded in the textbooks. We developed this criterion from Said's (1979) *Orientalism*. Grounded in Foucault's (1980) theory of power/knowledge, Said analyzes the discursively constructed meanings of the Orient generated by the West. Truth is "centered on the form of scientific discourse and the institutions which produce it" (Foucault 1980, 131). In other words, it is through the circulation of a discourse that truth and power can be established.

While analyzing the birth of Orientalism, Said explicates the ways in which power/knowledge circulates as a political doctrine to distinguish the West from the East. According to Said (1978, 203), the Orient is not a geographical location, but "a field surrounding the word." Orientalism becomes "a Western style for dominating, restructuring, and having authority over the Orient" (Said 1978, 17). The West uses the binary judgments of developed/undeveloped, natural/exotic, and civilized/uncivilized in order to portray the Orient as inferior. Said states that "the Orient was a term···that accrued a wide field of meanings, associations, and connotations" (203). The distinction between 'the Orient' and 'the Occident' is not neutral, but it functions as a tool for portraying Eurocentric ideology. This normalizing judgment is incorporated in the decision of who is included/excluded in history.

With the use of this criterion, we examine ontological and epistemological assumptions in textbooks in terms of who is included/excluded in the explication of historical events. Influenced by this concept, we analyzed the specific political view, epistemology, and ontology that exclude and include a particular nation-state's interest. Our questions included: In what ways is a specific nation-state partially included in world history? To what extent are issues about/from/with the East described? How is the cultural contribution of the East included/excluded from history? This approach challenges otherness and cultural difference; it aims to create equal and pluralistic, rather than monolithic, relationships. It also aims to recognize the contributions of the East to technological, cultural, and economic world development.

Silencing of Voices

This criterion refers to whose voices are silenced in the narration of world history. Using this criterion, we analyzed whether or not the victims' agony and struggles due to colonization and colonial ideology are discussed in the history textbooks. This criterion is developed from Spivak's (1988) "Can the Subaltern Speak?" In this article, Spivak (1988, 104) posits that the "subaltern cannot speak" when intellectuals speak for keeping their sociocultural and political conditions, rather than asking subaltern to speak for themselves. She elaborates the conflict between patriarchy and imperialism involved in the prohibition of the *sati*—that is, the practice of widow-sacrifice. British colonizers considered *sati* as a savage tradition and attempted to ban this ritual. In contrast, Hindu leaders defended sati as Hindu tradition. During this debate, the voice of the subaltern is silenced, and the subalterns are trapped between tradition and modernization. Spivak (1988, 102) says,

> Between patriarchy and imperialism, subject-constitution and object-formation, the figure of the woman disappears, not into a pristine nothingness, but into a violent shuttling which is the displaced figuration of the 'third-world woman' caught between tradition and modernization.

Spivak (1988, 76) states that the subaltern's voices are silenced in this "epistemic violence of the codification of Hindu Law." Namely, women-in-imperialism are silenced between (1) a patriarchal discourse to save women from men and (2) a colonial discourse that white men save yellow women from yellow men. Spivak's postcolonial discourse juxtaposes the silenced voices of the East and the attempts from the West to "speak for" the East.

Similarly, Coloma (2009), in his edited book *Postcolonial Challenges in Education*, refers to history as a "palimpsest;" that is, as a parchment on which the original text is erased or partially erased. The legacy of U.S. colonialism and that of other colonial countries keeps the colonized voice silenced. Grounded in Coloma's idea of history as "under erasure," we investigated the textbooks using the following questions: In what ways are the consequences of colonization addressed in the textbooks? Is colonization described only as having positive results (e.g., civilization)? To what extent are the struggles of the colonized described? We used this criterion to examine how the East is silenced, alienated, and marginalized in its struggles during and after Western colonization.

Narratives of Re-colonization

Our final criterion analyzes how colonial ideology is reproduced in textbooks and thus re-colonizes the consciousness of students. The aim was to assess how the textbooks freeze stereotypes about the East and the West and fix hierarchical relations between the two. In *The Pedagogy of the Oppressed*, Paulo Freire (1980) addresses how the hegemonic ideology is internalized in the "oppressed," and they become blinded to the myth of dominant power—power that oppresses the poor and keeps them in their sociopolitical position. Similarly, Kaomea (2006) conducts a case study on Hawaiian textbooks and practices. In this study, she addresses how the colonial myth—that is, oppressed indigenous women are liberated by colonization? is perpetuated in postcolonial classrooms. Based on Kaomea's research, we use "re/colonization" to see if the description of nation-states in the textbooks is used to reproduce colonial ideology.

Henry Giroux (1992, 21) challenges the cultural politics and discourses constructed through the binary oppositions of colonizer/colonized to "invite people to deskill themselves as educators." He criticizes Eurocentric hegemony and practices in education and investigates how they are internalized and reproduced through curriculum and teaching. Giroux's postcolonial discourse offers a space to resist colonial ideology and to transform colonial inheritance and reproduction in education, particularly in the U.S. context. Similar to Giroux, Apple (1979) attempts to formulate strategies of resistance to the 'colonialization of consciousness' of the oppressed. Using Giroux's and Apple's work on education and ideology as a foundation, we analyzed how the content of the textbooks generates stereotypical images of the East and the West.

This criterion is different from the previous three in that it works on the examination of implicit ideological and political messages embedded with/in textbooks. The major question is how postcolonial ideology is internalized in student consciousness through school curriculum. Using this criterion, we analyzed how Korean history textbooks reproduce the logic of re/colonization in education. Overall, guided by these four criteria, we read three textbooks, took notes, discussed possible themes, and worked toward conclusions through intersubjective agreement (Alridge 2006). As mentioned earlier, we choose these three textbooks because they are the most popular and widely adopted in Korea. Although non-mainstream publishing companies make world history textbooks, their impact is small compared with the three major publishing companies.

Analysis and Findings

In this section, we discuss two major themes that emerged from our textbook analysis: 1) the Discovery of New Trade Routes, and 2) the Industrial Revolution.

The Discovery of New Trade Routes

We discovered that the textbooks reproduce Western colonial ideology as a dominant worldview. The textbooks praise the Discovery of New Trade Routes in the name of the commercial revolution and maintain that this discovery generated the greatest economic development from the West to other countries. Furthermore, the textbooks deliberately exclude important processes and outcomes of colonization and marginalize the experiences of the colonized, including suppression, exploitation, plunder, and violence. This section uses our four criteria to analyze how the Discovery of New Trade Routes is presented in the textbooks.

Constructions of Subject/Other

The three textbooks describe the West as the Subject and the East as the Other of the creation of the world economy and its markets. Even though international trade was in place before Europe's Discovery of New Trade Routes, the textbooks present this discovery as paving the way for international trade for the first time in world history:

> The Discovery of New Trade Routes caused many cities in Italy to decline. In contrast, other European countries in the Atlantic Ocean became prosperous. As cheap, new goods such as tea and potatoes from the East were imported, everyday lives in Western Europe richly blossomed. As such, the discovery of new trade routes undoubtedly was the beginning of one world history. (Textbook II, 188)

This excerpt illustrates the Eurocentric view of constructing the world economy while situating the East as Other. It ignores the fact that most world regions were already involved in cooperative economic partnerships before the West actively formulated and merged the idea of capitalism into the world market (Frank 1998). Grounded in this centralization of the West as the Subject of the world, the textbooks grant the West a superior status to the East.

We found that the historical fact of the discovery itself comes from a Eurocentric perspective: Columbus's "rediscovery" of territory ignited a sense of Eurocentrism and allowed Europeans to make sense of the world from their own perspective (Blaut 1993). The Eurocentric point of view centered Europeans as the major contributors to the advancement of the world economy and marginalized non-Europeans as Other. According to M.S. Kim (2001), this perspective can be challenged by questioning the discourse of "discovery." Because indigenous people were already living in the territory, it was not newly discovered by Columbus; it was simply a rediscovery by Europeans. As Kim argues, the European explorer-driven perspective of this historical event only covers one side of the coin by confirming the Subject's (the colonizer's) perspective as the central view of the world. Further, the highlighting of Columbus's "discovery" of new trade routes in Korean textbooks is also associated with Europe's contribution to "civilizing" others.

Furthermore, the textbooks situate the Discovery of New Trade Routes as the beginning of the worldwide market. They maintain that this worldwide market would not have flourished without the successful Discovery of New Trade Routes:

> The Discovery of New Trade Routes opened the door to the worldwide markets. European merchants and industrial businessmen earned new fortune and capital, resulting in gainful developments in the European markets, namely, 'Commercial Revolution.' (Textbook III, 199)

The way in which the textbooks analyze the worldwide market is problematic in their use of the term "opened the door." This interpretation of the discovery of trade routes intentionally situates the West as the Subject of world history. The world market structure, however, as mentioned above, existed even before the Discovery of New Trade Routes. Frank (1998) contends that Asia dominated the world economy from the 15th century until early 19th century. Similarly, Abu-Lughod (1989) explains that the world economic system existed as early as the 13th century. In his view, the supply and demand system of East Asia was the center of world trade and created the world structure.

China, India, and Southwest Asia were not only more active than Europe, but their contributions to the world economy before 1800 were also greater than Europe's contributions (Parthasarathi 2011). With 66% of the world's population, Asia produced 80% of the products used in the world in 1750 (Frank 1998). This means that Asia was equipped with technical skills as well as highly developed economic and financial systems. In addition, Hodgson (1993) makes the case. Although world change is believed to be the result of the economic, scientific, and rational "technology" of the 16th and 17th centuries, it was not caused by a single European force, but rather by the worldwide trade that was established before Europe's active participation in the world economy.

Discourses of Inclusion/Exclusion

The textbooks reproduce colonial ideology by only partially including the economic power of the East. They do not explicate the complexity of historical events; indeed, they conflate cause and effect. In addition, they do not provide sufficient context to analyze the past through multiple perspectives. While all three textbooks highlight the emerging development of the West, only one textbook mentions the existence of China's advanced economy before the West's commercial revolution:

> A big East Asia commercial belt was constructed around South China during the Ming and Qing Dynasties. Muslim, Chinese, and Japanese merchants were just as active in trade as European merchants were after the discovery

> of new trade routes. By exporting a great deal of silk, tea, and porcelain over a long period of time, China experienced a great influx of silver from Europe and Japan. (Textbook II, 158)

The other two history textbooks either omit or simplify the contributions of the economy of the East. In Textbook III, the contribution of China to the world economic structure is described in just two paragraphs:

> Agricultural productivity was greatly improved during the period of the Ming and Qing Dynasties. The expansion of irrigation facilities, the improvement of agricultural techniques, and the development of new seeds resulted in greater productivity….Due to these new developments, China's commerce grew, with local merchants from San Si or Shin. Since the mid-18th century, the Qing dynasty strictly controlled trade with foreign countries and only permitted trade via the Public Trade Officers at Kwangju harbor. China received quantities of silver in exchange for Western imperialist countries' demand for porcelain, tea, and silk…The Ming and Qing Dynasties reformed the tax system. (Textbook I, 68)
>
> Textbook I merely describes the general commercial situation of China in terms of 'domestic economic development' or the 'tax system':
>
> As trade became active and a considerable amount of…currency was replaced by silver currency as the major exchange system….[t]he number of silver products from the Qing Dynasty increased remarkably. As early as the 18th century, the Qing Dynasty implemented a simplified tax system called 'Dedicated Silver Tax Collection' intended to collect property tax (Ji En) that included capital tax (Jeong En). (Texbook I, 182)

The great amount of rice, spices, and precious metals flowing between Southeast Asia and China indicates a dense network of global trade systems as well as the importance of silver as an alternative currency (Parthasarathi 2011).

By the same token, the textbooks rarely include the contributions of India and Southeast Asian countries, even though their contributions were significant. Between the 17th and 19th centuries, the markets around the world consumed Indian cotton cloth, and enormous amounts of silver, gold, and other forms of money flowed into the Indian subcontinent. For example, approximately 28,000 tons of bullion in silver equivalents (almost 50% of the world's production) flowed into the Indian subcontinent during the same period (Parthasarathi, 2011).

By the late 17th century, the population of the Mughal Empire was over 100 million (Frank 1998; Richards 1996). The Mughal Empire was prosperous, not only in religion and culture, but also in economic development. For example, the sophistication of the mercantile system, as well as the dynamic of the commercial system, flourished before

European traders arrived at India (Parthasarathi 2011). Later, production of agricultural, commercial, and industrial goods was high, and trade with Portugal, England, France, and the Netherlands was active via both a land route and a sea route (Pearson 1991). The major components of the Mughal Empire's income were their real estate, property, and trade taxes. In the 17th century, nine cities in India had populations over 200,000 (e.g., Delhi, Agra, Sutra, Lahore). Only three cities in Europe (i.e., London, Paris, and Naples) had populations over 200,000 (Lee et al. 2007). Even if the textbooks have separate chapters on the "Mughal Empire" and the "Development of Southeast Asian Countries," the content itself has little to do with what is called "development." Not a single line of reference to the economy exists, while two of the textbooks simply describe general narratives such as "The Rise and Fall of the Mughal Empire" (Textbook I, 177−180), "The Change of the Empire," or "The Culture of the Mughal Empire as a Result of Mixing Islam with Hinduism" (Textbook III, 195−198).

Adam Smith (1776/1937) argues that Asia was richer and more economically advanced than Europe. For example, "the improvements in agriculture and manufacturing seem likely to have been of very great antiquity in the provinces of Bengal in the East Indies, and in some of eastern provinces of China, though the great extent of this antiquity is not authenticated by any histories of whose authority we⋯are well assured" (20). According to Smith, China, Egypt, and India were renowned for their highly developed techniques in agriculture and manufacturing. Smith emphasizes that "China is a much richer country than any part of Europe" (169).

Overall, according to Abu-Lughod (1989), the world structure from 1250 to 1350 was based on long distance trade and cultural exchanges originating in the major cities of India and China. The advanced economies were the Ming and Qing Dynasties of China, the Mughal Empire of India, the Shiite Dynasty of Persia, and the Osman Dynasty of Turkey. These countries maintained stronger economic, political, and military systems than Europe. It is debatable that Portugal, the Netherlands, and Britain controlled the world during the 16th, 17th, and 18th centuries, respectively (Frank 1998). Thus, the two-century-long European expansion is "nothing but a short play in comparison to the long history of Asian expansion" (M. H. Lee 2002, 199).

Silencing of Voices

The textbooks describe the Discovery of New Trade Routes as a major driving force in the economic development of Europe. However, Western colonial ideology not only covered up slavery, the exploitation of labor, and the plunder of raw materials in Africa, but also omitted its brutality against Africa (Blaut 1993). The damage Europeans inflicted was glorified for the sake of civilization. In other words, the Discovery of New Trade Routes is described in the textbooks as making a big contribution to the economic development of Europe:

> The exploration and Discovery of New Trade Routes expanded Europe's boundaries, helped its economy develop exponentially, and fostered the growth of a middle class and capitalism. A variety of goods such as pepper, sugar, corn, potato, and tobacco from America were offered at cheaper prices, improving the lives of many Europeans. Slaves from the Africa continent—that were considered as the cheapest good—were sold to America. (Textbook III, 196-198)

The other two textbooks also describe the importance of the Discovery of New Trade Routes and the economic change in Europe:

> After the Discovery of New Trade Routes, the everyday life of Europeans became richer and more economically developed than in previous times, not to mention the incredible development of Europe as a whole. Tea and fabric from the East, and tobacco, potatoes, cocoa, and corn from America, were reasonably priced. In particular, large amounts of gold and silver from the New World created a serious inflation, referred to as the Price Revolution. (Textbook I, 168)

Meanwhile, the American and African continents became places of cruel murders and bloody conquests after Christopher Columbus and Europeans crossed the Atlantic. In fact, the damage done to the New World was tremendous. Most notably, in 1650, the population of the Aztec and Mayan civilizations had decreased from 25 million to 1.5 million. The population of the Inca civilization in the Andes Mountains dropped from 9 million to 0.6 million (Crosby 1994). The dramatic decline in population of these civilizations, caused to a great extent by epidemic diseases, shook the very foundation on which they stood and, ultimately they fell into peril and extinction (Newson 1993). North America was no exception. In the years 1616 and 1617, foreign germs and bacteria transmitted by Europeans killed thousands of natives in this New World even before European immigrants began their large-scale move. It is estimated that the population of the New World unbelievably decreased from 100 million to 5 million (Livi-Bacci 1992, 51). According to Newson (1993, 277), "between 1492 and 1650 the native population of the Americas fell from just over 50 million to just over five million." This decimation of the population was hideous and "none of the great massacres of the twentieth century can be compared to this hecatomb" (Todorov 1999, 133).

The total number of slaves increased to 20 million from the beginning of the slave trade between the African continent and the American continents (Newson 1993). The slave trade made the regions of the Atlantic Ocean prosperous because it provided labor. Europeans rationalized their colonization of Africa in the 19th century by arguing that Africa would have collapsed from civil war if they had not made an effort to modernize the continent. However, as Walven (2000) argues, this claim is void because it was the slave trade that actually destroyed African communities and hindered the possibility of Africa's independent development. A vast number of human resources which could have contributed to the self-development of Africa were shipped to the New World. Bergesen (1995) states that the world economy and world structure did not originate in Europe. In his book, *Let's Be Frank about World History*, he argues that the theory of Western prosperity appears to justify the political and economic invasion of Africa for the sake of Europe.

Overall, our analysis of Korean world history textbooks shows that the voices of the slaves predominantly from Africa and of indigenous peoples were silenced in the description of Europe's Discovery of New Trade Routes.

Narratives of Re-colonization

Bentley (1998) argues that, according to historical documents, the East, not the West, began the Discovery of New Trade Routes and contributed to world economic development. However, the Eurocentric perspective in the textbooks on the construction of the world economy leads Korean students to accept and reproduce Eurocentric ideology—that is, to believe that modern capitalism was internally caused by European development. In other words, emphasizing Europe's contribution to the world economy while not addressing the contributions of the East generates narratives that re/colonize students' consciousness: the West is superior to the East; the world economy originated in the West.

According to Abu-Lughod (1989), the "world structure" existed prior to the Discovery of New Trade Routes and was a precursor to the European hegemony of the 16th century. Some world historians not only place the origin of the world structure in an earlier time but also consider the subject of the world structure to be non-European (Frank and Gills 1993). In this respect, Abu-Lughod (1989, 9) makes the convincing argument that Europe was seen in the eyes of Asians as "an upstart, peripheral to an ongoing operation." Abu-Lughod (1989, 17) states that "the failure to begin the story early enough has resulted in a truncated and distorted causal explanation for the rise of the west" (17). Moreover, as Frank (1998, 5) explains,

> Europe was certainly not central to the world economy before 1800. Europe was not hegemonic structurally, nor functionally, nor in per capita consumption, nor in any way in its development of allegedly more 'advanced' 'capitalist' institutions. In no way were sixteenth-century Portugal, the seventeenth-century Netherlands, or eighteenth-century Britain 'hegemonic' in world economic terms.

These arguments posit that a wide Eurasian trade network existed prior to the 15th century and that it constituted the primary world structure. Fairbank (1965) also points out that the rise of the Muslim Empire and economy, the shipbuilding industry, and the expedition capacity of China made a major contribution to launching the era of "Grand Ocean Trade" that spanned from East Asia to Africa from the 8th to the 13th centuries. Hence, the era of Western Ocean Trade led by Europe's economy was viewed only as a late accomplishment in terms of the existing Asian trade. Frank (1998, 324) notes that,

> For the century between 1400 to at least 1700 as well as earlier, there was nothing 'exceptional' about Europe, unless it was Europe's exceptionally marginal, far-off peninsular position on the map and its correspondingly minor role in the world economy.

The economic growth of Europe was not accomplished on its own. Instead, Europe became profitable by leveraging the great fortunes of America and intervening in the production and trade of the Asian market. Rather than maintaining that Europe brought new markets into the European economy or world structure, it is more reasonable to argue that Europe simply joined the existing structure of the world economy. In other words, Europeans did not create the world economic system. Rather, they could establish their trade, commerce, and capital systems because those had already been pioneered by Asia (Frank 1998).

As such, multiple perspectives exist to review the world economy in modern history. Yet Korean students' consciousness about the East and the West is re-colonized by repeating Eurocentric colonial hegemony through standardized tests. For example, the following mock College Scholastic Ability Test (CSAT)[iv] question addresses how the description of The Discovery of New Trade Route in textbooks reproduces the narratives of re-colonization of Korean students via testing.

Question: Choose the right answers that explain the impact of the following activities for European societies (Seo et al. 2012, 128).

— Columbus crossed the Atlantic Ocean and arrived at current West Indies (1492)
— Vasco da Gama discovered a new travel route to Calicut via the Cape of Good Hope in Africa (1498)
— Magellan sailed across the Pacific Ocean and returned to Europe. He successfully finished a trip round the world (1522).

a) An enormous world trade market is established
b) Tea and cotton textiles were shipped from the East
c) The foundation of Landowners in Feudal Institutions has expanded
d) Products from the Guild System proliferated

1) a & b 2) a & c 3) b & c 4) b & d 5) c & d

The right answer of this question is 1) a & b. These unspoken narratives in Korean textbooks and standardized tests indoctrinate students with Eurocentric worldviews: that is, Columbus, Vasco da Gama, and Magellan contributed to the advancement of world trade with their "new" discovery of trade routes. As we analyzed in the previous sections, this Eurocentric explanation about the beginning of the world economy describes the West as the Subject and the East as the Other. Without providing multiple points of view regarding the world economic system, Korean students reproduce these hegemonic narratives of re-colonization.

Overall, the binary opposition of West and East as subject/other in world history is salient in the Korean world history textbooks we analyzed via partial or no description of the East's contribution. The Eurocentric narrative of world economic development, followed by standardized tests drawn from the same ideology, leads Korean students to reproduce Eurocentric ideology reinforcing the binaries of West and East: superior/inferior, developed/underdeveloped, and civilized/uncivilized.

The Industrial Revolution

The Industrial Revolution is another historical event through which Western colonial ideology is reproduced. We discovered that the textbooks depict this event as predominantly grounded in a Eurocentric point of view. Under European hegemony, the European value system becomes a universalized worldview. In this section, we argue that what is referred to as the unified or "one" world history is generated by European hegemony.

Constructions of Subject/Other.

All three textbooks maintain that England's Industrial Revolution resulted from the establishment of industrial capitalism in Europe in the late 18th century. This perspective claims that the West was the Subject of the Industrial Revolution and that the rest of the world was Other. For example, the textbooks depict England as the leading nation-state that could support the development of the Industrial Revolution grounded in sufficient capital, resources, markets, and labor:

> With the collapse of feudalism, England could easily develop its finance and industry under the less restricted Guild system. In the 18th century, England acquired numerous colonies and was able to accumulate a great deal of capital by defeating rival European countries···Political and social systems became stable after the Bill of Rights was established. (Textbook II, 200)

This textbook attributes the Industrial Revolution to the domestic capacity of England—its stable political and social system, and the economic freedom of the bourgeoisie—as well as to its colonial empire. Similar to the other textbooks, it locates the origin of industrialization within European territory. This narrow interpretation, as Blaut (1993) argues in *Tunnel History*, situates the cause and effect within Europe while "othering" the contributions from outside Europe. Historians such as Andre Frank (1998, 285), however, offer a very different perspective:

> The technological developments of the industrial revolution should not be regarded as only a European achievement. Instead, they must be understood more properly as world developments whose spatial locus moved to and through the West at that time after having long moved about the East. The relevant question is not so much what the 'distinctive' European features or factors are of the industrial revolution as how and why this industrial shift took place from the East to the West.

Although the Industrial Revolution occurred in England in particular and in Europe in general, it should not be interpreted within European boundaries alone. This oversimplistic interpretation is problematic in positing that England alone was the origin of the Industrial Revolution. Social and political relations of accumulation had created the advancement of technology and industrialization (Gills and Frank 1993). For example, we need to acknowledge the fact that China, India, the Middle East, and North Africa had developed sophisticated skills for the production of luxury clothes, metal goods, and iron products (Stearns 1993). Without a holistic perspective to analyze the Industrial Revolution, educators continue the construction subject/other binary in the examination of the world economy and the world structure.

Discourses of Inclusion/Exclusion

The textbooks exclude the contributions of the colonized toward the accumulation of capital needed for industrialization. The following excerpt from Textbook I maintains that the Industrial Revolution was possible not because of India, but because of England:

> England was a country full of the coal and iron necessary for industrial development. With the establishment of the Bill of Rights, the political and social system in England became stable. The Bill eliminated factors that hindered economic privilege and monopoly. The Bill of Rights set up a system that was useful for mechanical invention and innovation. (Textbook I, 238)

According to C.K. Kang (2003), England's ability to develop the cotton textile industry was based on a stable supply of cotton, not on the invention of the cotton machine and the steam engine. At the beginning of the 18th century, England made a large fortune importing raw cotton from India and exporting it to other European countries. The commercial appeal of cotton led to increased production and capital for English businessmen, which in turn increased the demand for raw cotton. Since England was unable to produce raw cotton, importing it from India was the only option.

The increased demand, however, could not be met since India did not export enough raw cotton to England. Colonizing India was the solution. The Battle of Plassey in 1757 was a critical turning point in this history. With this battle, the British East India Company (EIC) gained the territory of Bengal, thus creating a direct route for importing raw cotton and enabling England to build the foundation of its textile industry (C. K. Kang 2003). Pomeranz and Topik (2006, 235) explain how England acquired raw cotton at lower prices:

> The EIC admitted that it paid anywhere from 15 to 40 percent less than other buyers, but expected these measures to help it get all the cloth it needed anyway; a Company official told Parliament in 1766 that now that it ruled Bengal, the EIC expected to double its cloth exports within a few years.

Examining the economy of the cotton industry shows how the description in the textbooks excludes India's contributions and perspectives. For example, 47% of British cotton products in 1800 were saved for export (Stearns 1993, 24), and cotton products made up a quarter of England's total exports. This rate rose to half in 1850 (Braudel 1992). According to Hartwell (1971, 269), this agricultural and commercial capital was the result of "spectacularly large sums flowing into England from abroad, from the slave trade and, especially, from the 1760s, from organized looting of India." Broadly speaking, this phenomenon is what Karl Marx refers to as "primitive" capital accumulation by means of colonial exploitation. As Arruda (1991, 420) argues, it was the colonies that provided the capital and the markets:

> Commercial investments made in the colonies, integrated into the circuit of mercantile capital and tied to the bonds of mercantile policies, substantially and strategically contributed to the economic growth of Western Europe. They opened new areas for investment….THE COLONIES DID PAY.

The "trophy" that England obtained from its colonies across the world amounted to 1 billion British pounds in gold currency between 1500 and 1800. Of this amount, 100-150 million pounds came from India between 1750 and 1800. Therefore, the argument that colonial exploitation played a key role in boosting the Industrial Revolution is convincing, and illustrates how Korean world history textbooks reproduce practices of exclusion.

Silencing of Voices

The textbooks reproduce the "universal" version of world history by ignoring the detrimental economic impacts of the Industrial Revolution on Europe's colonies. Based on this unfair relationship, European countries advanced economically and were able to conquer and control the world market. Unfortunately, the negative effects of the Industrial Revolution are investigated only in the domestic context, not in the larger context of the colonies:

> At the beginning of the Industrial Revolution, the factory workers in England were in the lower social class and their everyday lives were extremely miserable. To maximize interest, the selfish bourgeoisie allowed the cheapest labor, such as women and minors, to work. Their life span was relatively short as they worked in dangerous, unhygienic places for long periods. As a result, conflicts occurred between the bourgeoisie and the workers, and the labor unrest became a major social problem (Textbook I, 241)

All three textbooks maintain that modern capitalism was established by replacing handicraft business with manufacturing and that this shift eventually contributed to the development and evolution of England and the world alike. The textbooks make the positive aspects of the Industrial Revolution explicit. Yet they are silent about its dark shadow. At most, they describe domestic labor problems within England. The detrimental effect on the colonies is omitted.

Sha Seiki (1988) argues that, as the English cotton textile industry conquered the world market, it destroyed traditional production and communities in many colonies across the world. It crushed the means of production and the livelihood of peasants. Without their consent, the Industrial Revolution submerged the colonies into world capitalism. The Indian cotton textile industry led the world market until the 18th century. But after India was colonized by the British, it was robbed of raw cotton and cheap cotton products. The handicraft business in India reached the point where competition with England was nearly impossible. India's cotton textile industry gradually fell apart, and the country became, ironically, a major consumer of cotton textiles from England. "There is substantial evidence," as Frank (1998, 271) explains, that

> [E]conomic decline in India and, in particular, in the Bengali textile industry, had already begun before the Battle of Plassey in 1757. The accompanying political disarray of the Mughals and others rendered Asians vulnerable to predatory European merchant, naval, and ultimately political power. India was the first Asian political economic power to begin the 'fall' to European hegemony.

As such, the Industrial Revolution made England wealthy and strong but damaged the economy of India and made it dependent on England's economic system. For example, European trade and its political, economic, and military intervention drastically impacted the trade that had been traditionally carried on in Coromandel—that is, a coast attached to Bengali Gulf. As the British East India Company (EIC) increased trade with China on a large scale, the strategic importance of Coromandel was dramatically weakened (Arasaratnam 1995). As European power had grown in India, so did the Indian political power brokers' dependence on Europe.

Despite the enormous impact that European intervention had on India's business, the colonized voices of India were not portrayed in the textbooks. The North/South relationship between Europe, the U.S., and Japan on the one hand, and developing countries on the other, is a similar case. The textbooks offer only simplified descriptions: "The Industrial Revolution originated in England and spread throughout Western Europe in the 19th century. The Industrial Revolution began in Belgium and France around the 1830s, in the U.S. and Germany in the 1850s, and in Russia in the 1890s" (Textbook I, 240).

The "advanced" countries were successful in the Industrial Revolution because they invaded and colonized the "Third World" countries and because they turned the economic structures of these countries to the benefit of the mainland England. From this perspective, the Industrial Revolution is not a simple economic event that can be described as a peaceful landscape of capital accumulation, great inventors, advanced science, and adventurous business people. It is a political and social event that was built on the sweat, pain, and massacre of non-Europeans. By constructing a positive image of the Industrial Revolution, excluding the detrimental effects, and silencing the voices of the colonized, Korean history textbooks reproduce a Eurocentric version of world history.

Narratives of Re/Colonization

The textbooks' Eurocentric perspective on the Industrial Revolution re/colonizes student consciousness by maintaining that technological development flows from the West to the East. For example, Textbook III states that the critical factor in the Industrial Revolution and domestic textile production was the invention of the machine and the steam engine. This narrative supports the idea that the West, independently, was the center of the modern Industrial Revolution and technological development:

> In England, cotton clothes from India became popular even for those in the middle and lower classes. In the 18th century, new methods of mass production were studied in England as the demand for textiles from international and domestic sources increased. As a consequence, the Industrial Revolution began as soon as the textile machine was invented. Improvements in the steam engine led to the invention of the spinning jenny, the mule, and the power loom. (Textbook III, 219)

At first glance, the machine and steam engine appear to be the major factors influencing the Industrial Revolution because they made it possible for people to overcome the limitations of labor and maximize productivity. Grounded in this description, students understand the Industrial Revolution occurred because of new technology, new textile machines, and the steam engine, which were developed by the British. However, more attention needs to be paid to how the cotton textile industry developed over time. This development is less about inventions than about the conditions that made the advancement of the industry possible. The adoption of the steam engine only contributed to the cotton textile industry until the early 19th century. Further, it did not succeed in spreading to other industrial areas. Pomeranz and Topik (2006, 228-229) argue that the major driving force of the Industrial Revolution was not the equipment but the *cotton*:

> Had cotton (long the fiber crop of choice in most of Asia) not replaced flax and wool as European's leading cloth source, it is hard to imagine the Industrial Revolution taking the same course. And had Europeans grown the crop themselves, rather than rely on New World plantations, the increased demands on their land, water, and labor supplies could easily have short-circuited the process.

However, the textbooks generate stereotypes of the West as the only agents involved in advancing industry and technology. This explication about the origin of the Industrial Revolution is grounded in Eurocentric epistemology. The West had all the prerequisites for the Industrial Revolution, including plenty of natural resources, democratic stability supported by the Bill of Rights, the support of free trade for citizens, and freedom for entrepreneurs. In contrast, this Eurocentric epistemology generates a dichotomy for students to think that non-European countries did not have all of these prerequisites and could not initiate the Industrial Revolution. Korean students, consequently, are required to memorize the "fact" that solely Western inventors contributed to the creations of machines as well as the advancement of technology . For example, Textbook III (220) lists the "heroes" among individual inventors: John Kay (flying shuttle), James Hargreaves (spinning jenny), Richard Arkwright (hydraulic spinning machine), Samuel Crompton (mule spinning frame), Edmund Cartwright (power loom), and Eli Whitney (cotton gin). Korean students memorize the listing of these inventors for standardized tests/high-stakes tests (e.g., CSAT) and internalize Eurocentric consciousness in their understanding of the Industrial Revolution.

In 2011 CSAT, for example, asked the following standardized test question to connect the impact of the Industrial Revolution that started from England and then spread to other parts of Europe and other countries (KICE 2011). The names of key figures in the Industrial Revolution—predominantly British men—have to be memorized for a standardized test, and this knowledge determines a senior high school student's college entrance options.

Question: Choose all items that fit to the blank (3 points)

Industrial Revolution

1. Origin: late 18th century in England
2. Spread: 19th century European continent

3. Revolution: The invention of machines and the advancement of technology
4. Impact: ( )

a) The advancement of transportation and communication technology
b) The "gentry" status had been created
c) The growth of working class and socialism
d) The new routes of trade were discovered, and they increased international trades. As a result, the Commercial Revolution occurred.

1) a & b, 2) a & c, 3) b & c, 4) b & d, 5) c & d

The correct answer is 2) a & c. Students who memorized the industrial inventors' names and machines infer the advancement of technology influenced by the Industrial Revolution. Item d) is not correct because the new route of trade was discovered "before" the Industrial Revolution. Korean high school students repeatedly memorize these stereotypical images generated by Eurocentric epistemology, and they fix hierarchical relations between the West and the East. The aforementioned question explains key information to understand dynamics of the neocolonialist education that Korean students are receiving. Students do not have an opportunity to review world history critically that challenges Eurocentric epistemology because textbooks, followed by high-stakes tests (e.g., CSAT), support this ideology.

Graeme Snooks (1996, 1) suggests that we should trace back "beyond the beginning of the modern era, beyond the beginning of civilization, beyond even the beginning of the mankind' in order to understand the dynamics of human society. He posits that the current illustration of world history is Eurocentric in that it focuses on the beginning of the modern era and the civilization that mainly describe Western Europe's contributions to the world. After memorizing facts generated from the Eurocentric perspective, students internalize the West as a region with advanced technology, democratic political support, and superiority over the East. In contrast, students reproduce colonial ideology that the East was far behind in industrialization due to less developed technology, unstable political regimes, and inferiority to the West. In order to reduce this reproduction of Eurocentric ideology, it is important for students to critically examine the sources of the technological inventions mentioned in the textbooks. As long as textbooks describe Western heroes as the originators of the contributions, students cannot have multiple perspectives that these inventions are actually the outcome of the sacrifices of those who are not recognized. The foundations of industrial innovation cannot be clearly understood without acknowledging these interdependent contexts.

Discussion and Implications

This paper examines how three Korean world history textbooks describe and reproduce the West and the East from a Western colonial perspective. Guided by postcolonial discourse, we critically analyzed the content for unequal and biased representations of the West as the *subject* of history and the East as *other*. We examined two major themes in the Modern History sections: the Discovery of New Trade Routes and the Industrial Revolution. As the quotation from Orwell at the outset suggests, we postulated that those who control the present control the past and that this colonial perspective is explicitly and implicitly embedded in the textbooks. The Eurocentric interpretation of historical events not only limits the representation of localities, but also excludes the voices of the colonized.

One purpose of this paper is to examine the ways in which Eurocentric ideology is operating in Korea's world history textbooks. Some people might argue that the reviews only on two themes from three textbooks are "overgeneralizations" in claiming that Eurocentric epistemology is prevalent in Korean world history education. However, we argue that this colonial hegemony embedded within small portions of textbooks is too powerful to reproduce meta-narratives, not counter-narratives, to describe, interpret, and analyze historical events. For example, the description of world history from the 15th to the 19th centuries in Korea's world history textbooks addresses Eurocentric ideology that 1) Europe was the center of the world economy expedited by the Discovery of New Trade Routes, 2) the Industrial Revolution was possible due to Europe's advancement of technology, and thus 3) Europeans are superior to non-Europeans. Our analysis on two themes from three major Korean world history textbooks will also pose an important question about how a specific hegemonic ideology is reproduced through education repeatedly.

Drawing on this analysis, we suggest further research for curriculum scholars to engage more fully in postcolonial discourse. A genealogical analysis of world history textbooks is needed to understand this phenomenon and to critically review the persistence of Eurocentric epistemology and ontology, not only limited within the Korean context, but also extended to other nation-states' contexts. Although the authors have attempted to connect Korea's colonization by Japan to this current Eurocentric phenomenon in the textbooks, other researchers can continue investigating how the history of colonization by Japan would impact how South Koreans would tell history in the present. These questions stem from Fanon (1967) and Dirks (1992), who indicate that colonization continuously impacts the ways in which histories are relayed in postcolonial spaces. Part of this analysis would involve investigating the development of a nation-state's curriculum and textbooks over the past century. Possible questions are as follows: To what extent have curriculum developers, textbook authors, and publishing companies attempted to avoid merely translating Western textbooks into a local language? Where and by whom were the curriculum developers and textbook authors educated? What content did they refer to for their primary sources? What content did they exclude? This type of genealogical study would produce a wider context for understanding how Western colonial ideology continues to be embedded in current textbooks.

In addition to world history textbooks, we suggest that educators engage in analyzing textbooks in other subject areas as well to see the extent to which colonial ideology is perpetuated. As mentioned earlier, work is already being done on textbooks in the areas of literature, social studies, and history. Other subject areas would include political science, natural science, economics, and English language arts. Korean music and fine arts textbooks, for instance, use Western music and the history of Western impressionists as major subject content.

Educators and researchers should also pay more attention to the important role of teachers in helping students become aware of de-colonizing perspectives. Teachers should go beyond the conventional approach in the education of teaching students to "accumulate" objective knowledge and a universal value system. Since no knowledge is neutral or objective, teachers need to help students to be independent and critical learners. Adopting a critical perspective will help students to deconstruct expected, dominant, and traditional textbook knowledge. It will also help them construct their own knowledge and critical consciousness—that is, engaging in making sense of the world and attempting to change it.

Furthermore, this study implies that educators and researchers should closely examine neocolonial discourses that are recurring through discursive practices in school textbooks, media, and other communication in a global context. In *Postcolonial Theory: A Critical Introduction*, Leela Ghandi argues that postcolonialism "shakes canonical knowledge systems···and recovers marginalized knowledge" (1988, 42). She invites curriculum scholars to reflect critically on their educational contexts to see how the colonization of school knowledge is explicitly and implicitly legitimated. We believe that our investigation of Korean world history textbooks offers a powerful response to Gandhi's call. By analyzing cultural hegemony and colonial ideology melded in textbooks, we hope to contribute to international dialogue on the exclusiveness, silence, and domination embedded in traditional Eurocentric epistemology. This approach is important because neocolonialism recurs in the global context within multiple sociocultural, political, and economic educational discourses. This work is situated in efforts to develop "critical consciousness" (Freire, 1980) for students to review, deconstruct, and challenge current Eurocentric, colonial, and patriarchal perspectives that have been incorporated and institutionalized explicitly and implicitly in textbooks and educational practices. In addition, the investigation of hidden barriers will be important for future research: What barriers do exist for Korean educators to realize a postcolonial perspective that is unique to Korea? Although our study focuses on South Korea's world history textbooks, we hope it opens possibilities for widening critical perspectives on interpreting, teaching, and learning the past in other educational contexts as well As Orwell argues, those who control the past, control the future.

Notes

I The authors do not ignore that the West/East and the First/Third world binaries are developed by the logic of the colonizer and that they adopt colonialist labels and even reinforce the perspectives of colonizers. While acknowledging this problematic usage of these West/East and First/Third world binaries, we use these terms in several places where the use of these binaries could clarify the ways in which colonial ideology is highlighted by this dichotomy (i.e., colonizer is superior to the colonized).

ii Guided by national curriculum legislation, textbooks in South Korea fall under two categories: government published (1st level) and government approved (2nd level) (Author, 2006b). Government-published textbooks indicate that the Korean Department of Education (KDOE) is directly involved in the publication process. Copyright is owned by the KDOE, and the authors are selected by the government. On the other hand, government-approved textbooks indicate that private publishing companies choose the authors. Conventionally, these textbooks are called "privately published." The government requires that the authors pass a screening process on their teaching qualifications and experience, and that the companies have published more than twenty types of books (Heo et al. 2002). The Korean Institute of Curriculum and Evaluation decides if privately published textbooks successfully meet national curriculum standards.

iii The 7th Korean National Curriculum Revision refers to grades 1-12 and was passed in 1997 by the Department of Education, Science, and Technology. It requires that all public school students in grades 1-10 learn Korean, Moral Education, Social Science, Mathematics, Science, Practical Arts (Technology and Home Economics), Physical Education, Music, Fine Arts, and English. World History falls under Social Science, but becomes an elective in grades 11 and 12. The textbooks we examine in this article are used in the elective curriculum.

iv College Scholastic Ability Test (CSAT) is developed by the Korea Institute for Curriculum and Evaluation (KICE), commissioned by the Ministry of Education, Science, and Technology. This high-stakes standardized test aims to measure students' learning abilities and the achievement required to study at college (KICE 2012). Due to "educational fever" in Korea, CSAT implicitly and explicitly controls educational standards, school policy, afterschool programs (e.g., cram schools, tutoring), and students' daily lives (Kim 2000; Lee 2006).

References

In English

Abu-Lughod, Janet L. 1989. *Before European Hegemony: The World System* A.D. 1250-1350. New York: Oxford University Press.

Alridge, Derrick P. 2006. "The Limits of Master Narrative in History Textbooks: An Analysis of Representations of Martin Luther King." *Teachers College Record*, 108:662-686.

Anyon, Jean. 1979. "Ideology and United States History Textbooks." *Harvard Educational Review*, 4:361-386.

Apple, Michael. 1979. *Ideology and Curriculum*. London: Routledge and Kegan Paul.

Arasaratnam, Sinnappah. 1995. *Maritime Trade, Society and the European Influence in Southern Asia*, 1600-1800. Aldershot, UK: Variorum.

Arruda, Jose. 1991. "Colonies as Mercantile Investment: The Luso-Brazilian Empire, 1500-1800." pp. 360-420 in *The Political Economy of Merchant Empires* Edited by James D. Tracey. Cambridge: Cambridge University Press.

Ashcroft, Bill., Gareth, Griffiths., and Tiffin, Helen. 1998. *Key Concepts in Post-Colonial Studies*. New York: Routledge.

Asher, Nina. 2010. "Postcolonial Theory." pp. 661-663 in *The SAGE Encyclopedia of Curriculum Studies*. Edited by Craig Kriedel. Thousand Oaks, CA: SAGE Publications.

Beasley, W. G. 1991. *Japanese Imperialism* 1894-1945. Oxford: Oxford University Press.

Bentley, Jerry H. 1998. "Hemispheric Integration, 500-1500 C.E." *Journal of World History* 9:237-252.

Bergesen, Albert. 1995. "Let's Be Frank about World History." pp. 195-205 in *Civilizations and World System: Studying World-Historical Change*. Edited by Stephen K. Sanderson. Walnut Creek, CA: Altamira.

Blaut, James M. 1993. *The Colonizer's Model of the World*. New York: The Guilford Press.

Braudel, Fernand. 1992. *The Perspective of the World of Civilization and Capitalism 15th-18th century* (Volume III). Berkeley, CA: University of California Press.

Caprio, Mark E. 2009. *Japanese Assimilation Policies in Colonial Korea*, 1910-1945. Seattle: University of Washington Press.

Chauduri, K-N. 1990. *Asia before Europe. Economy and Civilisation of the Indian Ocean from the Rise of Islam to 1750*. Cambridge: Cambridge.

Coloma, Roland Sintos. (Ed.) 2009. *Postcolonial Challenges in Education*. New York: Peter Lang Publishing.

Coloma, Roland Sintos, Means, Alexander., and Kim, Anna. 2009. "Palimpsest Histories and Catachrestic Interventions" pp. 3-22 in *Postcolonial Challenges in Education*. Edited by Roland Sintos Coloma. New York: Peter Lang Publishing.

Crosby, Alfred. W. 1994. *Germs, Seed and Animals: Studies in Ecological History*. Armonk, NY: M. E. Sharpe.

Dimitriadis, Gregory and McCarthy, Cameron. 2001. *Reading and Teaching the Postcolonial: From Baldwin to Basquiat and Beyond*. New York: Teachers College Press.

Dirks, Kimbery. 1992. *Colonialism and Culture*. Ann Arbor, MI: The University of Michigan Press.

During, Simon. 1998. "Postcolonial and Globalization: A Dialectical Relation after All?" *Postcolonial Studies,* 1:31-47.

Fairbank, John K., Reischauer, Edwin O., and Craig, Albert M. 1965. *East Asia, The Modern Transformation.* New York: Houghton Mifflin

Fanon, Frantz. 1963. *The Wretched of the Earth.* New York: Grove Press.

Fanon, Frantz. 1967. *Black Skin, White Masks.* New York: Grove Press.

Foucault, Michael. 1980. Power/Knowledge. New York: Pantheon.

Frank, Andre Gunder and Gills, Barry. K. (Eds.)1993. *The World System: Five Hundred Years or Five Thousand?* New York: Routledge.

Frank, Andre Gunder. 1998. *ReOrient: Global Economy in the Asian Age.* Berkeley: University of California Press.

Freire, Paulo. 1970. *Pedagogy of the Oppressed.* New York, NY: Continuum.

Gandhi, Leela. 1998. *Postcolonial Theory: A Critical Introduction.* London: George Allen and Unwin.

Gills, Barry. K. and Frank, Andre Gunder. 1993. "The Cumulation of Accumulation." pp. 81-114 in *The World System: Five Hundred Years or Five Thousand?* Edited by Frank, Andre Gunder and Gills, Barry. K. New York: Routledge.

Giroux, Henry. A. 1992. *Border Crossings: Cultural Workers and the Politics of Education.* New York: Routledge.

Hartwell, Roland Max. 1971. *The Industrial Revolution and Economic Growth.* London: Methuen.

Hodgson, Marshall. G. S. (Ed.) 1993. *Rethinking World History: Essays on Europe, Islam and World History.* Cambridge: Cambridge University Press.

Kaomea, Julie. 2006. "*Nā Wāhine Mana*: A Postcolonial Reading of Classroom Discourse on the Imperial Rescue of Oppressed Hawaiian Women." *Pedagogy, Culture & Society,* 14:329-348.

Korea Institute for Curriculum and Evaluation. 2012. College Scholastic Ability Test Research and Management. Retrieved from http://www.kice.re.kr/en/resources/abillityTest.jsp

Kim, Jongchol. 2000. "The Entrance Examination System." pp. 55-88 in *Higher Education in Korea: Tradition and Adaptation.* Edited by John C. Weidman and Namgi Park.

Author and Cho, Jaesik. 2005. "Now and Forever: Portraits of Qualitative Research in Korea, QSE." *The International Journal of Qualitative Studies in Education,* 18:355-377.

Author 2005a. "Postcolonialism and Reconceptualism of Korean Curriculum Studies." *Journal of Curriculum Theorizing,* 21:1-16.

Lee, Jeong-Kyu. 2006. "Educational Fever and South Korean Higher Education." *Revista Electró—nica de Investigación y Educativa,* 8: Retrieved from: http://redie.uabc.mx/vol8no1/contents-lee2.html

Livi-Bacci, Massimo. 1992. *A Concise History of World Population.* Oxford: Blackwell.

Lloyd, David. 1993. *Anomalous State: Irish Writing and the Post-Colonial Moment.* Durham: Duke University Press.

Newson, Linda. A. 1993. "The Demographic Collapse of Native People of the Americas 1492-1650." pp. 88-101 in *The Meeting of Two Worlds: Europe and the America 1492-1650.* Edited by Warwick Bray. Oxford: New York.

O'Brien, Patrick K. 1990. "European Industrialization: From the Voyages of Discovery to the Industrial Revolution." pp. 154-166 in *The European discovery of the world and its economic effects on pre-industrial society* 1500-1800. Edited by Hans Pohl Proceeding papers of the Tenth International Economic History Congress. Stuttgart: Franz Steiner.

Orwell, George. 1949. *1984.* New York: Harcourt Brace.

Parthasarathi, Prasannan. 2011. Why Europe Grew Rich and Asia Did Not: Global Economy Divergence, 1600-1850. New York, Cambridge University Press.

Pearson, M. N. 1991. "Merchants and States." pp. 41-116 in The Political Economy of Merchant Empries. Edited by James D. Tracy. New York, Cambridge University Press.

Pinar, William F., Reynolds, William., Slattery, Patrick., and Taubman, Peter. 1995. *Understanding Curriculum.* New York: Peter Lang.

Pomeranz, Kenneth and Steven, Topik. 2006. *The World that Trade Created: Society, Culture, and the World Economy, 1400 to present.* New York: M. E. Sharpe.

Quayson, Ato. 2000. *Postcolonialism: Theory, Practice, or Process?* Malden, MA: Blackwell Publishers.

Rhee, Jungeun., and Subreenduth, Sharon. 2006. "De/colonizing Education: Examining Transnational Localities." *International Journal of Qualitative Studies in Education,* 19:545-554.

Richards, John, F. 1995. The Mughal Empire. New York: Cambridge University Press.

Riessmann, Catherine. Kohler. 2008. *Narrative Methods for the Human Sciences.* Los Angeles: Sage Publications.

Said, Edward. 1979. *Orientalism.* New York: Vintage Books Edition.

Said, Edward. 1993. *Culture and Imperialism.* New York: Vintage Books Edition.

Seiki, Sha. 1988. *Sekaish No Henkaku.* Yoshikawa Kobunkan.

Slemon, Stephen. 1995. "The Scramble for the Post-Colonialism." pp. 45-55 in *The Post-colonial Studies Reader.* Edited by Bill Ashcroft, Griffiths Gareth, and Helen Tiffin. New York: Routledge

Smith, Adam. 1776/1937. *The Wealth of Nation.* New York: Random House.

Snooks, Graeme Donald. 1996. *The Dynamic Society: Exploring the Sources of Global Change.* New York: Routledge

Spivak, Gayatri Chakravorty. 1988. "Can the Subaltern Speak." pp. 66-111. in *The Post-colonial Studies Reader.* Edited by Cary Nelso and Lawrence Grossberg. Urbana, IL: University of Illinois Press.

Stearns, Peter. N. 1993. *The Industrial Revolution in World History.* Boulder: Westview Press.

Todorov, Tzvetan. 1999. *The Conquest of America: The Question of the Other.* (Richard Howard) (trans.) New York: HarperCollins.

Wallerstein, Immanuel. 1974. *Modern World-System I : Capitalist Agriculture and the Origins of European World-System in the 16th Century.* New York: Academic Books.

In Korean

Hoe, Kang. 2002. *The Analysis on the Transition of the Authorized Textbooks of Korea*. Korea Textbook Research Foundation: Seoul, Korea.

Hong, Won Pyo. 2009. "Geographic Borders, Cultural Imaginations and School Curriculum: Asia in Two American *Before European hegemony: The world system A.D. 1250-1350.* Social Studies Classrooms." The Korean Journal of Anthropology of Education, 12:145-172.

Hong, Won Pyo. 2010. "Postcolonialism and Curriculum Studies: Looking for an Epidemiological Foundation of School Curriculum in a Multicultural Society." *The Korean Journal of Curriculum Studies,* 28:47-65.

Author. 2005b. "The Analysis of the 'Orientalism' in the Middle School Textbooks of Social Studies of the 7th National Curriculum." *Korean Journal of Educational Research,* 43:225-257.

Author. 2006a. "Orientalism and Curriculum Studies." pp. 511-548 in *After Tyler: Theorization of curriculum,* 1970-2000. Edited by Author. Seoul: Moon-Eum Publishing Company.

Author. 2006b. "Orientalism in Textbooks." The graduate school of Korean Studies. *Unpublished doctoral dissertation*. The Academy of Korean Studies: Seoul, Korea.

Kang, Chol Ku. 2003. "On West-Centric Analysis be Related to Some Problems of West Modern History." *Humanities*, 10:125-150.

Kim, Bok Yong. 2004. "The Implications of Post-Colonial Theory for Education." *The Korean Journal of Korean educational forum,* 3:39-56.

Kim, Eun Suk, Cho, Han Uk, Joo, Myeong Chul, Nam, Han Ho, and Choi, Jun Jae. 2003. *High School World History before European Hegemony: The World System A.D. 1250-1350. History*. Seoul: Kyohaksa Publishing Company.

Kim, In He. 1983. *The History and Problem of Korean Education*. Seoul, South Korea: Moonumsa.

Kim, Myong Seop. 2001. *The History of the Atlantic Civilization*. Seoul: Hangilsa Publishing Company.

Kim, Sung Kon. 1997. "Postcolonial Literature and Cultural Imperialism." *Arts and Sciences,* 27: 81-106.

Author 2006c. "Post-Colonialism and Curriculum Studies." In Author (Ed.), *After Tyler: Theorization of Curriculum,* 1970-2000 (pp. 549-585). Seoul: Moon-Eum Publishing Company.

Korea Institute for Curriculum and Evaluation (KICE). 2011. Korean SAT questions and answers. Retrieved from http://www.kice.re.kr/ko/board/list.do?cPage=2&menu_id=10089&board_id=10153

Lee, Don Hee. 1982. "How Americanized is Educational Philosophy of Korea?" *Chonbuk National University Center for International Studies Collection of Dissertations,* 1:73-81.

Lee, Jong Kak. 1983. *The Logic and Movement of Korean Education*. Seoul, South Korea: Moonumsa.

Lee, Min Ho. 2002. "How to Read World History?" *History Review*, 59:175-203.

Lee, Ok Sun, Jong Deuk, Lee Tae Joo, Lee Pyong Lae, and Lee Hee Su. 2007. *Collecting*

World History Textbook with Error and Prejudice. Seoul: Samin Publishing Company.
Oh, Chang Geun, Jang, Jong Geun, Jang, Du Ho, and Park, Chan Seok. 2003. *High School World History*. Seoul: Jihaksa Publishing Company.
Oh, In-Young. "Postcolonialism: Its Understanding and Acceptability." *East Studies*, 32: 69-86.
Oh, Kum Sung, You, Kyeung Jun, Lim, Wha Yung, Kang Mun Whan, and Jung Yeon. 2003. *High School World History*. Seoul: Keumsung Publishing Company.

14

포스코 재단. 연구비 수혜를 위한 글쓰기 전략

우리 질적연구자들 역시 다른 연구 패러다임의 학자들처럼 연구비를 수혜하기 위하여 노력한다. 특히 대학과 연구기관에 재직하고 있는 연구자라고 한다면 현장연구를 위하여 연구비가 필요하고 이를 위하여 한국연구재단과 일련의 기업체 재단에서의 연구프로젝트를 찾아다닌다. 아마도 학술진흥재단이라고 불렸던 한국연구재단의 연구비 수혜가 전국의 대학 연구자들에게는 가장 편리하면서도 도움이 되는 연구비지원기관일 것이다. 매년 초와 상반기에 다양한 형태의 연구비 과제들을 공모하고 전국의 많은 대학들의 교수, 연구기관들의 연구원, 초임박사급 연구자들이 이 과제들에 지원한다. 신진연구, 중진연구, 국제 수준의 학자 연구를 비롯하여 집단 연구와 공동연구가 있고 저술출판을 지원하는 연구들이 있다. 과거에 비하여 국가에서 더욱 많은 연구를 지원하고 있어서 연구를 하려는 연구자들에게는 다행스러운 상황이다. 아울러 연암복지 재단, 삼성재단, LG 재단, 포스코 재단들에서 나름대로 자신들의 재단의 이념과 목적에 맞는 연구들을 공모하고 있고 매년 일련의 연구들이 선정되어 연구비를 지원받는다.

그러한 점에서 새로운 연구 패러다임이 주는 자랑스러움과 그 가치를 가슴에 새긴 채 질적연구자들 역시 이러한 국내의 많은 연구비 지원기관에 연구비를 수주하기 위하여 노력하고 있다. 필자 역시 대학에 채용되면서 여러 가지 형태의 연구비를 수혜하였고 2013년에도 새로운 연구를 위하여 연구계획서를 작성하려고 하고 있다. 그리고 그러한 계획은 필자의 연구가 다른 연구들에 더 중요한 기여를 할 것이라는 점, 새롭다는 점, 연구되지 않은 현상을 탐구한다는 점 등에 대한 생각으로 연구비를 받게 될 것이라는 확신을 갖고 고려되고 있다. 그리고 그러한 기대는 때로는 좋은 결과로서 인정을 받지만 대부분은 '탈락' 이라는 통보와 함께 좌절과 안타까움, 때로는 분노로 보상된다. 과거와는 달리 기대하지 않고, 질적연구계획서를 보내고 담담하게 결과를 기다리는 심정이지만 연약한 인간인지라 부정적인 심사결과를 읽을 때는 매우 복잡한 인간의 나쁜 감정이 일어나는 것은 당연하다.

연구비 수혜

연구비 수혜를 위한 계획서 쓰기의 결과가 좋은 소식보다는 나쁜 소식을 가져올 때가 더 많아질수록 나의 연구능력에 대한 회의와 함께 질적연구가 그 의도와는 달리 평가절하되어서 심사되는 것은 아닌가 하는 생각을 해보기도 한다. 그러나 미국 지도교수가 Cocacola의 소액의 연구비 지원을 끝으로 더 이상 외부 기관의 연구비 수혜를 시도하지 않기로 했다는 수업에서의 이야기를 기억하고 있기 때문에 국내에서나 국외에서 새로운 연구 패러다임으로서 질적연구에 대한 일반적 인식과 평판은 그렇게 높은 것이 아니라는 점을 생각하지 않을 수 없다. 아울러 우리 인간/사회과학 연구의 태동부터 그 권력을 잡아온 실증주의 연구문화의 지배로 인하여 실증주의 연구가 아닌 연구를 가지고 연구비 수혜를 기대하는 것은 어쩌면 잘못된 희망이라는 사실을 객관적으로 인지하는 태도가 필요하다. 특히 인과관계나 해결책 또는 구체적 지식을 제공받기를 원하는 지원기관의 연구에 대한 태도는 국지적 연구, 또는 특정한 사례 연구의 특징을 갖는 질적연구가 연구의 목적에 맞지 않는다는 선입견을 가지고 있는 경우가 많아서 연구계획서의 우수함과 열등함을 떠나서 질적연구라는 딱지가 붙어 있는 연구계획서에 대해서는 낮은 점수를 부여하는 경우가 허다할 것으로 추측한다.

연구비 수혜와 질적연구라는 매우 상종할 것 같지 않은 두 개의 목적을 잘 부합시키기 위하여 최근에 와서 많은 질적연구자들은 정책 연구를 위하여 질적연구가 어떻게 기여할 수 있을 것인지, 그리고 양적연구와 질적연구를 통합하여 연구를 하면 어떨지, 또는 심사자들을 설득시킬 수 있는 효과적인 질적연구계획서를 어떻게 쓸 것인지 등에 대한 다양한 차원에서의 노력을 기울이고 있다. 이에 일련의 학자들은 정책 분석과 평가에서의 질적연구의 이론화를 추구함으로써 실제적인 분야에서의 질적연구의 효용성을 높이려 하고 있고 양적연구계획서와 비슷한 형태로서 엄밀함과 체계성을 극대화시킨 질적연구계획서 작성법을 이론화시키기도 하였다. 그리고 그 결과 설득적인 연구계획서 작성법들이 출판되었고 심사자인 양적연구자들을 설득할 수 있는 방법과 표현을 통하여 질적연구계획서를 잘 쓰는 글쓰기 전략들이 점차적으로 확산되고 있다. 그러한 점에서 한국에서의 질적 연구자들 역시 좋은 질적연구계획서는 어떻게 쓰는 것인지, 한국의 실천 분야에서 질적연구 적용의 가치를 어떻게 극대화시킬 것인지, 심사자들이 가장 중요하게 평가하는 심사 영역으로서 연구방법에 대한 설명을 어떻게 효과적으로 할 것인지에 대하여 이 분야의 전문가들이 더욱 고민해야 할 것이다.

나쁜 결과

필자 역시 지난 15년에 걸쳐서 한국연구재단을 비롯한 많은 국내 연구기관들과 재단에 질적연구계획서를 투고하였고 연구비를 받으려는 노력을 해오고 있다. 그리고 그 결과는 때로는 보상적이고 만족적이었지만 실망스럽고 이해하기 어려운 경우도 많았다. 그리고 '부적합' 또는 '평균이하' 의 점수를 받았을 경우에는 안타까움과 분노의 감정이 나타나는 것은 사실이지만 다음번의 계획서를 쓸 때는 더욱 잘 써야겠다는 생각으로 실패의 경험을 잊으려고 노력한다. 아울러 운이 나빴다는 생각으로 나를 달래곤 한다. 그리고 이러한 나쁜 경험의 반복과 기억은 질적연구 본연의 목적을 달성하기 위한 방법으로서 질적연구를 기술하기보다는 심사자들이 무엇을 원하는지, 혹 심사자들이 양적연구자들이면 어떡할까 하는 생각을 하면서 계획서 쓰는 작업을 더욱 신중히 하고 있다. 그러한 노력에도 불구하고 잘 쓰여진 질적연구라 할지라도 결과는 참담한 경우가 많다. 그래서 한 번의 실패 다음에 준비하는 연구계획서 작성 작업은 상당한 양의 자신감과 목적의식이 있을 때만 가능해진다.

이에 이 글에서는 지난 15년간의 질적연구 종사자로서, 연구비 수혜를 위한 연구계획서를 써온 연구자로서 이 분야의 연구자들이 참고할 수 있는 몇 가지 계획서 쓰기 작성 요령 또는 자세에 대하여 이야기하고 싶다. 이 분야에 대한 서구 학자들의 선진적인 지식의 탐색과 이론화가 앞서 있다는 점을 상기한다면 우리나라에서도 질적연구를 통하여 연구비를 수혜한 학자들의 경험의 공유와 효과적인 계획서 작성에 대한 노하우에 대한 이론화가 필요하다. 그러한 점에서 우리의 지식과 지혜를 실제 연구할 수 있는 기회로서, 연구비 수혜 글쓰기로서 어떻게 연결시켜야 할 것인지는 매우 실제적이면서 실용적인 분야에 속한다. 왜냐하면 연구비 수혜는 단순히 연구비를 지원받는다는 금전적 의미를 떠나서 새로운 연구주제를 탐구함으로써 이 주제에 대한 이론적 지식을 확장시킴과 아울러, 질적연구자의 확산, 방법적 지식의 탐색, 연구기관에 대한 계몽, 그리고 최종 연구결과의 발표를 통한 새로운 지식의 창출 등 많은 영역에서의 기여와 관계되기 때문이다. 특히 현장작업을 특징으로 하는 질적연구는 현장작업의 경험을 통하여 질적연구에 기여하는 여러 가지 방법적 지식의 획득과 이론화를 개념화할 수 있기 때문이다. 서구의 많은 인류학 연구, 사회학 연구의 현장작업들을 통하여 연구자들은 연구결과뿐만 아니라 현장작업에 관련된 여러 가지 방법적 지식을 이론화시켰다는 점에서 현장작업에 대한 경험과 반성에 기초한 새로운 지식의 창출은 현장작업을 가능하게 하는 연구비 수혜를 통하여 구현될 수 있을 것이다.

질적연구계획서 작성 방법

그러한 점에서 필자는 이 분야의 기존 경험자로서 연구비를 수혜하기 위한 연구계획서 작성에서 우리가 유념해야 할 점 또는 강조해야 할 점이 어떤 것인지를 이야기하고자 한다. 그리고 그러한 설득의 한 방법으로서 필자가 연구비를 수혜한 포스코 재단에 제출한 연구계획서를 소개한다. 이를 통하여 완전하지는 않지만 우리가 참고할 수 있는 하나의 모범적인 '질적연구계획서' 는 어떤 형태를 띠고 있는지를 탐색해 볼 수 있을 것이다. 이러한 노하우 또는 어떻게 써야 할 것인가에 대한 지도는 구체적인 만남이자 지도형태가 아니면 습득하기 어렵겠지만 이 글에서 제시한 한 개의 예시를 통해서도 어떻게 써야 하는지, 어떻게 설득해야 하는지에 대하여 그 방법에 대한 일련의 답들을 찾을 수 있을 것으로 생각한다.

비주류 연구방법으로서 질적연구

질적연구자가 연구비 수혜를 생각하며 계획서를 작성할 때 첫 번째로 명심해야 할 사실은 '질적연구를 가지고 연구비를 받기는 어려울 것이다' 라는 생각이다. 그리고 이러한 생각은 사실이며 그렇게 생각하였을 때 자신에게 찾아올 불행한 소식(탈락)에 효과적으로 대처하는 방법이 될 것이다. 이미 이러한 주장은 서구의 경우에도 사실로 나타났으며 질적연구를 하는 학자들이 양적연구를 하는 학자들에 비하여 유의미하게 연구비를 덜 수주하는 것으로 알려져 있다. 그러한 이유는 여러 가지겠지만 첫째, 연구비를 제공하는 기관에서 요구하는 연구의 목적이나 연구문제가 질적연구가 추구하는 연구의 성격과 다른 경우가 많고, 둘째, '연구' 에 대하여 대중, 특히 심사자들이 가지고 있는 개념이 전통적이고 실증주의적이어서 양적연구방법을 활용한 연구 이외에는 연구로서 인정받기 어렵다는 점이다. 그리고 우리 질적연구자들은 그러한 실제 상황을 있는 그대로 받아들이는 자세가 정신건강에도 좋다.

따라서 한편으로는 나의 연구가 질적으로 매우 가치로울 수 있지만 다른 대부분의 심사자들은 그러한 연구들을 과학적이지도 않고 가치롭지도 않으며 필요가 없는 연구로서 생각할 수 있다는 가능성을 항상 마음속에 두어야 한다. 그리고 그러한 가능성은 과학은 진실을 찾는 행위가 아니라 특정한 일련의 공통된 의견을 가진 연구자들의 사회적 합의의 결과라는 Kuhn의 '과학' 개념 안에서 양적연구는 그러한 사회적 합의의 결과로서 나타난 것이며 질적연구는 이러한 사회적 합의 바깥에 있는 것 또는 Kuhn이 이야기한 비정상과학에 해당한다는 점을 주지하여야 한다. 즉, 양적연구를 진실한 과학적 활동 또는 과학하는 행위의 기준으로 믿고 행동하는 연구자들에게 있어서 양적연구의 이외의 연구는 비과학적인 것이며 신뢰할 수 없는 것으로 치부될 것이 뻔하다는 점이다. 물론 많은 사람들이 필자 앞에서 또는 다른 사람들이나 책 속에서 방법론의 양자 가능성을 이야기하고 대립된 방법론의 랑데뷰를 인정하는 듯한 태도를 취하고 있지만 그들의 일상생활이나 글 속에서의 그들의 방법론에 대한 태도는 항상 확고하며 단일한 것으로 드러나고 있다.

그러한 점에서 필자의 연구계획서가 탈락하는 이유 또는 나의 연구계획서가 탈락하는 이유 그 깊은 배경에는 연구 패러다임의 차이가 있는 것이며 그러한 이유로 인하여 나의 질적연구계획서가 탈락하는 이유는 나의 계획서의 수준과는 달리 내가 다른 길을 선택한 결과라고 생각하는 것이 낫다. 가장 옳은 것, 가장 과학적인 과정, 합법적인 절차는 실증주의 연구이념에 동의하는 일련의 학자들에 의하여 만들어진 것이며 그들이 쓰는 언어와 개념, 방법들만이 올바른 것, 타당한 것, 신뢰로운 것으로 인정받게 된다는 것이다. 이에 연구심사결과가 만족스럽지 못할 때, 수긍하기 어려운 심사의 내용이 있을 때 필자 역시 항상 생각하는 첫 번째 아이디어는 '권력으로서 과학' 그리고 '지배적 패러다임으로서 과학' 이라는 Kuhn의 가르침이다.

이와 관련하여 나의 연구계획서가 탈락하였을 때 그리고 또다시 탈락하였을 때 자신을 위로하기 위해서 할 수 있는 첫 번째 노력은 '나의 연구가 양적연구가 아니라 질적연구이기 때문에', '또는 심사자가 양적연구를 선호하였을 것으로 생각하기 때문에' 라고 추측하는 식이다. 필자 역시 이러한 위로를 자주 하곤 한다. 그리고 그럴 때마다 지식과 권력의 정치학을 분석한 푸코나 사이드의 문화분석 이론들을 다시 한 번 생각하게 된다. 포스트모던에서 지식의 정치적 성격을 분석한 푸코는 특정 시대의 지식이 얼마나 상대적이고 편협하며 권력적인지를 역사분석을 통하여 규명해 주었다. 그가 분석한 역사에서의 '동성애', '감옥의 탄생' 등의 해석은 특정한 시대의 진실은 그 어떤 특정한 사실이나 신념 또는 원리가 그 자체적으로 진실한 것이 아니라 그 사회의 주류 집단이 소유하고 있는 신념을 반영한 것이라는 점을 잘 보여주고 있다. 즉 그에 따르면 특정한 권력 집단의 신념이 사실 또는 진실로서 선정되고 규정되면 이러한 진실을 강화하고 특권화하기 위한 방법으로서 소위 우리가 이야기하는 많은 학문 분야들이 참여하고 이를 뒷받침하는 사실이나 탐구방법, 실제들을 만들어 낸다는 것이다.

때문에 필자는 가끔씩 질적연구가 더 인정받고 지원되는 연구문화권이나 국가에서 차라리 연구하면 얼마나 좋을지 상상해 보곤 한다. 그 예로서 연구 패러다임의 변화가 근본적으로 일어난 영국의 경우, 교육사회학 분야에서의 글쓰기와 연구는 양적연구보다는 오히려 질적연구로 하는 것이 더 우호적이고 격려를 받는다고 한다. 그러나 도전과 변화의 과정 자체가 아름다운 것처럼 새로운 세계를 위하여 노력하는 우리의 경험이 훨씬 의미 있고 자랑스럽다고 생각하고서 이 현실을 수용하고 참여하는 태도가 더 가치로울 것으로 생각한다. 이러한 조건과 관련하여 모든 현상을 숫자로 설명하려 하고 모든 현상을 인과관계로 개념화하려고 하는 실증주의 연구 태도는 다른 연구 패러다임이 추구하는 연구의 목적에 비추어 불가능한 것이며 인간/사회현상의 탐구에는 부적절하다는 생각을 한다면 우리의 마음이 조금은 후련해질 것이다. 그러한 점에서 한국의 양적연구자들이 보여주는 글쓰기와 연구능력, 연구의 절차는 오직 통계기법에 기초한 창의력 없는 탐구정신에 가득 차 있다는 점에서 안타까울 따름이다.

서론에서의 논리의 설득력

그러나 질적연구계획서가 탈락되는 이유를 첫 번째의 이유로만 설명하기에는 부적합하다는 생각을 한다. 왜냐하면 모든 질적연구가 탈락하는 것은 아니며 때로는 좋은 질적연구들이 연구비를 수혜하고 연구작업을 하게 되기 때문이다. 그렇다면 그러한 연구들은 심사위원들을 잘 만나거나 질적연구자에 의해서 심사된 것일까? 그럴 수도 있고 그렇지 않을 수도 있다. 만약에 그렇지 않았다면 실패의 원인을 외부로 돌리지 말고 내부로 돌려야 하며 그 이유는 연구계획서가 갖는 문제점은 없는가에 대한 탐색으로 이어져야 할 것이다. 그리고 이러한 문제의 원인 탐색시 심사자들이 가장 먼저 읽게 되는 계획서의 내용인 연구의 목적과 연구문제가 담겨져 있는 서론 부분이 얼마나 잘 쓰여져 있는지를 검토하는 작업이 필요하다. 특히 숫자가 갖는 마력이나 매력이 없는 표현과 서술로서 글을 써 나가야 하는 질적연구에서는 가장 중요하게 독자를 설득해야 하는 표현 능력이 중요해진다. 과연 나의 계획서는 양적연구자에게든, 질적연구자에게든 얼마나 잘 유익하게 읽혀지고 잘 쓰여졌다고 평가받을 것인가?

이러한 관점에서 질적연구를 활용한 연구계획서의 글쓰기는 서론을 쓰기가 더욱 어렵고 독자들을 연구의 문제로 끌어들이기가 힘들다. 인과관계나 모형의 정립, 또는 이론의 개발이나 효과적인 실천 방안을 모색하는 것을 상상하고 있는 심사자들에게 어떤 현상에 대한 이해라든지, 문화-기술지라든지, 현상학적 탐구라든지 매우 추상적이고 뜬구름 같은 이야기일 것이다. 그리고 인내심을 가진 심사자들은 그러한 제목이 주는 어색함을 참아가면서 서론을 읽지만 여전히 생활세계라든지, 그들의 세계라든지, 아니면 질적연구의 새로운 동향이라든지 알 수 없는 말과 표현, 재미없는 용어들로 가득 차 있는 질적연구계획서는 과연 연구비를 주어야 할지 의구심이 생길 것이다.

그러한 점에서 질적연구계획서의 서론은 그 어떤 연구 패러다임을 활용한 연구계획서들에 비하여 잘 쓰여야 할 것이다. 그리고 이때 '잘 쓰여야 한다' 는 말은 표현이 이론적이거나 고매하다거나 인용이 많다거나 아니면 유명 학자들의 내용을 많이 소개하라는 말이 아니다. 오히려 이 연구가 무엇에 관한 것인지, 그리고 무엇을 연구하려고 하는 것인지가 분명하게 서술되어야 한다는 점이다. 그리고 그러한 서술은 아주 명료한 문장과 문장의 사용, 문장들 간의 연결, 체계적인 문단의 활용을 통하여 체계적으로 제시되어야 한다. 이러한 이유 때문에 필자는 필자의 연구계획서에서 그리고 제자들의 지도에서 질적연구와 계획서의 글쓰기의 전략으로서 항상 두괄식을 강조한다. 왜냐하면 두괄식은 독자들로 하여금 연구자가 무엇을 연구할 것인지를 미리 이야기해 주고 이해시켜 줌으로써 그 다음에 나타나는 문장들과 표현들의 의미를 미리 파악할 수 있게 도와주기 때문이다. 이에 이러한 명료한 의미 전달을 위하여 가능하면 쓸데없는 표현이나 문장, 철학적인 표현을 모두 자제하고 연구할 문제 자체에 대한 직접적인 진술로 글을 시작할 것을 조언한다. 무엇을 연구할 것인지에 대한 명료화가 서론에 너무 늦게 나타난다면 독자들은 인내심이 없어서 '도대체 이 연구가 무엇에 관한 연구인지' 를 알려고 하지도 않은 채 포기하고 계획서 심사를 마칠 것임에 틀림없다.

이와 관련하여 많은 질적연구자들은 설득적인 서론의 글쓰기 전략으로서 다음과 같은 내용을 쓰기를 바란다. 기존 양적연구들이 다루지 못한 문제, 양적연구를 하였지만 여전히 해결되지 못한 문제, 대스컴과 대중 매체들이 최근 관심을 가지고 있는 사회문제, 현상의 이해와 개선을 위하여 양적연구와 함께 질적연구가 필요할 때, 모든 연구방법론들에서 아직까지 연구되지 못한 문제, 실천적 연구문제가 아니라 기본적 이해의 문제를 다룰 때, 결과보다는 어떤 과정이나 맥락을 이해하고자 할 때 등, 특별한 사례를 다룰 문제 등. 질적연구를 해야 하는 이유에 대한 글쓰기 전략은 다양하다. 그러나 다시 한 번 강조하지만 그 필요성을 역설하는 각 개인의 연구계획서의 글쓰기에서의 전략은 제각각 다를 것이며 달라져야 한다.

그것이 글쓰기의 묘미일 것이다. 특정한 사례로 시작하든지, 연구자 자신의 개인적 경험으로 시작하든지, 신문의 통계로 시작하든지, 아니면 누군가의 독백으로 시작하든지, 바로 연구문제를 어떻게 개념화시키고 맥락화시키고 독자인 심사자의 관점에 영향을 줄 수 있는 생활문제/사회문제/문화적 문제와 연결시킬 수 있는지가 바로 설득의 가장 중요한 기준이 된다. 그러한 점에서 우리의 질적 글쓰기는 모든 사고력과 판단력이 요구되는 사유의 총체인 셈이다. 첫 문장을 어떤 내용으로, 다음 문장은 어떤 예를 제시하는 것으로, 그리고 그러한 유려한 글쓰기는 굳이 생활세계나 의미, 간주관성이나 문화 등의 건조한 단어를 쓰지 않고서도 독자들을 사로잡을 수 있는 표현이나 용어들 또는 주제들로 변환시켜 새롭게 만들어야 한다. 학술적으로 글을 쓸 필요가 없다.

충분한 문헌의 탐색과 인용

질적연구자가 계획서에서 가장 빈번하게 저지르는 실수 중의 하나는 연구주제와 관련하여 문헌분석을 제대로 하지 않는다는 점이다. 그리고 이러한 실수는 필자가 읽은 많은 질적연구 논문과 계획서에서 자주 나타나고 있다. 이러한 실수는 대부분 질적연구자들이 이 연구현상을 새로운 것이라고 생각하기 때문에 기존에 많은 연구들이 이루어지지 않았을 것으로 추측하고 관련 자료들을 심도 있게 탐색하지 않는 결과에 기인하는 것 같다. 그리고 이러한 문헌 분석의 부족은 전체 계획서의 무게감을 없애고 연구의 문제를 역사적이든, 사회적이든, 또는 문화적인 설명과 무관하게 함으로써, 때로는 학술적이지 못한 주제로 간주하게 함으로써 연구주제와 문제의 심각성을 독자에게 각인시키는 데 실패하고 만다.

충분한 문헌에 대한 탐색과 리뷰의 부족으로 나타나는 질적연구계획서의 단점은 극단적으로 연구계획서나 연구논문이 갖추어야 하는 형식적 체계의 요구조건을 무력화시킴으로써 이 계획서가 과연 학술적인지, 또는 과학적으로 접근한 것인지에 대한 평가를 부정적으로 만들게 하는 의구심을 들게 한다. 왜냐하면 많은 또는 대부분의 심사자들은 연구계획서의 제2장에 이론적 배경이라든지 문헌분석이라든지 하는 이름으로 제1장에서 개념화한 연구문제에 대하여 학술적으로 어떤 논의들이 있었는지에 대하여 설명이 있을 것으로 생각하기 때문이다. 아울러 그러한 내용이 어떠하든지 간에 많은 자료들이 리뷰되어 있는 계획서, 또는 다양한 문헌들과 연구결과들이 정리된 제2장을 연구자의 성실성으로 평가하는 한 가지 근거로 생각하기 때문에 충분한 문헌분석의 내용들을 제시하는 것이 요구된다. 물론 두서없는 내용을 논리적 종합이 없이 단순히 제시한 것이 읽기를 방해하지만 특별히 비논리적이지 않다면 연구주제와 관련된 기존의 논의들이 어떠한 것이고 어떤 특징들이 있었는지에 대하여 자세하게 설명하는 것은 그렇지 않은 계획서에 비하여 좋은 점수를 받을 것이다. 아울러 그러한 제2장의 글쓰기를 하는 것이 양적연구의 계획서처럼 연구계획서를 연구물로서 읽히게 하는 글쓰기 전략이 아닐까 생각한다.

그러한 점에서 많은 질적연구계획서에서 나타나고 있는 제2장 관련 내용의 부족, 간단함, 또는 단순한 리뷰의 제시 등의 글쓰기는 지양될 필요가 있다. 특히 제2장을 생략하고 연구문제와 관련한 기존의 연구내용들의 결과들을 제1장으로 몰아서 설명하는 글쓰기는 가장 나쁜 예라고 하겠다. 아무리 잘 쓰여진 계획서라고 하더라도 연구로서 갖추어야 하는 계획서의 전형이 아니라면 제2장이 없거나 부실한 내용을 갖고 있다면 전체 계획서의 평가에 지대한 영향을 끼칠 것이다. 때문에 질적연구자들은 이와 관련하여 연구문제와 관련된 기존의 논의들이 어떤 것들이 있는지에 대하여 상세하게 탐색하고 관련된 자료들을 잘 정리하여 리뷰하는 작업을 해야겠다.

이와 관련하여 우리나라의 질적연구자들이 범하는 또 다른 실수 중의 하나로 제2장에 서구의 관련 이론들, 또는 연구결과들을 중심으로 설명하고 있는 경우가 많은데 이러한 글쓰기와 자료선정의 방식 역시 심사자들에게 나쁜 영향을 끼칠 수 있다. 우리의 연구는 한국적 연구이며 한국적 현상에 대한 질적연구이다. 따라서 제2장의 연구주제와 내용이 한국적 현상임에도 불구하고 서구의 이론이나 결과만을 제시하는 것은 어딘가 부적절하고 어색한 느낌을 준다. 때로 서구의 이론만 또는 연구결과만을 리뷰하는 것이 더 멋지고 학술적으로 간주된다고 생각할 수 있지만 그러한 식민적 글쓰기의 시대는 이미 지났다. 탈식민과 포스트모던의 시대에 더 이상 국지적 현상에 대한 탐구를 하면서 서구적 이론과 결과로서 특정한 비서구적 현상을 바라보려고 하는 태도는 심각한 역사의식을 갖고 있는 심사자에게는 심도 깊지 않은 연구계획서라고 평가받을 것이다. 아니면 정말로 이 현상에 대하여 연구자가 연구할 계획을 가지고 있는지, 또는 발견과 이해라는 목적을 추구하는 질적연구를 한다면서 서구의 이론을 다시 한국의 현상에 설명의 방법과 답으로서 차용하려고 하는지 의심하게 될 것이다.

이와 관련하여 우리 질적연구자들은 (필자를 포함하여) 자신이 연구할 주제가 아무리 새롭다고 하더라도 그 연구주제를 한국에서 전혀 연구되지 않은 새로운 것으로 상상해서는 안 되며 이미 기존의 누군가가 직접적으로 연구하지는 않았지만 연구와 관련된 좋은 자료들이 있을 것으로 생각하는 자세가 필요하다. 그리고 그러한 자세를 가지고 문헌들을 살펴보면 우연히도 누군가에 의하여 그 주제가 연구되었다는 점을 발견하게 되고 연구에 좋은 인용자료로 활용될 수 있음을 알 수 있을 것이다. 때문에 양적연구자들이 이론형성의 목적에서 기존의 논문들을 중심으로 자료를 탐색하고 글쓰기를 하는 방법 그 이상으로 폭넓게 그리고 기존의 논문들에서 찾을 수 없는 자료들을 찾으려는 자료읽기와 검색의 능력을 배양하는 노력이 필요하다. 그리고 그렇게 될 때, 우리는 우리가 주창하는 새로운 주제에 대한 이론적 탐색 또는 문헌 분석의 제2장을 보다 창의적으로 더욱 심도 있게 다룰 수 있을 것이다. 이와 관련하여 과거의 자료 검색의 방법과는 달리 인터넷과 학술지 검색 시스템들이 활성화되어 있어서 연구자가 노력만 한다면 새로운 자료와 적절한 자료들을 쉽게 찾을 수 있다. 자신의 연구실에서 미국과 캐나다의 대학 도서관의 자료들을 바로 검색할 수 있는 시대라는 점을 명심하자.

연구의 방법과 과정에 대한 상세한 설명

질적연구계획서를 쓸 때 연구자가 명심해야 하는 또 다른 중요한 내용은 자신의 연구에서 질적연구를 어떻게 할 것인가를 상세하게 설명하는 것이다. 필자 역시 이 사항을 가능하면 가장 잘 지키려 하고 있고 다른 연구자들의 질적연구계획서 또는 질적연구논문을 심사할 때 가장 세심하게 읽는 영역 중의 하나이다. 특히 심사위원이 양적연구자일 경우를 대비하여 추상적 또는 주관적이라고 생각하게 될 '질적연구' 에 대하여 질적연구 역시 양적연구처럼 체계적으로 접근할 것이며 아울러 양적연구 이상으로 엄밀한 사유와 실천이 이루어질 것임을 강조하는 글쓰기가 필요하다. 연구를 어떻게 할 것인지를 상세하고 자세하게 설명하는 글을 읽는 심사자는 그/그녀가 양적연구자이든, 아니면 질적연구에 대한 문외한이든, 이 연구가 다른 그 어떤 연구 패러다임에 비하여 현장에 더 오래 머물면서 연구현상에 대하여 다각도로 자료수집을 할 것이고 다양한 자료들의 수집을 통하여 효과적인 분석과 결과 도출을 할 수 있을 것이란 생각을 갖게 될 것이다. 아니 오히려 연구현장에 들어가지도 않고 질문지를 뿌려서 자료를 수집하고 분석하는 양적연구들에 비하여 더욱 신뢰하고 진실한 연구결과들이 도출될 것이라는 새로운 믿음을 줄 것이다.

그러한 점에서 연구비를 받기 위한 질적연구계획서는 연구자 자신이 연구방법을 쓰는 과정에서 가능하면 자세하게 한 단계 한 단계 연구를 어떻게 할 것인지를 어린아이가 읽는다고 생각하고 설명하는 방식으로 글을 써야 한다. 면접을 하면 어떤 면접을 몇 시간, 누구에게 할 것이며 면담가이드의 내용은 어떻게 구성될 것인지를 구체적으로 제시해야 한다. 참여관찰을 한다면 누구를 대상으로 연구기간에 몇 회를 언제 어디서 몇 사람을 대상으로 할 것인지를 표나 그림 또는 차트를 활용하여 제시해야 한다. 그리하여 질적연구에 대하여 모르는 사람 또는 그냥 현장에 가서 사람 만나서 연구하겠지 하는 선입견을 없애고 이리도 많이, 심층적으로, 오랜 기간을 연구하게 되는구나 하는 생각을 할 정도로 논리적이고 구체적으로 제시해야 한다.

이와 관련하여 필자가 강조하고 싶은 또 다른 조언은 많은 국내의 연구자들이 연구방법의 글쓰기에서 자신의 질적연구방법이 얼마나 새로운 것인지, 또는 고매한 것인지를 지나치게 강조하고 있다는 점이 문제일 수 있다는 점이다. 그리하여 일련의 계획서들은 장황하게 문화기술지가 무엇이라든지, 현상학의 특징이 무엇이라든지, 왜 질적연구가 필요한가 등에 대하여 몇 장에 걸쳐서 설명하는 경우가 있다. 그러나 이러한 글쓰기가 갖는 문제는 첫째 심사자들이 이 연구가 갖는 방법적 전통의 특징이 무엇인가에 대하여 특별한 관심이 없다는 점이다. 오히려 2010년 이후에 국내의 많은 연구자들, 특히 양적연구자라고 할지라도 질적연구에 대한 일반적 지식은 소유하고 있다는 점에서 그러한 글쓰기는 연구계획서를 너무 이론적으로 만들고 심사자들을 계도하려는 느낌마저 준다. 특히 그러한 계획서가 질적연구 전공의 심사자들에게 걸린 경우 역시 '뻔히 아는 내용을 지나치게 부풀렸다' 는 생각을 갖게 만든다. 때문에 지나치게 질적연구의 가치나 중요성을 강조하는 대신에 자신의 연구작업에서 현장에 들어가면 구체적으로 어떻게 할 것인지를 서구나 국내 학자들의 이론서를 중심으로 쓰지 말고 자신의 연구계획을 체계적이고 설득적으로 설명하는 방식의 글쓰기가 차라리 더 낫다.

연구의 중요성과 가치의 강조

최근에 와서 필자의 글쓰기와 제자들의 글쓰기에서 강조하고 있는 영역이다. 이론화나 일반화의 약점을 가지고 있는 질적연구를 하는 연구자라고 한다면 자신의 연구계획서가 가질 수 있는 최대의 약점은 이 연구가 갖는 실제적 가치나 중요성이 무엇인지에 대하여 효과적으로 쓰지 못한다는 점이다. 양적연구에서는 기존의 이론을 다시 한번 검증한다든지, 그리하여 실제에 바로 적용할 수 있는 방법들을 창안한다든지 하는 미사여구를 고민하지 않고 쓸 수 있다. 이에 비하여 질적연구에서는 특별히 인과관계를 규명하거나 상관관계를 규명하려고 하지 않기 때문에 이 연구가 우리 일반인들에게, 교육자들에게 또는 실천가들에게 그 어떤 의미를 줄 것인지 잘 알 수 없다. 특히 질적연구자는 이해나 발견 자체의 연구목적이 의미가 있기 때문에 구체적으로 자신의 연구가 실제나 현장의 개선에 어떻게 연결될 것인지에 대하여 굳이 설명하지 않아도 된다고 믿는 경우가 많다. '우리들은 더 고매한 사회과학 연구를 하고 있고 단순한 인과관계 연구에 비하여 더욱 심오한 문화 연구를 하니까' 하는 생각을 한다.

필자 역시 한동안은 이러한 생각으로 질적연구를 해왔고 글을 써왔다. 그러나 최근에 와서는 인간의 경험과 실제에 대하여 연구하는 질적연구 역시 이 연구가 그 어떤 실제적 가치와 효용성이 있는지에 대하여 고민하면서 글을 쓰고 있다. 그리하여 연구계획서의 제1장에 하위 제목을 만들어 '연구의 가치' 를 강조하거나 아니면 일반 연구비 지원 계획서에 제시되어 있는 마지막 항목으로서 '기대 효과나 실천 방안' 등을 중점적으로 다루고 있다. 아무래도 마지막 부분보다는 앞부분에 이 연구의 실제적 가치를 써주는 것이 더 나을 것이라는 생각을 한다.

이렇게 질적연구가 어떻게 현실개선과 관련이 있을 수 있는지에 대하여 우리가 고민해야 하는 이유는 많은 심사자들이 이 연구를 통하여 우리의 삶과 현실이 어떻게 달라질 것인지에 큰 관심을 갖고 있기 때문이다. 아울러 양적연구가 주는 구체적인 연구결과나 시사점에 비하여 질적연구는 그 어떤 구체적인 연구결과나 시사점이 실생활과 관련이 없는 것으로 생각하기 때문에 우리에게 도움이 되지 않는다고 생각할 수 있기 때문이다. 그리하여 그러한 생각은 굳이 이 질적연구를 양적연구 대신 또는 다른 정책적 연구 대신에 지원할 필요가 없다고 판단을 내릴 수 있기 때문이다. 순수연구 또는 지나치게 학문적 연구로서 평가될 수 있는 질적연구계획서에 대한 선입견을 없애는 방법으로서 질적연구계획서는 실제로 이 연구를 하고 난 다음에 도출되는 연구결과들이 우리의 실제 생활과 어떤 관련이 있을 수 있는지, 또는 우리의 경험에 대한 논의가 얼마나 달라질 수 있는지, 우리는 어떤 다른 선택을 할 수 있는지 등 매우 실천적이고 응용학문적 성격의 시사점과 가치를 제공해 주는 노력이 필요하다. 그리고 그렇게 글을 쓸 때 심사자들 역시 이 연구가 실제적으로 그 어떤 기여나 구체적인 공헌을 할 것이라는 판단을 할 것이다. 이와 관련하여 연구제목에서부터 연구문제까지를 지나치게 질적연구 성격으로 쓰기보다는 실제 생활이나 경험, 문제점의 해결 중심으로 개념화하는 노력 역시 글쓰기 전략으로서 중요할 것이다.

지금까지 앞부분에서 연구비 수혜를 위한 글쓰기 전략에 대하여 필자의 개인적 경험에 기초하여 설명하였다. 그 설명의 일부는 어떤 연구자에게는 도움이 될 것이고 효과적으로 작용할 것이다. 또 다른 연구자에게는 또 다른 방식으로 도움이 될 것으로 생각한다. 이 글의 마지막의 내용으로서 연구비 수혜를 목적으로 질적연구를 하는 연구자에게 해줄 수 있는 한 가지 조언은 연구비 수혜는 모든 연구자에게 힘들다는 점을 말하고 싶다. 국내의 경우, 한국연구재단이 다행히 존재하여 대학과 기관의 연구자들에게는 연구기회가 제공되고 있지만 일반 기업체 소속의 연구재단에서의 연구비 수혜는 참으로 어렵다. 질적연구 지원이 떨어지지만 양적연구자들 역시 많이 떨어진다. 우리가 모두 이 점을 명심하면 연구비 수혜의 탈락 경험에 대한 위로는 되지 않을까 생각한다. 아울러 때로는 탈락을 하지만 기대하지 않게 때로는 기대하지 않는 곳에서 '선정' 이라는 통보를 받기도 한다. 그게 바로 인생인 것이다. 다음 글에서 여러분이 읽게 될 포스코 재단의 연구계획서 역시 그러한 이유에 속한다. 우연히 알게 된 이 재단의 연구비 공부 소식. 그리고 기대하지 않고 제출하였던 계획서가 좋은 평가와 함께 선정되었다. 그것도 15:1의 경쟁률이었다. 심혈을 기울이지는 않았지만 필자의 제자와 함께 쓴 이 연구계획서의 그 전체 구조와 내용과 읽기가 미래 연구비 수혜를 목적으로 하고 있는 많은 질적연구자들에게 도움이 되었으면 한다.

동북아시아 교육현상으로서 한국의 학원교육에 대한 질적연구: 다양한 학원학습 형태의 발달과 진화

Ⅰ. 연구의 필요성과 내용

1) 연구의 필요성

사교육-학원교육은 한국을 비롯한 중국, 일본, 홍콩, 대만 등의 일부 동아시아 유교권 국가에 한정된 현상이 아니라는 것이 속속들이 밝혀지고 있다. Mark Bray(2009, p.95)에 의하면 사교육은 20세기 후반까지만 해도 사교육의 큰 규모는 아니었으나 20세기가 마무리될 즈음에 이르러 일본, 한국을 비롯하여 아제르바이잔, 캄보디아, 모리셔스, 스리랑카와 같은 나라에서 중요한 사회현상이 되었다. 21세기 초반에는 동유럽과 중앙아시아에서 매우 가시적인 현상이 되었고, 서유럽, 북아메리카, 오스트레일리아, 아프리카, 라틴아메리카에서도 점점 명백한 현상이 되었다. 또한 시장경제체제로의 이행과정에 있는 구소련 연방국가에서도 크게 늘어나고 있어 사교육은 국경과 문화, 동양과 서양, 부국과 빈국을 막론하고 빠르게 퍼져 나가고 있다(Obeegadoo, 2007, p.6). Bray에 따르면 이러한 공부하는 장소로서 학원에 대한 대중화는 우리나라를 벗어나 동북아 국가의 또 다른 교육적 현상으로서 자리 잡고 있으며 학교교육과 대립하면서 그 영역과 위력을 더욱 넓혀가고 있다(Bray, 2009). 그리고 그러한 위세는 공교육의 위세와 방향에 영향을 끼칠 정도로 막강하여 많은 학생들이 보다 좋은 대학을 들어가기 위하여 그리고 학교에서 좋은 학업성취를 위하여 학원교육에 더욱 집중하고 의존하는 경향을 보이고 있다. 그 결과로서 한국과 같은 동북아시아 국가에서의 학부모의 사교육비는 더욱 증가하고 사교육비의 증가는 사회문제로 대두될 지경에 이르렀다.

그리고 이러한 학술적/사회적/문화적 분위기 속에서 기존의 교육학/교육과정 분야에서 연구되지 못한 학원교육에 대한 학술적 탐구를 시도하는 노력들이 이루어졌다.

그리고 그 연구의 핵심으로 '왜 학원교육을 학생들이 더 좋아하는가?', '학원교육은 학교교육에 비교하였을 때 어떤 장점과 특징들이 있는가?' 와 같은 연구 질문을 제기하면서 실제 학원현장에 대한 질적연구 또는 통계 연구를 통하여 학원이 갖는 교육학적 장소로서 새로운 개념화를 시도하기에 이르렀다. 외국의 연구에서도 많은 예를 찾아볼 수 있지만(Cummings & Altbach, 1997; Baker, Akiba, LeTendre, Wiseman, 2001; Bray, 2003, 2006, 2009, 2010; Salili, 2005; Buchmann, 2002) 우리나라의 경우에도 학원교육의 장점과 교육학적 특징을 규명하려는 연구들이 시도되었으며 대표적으로 학원교육의 교육학적 특징을 밝힌 김종환(2003), 이종재(2003), 이윤정 외(2012)의 연구들이 있다. 특히 이 주제와 관련하여 김영천은 학원교육에 대한 학술적 탐구가 단순히 한국의 교육학 주제로 한정되어서는 안 되며 국제 교육과정 연구의 중요한 주제로 부상되어야 한다는 점을 강조하였다. 단순히 서구에서 연구되지 않는다고 하여 중요하지 않은 주제로 간주되어서는 안 되며 학원교육 현상이 극명하게 그리고 일반적으로 나타나는 동북아 국가에서의 학원교육을 서구 학자들과 교육학 분야에서 주요하게 탐구해야 하는 세계적인 교육학 주제로 논의해야 함을 '탈식민적 교육학 이론화' 의 관점에서 강조하였다(김영천, 2011).

이러한 연구 분위기와 새로운 역사 속에서 이 연구는 동북아시아 국가들의 교육현상으로서 학원교육을 한국적 상황에서 연구하고자 한다. 이러한 사교육/학원교육은 이렇듯 전 세계적으로 나타나고 있고 관심의 대상이 되는 교육현상이지만 그 경중을 감안하였을 때 여전히 동아시아의 국가들에서 극명하게 나타나고 있고 두드러지게 확대되고 있는 현상이다(Bray, 2009, p.1). 뿐만 아니라 국제 교육 분야에서 그리고 동북아시아 국가들 내에서 한국의 학원교육은 학원교육의 현상을 연구하기에는 매우 적합하고 의미가 있을 것으로 생각한다. 왜냐하면 다른 국가들에 비하여 학교급별에 따라서 그리고 다양한 교과에 따라서 그리고 학생들의 요구에 따라서 맞춤형식 학원들이 개발되어 운영이 되고 있기 때문이다. 그러한 이유 때문에 한국에서 만들어진 학원시스템이나 소프트웨어들은 이제 다른 동북아시아 국가들의 학생들을 위하여 수출되기도 하고 직접 학원이 외국에 진출하는 경우까지 있다. 더불어 명문대학에 입학하려는 구미학생들에게 이용되는 등 그 효과가 입증되고 있어 학원교육은 서구학자들에게 새로운 탐구주제가 되고 있다(Bossy, 2006; Buchmann & Condron & Roscign, 2010; House, 2006; Psych 356.006 WebProject, 2006; Whitman, 2003). 이에 학원교육과 관련한 기존의 연구들에서 학원이 학교에 비하여 더 효과적인 부분들, 학생들이 학원에서 더 공부를 잘하게 되는 이유들에 대한 현장의 경험적 연구들이 많이 시도되었다. 본 연구에서는 이러한 연구들을 기초로 하여 '학원교육의 다양한 형태와 그 진화' 라는 개념으로 한국내에서 성장한 다양한 형태의 학원교육 그리고 학원학습의 형태를 이해하고자 한다.

이를 통하여 그 학원교육에는 우리가 일반적으로 생각하는 정형화된 형태의 학원교육이 존재하는 것이 아니라 다양한 형태의 학원교육이 존재한다는 사실을 학술적으로 정리하고자 한다. 그리고 그러한 다양한 형태의 학원교육은 이미 한국 사회에 뿌리 깊이 자리 잡고 있으며 영유아에서 고등학생 그리고 재수생의 학습에까지 영향을 미치고 있다. 그럼에도 불구하고 다양한 형태의 학원들에 대한 실제적이고 종합적인 규명과 이해 그리고 개념적 특성들에 대한 학술적 탐구는 그 실상에 비하여 미미한 실정이다. 이러한 점에서 본 연구는 한국 사회에서 발전한 여러 가지 형태의 학원교육/학원 학습의 형태들이 어떤 것들이 존재하고 있으며 어떻게 학생들에게 활용되고 있는지를 이해하는 데 상당한 기여를 할 것으로 생각한다. 나아가 기존의 학원교육 연구에서 다루어진 단순한 형태의 이미지(아파트 상가에 있는 학원, 또는 도시의 한 건물의 학원 등)에서 벗어나 한국 사회에 얼마나 다양한 학원교육의 형태들이 존재하고 있으며 이러한 다양한 학원교육의 조건과 구조 속에서 한국의 학생들은 어떻게 각자 공부하고 있는지를 알아볼 수 있을 것이다.

이에 동북아시아 교육현상으로서 한국의 학원교육 연구의 후속 연구로 이루어질 이 연구는 다양한 형태의 학원들 중에서 가장 대표적이라고 생각하는 여섯 개의 학원교육 형태를 질적연구방법(참여관찰, 심층면담, 내용분석, 그리고 인터넷 질적연구 등)을 통하여 묘사하고 이해하고자 한다. 약 2년간의 7개의 학원형태에 대한 이론적 개념화를 먼저 시도하고 각 학원학습형태에 속하는 대표적인 학원교육방법이 갖고 있는 교육학적 특징들(교육과정 개발, 학습자 평가, 교재개발, 학생지도 등)을 규명하고자 한다. 이를 통하여 세계의 학원교육의 현황 중에서 가장 발달해 있고 가장 진보적인 방향으로 나아가고 있는 한국의 학원교육의 현실을 학술적으로 정리하고 논의하여 동북아 국가의 학원교육에 대한 새로운 지식의 생산 과정에 적극적으로 참여하고자 한다. 그리고 이러한 연구의 목적을 학원 역시 학교처럼 '공부하는 장소' 또는 '학습하는 장소' 라고 생각하였을 때 기존의 학교교육과는 다른 방법으로 그리고 학교가 아닌 공간에서, 학생들이 효과적으로 공부할 수 있는 방법들에는 어떤 것들이 있는지를 또 다른 미래적 관점(인터넷의 발달, 탈학교교육 운동, 자기주도 학습 등)에서 탐구할 필요가 있다. 그리고 그러한 탐구는 다른 자연자원이 없는 한국의 현실을 생각하였을 때 학교교육과 함께 새로운 형태의 학원교육이 한국 학생의 잠재력을 개발하고 학습동기를 유발하며 또 다른 지적/사회적 능력을 가진 존재로서 어떻게 발달시키고 교육시키는지를 기존의 학원교육에 대한 부정적 관점에서 벗어나 질적연구가 갖는 '이해', '발견' 등의 관점에서 그 다른 긍정적/건설적 역할을 찾아볼 수 있는 학술적 계기가 될 것으로 생각한다.

2) 연구의 내용

제1절에서 제시한 연구의 목적과 필요성에 따라서 본 연구에서는 동북아 국가의 교육현상으로서 한국의 학원교육의 심층적 이해를 위하여 다음과 같이 두 가지의 연구내용을 상정하였다. 이 두 가지 연구문제는 학원교육에 대한 기존의 연구들을 더욱 심화시킨 것으로서 단순히 '학원교육이 왜 학교교육보다 더욱 효과적인지' 라는 연구 질문에서 벗어나고 학원교육의 효과를 전제하면서 학원교육의 이상과 방법을 구체화시킨 여러 가지 형태의 학원교육의 실상들을 규명하고 개념화하는 작업이다. 그러한 점에서 본 연구의 연구내용은 기존의 학원교육연구의 목적을 달성하면서 그 탐구의 수준을 한 단계 심화시킨 것이라 할 수 있다. 그리하여 본 연구는 우리 교육학자가 모르고 있고 학원교육 또는 새로운 형태의 교육방법 영역에서 논의되지 못한 학원교육의 다양한 형태들을 학술적으로 처음으로 개념화하는 작업이 될 것이다.

(1) 연구내용 1: 우리나라 학원교육의 여섯 가지 형태의 탐구

이 주제는 우리나라에서 개발되어 전국의 학생들에게 일상적으로 활용되고 있는 주요한 학원교육 형태 여섯 가지를 집중적으로 연구하는 것을 목적으로 한다. 이를 위하여 학습지, 프랜차이즈 영어학원, 프랜차이즈 수학학원, 인터넷 기반 학원, 캠프 학원, 기숙형 학원을 선정하였다.

① 학습지

학습지는 학교의 정규수업 이외에 학생들이 특정 과목 또는 전 과목의 학력을 신장시켜 주기 위한 자학자습에 필요한 학습도구이다. 이는 심리학자들이 인간발달에 있어 조기경험의 중요성을 강조한 이후 유아교육에 대한 관심의 증가와 소득수준의 향상에 따라 부모의 자녀교육에 대한 적극적인 참여로 급성장하고 있다. 미취학자녀의 경우 한글관련 학습지를 주요하게 학습하며 논리 · 수학과 창의성, 정서발달, 미술관련 등의 다양한 과목을 학습한다. 취학 후 초등학생들은 수학, 영어, 국어 등의 과목을 주요하게 학습한다. 현재 시장의 규모는 4조원 대에 이르고 방문지도를 받는 회원은 1000만

명에 육박하며 유아 및 초등학생을 대상으로 하는 학습지가 80%를 차지하고 있다. 대표적인 학습지 업체로는 대교(눈높이), 교원(구몬학습), 한솔교육, 재능교육, 웅진(씽크빅)을 비롯하여 200여 개 업체가 있다. 학습방식으로는 개인 사업자의 신분으로 근무하는 학습지교사가 주1회 가정에 직접 방문하여 10~30분 정도 자학학습에 대한 피드백을 제공하는 등 개인의 학습능력에 따른 1:1학습관리를 한다. 이에 따라 학습지는 공교육이 하기 어려운 학력수준에 맞는 개별지도 서비스를 제공하고 학부모와의 긴밀한 협력으로 꾸준히 학습하는 공부습관의 형성에 기여하고 있다. 최근에는 IT기술을 응용하여 온라인으로 학습을 지도하는 인터넷 학습지도 방식을 도입하여 동영상 · 애니메이션 · 게임 등을 병행하여 학습효과를 높이는 매력이 있다.

② 프랜차이즈 영어 · 수학학원

프랜차이즈 영어 · 수학학원은 전문적인 학습노하우를 소유한 프랜차이즈 본사로부터 일정한 계약에 따라 가맹체결을 하여 전문적인 학습지식이나 경험 등의 노하우와 상표, 상호 그리고 자체 개발 교재와 학습도구를 지속적으로 제공받으며 일정한 장소와 건물에서 운영하는 사교육의 학습 형태를 의미한다. 프랜차이즈 본사는 오랜 교육경험으로부터 우수한 콘텐츠와 최첨단 IT기반 학습시스템을 개발하며 전문화되고 차별화된 학습법을 소유하고 있다. 그에 따라 개별학원이 본사와 가맹을 맺어 교육정책과 입시경향의 변화와 학습자의 요구를 신속히 반영하며 다양한 학습자의 수준에 맞도록 세분화된 단계의 교재와 학습과정을 구성하여 맞춤학습을 할 수 있다. 더 나아가 On라인과 Off라인에서 학습을 통합하는 첨단 학습시스템을 개발하여 학습관리와 평가의 질을 높이고 있다. 이에 따라 프랜차이즈 가맹 영어 · 수학학원은 학원운영의 전문화와 차별화, 그리고 신뢰도를 높이고 교육흐름에 빠르게 대응할 수 있는 장점이 있다. 주로 초등학생과 중학생을 대상으로 하는 학원에서 많이 나타나며 최근 변경된 2013년 교육정책에 효과적으로 대응하기 위해 효과적인 학습법을 제공하는 프랜차이즈 본사와 가맹하는 학원들이 늘어나고 있다. 프랜차이즈 서비스를 제공하는 대표적인 교육기업으로는 타임교육홀딩스와 G1230(영어전문), 더체인지교육그룹, 토피아에듀케이션, 한솔교육 주니어랩스쿨, 김샘학원(수학전문) 등이 있다.

③ 인터넷 기반 학원

인터넷 기반 학원은 기존의 학원교육 그리고 학교교육에 대한 전통적 방법(특정한 공간에서 공부를 해야 한다는 정의)을 변화시키고 인터넷을 기반으로 하는 학습방법이다. 이러한 학습형태의 장점은 학습자가 전통적인 장소 중심의 학습에서 벗어나 전자

의사소통의 방법이 더욱 활발해지면서 자신의 요구와 필요(장소, 공간, 그리고 교재 수준 등)에 따라서 주도적으로 선택하고 활용이 가능하여 개별맞춤 학습화의 이점을 더욱 강화시킨다는 점이다. 이에 따라 중 · 고교생들을 중심으로 온라인으로 강좌를 듣는 인터넷 강의(이른바 '인강') 수강이 확산되며, On-line 입시사교육 시장이 달아오르고 있다. 산업자원부의 '이러닝(e-learning)산업 실태 조사'를 보면, 이러닝 콘텐츠 부문 매출액은 2005년 3363억 원에서 2006년 3894억 원으로 한 해 만에 500억 원 이상 급속히 늘고 있다. 이러한 인터넷 강의를 제공하는 형태의 대표적인 학원에는 메가스터디, 엠베스트, 수박씨닷컴, 토피아스터디, 에듀클럽, 크레듀엠, 비타에듀, EBS와 EBSi, 일교시닷컴, 이투스, 스카이에듀, 경선식에듀, 대교, 웅진씽크빅 등이 있다. 최근에는 이러한 다양한 학습자료와 소프트웨어들이 제3세계 국가에서의 교육 자료로서 활용될 만큼 양적/질적 성장을 하고 있다.

④ 캠프형 학원

캠프형 학원은 주로 여름과 겨울 방학 기간을 활용하여 특정한 교육 장소에서 단체생활하며 입시 주제와 관련된 다양한 체험기회를 제공하여 특정 주제를 효과적으로 학습할 수 있도록 마련된 프로그램에 따라 학습하는 형식의 사교육을 의미한다. 최근에는 입학 사정관제와 수시 전형, 특목고 입시 등에서 학생의 비교과활동에 대한 평가 비중이 높아지면서 방학 기간에 진행되는 캠프를 통해 관련 경험을 쌓으려는 학생들이 늘고 있으며 영어캠프 위주였던 틀에서 벗어나 해외 봉사 캠프, 멘토링 캠프 등 다양한 방향으로 확대되고 있다. 이러한 형식의 학원은 체계적이고 상호작용적이며 체험적인 학습 환경을 조직하여 제공함으로써 학습자의 흥미도, 자아 존중감, 태도 및 동기, 그리고 학습 불안과 같은 정의적 요인들을 개선하여 학습효과를 단기간에 극대화한다. 영어 캠프학습의 경우 약 5주간 컴프지역에서 원어민 교사와 함께 생활하며 영어권 언어와 문화에 노출시킴으로써 학습자에게 교실영역에서 벗어나 살아있는 영어를 배울 수 있는 기회를 제공한다. 대표적인 캠프형 학습프로그램을 제공하는 업체로는 대교, 메가스터디, 타임교육, 한솔교육 등이 있다. 그러나 캠프형 학원은 단기간에 목표하는 효과를 높이는 장점은 있으나 비용이 높다는 단점이 있다. 한편 메가스터디와 엠베스트 등 인터넷 강의를 제공하는 업체들에서 온라인상의 방학캠프를 운영함으로써 비교적 저렴한 비용으로 캠프 식의 학습을 제공한다.

⑤ 기숙형 학원

기숙형 학원은 도심에서 벗어난 지역에서 재수생을 중심으로 숙식과 입시수업을 동시에 진행하는 입시학원의 한 형태이다. 학습자는 기숙형 학원에서 제공하는 교육과정에 따라 입시준비를 한다. 무엇보다도 이러한 형태의 가장 큰 특징은 학습자가 사회와 가정에서 격리되어 모든 생활시설이 구비된 특정 장소에서 엄격한 생활수칙에 따라 단체생활하며 학습이 이루어진다는 점이다. 운영 유형으로는 전통적인 브랜드 파워를 가지고 운영하는 등용문기숙학원, 탑 클래스 기숙학원 등이 있으며 기존 도심에서 재수생 종합반 학원을 기숙학원으로 확장한 종로학원, 대성학원, 정일학원 등이 있다. 대부분의 기숙형 학원은 도심과 떨어진 곳에 위치하고 있으며 2007년 이후 기존 시장에 진출해 있었던 브랜드 인지도가 높은 학원의 브랜드를 이용하고 탐구과목(과학, 사회) 강사들을 유명 스타급 강사로 초빙하면서부터 기숙학원이 주목받기 시작했다. 최근에는 유명한 인터넷 강사 및 EBS 강사들을 영입하기 시작하면서 기숙형 학원은 급속도로 팽창하고 있다. 지역별로는 경기도를 중심으로 하여 가장 많이 분포되어 있다.

이러한 여섯 가지 형태의 학원은 연구자들의 이 분야에 대한 사전 연구 작업 그리고 학원교육에 대한 전문적 문헌 그리고 전문 학원 담당자들과의 면담을 통하여 선정하였다. 물론 이 여섯 가지 형태 이외에도 다른 방법들이 존재하겠지만 본 연구에서는 이 여섯 개로 한국의 학원교육의 형태를 구분하고 각 형태들이 어떠한 목적을 가지고 만들어졌으며 어떤 다양한 접근들이 또다시 존재하는지, 그리고 각 방법들이 어떤 점에서 효과가 있는지를 여러 가지 교육학이론과 교육과정이론 그리고 수업이론을 통하여 분석하고자 한다. 그리고 각 영역에서 알 수 있듯이 학습자 중심 교육과정 이론 측면에서 각 형태들이 어떤 특정 학생들의 학습욕구를 이해하고 학습동기를 유발하기 위하여 만들어졌는지를 이해하고자 할 것이다. 그리하여 이러한 여섯 가지 형태의 한국의 학원교육의 실제를 심층적으로 그리고 질적 방법을 통하여 연구한다면 우리나라의 학생들이 초등학교에 들어가기 전부터 대학에 들어가기 위하여 재수하게 될 때까지 어떠한 형태의 학원교육을 수강하고 공부하며 어떻게 교육적 도움을 받는지, 그리고 그러한 교육적 도움이 그들에게는 어떠한 긍정적 교육적 경험(educational experience)으로 승화되는지를 이해할 수 있을 것이다.

(2) 연구내용 2: 여섯 가지 형태의 학원교육에 대한 질적연구

두 번째 연구내용은 첫 번째 연구내용을 통하여 이루어진 각 학원형태의 전반적인 특징과 내용을 이해한 다음에 구체적으로 한 가지 사례(case)를 선정하여 각 형태의 학원이 어떻게 운영되고 있으며 학생들의 교육에 적용되는지를 실제적으로 이해하는 작업이다. 즉, 각 학원형태에 속하는 많은 학원들이 전국에 산재해 있고 나름대로의 독특한 교수법과 학생지도, 그리고 평가방법과 좋은 학습교재들을 가지고 있을 것이다. 그러나 연구의 내용상 각 영역에 해당하는 모든 학원들을 연구할 수 없기 때문에 연구자들 그리고 각 영역의 전문가들과의 상의를 통하여 가장 일반적이면서 가장 평판이 좋은 학원기관을 한 개 선정하여 약 2년 동안 연구하고자 한다.

이를 통하여 연구내용 1에서 다룬 여섯 개의 학원형태들이 각각 어떻게 운영되고 있고 학습자들의 교육적 성취를 위하여 어떤 노력을 기울이는지를 집중적으로 묘사하고자 한다. 그리하여 연구내용 1에서 각 영역에 속하는 다양한 학원들, 기관들, 그리고 방법들을 종합적으로 이해하고 정리하였다면 연구내용 2에서는 그러한 개념적 이해를 한층 더 심화시키기 위하여 각 영역에 해당하는 대표적인 사례(sample)를 선정하여 그 학원형태가 추구하는 교육적 목적이 구체적으로 어떻게 실현되고 있는지를 현장작업(field work)과 질적연구 작업을 통하여 묘사하고 기록하고 분석하고자 한다. 이러한 작업은 우리나라의 학원의 발달과 확산 그리고 진화라는 측면에서 그 동안 일반적으로 제기하였던/답하였던 연구문제, '학원교육이 어떤 점에서 학교교육에 효과적인가?' 또는 '학원교육이 어떤 점에서 학교교육을 보완하고 있는가?' 에 대한 탐구를 보다 더 구체적인 수준에서 그리고 더욱 정밀하게 탐구하게 만들 것이다. 왜냐하면 아동의 발달시기에 따라서, 학생들의 학교급별에 따라서, 학생들의 교과에서의 수준에 따라서, 그리고 학생들의 다양한 공부방법의 취향의 차이에 따라서 어떤 학원형태를 선택하느냐가 결정될 것이고 그 결과 학원교육에 대한 만족도가 높아질 것이기 때문이다. 그러한 점에서 각 학원형태를 대표하는 사례들에 대한 집중적 탐구는 각 학원형태들이 추구하는 교육적 목적/교과적 특성을 이해하는 방식이 되면서 한국의 학생들에게 각각의 학원형태들이 각 학습자의 목적에 따라서 어떻게 발전하고 진화하며 다양화되었는지를 이해하는 좋은 한 가지 방법이 될 것이다.

II. 이론적 배경으로서 학원교육의 효과에 대한 탐색

본 연구는 학원교육이 학업성취를 하는 데 효과가 있음을 전제한다. 그렇다면 독립변인으로서 학원의 교육적 효과는 보다 진지한 관심 분야가 되어야 할 것이다. 사교육이 학업성취도에 향상을 주는 요인들로는 공부시간의 증가(김수민, 2005; 백일우, 1999;

조혜영 · 이경상, 2005), 부족한 부분들에 대한 보충학습이나 심화학습(이민경, 2004; 허영주, 2006), 개별화 수업을 통한 맞춤형 수업(이민경, 2004; 이종재, 2003) 그리고 개별지도와 친밀감 형성, 개별적인 상담(김양분 외, 2002)이 있다. 김혜숙 외(2011)는 학원의 뛰어난 학습관리가 그 요인이며 이윤정 외(2012)는 사교육이 학습기술의 향상에 긍정적 영향을 주고 있다고 보고한다.

이와 더불어 학원교육에는 여러 가지 장점들이 있다. 첫째, 학원수업의 높은 질이 학원에 다니는 가장 큰 이유라고 밝히는 논문들이다. 전창우(1996), 남헌기(1999)와 김희대(1999)는 학교교육에 대한 불만족 때문에 학생들이 학원에 다닌다고 보고하였으며 학교 교실 붕괴 현상의 원인을 수업의 질적 저하로 들고 있다. 제민지(2002)는 교사의 실력과 수업에 대한 열의 그리고 학생에 대한 애정과 교사에 대한 학생들의 신뢰감과 존경심의 면에서 학교교사보다 학원강사가 우월하다고 보고하였다. 김종환(2003) 역시 학교교사와 학원강사의 수업을 비교평가하게 한 결과 수업설계, 수업기술, 단서제공, 동기유발, 수업참여, 피드백 등 모든 면에서 학원강사에게 더 큰 점수를 주었다고 말한다. 최근 2009년 한국교육개발원의 '고등학생 학업 생활과 문화 연구 조사'라는 보고서에서 학생들은 교과전문성과 수업충실성 그리고 인성교육 등을 포함한 14개 항목에서 학교선생님보다 학원선생님에게 더 높은 점수를 주었다고 말한다.

둘째로 정형민(1997)은 「기숙학원 학생들의 적응과정에 관한 연구」라는 논문에서 재수생들이 기숙학원에서 어떠한 학습생활을 하며 적응해 가는지를 잘 보여주고 있다. 처음에 기숙학원에 등록하고 짐을 가지고 집을 떠나 기숙학원에 있는 방에 들어갈 때 학생들은 학원을 소위 '감옥'이라고 표현한다고 한다. 군대식의 철저한 규율에 따라 생활해야 했으나 오랜 공동 생활을 하며 가족처럼 친하게 지내게 되며 학생들은 선생님의 엄격한 지도를 받으면서 긍정적인 학습체험을 한다고 보고한다.

셋째로는 학교에서 볼 수 없는 학원의 특별한 교육학적 기법들을 보여주는 글이다. 김영천(2008)은 1년간 질적연구를 하여 「차라리 학원에 보내라」에서 학원교육은 선행반복학습, 개별화수업을 위한 수준별 분반제 그리고 성적향상과 피드백을 위한 지속적인 평가와 학부모와의 긴밀한 상호작용과 협력을 특징으로 하며, 개별화수업은 학교에서 해주지 못하는 장점이라고 보고한다. 지속적인 피드백은 학생들의 수준을 파악하여 적절한 지도를 하게 해주며 학부모와의 긴밀한 협력으로 학부모의 불만이 학원에 수용되어 학원교육이 발전하게 된다. 또한 학원학급은 10명 남짓으로 구성되어 있다는 점도 개별맞춤지도를 하여 학업성취를 향상시키는 데 기여하는 요소이다.

넷째로 엄나래 · 정영숙(2002)은 학생들이 학원수업에서 높은 차원의 몰입경험을 하고 있다고 보고한다. 그들은 201명의 남자 고등학생들에게 매일 2시간 간격으로 6일간 자신이 하는 활동과 그에 따른 체험을 응답지에 보고하게 했다. 그 결과 고등학생들이 학교에서는 거의 몰입의 경험을 하지 않으나 반대로 학원수업과외에서 높은 몰입 경험을 한다고 보고했다. 학교에서의 몰입빈도는 29.4인 데 반해 학원에서의 몰입빈도는 43.8로서 무려 14.4의 차이를 보였고 학원과외의 몰입빈도는 모든 활동 중에서 개인숙제(44.4)를 제외하고 그 다음으로 높은 것이며 운동(41.1)과 인터넷게임(40.4)보다도 높게 나왔다.

다섯째로, 권재원(2004)은 청소년들은 학교선생님과는 교류가 잘 안 되고 일방적인 처벌과 비인격적인 대우에 대해 가장 크게 불만을 느끼고 있으나 학원선생님과 긍정적 관계를 맺고 있다고 보고한다. 그러면서 그는 청소년들이 학원에 가는 이유는 학교선생님보다 학원선생님이 청소년들과 더 활발하게 피드백을 하고 교감하고 있기 때문이라고 보고한다. 한편, 한진상 외(2012)는 「강남 유명학원에서의 학생체벌 상황 및 인식에 관한 연구」에서 학부모와 학생들의 학원에 대한 인식은 이제 학습 효과와 관련해 믿음의 차원으로까지 번져 학교에서는 엄금하고 있는 체벌조차 용인하고 있다고 보고한다.

마지막으로, 김필성(2009)은 「대안적인 유대공동체로서 기능하는 학원에 관한 연구」에서 같은 학원에 다니는 중학교 3학년 학생들 9명은 서로 가족관계를 맺고서 학원에 같이 다니고 같은 교실에서 학습한다고 보고한다. 대부분의 상위권의 성적을 보이는 학생들은 서로 엄마, 아빠, 외사촌, 할아버지 등 친족호칭으로 부르며 친구 이상의 돈독한 관계를 맺고 협력학습을 한다고 보고하였다. 또한 김영천 외(2012)는 「아빠는 죽어도 학원은 죽지 않는다」에서 위의 여러 긍정적 요소들을 확인했을 뿐만 아니라 체계적이고 지속적인 상담을 하며 세심하고 잘 준비된 절차에 따라 학생들이 학원선생님의 강의를 1년에 4회 평가하여 수업의 질을 성공적으로 높이고 있다고 보고한다.

이와 같이 학원교육에는 다양한 장점들이 있다. 그러나 학원교육의 유의미성은 학교와는 다르게 구성된 교육과정과 수업 그리고 평가체제가 학습자의 교육적 성취와 청소년의 성장과 발달에 어떤 긍정적/부정적 영향을 끼치는가와 직접적으로 연관된다. 따라서 본 연구에서는 선행 반복학습과 개별화학습 그리고 계속적인 평가를 학원교육을 이해하는 주요한 개념으로 하여 선행연구에서 나타난 여러 요인들을 고려할 것이다.

1) 선행과 반복학습

학교 교육과정을 기초로 하는 학원의 교육과정은 선행학습과 반복학습을 기본적인 특징으로 한다. 시험기간이 다가오면 반복학습을 그만두고 실전에 대비함으로써 목적을 달성한다. 그래서 학기제로 진행되는 학교교육과는 달리 학원의 교육과정은 선행학습-반복학습-시험대비라는 세 단계로 구성된 학습사이클에 따라 진행되고 있다. 이는 학교에서 치르는 공식적인 시험에서 더 좋은 성적을 얻는 것이 학원에서의 중요한 목표임에 따라 생존과 관련된 학원운영의 기본원리에 속한다고 볼 수 있다. 마찬가지로 다양한 학원형태들이 공식적인 시험에서 경쟁적인 성적을 얻는 데 그 목적을 두는 이상 이와 같은 세 단계의 기본원리는 학원교육의 이해에 주요한 개념이 될 수 있다.

2) 개별화학습

학원의 교육과정의 또 다른 특징은 개별화학습이다. 이는 학생 개개인의 수준에 따라 맞춤 교육을 실시하여 학습효과를 극대화하기 위한 중요한 방법이다. 이러한 개별화학습은 학원교육의 모든 과정에서 실현시키고 있다. 즉, 수준별 교재와 수준별 분반, 그리고 수준별 교수와 수준별 학습지도, 소규모 학급구성 등 교육과정 전반에서 나타난다. 이러한 맞춤지도를 위해 학생이 처음에 학원에 들어올 때부터 학습자의 수준을 평가하며 학습자의 수준의 변화를 빠르게 맞추기 위해 지속적으로 평가를 하고 교사는 학생들의 학습과정을 관찰한다. 마찬가지로 개별화학습은 궁극적으로 개개인의 학습 욕구를 충족시킨다는 의미를 지니고 있어 다양한 학원교육을 이해하는 주요한 개념이 될 수 있다. 즉, 다양한 학원학습 형태들은 개인의 상황과 발달수준을 고려하며 가능한 최선의 대안을 마련하거나 흥미를 높이고 학습동기를 부여하기 위한 다양한 전략과 질 높은 교재 등의 다양한 콘텐츠를 개발할 것이다.

3) 계속적인 평가

학원 교육과정의 세 번째 특징은 계속적인 평가이다. 학원은 수강하기 위해 들어가는 순간부터 분반을 위한 평가로 시작하며 그 횟수가 잦다. 이는 학원 교육과정 상의 학습효과를 알아보고 살펴서 향후 대책을 세우고 교육과정을 수정 · 보완하기 위한 것으로 개별맞춤식 교육을 위한 평가라고 할 수 있다. 동시에 학습자가 자신의 학습수준과 문제점을 진단하여 어떤 부분에서 노력해야 할지 대책을 마련하게 하며 학부모와의 상담 자료로도 활용된다. 최근에는 최첨단 학습시스템을 갖추고 평가결과에 따라 즉각적으로 적합한 학습내용이 제시되고 있어 평가와 학습내용의 선정이 동시에 이루어진다. 마찬가지로 계속적인 평가는 개개인의 학습욕구를 충족시키려는 다양한 학원교육을 이해하는 데 필수적인 개념이 될 것이다.

4) 사회문화적 요인

위의 선행연구에서와 같이 학원은 학교와는 많은 측면들에서 다르다. 즉 학원과 학교를 비교할 때, 운영원리의 측면과 교사-학생의 관계, 교사의 연령의 차이, 학습관리의 차이, 교실규모와 학급인원의 차이가 나타난다. 이러한 차이들은 학생들이 학교와는 크게 다른 학습생활을 하고 학습문화를 형성할 가능성이 있음을 의미하며, 그러한 차이들이 학생들의 학습동기와 학습효과에 영향을 미칠 것이다. 대다수의 학생들은 혼자가 아니라 공동체 속에서 학습하며 학생들이 교사, 교육환경 등의 외부환경요인들에 의해 받는 영향력은 클 것으로 예상된다(이종재 외, 2010, p. 167). 그러나 학습동기가 교육 현상을 설명하는 중요한 요소임에도 불구하고, 사교육의 교육환경들이 학생들의 학습동기와 학습효과에 미치는 영향을 살펴본 경험적 연구는 거의 없는 것이 현실이다(이종재 외, 2010, p. 166). 이는 학교와 학원의 중요한 차이들이 학생들에게 어떠한 학습영향을 미치는지에 대한 참여관찰과 심층면담을 통한 경험적 연구가 필요하다는 것을 말한다. 마찬가지로 본 연구에서는 학원교육을 이해하는 데 사회문화적 측면에서의 요인들을 고려할 것이다.

III. 연구방법

본 연구에서는 '연구내용 1: 우리나라의 다양한 학원교육의 형태 탐구' 와 관련하여서는 내용분석 방법을 사용하여 전국의 학원형태에 대한 관련 문헌을 분석하여 여섯 가지 형태에 속하는 학원들에 대하여 종합적으로 분류 · 정리할 것이다. '연구내용 2: 여섯 가지 학원에 대한 현장연구' 에서는 질적연구방법을 사용하여 학원교육의 특징을 탐구할 것이다.

1. 내용분석

내용분석은 현장에서 수집한 문서 또는 자료들을 분석하여 다양한 학원교육 형태들의 특징들을 간접적으로 이해하기 위한 방법으로 사용된다. 아래의 항목들과 관련된 자료들을 적극 수집하고 내용을 분석할 것이다.

① 각 학원형태별 주요교재와 모든 보충학습 자료를 수집한다. 대표적으로 첨단학습시스템을 기반으로 한 개별맞춤형 보충자료와 On-line에서 제공되는 음성 · 영상 학습자료가 있다. 우수한 학습자들의 풀이 또는 오답노트가 효과적인 수업의 보충자료로서 적극 활용되기도 한다.

② 교육과정 문서를 수집한다. 이 문서에는 발달수준에 따른 효과적인 학습방법을 안내하며 교재종류와 적절한 교재선정의 방침과 교재활용 순서가 안내되어 있다. 또한 분기별 달성 목표를 명시하고 수업진행방식과 시험일정, 평가방식 등 모든 교육적 활동방식들이 명시되어 있을 것이다. 더불어 On-line 학습과 Off-line 학습의 상호관계를 규정하며 효과적인 첨단공학기술 활용법을 안내한다.

③ 교육과정을 실행하는 중 생기거나 실행한 후 나타나는 모든 자료들을 수집한다. 이에는 교사의 학생에 대한 지도내용과 학생관찰기록이 있다. 또한 교사가 계획되지 않은 자료를 제공하거나 나름대로 재구성하고 실행한 고유한 수업내용이 있을 것이다. 그리고 학생 · 학부모 상담내용들이 해당된다.

④ 학원운영과 관련된 문서를 수집한다. 이에는 학원발행신문과 입시설명회자료가 포함되며 가능하다면 회의록을 수집한다.

이외에 학원교육의 특징을 나타내는 중요한 항목들이 있다면 적극 수집한다. 아래는 코리아학원의 영어 과목 수업운영 매뉴얼에 대한 내용분석 예를 보여준다.

내용분석의 예: 학원선생님 평가 설문지

내용분석 자료의 예

효과적인 수업운영에 대한 지침

[그림 1]은 S학원에서 수업의 질을 개선하기 위해 학생들이 학원선생님을 평가하는 설문지이다. 설문조사는 중간고사와 기말고사가 끝날 때 이루어지며, 1년에 4회 실시된다.

설문조사는 선생님의 교육활동에 대한 평가와 학원운영에 대한 평가를 하기 위한 것이다. 선생님의 교육활동에 대한 평가에는 '학교별 담임 선생님에 관한 설문지' 와 '담당 과목 선생님에 대한 설문지' 그리고 '각 암기과목선생님에 대한 설문지' 들이 있으며 학원운영에 대한 평가에는 '학원운영 평가지' 가 있다.

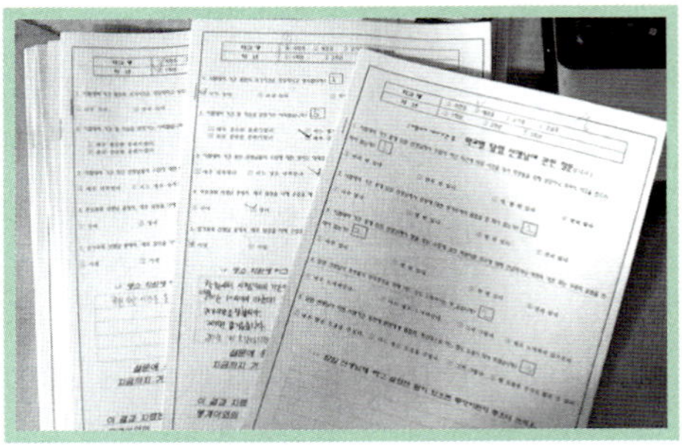

[그림 1] 학원선생님 평가 설문지

학원운영을 평가하기 위한 설문조사지는 시험대비기간에 선생님들이 학생들에게 동기부여를 하고 개별지도를 하는지에 대한 것이다. 선생님의 교육활동을 평가하기 위한 설문조사지는 선생님이 수업분위기를 적절하게 잘 통제하고 학생의 눈높이에 맞추어 이해시키고 있느냐에 대한 것이다. 더불어 선생님이 학생들이 피곤할 때 잠시 쉰다든지 하여 학생들의 상황을 고려하면서 진행하는지에 대한 질문과 함께 선생님과 마음이 교류가 되느냐에 대한 질문이다.

설문조사결과를 보면 같은 선생님이라도 어느 반의 학생들이냐에 따라 극과 극의 결과가 나오기도 한다. 선생님이 가르치는 모든 반의 학생들에게 좋은 점수를 얻는 경우는 매우 드물었다. 이는 학급상황의 여러 요소들이 선생님에 대한 평가에 영향을 미치고 있어 그 학급의 상황을 파악하는 데 도움을 준다. 또는 선생님이 가지고 있는 문제, 즉 '적절하게 수업통제를 못해 소란스럽다'의 경우에 모든 반에서 비슷한 의견이 나오기도 하였다. 이는 학급상황에 의한 것보다 선생님의 지도방식의 변화가 필요한 부분이다. 그리고 학생들이 큰 불만이 있을 때 설문지 아랫부분에 대부분의 학생들이 비슷한 의견을 개진하고 있다. 예를 들어, 선생님으로서 하지 말아야 할 험담을 하거나 나쁜 수업법, 그리고 심한 체벌과 차별에 대한 내용이 있다.

설문결과를 지난번의 결과와 비교를 하여 변화표를 작성하여 선생님이 학생을 고려하도록 한다. 그 결과 이 학원에 들어와서 처음 있는 설문조사 평가에서는 안 좋은 결과를 얻지만 선생님은 여러 선생님들의 조언을 듣고 해결점을 찾아 수업을 개선한다. 김태희(35, 여)선생님의 설문결과의 변화를 나타내면 아래와 같다.

[표 6] 학원선생님 평가 설문결과 변화표(1점에 가까울수록 긍정적인 결과임)

반	중간고사 평균(5점 만점)	기말고사 평균(5점 만점)
S1(중)	3.5	1.5
SN2(중)	3.0	1.6
HS1(고)	1.2	1.3

이 [표 6]에서 김태희 선생님은 중간고사 후의 결과에서 S1(중)에서 평균 3.5, SN2(중)에서 3.0의 결과를 보였으나 기말고사 후의 결과에서는 각 반에서 1.5, 1.6으로 대폭 상승하였다. 두 분의 신입선생님은 모두 이와 같이 상승한 점수를 얻고 있어 학생들이 만족하는 수업을 하는 데에 설문조사가 일정 역할을 하는 것으로 보인다.

2. 참여관찰

두 번째는 '연구내용 2: 여섯 가지 학원형태에 대한 현장연구'에 대한 연구로서 구체적으로 한 가지 사례(case)를 선정한 후 각 형태의 학원이 어떻게 운영되고 있으며 학생들의 교육에 적용되는지를 실제적으로 이해하기 위해서 참여관찰 연구방법이 사용된다. 참여관찰이란 연구자가 연구대상 현장에 장기간 참여하여 학원교육의 특징들을 총체적이고 맥락적으로 이해하는 연구방법이다. 관찰항목으로는 학생들이 학원에서 학습하는 모습과 생활모습, 그리고 교사-학생관계, 친구관계, 교실수업 그리고 학습지도와 학부모·학생 상담과정이 있다. 교과회의의 진행과 과목별 팀회의, 그리고 회식문화와 학생관련 놀이와 행사 등도 관찰항목이 된다. 또한 입시설명회와 수업 외의 공

각 학원교육 형태별 연구대상

형태	연구대상	학원 소재지 및 운영방식	대상	회원수
학습지	태솔나라(서울)	90년대 후반 개발함. 이후 꾸준히 성장하여 현재 시장점유율 30%에 이름. 사고력을 증진시키는 방문형 학습지로서 평가됨.	영유아/ 초중학교	유아 60만 초등 320만
프랜차이즈 영어	코리아학원(경기도)	초중등대상 영어전문학원임. 경기도소재 본원을 포함하여 총학생수는 몇 만 명에 이름. 주제중심의 학습법개발. Neat에 효과적 대비.	초중등	4천명
	미래학원(대구)	KBM 프랜차이즈 본사와 가맹체결을 한 학원으로 지역의 독특한 학습 환경에 맞게 최적화시킨 학원.	초중등	300명
프랜차이즈 수학	문샘학원(서울)	오랜 교육경험을 가진 학원운영자가 개발한 학습 노하우를 상품화하여 프랜차이즈 사업으로 확장	초중등	1200명
	혜민학원(대구)		초중등	800명
인터넷 기반 학원	메가베스트(서울)	뛰어난 강사들로 구성됨. 고등학생들과 재수생들이 가장 많이 이용함. 최근 Off-line영역으로 진출함.	중등	
캠프형 학원	한솔(경기도)	EBS강사진과 유명한 인터넷 강의 업체의 강사들로 구성되어 있음	중등	
기숙형 학원	경기학원(경기도)	24년 전통을 자랑하는 기숙학원으로 최고의 실적과 명성을 유지하고 있음. KBS, MBC 공영방송에서 주목을 받았고 언론사가 주최하고 교육부가 후원한 평가에서 연속 4회 한국교육산업대상을 수여함.	재수생	500명

부법강의, 그리고 동기부여하기 등이 있다. 그 외에 연구대상의 학원교육을 이해하는 데 필요한 항목이 있을 경우에 관찰을 해야 할 것이다. 본 연구에서 학습지 1개, 프랜차이즈 영어 2개, 프랜차이즈 수학 2개, 인터넷 기반 학원 1개, 캠프형 학원 1개, 기숙형 학원 1개를 연구대상으로 한다. 인터넷 기반 학원을 제외한 형태에서 약 4~6개월간 참여관찰이 이루어질 계획이다. 각 학원교육 형태별 연구대상은 아래와 같다.

3. 심층면담

세 번째는 '연구내용 2: 여섯 가지 학원형태에 대한 현장연구' 에서 사례로서 각 형태의 학원에 속하는 교육주체들의 의미를 심층적으로 이해하기 위해서 심층면담방법이 사용된다. 심층면담이란 연구자가 연구대상 교육주체들과 라포를 형성한 후 심층면담을 하여 그들의 학원교육과 관련된 언어적 · 실천적 행위들과 물적 결과들을 그들 내부자적 입장에서 공감함으로써 파악하는 연구방법이다. 즉, 연구대상 교육주체들 자신이 왜 그러한 교육적 행위를 하고 결과물을 양산하였는지 이야기를 들어봄으로써 그들의 의미의 세계를 이해하기 위한 것이다. 이는 참여관찰만으로 규명하기 어려운 교육적 실천들의 의미와 동기 그리고 의도와 가치관을 발견하게 하는 가치 있는 연구방법이다. 심층면담은 주로 자유로운 분위기에서 이루어져야 하며 대화, 반구조화된 면담, 구조화된 면담이 다양하게 사용될 것이다(김병수, 2007, p.71). 연구대상 학원의 학원장과 학원선생님 그리고 학생들이 주요 면담대상자가 될 것이며 학부모와도 이루어질 필요가 있다. 학원장과 학원교사들과 학원에서의 수업방법과 효과적인 관리방법, 그리고 학생들의 학습생활의 특징에 대해 면담하고 학원장과는 전반적인 운영에 대해 알아보아야 할 것이다. 단, 인터넷 강의의 경우 연구대상 업체의 강의를 수강하는 학생 중 3~5명을 선정한다. 아래는 모든 학습형태의 연구대상들에 동일하게 적용될 수 있는 심층면담 주제이다.

연구대상자에 대한 심층면담 주제

	면담 대상	
	학원장과 학원선생님	학생
면담주제 (모든 형태의 학원에 동일, 단 인터넷 기반 학원의 경우는 다를 수 있음) *각 주제당 1~2회하여 총10회 10시간 면담	학원장: 전체적 학원의 역사와 특징 학원선생님: 학원선생님으로서 삶	전체적 학원경력
	생애사와 교육철학	생애사와 꿈 이야기, 공감하기
	학원장: 학원설립과 주요한 사건들 학원선생님: 학원선생님과 주요 사건들	학원교육을 하게 된 계기와 삶의 변화
	학원교육의 기본원리와 교육적 본질	학습과정 알아보기
	학원수업과 변화의 계기들	학원교육의 효과/장단점
	학원역사와 학습교재, 그 발전	학교와 학원 비교
	학원수업/방법/평가	학원수업/방법/평가

Ⅳ. 연구의 활용과 기대효과

1. 국제 교육과정 주제로서 학원교육에 대한 이론화에 실제적으로 기여함

21세기 들어 사교육이 국경과 문화 그리고 동 · 서양과 부 · 빈국을 막론하고 급속히 확산되고 그 영향력이 강화되어 이에 대한 세계적인 관심이 증대되고 있다. 더 이상 사교육은 한정된 국가에서 나타나는 교육현상이 아니며 오히려 세계적으로 존재하는 보편적인 현상이자 주요 이슈이며 정책결정자들의 깊은 관심의 대상이 되어야 할 사항으로 등장하게 되었다(Baker & LeTendre, 2005). 그러나 여전히 동북아 국가에서 한국의 사교육 현상이 극렬하게 확대되고 있어 우리 교육학자들이 사교육에 대한 국제적 이해에 선구적인 기여를 할 위치에 있다. 본 연구는 이러한 상황에서 동북아 국가에서 학원교육의 숨겨진 실제들과 학습의 현장들을 총체적으로 기술하여 기존의 연구들에서 제기하지 못하였던 연구문제들을 구체화시켜 학원교육에 대해 심층적으로 이해하는 지식체계를 제공하고자 한다. 이로써 한국에서 과열되게 나타나는 사교육현상을 심층적으로 이해하고 세계적으로 나타나는 사교육현상에 대한 국제적 이해에 기여를 할 수 있을 것이다.

2. 한국의 다양한 형태의 학원교육과 학습경험에 대한 지식의 획득

본 연구에서는 한국의 다양한 학습형태에 대하여 종합적으로 정리하고 이론적/실제적으로 규명함으로써 학교에 대비되는 학원교육의 실제를 밝히고자 한다. 즉, 학원교육은 우리가 일반적으로 생각하듯이 정형화된 형태의 학원교육이 존재하는 것이 아니라 다양한 형태의 학원교육이 존재한다는 사실을 학술적으로 정리하고자 한다. 그리고 그러한 다양한 형태의 학원교육은 이미 한국 사회에 뿌리 깊이 자리 잡고 있으며 영유아에서 고등학생 그리고 재수생의 학습에까지 영향을 미치고 있다. 그럼에도 불구하고 다양한 형태의 학원들에 대한 실제적이고 종합적인 규명과 이해 그리고 개념적 특성들에 대한 학술적 탐구는 그 실상에 비하여 미미한 실정이다. 이러한 점에서 본 연구는 한국 사회에서 발전한 여러 가지 형태의 학원교육/학원학습의 형태들이 어떤 것들이 존재하고 있으며 어떻게 학생들에게 활용되고 있는지를 이해하는 데 상당한 기여를 할 것으로 생각한다. 나아가 기존의 학원교육 연구에서 다루어진 단순한 형태의 이미지(아파트 상가에 있는 학원, 또는 도시의 한 건물의 학원 등)에서 벗어나 한국 사회에 얼마나 다양한 학원교육의 형태들이 존재하고 있으며 이러한 다양한 학원교육의 조건과 구조 속에서 한국의 학생들은 어떻게 각자 공부하고 있는지를 알아볼 수 있을 것이다.

3. 한국의 학부모와 학생들, 교사와 교육자들에게 학원교육과 관련된 유익하고 가치로운 실제적 지식에 대한 정보 제공

한국의 사회에서 '학원' 에 대한 관심과 이야기 그리고 논쟁은 모든 이의 삶의 중요한 한 부분을 차지하면서 날마다 그들의 삶에 영향을 끼치고 있다. 그럼에도 불구하고 이러한 국가적 이슈에 대하여 관심을 갖고 체계적으로 접근하거나 이해하려는 노력은 나타나지 않아 보인다. 우리나라의 학생들에게 학원교육은 학생의 삶에 가장 영향을 끼치는 발달기관 중의 하나이며 학부모는 자녀의 올바른 성장을 고려할 때 학원교육을 빼놓을 수 없다. 교사와 교육자 역시 학원교육을 빼놓고서 교육현상을 제대로 이해하기 어렵게 되었다. 특히 공교육의 정상화 또는 공교육과 사교육의 바람직한 관계를 만들고자 시도할 때 이러한 사교육에 대하여 실제적으로 이해하고 합리적인 대안을 마련하는 것이 필요할 것이다. 이러한 점에서 본 연구는 다양한 학원교육 형태들을 이론적/실제적으로 이해하여 교육의 주체들이 그 실체를 이해하는 데 유용하고 가치로운 지식을 제공하는 데 그 의의가 있다.

참고문헌

강인원 외(2003). 학벌주의가 학부모들의 인식수준과 사교육의도에 미치는 영향. 소비자학 연구, 한국소비자학회, 14(1), pp. 141-157.

공은배(2001). (교육발전을 위한)교육투자 실태 분석 및 투자방향. 한국교육개발원.

곽희선(1993). 초등학교 아동의 학원수강과 학업성취 및 정의적 특성과의 관계 연구. 한국교원대학교 대학원, 석사학위 논문.

교육인적자원부(2000). 2000년 사교육(과외비) 실태조사 연구보고서.

구자근(1999). 학원 수학학습이 학교 수학교육에 미치는 영향. 경남대학교 교육대학원 석사학위 논문.

권재원(2004). 청소년의 학교 · 학원에서의 불만에 대한 질적 조사: 수업과 처우. 한국교육연구 제10권 1호, 2004. pp.1-27.

김경식(1995). 국민학생의 학원과외 학습에 대한 학부모 인식 조사연구. 제주대학교 교육대학원 석사학위 논문.

김경식(2003). 과외수업 실태 조사. 교육학논총 제24호.

김미숙(2003). Private Institute Education: Competition and Anxiety of the South Korean Middle Class. 교육사회학연구 제13권 제3호, pp. 67-87.

김병수(2007). 참여 관찰을 통한 국어 수업 문화 연구. 한국초등국어교육, 제35집.

김상봉(2004). 학벌사회: 사회적주체성에 대한 철학적 탐구. 파주: 한길사.

김성천(2010). 이명박 정부의 사교육 정책을 종합 평가한다. 이명박 정부의 사교육 경감 대책에 대한 종합 평가 제1토론회 자료집, 사교육걱정없는세상.

김승현(2010). 이명박 정부의 사교육 정책 중간 평가. 이명박 정부의 사교육 경감 대책에 대한 종합 평가 토론 제2발제 자료집, 사교육걱정없는세상.

김양분 외(2000). 과외교습실태조사. 한국교육개발원 연구보고.

김영미 외(1998). 초등학교 아동의 학원수강과 학습동기 및 학업성취도 간의 관계. 교육과학연구 이화여자대학교 교과교육연구소.

김영천(1997). 네 학교 이야기: 한국 초등학교의 교실생활과 수업. 서울: 문음사.

김영천(2007). 차라리 학원에 보내라. 브렌즈.

김영천(편)(2001). 교과교육과 수업에서의 질적연구. 서울: 문음사.

김영천(2011). 또 다른 Currere로서의 학원교육: 국제 교육과정 연구 텍스트로서의 가능성. 한국교육과정학회추계학술대회자료집.

김영철 외(2001). 학교 교육 정상화를 위한 과열 과외 해소 대책. 한국교육개발원.

김영철, 한유경 외(1997). 사교육비 문제와 대응방안. 한국교육재정 · 경제학회.

김영화(2003). 사교육의 가능성과 한계. 교육사회학연구 제13권 제3호, pp.109-132.

김진영(2007). 국제비교를 통해 본 사교육의 원인과 결과. 공공경제, 12(2), pp. 119-151.

김필성(2009). 대안적 유대공동체로서 기능하는 학원에 관한 연구. 경북대학교 고고인류학 석사학위 논문.

김혜숙 외(2011). 학원의 교육체제 및 학습관리를 위한 전략적 대응에 관한 사례연구. 청소년학연구, 18(3), pp. 127-152.

김홍주, 한유경, 김현철(1998). 한국의 교육비 조사 연구. 서울: 한국교육개발원.

김희복 외(2003). 학원의 민속적 의미-소도시의 학부모와 학생들을 중심으로. 경성대학교 한국학연구소 비교전통논집 특별호 1집, 2003.12, pp. 195-210.

나금영(2007). 한국 사교육문화 연구. 한국학중앙연구원 한국학대학원 박사학위 논문.

남상철(1999). 초등학교 학생들의 학원 교육실태와 개선방향에 관한 연구. 홍익대학교 교육대학원 석사학위 논문.

류한구(2006). 사회계층과 교육격차. 한국직업능력개발원.

박도순(1998). 자기 주도적 학습 능력 신장을 위한 교수-학습 과정 및 평가의 개선 방향. 정부수립 50주년 기념 제3차 교육개혁 대토론회 한국교육의 경쟁력 제고 방안 자료집.

박영신, 김의철(2009). 한국 청소년의 행복: 심리적, 관계적, 경제적 자원과 학업성취의 영향. 한국심리학회지: 사회문제, 15(3), pp.399-429.

반상진 외(2005). 과외가 학업성취에 미치는 영향 분석. 제1회 한국교육고용패널 학술대회 논문집, 한국직업능력개발원.

배영주(2006). 자기주도학습(self-directed learning)구현을 위한 청소년 학습 사태의 정비. 청소년학연구, 13(3), 2006, 79-105.

변윤언(200). 한국엄마 자녀교육론으로서 '그림자교육'의 구조와 내용에 관한 연구. 한국청소년시설환경학회지, 7(4), pp.33-42.

배은경(2008). 구술생애사를 통해 본 산업화 시기 한국 어머니의 모성 경험. 페미니즘 연구, 8(1), pp.69-123.

성태제(1998). 교육연구방법의 이해. 서울: 학지사.

송기창(2002). 사교육의 운영실태에 관한 조사 연구. 교육재정 경제연구 한국교육재정경제학회. pp.51-89.

신옥순(1991). 교육 연구의 새 접근. 서울: 교육과학사.

양정호(2005). 사교육비 지출에 대한 종단적 연구-한국노동패널조사의 위계적 선형모형 분석. 교육사회학연구, 15(2), pp.121-145.

엄나래, 정역숙(2002). 고등학교 남학생들의 일상생활에서의 몰입경험에 관한 탐색적 연구. 한국심리학회지, 15(3), pp.55-69.

이명헌(2005). 사교육(과외)의 학습성취도 향상 효과에 관한 연구. 제1회 한국교육고용 패널 학술대회 논문집.

이봉춘(2001). 학원 수학 활동이 학교 수학교육에 미치는 효과에 관한 고찰. 경남대학교 교육대학원 석사학위 논문.

이승자(1991). 학원수강 아동의 정의적 특성 및 학업성취에 관한 연구. 고려대학교 교육대학원 석사학위 논문.

이용숙, 김영천(1998). 교육에서의 질적연구:방법과 적용. 서울: 교육과학사.

이윤정 외(2012). 사교육 유형이 초등학생 학습기술에 미치는 영향. 교육혁신연구, 22(2), pp.49-69.

이종재(2003). 사교육의 본질과 문제. 교육개발 11,12월호, 30(6), pp.3, 한국교육개발원.

이종재 외(2010). 사교육: 현상과 대응. 서울: 교육과학사.

이종태 외(2002). 선행학습 효과에 관한 연구. 한국교육개발원.

이희영(2005). 사회학 방법론으로서 생애사 재구성-행위이론의 관점에서 본 이론적 의의와 방법론적 원칙. 한국사회학, 39(2), pp. 120-148.

이희재(2004). 학원다니기의 문화기술적 연구-중소도시의 학원을 중심으로. 경성대학교 교육학과 석사학위 논문.

임천순 외(2004), 사교육이 학업성취에 미치는 영향, 교육재정경제연구 제13권 제1호.

정구혁(1997). 초등학교 아동의 사교육에 대한 실태 분석. 홍익 대학교 교육대학원 석사학위 논문.

정형민(1997). 기숙학원 학생들의 적응과정에 관한 연구. 경북대학교 고고인류학 석사학위 논문.

정병호(2008). 교육게임과 능력주의-환상과 두려움을 넘어서: 초경쟁시대의 교육. 한국문화인류학회 2008 자료집.

천창우(1996). 초등학교 수학과 학업성취에 대한 학원 교육과 학교 교육의 효과 비교연구. 부산대학교 교육대학원 석사학위 논문.

최상근 외(2003). 사교육비 실태 조사 및 경감 대책 연구. 한국교육개발원 정책 연구 과제 2003-지정-19.

최상근 외(2009.12). 고등학생의 학업생활과 문화 연구. 한국교육개발원.

최인수 외(2004). 학교와 학원의 비교를 통해 본 청소년의 플로우 및 내적 경험. 대한가정학회지, 42(4), pp.127-142.

최형재(2007). 사교육의 대학 진학에 대한 효과. 한국노동연구원.

하광조(2004). 한국 학원교육의 발전추이. 동국대학교 교육학 박사학위논문.

한국교육개발원(2003). 사교육실태 및 사교육비 규모 분석 연구. 한국교육개발원.

한국교육개발원(2008). 사교육실태 및 사교육비 규모 분석 연구. 한국교육개발원.

한대동 외(2001). 고등학생 학업성취에 대한 학교효과와 과외효과의 비교연구. 교육사회학연구, 11(1), pp.33-54.

한유경(2004). 사교육. 지방자치정보 제147호, 한양대학교 지방자치연구소.

한준상(2005). 국가과외. 서울: 학지사.

현　주(2003). 한국 학부모의 교육열 분석 연구. 한국교육개발원.

Anderw D. G. (1990). Education Research, Voice, and School Change. *Harvard Educational Review,* 60(4), 443-465.

Andrew, G. Sparkes. (1994). Life histores and the issue of voice: reflections on an emerging relationship. *Qualitative Studies In Edudation,* 7(2), 165-183.

Assaad, R., & El-Badawy, A. (2004). *Private and Group Tutoring in Egypt: Where is the Gender Inequality? Paper presented at the Workshop on Gender, Work, and Family in the Middle East and North Africa.* University of Minnesota.

Baker, D. P., & LeTendre, G. K. (2005). *National Differences, Global Similarities: World Culture and the Future of Schooling.* Stanford, Califomai: Standford University Press.

Baker, D. P., et al. (2001). Worldwide shadow education: outside-school learning, institutional quality of schooling and cross-national mathematics achievenemt. *Educational Evaluation and Policy Analysis,* 23(1), 1-17.

Bossy, S. (2000). Academic Pressure adn Impact on Japanese Students. *McGill Journal of Education,* 35(1), 71-89. Retrieved October 15, 2006, from Wilson Select Plus database: http://firstsearch.oclc.org.

Bushmann, C. (2002). Getting ahead in Kenya: Social capital, shadow education, and achievement. In B. Fuller & E. Hannum (Eds.), *Schooling and social capital in diverse cultures.* pp.133-159. Amsterdam: JAI Press.

Buchmann, C., Condron, D. J. , Roscigno, V. J. (2010). Shadow Education, American Style: Test Preparation, the SAT and College Enrollment. *Social forces,* UNIVERSITY OF NORTH CAROLINA PRESS, 89(2), pp.435-462.

Byun, S. Y. (2010). Does policy matter in shadow education spending? Revisiting the effects of the high school equalization policy in South Korea. *The Institute of Asia Pacific Education Development,* p.83-96.

Davis, S. (2002). School Choise by Default? Understanding the Growing Demand for Private Tutoring in Canada. *Nall Working Paper,* 65, pp.3-15.

Dawson, W. (2010) Private tutoring and mass schooling in East Asia: reflections of inequality in Japan, South Korea, and Cambodia. *The Institute of Asia Pacific Education Development,* p.14-24.

Dierkes, J. (2010). Teaching in the shadow: operators of small shadow education institutions in Japan. *The Institute of Asia Pacific Education Development,* p.25-35.

Erickson, F. (1998). Qualitative methods in research on teaching. In M. Wittrock(Ed.), *Handbook of research on teaching* (2nd). NY: Macmillan Publishing Company.

Foondun, A. R. (2002). The issue of private tutoring: An anlysis of the practice in Mauritius and selected South-East Asian countries. *International Review of Education,* 48(6), 485-515.

Glesne, C., & Peshkin, A. (1992). *Becoming qualitative researchers: An introduction.* NY: Longman.

Goetz, J. P., & LeCompte, M. D. (1984). *Ethnography and qualitative design In educational research.* Orlando, FL: Academic Press.

Haiyan, H. (1996). *Which Students Are Likely to Participate in Private Lessons or School Tutoring in Egypt? Unpublished doctoral dissertation.* Boston: Harvard University.

House, J. D. (2006, March). Mathematics beliefs and achievement of elementary school students in Japan and the United States: results from the third international mathematics and science study. *Journal of Genetic Psychology,* 167(1), 31-46. from http://web.nafcs.k12.in.us/…/sec25b.jpg.

Ireson, J., & Rushforth, K. (2005). *Mapping and Evaluating Shadow Educaton: ESRC REsearch Project RES-000-23-0117.* London: Institute of Education, University of London.

Kanellopoulos, C., & Psacharopoulos, G. (1997). Private Education Expenditure in a Free Educatio Country: The Case of greece. *International Journal fo Educational Development,* 17(1), 73-81.

Kim, S., Lee, J.-H. (2010). *Private Tutoring and Demand for Education in South Korea, Economic development and cultural change.* UNIVERSITY OF CHICAGO PRESS.

Kwok, P. L. (2010). Demand intensity, market parameters and policy responses towards demand and supply of private supplementary tutoring in China. *The Institute of Asia Pacific Education Development,* p.49-58.

Kwork, P. (2001). Local knowledge and value transformation in East Asian mass tutorial schools. *International Education Journal.* 12(5), 86-97.

Mark Bray. (2003). *Adverse effects of private supplementary tutoring: Dimensions, implications, and government responses.* UNESCO: International Institute for Educational Planning, Paris.

Mark Bray. (1999). *The Shadow education system: private tutoring and its implications for planners.* UNESCO.

Mark Bray. (2009). *Confronting the shadow education system.* UNESCO.

Mark Bray. (2010). Researching shadow education: methodological challenges and directions. *The Institute of Asia Pacific Education Development,* p.3-13.

Mischo, C., & Hanng, L. (2002). Expansion and effectiveness of private tutoring. *European Journal of Psychology of Education,* 17(3), 263-273.

Mori, I., Baker, D. (2010). The origin of universal shadow education: what the supplemental education phenomenon tells us about the postmodern institution of education. *The Institute of Asia Pacific Education Development,* p.36-48.

Obeegadoo, S. (2007). *Remarks made during the IIEP Policy forum on confronting the shadow education system: what government policies for what private tutoring?* Paris: IIEP-UNESCO.

OECD in figures 2009 edition.

Psych 356.006 WebProject(2006). *Mathematic Education in Japan and the United States.* University of Michigan, from http://sitemaker.umich.edu/schueller.356/home.

Psacharopoulos & Papakonstantinou. (2005). The Real Univesity Costs in a Free Higher Education Country. *Economics of Education Review,* 24(1), 103-108.

Rohlen, T. LeTendre G. (Eds.).(1996). *Teaching and Learning in Japan.* New York: Cambridge University Press.

Secondary Education in Japan. (2006, September 1). *In Wikipedia, The Free Encyclopedia.* Retrieved 02:52, October 20, 2006, from http://en.wikipedia.org/w/index.php.

Smyth, E. (2009). Buying your way into college? Private toition and the transition to higher education in Ireland. *Oxford Review of Education,* 35(1), pp.1-22.

Spradley, J. P. (1979). *Ethnographic interview*. New York: Holt, Ringart & Winston.

Strauss, A. (1987). *Qualitative analysis for social scientist*. New York: Cambridge University Press.

Tan, J. (2009). Private tutoring in Singapore: Burstion out of the shadows. *Journal of Youth Studies [Hong Kong]*, 12(10), pp. 93-103.

Tansel, A. (2002). Determination of Schooling Attainment for Boys and girls in Turkey: Individual, Household and Commurity Factors. *Economics of Education Review*, 21(5), 455-470.

Tansel, A., & Ratma, B. (2004). Private Tutoring Expenditures in Turkey. *IZA Discussion Paper Series(No. 1255)*, Institute for Study of Labro(IZA).

Ventura, A., Jang, S. (2010). Private tutoring through the internet: globalization and offshoring. *The Institute of Asia Pacific Education Development*, p.59-68.

Wener, O., & Schoepfle, G. M. (1989). *Systematic fieldwork*. Newbury Park, CA: Sage.

Whitman, N. C. (2003). Learning from Japanese Middle School Math Teachers. *Phi Delta Kappa Fastbacks*, (505), 7-46. Retrieved October 15, 2006, from Wilson Select Plus database: http://firstsearch.oclc.org.

Wills, P. (1977). *Learning to labour*. Farnborough: Saxon House.

Woodword, J. & Ono, Y. (2004). Mathematics and Academic Diversity in Japan. *Journal of Learning Disabilities*, 37, 74-82.

15

새벽 출항. 웅녀와 응구기를 찾아서

이 책의 마지막 장이다. 많은 생각과 감정이 든다. 그러나 곧 다시 지울 것이기 때문에 쓰지 않는 게 낫다. 새벽은 아침으로 밝아오고 그 차갑던 찬 공기는 다소 부드러워진 듯하다. 조금 있으면 이 조그만 대학 캠퍼스에 사람들이 출근할 것이고 새소리 역시 들릴 것이다. 글을 쓰는 키보드 소리와 히터의 뜨거운 바람 소리. 그리고 간간히 들리는 들고양이 소리. 그리고 가장 크게 들리는 것은 내 마음속의 소리다. 어떤 단어를 선택하고 어떻게 글을 쓰고 어떻게 생각을 표현할까. 아마도 모든 학자들, 연구자들, 질적 연구자들, 그리고 학생들까지도 그 소리에 귀 기울이면서 글을 쓸 것이고 살아간다. 오히려 때로는 글을 쓰지 않는 시간에도 글의 아이디어와 소재들, 그리고 글의 순서와 참신한 표현을 찾기 위하여 우리의 뇌의 잠재의식은 계속 작용할 것이다. 글은 우리를 살게 하고 살아 있다는 생각을 하게 하고 나를 표현하며 다른 사람에게 깊은 영향을 끼친다. 멀리 있어도 우리는 글을 읽고 새로운 감정을 가지고 새로운 생각을 하게 되고 변화하고 계몽된다.

글을 쓸 수 없어서 죽어 버렸다는 일본의 유명한 학자의 이야기를 읽었을 때 충분히 그럴 수 있다고 생각하였다. 필자 역시 그럴 수 있을지 모른다. 그러나 그 학자와 필자의 차이점은 그 학자는 아주 글을 잘 쓰는 사람이었을 것이고 필자는 글쓰기에 대한 번민과 좌절 속에서 사는 사람이다. 다음 세상에서 태어나면 문학과 철학, 그리고 다양한 읽기를 하여 더 좋은 글을 쓰고 싶다. 항상 떠오르는 단어들과 표현들, 그리고 한정된 표현의 방식 등. 자신이 슬프고 안타깝다. 그렇다고 하여 필자가 원하는 방식으로 생각을 모두 표현한 글은 아직까지 없었다. 책에서도 독자들을 위한 글을 써야 했고 특히 한국에서의 논문 학술지는 특정한 양식이 있다. 그 양식에 기초하여 글을 쓰는 일은 어떤 사람에게는 좋은 안내 역할을 하지만 새로운 글쓰기를 하고 싶었던 필자에게는 그렇게 좋은 안내서가 아니다. 더 많이 화려하고 변화하며 비전통적이고 이성과 감성이 넘나드는 그런 글을 쓰고 싶다. 아마도 많은 질적연구자들이 그런 생각과 욕망을 가지고 있을 것이다. 머지않아 우리의 감성과 경험, 이야기를 비전통적인 방법으로 드러내고 표현하는 것을 허락해 주는 그러한 학술지와 글쓰기 공간이 있었으면 한다.

아무 것도 몰랐던 시골의 어린아이가 서울에 있는 대학에 들어가 30년이 지난 다음에 대학의 교수가 되어 있다. 버스에서 참 머릿결이 좋다고 칭찬받았던 그 머리들은 거의 빠지고 몸과 마음 모두 늙어 버렸다. 노안이 와서 이제 신문을 읽지 못하고 키 역시 많이 줄어 들었다. 머리털은 날마다 없어지는 듯하다. 사람들은 아침마다 아침 인사를 하는 대신에 내 머리를 어떻게 해야 하지 않느냐고 말한다. 육체적 고통이 아니라면 별로 신경 쓰지 않는다. 대신에 마음이 늙어 가는 것이 안타깝다. 많은 사람들은 늙어도 마음은 청춘이라고 하는데 그 말은 거짓말인 것 같다. 마음 역시 늙는다. 동기가 없고 모험심도 줄어든다. 하는 일만 계속하고 하루 생활 역시 단조롭고 변화가 없다. 의심이 많이 생기고 마음을 주고 싶은 생각도 없다. 잠이 많아졌고 몸무게는 더 늘었다. 자꾸 노년을 걱정하게 되고 어린 선남선녀들이 더 예뻐 보인다. 자주 아파서 안 아팠으면 좋겠고 외롭지 않았으면 좋겠다.

애초에 필자의 꿈은 학자가 아니었다. 외교관이 되어 외국을 떠돌아다니며 사는 것이 꿈이었다. 고등학교 시절 새벽에 학교를 가기 위하여 길을 걷거나 버스를 기다리면서 건너편에 있던 모텔(그 당시에는 여관)의 노란 불빛을 보는 것이 참으로 좋았다. 그리고 언젠가는 외교관이 되어 전 세계를 다니며 저런 모텔보다 더 멋있는 호텔들에서 생활하면서 멋있게 살고 싶었다. 그리고 그렇게 살다가 죽었으면 하였다. 그러나 인생은 참으로 알 수 없는 것. 수능점수에 맞추어 영문학과 대신에 교육학과에 들어가게 되었고 교육학 교수가 되어 버렸다. 그것도 가장 어려운 분야라고 생각하는 연구방법론 전공을 하는 교수다. 특별히 육체 노동을 하지 않는다는 점에서 그리고 날마다 매상을 생각하지 않아도 된다는 점에서 그리고 싫은 사람과 사무실을 같이 쓰지 않아도 되기 때문에 또는 야근을 하지 않아도 되기 때문에 대학 교수직은 좋은 것 같다. 그러나 특별히 좋은 것 역시 없다. 초등학교 선생님들처럼 자신이 재직하는 학교가 싫으면 다른 지역으로 갈 수 있는 것도 아니고 살고 있는 지역 역시 마음에 들지 않는다. 사람들 목소리가 크고 시끄럽다. 갈 곳도 별로 없고 맛있는 음식점 역시 거의 없다. 필자에게 처음부터 이 세상에서의 삶은 이방인이었다.

어느 역학인의 말이 더욱 맞아 간다는 생각을 한다. 많은 글을 쓸 것이라고 예언하였다. 다른 복들은 하나도 가지고 태어난 것이 없지만 학자적 명예를 갖게 된단다. 그나마 다행이라는 생각이다. 아마도 그 역학인의 예언을 맞추려고 하는 것일까. 글을 쓰는 작업이 가장 의미 있고 허무하지 않은 것 같다. 그래서 여기까지 왔는지도 모른다. 아니면 잘 성기지 않아서, 성격이 나빠서, 부자가 아니어서, 남성미가 넘치지 않아서, 잡기가 없어서 이 일을 하는지도 모른다.

마지막 고백

필자의 지난 20년 동안의 연구작업들 중에서 실제 현장작업을 하여 분석한 연구들만을 발췌하여 간든 이 책은 필자의 연구 전반 단계를 정리한다는 점에서 개인적으로 의미가 깊다. 그리고 그러한 연구작업들의 결과를 단순히 총수집하여 출판하는 대신에 각 연구와 관련된 개인적 배경, 학술적 배경, 또는 사회적 배경과 관련하여 연결 지어 소개한 것은 독자들이 각 연구작품을 더 잘 이해하는 데 도움을 줄 것이라는 생각을 한다. 그러한 점에서 2012년 겨울과 2013년 봄까지 필자의 연구실에서의 계속적인 글쓰기는 과거를 되돌아보고 각 작품이 만들어진 시기에 대하여 다시 한 번 생각해 보고 아울러 각 작품이 우리나라의 질적연구의 발달이라는 맥락과 어떻게 연관될 수 있는지를 생각해 보는 계기가 되었다. 그러한 점에서 기억의 글쓰기는 단순히 기록을 넘어 반성을 가져온다는 점에서 가치가 있다.

첫째 목적

이 선집을 만든 첫 번째 목적으로 특히 이러한 작업들을 정리하면서 갖게 되는 생각은 박사학위 논문을 쓰고 난 다음에 필자가 자신에게 스스로 한 약속, '질적연구방법의 확산' 이라는 목표를 가지고 우리나라에 질적연구의 다양한 방법들을 더욱 쉽게 설명하는 일을 어느 정도 달성하였다는 성각을 한다. 대학원 시절 연구방법론에 대하여 공부하면서 특히 질적연구가 거의 없는 시절에 교육사회학, 일반 사회학에서 소개하는 질적연구 관련 방법적 소개는 빈약하기도 하였지만 너무 어려웠다. 이에 나중에 이 분야에 대하여 공부를 한다면 더욱 쉽게 설명을 해야겠다는 생각을 스스로에게 되새겼다. 구미의 경우처럼 질적연구에 대한 보편적 이해가 보급되어 있고 각 연구분야에 전문가가 있는 것과는 달리 우리나라는 이 두 가지 분야에서 모두 낙후되어 있다. 이에 필자는 두 번째의 분야가 강화되기 위해서는 첫 번째의 소개와 이해의 분야가 먼저 자리를 잡아야 한다는 생각을 1995년 그리고 미국에서 공부하는 동안에 하게 되었다. 따라서 '현상학의 전문가' 또는 '질적분석의 전문가' 라는 이름 대신에 질적연구방법론의 일반 전문가로서 활약하고 싶었다. 그리고 그러한 목적들이 이 책들의 다양한 연구작품들을 읽고 다시 경험에 관한 글을 쓰고 있으니 어느 정도 달성되었다는 생각을 한다. 이에 이러한 작품들을 읽게 될 미래의 연구자들이 각 연구전통이나 분야의 전문가로서 성장하기를 바란다.

둘째 목적

둘째, 이 분야를 공부할 연구자들이 한 선배 연구자의 작업을 통하여 질적연구의 특정 전통에서의 연구가 구체적으로 어떻게 이루어질 수 있는지를 경험하기를 기대하였다. 즉, 문화기술지, 대화분석, 질적분석, 질적 자료의 표현, 생애사 연구 등 질적연구의 다양한 전통들, 또는 방법적 절차나 개념들이 한 연구 속에서 어떻게 구체화되고 해결될 수 있는지를 경험적으로 이해하기를 바랐다. 그리하여 특정한 한 개의 연구문제에서부터, 이론적 배경이나 문헌분석을 하고 다음으로 연구방법에 대하여 쓰며, 마지막으로 연구결과를 제시하는 그러한 논문의 글쓰기 방법이 질적연구 분야에서는 어떻게 진행되는지를 알려주고 싶었다. 물론 그러한 논문 글쓰기의 구조와 과정에 대한 설명은 학자마다 다르겠지만 우리나라의 경우, 아주 실험적이지 않은 논문이라면 대개 필자의 논문에 나타나 있는 예들처럼 그러한 순서나 구조를 가지고 연구를 하고 연구작업을 글쓰기로 변환할 것이다. 이에 독자들은 필자가 소개한 어떤 한 개의 논문을 시작부터 끝까지 차례대로 읽음으로써, 즉, 질적연구방법을 활용한 논문의 구조가 연구의 서론, 이론적 배경, 연구방법, 연구결과와 결론의 글쓰기의 순서로 이루어진다는 사실, 그리고 그러한 각 구조에 들어갈 내용에는 어떤 것들이 있는지를 알 수 있을 것이다. 이러한 구체적 소개는 대부분의 질적연구방법론의 개론서 또는 일반적 질적연구 강좌에서 다루어지지 않기 때문에 자신의 연구결과를 논문이나 학술적 성격의 글로서 변형시키고 싶은 연구자에게는 많은 도움을 줄 것으로 생각한다. 특히 양적연구와는 달리 연구자의 목소리와 설득적 표현을 통하여 논문을 완성해야 하는 질적연구에서 어떻게 심사자들을 설득시키고 어떻게 설득적인 문장들과 표현들을 제시해야 하는지는 학술적 성공을 위하여 매우 중요하다.

그러한 점에서 어느 정도의 학술적 검증이 끝나 전국 학술지에 소개된 필자의 글들은 독자들의 그러한 학술적 요구와 기대를 충족시켜 줄 수 있을 것으로 생각한다. 이를 통하여 필자가 직접 언어로 설명을 하지는 않지만 필자의 작품을 읽음으로써 연구방법을 어떻게 기술해야 하는지, 연구의 서론은 어떻게 발전시켜 나가야 하는지, 가장 중요하게 연구의 결과로서 분석의 과정과 특징은 어떤 것인지를 간접적으로 이해하기를 바랐다. 그리고 이러한 직접적인 예들에 대한 읽기는 질적연구의 구체적 과정들을 소개한 개론서나 이론서적에 비하여 그 이해의 속도가 나을 것이라고 생각하였다. 필자의 논문 작업에서 구체적으로 '연구방법의 묘사 전략', '코딩의 방법', '연구결과의 재현' 등의 직접적인 용어들은 사용하지 않았지만 다양한 연구작품들의 많은 곳에서 이러한 어려운 연구개념과 과정에 대한 이론들이 어떻게 실제 작품으로 구체화되었는지를 알 수 있다. 그러한 점에서 필자의 구체적인 작업의 예들을 제시한 이 책은 또 다른 형식을 띤 좋은 질적연구 텍스트라고 생각하고 싶다.

셋째 목적

셋째, 연구와 관련된 또 다른 중요한 이해의 자료로서 연구자의 개인적인 경험이나 생각, 그리고 평가에 관한 비공식적 이야기를 질적연구의 또 다른 글쓰기의 소재로서 제시하고 싶었다. 사실상 우리는 한 개의 연구를 하면서 다양한 생각과 배경적 지식, 의도와 연구결과를 생산하게 된다. 그러나 APA가 정한 글쓰기 원칙에 따라서 많은 연구의 자료들이 부적합한 것, 또는 일상적인 것이라는 이유로 연구의 결과인 논문에 포함되지 않고 삭제되거나 사라지거나 기억에서 지워진다. 그러나 그러한 자료들은 비공식적이고 경험적이고 일상적이기는 하지만 어떤 연구가 왜 그렇게 되었는지, 그 연구에서 추구하는 바가 무엇인지, 그 연구에 투사된 연구자의 또 다른 학문적 동기가 무엇인지를 아는 데 중요한 역할을 한다. 그럼에도 불구하고 APA의 학술적 글쓰기의 기준에 못 미치는 자료들, 부적합한 자료들은 무대에 들어가지 못하는 것이다.

그러한 글쓰기의 문제점을 지각하면서 필자는 이 책을 새로 출간하면서 각 연구작업의 배경으로 작용하였던 연구자의 다양한 개인적/심리적/문화적 경험들과 의도들을 표현하고 싶었다. 이를 통하여 한 개의 연구작업을 이해하는 또 다른 방식이 존재한다는 사실을 강조하고 싶었고 우리가 알고 있는 과학적 연구와 그 과학적 연구를 창조해 가는 연구자 사이에는 매우 긴밀한 연결고리가 존재한다는 단순한 사실을 다시 한 번

연구자들에게 각인시키고 싶었다. 그러한 점에서 항상 필자가 느끼는 것이지만 연구의 삶과 연구자의 개인적 삶과는 분리될 수 없는 특성을 가지고 있다. 때문에 연구자의 삶(의도, 동기, 목적 등)을 연구와 따로 떼내어 공식적 지식이나 중요한 지식으로만 간주할 수는 없다. 때로는 그 연구들이 왜 이루어졌는지, 왜 그렇게 되었는지, 연구자가 어떤 삶의 배경에서 그런 연구를 선택하게 되었는지에 대해서 그 개인적 배경을 아는 것이 그 연구의 배경에 대한 역사를 이해하는 데 도움을 준다. 그리고 그러한 이유에 대한 탐색은 그 연구자가 어떻게 그 연구를 그렇게 하게 되었는지, 심지어 결과를 왜 그렇게 도출해 냈는지까지 추측할 수 있는 자료가 된다. 그 중 한 가지 대표적인 예로 우리나라 사회과학자들의 논문 글쓰기의 방향과 결론 도출이 모두 자신이 공부한 서구의 이론과 그 내용에 부합되고 있다는 점을 들 수 있다. 비록 그것이 과학의 이름으로 수행되기는 하였지만. 그러한 이유 때문에 유명 작곡가의 작품이나 미술가의 그림 하나가 왜 그렇게 만들어졌는지를 그 예술가의 생애사와 관련 자료들의 분석(주위 사람들의 경험담, 편지, 기록, 문서 등)을 통하여 이해하려고 하는 것이다.

이에 필자는 우리가 과학적 연구를 하면서 왜 개인적 삶을 분리한 채로 글을 쓰는지 의아한 경우가 많았고 과연 그럴 수 있는지에 대해서도 의문을 제기하였다. 라캉이 이야기한 것처럼 우리 주체는 이성의 소유자라기보다는 오히려 욕망과 무의식의 반영자가 아닐까 생각한다. 우리는 부정하고 싶지만 우리의 의도와 행위, 그리고 사유는 무의식에 더 영향을 받는지 모른다. 그러한 점에서 그 동안 실증주의적 연구문화 속에서 특히 글쓰기 문화 속에서 부정적으로 간주되었던 연구의 이면의 인간적 특징들(명료하지 못한, 복잡한, 인간적인, 감정적인, 일상적인 등)이 질적연구에서는 더 강조되어야 하며 노출되어야 한다는 생각을 한다. 어차피 질적연구에서 연구자가 연구도구이고 연구를 하는 주체라고 한다면 연구자가 가지고 있는 주관성이 더 이상 회피할 대상이 아니라 의식하고 동기화하고 개념화할 연구의 중요한 부분인 셈이다. 특히 그 연구에 대한 개인적인 배경과 연구자의 투사내용을 이해하는 것이 그 연구의 탄생배경이나 작업내용을 이해하는 데 결정적으로 도움을 준다면, 우리는 그러한 자료를 더욱 소중하게 생각해야 하고 이들을 그냥 버릴 필요는 없을 것이다. 특히 일련의 질적연구자들이 양적연구자와는 다른 과학적 탐구의 내용을 새롭게/다르게 개념화하려고 하는 의도를 가지고 있다면, 진정으로 인간/사회연구에서 연구텍스트와 연구자의 개인적 배경, 연구작업과 관련된 연구자의 개인 이야기에 대한 기록과 글쓰기는 질적연구의 저자들이 새롭게 도전해 볼 만한 글쓰기 재료가 될 것으로 생각한다.

넷째 목적

이 책은 필자의 연구여정 전반기 20년을 정리한 작업이다. 그리고 그렇게 한 이유는 새로운 연구분야로 등장한 질적연구의 역사에 대하여 이 분야에서 활동해 온 필자가 스스로 그 역사적 흔적을 기록해야겠다는 생각에 있다. 이제 한국의 질적연구는 아시아 지역에서는 선두 그룹을 형성하고 있으며 많은 새로운 연구들과 학자들이 연구하고 있다. 그리고 이 분야의 선도 연구자로서 이러한 변화의 도상에 있으면서 그러한 변화를 바라보는 것 역시 즐겁고 유익한 일이다. 그러한 점에서 미래의 누군가가 이 작업을 하겠지만 1980년대 이후에 한국의 질적연구 분야가 어떻게 성장하였는지, 어떤 연구들이 있었는지, 어떤 학자들이 어떤 작업을 하였는지에 대한 개인적/학문적 기록작업이 필요하다. 그리고 그러한 작업은 구미의 연구자들처럼 한 연구자의 생애사의 분석을 통하여, 아니면 가치로운 텍스트를 발표한 학자의 업적을 통하여, 아니면 질적연구 이론화에 기여한 대표적 작품에 대한 리뷰를 통하여 가능하다. 그러한 점에 비추었을 때 그러한 기록과 평가 작업을 하기에는 다소 이른 감이 있지만 질적연구의 역사적 계보와 전통, 학술적 논의의 발전에 대한 역사학적 해석 작업이 어느 누군가에 의하여 이루어지지 않고 있는 것은 문제이다.

그러한 점에서 필자 역시 필자의 연구 인생 제2기에 들어갈 2013년을 기점으로 기존의 약 20년을 기념하고 정리하는 측면에서 필자가 해온 질적연구작업의 역사를 이 한 권의 작업으로 정리하고 싶었다. 미래의 누군가가 필자의 작업에 대해 어떤 평가를 내릴지 모르지만 그러한 평가를 내리는 데 이 책이 어느 정도 도움을 줄 것으로 생각한다. 그리고 그러한 기록과 리뷰작업 나아가 비평작업은, 현재를 아는 가장 유일한 방법은 과거라고 지적한 클리바드의 경언처럼, 미래의 질적연구의 여정과 변화를 이해하는 한 가지 자료로서 이용될 수 있을 것이다. 그러한 점에서 필자의 이러한 정리작업이 그러한 목적을 달성하는 데 기여하기를 바라며 아울러 다른 형태의 리뷰작업들이 더 많이 이루어지기를 바란다.

마지막 목적

다섯째, 이 정리의 가장 중요한 목적은 우리 질적연구자들이 고민해야 하는 가장 중요한 주제는 바로 우리 현장의 이해라는 점을 강조하기 위한 것이다. 이 목적을 위하여 필자가 저술한 이론적/방법론적 측면에서의 논문들은 포함시키지 않고 대신에 우리의 현장(학교교육과 한국 교육 분야)을 질적연구방법을 활용하여 이해하려고 한 경험적 작업만을 포함시켰다. 이러한 포함과 배제를 강조하는 이유는 질적연구의 한국적 작업 역시 다른 사회과학의 역사적 전통처럼 구미의 이론이나 지식을 그냥 교과서적 차원에서 소개하거나 설명하는 것이 아니라 대신에 우리의 (교육)에 대한 한국적 지식과 경험을 이해하고 탐구하기 위하여 질적연구를 부차적으로 활용하여야 한다는 점을 알리기 위한 것이다. 즉, 양적연구처럼, 교육과학의 목적이 서구의 이론을 다시 검증하기 위한 것이거나 대부분의 사회과학자의 작업처럼 맥락과 문화를 고려하지 않고 서구의 이론들을 그냥 가르쳐 주고 설교하고 외우기를 강요하는 연구문화이거나 하는 서구 지식의 욕망을 대리적으로 표출해 주는 부차적 존재가 되어서는 안 된다는 것이다. 즉, 질적연구방법 역시 서구 지식의 또 다른 식민지화를 씨앗으로 뿌리내려서는 안 된다는 것이다.

필자의 이러한 생각은 탈식민주의 관련 책을 읽어서 생긴 것은 아니며 미국에서 이 분야의 공부를 하면서 스스로 발생한 것이다. 그 많은 사회과학의 논문들과 이론들 중에서 오직 서구의 학자와 이론 그리고 경험들과 사례만 있는 현실. 한국의 학자들이 고매한 이론을 소개하고 있지만 필자에게는 그냥 서양지식의 설명자로밖에는 느껴지지 않았다. 비판적 의식이라든지, 창의적 사고라든지, 또는 문화적 감수성이라든지. 그러한 점에서 한국연구재단에서 선정하는 국제연구나 아니면 많은 연구들의 주제가 여전히 서구적이고 서구적 지식을 얼마나 잘 탐구하고 잘 소개하는 것이어야 하는지로 나타나는 것을 보면 참으로 안타깝다. 그러한 연구는 어떤 한 사람에 의하여 충분히 잘 될 수 있으며 그 한 사람의 정리작업으로 끝나는 게 마땅하다. 한국이 더 이상 서구 지식의 끊임없는 반복과 암기의 학문 분야로 남아 있을 수는 없다.

대신에 우리 질적연구자들의 한 가지 역할 그리고 장점은 질적연구에 대한 서구의 연구결과나 이론들을 다시 설명하는 작업을 넘어서 그것들의 실제적 작업의 가치와 결과가 무엇인지로 변화되어야 한다는 것이다. 즉, 서구 학자들이 탐구하지 못하는 주제들, 한국만 가지고 있는 문화현상들, 서구의 연구결과를 전복시키는 다른 아이디어를 주는 것 등. 그리고 이러한 접근은 우리가 그들과는 다른 문화권과 철학적 사유 그리고 일상생활을 하기 때문에 유리하다. 구미의 학자가 제시한 특정한 행위의 문화적 해석을 우리는 또 다른 문화적 관점에서 반박할 수 있고 그 해석의 다양성을 제시해 줄 수 있다. 아니면 그들이 개념화시킨 질적연구의 표현의 문제, 현장작업의 전략들과 관련하여 다른 문화권과 대화구조 그리고 인간관계적 특성을 가지고 있는 우리의 경우, 다른 경험, 다른 실제들을 제공해 줄 수 있다. 그러한 점에서 우리는 서구 질적연구의 다양한 측면에서의 지식을 문화적으로 검토하고 반박하고 비평할 수 있는 파수꾼인 셈이다. 그리고 그러한 역할을 하는 것이 우리나라 질적연구자들이 우리의 질적연구를 국제적 텍스트 또는 세계적 텍스트로 알리고 대중화하는 것이다. 우리의 학문 훈련의 과정, 한국어의 특징, 학문세계의 취약성을 생각할 때 이러한 선택이 우리의 노력과 작업을 더욱 가치 있게 만들고 비용투자면에서도 효과를 극대화시킬 수 있을 것이다. 그들처럼 다방면에 대해서 아는 것이 아니고 영어를 통한 표현의 전략 역시 우리가 상대적으로 취약하다. 그렇다면 우리가 가장 잘할 수 있는 학문의 방법은 무엇일까? 바로 '한국적 교육현상에 대한 문화적 탐구/탈식민적 탐구' 라고 생각한다.

새로운 언어와 표현

앞에서 길게 설명한 필자의 이 책 작업에 대한 모든 의도가 잘 나타나 있는 것이 여러분이 읽게 될 다음의 글 〈네 학교 이야기〉와 탈식민주의 질적연구이다. 1997년에 쓰였지만 지난 20여 년간의 필자의 작업 과정, 그리고 한국의 질적연구자들이 (교육학 분야에서) 할 수 있는 미래의 주제들은 어떤 것인가를 개념적으로 잘 드러냈다는 생각이다. 다시 읽으니 여러 가지 점에서 부족한 표현들이 많이 있다고 생각하지만 원문 그대로를 소개하기로 마음먹었다. 그러한 점에서 논문의 앞부분에서 소개한 〈네 학교 이야기〉 책의 대중적 성공에 대한 묘사는 필자의 학문적 자신감을 강조하기 위한 것이 아니라 왜 한국의 많은 교육학자들, 학생들, 그리고 연구자들이 이러한 새로운 글과 연구양식에 매료될 수밖에 없는지에 대한 우리의 학문적 특징을 반영하기 위하여 제시하였음을 이해해 주기 바란다. 거의 15년 전에 개념화한 연구주제들이어서 필자 역시 연구하지 않고 잊어버린 주제들도 있지만 학원연구와 같은 영역은 2013년까지 계속적으로 연구하고 있음을 밝힌다. 다시 원문을 읽어보니 이미 그 당시에 필자의 사고가 탈식민화되었는지, 웅녀, 저울 등의 새로운 한국적 표현들을 사용하려는 흔적이 남아 있다.

아직까지 질적연구는 우리 사회에서 그리고 학문 분야에서 소외자에 속하며 많은 어려움을 겪고 있다. 가끔씩은 왜 이러한 선택을 하였는지 후회할 때가 있지만 연구가 주는 보상은 참으로 크다. 직접 현장에 나가 참여자들의 이야기를 듣고, 그들의 삶을 관찰하고 글을 쓰고, 항상 배우는 즐거움이 있으며 새로운 지식을 전파한다는 사명감까지 생긴다. 그래서 나는 이 글의 제목인 '새벽 출항' 이라는 표현처럼 질적연구자의 한국적 삶을 비유하고자 하였다. 그리고 그러한 여정의 끝을 우리는 아무도 알지 못한다. 어느 쪽으로 가게 될지, 그리고 그 끝은 어디인지. 그럼에도 내가 믿고 싶은 한 가지 사실은 역사와 미래는 오늘을 사는 우리들의 의지로 만들어지는 것이고 변화하게 된다는 점이다. 때문에 '새벽에 출항해 나가는 그 어떤 곳'은 이미 우리가 알고 있는 그 어떤 희망찬 곳이다.

질적연구와 나의 연구의 여정: 〈네 학교 이야기〉가 남겨 놓은 흔적

숲은 어둡고 깊고 아름답다.
그러나 나는 지켜야 할 약속이 있으며
잠자기 전에 몇 십 리를 더 가야 한다.
잠자기 전에 몇 십 리를 더 가야 한다.
(프로스트, 눈 내리는 밤 숲가에 멈춰 서서)

Ⅰ. 들어가며

〈네 학교 이야기〉는 발표자의 첫 번째 질적연구작품임과 동시에 우리나라 교육학계에 있어서 질적연구의 발전기에 출간된 질적연구소개서이다. 이에 개인적으로 그리고 한국에서의 질적연구의 이론화와 확산이라는 점에서 그 의의가 크다고 하겠다. 나아가 〈네 학교 이야기〉는 우리나라의 교육과정연구에도 나름대로의 새로운 문제제기를 할 것으로 생각된다. 지금까지의 교육과정연구가 이론중심 또는 교육과정의 성격에 대한 철학적 논의 중심, 또는 교과목과 그 개발에 대한 논의 중심으로 이루어졌다는 점을 인정할 때, 교육과정, 질적방법, 학교교육의 현상이라는 세 가지의 중요한 탐구영역을 봉합하여 접근했다는 점에서 〈네 학교 이야기〉의 출간은 앞으로의 교육과정 연구방향과 탐구영역의 성격을 재정립하는 데에도 기여할 것으로 기대된다.

이러한 가정하에서 이 글에서는 〈네 학교 이야기〉의 출간과 함께 발표자에게 새롭게 다가온 연구문제 두 개를 논의하고자 한다: ① 〈네 학교 이야기〉가 독자에게 끼친 영향력의 규명, ② 우리 교육과정연구 영역에서 고려되어야 하는 새로운 탐구주제들.

이러한 논의를 하게 된 중요한 이유는 〈네 학교 이야기〉에 대한 독자들의 평가를 통하여 그리고 독자들의 평가들에 함축되어 있는 시사점들을 곰곰히 생각해 보면서, 발표자의 탐구양식(질적방법을 통하여 우리의 학교교육 현상을 연구)이 우리의 교육현장의 개선과 교육현상의 이해를 위하여 여러 가지 점에서 시사하는 바가 많을 수 있다는 생각이 들었기 때문이었다.

이에 첫 번째 연구문제인 독자에게 끼친 영향력의 규명에서는 질적연구방법을 통하여 한국 학교교육의 다양한 실상과 이미지를 담아놓은 〈네 학교 이야기〉가 독자인 교사와 사범대학과 교육대학의 학생들에게 어떠한 교육적 영향력을 행사하였는가를 논의하고자 한다. 현재 〈네 학교 이야기〉는 교육대학원과 일반대학원, 그리고 교육대학 대학원의 교육인류학, 교육사회학, 교육과정, 유아교육, 교육공학, 아동교육, 초등교육의 질적연구방법론 수업에서, 그리고 교육학 분야가 아닌 신문방송학, 간호학 전공 대학원의 질적연구방법론 코스에서 학생들의 질적연구의 이해를 위하여 읽히고 있다. 보다 중요하게는 출간된 이후 짧은 기간 동안에 전국의 여러 사범대학과 많은 교육대학의 교육과정, 교사론, 학급경영, 교육의 이해 등의 과목에서 필독서 또는 추천도서로서 읽히고 있으며, 2학년 학생들에게는 교생실습을 준비하기 위한 서적으로서 읽히고 있다.

이러한 상황에서 발표자는 〈네 학교 이야기〉가 미래의 교사가 될 학생들 그리고 현장교사들에게 한국 학교교육에 대한 논의와 관련하여 무엇을 생각하게 하고 어떤 문제의식을 불러일으켰는가를 분석해 보고자 한다. 이러한 분석을 통하여 질적방법을 사용하여 교육과정을 탐구하는 현장중심과 사례중심의 교육과정 연구양식이 교사직전교육기관에 있는 미래의 교사들에게 현장을 이해하고 훌륭한 교사로서 성장하는 데 어떻게 기여할 수 있는가를 밝힐 것이다. 질적연구텍스트가 갖는 교육적 영향력에 대한 이러한 최초의 논의는 우리의 교육과정연구에서 가시화되고 있는 '질적연구를 통한 교육과정연구'의 가치와 중요성을 모색해 볼 수 있는 기회가 될 것이다.

둘째, 우리의 교육과정영역에서 새롭게 고려되어야 하는 탐구주제들이라는 논의는 질적연구방법이 우리의 학교현상의 분석에 적용된다면 어떠한 연구질문들이 우리의 교육과정탐구 분야에서의 새로운 탐구주제로 상정될 수 있을 것인가에 대한 나의 생각들을 정리한 것이다. 이러한 생각은 지난 1년 동안 〈네 학교 이야기〉의 다양한 참여집단(대학의 교육연구자, 현장교사, 사범대학의 학생들)들이 전해 준 귀중한 평가들을 되뇌이는 동안 점차적으로 발전하였다. 발표자는 〈네 학교 이야기〉를 대상으로 한 독자들과의 대화 그리고 그들의 글을 읽으면서 우리의 학교교육을 개선하고자 한다면, 한국의 교육과정연구자는 우리의 학교현장의 일상적 현상을 연구의 출발점이자 연구의 주제로 상정해야 하며 보다 적극적으로 우리의 현장에 대한 질적인 연구들을 수행해야 할 것이라는 생각을 하게 되었다. 그리고 그러한 확신으로부터 우리 현장을 이해하고 개선하는 데 탐구되어야 하는 연구주제들은 어떤 것들이 있을까를 생각해 보았다.

II. 〈네 학교 이야기〉: 그 네 가지 주제

> 눈물을 흘릴 것 같은 감동. 이 책을 조심스럽게 다 읽고 난 후의 나의 느낌을 한마디로 표현한다면 아마 '감동' 이 될 것이다.

'신선한 바람', '하나의 충격', '눈물이 날 것 같은 감동', '우리나라 초등학교의 생활을 정확하게 그려낸 책', '교육현장의 개선의 필요성을 마음속으로 느끼게 하는 책' 등의 평가를 받고 있는 〈네 학교 이야기〉는 질적연구에 관심을 두고 있는 교육연구자에게는 방법론 서적으로서 그리고 교사직전교육기관에서 공부하고 있는 미래의 교사들에게는 우리의 교육을 이해하고 비평하기 위한 토론의 텍스트로서 활용되고 있다. 그러나 〈네 학교 이야기〉에 대하여 발표자가 갖는 가장 중요한 의미이자 궁금증은 '질적연구방법을 통하여 학교의 교육과정현상을 연구하는 탐구방식이 우리의 교육과정연구에 그리고 학교교육 개선에 어떤 점에서 기여할 것인가' 라는 질문이었다.

이에 두 가지 연구문제를 갖게 되었다. 첫째, 독자들이 이야기하는 〈네 학교 이야기〉에 대한 감상의 내용은 어떤 것들이 있었는가를 이해하는 것이었다. 둘째, 〈네 학교 이야기〉식의 연구가 우리의 교육현장의 개선을 위하여 어떤 유의미한 영향력을 끼쳤는가를 알아보는 것이었다. 이 연구질문들에 관심을 갖게 된 동기는 질적연구가 편협되게 이해되고 있는 상황에서 또는 거의 이루어지지 않고 있는 상황에서 위와 같은 연구질문에 답함으로써 질적연구가 가질 수 있는 잠재적인 중요성과 가치를 우리의 교육연구자에게 인식시키는 것이 필요하다는 생각에서 비롯되었다.

이에 발표자는 우리의 상황에서 질적연구의 중요성을 전달하는 효과적인 방법은 '질적연구에 의한 교육과정연구' 탐구양식의 수용과 선택이 우리의 상황에 가지고 올 수 있는 긍정적인 결과들에는 어떠한 것들이 있을 것인가를 경험적으로 제시해 주는 방법이라고 생각하게 되었다. 그렇게 판단한 배경에는 단순히 질적연구가 미국의 교육학연구/교육과정연구에서 새로운 연구 패러다임으로 자리 잡았기 때문에 우리의 교육학연구에 새로운 유행으로서 필요하다는 논리를 내세우거나 또는 질적연구의 논리가 양적연구의 논리에 비하여 특정한 주제에 대하여 상대적인 장점이 있기 때문에 수용해야 한다는 전략이 성공적이지 못했던 나의 경험이 자리 잡고 있다.

이와 같은 목적을 가지고 발표자는 지난 1년간 대학에서의 여러 개의 수업과 비공식적인 대화를 통하여 〈네 학교 이야기〉에 대한 독자들의 의견과 평가를 기록하고 분석하였다. 자료는 1997년 가을부터 1998년 5월까지 수행된 발표자의 수업과 교육대학의 수업을 통하여 수집되었다. 자료의 수집과정은 학생들에게 〈네 학교 이야기〉를 과제로 주고서 감상문을 적어오는 방식으로 이루어졌다. 이를 통하여 사범대학과 교육대학 학생들이 써내려간 약 200개의 〈네 학교 이야기〉에 대한 감상 에세이가 수집되었다. 분석을 통하여 독자들의 감상과 평가는 네 가지의 주제로 발전되었다: ① 연상과 공감 ② 교실 복잡성의 이해 ③ 편견과 해방 ④ 생각과 반성.

1. 연상과 공감

〈네 학교 이야기〉의 감상문 속에서 계속적으로 언급되는 주제 중의 하나는 연상과 공감이었다. 〈네 학교 이야기〉는 독자들로 하여금 잊혀졌던 초등학교의 경험과 추억을 다시 한 번 현실화시키는 역할을 하였다. 독자 모두가 초등학교를 다닌 경험이 있었기 때문에 그러한 연상과 추억으로의 몰입은 당연한 것처럼 보인다.

> 책의 내용보다는 내 학교 생활의 기억으로 빠져들었다. 아름답고 따뜻한 기억의 편린들, 그리고 그 속에 숨겨졌던 냉정한 기억들이 다시 살아났다. 글을 읽은 후 앞에서 언급했듯이 처음에는 어린 시절의 유쾌하지 못한 기억들이 떠올라 슬프기도 하고, 불쾌하기도 했지만 점차로 그러한 감정적인 흥분상태에서 벗어나 스스로 나의 기억 속에 남아있는 초등학교 시절의 수업이 저자가 적고 있는 수업과 비교, 대조되기 시작하였다. 물론 나의 체험과 저자의 기록이 완전하게 같지는 않지만 데칼코마니의 양쪽처럼 보였다. 이 글을 읽어가면서 흑백 영화의 필름처럼 어렴풋이 그 시절의 많은 일들이 주마등처럼 뇌리를 스쳐 지나갔다(N=8).

그리고 이러한 연상은 흥미롭게도 〈네 학교 이야기〉의 내용에 대한 공감으로 발전되고 있었다. 독자들은 텍스트에 나와 있는 다양한 형식의 학교생활, 그리고 참여자들이 드러내는 감정들을 적극적으로 수용하고 있었다. 반장경험이 있었던 독자는 반장의 이야기에, 착한 이미지의 스트레스에 쌓였던 학생은 그러한 이야기에, 많은 여학생들은 차별에 대하여, 그리고 많은 학생들은 체벌의 부정적 경험에 대하여 텍스트의 이야기 주인공들이 쏟아내는 슬픔과 지겨움과, 유머와 답답함 등의 감정에 공조하게 되었다. 그리하여 개별 독자들은 네 개의 학교 이야기를 '네(너의)' 학교와 동일시하였고 너의 학교는 곧바로 나의 학교로 전이되어 나타나고 있었다. 많은 독자들은 일반화의 정도가 상당히 높은 질적연구라는 평을 하였다.

> 책 속에 나와 있는 순희와 형준이의 억울함과 부당함은 나의 초등학교 시절의 순수한 마음의 상처라는 아픔이 되어 내가 순희가 되고 형준이가 되었다. 분노하고 웃고 울었다. 나의 학교이야기였다. 그 당시의 내가 느끼지 못했던 감정도 많았지만 내가 경험한 일과 똑같은 내용도 많았다. 코 끝이 찡할 정도의 감격과 향수, 그리움, 흥분을 맛보았다. 넷이라는 글자가 너희들 그리고 우리 모두의 옛날이야기로 다가왔다. 책에 드러나 있는 아이들의 목소리가 나의 옛날 학교의 이야기와 오버랩되기 시작하였고 책을 읽으면서, '맞아, 이건 바로 내 이야기야' 하는 생각을 하게 되었다. 책 페이지를 넘길 수 없었다. 책을 덮는 순간, 나의 느낌은 공감과 놀라움 같은 것이었다. '어느 초등학교의 아침 이미지' 라고 연구자는 제목을 붙였는데 나는 이 부분을 이번에 교생실습을 나간 'xx 초등학교의 아침 이미지' 라고 제목을 정해도 될 만큼 연구자가 바라본 학교는 나의 실습학교와 너무나 같았다(N=7).

2. 교실 복잡성의 이해

두 번째로 〈네 학교 이야기〉는 독자들에게 우리의 초등학교 현실에 대한 실상을 보다 진실하게 이해시키는 데 기여를 하고 있다. 여기에서 현실에 대한 실상의 이해는 단순히 방송작가나 학교비평가가 적어 놓은 초등학교에 대한 소개서나 보고서의 수준이 아니라 경험을 했으면서도 느끼기 어려웠고 생각하기 힘들었던 교육현상들의 암시적인 특성과 기능들을 바라보게 하는 것이었다. 이러한 점에서 〈네 학교 이야기〉는 독자들이 숨겨진 현상을 볼 수 있도록 도와주고 있으며(make invisible visible) 친숙했기 때문에 달리 생각해 보지 못한 현상을 새로운 관점에서 볼 수 있게(make familiar things strange) 하고 있다.

학교를 다니면서 당연하다고 생각되었던 일들의 진정한 그 기능과 의미를 다시 한 번 생각할 수 있는 계기를 마련해 주었다. 우리의 시선을 과거에는 끌지 못했고 그래서 관심을 갖지 못했던 다양한 분야에서의 교육현상을 새롭게 바라보는 쪽으로 이끌고 갔다. 초등학교 생활의 문화적 주제, 과밀학급 속에서 교사의 경험과 생활, 교실관리, 초등학교 수업문화 등 수많은 주제들은 우리의 초등학교 교실이 안고 있는 근본적인 문제들이 무엇인지를 잘 드러내 주고 있다. 중 · 고등학교가 주로 우리나라 교육의 비판의 대상이 되었다면, 초등학교는 일반적으로 동심과 추억 같은 애매한 감정을 떠올리게 하며 비판의 잣대를 어느 정도 벗어나 있었던 것 같다. 같이 생활하던 친구들이나 몇몇 일화를 떠올리는 것이 고작이지 그 때의 일들을 학문적은 물론이고 비판적으로 분석해 본 적은 별로 없었다. 내내 이 책을 읽는 동안 그러했다. 이 〈네 학교 이야기〉는 하도 낙서를 해 놓은 바람에 책이 지저분해졌다. 집과 직장과 학교를 오가며 시간의 흐름 속에 나를 맡겨 왔던 나 자신에서 탈피해, 질적연구와 초등학교와 교육에 대한 생각을 2주일 동안 꼬박 했다.

〈네 학교 이야기〉를 읽으면서 나는 다른 사람들도 마찬가지였겠지만 자꾸 내 초등학교 생활을 생각해 보고 비교해 보고 차이점을 찾아보았다. 그러다가 초등하교 때 썼던 일기를 들춰보았는데 정말 흥미로운 것들을 많이 발견했고 지금까지 배웠던 교직의 내용과 연관 지어, 그리고 이 책의 내용에 연관 지어 재해석해 볼 수 있는 것들을 많이 발견할 수 있었다. 생생하게 기술된 우리의 초등학교 교실의 생활과 수업의 과정은 기존의 연구에서 도저히 보여줄 수 없었던 수업과 학교생활의 여러 가지 주제와 문제점들이 무엇인가를 독자로 하여금 충분히 이해하도록 하는 데 그침이 없다. 다양한 연구결과의 제시로 인하여 수업현상을 바라보는 안목을 넓혀 주었다. 이 책을 읽기 전에는 '가르친다' 는 것을 너무나 쉬운 일로 생각하였다. 그러나 현실을 알고서 머릿속이 복잡하고 어떻게 해야 하는지 잘 모르겠다.

우리가 강의실에서 배웠던 책의 내용과 실제의 아이들은 너무 달랐다. 가장 중요한 것은 내가 교사가 되기 위하여 반드시 해야 되는 일을 알 수 있게 해준 책이다. 〈네 학교 이야기〉는 우리나라 초등학교 교실의 사건과 현상을 분석하고 연구한 다른 책들과는 달리 책을 읽으면서 계속 생각과 느낌들이

> 다가와서 옆에 종이와 펜을 두고 써가면서 읽게 되었다. 교육연구가 통계화된 자료에 기반을 두고 이루어졌더라면 이런 느낌과 이해를 갖기가 힘들었을 것이다(N=20).

〈네 학교 이야기〉가 가지고 있는 교실 복잡성을 이해하게 해주는 기능으로 인하여 한 교육대학의 수업에서 〈네 학교 이야기〉는 교생실습을 나가기 전과 다녀온 후에 학생들에게 읽히고 있다. 이 수업을 강의하고 있는 박영만(1998)은 〈네 학교 이야기〉는 현장경험이 부족한 학생들과 교실경험을 심각하게 생각해 보지 않은 학생들에게 도움이 된다고 말하고 있다.

> 생생한 아이들의 이야기들, 그림들, 일기내용들, 연구자의 증언, 우리 초등학교의 잠재적 교육과정의 측면들을 이해할 수 있는 기술들은 우리의 학교현장의 문제가 무엇인가를 포착할 수 있게 해주며, 현장의 복잡성을 이해시키는 데 기여하고 있다. 우리 초등학교의 특징과 맥락을 이해하는 데 있어서 학생들을 준비시켜 준다. 교육을 바라보는 관점으로서 현실과 현상을 보는 것은 매우 중요하다.

3. 편견의 제거와 해방

〈네 학교 이야기〉에 대한 감상의 세 번째 주제는 편견의 제거와 해방이다. 비판교육과 정이론의 주요 연구주제인 편견과 해방의 은유를 선택하게 된 것은 〈네 학교 이야기〉를 읽은 독자들이 질적방법론에 대한 기존의 잘못된 인식을 바꾸게 되었기 때문이다. 그러한 점에서 〈네 학교 이야기〉는 질적연구에 대한 편견을 제거하고 그것의 가치를 새롭게 인식하게 하는 계몽의 역할을 담당하고 있다. 발표자는 양적연구방법과 질적연구방법을 두 개의 경쟁하는 연구 패러다임으로서 그러나 질적연구방법의 가치가 불평등하게 억압당하고 있다는 전제하에서 〈네 학교 이야기〉를 통하여 질적연구에 대하여 독자들이 가지고 있는 잘못된 이데올로기와 허위의식을 비평(Fay, 1987)하게 하고자 하였다. 발표자는 '비과학적' '주관적' '수필이나 소설을 쓰는 낮은 수준의 과학적 활동'으로서 평가절하되고 있는 질적연구가 양적연구와 어떻게 다르며 현장연구에 어떻게 기여할 것인지를 이해하게 하고 싶었다.

독자들은 〈네 학교 이야기〉의 읽기를 통하여 다음과 같은 네 가지 사항에서 변화를 보여 주었다: ① 질적연구의 새로운 발견, ② 심화된 이해, ③ 글쓰기. 첫째, 독자들은

〈네 학교 이야기〉를 읽어 나가면서 질적방법, 교육학연구방법, 또는 사회과학연구 패러다임에 대하여 가지고 있었던 기존의 생각에 변화가 나타났음을 말하고 있다. 그 변화는 질적방법에 대하여 가지고 있었던 부정적 태도나 인식에서 벗어나게 된 것을 의미한다.

> 양적 연구방법이 가장 타당성이 높다고 확언할 수 없다는 것을 새롭게 알게 되었다. 지금까지 대다수의 논문들을 접하며 익숙해져 있었던 통계적인 숫자연구가 완벽하게 설명 불가능한 복잡한 사회현상과 그 안에 또다시 풀어내기 힘들게 얽혀 있는 그 현상에 대한 요인들을 얼마나 오만스럽게 숫자 몇 개로 간단하게 대치시켜 왔는가를 절실하게 느끼게 만들었다. 지금까지 배웠던 연구방법론, 교육학이론에 대하여 가지고 있었던 신념에 일종의 혼란이 파고든다. 질적연구의 대담성을 기록한 〈네 학교 이야기〉의 관찰자는 처음부터 이상한 기운이 몸속을 스물스물거리게 하는 야릇한 느낌을 갖게 만들었다. 질적연구라는 단어가 생소했었던 나에게 그 개념과 방법에 대해 매우 친절하게 소개함으로써 교육학에 대한 또 다른 인식, 막연하게나마 새로운 가능성을 발견할 수 있는 즐거움을 가져다주었다. 〈네 학교 이야기〉의 연구자는 탄탄한 구조로 이루어진 텍스트를 구성함으로써, 현 국내의 질적연구물에서 발견되고 있는 논리적 비약에 대하여 양적연구자들이 제기하는 비판들을 조용하게 잠재우고 있다. 수없이 제시되는 연구 관찰의 상세한 내용들을 통하여 질적연구의 방법론과 현상분석의 방법 그리고 질적연구자로서 지녀야 할 자질 등 질적연구가 무엇인가를 잘 이해하게끔 독자를 교육시키고 있다.
>
> 아울러 질적연구가 갖는 의미와 기여점을 발견하게 된 것을 시사한다. 독자들은 보다 많은 질적연구가 이루어져야 할 것이며 그렇게 될 때 현장을 이해하고 개선하는 데 필요한 지식들이 생산될 것으로 가정하고 있다. 질적연구에 눈 뜰 기회가 되었고 그것의 가치에 대하여 온 몸으로 느꼈다. 질적연구방법이 새로운 대안적 관점으로 제시되었을 때 교육연구 분야에서 새로운 가능성이 모색될 수 있다고 생각해 보았다. 〈네 학교 이야기〉를 통하여 교육이론가와 교육실천가 간의 유리현상이 얼마나 심각한가를 다시금 생각하게 하면서 우리의 학교 안에서 일어나고 있는 현상들을 현장감 있게 기술하여 이론화하는 작업을 시작하게 된다면, 우리의 교육이 발전될 수 있겠다는 평

> 소의 생각에 더욱 확신을 갖게 한다. 두렵기는 하지만 질적연구자가 되고 싶은 강한 열망이 내 몸속에서 솟아남을 느낀다. 알아달라고 소리치는 교육현장에서의 문제는 여전히 많으며 질적연구자의 발은 빠르게 움직여야 한다(N=8).

변화의 두 번째 내용은 질적연구에 대한 이해를 보다 깊게 하는 데 도움을 주었다는 것이다. 독자들은 기존의 연구개념들(연구설계, 분석, 글쓰기, 연구의 과정)을 사용하여 질적연구가 양적연구와는 어떤 점에서 다른지와 질적연구가 갖는 장점이 무엇인지를 설명하게 되었다. 아울러 질적연구를 한다는 것이 자신에게 어떠한 심리적 부담감과 불편함을 양산하는지, 그러한 불편한 감정이 왜 생기게 되었는지를 해체적 관점에서 분석할 수 있었다. 즉, 인간과 사회현상을 바라보는 데 있어서 자신이 사용하고 있는 참조체제가 양적연구의 중요한 연구개념들에 근거하고 있었기 때문에 어쩔 수 없이 질적연구를 심리적으로 거부할 수밖에 없었다는 점을 도출할 수 있었다. 그러한 해체로부터, 독자들은 질적연구에서 새롭게 이론화시킨 여러 가지의 새로운 연구개념(일반화에 대비하는 사례연구의 중요성, 과학적 객관성의 재규정, 질적연구에서의 신뢰성을 높이는 최소한의 조건들, 카타르시스 타당도, 인간/사회과학에서의 연구윤리, 연구자의 방법적 반성 등)을 긍정적인 관점에서 수용하게 되었다. 이 글에서는 그러한 심층적 이해를 나타내 줄 수 있는 증거로서 두 가지 예를 제시한다. 첫 번째 예는 질적연구설계가 갖는 특성으로서 유연성의 개념을 나타내 보기 위하여 시에서 나타난 나비의 하루를 인용한 경우이다.

> 나비야 청산에 가자 범나비 너도 가자.
> 가다가 해 저물거든 꽃에서 자고 가자.
> 꽃에서 푸대접하거든 잎에서나 자고 가자.
>
> — 작자미상, 청구영언, 박종규에서 인용

두 번째 예는 사범대학의 교육학 전공 3학년 학생들이 질적연구가 양적연구와 어떻게 다를 수 있을 것인가를 개략적인 수준에서 개념화시킨 비교표이다. 이들이 만들어 낸 연구 패러다임 간의 이해가 기존 방법론 학자들이 개념화시킨 비교표(Bogdan과 Biklen, Peshkin과 Glensne, Stainback과 Stainback, 1988)와 큰 차이가 없다는 점은 매우 흥미롭다.

독자들이 말하는 변화의 세 번째 내용은 사회과학의 글쓰기 이슈였다. 독자들은 양

양적연구와 질적연구 비교

비교준거	양적연구	질적연구
연구목적	일반화, 현상의 통제와 예측	특정한 현상의 의미, 심층적 이해
연구설계	고정적, 직선적	유동적, 점진적, 반성적
연구개념	타당도, 신뢰도, 가설, 변인, 상관	의미, 질서, 문화, 상호작용
연구방법	설문지, 실험, 검사	관찰, 면담, 내용분석, 현장조사지
연구자	현장과의 객관적 거리 유지(distance), 완전한 중립자	근접성(closure), 감정이입, 개방적 태도

적연구와 질적연구를 구분하는 또 다른 중요한 준거로서 글쓰기를 언급하였는데 〈네 학교 이야기〉에서 보이는 글쓰기의 테크닉들이 자신들이 지금까지 배우고 읽어온 글쓰기와 달랐다는 점을 지적하였다. 그리고 그러한 차이점은 긍정적으로 수용되고 있었다. 〈네 학교 이야기〉가 왜 독특하게 보였는가라는 점에서 독자들은 글쓰기의 특징으로서 두 가지 점을 예로 들었다. 첫째, 기존 교육학연구의 글쓰기에서 금기시되어 온 연구자의 존재를 텍스트 전면으로 부각시킨 점, 둘째 새로운 글쓰기 방식들을 혼합한 점이었다. 아울러 독자들은 〈네 학교 이야기〉가 글쓰기에서 새로웠던 점들로서 다음과 같은 사항들을 지적하였다: ① 실재적 글쓰기, ② 인상적 글쓰기, ③ 참회적 글쓰기, ④ 연구자의 방법적 반성, ⑤ 자료의 시각화(참여자가 만들어 낸 그림, 그리고 실제 상황을 그림과 표로서 단순화시키기), ⑥ 텍스트에서의 활자와 공간의 배열, ⑦ 분석으로서 은유의 사용, ⑧ 다양한 대화 형식을 통한 면담자료의 기술, ⑨ 이야기의 성격과 특성에 따른 시점의 변경.

발표자는 독자들이 평가하는 〈네 학교 이야기〉의 독특성으로서 글쓰기문제를 약간 다른 점에서 바라보았다. 그것은 우리의 학교현상에 대한 이야기와 해석을 보다 쉽고 재미있게 읽히게 함으로써 우리의 현장을 이해하고자 하는 학생들과 학교개선에 참여하고자 하는 관심집단에게 깊은 공감과 이해를 증진시키고 있다는 것이다. 이제 교육학연구와 학교교육을 다루는 연구서는 소수를 위한 토론의 텍스트가 아니라 학교와 관련되어 교육을 사랑하고 걱정하고 있는 많은 독자들을 계몽하고 자극시키기 위한 대중적인 텍스트로서 전환될 필요가 있겠다.

> 나는 이렇게 특이하고 재미있게 편집이 되어 있는 교과서적인 책을 본 적이 없었다. 단어 하나하나에서 느낄 수 있는 신선함, 종이 한 장 한 장에서 알 수 있는 세심함, 색깔 있는 언어들. 생생하면서도 정확하게, 지식을 전달해 주면

서도 전혀 건조하지 않고 지루하지 않게 쓰는 연구자의 글쓰기는 연구 자체만큼 가치 있는 작업이고 중요한 것임을 알게 되었다. 책을 읽는 것이 아니라 누군가가 나에게 이야기를 들려주는 느낌을 받았다. 우리의 교실이 한 점의 수채화처럼 투명하게 그려져 있다. 박진감이 넘치는 것은 아니지만, 잔잔하고 작은 감동들이 꼬리를 무는 영화와 같다. 한국 사람이라면 누구나 갖고 있는 초등학교 생활에 대한 경험들을 어쩌면 이렇게 생동감 있게 낱낱이 기술할 수 있을까에 대하여 우선 놀라움이 앞섰다. 읽기 쉽고 편안하고 재미있었다. 소설인지 교육학서적인지 분간하기 어려웠다. 딱딱한 문체와 반복해서 읽어도 이해할 수 없는 용어들로 채워진 논문들과는 달리 〈네 학교 이야기〉는 실로 한 편의 이야기라고 말하고 싶다. 책장을 넘길수록 흥미를 더해가는 이 책은 지금까지 소설 이외에는 처음으로 만났던 책이다. 연구자는 기존의 논문이 요구했었던 딱딱하고 건조한 글쓰기에서 벗어나 교실현장의 생생함을 그대로 전달하고자 학생들의 말이나 그림 등을 그대로 인용했으며, 때로는 그림까지 곁들여 독자로 하여금 교실 안의 숨소리까지 감각적으로 이해하도록 도움을 주고 있다. 형식에서부터 시작하여 표현방식, 문단의 구성 등 모든 요소에서 기존의 논문이나 책들과 전혀 다른 양상을 띠고 있었다. 독자의 눈길을 끄는 것은 현학적인 표현으로 드러나는 유식함보다는 문체와 설명에 있어서 작가의 솔직함과 친절함이다. 거의 반은 심심풀이로, 반은 호기심으로 책을 든 나는 종래의 고리타분하고 이해하기 힘든 교육학 서적들과는 달리 구체적이고 솔직한 수필을 읽는 듯한 기분에서 책을 놓을 수가 없었다. 어려운 것이 훌륭하다는 지금까지의 기존 관념을 바꾸어 버렸다(N=14).

4. 생각과 반성

학문적 연구는 머리로 쓰는 것이 아니라 마음으로 쓰는 것이다.

— Polani, 인격적 지식의 확장에서

독자들이 느낀 감상의 네 번째 내용은 생각과 반성이었다. 그것은 〈네 학교 이야기〉가 교사가 되고자 하는 학생들에게 자신의 교육관과 교사관을 다시 한 번 정립할 수 있는 반성적 계기가 되고 있음을 말한다. 학생들은 〈네 학교 이야기〉에 기술되어 있는 우리 초등학교의 선생님의 일상적인 삶과 행동을 관찰함으로써 '내가 교사가 된다면 그들과 어떻게 다를 것인가' 라고 자문하였다. 그리고 과밀학급, 장유유서와 남존여비의 문화적 재생산으로서 학교의 잠재적 교육과정, 훈육과 체벌의 실천 등이 특징적인 우리의 학교에서 '과연 나는 어떤 교사가 될 것인가', '훌륭한 교사가 될 수 있을 것인가' 자문하면서 걱정과 의문, 자신감의 혼동 등 혼란한 마음상태를 드러냈다.

그러나 〈네 학교 이야기〉의 그러한 이야기들이 갖는 교육적 영향력은 학생들로 하여금 우리의 학교를 비난하도록 부추기는 증거로서 이용되기보다는 '무엇을 고쳐야 할 것인가', '나는 과연 어떻게 다르게 할 수 있을 것인가' 라는 개선을 위한 작은 실천의 의지를 북돋우고 있다는 점에 있었다. 박영만(1998)은 경험적인 자료에 근거하여 다음과 같이 말하고 있다.

> 교생실습을 다녀온 학생들은 〈네 학교 이야기〉와 관련하여 공감과 분노, 답답함을 표현하고 있다. 그러나 그러한 정서적 혼란, 이상과 현실 사이의 괴리 사이에서 〈네 학교 이야기〉는 우리의 교육의 문제점이 무엇인가를 공감하게 해주는데 그 공감은 흥미롭게도, 어떤 방향으로 내가 나아가야 할 것인가에 대한 질문을 촉진시키고 있다. 따라서 〈네 학교 이야기〉는 그것의 기술에서 드러난 우리 초등학교의 부정적인 이미지를 탈피하기 위하여 내가 노력해야 할 점은 어떤 것인가라는 새로운 반성과 참여, 행동의 실천을 위한 의미 있는 공간을 만들어 놓고 있다.

박영만의 지적처럼, 〈네 학교 이야기〉는 교사가 되고자 하는 학생들에게 교실개혁의 필요성과 함께 깊은 슬픔과 깊은 생각을 불러일으킨다. 그리고 그러한 깊은 슬픔과 생각은 학생들에게 교실개혁의 주체로서 나의 역할과 중요성을 다시 한 번 상기시키는 것으로 나타나고 있다.

> 교육학도로서 나 자신을, 내 생각을 스스로 점검해 볼 수 있는 기회가 되었다. 우리 교육에 대한 많은 생각을 하게 한다. 온 몸을 전율케 하기도 하였고, 멍하게 하기도 한 이 책은 우리의 학교교육에 대해 다시 한 번 생각해 보게 하였고, 현장교사의 바람직한 교사의 이미지를 정립해 볼 수 있는 기회가 되었다. 지금껏 교사에 대한 생각을 너무나 쉽게만 해온 것 같다. 그저 지식전달을 어느 정도 잘하고 아이들이 사이좋게 지내게 하면 되겠지 하고 생각해 왔는데 너무나 많은 책임을 지고 있는 사람이 교사인 것 같다. 그리하여 〈네 학교 이야기〉를 읽는 동안 내내 교육이라는 것이 얼마나 중요한 것이며 교사

> 가 된다는 것은 또한 얼마나 힘들고 귀중한 것인지 새삼스레 느낄 수 있었다. 교사가 어떻게 교육해야 하는지, 교사의 중요성과 위치를 다시 한 번 확인하였다. 더군다나 우리나라의 교육환경도 너무나 열악하기 때문에 교사들의 열정이 제약을 받는다는 것드 너무나 안타까운 일이다.
>
> 이 글을 읽고 다시 한 번 교육자의 위치가 얼마나 어렵고 중요한 자리인지를 깨닫게 되었다. 교실 안에서 행해지는 잘못된 행위들을 비난하면서도 막상 나 자신이 선생님이 되었을 때 그렇게 되지는 않을지 걱정이다. 권위주의적 학교구조에 대한 개혁의 필요성, 성차별, 교사의 체벌, 차별, 수업진행 방식 등 나름대로 한국 초등학교 교육의 문제점과 그것의 해결점이 무엇인지를 생각하게 한다. 영화를 보고 난 뒤 카타르시스를 가끔 느끼듯 이 책은 일종의 카타르시스를 나에게 주고 있다. 내가 겪었던 초등학교에서의 아픔들을 자세히 섬세하게 서술해 놓은 것을 읽으면서 정말 큰 쾌감을 느끼곤 했다. 이 연구를 통하여 나는 우리나라의 교육의 현장에서 종사하고 있는 교사들이 좀 더 아이들의 개별성과 그들의 심리적, 정서적 반응에 민감해져서 우리의 교육이 좀 더 질적으로 개혁되었으면 한다. 미래의 교사로서 내가 무엇을 해야 하는지를 각성하게 하는 책임감을 느끼게 해준다. 내가 이 책에서 느꼈던 것처럼 이 책을 접하는 모든 교육 현장에 몸담고 있는 분들이나 교육 실천가들이 자신의 모습에 비추어 미래 자신의 교육관이나 학습법, 아이들을 대함에 있어서의 신중함과 인간미 등등에 대하여 상상해 보고 또 현재의 자신의 모습과 과거의 모습을 돌이켜 보며 반성했을 것이다. 내가 교사가 되었을 때 어떻게 할 것인가에 대한 답을 찾고자 애썼다. 한숨이 나온다. 교직, 아이들 학교생활, 선생님을 바라보는 데 변화가 생겼다. 어떤 교사가 되고 싶다는 생각을 하게 된다. 그것은 사랑받는 교사일 것이다. 책을 읽고 난 후 가장 먼저 이런 생각을 했다. '과연 내가 교사가 될 자격이 있을까?' (N=13)

그리고 그러한 변화를 유도해야 할 당사자는 바로 미래의 교사가 될 자신이라고 믿고 있다. 〈네 학교 이야기〉는 독자 어느 누구에게도 '당신이 바로 그 문제점을 개선해야 할 당사자라는' 언급이나 메시지를 담고 있지 않다. 그 누구도 그 문제를 해결할 책임자라는 의무감을 느끼게 하고 있지 않다. '미완성의 이름으로' 발표자는 우리의 한국 교사가 모두의 몫이 될 수 있음을 암시했을 뿐이다. 그러나 독자는 그 당사자가 곧 자기 자신이라는 사실로 받아들인다. 이러한 점에서 〈네 학교 이야기〉는 발표자가 의도했던 연구의 카타르시스 타당도(독자에 의한 현장 개선의 필요성의 공감과 그에 따른 실천의지의 강화)를 달성하였다고 생각한다.

> 바로 이러한 점이 연구자가 의도한 바일 것이다. 여러 사례들에 자신의 주관적인 견해를 주입하지 않고 독자로 하여금, 자신의 상황에 비추어 생각해 볼 수 있게 한 점, 바로 그것을 나는 이 책의 가장 훌륭한 점이라고 말하고 싶다. 결론의 도출을 위하여 저자가 직접 대안을 제시하지 않고서 독자들을 초대하는 여운을 남긴 것은 우리 교육에 대하여 토론해 볼 수 있는 대화와 비평을 자연스럽게 유도한 것이다. 스스로 미완성이라고 하는 〈네 학교 이야기〉는 읽는 이로 하여금 그 미완성을 완성시킬 것을 부추긴다. 아니면 '강요한다' 라고 말할 수도 있을 정도로 이 책을 읽고 나면 책의 일부분을, 아니면 책이 마음속에서 차지하고 있는 공간의 일부를 자신의 무엇인가로 채워야 할 듯한 기분이 강하게 드는 것이다. 아무도 시키지 않아도 자연스럽게 느끼는 감정이다. 그것이 무엇인지, 어떻게 메꿔야 하는지 정말 고민스러웠다. 그렇다면 이 글은 아쉬움 자체의 미를 강조하려는 미완성곡보다 한층 더 깊게 들어간 것인지도 모르겠다(N=4).

III. 무엇을 연구할 것인가: 포스트콜로니얼 교육과정연구 주제

> 특히 한국적 문화와 개발연대의 진화과정을 체험하지 못한 미국식 신조류에 대한 비판적 검토 없는 모방과 맹신은 …… 모범답안으로는 부적합할 수밖에 없다. 무엇보다 중요한 것은 한국 경제의 고유현실에 대한 정확한 상황분석과 이해에 따라 …… 한국적 경영패러다임을 창출해 나가야 한다는 것이다. 또 하나의 한강의 기적은 결코 글로벌 패션의 답습을 통해 이루어질 수 없다(송일, 1998).

앞에서는 질적연구가 적용된 교육과정연구의 예로서 〈네 학교 이야기〉를 중심으로 그러한 연구양식이 우리의 교육과정연구와 학교교육의 개선, 교사교육에 어떠한 영향을 끼칠 수 있는가를 논의하였다. 분석을 통하여 〈네 학교 이야기〉는 현재의 교사와 미래의 교사들에게 세 가지의 중요한 교육적 영향력을 행사하고 있었다. 첫째, 교육

관련 종사자들에게 우리의 교육현상을 보다 깊게 이해하고 비평하는 데 도움을 주고 있다. 둘째, 자신의 관점에서 '어떻게 개선할 수 있을까' 하는 생각을 하게 만듦으로써 반성을 통한 개혁의 의지를 북돋워 주었다. 셋째, 우리 현장의 실상을 중심으로 교육문제를 논의함으로써 교육관련 종사자의 교육학연구에 대한 관심을 우리의 학교에 맞추게 하였다.

이러한 평가를 종합해 보면 〈네 학교 이야기〉가 독자들에게 신선하게 수용된 것은 우리의 현장과 생활을 교육과정 연구주제로 설정하였고 그에 근거하여 우리의 학교교육을 이해하고자 한 것으로 생각된다. 물론 외국의 교육과정과 수업이론, 방법론을 차용하기는 하였지만 〈네 학교 이야기〉는 기존의 이론중심, 또는 양적연구중심의 교육과정연구가 간과해 버렸던 우리 교육현상을 분석의 대상으로 선정하였고 나아가 학교현장에서 일어나는 일상적인 생활과 상호작용을 심층적으로 기술하고 분석함으로써 우리 학교교육의 특성과 문제점이 무엇인가를 규명하고자 하였다. 그러한 점에서 이러한 시도는 기존의 연구양식들이 가졌던 연구의 특징들과 구별되는 것이었으며 예상밖으로 많은 반향과 관심을 불러일으켰다.

1. 콜로니얼 사고의 다섯 가지 문제점

이 절에서는 〈네 학교 이야기〉의 근저에 깔려 있는 이러한 나의 학문적인 관심을 '포스트콜로니얼 교육과정연구'로서 명명하면서 이러한 연구가 앞으로 우리의 교육과정연구에 기여할 수 있는 가치를 논의하고자 한다. 이러한 시도를 '포스트콜로니얼 교육과정연구'라고 명명한 이유는 그러한 문제의 규명과 연구가 지금까지의 우리의 교육과정연구에 심각한 영향력을 끼쳐온 미국이론 중심의 콜로니얼 교육과정연구문화를 저항하면서/거부하면서, 콜로니얼 교육과정연구에서 도외시되었던 우리 현장의 진정한 기술과 이해를 연구의 출발점으로 삼아 우리의 독자적인 교육과정이론과 연구개념을 창출하는 저항적 연구의 성격을 가지고 있기 때문이다. 이에 이 글에서는 우리의 현장을 이해하고 설명하며 그에 적합한 연구이론을 창출하는 것을 포스트콜로니얼 교육과정연구의 중요한 한 가지 성격으로 규정하고 그러한 목적에 부합되는 연구문제에는 어떤 것들이 있을 것인가를 논의하고자 한다. 그리고 그러한 논의가 필요한 이유는 이미 〈네 학교 이야기〉에 대한 독자들의 반응에서 찾을 수 있었다.

우리의 교육과정연구는 1세계의 교육과정연구의 이론이나 탐구주제를 그대로 모방하거나 수용하는 방식을 취함으로써 미국의 이론을 소개하고 논의하는 성격을 띠거나 아니면 그들의 이론을 검증하거나 적용해 보는 쪽으로 진행되어 왔다. 따라서 우리의 학교현장과 현상은 교육과정논의에서 철저히 외면당하였고, 관심이 있는 경우에도 미국의 이론을 적용해 보고 그 결과를 검증해 보기 위한 부차적인 탐구공간으로 이용되었을 뿐이다. 그러한 연구전통은 우리의 학교현장과 현상에 관한 연구가 이루어지는 것을 불가능하게 만들었고 우리의 학교현상을 기술하고 이해하며 설명해 줄 수 있는 독자적인 연구이론과 개념을 창출하지 못하였다. 무엇보다 중요한 결과는 우리의 학교와 현장이 교육과정논의에서 제외되었다는 점에 있다.

이에 발표자는 콜로니얼 교육과정연구문화가 우리의 교육과정연구문화에 끼친 그러한 영향력을 비판하고 거부하는 것이 필요하다는 점에서 그 거부의 이유를 다음과 같이 다섯 가지로 정리해 보았다. 이 다섯 가지 이유는 곧바로 '포스트콜로니얼 교육과정연구' 의 정당화를 위한 전제가 될 것이다. 첫째, 외국의 교육적 상황과 요구에 의하여 도출된 교육과정연구의 개념과 시각은 우리의 학교교육이 현재 경험하고 있는 교육적 현상을 설명하고 이해하는 데 필요한 연구개념과 탐구주제와 일치하지 않을 수 있다. 우리는 미국과는 다른 문화적/역사적/교육체제 상황 속에 살고 있으며 그러한 점에서 학교의 교육과정의 문제는 나름대로 독특성을 가지고 있다. 따라서 외국이론중심의 교육과정의 논의가 우리의 현실을 이해하고 관점을 형성하는 데 시사점이 있을 수 있다는 점을 인정하면서도, 그것들만을 근거로 하여 우리의 현장을 설명하고 이해하고자 하는 시도는 제한적일 수박에 없다.

현장에 대한 관심과 연구를 통하여 발표자는 우리가 보다 절박하게 당면하고 있는 경험 속에서 우리가 해결하고 개념화시켜야 하는 연구주제들이 있다는 느낌을 받아왔다. 그런 점에서 우리는 미국의 교육과정이론으로 한국 교육과정의 범위와 탐구주제를 도배해 왔으며 그러한 분위기 속에서 미국의 교육과정이론이 주는 아이디어에 근거하여 그것을 우리가 논의해야 할 당면과제로서 제시하고 있다. 교육과정내용구성에 있어서는 통합(김대현, 양미경)이, 수업의 영역에서는 구성주의와 상황적 학습이, 평가에서는 대안적 평가가 우리 교육과정연구의 계속되는 탐구주제로서 학술잡지의 많은 내용을 차지하고 있다. 그러한 미국 이론 중심의 우리 교육과정의 성격 규명은 목이 마른 아이에게 빵을 주는 것과 같은 이치일 것이다.

둘째, 미국 교육과정이론의 한국적 적용은 한국이 문화적/사회적/물리적 상황이 다른 현장이라는 점에서 이론의 단순한 적용은 자제될 필요가 있다. 미국에서 태동하고 발전한 여러 가지의 교육과정이론들이 미국의 역사적 상황의 부산물(예, 학문주의 교육과정, 진보주의 교육과정 등)이라는 점을 이해한다면 그러한 단순한 적용이 우리의 현장에서 똑같이 적절하고 의미 있을 것인가라는 질문을 제기하게 될 것이다. 단순히 미국이라는 상황에서 효과가 있었다거나 아니면 대중적 인기를 끈다고 해서 그것이 우리 현실에 곧바로 수용되어야 되는 것을 시사하는 것은 절대 아닐 것이다. 왜냐하면 그러한 이론이 추구하는 이상과 우리의 현실 간에는 깊은/다른 공간이 놓여 있기 때문이다. 그들과는 다르게 우리의 학교는 상이한 문화적 전통, 의사소통의 구조, 물리적 구조, 사회적 요구 속에서 숨쉬고 있다. 1950년대 진보주의 교육과정의 한국 현장의 도입, 1990년대 열린교육의 도입, 2000년대의 수준별 교육과정이 가지고 온(가지고 오게 될) 혼란과 딜레마를 바라보는 것은 미국 교육과정이론의 단순한 유입과 적용이 우리의 교육적인 특수상황을 고려하여 조심스럽고 비판적으로 이루어져야 함을 시사한다.

셋째, 미국에서 새롭게 대중화되거나 부각되는 교육과정이론들은 미국 사회의 다양성과 다원주의를 인정하는 문화적 배경에 의하여 지원되고 있음을 유념할 필요가 있다. 새로운 것, 다른 것, 복합적인 것을 추구하는 미국의 경쟁과 다원주의의 문화적 가치는 특정한 교육과정/수업이론들의 계속적인 부상과 대두를 북돋우고 있다. 그러한 부상과 인정은 정당성의 여부를 떠나 다양성과 모험정신, 창의성이라는 그들의 준거에 비추어 보았을 때 가치로운 것으로 인정받는다. 그러므로 우리에게 새로운 것으로 다가오는 미국의 교육과정이론이나 주제들이 미국 사회에서 인정받고 효과적인 것으로 평가받고 있다고 해석하는 것은 위험하다. 그리고 그러한 해석은 그들의 이론이 완전하게 검증될 때까지 자제될 필요가 있다. 아울러 그러한 이론을 즉각적으로 우리의 현장에 적용하여야 한다고 생각하는 우리의 교육과정연구자의 열정에도 자제심이 요구된다. 자신들이 새롭게 개발한 관점이나 연구용어, 이론을 정당화시키고 대중화시키기 위하여 미국의 교육과정학자들이 보여주는 다양한 방식의 의도적이고 적극적인 노력(출판, 회의, 세미나, 학회창립, 연구지발간 등)을 정치적 관점에서 바라보는 것이 필요하다. 나아가 제3세계 학자들을 자신들의 이론을 전파하기 위한 교두보로 사용하고자 하는 제1세계 학자들의 노력도 최신 미국 교육과정이론의 확산과 재생산이라는 점에서 비판적으로 평가할 필요가 있다. 그러한 점에서 21세기의 한국 교육과정철학의 기초로서 구성주의를 논의한 황윤한의 접근(1998)은 개인적인 연구자 수준에서 구성주의에 대한 학문적 관심을 표방한 것은 문제가 없겠으나 미국의 교육과정분야에서 새롭게 부상하고 있는 구성주의 아이디어를 우리 한국의 국가수준의 교육과정의 방향으로서 확대 제시하고 강조한 것은 지극히 위험한 것이라고 평가하고 싶다.

넷째, 콜로니얼 사고에 근거한 교육과정연구는 우리의 자생적인 교육과정연구문화를 만들어 내는 데 부정적인 역할을 한다. 우리 연구자의 기본적인 관심을 미국 교육과정연구 분야에서 일어나고 있는 논의와 토론주제에 묶어 놓음으로써, 우리의 연구주제의 방향과 성격은 그들의 주제의 방향에 따라서 결정되고 영향을 받는다. 이러한 사고가 만들어 내는 위험스러운 현상 중의 하나는 미국이론의 변화와 주제에 심혈을 기울이게 함으로써 그들의 이론을 논의하는 것을 최상의 것으로 간주하게 함과 동시에 우리의 현장에 대하여 논의하는 것을 덜 중요한 것으로 생각하게 만든다. 이러한 이원화된 연구심리학은 우리의 것에 대한 토론을 무관심하게 또는 무관여로서 바라보게 하거나 극단적인 경우에는 미국연구에 대한 참고문헌이 없이 이루어진 우리의 연구는 열등한 것 또는 가벼운 것이라는 태도를 양산한다.

그러나 이러한 이원화된 연구심리학이 만들어 낸 가장 심각한 결과는 자생적인 교육과정연구문화를 뿌리내릴 수 없다는 점이다. 연구주제들이 미국 교육과정연구의 내용 변화에 계속적으로 영향을 받으면서 계속 변화될 뿐만 아니라 단기간적으로 계속 바뀌기 때문에 미국의 이론을 논의하는 경우에도 그 이론을 보다 세련화시킨 새로운 한국적 해석체계를 만들지도 못하였으며, 둘째 우리 것에 대한 독자적인 연구이론을 만들 수 있는 연구분위기는 더더욱 수립되기 힘들다. 우리는 있는 것에서 의미를 찾기보다는 새로운 것에 보다 깊은 관심을 둔다. 우리는 계속, 미국의 새로운 이론을 배우고서 한국에 들어오는 신진 교육과정연구자들의 발표와 글쓰기를 고대하면서, 새 것에 대한 그러한 갈망을 충족시킨다. 그리고 그들의 존재와 가치는 그것이 새로운 것일수록, 한국에 소개되지 않은 것일수록 높게 평가된다. 우리는 단지 그들이 새 것을 배워 왔다는 사실 하나로 검증되지 않은 채 많은 신뢰감과 권력, 보상을 제공하고 있다.

미국의 이론에 깊은 관심의 추이를 보이는 이러한 식민지적 교육과정연구문화는 우리로 하여금 어떤 특정한 연구문제에 대한 심층적인 이론화에 대한 노력을 게을리하고 우리의 관심을 그들의 이론의 계속적인 수용과 변화에 대하여 성공적으로 대응하는 쪽으로만 중점을 두게 만들었다. 그리고 그러한 연구문화는 아무리 잘 소개되고 연구된다고 할지라도 우리의 상황에서 자생적인 새로운 연구문화로 성장하는 데 있어서는 한계점을 가지고 있음을 관찰하였다. 1980년대 우리의 교육과정연구를 지배하였던 미국 교육과정사회학의 자취를 현재 한국의 교육과정분야에서 찾기 어렵다는 점, 그 지도적 역할을 하였던 학자들이 자신들의 연구를 이론적인 소개에서 마감하고 토착화시키지 못한 점은 식민지 교육학연구의 가장 큰 특징을 보여준 대표적인 예이다.

다섯째, 미국이론의 끊임없는 수용과 적용은 우리의 사고를 새로운 지식을 만들고 창조하는 것보다는, 기존에 존재하는 것을 이해하고 전달하는 것으로 훈련시킴으로써 우리의 창의적이고 생산적인 사고를 마비시키고 있다. 파울로 프레이리가 지적한 것처럼, 주어지는 지식의 일방적인 수용과 암기는 학문의 세계에서 침묵의 문화(culture of silence)만을 양산할 것이며 우리를 새로운 지식을 만들 수 있는 창조자가 아니라 다른 사람의 지식을 암기하고 수용하는 소비자로서 전락시킬 것이다. 이러한 학습문화(미국의 교육과정연구에서 나온 연구이론과 결과의 맹목적 수용과 암기) 속에서 첫째, 많이 알고는 있으나 다르게 생각할 수 없고 새로운 것을 만들 수 있는 사고방식을 가진 연구자가 성장하기는 어려울 것이다. 둘째, 그러한 사고는 우리의 현상과 문제를 해결하는 데 필요한 안목, 진취적 사고, 적용력, 새로운 이론을 개발하는 데 도움을 주지 않는다. 또한 있는 것을 이야기하고 토론할 때 심리적인 편안함과 안정감을 느끼도록 우리를 통제한다. 셋째, 미국의 이론에서 규정해 놓은 그리고 논의한 범위를 벗어나는 어떠한 논의나 주제는 정당하지 않은 것, 또는 합법적이지 않은 것으로 평가절하시킨다. 이러한 심리학은 새로운 연구 아이디어나 관점을 개발시키고자 하는 노력, 또는 그러한 생각을 가지고 있는 학생의 독창적인 가능성을 부적절한 것으로 인식하도록 부추긴다. 학생들에게 그리고 동료들의 논의가 미국의 이론에서 출발하고 있는지를 확인하고 그에 근거하여 가치를 달리 매긴다. 오직 그들이 정해 놓은 연구문제와 범위 안에서 교육과정의 문제만을 토론했을 때만이 우리는 정당한 학문을 하고 있는 것으로 생각한다.

교육학연구 50년의 역사 속에서 많은 교육과정이론가들에 의한 정력적인 교육과정의 논의에도 불구하고 그리고 무수히 많은 교육과정이론과 설명이 난무해 왔지만 우리의 현장, 우리의 학교현상을 적절하게 설명하고 이해하는 데 도움을 주는 교육과정이론을 찾아보기는 쉽지 않다. 우리의 학교현상, 교육과정연구는 이종각의 은유처럼 '처녀지' 로 남아 있다.

2. 포스트콜로니얼 교육과정 탐구주제

지금까지 식민지적 교육과정연구가 가질 수 있는 문제점을 다섯 가지 점에서 살펴보았다. 그러한 사색은 우리의 교육과정연구의 특징을 비판하기 위해서보다는 대안적인 교육과정연구문화의 필요성을 강조하기 위하여 이루어졌다. 이 절에서는 '포스트콜로니얼 교육과정연구' 라는 문제제기와 관련하여 보다 구체적인 수준에서 나의 생각을 정리해 보기로 한다. 앞서 지적한 것처럼, 포스트콜로니얼 교육과정연구를 콜로니얼 교육과정연구에서 도외시되었던 우리 현장의 진정한 기술과 이해를 연구의 출발점으로 삼아 우리의 독자적인 교육과정이론과 연구개념을 창출하는 것으로 전제하고서, 이러한 목적을 달성할 수 있는 한 가지 방법으로서 우리 현장에서 제기될 수 있는 한국적 교육과정의 탐구주제에는 어떤 것들이 있을까를 논의하고자 한다.

이 탐구주제들의 내용에 대한 발표자의 생각은 〈네 학교 이야기〉 식의 연구가 우리 현장에 적용된다면 어떤 다른 주제들이 연구되어야 할 것인가를 자문하면서 시작되었다. 또한 질적연구의 탐구목적이 '발견과 이해' 라는 점에서, '우리 현장과 관련하여 무엇을 발견하고 이해하는 것이 필요할까' 라는 질문에 답하면서 발전되었다. 이와 함께 다음과 같은 세 가지 질문들이 사용되었다: ① 우리 학교교육을 이해하기 위해서는 어떠한 학교의 현상들을 연구해야 하는가? ② 어떤 현상들을 연구하는 것이 우리의 학교현상과 교육문제를 개선하는 데 기여할 것인가? ③ 우리에게 적절한 새로운 교육과정이론의 발견은 어떤 한국적 탐구주제의 탐색을 통하여 가능할 것인가? 이러한 질문들을 통하여 여덟 가지 탐구주제들이 발전되었다.

1) 전통 수업의 독특성과 효과성(우리의 교사들을 존경하면서)

> 우수한 교사가 세상에 주는 혜택은 그들 교사가 세상을 떠날 때에 같이 사라져 버리고 말며, 또 직접적으로 접촉을 하는 학생들 이외에는 그 혜택을 받기도 어렵다. 이러한 한계점을 극복할 수 있는 오직 하나의 방법은 천재교사들의 직관적인 행동을 분석하는 방법을 연구하는 일이다(Dewey, 1929, pp.10-11, Jackson, 1968, Life in classrooms에서 재인용).

우리 현장에서의 수업현상을 기술하고 이해하고자 하는 연구는 교육과정연구영역에서 심도 있게 이루어지지 않았다. 이렇게 수업현상에 대한 교육과정학자들의 관심이 미온적이었던 이유는 지금까지 교육과정연구에 영향을 준 연구 패러다임의 특징과 관계있다고 하겠다. 첫째, 지금까지의 교육과정연구 패러다임이 이론적, 또는 양적연구방법 중심이었기 때문에 현장중심의 수업연구가 주목할 만한 관심을 끌 수가 없었다. 교육과정연구자들은 현장에 들어가지 않은 채 이론적 탐색과 논의에 보다 많은 시간을 할애하였고 연구를 한다고 하였을지라도 질문지나 실험법을 사용한 양적연구방법론을 적용함으로써 수업사태 그 자체에 대한 기술과 이해와는 거리가 있었다. 최근에 와서야 우리 교실수업사태의 특성과 현상을 다룬 연구(조영달, 이혁규, 이용숙, 김영천, 김정원)들이 대두되고는 있으나 이 분야에 대한 교육과정연구자들의 관심은 그다지 깊지 않다.

이에 발표자는 수업현상의 탐구가 우리의 것을 규명하고 찾기 위한 포스트콜로니얼 교육과정연구의 첫 번째 주제가 될 것으로 생각해 본다. 그러한 이유로는 이 분야가 거의 연구되지 않았고 우리의 수업현상들이 외국의 문헌을 통하여서는 답을 찾기 어려운 여러 가지 흥미로운 조건과 요인들에 영향을 받고 있기 때문이다. 이에 수업현상 연구의 탐구주제로서 두 가지를 규명해 보았다: ① 수업현상이 가지고 있는 한국적 구조와 독특성 연구, ② 한국적 수업상황에서의 효과적인 수업전략연구.

첫째, 수업현상이 가지고 있는 한국적 구조와 독특성연구는 우리의 수업현상을 사회적 구성의 관점에서 분석해 보는 것이다. 한국적 상황에서 나타나고 있는 수업의 전형은 어떤 문화적 맥락과 물리적 맥락에서 이루어지고 있으며(영향을 받고 있으며) 그러한 조건들이 우리의 수업의 구조를 어떻게 특징화시키고 있는지를 이해해 보는 것은 문화연구의 관점에서, 교육과정연구의 관점에서, 정책개선과 교사교육의 관점에서 가치 있는 일이다. 이 주제에 관심이 있는 연구자는 첫째, 수업에 매개되고 있는 문화적 영향력들에는 어떤 것들이 있는지, 둘째, 그러한 문화적 영향력들에 의하여 우리의 수업이 어떠한 특정한 방식으로 전개되고 있는지를 연구할 수 있겠다. 그러한 점에서 조영달의 연구는 입학시험에 영향을 받고 있는 우리의 수업에서 나타나는 참여의 상호작용의 특성이 무엇인지를 밝혀 주었고, 김정원의 연구는 다루어야 할 교육과정의 양이 많은 초등학교의 수업상황이 어떠한 수업형태를 야기시키고 있는가를 잘 보여주고 있다.

수업현상연구의 두 번째 연구주제는 '한국적 수업상황에서의 효과적인 수업전략'이다. 이 연구주제는 우리의 교사들이 개발해 놓은 '학습효과가 높은 수업' 의 예들에는 어떤 것들이 있는가를 탐구하는 것을 말한다. 돌이켜 보면 발표자를 포함한 우리 모두의 기억 속에는 우리의 특정한 수업의 조건 속에서도 우리의 학습동기를 고취시켜 주고 학습에 대한 관여심을 길러주고 나아가 복잡한 교실에 있는 많은 학생들에게 배운다는 것의 즐거움을 느끼게 해주었던 선생님들이 많았다. 이에 발표자는 그러한 교사들의 수업의 관찰과 경험을 근거로 하여 그들이 현장과 조우하면서 그리고 계속적인 반성과 사유를 통하여 발전시킨 '현장에서 검증된 효과적인 수업의 전략과 지식'에 어떤 것들이 있는지를 밝히는 것은 우리의 수업개선을 위하여 연구되어야 할 중요한 주제라고 생각한다.

이러한 연구에 대한 관심은 과밀학급, 관료적 위계구조, 시험과 선발의 압력 등, 수업의 의사결정에 영향을 끼치는 제한요소들(frame factors)(Lundren, 1981) 속에서 발아된 훌륭한 기법들을 규명함으로써 우리 상황에서 취할 수 있는 적합한 선택이 무엇인가를 결정하는 데 도움을 줄 것이다. 우리는 이제 우리의 전통교실에서 표현되고 있는 많은 수업사태들을 미국의 진보주의 교육과정이론/관찰도구에서 암시하는 부정적인 관점에서 상동화시킬 것이 아니라 무엇이 독특한가, 어떤 점에서 성공하고 있는가, 어떤 점에서 바람직스러운가를 이해하고자 하는 노력이 요구된다. 우리의 선생님들을 존경해야 할 때이다.

2) 학원의 수업전략

학원의 발달과 비대는 학교경쟁이 치열한 동아시아의 학교교육의 부산물로서 미국이나 외국에서 찾아보기 어려운 독특한 문화적/교육적 현상이다. 특히 그것의 영향력이 공교육의 존재를 위협하는 정도까지 도달한 현재의 상황에서 학원의 역할과 독특성은 부정적인 이미지로 평가절하되고 있다. 그러나 수업현상에 대한 기술적/국지적 해석에 관심을 두고 있는 교육연구자로서, 발표자는 학원의 수업현상을 다른 관점에서 논의하는 것이 필요하다고 생각한다. 학원에서 개발시킨 각 교과에서의 교수법들이 독특하다는 점에서 학원은 우리 교육학연구의 흥미로운 탐구주제가 될 것이다.

발표자는 학원에서 강의하고 있는 선생님들과의 면담을 통하여 학교에서의 수업에서 나타나지 않는 흥미롭고 독특한 수업전략과 교수법들이 학원의 수업에서 나타나고 있음을 알게 되었다. 특히 인정받는 유명강사들의 수업들은 나름대로 학교의 수업에서 관찰하기 어려운 학생들의 주의를 집중시키고, 기억과 파지를 높이며, 이해를 보다 쉽게 하게 하는 교수방법들을 이용하고 있었다. 그러한 교수법들은 학습이론, 인지심리학, 교과지도에서 나오는 원리들을 반영하고 있으면서도 나름대로 한국적인 수업상황에서 독자적으로 개발되었다는 점에서 우리의 학교수업의 개선을 위한 시사점을 제공해 주고 있다.

이에 발표자는 여러 개의 인지적 교과목의 강의에서 나타나는 이러한 독특한 교수법들에 대한 연구를 통하여 그들이 우리의 학교교육에서 다루고 있는 특정한 중요개념과 원리들을 어떻게 다르게 설명하고 있으며 학생들에게 이해시키고 있는지를 조심스럽게 기술하고 분석하는 것이 필요하다고 생각한다. 그러한 분석은 우리의 학교교육 수업을 개선하기 위한 하나의 참고자료들로서 사용될 수 있을 것이다. 훌륭한 영어교육의 방법론의 탐구는 단순하게 외국의 영어교수법에 대한 소개와 적용을 통해서만이 아니라 학원의 수업을 통하여 수년간의 실제적인 수업경험과 시행착오, 상상력을 통하여 나름대로 발전되어 온 '효과적인 언어습득' 의 전략을 연구하고 적용해 봄으로써도 가능하다. 밤늦은 시간에 학원을 나오면서 '공부가 잘 되었다' '이해가 쉽게 되었다' 라고 말하는 학생들의 말을 조금 심각하게 생각해 보아야 할 때이다.

3) 복잡한 교실에서의 학생통제

수업에서의 연구는 지금까지 두 가지 주제를 중심으로 이루어져 왔다: ① 교실관리 ② 수업효과성. 교실관리가 '학습이 이루어질 수 있는 쾌적한 사회적인 분위기를 만들고 유지하는 과정을 연구하는 것인 데 비하여 수업효과성은 효과적인 수업을 위한 교육과정내용의 조직과 제시에 중점을 둔다. 연구결과들에 의하면 이 두 개의 연구개념 간에는 높은 상관관계가 존재한다. '교실관리' 가 교실에서 수업할 수 있는 학습의 준비상황을 만들어 가는 과정, 교실의 질서가 파괴되었을 때 그 파괴된 질서를 다시 수업할 수 있는 상황으로 어떻게 회복시키는가의 과정을 연구한다는 점에서 40~50명의 학생들이 함께 공부하고 있는 우리의 한국 교실은 교실관리의 이론화를 위한 중요한 연구장소임에 틀림없다. 왜냐하면 교실관리를 이론화시키고 있는 미국 교육연구자들의 연구장소가 20~30명의 학급을 대상으로 하기 때문이다.

그런 점에서 교실관리와 관련하여 탐구해 볼 수 있는 두 가지 연구문제를 생각해 보았다. 첫째는 '20~30명이 아닌 40~50명의 학생이 함께 공부하고 있는 과밀교실의 조건에서 교실의 질서는 어떻게 생산되고 있는가?' 라는 질문을 제기함으로써 우리 교실에서 발전되고 구성된 교실관리의 실제들을 규명하고 이해하는 작업이다. 둘째, 그러한 연구를 통하여 새로운 연구개념과 이론을 만들어 낼 수 있을 것인가이다. 다인수의 학급상황, 제국주의 일본의 통제적인 교실관리기법들이 여전히 우리의 교실에서 재생산되고 있는 상황에서 우리의 교실은 외국의 어떤 교실현장에 비하여 독특한 물리적/문화적 특징을 가지고 있다. 이러한 접근가능한 연구현장의 분석을 통하여 외국의 교실연구자들이 우리에게 제기하는 질문 '어떻게 그 많은 학생들 속에서 수업이 이루어지는가?' 에 대한 해석을 제공해 줄 수 있고, 그들이 개념화시킬 수 없는 연구개념과 관점들을 개발함으로써 새로운 교실관리 이론화의 기틀을 마련할 수 있을 것이다.

4) 학교지식의 정치성(수업, 내용, 평가)

우리의 사회/문화를 비판사회학이론이 주는 관점에서 바라보았을 때 특징화시킬 수 있는 몇 가지 내용으로는 '남존여비' '엘리트인간 중심' '학문하는 인간존중' '보수주의적 남성상의 강조' '연소자 무시' 를 들 수 있겠다. 그리고 그러한 문화적 특성은 우리의 유교문화에서 뿌리를 찾을 수 있겠다. 발표자는 학교가 인간발달의 중요한 생활의 장이라는 점에서, 학교는 보다 큰 사회구조의 기존 질서를 재생산하는 효과적인 기제라는 점에서 학교가 이러한 문화적 이데올로기들을 어떻게 재생산하고 있는가를 문화적 관점에서 밝히는 것은 우리의 교육과정연구의 한 가지 중요한 탐구주제가 될 것으로 생각한다. 이미 로빈슨의 연구, 한국여성개발원의 연구들은 우리의 학교교육이 계급재생산의 효과적인 기제로서 그리고 여성차별주의를 어떻게 재생산해 내고 있는지를 잘 보여주고 있다. 이미 1980년대 우리의 교육과정연구에 도입되었던 교육과정 사회학의 문화재생산 이론들, 잠재적 교육과정, 학교에서 가르쳐지지 않은 교육과정(null curriculum)과 같은 연구개념들은 이러한 연구목적을 달성하는 데 도움을 준다.

학교지식의 정치성에 대한 교육과정의 분석과 관련하여 일반적으로 성, 인종, 계급, 성취향의 네 가지 주제가 다루어지고 있는데 우리의 경우 성차별, 계급, 연령의 재생산이 중요한 분석의 주제가 될 것으로 가정해 본다. 이러한 연구는 학교교육이 한국 학생의 인간발달에 어떻게 영향을 끼치고 있는지를 보여 줌으로써 학교의 교육과정개선에 기여할 수 있을 것이다. 그러나 교육과정연구자로서 이 분야에 대하여 발표자가 느끼는 흥미는 새로운 대안적인 해석체계와 연구개념을 만들어 나갈 수 있다는 가능성에 있다. 우리의 학교문화와 전통이 제1세계의 것과는 여러 가지 점에서 다르다는 점에서 우리는 1세계의 비판교육과정이론가들이 발전시킨 연구개념이나 관점과는 다른 새로운 연구용어를 개발할 수 있으며 상이한 지배/피지배의 현상들에 대한 논의를 시작할 수 있을 것이다. 그 한 예로서 학력중시/경쟁중심의 사회에서 실패자로 전락한 공부 못하는 애들이 학교에서 받는 무관심과 불평등에 대한 연구가 될 수 있을 것이다. 페미니스트이론과 관련하여 중동의 페미니스트연구가들이 보여준 정력적인 연구와 저술들, 그리고 제3세계 페미니스트이론가들이 새롭게 정의 내린 여성학연구의 방향 등은 제1세계의 페미니스트이론과는 대별되는 새로운 시각과 연구개념의 개발가능성과 설명체계가 있음을 단적으로 보여주는 예이다.

5) 교육과정실행과 한국적 의사소통 메커니즘 연구

효과적인 교육과정실행(curriculum implementation)과 전달체계의 확립은 국가수준의 교육과정이 학교의 교실까지 성공적으로 전환되는 데 필요한 조건이다. 그런 점에서 우리의 학교의 실행과 전달체계에 있어서 나타나는 의사소통의 독특성과 메커니즘의 연구는 현재 진행되고 있는 많은 교육과정개혁 프로젝트를 보다 성공적으로 진행시키는 데 기여할 것으로 보인다. 특히 현재의 의사소통과 전달체계가 의도하는 교육과정의 목적을 달성하는 데 부정적으로 영향을 끼칠 경우, 그 현상에 대한 질적연구는 국가수준에서의 개혁의도와 내용이 교실수준에까지 번역될 수 있게 하는 데 필요한 지식을 생산하는 데 도움을 줄 것이다. 우리의 현장에서 나타나고 있는 의사소통의 구조와 의사결정의 특성이 교육개혁 프로그램의 실행과 관련되어 걸림돌로 작용하고 있다고 지적한 이주헌(1997)의 연구, 그리고 개혁의 중간 선상에 놓여있는 중간관리자의 잘못된 인식과 타성이 현재 많은 개혁정책들의 효과를 지연시키고 있다는 어떤 교육연구자의 지적은 이 연구의 중요성을 시사하는 것이다. 우리 주위에서 듣게 되는 교육행정가와 관리자의 의사결정양식과 표현양식, 전달양식, 교사와 교사 간의 전달체계, 부서 간의 전달체계, 남성교사와 여성교사 간의 의사소통 문화에 대한 연구들은 우리의 교육과정 실행과 전달에 영향을 끼치고 있는 한국적 메커니즘을 찾는 데 도움이 될 것이다.

6) 아동의 학습과 그들의 세계

학교가 인간발달의 중요한 장이라는 관점에서 보았을 때 한국 아동이 학교에서 갖는 경험과 그 세계의 연구는 우리의 학교교육을 통하여 우리 학생들이 어떠한 인간으로 발달해 나갈 것인가를 이해하는 데 필요한 연구이다. 특히, 아동들이 경험하고 있는 학교의 생활세계가 많은 학교비평가들과 교육연구자들, 현장교사들에 의하여 부정적인 것으로 묘사되고 있는 상황에서는 더욱 그렇다. 과다한 학습량, 지나친 평가, 경쟁과 훈련의 일상화, 부정적인 자아개념, 편애, 과외학습, 체벌 등은 그 대표적인 예들이다. 이에 발표자는 우리의 아동들이 오늘의 학교문화 속에서 어떠한 경험을 하고 있으며 어떠한 학습자로서 성장해 가고 있는지를 발달의 경험에서 연구해 보아야 할 필요성이 있다고 생각한다.

아동의 생활세계와 관련하여 제기될 수 있는 구체적인 탐구문제들은 다음과 같다: ① 학습과 관련된 생활세계의 기술, ② 학생들이 발전시킨 학습의 의미와 정의, ③ 학습전략들과 특성들, ④ 경쟁과 훈련 속의 아동의 감정상태와 긴장 ⑤ 교실에서 나타나는 침묵의 학습문화.

7) 한국 교사와 그들의 세계

교육과정의 주요 구성체로서 교사에 대한 이해는 교육학연구와 교육과정연구의 중요한 한 주제임에도 불구하고 우리의 경우 교사의 생활과 삶을 다룬 연구는 거의 찾아보기가 어렵다. 그러한 점에서 발표자는 한국의 교사들이 경험하는 교직의 생활세계는 포스트콜로니얼 교육과정연구의 중요한 한 가지 주제라고 생각한다. 그리고 그 이유로는 세 가지 점을 들 수 있겠다. 첫째, 기존의 교육과정연구에서 도외시되었던 교사의 존재를 중요한 연구이슈로 부각시킬 수 있으며, 둘째, 한국의 교직이 갖는 문화적 특성과 문제점을 규명할 수 있고, 셋째, 그러한 특성들이 교사들의 교수(teaching)의 과정에 어떻게 영향을 끼치는가를 이해하는 데 도움을 준다. 특히 변화와 개혁이 강조되고 있는 현재의 상황에서 변화와 다양성을 거부하고 있는 현장의 상황을 생각한다면 교사의 사고과정과 생활에 대한 진정한 이해는 그들을 교실변혁의 주체로서 만들기 위한 기초적 지식을 획득하는 데 필요하다. '한국교사와 그들의 세계' 라는 탐구주제에 관련될 수 있는 연구내용으로서 다섯 가지를 생각해 보았다.

교사연구의 스펙트럼

초임교사연구	교사직전교육기관을 졸업하고 초임교사가 된 교사의 생활에 대한 연구를 말한다. 아마추어교사로서 겪게 되는 딜레마들에 대한 기술은 교사가 되고자 하는 학생들에게 한국에서 교사가 된다는 것이 무엇을 의미하는 것인지에 대한 진솔한 경험과 반성적 시각을 제공해 줄 수 있다.
직업사회화연구	아마추어교사시절을 벗어나 전문적 시각으로서 교실현상을 다룰 수 있는 교사로서 성장하기까지의 전문성의 습득과정을 연구한다. 아마추어인 초임교사가 유능한 전문교사로서 성장하기 위해서 겪게 되는 발달의 경로는 어떤 특성을 띠고 있는지를 이해하는 데 도움을 준다. 한국적 상황에서 유능한 교사가 된다는 것은 무엇을 획득한 것인지 그 전형성을 도출해 낼 수 있다.
교사의 일	교사의 실제 생활은 천직과 학생들을 사랑하기 때문이라는 낭만주의적 정의 그 이상을 요구한다. 교사는 동일한 내용을 여러 번 가르쳐야 하기도 하며 다양한 잡무에 시달려야 한다. 가르치는 일뿐만 아니라 조직사회의 구성원으로서 명령과 지시에 민감하게 대처할 줄 알아야 하고 학부모의 있을 수 있는 비평을 세련되게 수용하여야 한다. 학교는 그들에게 가르치는 곳 그 이상의 '바쁘게 살아야 하는 노동의 장소이며 일하는 곳이다'. 그럼에도 불구하고 학교에서 교사의 일에 대한 연구는 교육행정, 교육과정, 학교정책의 영역에서 심도 있게 다루어지지 않고 있다. 그런 점에서 질적방법과 '직무과제' 분석 방법을 통합하여 우리의 학교에서 교사가 담당하게 되는 일의 범위와 성격에 대한 기술과 해석이 필요하다. 그러한 분석은 학교수준에 따라서, 교과목에 따라서, 그리고 교무실의 담당부서에 따라서, 남자교사와 여자교사에 따라서, 행정가의 수준에 따라서 다차원적으로 이루어질 수 있다. 이렇게 이루어진 연구결과는 교사직전교육과 교사현직교육, 행정가연수에 곧바로 이용될 수 있다.
교사의 성취동기	많은 물리적/문화적 제약 속에서도 높은 성취동기와 자아실현욕구를 가지고 생활하고 있는 한국 교사들에 대한 연구를 말한다. 높은 성취동기를 가지고서 끊임없이 가르치는 일에 종사하고 있는 훌륭한 교사들의 삶을 연구함으로써 그들의 교육에 대한 진정한 모티브가 어디에서 나타나는지를 이해할 수 있다. 사랑, 열정, 창의성, 인내 등은 그러한 교사들의 높은 동기를 찾을 수 있는 열쇠가 될 것이다. 우수한 교사들의 삶에 대한 기술은 교사가 되고자 하는 미래의 교사들에게 모범적인 삶으로서 제시될 수 있고 또한 교사의 전문성개발을 위한 연구아이디어를 도출할 수 있다.
교사의 목소리와 딜레마	한국의 교사들이 비판하는 우리 학교의 문제점과 그들의 딜레마를 규명한다. 이를 통하여 교사의 입장에서 바라보는 교직의 문제점을 제시할 수 있다.

8) 학교변화와 과정평가

질적연구가 갖는 장점 중의 하나로 변화과정을 심층적으로 기술할 수 있다는 점에서 질적연구는 학교변화 연구에 적절하다. 과정중심의 질적평가연구는 특정 현장에 새롭게 적용된 교육프로그램의 결과로서 '그 현장이 어떻게 영향을 받고 있는가?' 그리고 '어떻게 변해 가고 있는가?' '의도한 만큼 그 방향으로 변화되어 가고 있는가?' 라는 질문에 대한 답을 제공해 준다. 이러한 답을 통하여 프로그램이 의도대로 실시되고 있는지, 실시와 관련된 다양한 실제적 문제점과 딜레마가 무엇인지, 개선점이 무엇인지를 규명할 수 있다. 교육평가에서의 패러다임의 변화와 함께 형성평가, 과정평가, 상황평가 등의 개념과 함께 질적평가방법들이 조직과 프로그램 효과평가와 관련되어 부상되고 있는 이유가 이 점에 있다(Lincoln과 Guba, 1985; Patton, 1990).

그럼에도 불구하고 우리나라의 학교변화 프로젝트에서는 질적방법을 사용한 과정평가가 이루어지지 않고 있다는 점은 개선될 필요가 있다. 발표자가 간접적으로 관찰한 국가 지원하의 학교의 변화 프로젝트(학교정보화 프로젝트, 영어교육, 교사연수 프로그램)들은 양적연구중심의 평가 패러다임의 절대적인 적용으로 인하여 현장에 대한 변화의 과정과 문제점의 규명에 대한 과정평가의 과정 없이 결과만을 측정하는 문제점을 안고 있다. 의도와 결과 사이 그리고 이론과 현장 사이에는 항상 깊은 모순의 공간이 있으며 이 속에서 프로그램의 목적에 위배되는/예측하지 못했었던 변수들은 돌출한다. 학교변화 프로젝트에 대한 과정평가와 그를 통한 새로운 방향정립과 결단은 학교개혁에 관여하고 있는 교육자들의 노고와 시간, '아깝게 버려지고 있는 비용' 을 절약할 수 있는 최상의 방법이다.

9) 좋은 학교연구

현재 우리의 교육현장에는 과거와는 달리 다양한 교육과정모델과 이론이 적용된 새로운 학교들이 전국적으로 나타나고 있다. 아울러 그러한 학교들의 효과에 대한 연구들도 계속적으로 보고되고 있다. 교육개혁의 기치아래 많은 학교들이 새로운 시도와 변혁을 단행하고 있다. 그럼에도 불구하고 그러한 학교들은 교육학적으로 탐구되기보다는 신문이나 잡지의 주제로서 또는 방송의 현장탐방 형식으로 소개되고 있을 뿐이다. 이러한 상황에서 변화와 개혁을 통하여 성공한 '좋은 학교' 에 대한 사례연구(case study)는 우리의 현장개선을 위한 교육학적 아이디어를 제공해 준다. 그러한 사례분석을 통하여 나타난 분석의 결과는 두 가지 점에서 유용하다. 첫째, 좋은 학교에 대한 심층적인 기술을 통하여 좋은 학교를 구성하는 학교활동의 특징이 무엇인가를 시사점으로 도출할 수 있다. 이를 위하여 다음과 같은 질문들이 사용될 수 있다: ① '좋은 학교' 란 어떤 학교인가? ② 그런 학교에서는 어떤 일들이 벌어지고 있는가? ③ 학생들은 왜 이 학교를 좋은 학교라고 이야기하는가?

둘째, 좋은 학교에 대한 현장기술과 발표는 학교를 변화시키고자 하는 교육관련 종사자들과 관심집단들에게 변화와 개혁의 필요성에 대한 공감대를 형성시키며 자기반성의 기회를 갖게 해준다. 〈네 학교 이야기〉를 만든 이유 중의 하나가 조그만 수준에서의 변화를 통하여 우리의 학교변화를 유도하는 것인 것처럼, 관주도의 변화는 그 한계가 있다고 하겠다. 변화의 주체로서 행정가와 교사의 자율적인 각성과 변화에 대한 필요성에 대한 인식이 없는 강제에 의한 변화노력은 효과를 거두기가 어렵다. 그러한 점에서 '좋은 학교' 에 대한 사례연구를 통한 성공한 학교에 대한 출간과 유포는 우리의 교육자들에게 변화에 대한 필요성을 개인적인 수준에서 고양시키고 자신의 교실과 학교에서 실천해 볼 수 있는 아이디어와 의지, 결단력을 갖도록 도와줄 것이다. 풀뿌리 운동식의 변화가 갖는 중요성이 이 점에 있다.

10) 저울 교육과정연구(미국의 이론들로 고통받고 있는 현장을 생각하며)

저울 교육과정연구는 미국의 교육과정이론이 우리의 현장에 적용되는 상황에서 어떠한 기여점과 제한점을 가지고 있을 것인가를 사전에 평가하고자 하는 미국이론의 한국적 상황에서의 재해석에 관한 연구를 말한다. '저울 교육과정연구' 라고 은유화시킨 것은 저울이 두 개의 대상을 올려 놓고 비교를 통하여 어느 것의 무게가 가볍고 무거운지를 우리에게 비교할 수 있게 해주기 때문이다. 비교라는 분석의 과정을 통하여 우리의 상황에 적절한 이론만을 취사선택하거나 아니면 개정이 필요한 경우 보완과 대안적 선택을 추구한다는 점에서 콜로니얼 교육과정연구에서 나타나는 미국이론의 맹목적인 수용과 유포가 갖는 단점을 극복할 수 있다. 콜로니얼 사고를 거부하고 대안을 추구한다는 점에서 포스트콜로니얼 사고의 특징을 가진 다른 방식의 교육과정연구의 예라고 간주하고 싶다.

저울 교육과정연구에서 다루어질 미국 교육과정이론의 비평은 두 가지 방향으로 이루어질 수 있다. 첫째, 미국의 이론을 실행하기 이전에 그것의 실행이 가지고 올 가능성과 문제점, 장단점을 평가한다. 이를 위하여 미국의 이론이 미국의 어떤 역사적 상황에서 도출될 수 있으며 어떤 철학적 가정하에서 발전되었는지를 분석하고 우리의 학교상황과 학교문화에 잘 접변(acculturation of curriculum theory)될 수 있는 것인가를 비교한다. 비교를 통하여 그것의 시사점과 현장적용성이 희박한 경우 소개하지 않거나 적용하지 않는다. 이와 함께 '새것'으로 포장되 들어오는 다양한 미국 교육과정 이론과 그 실제들이 가져올 현장에서의 혼동을 최소화시키기 위하여 한국 현장에서 이미 소개된 것과 유사하거나 관련이 있는 경우, 공통점을 제시해 줌으로써 시간과 노력을 낭비하지 않도록 도와준다. 그 예로서 우리 현장에 만연되어 있는 다양한 미국의 연구용어들(열린교육, 경험교육, 학습자 중심 교육, 다중지능교육, 대안교육, 구성주의, holistic education)이 기본적으로는 같은 맥락이라는 점을 인지시켜 줄 때 현장교사와 행정가에게는 자신의 관점과 해석을 정립하고 수용하는 데 도움을 준다.

둘째, 첫 번째 비교분석을 통하여 그 이론의 수용이 우리에게 주는 의미가 큰 경우에는 곧바로 시행하지 않고 특정한 대상을 표집하여 실험적용한 다음에 그것의 효과를 검증한 다음 대단위로 적용한다. 실험과정에서 나타나는 다양한 실제적 문제점들을 규명하고 해결점을 찾은 다음에 정책적인 차원에서 결정을 내린다. 이러한 두 번째 절충의 과정이 필요한 이유는 적합한 대안 없는 무조건적인 수용과 적용은 우리 현장의 상황이 반영되지 않은 경우에 얻는 것보다 잃는 것이 더 많을 수 있기 때문이다. 이러한 변별과 보완의 과정을 거치지 않은 단순한 적용이 불러일으킨 구체적인 예는 포트폴리오를 중심으로 한 대안적 평가에서 찾을 수 있다. 아무런 대안 없이 제시된 대안적 평가의 소개와 현장적용에 대한 요구는 혼란과 무질서, 무책임의 교육적인 상황을 유발하고 있다. 현재 미국의 교육과정이론과 용어들로 뒤범벅된 우리의 현장을 바라보면서 발표자는 저울 교육과정연구의 필요성을 공감하고 있다. 아울러 미국이론을 우리에게 소개하는 한국 교육과정연구자의 보다 각성된 책임의식이 요구된다는 것을 느끼면서, 미국이론의 수용이 곧바로 우리 교육을 진보와 발전, 계몽으로 이끌 것인가에 대하여 다시 한 번 반성해 본다.

11) 웅녀 교육과정연구

웅녀 교육과정연구는 우리의 자생적인 교육과정연구문화를 생성시키는 한 가지 방법으로서 연구이론을 미국에 의존하기보다는 우리 스스로 개발하여 발전시키고자 하는 것을 목적으로 하는 교육과정연구를 지칭한다. '웅녀'라는 은유는 단군신화에서 그 아이디어를 따온 것으로서 우리 민족의 기원을 나타냄과 동시에 동물에서 인간으로 새롭게 태어난 강인한 생명력의 이미지를 담고 있다. 따라서 웅녀 교육과정연구는 외국의 교육과정연구의 틀을 그대로 빌려서 모방과 변형의 형식으로 교육과정을 연구하기보다는 한 차원 더 높은 연구의 결과로서 창조와 생산을 목적으로 하는 우리의 교육과정연구를 말한다. 따라서 이 웅녀 교육과정연구는 미국 교육과정이론 분야에서 발전시킨 교육과정 연구용어나 개념들을 무비판적으로 수용하고 적용하기보다는 앞서 지적하였듯이 그것의 적절성을 비평하는 것과 함께 나아가 새로운 연구용어와 개념들을 찾아내고 만들어서 발전시키는 작업이 그 무엇보다 중요하다.

사실 미국의/어느 누구의 교육과정이론을 학습하는 것, 그리고 그러한 학습이 주는 기여점은 새로운 연구개념과 언어를 습득함으로써 기존에 볼 수 없었던 현상을 볼 수 있게 하고 나름대로 그 현상을 설명할 수 있게 해준다는 점에 있다. 그런 점에서 우리는 미국의 교육과정학자들이 개발해 놓은 연구언어를 학습하고 있는 셈이다. 그런 점에서 살펴보면, 우리는 지금까지 통합, 구성주의, 헤게모니, 이데올로기, 저항, 잠재적 교육과정 등 미국의 학자들이 만들어 놓은 은유를 공부하고 있었다. 그리고 그러한 은유의 학습은 우리에게 과거에는 바라볼 수 없었던 현상을 재해석할 수 있게 해줌으로써 기여하였다. 예를 들면 새로운 용어, '통합' 이라는 은유를 배우게 됨으로써 기존의 교육과정조직의 방식이 분리되고 구획된 특징을 갖고 있다는 사실을 알게 되고 그러한 방식의 문제점이 무엇인지를 탐구할 수 있게 되는 것이다. 또한 잠재적 교육과정이라는 용어를 접하게 됨으로써 학교에서의 학습에는 공식적인 교육과정 이외에 또 다른 학습 내용이 존재한다는 사실을 지각하게 된다.

이런 점에서 보면 미국의 교육과정이론의 수용이 가져온 문제점 중의 하나는 그들이 만들어 놓은 연구용어의 틀을 가지고서 우리의 현상을 보도록 만든다는 점에 있었다. 따라서 우리는 그러한 은유가 가르쳐 주는 해석의 범위 그 이상의 다른 현상들은 바라보지 못할 수밖에 없었다. 왜냐하면 우리는 그러한 현상을 바라볼 수 있는/사고를 그 방향으로 이끌도록 도와주는 언어를 발견하지 못하였고 발전시키지 못하였기 때문이다. 새로운 연구용어의 개발은 기존에 분석대상으로 간주하지 못했던 교육현상을 새롭게 재인식하는 데 도움을 줄 것이다. 그리고 그러한 새로운 용어들의 개발은 우리의 현상을 이해하고 이론화시키기 위해서는 더욱 절실하게 필요하다.

독창적인 교육과정언어와 용어를 계속적으로 개발하고 세련화시켜 나갈 때 우리의 현장을 잘 설명해줄 수 있는 새로운 교육과정이론을 갖게 될 것이다. 이러한 목적을 위하여 시도해 볼 수 있는 방법으로는 다음 세 가지가 있다: ① 연구문제와 연구질문이 '미국이론에서 출발하는 현재의 교육학연구의 시작방식에서 벗어나서 연구질문을 우리의 현장에서 찾아보는 방법론을 외국과 우리의 다른 사회과학, 역사, 전통에서 찾아보는 방법 ② 우리의 사회과학연구, 전통, 역사에서 상이한 연구용어를 발견하고 차용하는 노력 ③ 미국의 교육과정연구집단에서 언급되지 않았고 만들어지지 않은 새로운 연구용어나 개념, 은유들을 탐색하고 이론화하는 작업.

Ⅳ. 요약과 맺는말

이 글은 질적연구 패러다임이 우리의 교육과정연구에 적용되었을 때 우리의 교육과정연구에 줄 수 있는 시사점이 무엇인가를 규명하고자 하였다. 이를 위하여 첫째, 우리나라 초창기 질적연구로서 대두한 〈네 학교 이야기: 한국 초등학교의 교실생활과 수업〉에 대한 독자들의 글을 내용분석하였다. 그리고 그 결과로서 〈네 학교 이야기〉는 현재의 교사와 교사가 될 독자들에게 세 가지 점에서 교육적인 영향을 끼쳤음을 알 수 있었다: ① 우리 초등학교의 교실생활에 대한 학교 교육현상의 근접한 이해, ② 우리의 초등학교의 부정적인 실제를 개선해야 하는 필요성과 그 방법들의 규명, ③ 교사관에 대한 정립. 그리고 이 같은 결과는 우리의 교육현장을 이해하고 개선하기 위한 방법으로서 우리의 교육학연구/교육과정연구에 질적연구 패러다임이 수용되고 적용되는 것이 필요하다는 점을 암시해 주었다.

이러한 암시로부터 필자는 두 번째 논의로서 그렇다면 '질적연구는 우리의 교육과정연구에 어떻게 기여할 수 있는가' 라는 질문을 제기하면서 '질적연구 패러다임의 시각에서 연구될 수 있는 중요한 교육과정분야에서의 탐구주제들에는 어떠한 것들이 있는가' 를 그 답변으로서 제시하고자 하였다. 이에 새로운 형식의 교육과정 연구주제로서 크게 11가지 연구분야를 규명해 보았다: ① 전통수업의 독특성과 효과성 ② 학원의 수업전략 ③ 복잡한 교실에서의 학생통제 ④ 학교지식의 정치성 ⑤ 교육과정실행과 한국적 의사소통의 특징연구 ⑥ 아동의 학습과 그들의 세계 ⑦ 한국교사와 그들의 세계 ⑧ 학교변화와 과정평가 ⑨ 좋은 학교연구 ⑩ 저울 교육과정연구 ⑪ 웅녀 교육과정연구. 그리고 각 주제들에 대한 연구가 어떤 점에서 필요한지에 대한 이유들을 교육과정연구자의 관점과 질적연구자의 관점에서, 가장 중요하게 우리나라의 학교현장개선의 목적을 가지고 논의해 보았다. 그리고 그러한 논의의 배경 뒤편에는 학교현장연구에 관심을 두고 있는 교육연구자들에게 현장연구를 위한 방향감과 연구 아이디어를 발전시키는 데 도움이 되기를 바라는 희망이 전제되어 있었다.

질적연구는 이미 미국의 교육과정연구 분야에서 그 확고한 자리를 잡았으며 다른 많은 교육학연구 분야에서 급속도로 확대되고 있다. 아울러 앞에서 소개한 것처럼 우리나라 역시 교육학연구 패러다임의 변화의 움직임이 점진적으로 일어나고 있다. 그리고 그러한 변화의 폭은 보다 강해질 것으로 예측된다. 이에 필자는 질적연구자로서 그러한 변화를 바라보는 것은 흐뭇한 것이기는 하지만, 다른 한편으로는 이러한 교육과정(교육학)연구에서의 변화가 역시 제1세계의 새로운 교육연구집단의 연구 이데올로기가 확산되고 있는 과정이라는 점에서 심각한 학문적 딜레마에 빠져 있다는 점을 말하지 않을 수 없다. 특히 학문공동체라는 것이 같은 연구집단에 속해 있는 연구자들의 생각과 관점을 수용하고 공유한다는 점에서 엄청난 연구인력과 자원을 소유하고 있는 미국의 질적연구자들이 쏟아내는 새로운 연구물들을 바라보고 있노라면 이러한 딜레마는 보다 깊어지는 듯한 느낌을 갖는다.

그럼에도 불구하고 필자는 포스트콜로니얼적 연구의 기본 개념인 핵심부와 주변인의 은유에 따라서 주변인(marginalized)으로서 우리의 학교교육이 지난 50년 동안 무시되고 도외시되었다는 점에 근거하여 그 잊혀진 우리의 학교현상을 교육학연구의 중요한 탐구테마로서 부각시키는 일련의 노력을 통하여 나의 딜레마를 해결해 보고자 하였다. 그리고 이러한 노력들을 통하여 탈식민주의적인 우리의 교육과정연구문화를 형성하는 데 기여해 보고자 하였다. 이러한 점에서 한국 초등학교의 근접한 이미지를 그리고자 한 〈네 학교 이야기: 한국 초등학교의 교실생활과 수업〉(1997), 우리의 학교교육 현상의 다양한 문제점과 특징을 보여주고 있는 〈교육에서의 질적연구: 방법과 연구들〉(1998)도 필자의 그러한 연구배경에 근거하여 만들어졌음을 강조하고 싶다. 아울러 본 논문 역시 그러한 의도에서 이루어진 것이다.

그러나 필자가 우리의 교육학연구/교육과정연구에서 포스트콜로니얼적 탐구자세를 강조하는 진정한 이유와 질적연구가 그러한 문화형성에 기여할 수 있다고 강조하는 이유는 '포스트콜로니얼'의 관점이 사회과학연구의 새로운 패러다임으로 등장해서가 아니다. 대신에 우리의 학교현상과 교육과정을 질적으로 연구하는 것이 우리의 학교개혁과 개선에 중요한 필수적 과정이기 때문이다. 그런 점에서 필자의 포스트콜로니얼 교육과정에 대한 관심은 학문적인 것이라기보다는 경험적인 것이다. Said의 저서 〈Orientalism〉을 읽고서 발전한 우리의 교육과정연구에 대한 관심은 우리의 학교현장에 대한 계속적인 경험을 통하여 구체화되었고 우리의 학교교육을 질적으로 연구하는 것이 진정으로 우리의 학교개선에 얼마나 중요한 것인가를 깨닫게 되었고 현장교육자들은 깨닫게 해주었다. 우리의 학교현장을 이곳저곳 방문하면서, 그리고 많은 교사들과 이야기하고 그들의 숨겨진 목소리와 생각들을 조용히 경청함으로써, 나아가 교장선생님들의 수십 년에 걸친 생활사를 들으면서 우리의 학교현장, 교실 이곳과 저곳을 관찰하는 것이 얼마나 중요한 것인가를 몸소 느끼게 되었다. 특히 한국적인 학교교육의 특성(현장)에 대한 이해 없이 실시되는 몇 가지의 개혁의 노력들이 학교현장에 접목되지 못하는 현실들을 목격할 때면, '우리의 학교현장을 연구하는 것이 얼마나 중요한가' 라는 결론을 내리게 된다.

이에 필자는 이 글을 맺는 말로서 포스트콜로니얼 교육과정연구는 곧바로 우리의 학교현장의 이해를 통한 개선과 발전에 진정으로 기여한다는 점을 강조하고 싶다. 현장에 대한 심층적 이해 없이 학교교육을 블랙박스로 간주하고서 연구하는 전통적인 방법과는 달리 질적연구는 우리의 학교와 교실에 내재해 있는 다양한 교육과정의 이슈와 특징을 구체적으로 규명하고 이해함으로써 우리의 학교현장에 대한 실제적 지식을 양산하는 데 기여할 것이다. 그리고 그러한 연구를 통하여 생성된 실제적 지식은 우리의 학교교육이 가지고 있는 특징과 문제점을 이해하고 보다 나은 대안을 창출하는 데 필요한 기초적인 자료로서 다양한 영역(교사, 교사직전교육, 교사현직교육, 교육행정가, 정책결정가)에서 이용될 수 있을 것이다. 아울러 우리의 학교교육은 이종각(1997)의 은유처럼 '연구되지 않은 처녀림' 으로 남아 있어서는 더 이상 안 되며 이선희의 노래 '알고 싶어요' 처럼 우리의 학교발전을 위한 이론생산의 대상으로서 우리가 알아야 할 탐구대상이어야 한다.

참고문헌

김명희, 김영천(1998). 다중지능이론: 그 기본 전제와 시사점. 교육과정연구, 16(1), 299-330.

김수길(1998). 한국 사람, 미국 바닥, 글로벌 포커스. 중앙일보 5월 9일.

김영천(1996) 질적/후기실증주의 연구작업에서 고려해야 할 방법적 이슈들, 교육과정연구, 14(3), 41-72.

김영천(1996). 교실질서의 성취와 회복: 한국 초등학교 교실에서의 관리/통제(management)에 대한 미시문화기술적 연구. 교육사회학연구, 6(2), 67-91.

김영천(1997). 네 학교 이야기: 한국 초등학교의 교실생활과 수업. 문음사.

김영천(1997). 질적연구의 지적 전통과 그 예: 문화기술지에서 포스트모더니즘까지. 교육학연구, 35(1), 225-251.

김영천(1997). 질적연구에서의 이야기(data story) 만들기와 쓰기. 교육인류학회 월례발표회. 서울대학교.

김영천(1997). 교육학 연구 패러다임의 변화와 우리의 교육학 연구. 한국 교육학회 10월 소식지, 14-20.

김영천(1997). 학교 교육현상 탐구를 위한 질적연구의 방법과 과정. 교육학연구, 35(5), 135-170.

김영천(1998). 과연 어떤 학교가 열린학교인가? 교육과정, 수업, 평가에서의 구성요건들. 교육부. 전국 장학사를 위한 열린교육 연수교재. 119-153.

이용숙, 김영천(1998). 교육문화기술지: 이해 그리고 연구들. 출판예정.

박영만(1998). 교육대학 수업에서의 〈네 학교 이야기〉의 가치와 중요성, 비공식면담.

박정규(1962) 청구영언연구, 대전일보사.

송 일(1998). 신토불이 경영틀 짤 때, 시론, 서울신문 5월 12일.

정현종(역), 불과 얼음, R. 프로스트. 민음사.

Stainback, S., & Stainback, W. (1988). Understanding and conducting qualitative research, Verginia: The council for exceptional children.

| 김 영 천 |

한양대학교 교육학과와 대학원 교육학과를 졸업하였다. 1990년 미국 The Ohio State University의 사범대학에서 박사과정을 시작하여 1995년에 교육과정 이론과 질적연구방법론 전공으로 철학박사학위를 수여받았다.

1998년 이래로 진주교육대학교 교육학과 교수로 재직하고 있으며 교육과정과 수업, 교육평가, 질적연구를 가르치고 있다. 약 30권의 저서와 많은 논문을 저술하였고 그의 5권의 책이 대한민국 학술원과 문화관광부로부터 우수학술도서로 선정되었다. 또한 그의 글은 *Curriculum Inquiry, Journal of Curriculum Theorizing, International Journal of Qualitative Studies in Education, Educational Studies,* 그리고 *Second International Handbook of Curriculum Research*에 수록되었다.

세계교육과정학회 한국 대표 이사를 역임하였고 한국교육인류학회와 한국다문화교육학회 부회장을 역임하였다. 질적연구로 유명한 국제 학술지, QSE(International Journal of Qualitative Studies in Education) 아시아 지역 편집장을 맡고 있으며 SAGE OPEN 국제 학술지 편집위원을 역임하고 있다.

질적연구방법론 IV: **Case Studies**

발행일 2013년 6월 28일 초판 발행
저 자 김영천
발행인 홍진기
발행처 아카데미프레스
주 소 413-756 경기도 파주시 문발동 출판정보산업단지 507-9
전 화 031-947-7389
팩 스 031-947-7698
웹사이트 www.academypress.co.kr
이메일 info@academypress.co.kr
등록일 2003. 6. 18. 제406-2011-000131호
ISBN 978-89-9754-33-2 94370

값 35,000원